Focko Weberling
Morphologie der Blüten
und der Blütenstände

Phytologie
Klassische und moderne Botanik
in Einzeldarstellungen

Morphologie der Blüten und der Blütenstände

Prof. Dr. Focko Weberling

Leiter der Abteilung Spezielle Botanik
an der Universität Ulm

193 Abbildungen

Verlag Eugen Ulmer Stuttgart

CIP-Kurztitelaufnahme der Deutschen Bibliothek

Weberling, Focko:
Morphologie der Blüten und der Blütenstände /
Focko Weberling. – Stuttgart: Ulmer, 1981.
(Phytologie)
ISBN 3-8001-3426-8

Printed in Germany
Einbandgestaltung: A. Krugmann, Stuttgart
Satz: IBV Lichtsatz KG, Berlin
Druck: Offsetdruckerei Grammlich, Pliezhausen

Vorwort

Meiner verehrten
und geliebten Frau
gewidmet

Man darf wohl behaupten, daß die Blütenmorphologie das interessanteste Teilgebiet der Pflanzenmorphologie darstellt. Zugleich sind ihre Ergebnisse von grundlegender Bedeutung für die Systematik der Blütenpflanzen. Man könnte daher erwarten, daß die Grundlagen der Blütenmorphologie wie auch die zahlreichen und vielfältigen Ergebnisse blütenmorphologischer Forschungen in zusammenfassenden Werken ausreichend dargestellt würden. Abgesehen von dem umfassenden, nun schon mehr als ein Jahrhundert alten und dennoch in vieler Hinsicht unübertroffenen Werk A. W. Eichlers („Blüthendiagramme", 1875/78) sind hier jedoch nur die der Blütenmorphologie gewidmeten Kapitel in K. v. Goebels „Organographie der Pflanzen" mit Einschluß der beiden Ergänzungsbände zu nennen, ferner W. Trolls Werk „Organisation und Gestalt im Bereich der Blüte", das einige Grundfragen der Blütenmorphologie behandelt. Zwar werden in den allgemeinen Lehrbüchern, wie z. B. dem von E. Strasburger begründeten „Lehrbuch der Botanik für Hochschulen", die wichtigsten Informationen unter Berücksichtigung neuer Ergebnisse in Kürze und dabei vorbildlicher Prägnanz vermittelt, für eine eingehende Erörterung der Grundlagen und der neueren Ergebnisse und Probleme der Blütenmorphologie bleibt dort jedoch kein Raum.

Eine wichtige Hilfe, um diese empfindliche Lücke im akademischen Unterricht wenigstens teilweise zu schließen, bot sich erst durch W. Trolls „Praktische Einführung in die Pflanzenmorphologie", deren 2. Teil dem Aufbau der blühenden Pflanze gewidmet ist. Aus diesem Werk, das als Anleitung für einen morphologisch-systematischen Elementarkurs gedacht war, jedoch weitaus mehr bietet, haben wir nicht wenige Einzelabbildungen übernommen, was man einem Troll-Schüler sicherlich nicht übelnehmen wird. Auf die in Trolls Werk enthaltenen ausführlichen Darstellungen zahlreicher Einzelbeispiele für die verschiedensten morphologischen Zusammenhänge sei ausdrücklich verwiesen.

In dem hier vorgelegten Buch haben wir uns nun bemüht, die Ergebnisse vieler älterer und neuerer Einzelarbeiten zur Morphologie und Anatomie von Blüten und Blütenorganen zu einem übersichtlichen Bild zusammenzufassen. Es versteht sich wohl von selbst, daß dabei nur ein Teil all der zahlreichen Arbeiten Berücksichtigung finden konnte, die sich in den vergangenen Jahrzehnten mit der Klärung blütenmorphologischer Fragen befaßt haben. Ferner ist es wohl zu rechtfertigen, wenn in der Auswahl dieser Arbeiten auch bestimmte eigene Grundauffassungen deutlich werden. Wir haben jedoch versucht, durch einzelne Zitate und Hinweise wenigstens einen Schlüssel zu der in verschiedenen Richtungen weiterführenden Literatur zu geben. Vor allem hoffen wir, daß wir die von uns ausgewerteten Arbeiten trotz aller notwendigen Beschränkungen richtig interpretiert haben. In der Stoffauswahl und der Intensität der Bearbeitung einzelner Fragestellungen haben wir uns nicht von dem Streben nach unbedingter Vollständigkeit, sondern von der Absicht leiten lassen, einen Zugang zu den verschiedenen Gebieten der Blütenmorphologie zu ermöglichen. Maßgebend waren dabei Erfahrungen, die wir bei morphologisch-systematischen Praktika und bei Spezialvorlesungen über Blüten- und Infloreszenzmorphologie gewinnen konnten.

Mit dem zweiten Teil dieses Buches möchten wir ein schon seit langem und mehrfach gegebenes Versprechen einlösen, eine kurze zusammenfassende Darstellung der von W. Troll und einigen seiner Schüler in den vergangenen Jahrzehnten erforschten Typologie der Blütenstände zu geben. Abgesehen von eigenen Forschungsergebnissen konnten wir bei der Bearbeitung einiger Fragen auch auf Notizen Trolls über noch unveröffentlichte Ergebnisse zurückgreifen, ferner auf seine reiche Photosammlung, die er uns mit seinem umfangreichen wissenschaftlichen Nachlaß zur Weiterführung seiner Infloreszenzarbeiten übergab.

Bei einer Einführung in die Morphologie der Blüten und der Blütenstände kommt man nicht umhin, auch auf die Ergebnisse und Probleme der Blütenbiologie und der Verbreitungsbiologie hinzuweisen, wenn auch mit der Berücksichtigung dieser funktionellen Aspekte allein eine befriedigende „Erklärung" morphologischer Erscheinungen nicht gegeben werden kann. Die im dritten Teil unseres Buches dargebotenen Kapitel über Selbstbestäubung und Fremdbestäubung, über die vielfältigen Wechselbeziehungen zwischen Blüten und Bestäubern, über Fruchtsystematik und verbreitungsbiologische Aspekte sollen jedoch nur in einem kurzen Abriß den Zugang zu diesen faszinierenden Gebieten der Biologie erschließen und Hinweise auf die einschlägige Literatur geben.

„Man wird es vielleicht einigermaßen kühn finden, dass gerade ich eine solche Arbeit unternommen habe, da doch Andere – ich brauche sie wohl nicht zu nennen – dazu berufener gewesen wären. Es geschieht in der That auch nicht ohne Bangen, wenn ich damit vor die Oeffentlichkeit trete." Wenn schon A. W. Eichler eine solche Bemerkung im Vorwort des I. Bandes seiner „Blüthendiagramme" für angebracht hielt, so gilt dies noch mehr für uns. Wir meinen aber auch mit Eichler fortfahren zu dürfen: „Doch ermuthigt mich das Bewusstsein, dass das, was ich hier biete, trotz aller Mängel nicht ganz unbrauchbar sein wird."

Bei der Bearbeitung dieses Buches ist uns mancherlei Hilfe zuteil geworden, für die wir aufrichtig danken möchten. An erster Stelle gilt dieser Dank unserer langjährigen Mitarbeiterin, Fräulein Ursula Schultheis, die als Graphikerin die Anfertigung der Abbildungsvorlagen besorgte. Eine Reihe von Abbildungsvorlagen wurde uns bereitwillig von einigen Kollegen zur Verfügung gestellt. Ihnen, den Herren Prof. Dr. H. A. Froebe, Aachen, Dr. W. van Heel, Rijksherbarium Leiden, Prof. Dr. P. Leins, Bonn, Pater Dr. A. Trapp, Gymnasium Mariengarden, Borken, Prof. Dr. St. Vogel, Wien, Frau Dr. Katharina Urmi-König und Herrn Dr. E. Urmi, Ulm bzw. Zürich, möchten wir für diese freundliche Unterstützung herzlich danken. In diesen Dank beziehen wir auch Herrn Dr. U. Hecker, Mainz, ein, der uns einige Originalabbildungen aus Büchern W. TROLLS auslieh, sowie Frau URSULA SPERLING, Mainz, die freundlicherweise die Herstellung geeigneter Abzüge von Negativen aus der Photosammlung W. TROLLS übernahm. Für mannigfache Hilfen, insbesondere bei der Beschaffung von Literatur und Pflanzenmaterial möchten wir Herrn Prof. Dr. H. MERXMÜLLER und Frau Dr. ANNELIESE SCHREIBER sowie Herrn Gartenamtmann J. BOGNER, Botanische Staatssammlung und Botanischer Garten München, unseren Dank sagen. Für hilfreiche Auskünfte und freundliche Kritik danken wir auch Herrn Prof. Dr. D. HARTL, Mainz, Herrn Prof. Dr. D. P. LEINS, Bonn, Herrn Dr. N. MAGIN, Aachen, Herrn Prof. Dr. D. MÜLLER-DOBLIES, Berlin, und Herrn Prof. Dr. O. ROHWEDER, Zürich. Unser Dank gilt ferner den Herren Diplombiologen J. HOPPE und TH. STÜTZEL für das Mitlesen der Korrekturen und Frau CHRISTEL NECKER und anderen Mitarbeitern für die Erstellung des Registers.

In unseren Dank möchten wir Herrn ROLAND ULMER und die Mitarbeiter des Verlages einbeziehen, allen voran Herrn Dr. STEFFEN VOLK, der uns mit sachkundigem Rat und viel Verständnis zur Seite gestanden hat.

Ulm, Januar 1981 F. Weberling

Inhaltsverzeichnis

1 Morphologie der Blüten

1.1 Definition und morphologische Ableitung der Blüte, stammesgeschichtliche Aspekte

Die vergleichend-morphologische Betrachtung der Blüte und ihrer Organe reicht ebenso wie die Vergleichende Morphologie der höheren Pflanzen überhaupt in ihren grundlegenden Ansätzen zurück bis zur Wende vom 18. zum 19. Jahrhundert. Als Ausgangspunkt gilt J. W. VON GOETHES „Versuch die Metamorphose der Pflanzen zu erklären" (1790). „Die geheime Verwandtschaft der verschiedenen äußeren Pflanzenteile, als der Blätter, des Kelchs, der Krone, der Staubfäden, welche sich nacheinander und gleichsam auseinander entwickeln", war zwar nach GOETHES eigenen Worten „von den Forschern im allgemeinen längst erkannt", wurde hier aber zum ersten Male in breiter Form und überzeugend dargelegt. Die Ansicht, die Blütenteile einer Pflanze seien als „modifizierte Blätter" aufzufassen, wurde schon 1768 von C. F. WOLFF geäußert.

Die Erkenntnis, daß die wesentlichen Organe der Blüte – die Kelchblätter, Kronblätter, Staubblätter und Fruchtblätter – Blattorgane sind, ist gleichbedeutend mit der Feststellung, daß die Blüte Sproßcharakter trägt. Dies verdeutlichte GOETHE unter anderem am „Beispiel einer durchgewachsenen Rose", einer Mißbildung, bei welcher der Sproß nach Ausgliederung von Blütenorganen – Kelchblättern und Kronblättern, „deren einige die Spur der Antheren an sich tragen", zu vegetativem Wachstum und zur Bildung gefiederter Laubblätter zurückkehrt (Abb. 1).

Wenn wir von der Blüte als einem Sproß sprechen, so müssen wir freilich berücksichtigen, daß 1. die Blütenorgane – ähnlich wie bei einer vegetativen Blattrosette – dicht gedrängt aufeinanderfolgen, und daß 2. der Vegetationspunkt der Blüte – anders als bei der Laubrosette etwa einer *Echeveria* (Abb. 2 I, II) – mit der Ausbildung der innersten bzw. obersten Blütenorgane sein Wachstum abschließt. Außerdem wissen wir schon, daß 3. die Blattorgane der Blüte einen teilweise recht tiefgreifenden Gestaltwandel erfahren haben. Dabei sind grundsätzlich verschiedene Formationen aufeinanderfolgender Blattorgane zu unterscheiden. Bei einer vollständigen, zwittrigen Blüte (Abb. 2 III) sind dies:

1. Die Organe der **Blütenhülle**, häufig nach **Kelch** und **Krone** unterschieden,
2. Die **Staubblätter**, in ihrer Gesamtheit als **Androeceum**, bezeichnet; jedes Staubblatt gliedert sich in einen kürzeren oder längeren meist fadenförmigen Abschnitt, das **Filament**, und die am Ende sitzende **Anthere**, die im typischen Falle 4 **Pollensäcke** mit den **männlichen Sporen** aufweist (IV).
3. die **Fruchtblätter**, in ihrer Gesamtheit als **Gynoeceum** bezeichnet, welche die **Samenanlagen** umschließen (V).

Die Reihenfolge, in der die einzelnen Organformationen zur Ausbildung gelangen, bleibt stets unverändert. Wir wissen aber schon von eingeschlechtigen oder auch von

Abb. 1. Durchwachsene Rose, nach GOETHE, vollständige Verlaubung der fünf Kelchblätter (aus TROLL).

grünen, unauffälligen Blüten her, daß diese verschiedenen Formationen von Blütenorganen nicht in allen Blüten gleichermaßen anzutreffen sind, sondern daß einzelne oder fast alle auch verkümmern oder gänzlich fehlen können. Eine allgemeingültige Definition der Blüte müßte daher lauten: **ein kurztriebartiger Sproß oder Sproßabschnitt, welcher die der geschlechtlichen Fortpflanzung dienenden und dementsprechend umgebildeten Blattorgane trägt.**

Als die wesentlichen Organe der Blüte sind die Staubblätter und Fruchtblätter anzusehen, die wir auch als Mikrosporophylle und Makro(Mega-)sporophylle bezeichnen und damit den Sporophyllen der Farngewächse (Pteridophyta) und der Nacktsamer (Gymnospermae) gleichsetzen. Wir sind dazu berechtigt, seit WILHELM HOFMEISTER (1851) die grundsätzliche Übereinstimmung zwischen dem Entwicklungsgang der Pteridophyten, der Gymnospermen und der Blütenpflanzen, der Angiospermen, feststellte und nachwies, daß der Sporophyt der Farngewächse dem Vegetationskörper der Samenpflanzen (Spermatophyta: Gymnospermae und Angiospermae) entspricht.

Bei vielen Farngewächsen, namentlich bei den Farnen im engeren Sinne, den Filicatae, unterscheiden sich die nur der Assimilation dienenden Laubblätter (Trophophylle) freilich kaum von den zugleich auch Sporangien tragenden Sporophyllen. Noch weniger ist bei solchen Pflanzen die Ausbildung der Sporophylle auf bestimmte,

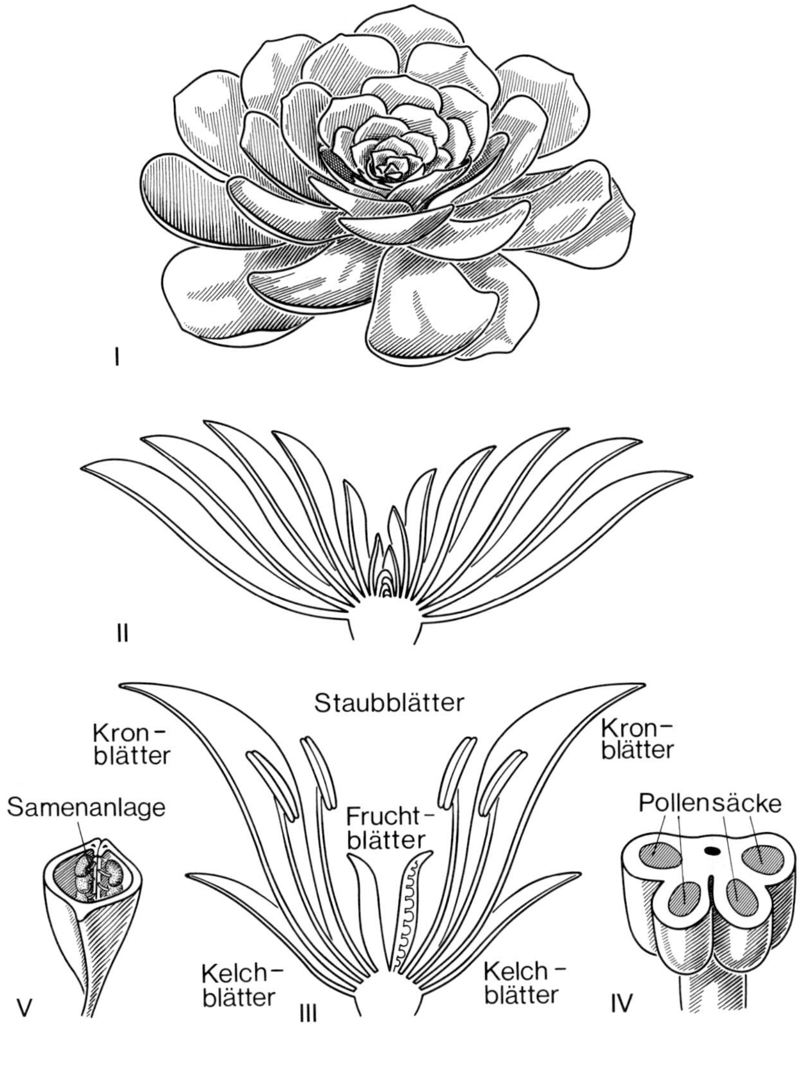

Abb. 2. Der Aufbau der Angiospermenblüte. I, II vegetativer Rosettensproß in Gesamtansicht (I) und im Axialschnitt (II); III Schema eines Axialschnittes durch eine Blüte, IV durch Querschnitt geöffnete Anthere eines Staubblattes, Schema, V durch Querschnitt geöffnetes Fruchtblatt von *Colutea arborescens* (I–II, V nach TROLL).

besonders abgegrenzte Sproßabschnitte beschränkt. Dort, wo gewisse Verschiedenheiten zwischen den sterilen und fertilen Blättern bestehen, wie etwa beim Rippenfarn *(Blechnum spicant)* oder beim Straußfarn *(Matteuccia struthiopteris)*, liefert der Vegetationspunkt häufig im jährlichen Wechsel eine Anzahl steriler und fertiler „Wedel".

Auch bei nicht wenigen Bärlapp-Arten, und zwar bei den Vertretern der Gattung *Huperzia,* zu denen unser Tannenbärlapp *(H. selago)* gehört, bilden die blühenden Sprosse in jährlichem Wechsel jeweils eine Anzahl nadelförmiger Trophophylle und Sporophylle aus, welch letztere sich von den Trophophyllen nur dadurch unterscheiden, daß sie am Grunde ihrer Oberseite je ein großes nierenförmiges Sporangium tragen. Während die Region der Sporophylle hier nicht vom vegetativen Bereich abgesetzt ist und der Sproßscheitel nach der Ausgliederung der Sporophylle wieder zu vegetativem Wachstum zurückkehrt, schließen die Sprosse anderer Bärlappgewächse, so z. B. der Sprossende Bärlapp *(Lycopodium annotinum)* ihr Wachstum mit der Ausbildung zapfenförmiger Sporophyllstände ab, die deutlich gegen den vegetativen Bereich abgegrenzt sind. Bei unserem Kolbenbärlapp (*Lycopodium clavatum,* Abb. 3 III, IV) werden diese Sporophyllstände sogar von einem aufgerichteten, langgestreckten und locker beblätterten **„Podium“** über das kriechende Sproßsystem emporgehoben. Wenn wir unsere vorhin formulierte Definition der Blüte anwenden, so dürfen wir diese Sporophyllstände bereits als „primitive“ Blüten bezeichnen. Bei den Schachtelhalm-Arten (*Equisetum,* Abb. 3 V), den einzigen heute noch lebenden Vertretern der Schachtelhalmgewächse *(Equisetatae),* treten diese primitiven Blüten durch die von der Gestalt der Stengelblätter völlig abweichende Tischchenform der Sporophylle noch deutlicher hervor.

Bei den bisher zum Vergleich herangezogenen Farngewächsen handelt es sich freilich ausnahmslos um isospore Pflanzen. Die Verhältnisse bei den Blütenpflanzen lassen sich jedoch besser mit den „primitiven Blüten“ vergleichen, wie wir sie bei dem gleichfalls zu den Bärlappgewächsen *(Lycopodiatae)* gerechneten Moosfarn (*Selaginella,* Abb. 3 I, II) antreffen. Diese Farnpflanze ist heterospor, d. h. schon die Sporen sind getrenntgeschlechtlich und vor allem durch ihre Größe als Mikro- und Makrosporen unterschieden. Sie werden in besonderen Mikro- und Makrosporangien gebildet, die bei *Selaginella* einzeln dem Grunde der Sporophylle aufsitzen, die wir demnach als Mikro- und Makrosporophylle unterscheiden können. Darüber hinaus stellen die Sporophyllstände von *Selaginella* fast stets „Zwitterblüten“ dar, in denen gewöhnlich auf mehrere basale Makrosporophylle viele Mikrosporophylle folgen; bei hängenden „Blüten“ kann dieses Stellungsverhältnis auch umgekehrt sein. Auch diese Blüten können durch ein mehr oder minder deutliches Podium von den vegetativen Abschnitten der Pflanze abgehoben sein.

Angesichts des hohen Entwicklungsgrades, der mit den „Zwitterblüten“ von *Selaginella* schon innerhalb der Pteridophyten erreicht wurde, und der sich bei den fossilen karbonischen Vertretern dieser Gruppe sogar noch bis zur Samenbildung steigerte, überrascht es eigentlich, daß wir jedenfalls bei den rezenten Gruppen der Gymnospermen durchweg nur eingeschlechtige Sporophyllstände finden. Diese stellen für gewöhnlich Zapfenblüten dar, für die ein weiblicher Zapfen der Palmfarngattung *Encephalarthos (Cycadatae)* und eine männliche Blüte der Eibe (*Taxus baccata, Taxales*) als Beispiel dienen möge. Auch bei diesen Samenpflanzen aber vermissen wir immer noch die auffällige Blütenhülle, welche die Blüten der Angiospermen in so starkem Maße charakterisiert. Bei den männlichen Blüten sehen wir jedoch bisweilen, daß sie im Jugendzustand – ähnlich wie die der Schachtelhalme und Bärlappe – von schuppenartigen Hüllblättern geschützt werden, die den Sporophyllen vorausgehen. Als Beispiele mögen die männlichen Blüten von *Pinus sylvestris* (Abb. 3 VIII) und *Taxus baccata* dienen (Abb. 3 IX). Bei den *Gnetales* bleiben die (offenbar stark rückgebildeten) Blüten beständig von solchen Hüllblättern umgeben.

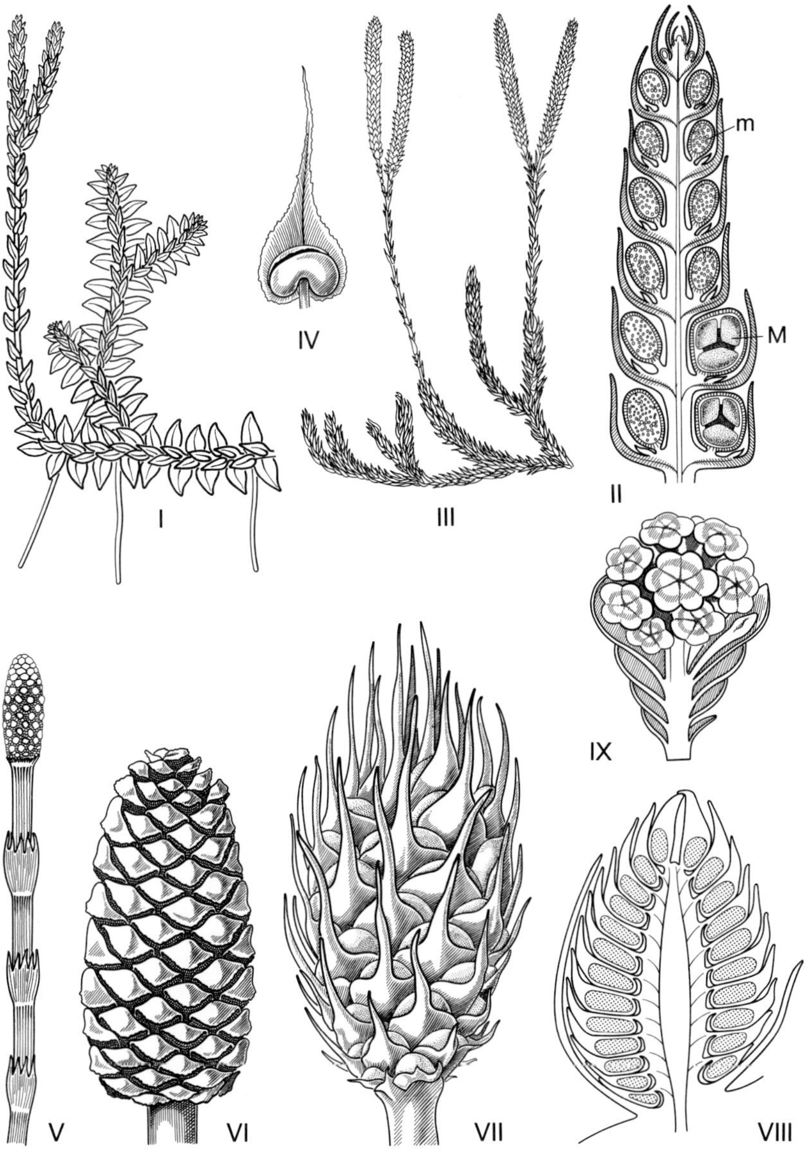

Abb. 3. „Primitive Blüten". I, II *Selaginella helvetica*, I verzweigter Sproß mit zwei jungen Sporophyllständen, II Sporophyllstand im Axialschnitt, M Makro-, m Mikrosporangien. III, IV *Lycopodium clavatum*, III verzweigter Sproß mit Sporophyllständen, IV Sporophyll, Oberseite. V *Equisetum arvense*, fertiler Sproß mit reifem Sporophyllstand. VI *Encephalarthos altensteinii*, männliche Blüte. VII *Macrozamia* spec., weibliche Blüte. VIII *Pinus*, männliche Blüte im Axialschnitt. IX *Taxus baccata*, männliche Blüte; der den Sporophyllen vorausgehende Sproßabschnitt im Axialschnitt. Nach LUERSSEN in RABENHORST (I), TROLL (II, V, VI, VIII), SCHENCK (III, IV), SCHUSTER (VII) und RICHARD (IX), teilw. verändert.

Die Hüllfunktion, welche die den Sporophyllen vorausgehenden Blattorgane in diesen Fällen erfüllen, dürfte auch bei den Angiospermen die erste Aufgabe des Perianths gewesen sein. Man mag auch darin schon einen gewissen Schutz gegenüber tierischen Blütenbesuchern sehen. Die Ausbildung eines lebhaft gefärbten Schauapparates und damit die Erfüllung der Anlockungsfunktion hat sich offensichtlich in Anpassung an die blütenbesuchenden und -bestäubenden Insekten vollzogen und seit der unteren Kreide und vor allem im Tertiär in ständigem Wechselspiel mit der Entwicklung des Insektenstammes zur sprunghaften Entfaltung einer erstaunlichen Formenmannigfaltigkeit bei den Blütenpflanzen geführt. Dieses sowohl Hüllfunktion als auch Schaufunktion ausübende Perianth bestimmt im typischen Falle das Erscheinungsbild der Blüte so maßgeblich mit, daß man ungeachtet des häufigen Auftretens eines unscheinbaren Perianths oder (wohl stets sekundär) gänzlich perianthloser Blüten geneigt ist, das Perianth als wesentlichen Bestandteil der Angiospermenblüte anzusehen.

Dieses Perianth tritt in verschiedener Form auf, nämlich als

a) einfaches Perianth (Perigon), das aus mehr oder minder gleichartigen Gliedern (Tepalen) besteht, die wie bei der Tulpe groß und auffällig gefärbt (corollinisch, petaloid) oder klein, unauffällig und von grünlicher oder bräunlicher Färbung (prophylloid, Binsen) sein können;
b) doppeltes (gegliedertes, heterochlamydeisches) Perianth (Abb. 2 III), das eine Differenzierung aufweist in einen mehr der Hüllfunktion dienenden Kelch (Calyx) und eine Krone (Corolla), deren Glieder durch ihre Größe und lebhafte Färbung mehr für die Anlockung von Bestäubern geeignet sind. Man spricht demgemäß auch von Kelch- und Kronblättern (Sepalen und Petalen).

Schon hier sei erwähnt, daß sowohl die Glieder der gleichen Formation von Blütenorganen seitlich untereinander als auch die Glieder verschiedener Formationen miteinander vereinigt auftreten können. So können etwa die Kelchblätter zu einem glockigen oder anders gestalteten Kelch vereinigt sein oder die Kronblätter zu einer sympetalen Krone, es können z.B. auch Staubblätter der Krone mehr oder weniger weit „angeheftet" sein. Häufig sind solche Organe schon von ihrer Entstehung her, also **kongenital**, miteinander vereinigt. Sie können aber auch später, also **postgenital**, miteinander verwachsen. Derartige Organvereinigungen liefern häufig wichtige Kriterien für die Erkenntnis verwandtschaftlicher Zusammenhänge, so etwa die Vereinigung der Kronblätter bei den „sympetalen" Verwandschaftskreisen oder in ganz besonderem Maße die Vereinigung der Fruchtblätter zu einem einheitlichen Fruchtknoten.

Aus allem was wir bisher besprochen haben, geht hervor, daß wir die Zwitterblüte der Angiospermen als *einachsigen* Sporophyllstand mit Mikro- und Makrosporophyllen betrachten. Man nennt eine solche Blüte ein **Euanthium** und bezeichnet die genannte Betrachtungsweise demgemäß als **Euanthientheorie** (vgl. Abb. 4 I–I' mit II–II').

Dieser Auffassung stehen andere gegenüber, welche behaupten, daß die Angiospermenblüte aus einem komplizierten Achsensystem entstanden sei, das einem Blütenstand mit zahlreichen perianthlosen männlichen und weiblichen Blüten bzw. endständigen Mikro- und Makrosporangien entspräche. Die Angiospermenblüte wäre demnach als ein **Pseudanthium** aufzufassen.

Diese als **Pseudanthientheorie** bezeichnete Ansicht geht auf Wettstein (1901/1935) zurück und hat inzwischen mancherlei Abwandlungen erfahren. Die bekannteste dieser abgeleiteten Theorien ist die von Lam (1948 ff.) aufgestellte Hypothese, wonach man zwischen **phyllosporen** und **stachyosporen** Blüten zu unterscheiden hätte. In dem einen Falle sollen die Sporangien an

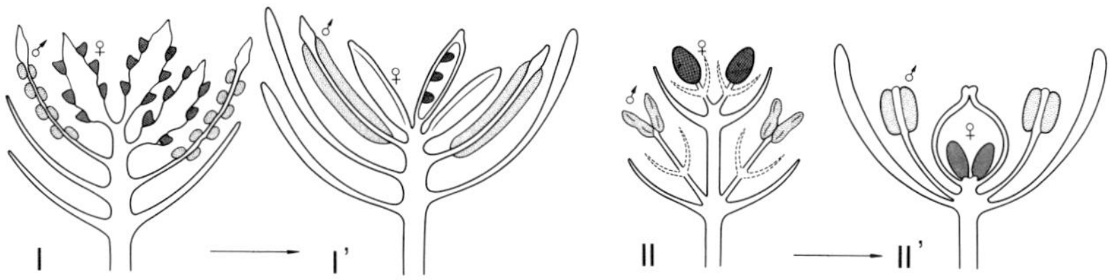

Abb. 4. Schemata zur Ableitung einer zwittrigen Angiospermenblüte (II, II'), nach der Euanthientheorie (I–II) und nach der Pseudanthientheorie (I'–II'). Pollensäcke punktiert, Samenanlagen schwarz; (I, II in Anlehnung an ARBER und PARKIN, I', II' an R. v. WETTSTEINS Ableitung von *Ephedra*; aus STRASBURGER).

den Rändern von Sporophyllen stehen, also **blattbürtig** sein, daher der Ausdruck **phyllospor.** Im anderen Falle sollen die Sporangien nicht an Blattorganen entspringen, sondern direkt an Sproßachsen, also **achsenbürtig** sein. (Der Ausdruck **„stachyospor"** soll aussagen, daß die Sporangien in **Ähren** an der Achse angeordnet sind.) Dies wird besonders für solche Fälle behauptet, in denen ein Zusammenhang zwischen den Sporangien und den sie tragenden Blattgebilden nicht mehr ohne weiteres zu erkennen ist. Das ist nicht selten bei Samenanlagen der Fall, und zwar bei der sogenannten zentralen bzw. basalen Placentation, die wir aber als stark abgeleitete Fälle für die Stellung der Samenanlagen an den Fruchtblättern kennenlernen werden. – Einige dieser Erklärungsversuche, wie die **„Gonophyll-Theorie"** von MELVILLE (1960, 1962, 1963; „Gonophyll" – ein Blattorgan mit einem fertilen Achsenkörper, „Sporangiophor", als epiphyllem Auswuchs) und die „Anthocorm-Theorie" von NEUMAYER (1924) und MEEUSE (vgl. MEEUSE 1972, 1975) muten recht kompliziert an. Diese Versuche stellen gewöhnlich spekulative Konstruktionen dar, die von keineswegs eindeutig interpretierbaren Fossilfunden (z.B. Verwandten der Samenfarne) ausgehend die Struktur und Blütenverhältnisse der rezenten Angiospermen abzuleiten versuchen. (vgl. ferner auch H. H. THOMAS 1931).

Dabei versucht man häufig, die als gleichwertig erachteten Strukturen und Organe an Hand von Ähnlichkeiten in der Verzweigung des Leitbündelsystems zu identifizieren (so bereits HENSLOW 1883, in neuerer Zeit vor allem EAMES 1931, 1951) – vielleicht unter der suggestiven Einwirkung, welche von den eindrucksvollen vergleichenden Untersuchungen der Wirbeltierskelette und ihrer Bedeutung für die Aufklärung der Form- und Stammeszusammenhänge bei den Wirbeltieren ausgeht (vgl. z.B. EAMES 1929: „The skeleton of plants is in some respects – among these, conservatism in change – like the skeleton of animals." Seite 423). Ohne jede Begründung wird dabei eine konservative Rolle des Leitbündelsystems vorausgesetzt und die völlig andersartige Funktion und Entwicklungsweise der Leitgewebe bei den Pflanzen gänzlich außer acht gelassen. AGNES ARBER (1933, Seite 234) bemerkte dazu bereits „that the phylogenetic speculations which have been based on the alleged ‚conservatism' of the vascular strands, can no longer be accepted, and that we must cease treat morphological interpretation as a puzzle-game elaborated by Nature, towards the solution of which she has thoughtfully provided neat little anatomical clues". Auch SCHMID (1972) warnt vor einer unkritischen Verwendung leitbündelanatomischer Befunde: „The only ultimate test is correlation with other lines of evidence" (vgl. auch die Diskussion zwischen ROHWEDER 1967, 1972 u. VAN HEEL 1969). Überhaupt ist die Blattnatur der einzelnen Blütenorgane wiederholt bestritten worden. So erklärten z.B. PAYER (1857), THOMPSON (1929) und HAGERUP (1936, 1939) die Karpelle bzw. die von ihnen umschlossenen Placenten (bei Personatae) als Achsenbildungen. („The placentae are direct continuations of the floral axis", HAGERUP 1939, Seite 36). GREGOIRE (1931, 1935, 1938) meinte die Homologie der Blüte mit einem vegetativen Sproß auf Grund histologischer Untersuchungen verneinen zu müssen. Die Blütenvegetationspunkte (wie auch die Infloreszenzscheitel) sollen nämlich keine Gliederung in Tunica und Corpus erkennen lassen und damit im Gegensatz zu den vegetativen Achsenscheiteln stehen (vgl. dazu auch PLANTEFOL 1948, BUVAT 1952).

GREGOIRE behauptete daher, die Blütenorgane seien „Organe sui generis" und überhaupt nicht mit anderen Organen der Pflanze zu homologisieren. Die Veränderungen, die sich beim Übergang zur reproduktiven Region in der Struktur des Achsenscheitels erkennen lassen, fügen sich jedoch ohne weiteres in unser heutiges Bild von der Zonierung des Sproßscheitels ein (vgl. dazu ROHWEDER 1963).

1.2 Stellungs- und Symmetrieverhältnisse in der Blüte

Abgesehen von der Form der Blütenorgane bestimmen auch ihre Anzahl und Anordnungsweise in hohem Maße das Erscheinungsbild der Blüte. Sie stellen zudem teils in ihrer Konstanz, teils durch das Auftreten mehr oder minder kontinuierlicher Abwandlungsreihen wichtige Kriterien für die Systematik dar.

Ebenso wie die Laubblätter in der vegetativen Region können auch die Blütenorgane – und zwar in jeder der einzelnen Formationen – **schraubig (azyklisch)** oder **in Wirteln (zyklisch)** angeordnet sein. Namentlich, wenn die Organe an einer (noch) mehr oder minder langgestreckten Achse stehen und die Zahl der Organe in den einzelnen Formationen (noch) nicht fixiert ist und eventuell sogar (noch) Übergangsbildungen zwischen den Formationen auftreten, wird die schraubige Stellung als „ursprünglich" (primitiv) angesehen, was im Hinblick auf die Ableitung der Blüte und ihre Deutung als „metamorphosierter Sproß" durchaus konsequent ist. Tatsächlich finden wir diese Anordnungsweise gehäuft bei Vertretern der Magnoliales und Dilleniales, die auch in anderen Merkmalen primitive Züge zeigen. Andererseits ist nicht zu übersehen, daß bei anderen gleichfalls als verhältnismäßig ursprünglich angesehenen Vertretern dieser Verwandtschaftskreise das Auftreten zwei- oder dreizähliger Wirtel die Regel ist.

Nicht selten findet innerhalb der Blüte von der einen zur anderen Formation ein Wechsel von der azyklischen zur zyklischen Stellung der Organe statt – solche Blüten nennt man **hemizyklisch**.

1.2.1 Blütendiagramme

Am besten lassen sich Zahl und Stellungsverhältnisse der Blütenorgane darstellen und vergleichen, wenn man einen schematischen Grundriß der Blüte, ein **Blütendiagramm** entwirft. Dabei werden die einzelnen Elemente der Blüte durch schematisierte Querschnittsfiguren in ihrer Stellung zueinander auf eine Ebene projiziert. Einen solchen Blütengrundriß kann man schon dadurch erhalten, daß man einen Querschnitt durch eine junge Blütenknospe anfertigt, wie dies für die Abb. 5 I bei der Tulpe geschehen ist. Man kann aber auch eine Blüte so präparieren, daß man alle Organe in ihren seitlichen und radialen Abständen genau zu registrieren vermag. Bei wirteliger Anordnung trägt man dabei die Blätter der einzelnen aufeinanderfolgenden Wirtel in ihrer gegenseitigen Position auf eine Folge konzentrischer Kreise auf, welche die einzelnen Knoten symbolisieren. Bei schraubiger Anordnung der Blütenorgane trägt man die einzelnen Symbole auf eine Spirale auf, welche der genetischen Spirale entspricht. Kreise oder Spirallinien werden freilich beim Druck der Diagramme gewöhnlich weggelassen, so auch bei den in Abb. 14 II, IV als Beispiele für azyklische Blüten wiedergegebenen Diagrammen von *Magnolia stellata* und *Calycanthus*.

Der in Abb. 5 I wiedergegebene Querschnitt durch die Blütenknospe der Tulpe zeigt zwei aufeinanderfolgende Wirtel von je drei Perigonblättern, innerhalb davon stehen sechs Staubblätter, die zwei dreizähligen Wirteln angehören. Die drei Frucht-

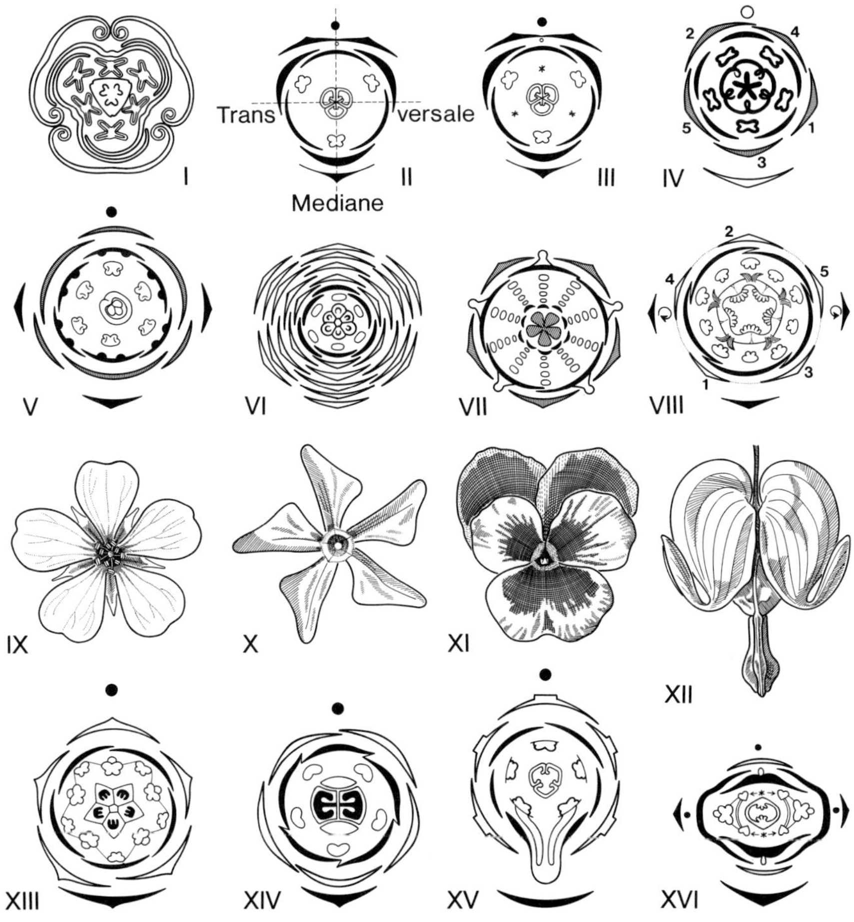

Abb. 5. Blütendiagramme. I *Tulipa gesneriana*, Querschnitt durch eine Blütenknospe, schematisch, zugleich empirisches Blütendiagramm. II, III *Iris*, empirisches (II) und theoretisches Diagramm, im Diagramm II ist die Medianebene und die Transversalebene der Blüte angegeben; IV *Aldrovandia vesiculosa*, die arabischen Zahlen geben die Deckungsweise und die „genetische Spirale" der Kelchblätter an; V *Berberis vulgaris*, VI *Sychnosepalum paraense*, VII *Aquilegia vulgaris;* VIII *Carica papaya*, IX u. XIII *Geranium (pratense)*, Blüte von oben (IX) und Blütendiagramm (XIII); X u. XIV *Vinca minor* desgl., XI u. XV *Viola tricolor*, desgl.; XII u. XVI *Dicentra spectabilis*, Blüte in Flächenansicht (XII) und im Diagramm (XVI). Nach TROLL (I, IX–XII) und EICHLER (übrige), teilw. verändert.

blätter des Gynoeceums sind in ihrem die Samenanlagen bergenden Bereich zu einem einheitlichen dreifächerigen Fruchtknoten (Ovar) vereinigt.

Ein solches Diagramm, welches die Stellungsverhältnisse der Blattorgane in der Blüte unverändert wiedergibt, heißt ein **empirisches Diagramm.** Von dem empirischen Diagramm müssen wir das **theoretische Diagramm** unterscheiden. Wir können diese Unterscheidung und die Bedeutung des theoretischen Diagramms recht gut am Beispiel der *Iridaceae* erläutern, deren in Abb. 5 II wiedergegebenes Blütendiagramm unter anderem auch für den Krokus gilt, der in seiner äußeren Blütenform der Tulpe in manchem ähnelt. Das gleichfalls empirisch gewonnene Diagramm zeigt denn auch ein Perianth aus zwei dreizähligen Wirteln. Auf diese folgen aber nur drei Staubblätter, und nicht, wie bei der Tulpenblüte, sechs. Die fertilen Abschnitte der drei Fruchtblätter sind auch hier zu einem dreifächerigen Ovar verwachsen.

Für Blüten mit wirteliger Anordnung der Organe gibt es nun zwei Regeln:

1. **Die Alternanz-Regel** besagt, daß die Blätter zweier aufeinanderfolgender Wirtel in der Weise miteinander abwechseln, daß sie – wie man sagt – „auf Lücke stehen“ oder – anders ausgedrückt – miteinander **alternieren.**
2. Die Regel der **Äquidistanz** sagt, daß der Divergenzwinkel zwischen den Blattorganen eines und desselben Wirtels stets gleich ist; die Blätter treten also im gleichen Abstand voneinander auf.

Abweichungen von diesen Regeln bedürfen stets einer besonderen Erklärung. Bei dem Blütendiagramm der Iridaceen müßten nun die Fächer des Ovars und somit die drei Fruchtblätter mit den drei Staubblättern als dem vorausgehenden Wirtel alternieren. Da dies nicht der Fall ist, darf man annehmen, daß ein Staubblattkreis, und zwar der innere, sekundär verlorengegangen ist. Diese Annahme bestätigt sich durch andere vergleichende Untersuchungen. In seltenen Ausnahmefällen treten sogar noch einzelne Glieder des ausgefallenen Staubblattkreises in Erscheinung. Wir dürfen demnach, um die Gestaltbeziehungen zwischen dem Blütendiagramm der Tulpe bzw. der *Liliaceae* und dem der *Iridaceae* zu verdeutlichen, die ausgefallenen Staubblätter im Iridaceen-Diagramm durch entsprechende Symbole andeuten, wie dies in Abb. 5 III geschehen ist. Ein solches Diagramm, das also auch nicht unmittelbar erkennbare Fakten wiedergibt, und somit eine **Deutung** enthält, nennt man ein **theoretisches Diagramm.**

Auch die laterale Vereinigung von Blütenorganen und andere Eigenschaften kann man im Blütendiagramm zur Darstellung bringen (Abb. 5 VIII, XIV, XVI).

Bei den meisten Blüten sind alle Blütenorgane in Quirlen angeordnet. Nur der Kelch bildet sehr häufig eine Ausnahme. Namentlich trifft dies für den fünfzähligen Kelch zu, bei dem sich in der Stellung der Kelchblätter, bisweilen auch in ihrer Form, noch sehr häufig die $^2/_5$-Spirale erkennen läßt (Abb. 5 IV). Wir bezeichnen diese Stellung als **quincuncial** oder sprechen auch von der **Quincunx** des Kelches.

Bei den zyklischen (bzw. hinsichtlich des Kleches auch hemizyklischen) Blüten finden wir sehr häufig eine Gliederung in je einen Kreis von Kelch- und Kronblättern, zwei Staubblattkreise und einen Wirtel von Fruchtblättern (Abb. 5 VIII). Solche aus fünf Quirlen sich aufbauenden Blüten nennt man **pentazyklisch.** Häufig sind auch **tetrazyklische** Blüten mit nur einem Staubblattkreis (Abb. 5 IV, XIV). Man spricht bei zwei Staubblattkreisen auch von einer **diplostemonen,** bei einem Staubblattkreis von einer **haplostemonen** Blüte. Die Zahl der Wirtel in den einzelnen Organkreisen kann aber auch sehr viel höher sein. So besteht der Kelch bei der Berberitze (*Berberis vulgaris,* Abb. 5 V) aus zwei dreizähligen Wirteln, bei der engverwandten *Mahonia* aus drei. Bei der gleichfalls zu den *Berberidaceae* gehörenden Sockenblume *(Epimedium)* folgen fünf zweizählige Kelchblattwirtel aufeinander, bei *Nandina domestica,* gleichfalls einer Berberidacee, sind es sieben dreizählige Kelchblattwirtel und bei *Sychnosepalum paraense* (*Menispermaceae,* Abb. 5 VI) 9 fünfzählige Wirtel! Ähnlich steht es etwa mit den Staubblattwirteln bei den *Lauraceae,* wo wir oft vier dreizählige Kreise fruchtbarer und noch einen Kreis verkümmerter Staubblätter finden, oder bei der Akelei *(Aquilegia vulgaris)* mit 8 oder 10 fertilen und zwei sterilen fünfzähligen Wirteln (Abb. 5 VII). Beispiele für mehrere aufeinanderfolgende Wirtel von Fruchtblättern sind der Granatapfel (*Punica granatum,* Abb. 19 V) und die Nabelorange (*Citrus sinensis* var.).

Im Bereich des Androeceums ist die Regel der alternierenden Aufeinanderfolge der Wirtel oft in der Weise durchbrochen, daß der äußere Staubblattkreis vor den Kronblättern steht. Über diese sog. **Obdiplostemonie** und ihr Zustandekommen vgl. Seite 139 und Abb. 5 XIII.

Die Zahl der Glieder kann – wie etwa bei der Akelei (Abb. 5 VII) – in den aufeinanderfolgenden Wirteln in allen Organformationen die gleiche sein, sie muß es aber nicht. Namentlich das Gynoeceum umfaßt oft sehr viel weniger Glieder als die übrigen Blütenkreise, so etwa finden wir bei den Berberidaceen (Abb. 5 V) stets nur ein Fruchtblatt. Blüten mit **gleichzähligen** (**isomeren**) Quirlen heißen **isozyklisch** (**euzyklisch**), solche mit ungleichzähligen (**heteromeren**) Quirlen nennt man **heterozyklisch.** Man spricht auch von **polymeren** Wirteln (oder von Polymerie), wenn die Zahl der Glieder vermehrt, von **oligo-** oder gar von **monomeren** Wirteln, wenn die Zahl der Glieder verringert oder sogar auf eins beschränkt ist.

Bei der Aufeinanderfolge heteromerer Quirle ist häufig noch zu erkennen, ob es sich um typische Heteromerie handelt, oder ob sie erst sekundär durch Verlust einzelner Organe oder durch Organvermehrung zustande gekommen ist. Selbstverständlich kann in solchen und anderen Fällen das Studium der Blütenentwicklung wichtige Aufschlüsse geben.

Für den Fall solcher „sekundär" entstandener Heteromerie gilt die Regel, daß das theoretische Diagramm die normale Alternation der Wirtel zeigt (allerdings können Verschiebungen zwischen den einzelnen Gliedern auftreten).

Bei „typischer" Heteromerie gilt nach Eichler (1875, Seite 12) die Regel, daß sich die Quirle im allgemeinen so stellen, daß eine möglichst gleichmäßige, der Alternation angenäherte Verteilung zustande kommt, und die Blütensymmetrie dabei möglichst wenig beeinträchtigt wird. Man kann sagen, daß die neuen Anlagen dort entstehen, „wo am meisten Platz ist", bzw. wo sie am wenigsten von den benachbarten Anlagen – sei es durch deren Größenzunahme, sei es durch korrelative Hemmung – beeinträchtigt werden (auch: Hofmeistersche Regel).

Da es sich bei den in Diagrammen darzustellenden Blüten häufig um seitlich an einer Hauptachse stehende Blüten handelt, pflegt man in das Diagramm auch die **Abstammungsachse** und das betreffende Tragblatt der Blüte einzufügen, und zwar so, daß das **Tragblatt** unter und die Abstammungsachse über der Blüte eingetragen wird.

Zur Orientierung in einem Blütendiagramm bedient man sich folgender Bezeichnungen:

Die durch die Blüten- und die Abstammungsachse gelegte, das Tragblatt in zwei spiegelbildlich gleiche Hälften teilende Ebene nennt man die **Medianebene**, kurz auch **Mediane** (Mittelebene). Die zu ihr senkrecht stehende, Ober- und Unterseite der Blüte trennende Ebene heißt **Transversalebene** (**Transversale**). Die Stellung von Organen im Bereich der Medianebene nennt man auch **median**, die Anordnung in der Transversalebene **transversal. Oben**, **hinten**, heißt der Abstammungsachse zugekehrt, **vorn**, **unten** heißt dem Tragblatt zugekehrt.

Bei der Darstellung eines Blütendiagramms muß man auch die **Vorblätter** berücksichtigen, sofern solche ausgebildet sind oder zumindest bei verwandten Pflanzen auftreten, so daß sie dann im theoretischen Diagramm einzutragen sind.

Es darf wohl als bekannt vorausgesetzt werden, daß die Beblätterung von Seitensprossen sehr häufig mit ein oder zwei durch Form und Stellung gegenüber den anderen Blättern ausgezeichneten Blattorganen, den **Vorblättern**, beginnt. Sofern es sich – wie bei den meisten Dikotylen – um zwei Vorblätter handelt, finden sich diese gewöhnlich in transversaler Stellung, das heißt seitlich von der durch die Symmetrie-Ebene des Tragblattes gegebenen, zugleich die Längsachsen des Haupt- und Seitensprosses in sich aufnehmenden Median-Ebene. Sie können auf gleicher Höhe inseriert sein und einen zweizähligen Wirtel bilden, es kann zwischen ihnen aber auch ein mehr oder minder deutliches Internodium ausgebildet sein. Sofern erkennbar ist, welches der beiden Vorblätter das ältere ist, wird das ältere als α-, das jüngere als **ß-Vorblatt** bezeichnet. Die aufeinanderfolgenden Internodien nennt man **Hypopodium, Mesopodium** und **Epipodium** (Abb. 112 II). Bei den Monokotylen hingegen steht das meist nur in Einzahl auftretende Vorblatt häufig nicht seitlich, sondern auf der dem Hauptsproß zugewandten Seite des Seitentriebes bzw. der Blüte. Bei diesem sogenannten **„adossierten Vorblatt"** handelt es sich nicht selten um ein Verwachsungsprodukt aus zwei Blattorganen.

1.2.2 Anschluß und Einsatz der Blüte

Auch für die Stellung der Blütenorgane im Verhältnis zu Tragblatt und Abstammungsachse gibt es bestimmte Regeln, die phytographisch und systematisch von einem gewissen Wert sein können. Unter Umständen können die Stellungsverhältnisse Hinweise auf ursprünglich vorhandene später aber reduzierte Vorblätter geben. Wir wollen hier nur einige Beispiele aufführen, um das Grundprinzip zu erläutern; für weitere Einzelfälle vergleiche man die Ausführungen bei EICHLER (1875, Seite 25 ff.). Man muß unterscheiden:

1. Stellung der Blütenorgane im Anschluß an ein oder zwei Vorblätter: „Anschluß der Blüte" und
2. Stellung der Blütenorgane beim Fehlen von Vorblättern: „Einsatz der Blüte".

1. **Anschluß der Blütenorgane.** Bei *einem* einzigen Vorblatt und schraubiger Stellung eines dreizähligen Kelches (bzw.Perigons) liegt das erste Glied dem Vorblatt stets ungefähr gegenüber.

   Bei adossiertem Vorblatt und dreigliedriger Blüte steht demgemäß das erste Blatt der Blüte median nach vorn (Abb. 6 I, II; z.B. *Iridaceae*). Bei seitlicher Stellung des Vorblattes verschiebt sich der ganze Zyklus um einen entsprechenden Winkel (Abb. 6 III, IV); in dem in Fig. IV angenommenen Falle eines in der Stellung um 90° vom Tragblatt divergierenden Vorblattes rückt allerdings primär oder sekundär eins der Glieder in die Mediane ein, so daß entweder das zweite Blatt vor der Abstammungsachse zu stehen kommt *(Lilium)* oder das dritte Glied über dem Tragblatt liegt: *Hemerocallis, Scilla* (Abb. 6 V). – Bei einem Anschluß echter Quirle an ein einziges Vorblatt, wofür nur Fälle mit adossiertem Vorblatt in Betracht kommen, findet man stets ein Glied, das vordere oder das hintere, in medianer Stellung.

   Schließt sich ein Kelch in einer $^2/_5$-Schraube (nur bei Dikotylen) an ein einzelnes seitliches Vorblatt an und ist dieses Vorblatt wirklich typisch einzeln, und nicht etwa das zweite Vorblatt nur unterdrückt, so findet man entweder, daß das erste Kelchblatt gleichfalls mit einer Divergenz von $^2/_5$ an das Vorblatt anschließt, wobei die genetische Spirale gewissermaßen „hinten", zwischen der Blüte und der Abstammungsachse herumläuft, was man als **opistodrom** („hintumläufig") bezeichnet (Abb. 6 VII), oder das erste Kelchblatt steht dem Vorblatt diametral gegenüber, wobei die genetische Spirale vom Vorblatt aus „vorne" herumläuft, was man als **emprostodrom** („vornumläufig") bezeichnet (Abb. 6 VI).

   Für den Fall des Anschlusses an *zwei* Vorblätter wollen wir hier nur den Anschluß eines nach $^2/_5$-Stellung angeordneten Kelches betrachten; dabei steht in der Regel eines der Kelchblätter

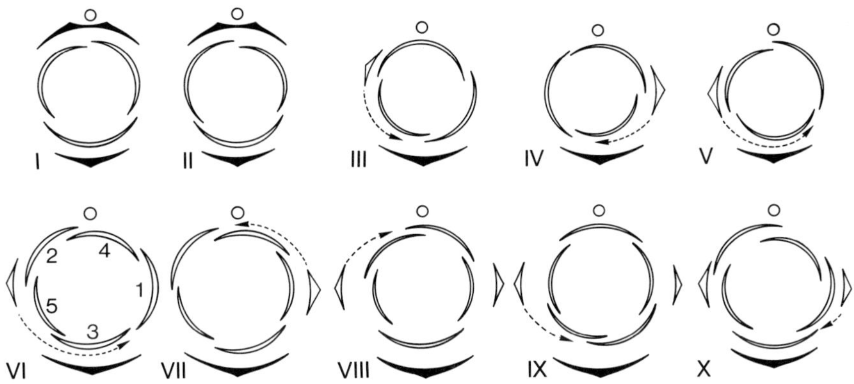

Abb. 6. Anschluß der Blütenorgane, I, II bei adossiertem Vorblatt und dreigliedriger Blüte, III, IV bei seitlicher Stellung des Vorblattes und dreigliedriger Blütenhülle, in V Verschiebung des 3. Perianthgliedes in die Mediane nach vorn, vornumläufiger Anschluß (Pfeil). VI–X Anschluß einer fünfgliedrigen Blütenhülle an ein seitliches Vorblatt (VI vornumläufig, VII hintumläufig) und an zwei seitliche Vorblätter (VIII–X), bei vielen Leguminosen fällt das 1. Kelchblatt median nach vorn (X), weitere Erläuterungen im Text. Nach EICHLER, etwas verändert.

median und das erste Kelchblatt dem ß-Vorblatt schräg gegenüber. Auch hier kann man eine vom ß-Vorblatt schräg nach hinten um die Blüte herumlaufende genetische Spirale, also hintumläufige Blüten (Abb. 5 VIII; *Lobeliaceae*), von einer vorn herumlaufenden Spirale unterscheiden, bei der das erste Kelchblatt schräg nach vorn, das zweite median nach hinten gerichtet ist (Abb. 5 IX). Dieser Fall, der vornumläufigen Blüten, stellt das gewöhnliche Verhalten bei Dikotylen mit 5zähligen Blüten dar. Eine der hintumläufigen Anordnung in Fig. VIII ähnliche Position findet sich bei vielen Leguminosen (X). Hier liegt das 1. Kelchblatt nicht dem ß-Vorblatt schräg gegenüber, sondern median nach vorn (vornumläufig).

2. **Einsatz der Blüte bei Fehlen von Vorblättern.** Fehlen die Vorblätter typisch, so gilt die Regel, daß die beiden ersten Blütenglieder sich möglichst so stellen, wie es zwei Vorblätter zu tun pflegen, wonach sich die Stellung der übrigen Teile von selbst ergibt. Beruht das Fehlen beider Vorblätter oder eines derselben nur auf Unterdrückung, so erfährt der Anschluß der Blüte durch das Fehlen gewöhnlich keine Änderung, gibt also das gleiche Bild wie bei der typischen Vorblattzahl. So weist z. B. die mediane Stellung eines zweigliedrigen Kelches gewöhnlich darauf hin, daß die ursprünglich vorhandenen Vorblätter rückgebildet sind.

1.2.3 Knospenlage und Knospendeckung

Schon bei der Erörterung des Anschlusses der äußeren Blütenorgane an die Vorblätter zeigte sich, daß man die genetische Aufeinanderfolge der Blattorgane ähnlich wie bei Laubknospen oft daran erkennen kann, daß die Ränder der älteren Blätter die der jüngeren überdecken. Diese **Knospendeckung (Ästivation, Präfloration)** kann somit – namentlich bei den mit 2/5-Divergenz aufeinanderfolgenden Blättern des quincuncialen Kelches – Rückschlüsse auf die Entstehungsfolge der Blattorgane erlauben, doch ist dies bei weitem nicht immer der Fall (vgl. hierzu unter anderem: REINSCH 1927 und SCHOUTE 1935). Vor allem aber ist die **Knospendeckung der Kronblätter** in ihren verschiedenen Formen oft für große Verwandtschaftskreise charakteristisch.

Dabei ist zu beachten, ob die Blattorgane sich mit ihren Rändern

1	2	3
nicht erreichen,	nur berühren	oder übereinander greifen;

demgemäß unterscheidet man als Formen der Knospendeckung:

offen (apert),	klappig (valvat),	dachziegelig (imbrikat).

Offen ist die Knospendeckung bei den *Rhamnaceae,* klappig bei den *Cornaceae* oder beim Flieder *(Syringa).*

Die **imbrikate** Deckungsweise kann in verschiedener Form ausgeprägt sein

1. quincuncial (Abb. 7I; häufig bei Kelchen; *Saxifraga granulata,* Krone)
2. contort (gedreht)
   linksgedreht (Abb. 7IV; *Vinca, Oxalis acetosella* u. a.)
   rechtsgedreht (Abb. 7V; *Convolvulaceae, Gentianaceae*)
   Die Drehungsrichtung kann innerhalb eines Blütenstandes wechseln *(Malvaceae).*
3. cochlear („löffelartig"),
   bei dieser häufigen Deckungsweise 5zähliger Blumenkronen liegt stets ein Blatt ganz außen, eines ganz innen, die drei übrigen halb außen, halb innen; dabei kann das innerste Blatt unmittelbar an das äußerste anschließen, man nennt dies **vicinal-cochlear** oder **paratact** (Abb. 7VI; *Drosera, Jasminum, Pittosporum*), es kann auch um ein weiteres Blatt von diesem entfernt liegen: **distal-cochlear** oder **apotact** *(Primula)*; zwei wichtige Formen bei medianer Position des innersten Blattes sind:
   cochlear aufsteigend (Abb. 7II, VIII; *Caesalpiniaceae*),
   cochlear absteigend (Abb. 7III, VII; *Papilionaceae*).

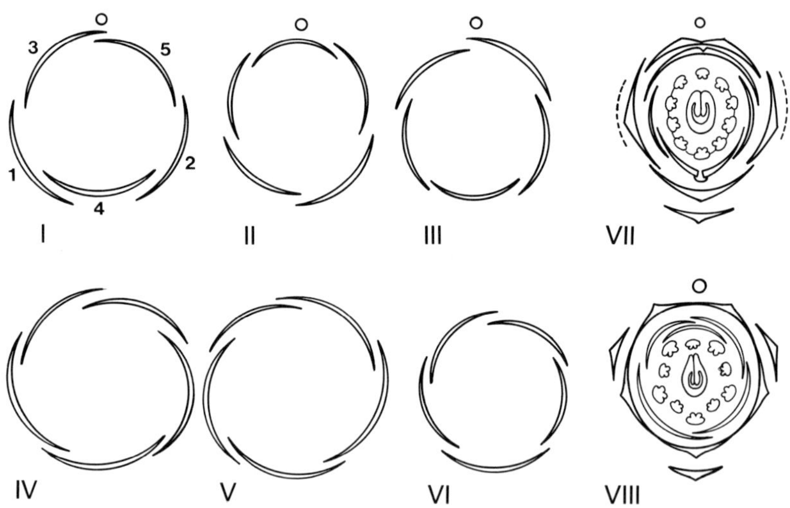

Abb. 7. Formen der Knospendeckung bei imbrikater Deckungsweise. I quincuncial, II cochlear aufsteigend, III cochlear absteigend, IV, V contort, linksgedreht (IV), rechtsgedreht (V), VI vicinal-cochlear (paratact). VII Blütendiagramm von *Vicia, Papilionaceae* (cochlear absteigend), VIII Blütendiagramm von *Cercis, Caesalpiniaceae* (cochlear aufsteigend). Nach EICHLER.

Betrachten wir noch einmal den in Abb. 5 I wiedergegebenen Querschnitt durch die Knospe einer Tulpenblüte, so können wir daran außer der valvaten Knospendeckung des äußeren und der imbrikaten des inneren Perigonwirtels feststellen, daß auch jedes der einzelnen Blattorgane für sich eine besondere Lage in der Blütenknospe einnimmt, ähnlich wie es bei den Blattorganen einer Laubknospe der Fall ist. Hier bei der Tulpe sind die Ränder der äußeren Tepalen nach innen eingerollt, in anderen Fällen sind die Blätter zurückgerollt, ein- oder mehrfach gefaltet usw. Wir fassen diese Verhältnisse unter dem Begriff der **Knospenlage** oder **Vernation** zusammen. Einige in Blüten oder auch in Laubknospen auftretende Formen der Knospenlage sind in Abb. 8 zusammengefaßt. Nicht selten halten Blütenorgane auch nach der Öffnung der Blüten in mehr oder minder starkem Ausmaß an ihrer Knospenlage fest. Verknüpft sich eine solche oft nur ganz partielle Entfaltungshemmung mit der bevorzugten Längen- oder Breitenentwicklung anderer Kronabschnitte, so können sich schon daraus sehr komplizierte Blütengestalten ergeben, so etwa bei den „Fensterblüten" von *Ceropegia*-Arten (vgl. Seite 85 ff.).

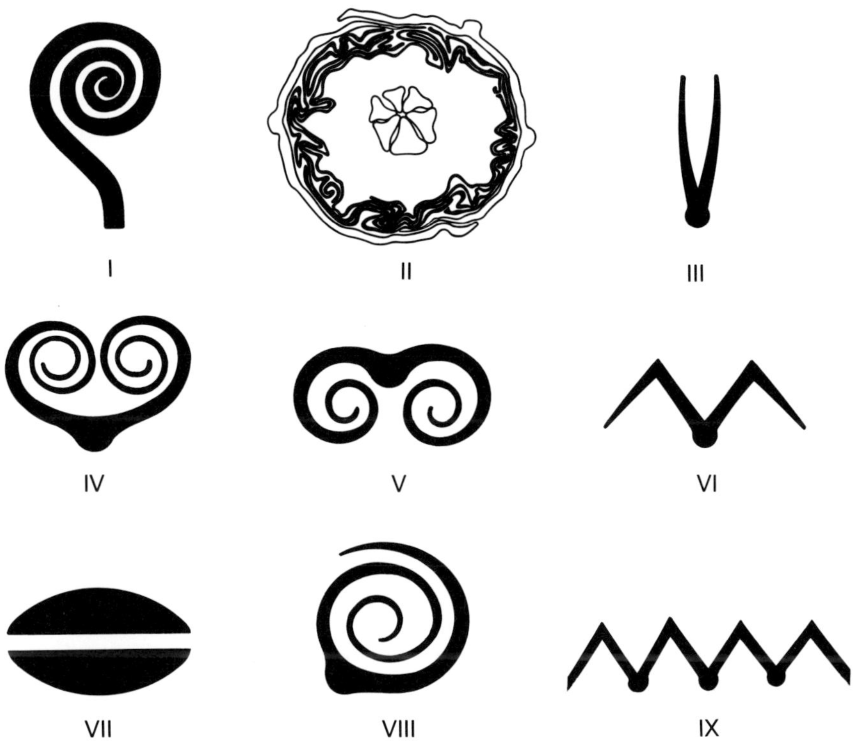

Abb. 8. Formen der Knospenlage (Vernation). I circinat (manche Staubblätter), II korrugativ (*Papaver*, auch *Cistus* u.a.), III duplikativ, IV involutiv *(Syringa)*, V revolutiv, VI reduplikativ, VII plan (flach, *Mesembryanthemaceae*), VIII convolutiv, IX plikativ.

1.2.4 Symmetrieverhältnisse

Die Blütendiagramme lassen bisweilen noch deutlicher als die Blüten selbst eine regelmäßige Wiederholung gleichartiger oder ähnlicher Bauelemente in einer bestimmten Ordnung, also eine **Symmetrie** erkennen.

Zum Nachweis dieser „geordneten Wiederholung gleichartiger oder ähnlicher Bauglieder" dienen die sogenannten **Deckoperationen**, nämlich die **Translation**, die **Drehung** und die **Spiegelung**. Demgemäß unterscheidet man zwischen Translationssymmetrie, Drehsymmetrie und Spiegelsymmetrie. – **Translationssymmetrie** liegt vor, wenn sich gleichartige Elemente entlang einer Geraden wiederholen, die man Translationsachse nennt. Die entsprechende Deckoperation besteht hier in einer Verschiebung des Musters entlang der Translationsachse, bis die gleichartigen Elemente des Musters wieder miteinander zur Deckung kommen. In der Blüte zeigt sich Translationssymmetrie in der Aufeinanderfolge der einzelnen Blütenorgane entlang der Blütenachse – mehr jedoch als diese longitudinale Symmetrie interessiert bei der Blüte die laterale Symmetrie in Form der Drehsymmetrie und der Spiegelsymmetrie. **Drehsymmetrie** liegt vor, wenn die gleichartigen Bauelemente durch Schwenkung um eine durch das „Symmetriezentrum" der betreffenden Konfiguration verlaufende (Dreh-)Achse zur Deckung gebracht werden können, so etwa bei der Blüte bzw. dem Blütendiagramm von *Vinca minor,* dem Immergrün (Abb. 5 X, XIV), jeweils durch eine Drehung um 72°. – Bei der **Spiegelsymmetrie** verhalten sich die Bauelemente zueinander wie Bild und Spiegelbild. Sie können dann durch „Umklappen" um eine „Spiegelachse" zur Deckung gebracht werden, bzw. durch Spiegelung an einer die Spiegelachse einschließenden, senkrecht auf der betreffenden Konfiguration stehenden **„Spiegel-"** oder **„Symmetrieebene"**. Im Blütendiagramm der Tulpe (Abb. 5 I) gibt es drei, im Blütendiagramm der Akelei (Abb. 5 VII) fünf solcher Symmetrieebenen, diese Blüten bezeichnet man daher auch als drei- bzw. fünfzählig. In diesen beiden Fällen kann als Deckoperation sowohl die Spiegelung als auch die Drehung um 120° bzw. 72° angewendet werden; nicht so bei der Blüte von *Vinca minor,* deren Kronblätter zwar ebenfalls regelmäßig einen Winkel von 72° einschließen, selbst aber asymmetrisch gestaltet sind, so daß nur die Drehung als Deckoperation in Frage kommt. – Bei **azyklischen Blüten** reicht eine einfache Drehung (oder Spiegelung) als Deckoperation nicht aus, sie muß vielmehr mit der Translation entlang der Blütenachse kombiniert werden.

Nach den Symmetrieverhältnissen unterscheiden wir:

1. **Radiärsymmetrische** oder **strahlige** (radiäre, aktinomorphe) Blüten; sie weisen mehr als zwei Symmetrieebenen auf (Tulpe, Akelei u. a.; vgl. Abb. 5 I, IV, VI bis VIII, IX und XIII);
2. **Disymmetrische** (**bilaterale**) Blüten; sie besitzen nur zwei Symmetrieebenen, wie die Blüte von *Dicentra spectabilis* (Abb. 5 XII, XVI);
3. Eine **zygomorphe** (**dorsiventrale**, monosymmetrische) Ausbildung der Blüten ist weithin für plagiotrop orientierte Seitenblüten charakteristisch; bei diesen gibt es nur eine Symmetrieebene, weil Ober- und Unterseite der Blüte verschieden ausgebildet sind, so etwa beim Stiefmütterchen (Abb. 5 XI, XV) oder bei Lippenblüten (Abb. 42 I). Nicht selten besteht die Zygomorphie allein in einer von der radiären Anordnung abweichenden Orientierung der Perianthglieder oder einer Aufkrümmung der Staubblätter und Griffel, die gewöhnlich durch Schwerkrafteinfluß induziert sind. Bekannte Beispiele dafür sind die Blüten des Schmalblättrigen Weidenröschens (*Epilobium angustifolium,* Abb. 9 I). Gelegentlich können sich damit auch Verschiedenheiten in der Zeichnung von Perianthblättern, wie z. B. bei *Gladiolus byzantinus* (Abb. 9 III), oder Größenunterschiede verbinden, letzteres etwa beim Diptam, *Dictamnus albus* (*Rutaceae*, Abb. 9 VII), oder bei *Antholyza aethiopica* (*Iridaceae,* Abb. 9 V), bei denen jeweils das in der Mediane stehende

Perianthglied – beim Diptam das untere, bei *Antholyza* das obere – stark vergrößert ist. Gemeinsam ist all diesen Erscheinungen, daß sie an seitlich stehenden Blüten auftreten und die Abänderung der Radiärsymmetrie bei Wegfallen des Schwerkrafteinflusses – etwa durch frühzeitige aufrechte Orientierung der Blüten – unterbleibt (II, IV, VI). Unter den Polemoniaceen weicht die Gattung *Loeselia* durch eine zygomorphe Orientierung der Krone und der Staubblätter von den übrigen Gattungen (mit Ausnahme von *Bonplandia*) ab. Richtet man Blütenstände von *L. glandulosa* so aus, daß junge Blüten dabei in aufrechte Lage geraten, so bleiben diese in der Orientierung der Kronblätter und Staubblätter völlig radiärsymmetrisch.

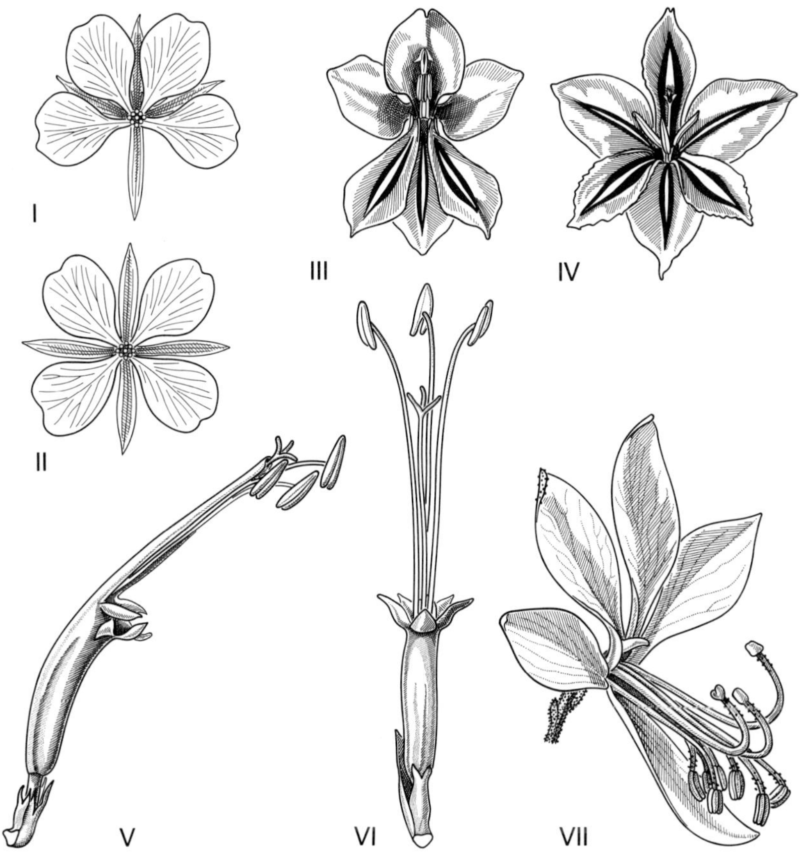

Abb. 9. Geotropisch beeinflußte Blütensymmetrie. I, II *Epilobium angustifolium,* II bei Ausschaltung des Schwerkrafteinflusses mit Hilfe eines Klinostaten, in I und II Staubblätter und Griffel der Übersicht halber entfernt. III, IV *Gladiolus byzantinus,* IV Blüte, die bei aufrechter Orientierung annähernd radiäre Gestalt angenommen hat. V, VI *Antholyza aethiopica,* VI Blüte, die sich bei Ausschaltung der Schwerkraft entwickelt hat. VII *Dictamnus albus.* Nach Vöchting (I, II), Troll (III–V, VII) und Haeckel (VI).

4. **Asymmetrische** Blüten, bei denen keine der genannten Deckoperationen zum Nachweis einer Symmetrie führt; näherhin muß man die azyklischen, somit primär asymmetrischen Blüten, von solchen unterscheiden, deren Asymmetrie sekundär durch Reduktion bzw. Vermehrung und Umwandlung zyklisch angeordneter Organe zustande gekommen ist. Völlig asymmetrische Blüten sind verhältnismäßig selten, sie finden sich zum Beispiel bei der Spornblume (*Centranthus,* Abb. 43 IV) und beim Indischen Blumenrohr (*Canna indica,* Abb. 74 I, II)

Sofern man auf die Darstellung eines Blütendiagramms verzichten muß, lassen sich Zahlenverhältnisse und Anordnungsweise, gegebenenfalls auch die Verwachsung der Blütenorgane, sowie die Symmetrieverhältnisse auch in einer Blütenformel zusammenfassen. Zur Darstellung der Symmetrieverhältnisse bedient man sich dabei bestimmter Zeichen (Ⓖ schraubig, * radiär, ·|· disymmetrisch, ↓ zygomorph). Dann gibt man die Zahl der Organe in den einzelnen Formationen (P = Perigon, K = Kelch, C = Krone, A = Androeceum, G = Gynoeceum) und Kreisen an und weist gegebenenfalls durch Einschluß der betreffenden Organzahlen in Klammern () auf deren Verwachsung hin. Die Formel für die im Diagramm Abb. 19 IV dargestellte Nachtkerzenblüte lautet dann: K4 C4 A4 + 4 G ($\overline{4}$). Darin bedeutet der Ausdruck A4 + 4, daß die Staubblätter in zwei vierzähligen Kreisen stehen. Das Ovar ist hier unterständig, was durch einen Strich über der Fruchtblattzahl angegeben ist, wäre es oberständig, so würde dies durch einen Strich unter der Fruchtblattzahl ($\underline{4}$) angedeutet, beim mittelständigen Ovar würde der Strich fehlen, also nur die Zahl angegeben. Das Zeichen ∞ bedeutet, daß die betreffenden Organe in großer, unbestimmter Zahl auftreten. Die in einem Diagramm, wie dem der *Papilionaceae* (Abb. 7 VII), dargebotenen Informationen sind freilich nicht sämtlich in eine Blütenformel zu übertragen.

Um ein vollständiges Bild vom Aufbau einer Blüte und der Form und Stellung ihrer Organe, insbesondere des Ovars zu geben, reicht ein Diagramm nicht aus. Es bedarf der Ergänzung durch Aufrißschemata und dies bedeutet, daß wir vor allem der Form der Blütenachse unsere Aufmerksamkeit zuwenden müssen.

1.3 Die Blütenachse

1.3.1 Formen der Blütenachse

Von der Ausbildung der Blütenachse ist die Gestalt der Blüte in hohem Maß abhängig, auch wenn dies nach außen nicht immer auffällig in Erscheinung tritt. Man nennt die Blütenachse auch **Receptaculum**, was soviel heißt wie **Blütenboden** (auch „Behälter") oder man spricht von einem **Torus,** was wir mit **„Wulst"** übersetzen können. Diese Ausdrücke sagen schon, daß die Blütenachse in den meisten Fällen stark verkürzt, dabei aber oft köpfchenartig verdickt oder gar scheibenförmig verbreitert ist. Bei einer mäßigen Längenentwicklung der Achse, wie sie verschiedentlich bei Ausbildung einer großen Zahl von Staubblättern und freien Fruchtblättern in deren Ansatzbereich auftritt, nimmt die Blütenachse eine walzen- oder kegelförmige Gestalt an, was die schon erwähnte Zapfenform der Blüten bedingt, die wir bei manchen *Magnoliales* oder z. B. auch beim Mäuseschwänzchen, *Myosurus minimus* (Abb. 11 VI) antreffen und im allgemeinen als primitives Merkmal werten. Die gestauchte oder scheibenförmig verbreiterte Blütenachse dürfen wir demgegenüber als abgeleitet betrachten. Noch mehr gilt dies für den Fall, daß die Blütenachse unter Emporheben der anderen Blütenorgane ringförmig über die am Achsenscheitel stehenden Fruchtblätter hinauswächst und das Gynoeceum (evtl. auch das Androeceum) becherförmig umgibt oder sogar mit dem Gynoeceum zu einem „unterständigen Ovar" verbunden ist. Dementsprechend unterscheidet man bekanntlich hinsichtlich der Stellung des Gynoeceums zwischen drei Formen:

1. Blüten des gewöhnlichen Typs, bei welchem die Glieder des Perianths und des Androeceums unterhalb des Gynoeceums zu stehen kommen, nennt man **hypogyn**, ihr Gynoeceum ist oberständig (Abb. 10 I);
2. Blüten, bei denen die Blütenachse das Gynoeceum becherartig umgibt, werden **perigyn** genannt, dabei wird außer dem Perianth zumeist auch das Androeceum mit emporgehoben, so daß alle Organe dem Rande des Achsenbechers, des sogen. Rezeptaculums, eingefügt erscheinen (Abb. 10 II); hier ist das Gynoeceum mittelständig;
3. Als unterständig bezeichnet man ein Gynoeceum, bei dem sich die Blütenachse im Bereich der Karpellansätze so stark ausgedehnt hat, daß das Ovar schließlich in einem urnenförmigen Achsenkörper eingeschlossen ist, der nur noch die Karpellspitzen bzw. den Griffel frei läßt und auf seinem oberen Rande die Kelch-, Kron- und Staubblätter trägt (Abb. 10 III). Die Blüte ist dann **epigyn.**

Für das Zustandekommen der sehr mannigfaltigen, durch die hier gegebene Übersicht nur in groben Zügen erfaßten Stellungsverhältnisse des Gynoeceums gibt es freilich auch andere Deutungsmöglichkeiten, von denen wir einige noch besprechen werden. Im übrigen sind mit den unterschiedlichen Stellungsverhältnissen des Gynoeceums die Möglichkeiten in der Gestaltung der Blütenachse noch keineswegs erschöpft.

Nicht selten ist die Blütenachse im Bereich der einzelnen Organformationen sehr verschieden ausgebildet, so geht z.B. bei unserem Nelkenwurz (*Geum urbanum*, Abb. 11 I) der keulig gestalteten Blütenachse im Bereich des aus vielen freien Karpellen bestehenden Gynoeceums ein scheibenförmig verbreiterter Abschnitt von der Gestalt eines flachen Trichters voraus, auf dessen Rande Kelch-, Kron- und Staubblätter inseriert sind.

Hillmann (1910) meinte freilich, auf Grund des Leitbündelverlaufs den scheibenförmig verbreiterten Blütenabschnitt bei *Geum* und die entsprechenden schüssel- oder becherförmig ge-

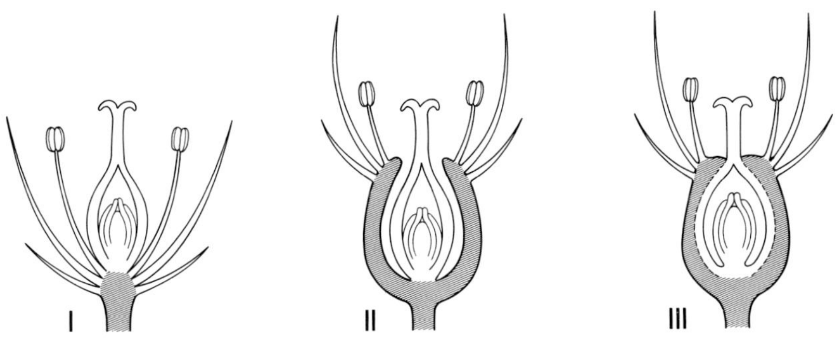

Abb. 10. Hypogyne (I), perigyne (II) und epigyne (III) Blüte im Axialschnitt. Nach Troll.

stalteten Bildungen bei anderen Rosaceen im Unterschied zum Achsenbecher bei *Rosa* als „Verwachsungsprodukt von Blattgebilden" deuten zu müssen. Hier gilt das eingangs (Seite 17) über die Bewertung leitbündelanatomischer Befunde Gesagte.

Recht eigenartig sind solche Blüten, bei denen nur bestimmte Internodien, und zwar zwischen den einzelnen Formationen der Blüte gestreckt sind, während alle anderen Achsenabschnitte gestaucht bleiben. So ist etwa bei der Jupiternelke (*Lychnis flos-jovis*, Abb. 11 IV) zwischen den Kelchblättern und der Corolle ein längeres Achsenstück, ein **Anthophor**, eingeschaltet. In ähnlicher Weise können gestreckte Interno-

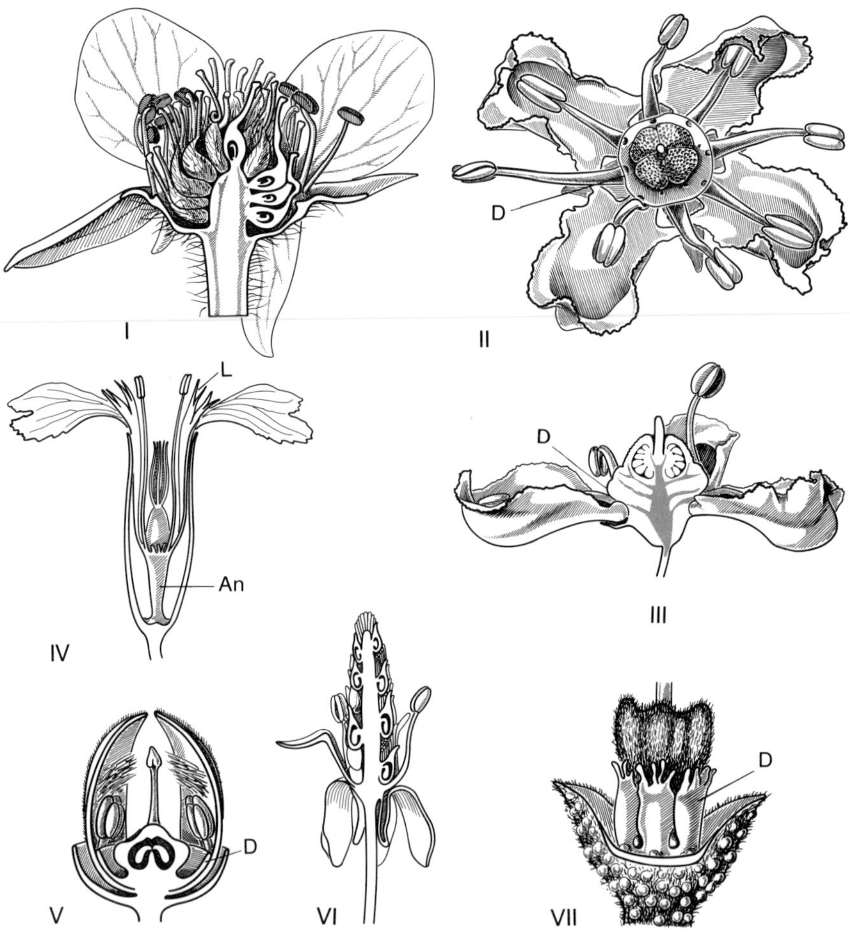

Abb. 11. Ausbildung der Blütenachse. I *Geum urbanum*, Axialschnitt durch eine Blüte; II, III *Ruta graveolens*, Blüte von oben (II) und im Längsschnitt, D Diskus; IV *Lychnis flos-jovis*, An Anthophor, L Ligula; V *Cathedra rubricaulis (Olacaceae)*, Blüte im Axialschnitt, mit schüsselförmigem Diskus; VI *Myosurus minimus*, Blüte im Axialschnitt; VII *Spiranthera odoratissima (Rutaceae)*. IV nach SACHS, V–VII nach ENGLER.

dien auch zwischen der Corolle und dem Androeceum oder zwischen dem Androeceum und dem Gynoeceum ausgebildet sein. Derartige Bildungen bezeichnet man mit den Termini **Androgynophor** und **Gynophor.** Sie finden sich in einer Fülle verschiedenster Formen bei den *Capparidaceae* (Abb. 13 I bis VI), wo sie eine Länge bis zu 30 cm erreichen können *(Cleome siculifera)*. Man findet sie aber auch bei vielen Vertretern der verwandten *Resedaceae* oder bei den *Sterculiaceae* (Abb. 13 VII bis IX).

Häufig kommt es zur Ausgliederung wulstförmiger Achsenverdickungen, die zwischen dem Ansatz der Petalen und dem der Staubblätter oder zwischen den Staubblättern und dem Gynoeceum mehr oder weniger stark hervortreten. Solche als **Diskus** bezeichneten Achsenwucherungen fungieren meistens als Nektarien (zur Anatomie der Nektarien vergleiche man die Angaben bei E. Frei 1955). Sie können polsterartig (Abb. 11 II, III), scheibenförmig, schüsselförmig (Abb. 11 V) oder krugförmig entwickelt oder sogar zu einem langen von der Blütenachse einseitig abstehenden Röhrchen ausgezogen sein, wie bei der Capparidaceen-Gattung *Cadaba*, bei der dieses Gebilde noch dazu einem stielförmigen Androphor ansitzt (Abb. 13 II, III). Nicht selten dringen diese Achseneffigurationen in alle Zwischenräume an der Basis der Staubblätter ein, dann ergibt sich ein gekerbt oder gefurcht aussehender

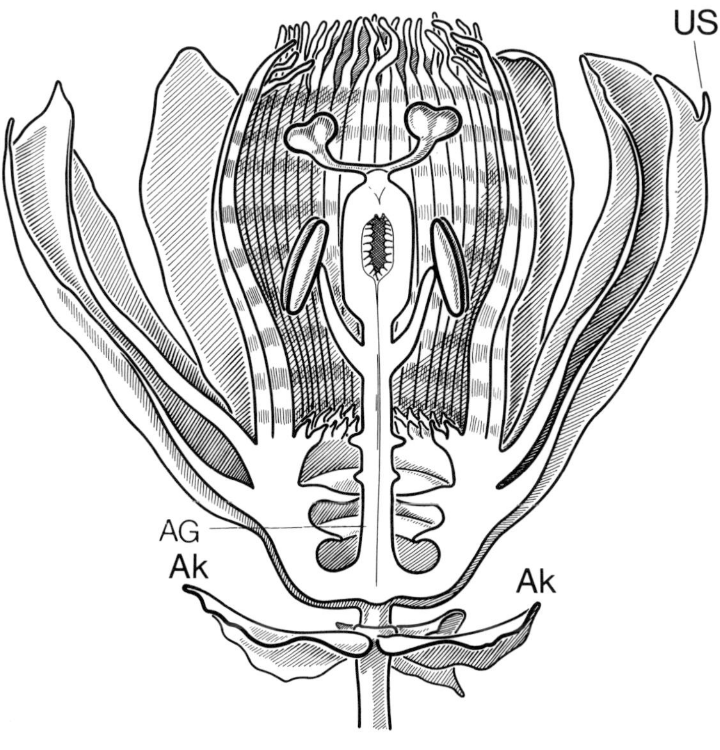

Abb. 12. *Passiflora alata*, Blüte im Axialschnitt, Ak Außenkelch, AG Androgynophor, US unifaziale Kelchblattspitzen. Nach Engler.

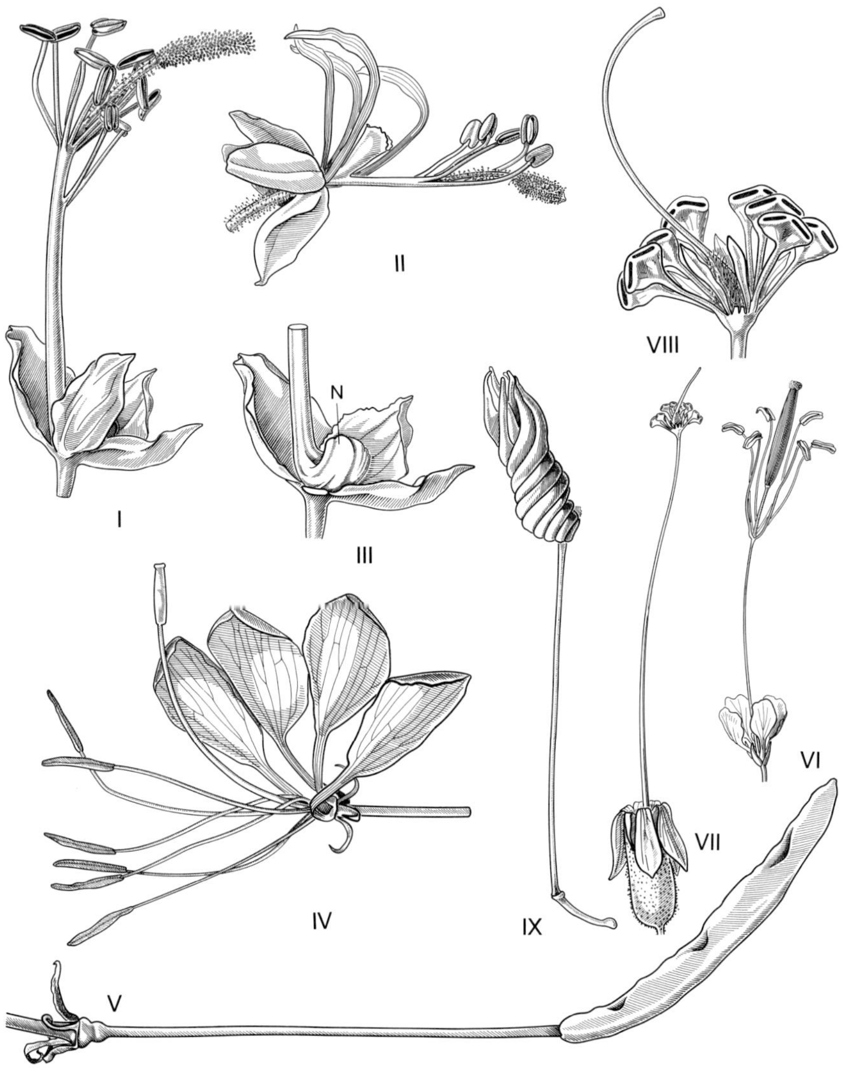

Abb. 13. Gynophore und Androgynophore. I, III *Cadaba aphylla*, I Blüte nach der Anthese (Petalen abgefallen). III Blütenboden stärker vergrößert, ein Kelchblatt wurde abgeschnitten, um das Nektarium (N) sichtbar zu machen. II *Cadaba kirkii*, Blüte mit röhrchenförmigem Nektarium. IV, V *Cleome spinosa*, Blüte (IV) und junge Frucht auf langem Gynophor (V). VI *Gynandropsis gynandra*, Blüte mit Androgynophor. VII–IX *Helicteres ovata*, VII Blüte mit Androgynophor, VIII dessen apikaler Teil stärker vergr., IX Frucht (schraubig gewundene, freie (!) Karpelle auf langem (Andro-)Gynophor). VI nach WARMING, VII–IX nach WETTSTEIN.

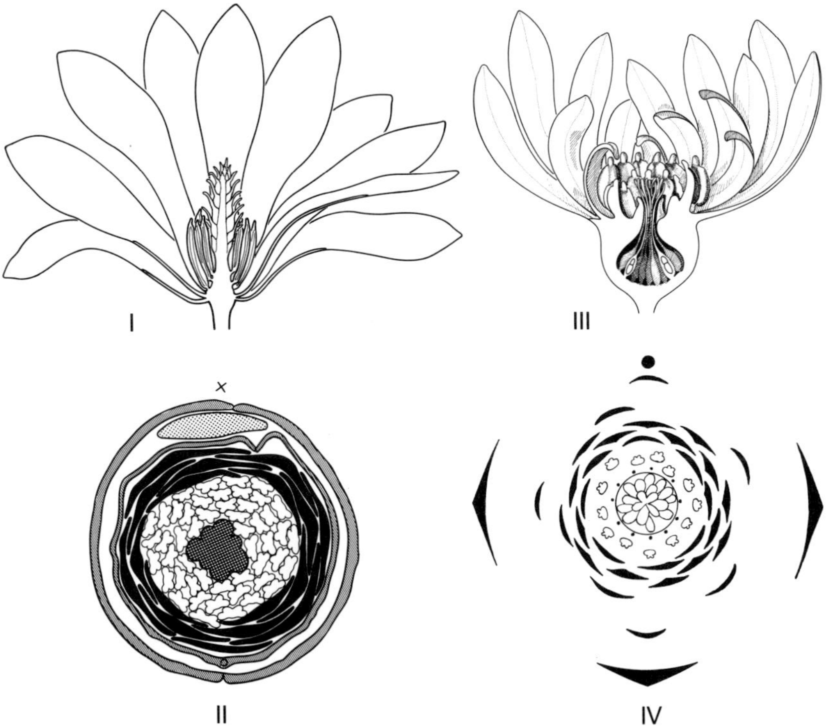

Abb. 14. I, II *Magnolia stellata,* Axialschnitt durch die Blüte (I) und empirisches Blütendiagramm (II), × Lage der Abstammungsachse. III, IV *Calycanthus floridus,* Blüte axial (III) und Blütendiagramm (IV). I nach TROLL, III nach BAILLON, IV nach EICHLER.

Diskus. Schließlich kann der Diskus auch in handförmig geteilte (Abb. 11 VII), faden-, schuppen- oder köpfchenförmige Drüsen auswachsen, die oft reduzierten Staubblättern sehr ähnlich sind, zumal ja auch diese Drüsenfunktion annehmen können. Eine Entscheidung über den morphologischen Wert solcher Bildungen, die bei der Beantwortung systematischer Fragen recht wichtig sein kann, ist daher erst nach eingehender vergleichender Untersuchung möglich.

Eines der schönsten Beispiele für komplizierte Formen der Blütenachse bieten die Blüten der Passionsblumen *(Passiflora).* Ein Axialschnitt durch eine solche Blüte ist in Abb. 12 wiedergegeben. Auf die beiden Vorblätter folgt hier ein dreiblättriger Außenkelch (Ak, vgl. Seite 52), dann 5 am Ende kapuzenförmig gestaltete und mit einer kleinen unifazialen Vorläuferspitze (US) versehene Kelchblätter und eine hier vielgliedrige Corolle. Kelch und Krone sitzen an einem von der Blütenachse gebildeten Becher. Aus dem Grunde dieses Bechers setzt sich die Blütenachse in Form eines stielförmigen Trägers fort, an dem die 5 Staubblätter und, durch ein kurzes Internodium von diesen getrennt, der dreiblättrige Fruchtknoten sitzt. Wir haben es also wieder mit einem Androgynophor zu tun. Auf die Blütenblätter folgen einwärts am Rande des Blütenbechers ein oder mehrere dichte Kränze von langen fadenförmigen Gebil-

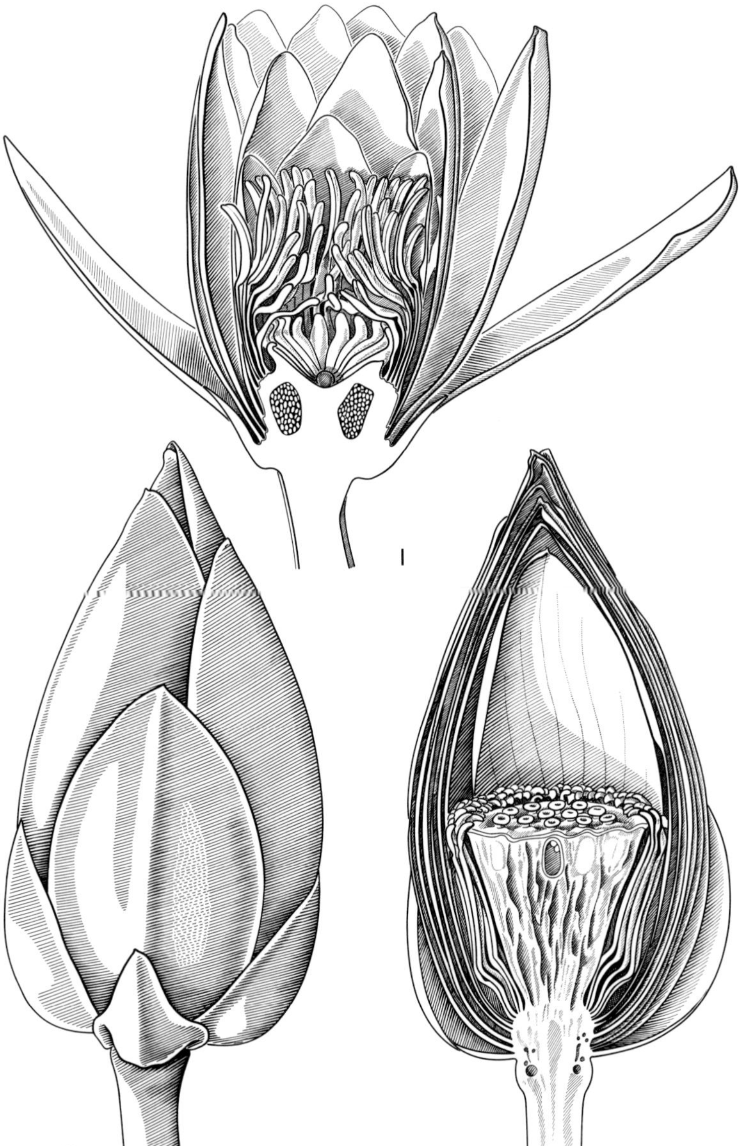

Abb. 15. I *Nymphaea alba,* Blüte axial. I nach TROLL II, III *Nelumbo nucifera,* II Blütenknospe, in III axial durchschnitten.

den, die oft prächtig nach Art einer Kokarde gefärbt sind. Diese fadenförmigen Gebilde stellen jedoch nichts anderes dar, als Ausgliederungen der Blütenachse, die vom oberen Rand des Achsenbechers gebildet werden. Das folgt einerseits aus entwicklungsgeschichtlichen und vergleichenden Untersuchungen (PURI 1948), wird andererseits aber auch daraus ersichtlich, daß auf die langen fadenförmigen Zipfel einwärts noch weitere Kränze von nunmehr kürzeren Zipfeln folgen, an die sich weitere, teils noch etwas gefranste, sonst aber solide Ringe anschließen, die manschettenartig von der Innenwand des Achsenbechers in das Innere hineinragen. Es können bis zu 30 solcher Ringe ausgebildet sein.

Passionsblumen wurden vor etwa 350 Jahren aus Südamerika nach Europa eingeführt und werden seitdem bei uns kultiviert. Ihre eigenartige Blüte hat zu mancherlei Deutungen Anlaß gegeben. Der Name „Passionsblume" rührt davon her, daß man in den einzelnen Teilen der Blüte „alle Attribute des Leidens Christi" wiederzuerkennen glaubte (vgl. FERRARI „De florum culturae", 1633).

Eine sehr unterschiedliche Ausbildung der Blütenachse finden wir schon bei den durch eine Häufung ursprünglicher Merkmale ausgezeichneten Familien der *Magnoliales* und *Ranunculales*. Der als Musterbeispiel geltenden Blüte von *Magnolia stellata* (Abb. 14 I, II), bei der die Blütenorgane der einzelnen Formationen in großer Zahl und völlig azyklischer Anordnung einer langen zapfenförmigen Achse eingefügt sind, steht die gleichfalls völlig azyklische Blüte von *Calycanthus floridus* (Abb. 14 III, IV) mit krugförmig vertiefter Blütenachse gegenüber – ein Beispiel für die heterobathmische Kombination ursprünglicher und abgeleiteter Merkmale. Bei *Nymphaea alba* (Abb. 15 I) hat sich die Blütenachse im Ansatzbereich der gleichfalls zahlreichen freien, hier aber zyklisch gestellten Karpelle in der Weise napfförmig erweitert, daß die zahlreichen schraubig angeordneten Glieder des Perianths und Androeceums in verschiedener Höhe an der Außenwand eines einheitlich erscheinenden Ovars inseriert sind, von dem nur noch die Narbenregion freigeblieben ist. (Der somit eine Coenokarpie vortäuschende Gewebemantel löst sich bekanntlich bei den reifen Früchten der Teichrose, *Nuphar lutea*, wieder von den Fruchtblättern ab, vgl. Seite 186, Abb. 93 V.) Ganz anders ist die Blütenachse dagegen bei der gleichfalls zu den Nymphaeaceen gehörenden Lotosblume *(Nelumbo nucifera, N. lutea)*, mit gleichfalls völlig azyklischer Stellung der Blütenorgane. Hier erweitert sich die Blütenachse oberhalb des Ansatzes der dicht gedrängt stehenden Perianth- und Staubblätter zu einem umgekehrt kegelförmigen Sockel, in dessen flachgewölbte Oberseite die zahlreichen einsamigen, zu Nüßchen sich entwickelnden Karpelle eingesenkt sind (Abb. 15 I, II)

1.3.2 Histogenese von Blütenbechern und Hypanthien

Den Blüten von *Calycanthus* ähnelt in der urnenförmigen Ausbildung der Blütenachse die Heckenrose (*Rosa canina*, Abb. 16 I). Auch hier sitzen am Grunde des Blütenbechers, des Rezeptaculums, zahlreiche freie Karpelle, von denen allein die Griffel aus der Achsenhöhlung herausragen. Wir finden hier jedoch nicht ein Perigon aus zahlreichen in unterschiedlicher Höhe am Achsenbecher inserierten Tepalen ausgebildet, sondern das Perianth ist in einen 5zähligen, quincuncial gestellten Kelch und in eine 5zählige Krone gegliedert, die beide ebenso wie die zahlreichen Staubblätter dem Rande des Achsenbechers aufsitzen. Der Unterschied in der Anordnung der Pe-

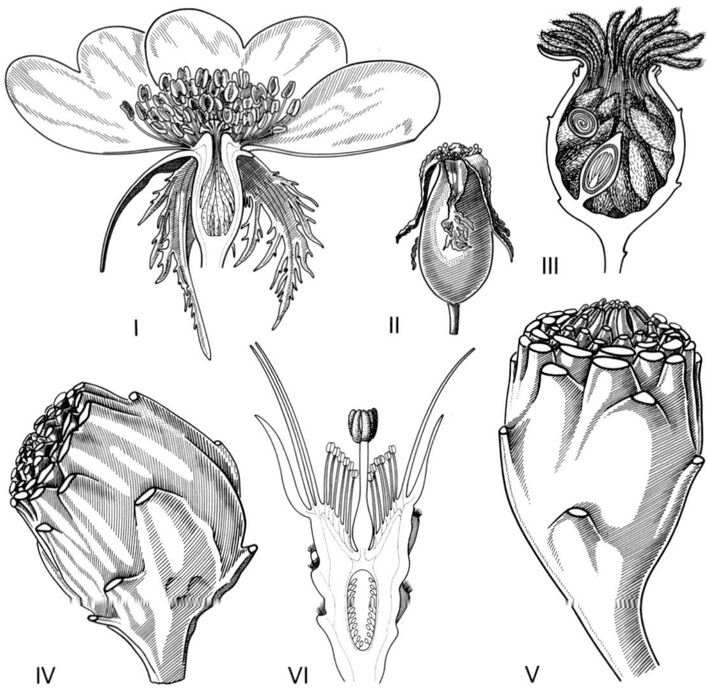

Abb. 16. I, II *Rosa canina*, I Blüte im Axialschnitt, II Frucht. III *Calycanthus occidentalis*, Axialschnitt durch die Frucht, IV, V *Calycanthus floridus*, Früchte. VI *Opuntia humifusa* (*O. rafinesquei*), Blüte axial. II nach WARMING (verändert), III nach ENGLER, VI nach BUXBAUM.

rianthglieder tritt bei der Fruchtreife noch deutlicher zutage. Während nämlich die Außenseite der *Calycanthus*-Frucht die jetzt weit auseinandergerückten Narben der schraubig angeordneten Perigonblätter aufweist (Abb. 16 IV, V), bleibt die Außenwand der Hagebutte völlig glatt (Abb. 16 II). Besonders deutlich ist die Umschließung des Gynoeceums durch die Blütenachse bei vielen Kakteen erkennbar, bei denen auch der Achsenbecher die zu „Areolen" reduzierten Achselknospen trägt (Abb. 16 VI). Diese können sogar Deckblätter in Gestalt hochblattartiger Schuppen aufweisen, die allmählich zu den Tepalen des Hochblattperigons (vgl. Seite 97) überleiten.

Die histogenetischen Vorgänge, die zur Ausbildung des Blütenbechers bei der Rose führen, sind von RAUH und REZNIK (1951) untersucht worden (vgl. auch O. ZELLER 1975). Danach setzt die Ausgliederung der Blütenorgane ein, sobald die noch undifferenzierte Blütenanlage, der „Meristempflock" (Abb. 17 I), eine gewisse Größe erreicht hat. Als erstes entstehen die Anlagen der einzelnen Kelchblätter nacheinander gemäß ihrer quincuncialen Anordnung. Diese Kelchblatt„primordien" ziehen sich etwas an der Basis des Meristempflockes herab und heben infolge des starken Wachstums an ihrer Basis die randlichen Partien des Scheitelmeristems empor, so daß dieses

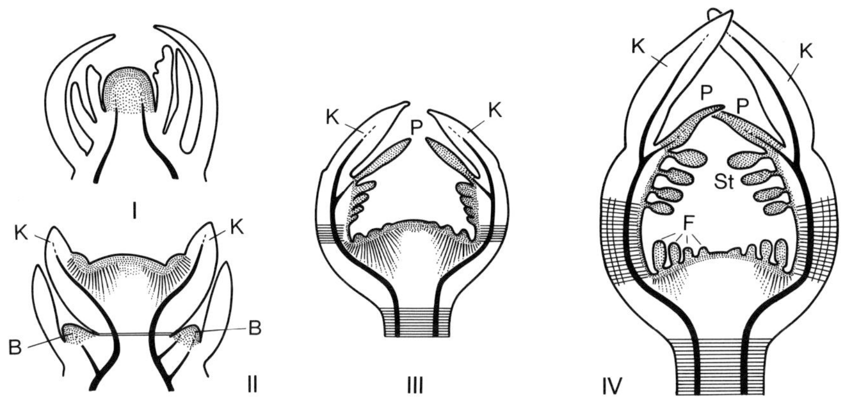

Abb. 17. *Rosa rugosa,* Blütenentwicklung. Axialschnitte durch Blütenanlagen in verschiedenen Entwicklungsstadien, schematisiert. Scheitelmeristem und Anlagen der Kronblätter (P), Staubblätter (St) und Fruchtblätter (F) punktiert. Die aus lebhaften Zellteilungen resultierenden „Periklinalreihen" junger Zellen durch schräg verlaufende Linien angedeutet. Interkalare Meristeme, welche den Achsenbecher und den Blütenstiel aufbauen, quer schraffiert, K Kelchblätter, B Anlagen von Seitenblüten. Nach RAUH und REZNIK, etwas verändert.

sich jetzt in Form einer Schüssel mit leicht konvexem Boden darbietet (Abb. 17 II). Aus dem meristematischen „Schüsselrand" gehen nun als erste, und zwar gleichzeitig, die Petalen und dann zum Blütenzentrum hin fortschreitend die Staubblätter hervor; als letzte erheben sich auf dem konvexen Teil des Blütenbodens die Anlagen der Karpelle (Abb. 17 III). Zugleich mit der Ausgliederung der Blütenorgane finden im Blütenboden an der Grenze von primärer Rinde und Mark im Bereich des Marks lebhafte antiklinale Zellteilungen statt, die zu einer starken Erweiterung des Blütenbodens führen (Abb. 18 VII, VIII). Die aus dieser Teilungsaktivität resultierenden Zellreihen („Periklinalreihen") verlaufen bogenförmig in den Schüsselrand hinein. Ausgehend von einem im Schüsselrand verbliebenen Rest dieser meristematischen Zellreihen, der in Abbildung 17 III, IV durch Querschraffur angedeutet ist, wächst als letztes der Achsenbecher in die Höhe und hebt dabei die Kelch-, Kron- und Staubblätter empor. Von der Entwicklung des Receptaculums her darf es als wahrscheinlich gelten, daß die bereits am Außenrande des schüsselförmigen Primordiums herabziehenden Kelchblattbasen später den Achsenbecher mehr oder minder weit „berinden".* Bei Betrachtung der Form der Blütenbecher und der Früchte der *Calycanthus*-Arten (Abb. 16 III bis V) verwundert es nicht, daß deren Entwicklung ähnlich verläuft wie bei *Rosa* (RAUH und REZNIK 1951, DENGLER 1972).

Auch bei epigynen Blüten kann sich die Blütenachse über das Ovar hinaus becherförmig oder röhrenförmig verlängern. Auf diese Weise entsteht der als „Hypan-

---

* Von LEINFELLNER (1954) wird diese Möglichkeit allerdings wegen der (bei *Rosa, Cydonia, Manettia* und *Philadelphus*) weitgehenden Übereinstimmung zwischen den Formen der (freien) Hochblätter und der an den Achsenbechern sitzenden Kelchblätter ausgeschlossen. Für *Rosa* erscheint dieser Formvergleich jedoch nicht überzeugend, um so deutlicher ist die völlige Übereinstimmung, welche bei *Begonia(B. heracleifolia)* zwischen den Perianthblättern der männlichen und der mit unterständigem Ovar ausgestatteten weiblichen Blüten besteht.

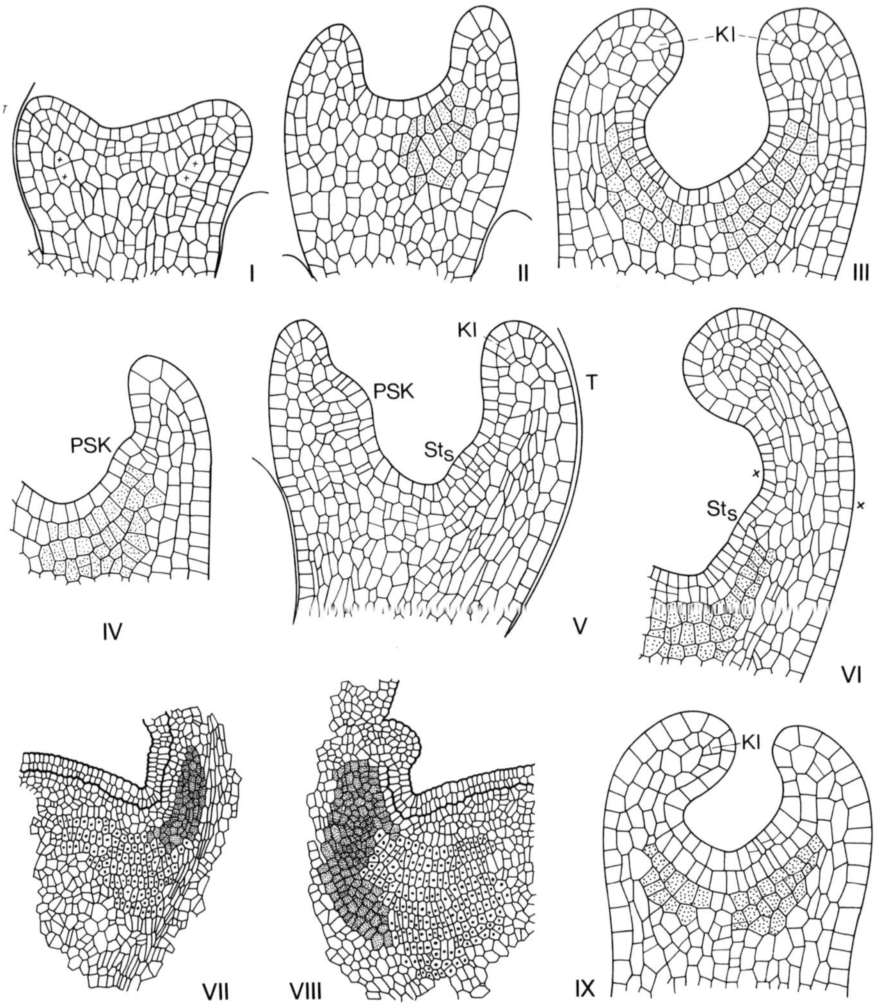

Abb. 18. I–VII Blütenentwicklung bei Onagraceen. I–VI, IX Axialschnitte durch Blütenanlagen (in der Mediane der Tragblätter geführt) in verschiedenen, aufeinanderfolgenden Entwicklungsstadien bei *Epilobium hirsutum* (I–VI) und *Oenothera fruticosa* (IX), KI Kelchblattinitialen, PSK Petalum-Stamen-Komplex, Sts Anlagen der episepalen Stamina. VII, VIII *Rosa rugosa*, Axialschnitte durch zwei Blütenanlagen verschiedenen Alters (vor dem Stadium III in Abb. 17), Ausschnitte aus dem randlichen Bereich, lebhafte Zellteilungen, welche zur Erweiterung des Blütenbodens und zur Bildung des Achsenbechers führen. I–VI, IX nach Bunniger und Weberling, VII, VIII nach Rauh und Reznik.

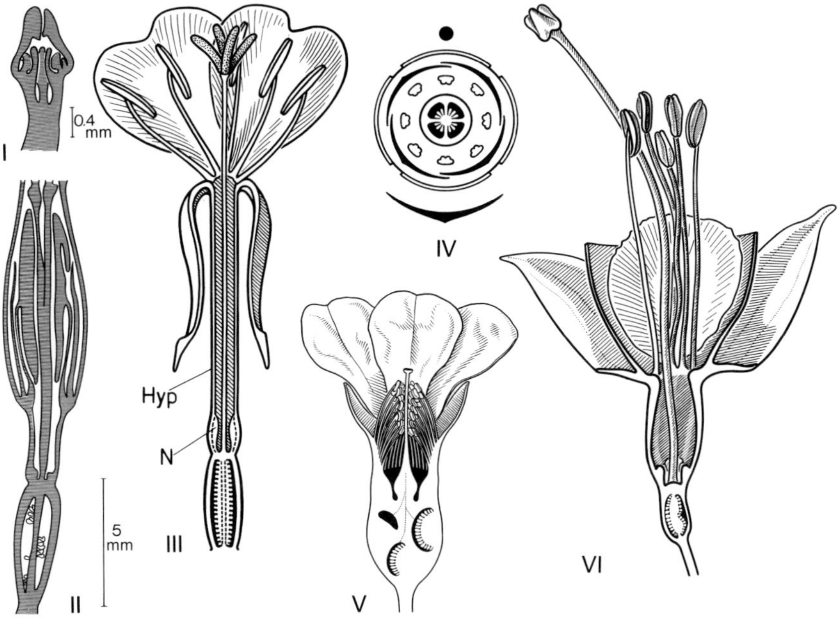

Abb. 19. I, II *Oenothera fruticosa*, Medianschnitte durch eine jüngere und eine ältere Blütenknospe, III *Oenothera biennis*, Blütenlängsschnitt, IV Blütendiagramm von *Oenothera*, V *Punica granatum*, Axialschnitt durch die Blüte, VI *Fuchsia magellanica*, Blütenlängsschnitt; Hyp Hypanthium, N Nektarium. I, II nach Bunniger und Weberling, III nach Firbas, IV nach Eichler, V nach Warming, verändert.

thium" bezeichnete Blütenabschnitt, der zum Beispiel bei den Blüten der Onagraceen mehr oder minder deutlich entwickelt und für diese charakteristisch ist (Abb. 19 III, VI). Dieser Abschnitt, der bei manchen Nachtkerzenarten (z. B. *Oenothera missouriensis*) eine 10 bis 14 cm lange Röhre bilden kann, weist häufig – so auch bei vielen *Oenothera*- und *Fuchsia*-Arten – eine der Blütenkrone ähnliche Färbung auf, so daß er bei oberflächlicher Betrachtung nicht selten für einen Teil der Krone gehalten wird. Erst am oberen Rande dieser Röhre finden wir jedoch außer den Kronblättern auch die Kelch- und Staubblätter inseriert. Man hat diese Röhre freilich auch als ein Verwachsungsprodukt aus Kelch-, Kron- und Staubblättern, als einen sogenannten „Kelchtubus" gedeutet. Auch hier zeigt jedoch das Studium der (bei *Epilobium, Oenothera* und *Fuchsia* anfänglich gleichförmig verlaufenden) Blütenentwicklung (Pankow 1965, Bunniger und Weberling 1968), daß es sich um eine Bildung der Blütenachse handelt. Hier geht das „Meristempflockstadium" schon vor der Ausgliederung der Kelchblätter in ein „Ringwallstadium" (Abb. 18 I) über, in welchem durch Zellteilungen in den tiefer gelegenen Schichten des Scheitelmeristems (× ×) die Ränder der Blütenanlage aufgewölbt werden und die Blütenanlage schließlich napfförmig wird. Auch hier treten nach Ausgliederung der Kelchblätter die von den zentralen Partien des Blütenbodens in den aufgewölbten Rand verlaufenden meristematischen Zellreihen auf (Abb. 18 II, III, IX). Diese meristematischen Zellreihen sind es, welche in der Hauptsache die Bildung der Petalen, Staubblätter und Karpelle an der Innenwand der napf- oder becherförmigen Blütenanlage besorgen (Abb. 18 IV bis VI). Im weiteren Verlaufe der Entwicklung schließen die vom Rande des napfförmigen Blütenprimordiums zur Mitte vorstoßenden Karpellspitzen das nunmehr deutlich unterständige Ovar nach oben hin ab, während bei den mit einem Hypanthium ausgestatteten Arten wiederum von einem unterhalb des Ansatzes der Kron- und Staubblätter im Achsenbecher gelegenen Restmeristem das Wachstum dieses – mehr oder minder ausgedehnten – Hypanthiums seinen Ausgang nimmt (Abb. 19 I, II). Auch bei den Blütenbechern der *Myrtaceae* und *Thymelaeaceae* (BUNNIGER 1972; vergl. auch LEINS 1965, MAYR 1969) sowie der *Punicaceae* (MAYR) und den entsprechenden Strukturen mancher *Saxifragaceae* (*Tellima*, KLOPFER 1968b, 1969; *Astilbe*, ECKERT 1965) konnte die Achsennatur der Blütenbecher durch histogenetische Untersuchungen nachgewiesen werden. Bei *Astilbe* „wird die Becherbildung eindeutig im Achsenmeristem eingeleitet" (ECKERT).

Demgegenüber ist der für die Lythraceenblüte typische röhrige Abschnitt zwischen Blütenhülle und Staminalkreisen nach B. MAYR (1969) als „Perianthröhre", das heißt als Produkt aus der kongenitalen Vereinigung von Kelch und Krone aufzufassen. Dafür „spricht das Fehlen des Zentralmeristems bei der Histogenese des Tubus, die der Aufwölbung der Sepalen aus Dermatogen und Subdermatogen gleicht und als ‚blattartig' bezeichnet werden kann" (S. 252).

1.3.3 Achsensporne

Als Bildungen der Blütenachse sind auch manche spornartigen Blütenanhänge aufzufassen; allerdings müssen wir sorgfältig zwischen Achsenspornen und spornartigen Fortsätzen von Kelch- oder Kronblättern unterscheiden. Ein vorzügliches Beispiel für die Ausbildung eines Achsensporns stellt die Blüte der Kapuzinerkresse *(Tropaeolum majus)* dar, die in der Abb. 20 II im Medianschnitt wiedergegeben ist. Der Achsenbecher ist hier auf der der Abstammungsachse zugekehrten (adaxialen) Seite durch intensives, auf einen eng umgrenzten Bereich unterhalb der adaxialen Staubblätter lokalisiertes Interkalarwachstum (MAIR 1977) zu einer langen, rückwärts gerichteten Röhre vertieft worden, in deren Spitze sich Nektar ansammelt. Die Ausbildung dieses Sporns erfolgt erst zu einem sehr späten Zeitpunkt der Blütenentwicklung. Die Blüten von *Pelargonium peltatum* besitzen gleichfalls einen Achsensporn. Von diesem ist jedoch äußerlich kaum etwas zu erkennen (Abb. 20 IV, V), weil er nicht frei entwikkelt, sondern auf seiner ganzen Länge mit dem Blütenstiel verbunden ist, ein Verhältnis, das durch den Vergleich der Figuren II und III mit IIa und IIIa in Abb. 19 zu erläutern ist. Bei einem Querschnitt durch den Blütenstiel (Abb. 20 IV) erkennt man den Hohlraum des zugleich mit dem Blütenstiel quergeschnittenen Spornes, an dessen Grunde sich auch hier ein Nektarium findet. – Um Achsensporne handelt es sich auch bei den allgemein als Kelchblatt- oder Kronblattsporne (vgl. SCHOLZ 1964, WARBURG 1913/22 Bd. 2) angesprochenen Blütenspornen der Vochysiaceen, deren Blüten ausgeprägt schräg zygomorph gestaltet sind. Eine nur stark einseitig urnenförmig (bis röhrenförmig) vertiefte Blütenachse findet man dagegen bei den gleichfalls schräg zygomorphen Blüten vieler Chrysobalanaceen (Abb. 20 VI), bei denen das nur aus einem einzigen Karpell bestehende Gynoeceum mehr oder minder hoch an den Becherrand emporgerückt erscheint.

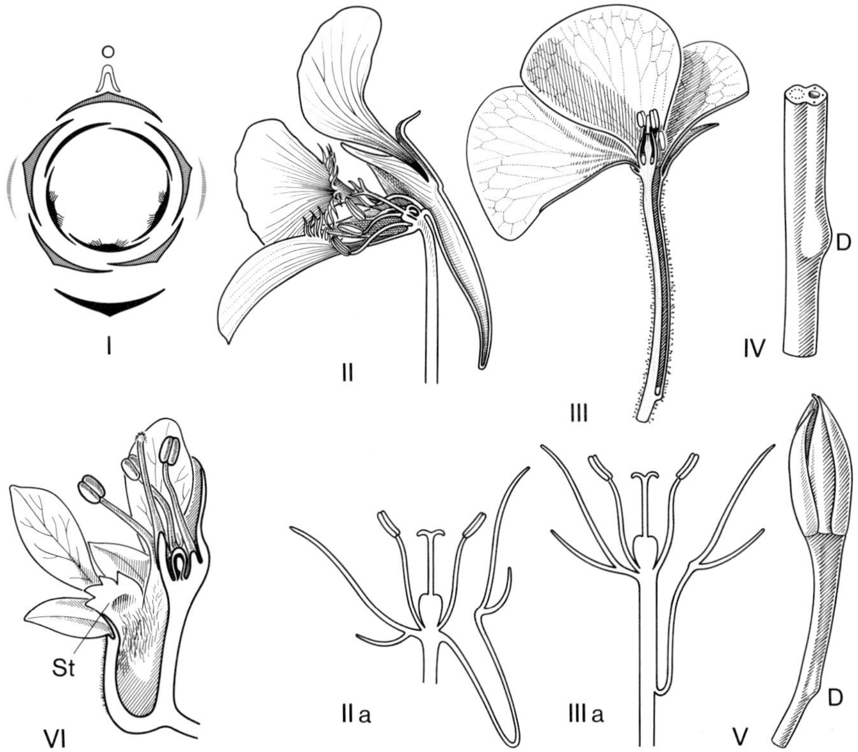

Abb. 20. I, II *Tropaeolum majus.* I Blütendiagramm (Androeceum und Gynoeceum weggelassen); II Blüte, median durchschnitten; III–V *Pelargonium peltatum,* III Blüte, median durchschnitten, um die Spornhöhlung zu zeigen; IV Basis eines Blütenstieles, auf der Schnittfläche ist die Spornhöhlung zu erkennen, bei D eine Auftreibung am unteren Ende der Spornhöhlung, so auch bei der entfaltungsbereiten Blütenknospe V; IIa, IIIa schematische Figuren zur Erläuterung der Spornbildung bei *Tropaeolum* und *Pelargonium.* VI *Hirtella butayei (Chrysobalanaceae),* Blütenlängsschnitt, St Staminodien. I, II, IIa, IIIa, IV, V nach Troll, VI nach Engler.

1.4 Die Blütenhülle (Perianth)

1.4.1 Allgemeines

Wir haben schon eingangs (Seite 12) festgestellt, daß die wesentlichen Bestandteile der Blüte die Staub- und Fruchtblätter, also die Sporophylle sind, aus denen sich die bei Pteridophyten und Gymnospermen auftretenden „primitiven" Blüten sogar ausschließlich zusammensetzen. Das Perianth stellt zusammen mit dem Einschluß der Samenanlagen in ein festes Gehäuse – das einzelne Fruchtblatt oder das durch Vereinigung mehrerer Fruchtblätter gebildete Ovar – die wichtigste „Neuerwerbung" der Angiospermen dar. Dementsprechend ist anzunehmen, daß die Organe der Blütenhülle sekundär durch eine entsprechende Differenzierung der Blattorgane im Übergangsbereich zwischen den Trophophyllen und den Sporophyllen ausgebildet wurden. Wie bereits erörtert (Seite 16) tritt uns diese Blütenhülle in zwei Formen entgegen: als mehr oder minder gleichförmiges **Perigon** oder als in Kelch und Krone differenziertes **„gegliedertes" Perianth.**

„Herkunft" der Blütenhülle

Die Frage nach der „Herkunft der Blütenhülle" hat die Botaniker schon früh beschäftigt und wurde von den einzelnen Autoren sehr unterschiedlich beantwortet. Dabei stehen folgende Anschauungen einander gegenüber:

1. Das gesamte Perianth, also Kelch und Krone, ist aus der Laubblatt- bzw. Hochblattregion durch Emporrücken und prophylloide bis petaloide Ausbildung von Trophophyllen bzw. Hochblättern entstanden (so im wesentlichen PRANTL 1887; vgl. ferner VELENOVSKÝ 1910, GLÜCK 1919 u. a.);
2. die Organe der Blütenhülle entstehen aus dem Sporophyllstand durch Umbildung steril gewordener Mikrosporophylle, also aus dem Androeceum, das sich ja nach oben unmittelbar an die Blütenhülle anschließt (ČELAKOVSKÝ 1901, NĚMEJC 1956 u. a.);
3. der Kelch ist aus den Hochblättern, die Krone aus den Staubblättern entstanden; diese Auffassung wird bereits von GOETHE (1790, § 120) vertreten: „Denn wir können ebensogut sagen: ein Staubwerkzeug sei ein zusammengezogenes Blumenblatt, als wir von dem Blumenblatte sagen können: es sei ein Staubgefäß im Zustande der Ausdehnung; ein Kelchblatt sei ein zusammengezogenes, einem gewissen Grad der Verfeinerung sich näherndes Stengelblatt..." Ferner sind hier DE CANDOLLE (1813, 1817), NÄGELI (1884), DRUDE (1887) und vor allem TROLL (1928) zu nennen;
4. der Kelch ist aus Hochblättern entstanden, die Krone verschiedener Herkunft; hierher gehört z.B. die von MATTFELD (1838) für Caryophyllaceen und andere Gruppen und von ROTH (1959, 1962) für *Primula* und *Armeria* vertretene Anschauung, wonach die Kronblätter hier als Nebenblätter bzw. „dorsale Blattausgliederungen", jedoch „auf keinen Fall als selbständige Blattorgane betrachtet werden" (ROTH 1962, Seite 229). Diese Deutung dürfte inzwischen unter anderem durch die Untersuchung von ECKERT (1965) und SATTLER (1962) widerlegt sein.

Als bekanntes und lehrreiches Beispiel für die Formbeziehungen, welche zwischen der Laubblatt- und Hochblattregion und der Blütenhülle bestehen können, darf die Ranunculacee *Helleborus foetidus* (Stinkende Nieswurz) gelten, von der wir hier eine Blattfolge betrachten wollen (Abb. 21 I bis XII).

Die im unteren Teil der Pflanze dicht gedrängt stehenden Laubblätter (I) sind in eine fußförmig geteilte Spreite und einen langen Stiel gegliedert und sitzen der Sproßachse mit einer schwach entwickelten scheidigen Basis an. An den folgenden Blättern wird die Ausbildung des Blattstiels mehr und mehr gehemmt, der Stiel wird kürzer und schließlich gar nicht mehr ausgebildet, wie es das Blatt in Figur II zeigt. Die scheidige Blattbasis ist hier sehr viel stärker entwickelt. Die Spreite weist zwar noch die gleiche Anzahl von Fiedern auf, doch sind diese stärker zusammengerückt und die ganze Spreite ist sehr viel kleiner. In der weiteren Blattfolge erkennt man eine fort-

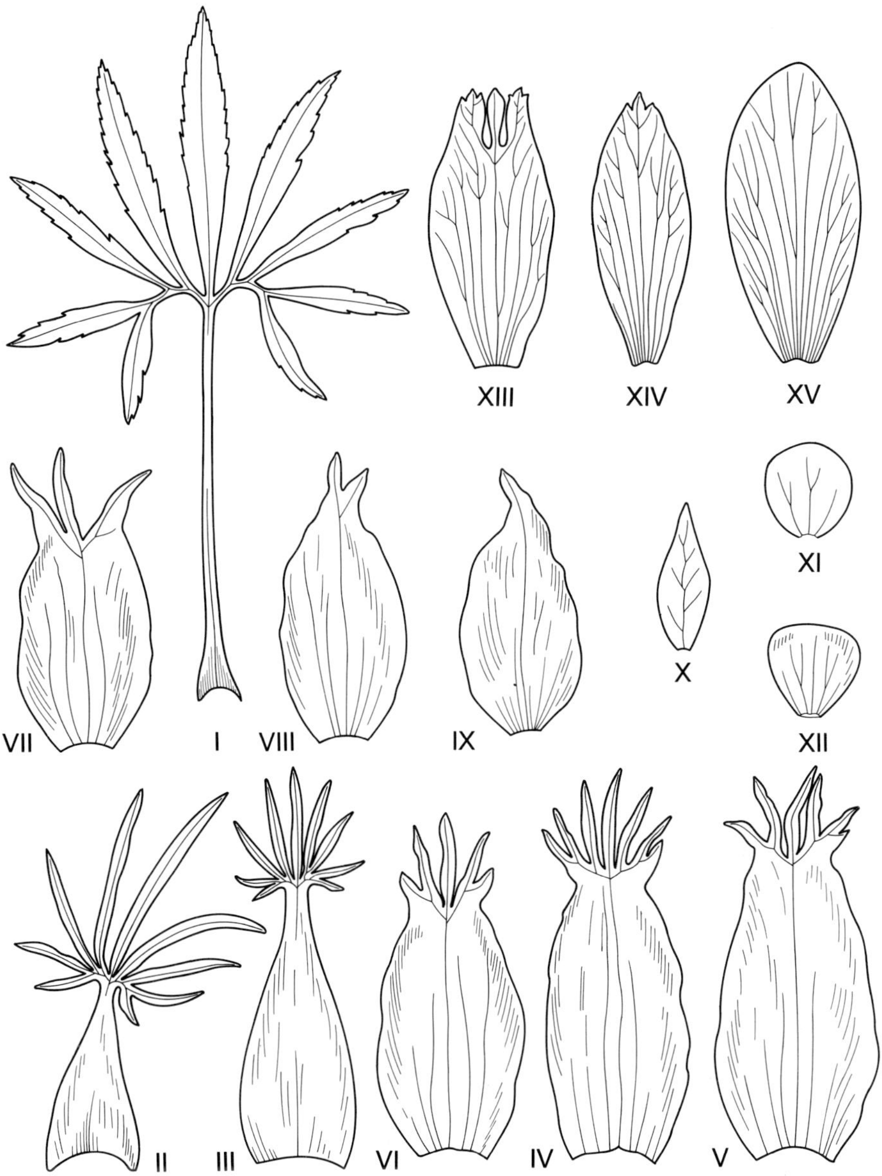

Abb. 21. I–XII *Helleborus foetidus,* Blattfolge. I Laubblatt, II–X Hochblätter, XI, XII Perianthblätter (Kelchblätter). XIII–XV *Helleborus niger,* Hochblätter (XIII, XIV) und corollinisches Kelchblatt (nach TROLL).

schreitende Reduktion der Spreite, sowohl was ihre Größe als auch was die Zahl der Zipfel angeht, die gewissermaßen nach und nach „eingeschmolzen“ werden. Demgegenüber dehnt sich die scheidige Blattbasis mehr und mehr aus, wobei die in Figur II und III noch an den Blattstiel erinnernde Verjüngung am Grunde der Spreite aufgehoben wird. Die Zahl der Spreitenzipfel geht schließlich auf 3 oder 2 zurück, bis schließlich nur noch 1spitzige lanzettliche Blattorgane gebildet werden (IV–X). Die

Abb. 22. *Rosa canina.* I Blütenknospe, II Blüte in Unteransicht, III–VII Kelchblätter in ihrer natürlichen Aufeinanderfolge (II 1–5); VIII Kronblatt, IX, X petaloide Zwischenformen zu Staubblättern; XI Staubblatt (nach TROLL).

bis hierher gewahrte Kontinuität der Formenreihe wird allerdings durch die fast keilförmig abgerundete Umrißform der Perianthblätter (XI, XII) gestört. Gelegentlich findet man aber auch hier Übergangsformen zwischen den obersten Hochblättern und den Perianthblättern; bei der Christrose (*Helleborus niger*, Abb. 21 XIII bis XV) sind die Hochblätter regelmäßig durch Übergangsformen mit den Perianthblättern verbunden.

Die Blüte der Heckenrose (*Rosa canina*, Abb. 22) zeigt einerseits in der Form ihrer zum Teil noch laubig segmentierten Kelchblätter ebenfalls enge Beziehungen zum Hochblattbereich; allerdings ist diese Segmentierung nicht mit der Fiederung, sondern eher mit der Randgliederung des Unterblattes der Laubblätter zu identifizieren, worauf LEINFELLNER (1954) hingewiesen hat. Bei genauerer Betrachtung erkennt man, daß nur 2 der 5 Kelchblätter, und zwar die ersten beiden Glieder in der genetischen Folge des quincuncialen Kelches (II), an beiden Rändern laubige Segmente aufweisen (III, IV). Das dritte Kelchblatt (V) trägt sie nur noch auf der dem zweiten Kelchblatt zugewandten Seite, aber nicht mehr an dem in der genetischen Spirale aufwärtsweisenden Rand, der in der Knospenlage gänzlich und auch jetzt noch an seiner Basis vom ersten Kelchblatt überdeckt wird. Die beiden folgenden, inneren Kelchblätter weisen keinerlei Randgliederung mehr auf (VI, VII). Der laubige Charakter der Kelchblätter tritt somit innerhalb der quincuncialen Folge immer stärker zurück. Die Kronblätter der Rose sind von weit zarterer Konsistenz als die Kelchblätter und lebhaft gefärbt, zeigen also das, was man als petaloide Ausbildung bezeichnet. Im Gegensatz zu den Kelchblättern ist ihre Ansatzstelle an der Blütenachse äußerst schmal. Ihr stark verbreitertes Ende ist in der Mitte leicht ausgerandet. Beides sind Merkmale, die wir bei den Kronblättern der Dikotylen sehr häufig antreffen.

Gelegentlich schon bei der Heckenrose, regelmäßig aber bei den sogenannten „gefüllten" Rosen findet man zwischen dem Androeceum und der Blütenkrone zahlreiche Blattorgane, die in ihrer Form zwischen Staubblättern und Kronblättern (Abb. 22 VIII) vermitteln. Die Staubblätter (XI) sind – wie gewöhnlich – in einem fadenförmigen Träger, das **Filament**, und einen verdickten Endabschnitt, die **Anthere**, gegliedert. Diese umschließt in ihren beiden spiegelbildlichen Hälften, den **Theken**, jeweils zwei Mikrosporangien, die Pollensäcke. Bei den erwähnten Übergangsformen zwischen Staub- und Kronblättern (Abb. 22 IX, X) ist nun häufig nur eine der beiden Theken fertil ausgebildet, während die andere steril geworden und mehr oder weniger flügelartig verbreitert ist, wobei sich der flügelartige Saum am Filament herabzieht (X). Von der flügeligen Verbreiterung, die je nach Ausmaß mit einer deutlich blumenblattartigen Konsistenz und Färbung verknüpft ist, können auch beide Theken erfaßt sein (Abb. 22 IX). Auch bei solchen Blattorganen macht sich aber häufig der das Flächenwachstum offenbar hemmende Einfluß eines oft nur noch sehr kleinen schwielenartigen Antherenrestes an der Spitze in einer mehr oder minder starken Ausrandung des Blattorgans bemerkbar. Diese wird erst bei den weiter außen stehenden petaloiden Organen nach und nach ausgeglichen.

Sprechen nun diese und die zahlreichen ähnlichen hier nicht eigens aufgeführten Beobachtungen dafür, daß etwa die Blütenkrone phylogenetisch durch petaloide Umwandlung von Staubblättern oder etwa der Kelch bzw. das Perigon oder Teile desselben durch Umwandlung und Heranrücken von Hochblättern an die Sporophylle entstanden sind? Hier müssen wir auf unsere am Beginn dieses Kapitels geäußerte Vermutung zurückgreifen, wonach anzunehmen ist, daß die Organe der Blütenhülle sich zu Beginn der Angiospermenentwicklung sekundär durch entsprechende Differenzierung von Blattorganen im Übergangsbereich zwischen den Trophophyllen und den Sporophyllen herausgebildet haben. Unter dieser Voraussetzung ist aber kaum etwas anderes zu erwarten, als daß die inneren Glieder der Blütenhülle – in der Regel die Petalen – engere Formbeziehungen zu den ihnen am nächsten stehenden Sporophyllen, nämlich den Staubblättern erkennen lassen, während die äußeren Perianthglieder – also etwa der Kelch – im allgemeinen engere Beziehungen zum Hochblattbereich zeigen. Auch TROLL (1928, Seite 198) hat vor einer voreiligen phylogenetischen Interpretation von Übergangsformen im Blütenbereich gewarnt:

„Wenn hier von ‚Herkunft' der Blumenblätter die Rede ist, so soll das durchaus nicht heißen, daß die Blumenblätter ‚ursprünglich' Staubblätter waren. Sie sind aber *morphologisch* identisch mit ihnen. Mit der Frage nach der Herkunft sind also lediglich die morphologischen Beziehungen der Blumenblätter zu den benachbarten Blattorganen gemeint, also das Problem: stehen die Petala näher den Staubblättern oder den Hochblättern, wie sie als Kelch in die Blütenhülle aufgenommen sind?"

Die Formbeziehungen der Petalen und teilweise auch der Tepalen zu den Staubblättern sind in den letzten beiden Jahrzehnten vor allem von LEINFELLNER (1954 ff.) sehr intensiv untersucht worden. Dabei stellten sich teilweise sehr viel tiefergreifende Übereinstimmungen heraus, als bisher zu vermuten war. Unter solchen Umständen kann man in bestimmten Einzelfällen auch eine phylogenetische Interpretation wagen.

Histogenese der Perianthblätter

Eine eingehende Analyse der histogenetischen Prozesse durch KAUSSMANN (1941), BOKE (1948), TEPFER (1953) u. a. hat ergeben, daß sowohl die Kelchblätter als auch die Kronblätter, ebenso die Perigonblätter und sogar die Staubblätter in ihrer Wachstumsweise den Laubblättern gleichen. Das gilt sowohl für die Anlegung der Blattorgane als auch für das Längen-, Breiten- und Dickenwachstum. Ebenso wie bei den Laubblättern wird auch die Anlegung der Kelch- und Kronblätter in Medianschnitten zuerst dadurch sichtbar, daß die Zellen der subepidermalen Schicht sich in Richtung des sich auswölbenden Primordiums strecken und periklinal teilen (Abb. 23 Ib), auch in den darunter liegenden Schichten können Zellteilungen eintreten. Man beobachtet dann sehr bald in der subepidermalen Schicht eine periklinal-antiklinal aufspaltende Initialzelle (Abb. 23 IIb bis IIIb, IV, S. 104) von der zunächst die Zellvermehrung und das Längenwachstum ausgehen. Kurze Zeit später wird ihre Tätigkeit von einer zweischneidig segmentierenden subepidermalen Scheitelzelle fortgesetzt, die abwechselnd nach zwei Seiten Zellen abgibt, welche sich weiter aufteilen (V); gegen Ende des subapikalen Spitzenwachstums gibt die Initialzelle oft nur noch nach einer Seite Zellen ab (V bis VIb). Auf diese Weise wird das Mesophyll aufgebaut, mit dessen Ausdehnung die Epidermis durch antiklinale Teilungen Schritt hält. Später geht die Teilungsaktivität von der subepidermalen auf eine epidermale, zunächst gleichfalls zweischneidig segmentierende Initialzelle über (VIb), bis schließlich die weitere Verlängerung der Blattanlage durch interkalares Wachstum an der Blattbasis und durch Zellstreckung erfolgt. Die Breitenentwicklung der Kelch- und Kronblätter geht wie üblich von subepidermalen Randzellen aus, an die sich eine mehr oder minder ausgedehnte Teilungstätigkeit epidermaler Randzellen anschließen kann (VII bis IX). Anfänglich ist auch hier ein periklinal-antiklinaler Teilungsmodus der subepidermalen Randzelle zu beobachten (vgl. Fig. VII, linke Seite).

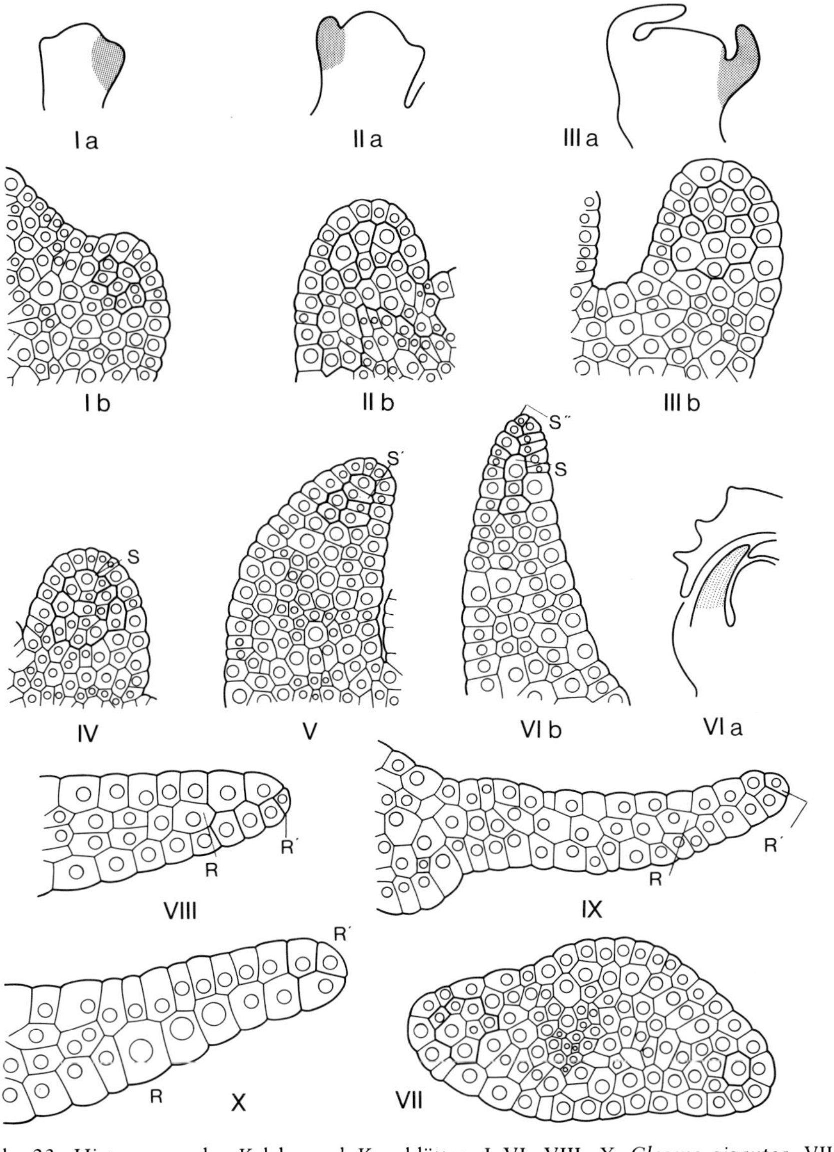

Abb. 23. Histogenese der Kelch- und Kronblätter. I–VI, VIII, X *Cleome gigantea,* VII, IX *Passiflora violacea.* I–III Übersichtsbilder von Axialschnitten durch Blütenanlagen in verschiedenen Stadien der Kelchblattentwicklung (Ia–IIIa) und Detailzeichnungen (Ib–IIIb) der in Ia–IIIa schraffierten Zonen. IV–VI Spitzenwachstum der Kronblätter, IV Periklinal-antiklinal-Rhythmus der Zellteilungen der Initiale S, V Wachstum mit zweischneidig segmentierender Scheitelzelle S′, VI einschneidige Segmentation der subepidermalen (subapikalen) Scheitelzelle S und zweischneidige Segmentation der epidermalen (apikalen) Scheitelzelle S″ bei einer älteren Kronblattanlage (schraffierter Abschnitt in VIa). VII, VIII, X Randwachstum bei Kronblättern verschiedenen Alters, R subepidermale, R′ epidermale Randzelle; IX Querschnitt durch eine Kelchblattanlage. Nach KAUSSMANN, teilw. verändert.

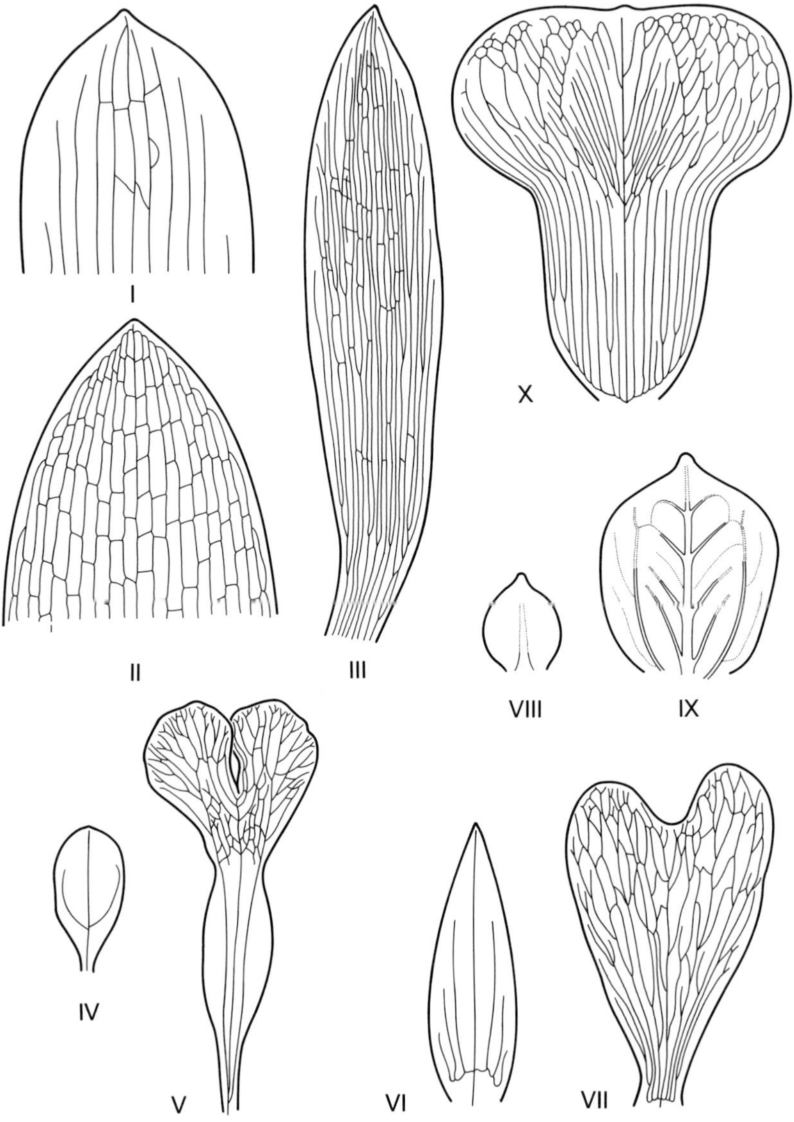

Abb. 24. Nervatur der Kronblätter. I, II *Clivia nobilis*, Spitze eines Perigon- (I) und eines Laubblattes (II); III *Canna indica*, Perigonblatt; IV–VII Kronblätter von *Saxifraga hederacea* (IV), *Silene longiflora* (V), *Sedum acre* (VI) und *Malva sylvestris* (VII); VIII–X Vexillum von *Vicia sepium* in verschiedenen Entwicklungsstadien (nach KAUSSMANN I–IV, VI, VII, GLÜCK V und v. GUMPPENBERG VIII–X).

Eine Auswirkung der zuletzt erwähnten Modalitäten des Randwachstums stellt die **offene Nervatur** dar, die als allgemeines Merkmal der Perianthblätter gelten darf. Da prokambiales Gewebe nur in den Teilen der Blattprimordien angelegt werden kann, die über ein mindestens 2schichtiges Mesophyll verfügen, die zweischneidige Segmentation der subepidermalen Randinitialen aber oft schon frühzeitig von einer einschneidigen Segmentation abgelöst und schließlich sogar in mehr oder minder starkem Maße von epidermalen Randzellen fortgesetzt wird, endigen die einzelnen Nerven in mehr oder minder weitem Abstand vom Blattrand frei (Abb. 24), ohne – wie bei Laubblättern üblich – maschenartig miteinander in Verbindung zu treten (Abb. 24 II). Die offene Nervatur der Perianthblätter ist demnach ebenso wie bei den Nieder- und Hochblättern (vgl. MÜLLER-HOEFS 1944) ein Zeichen gehemmter Mesophyllbildung. Soweit das Mesophyll bei krautigen Kelchblättern noch stärker ausgebildet ist, tritt die offene Nervatur bisweilen weniger in Erscheinung. Andererseits sind auch die bei Kelchblättern ebenso wie bei Hochblättern nicht selten zu beobachtenden schmaleren oder breiteren Hautsäume ein Ergebnis des mehr oder minder ausgedehnten epidermalen Randwachstums.

Wir haben bereits darauf hingewiesen, daß sich die Kronblätter vielfach durch ihre sehr schmale Ansatzzone von den Kelchblättern unterscheiden, die der Blütenachse gewöhnlich mit breiter Basis inseriert sind. Dem entspricht auch die Innervation der Kelch- und Kronblätter: die Kelchblätter werden gewöhnlich trilakunär von 3 oder mehr Blattspursträngen, die Kronblätter unilakunär von einem Blattspurstrang versorgt (GLÜCK 1919, VON GUMPPENBERG 1924, KAUSSMANN 1941, 1963, PURI 1947, 1951, HIEPKO 1965 u.a.). Die weithin durch breite Ansatzzonen gekennzeichneten Perigonblätter der Monokotylen werden ebenfalls häufig von 3 oder mehr Blattspuren versorgt (Abb. 24 I, III). Bei den nur durch einen Blattspurstrang (oder durch 3 Stränge) innervierten Perianthblättern beobachtet man am Grunde dieser Blattorgane häufig eine mehr oder minder ausgeprägte sympodiale Verzweigung der einziehenden Leitbündel (Abb. 24 VI, VII). Im übrigen spiegelt der Nervaturverlauf oft sehr deutlich das Verhältnis von Längen- und Breitenwachstum der Perianthblätter wider. Dies zeigt das durch VON GUMPPENBERG (1924) untersuchte Beispiel des als „Fahne" (vgl. Seite 76) bezeichneten großen Kronblattes der Zaunwicken-Blüte (*Vicia sepium*, Abb. 24 VIII bis X). In jungen Entwicklungsstadien (VIII, IX) zeigt die spitzenwärts fortschreitende Anlegung der Nervatur das starke Spitzenwachstum. Das gleichfalls schon früh einsetzende Breitenwachstum (IX) wird später im distalen Bereich noch fortgesetzt, während sich der proximale Teil nagelartig verlängert (X).

1.4.2 Kelch (Calyx) und Außenkelch

Formen der Außenkelche

Wir haben bereits mehrfach erwähnt, daß die Kelchblätter (Sepalen) weithin noch eine mehr oder minder laubblattähnliche Konsistenz aufweisen, was mit ihrer Hüllfunktion gut vereinbar ist. Vermutlich erbringen sie auch eine gewisse Assimilationsleistung, die der Blüte bzw. der sich entwickelnden Frucht zugute kommt. Im übrigen wird allein die Tatsache, daß viele Sepalen von laubiger Konsistenz sind, gewöhnlich als hinreichender Beweis für ihre Blattnatur angesehen. Darüber hinaus findet man nun aber auch verschiedentlich Kelchblätter, deren Gestalt eine weitergehende Homologisierung einzelner Abschnitte mit denen des Laubblattes ermöglichen. Dies gilt vor allem für den Fall, daß die Sepalen über Stipeln verfügen, welche in ihrer Gesamtheit gewöhnlich als **Außenkelch** in Erscheinung treten.

Bekannt ist dieses Verhalten vor allem für die *Potentilleae,* zu denen etwa unsere Erdbeer- und Fingerkrautarten gehören. Bei diesen wechseln gewöhnlich im Kelchbereich 5 kleinere Zipfel mit den Kelchblättern ab (Abb. 25 III, IV). Man nimmt für gewöhnlich an, daß jeweils die beiden Stipeln benachbarter Sepalen nach Art der Interfoliarstipeln zu einem „Außenkelchblatt" vereinigt sind. Gelegentlich findet man auch 2 Stipeln zwischen zwei Kelchblättern (* in III). Unterstützt wird die gegebene Deutung dadurch, daß derartige „stipulare Außenkelche" nur bei Pflanzen auftreten, bei denen auch die Laubblätter über Stipeln verfügen (vgl. auch DOMIN 1914). BUGNON (1929) vertrat demgegenüber die Ansicht, die Zipfel des Außenkelches seien Brakteen.*

Durch die Untersuchung mißgebildeter Blüten** bei *Geum* gelangte BOLLE (1935) zu der Deutung, daß hier nur die 3 äußeren Glieder des quincuncialen Kelches Stipeln besitzen, und zwar das dritte – ähnlich wie bei den Randgliederungen an den Kelchblättern der Heckenrose – nur auf der den beiden älteren Sepalen zugewandten Seite. Auch dadurch ergibt sich ein regelmäßiger Wechsel von 5 Kelchblättern und 5 den Außenkelch bildenden Stipeln, die hier somit nicht als Interfoliarstipeln zu betrachten wären. Besonders aufschlußreich ist die Form der schon von DOMIN (1914) und nochmals von SCHAEPPI (1953) näher untersuchten Kelchblätter von *Rhodotypos scandens* (= *R. kerrioides*, Abb. 26 I bis V). Dieser zu den *Rosoideae-Kerrieae* gehörende Strauch nimmt durch seine dekussierte Blattstellung eine Sonderstellung innerhalb der Rosaceen ein. Bei dem 4zähligen Kelch kann man ebenfalls 2 äußere, untere und 2 innere, obere Sepalen unterscheiden. Gewöhnlich tragen nur die beiden äußeren, etwas größeren Kelchblätter an ihrer Basis pfriemliche Stipeln, die zusammen einen 4zähligen Außenkelch bilden. Seltener sind auch die inneren Kelchblätter mit Stipeln ausgestattet. Der Vergleich dieser Kelchblätter (Abb. 26 III, IV) mit den an der Basis der Jahrestriebe stehenden Knospenschuppen (I, II) und gelegentlich auftretenden Übergangsformen zwischen Knospenschuppen und Laubblättern (V) zeigt, daß wir die etwas kürzeren basalen Zipfel an den Kelchblättern durchaus als Stipeln ansprechen dürfen. Damit ist aber zugleich gesagt, daß das Kelchblatt im übrigen dem Oberblatt homolog ist, das freilich hier keine Gliederung in Stiel und Spreite aufweist. Besonders interessant ist in diesem Zusammenhang der Kelch der (gelb blühenden) *Fragaria indica* (Abb. 25 II). Bei diesem wechseln 5 lanzettliche Zipfel, welche dem Blütenboden breit ansitzen und mehr oder minder nach innen eingeschlagen sind, mit außenständigen größeren, dem Spreitenabschnitt der Vorblätter nicht unähnlichen, regelmäßig gezähnten Zipfeln ab, welche zum Ansatz hin stark verschmälert sind und weit nach außen abstehen. DOMIN (1914) hielt diese größeren Zipfel – wohl wegen ihrer Außenständigkeit – für den aus Stipeln gebildeten Außenkelch, obwohl der Vergleich mit einem ebenfalls von ihm abgebildeten vergrünten Außenkelch von *Poten-*

* Für *Rhodotypos* stimmt BUGNON allerdings der Auffassung DOMINS zu.

** Wenn auch hier wie in nicht wenigen anderen Fällen „Mißbildungen" oder „Bildungsabweichungen" wertvolle Fingerzeige für die morphologische Interpretation von Organen liefern können, so gilt es im allgemeinen doch, bei der Auswertung von Bildungsabweichungen äußerst kritisch zu verfahren. Eine Zusammenfassung älterer und neuerer Literatur über Blütenmißbildungen findet man bei MEYER 1966 sowie DUPUY 1973.

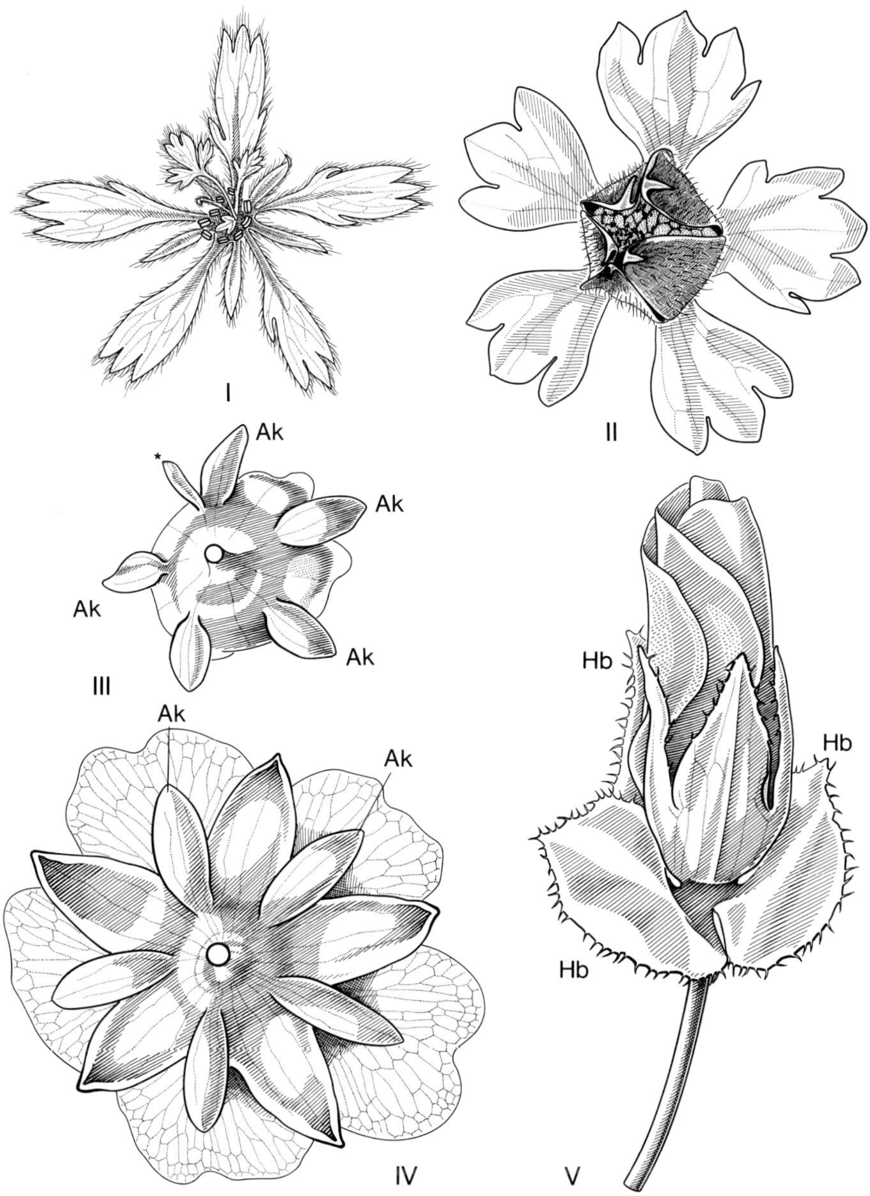

Abb. 25. Außenkelche. I *Potentilla aurea*, vergrünte Blüte mit stark laubig entwickeltem Kelch (nach DOMIN); II *Fragaria indica*, abgeblühte Blüte; III, IV *Potentilla tabernaemontani*, Blüte ohne (III) und mit Kronblättern (IV) in Unteransicht, die Zipfel des Kelches und Außenkelches (Ak) zeigend, letztere bei* „verdoppelt". V *Malope trifida*, Blütenknospe mit Kelch und „echtem" Außenkelch aus 3 Hochblättern (Hb).

tilla aurea (Abb. 25 I), bei dem „die Kelchblätter in Gestalt grüner Blättchen" entwickelt sind, nahelegt, daß es sich hier wie dort um die sonst stark rückgebildeten Spreitenabschnitte der Kelchblätter handelt.*

Ausnahmsweise können wir hier also über die allgemeine Feststellung hinaus, daß die Blattorgane der Blüte und Laubblätter als Blätter einander homolog sind, auch eine Homologisierung einzelner Teile vornehmen, wofür sonst meist keine ausreichende Vergleichsbasis gegeben ist.

Von den „stipularen" Außenkelchen haben wir solche zu unterscheiden, die aus Vorblättern oder aus einer Anzahl von Hochblättern gebildet werden, die dicht an die Blüte heranrücken. Bei der Zaunwinde *(Calystegia sepium)* besteht der Außenkelch aus zwei großflächigen Vorblättern, die infolge der Kürze des Epipodiums dicht unter der Blüte stehen und den eigentlichen Kelch vollkommen einhüllen, während sie bei der Ackerwinde *(Convolvulus arvensis)* nur schwach entwickelt und durch ein langes Epipodium von der Blüte abgerückt sind. Ähnlich wie die Zaunwinde verhält sich z.B. auch *Thunbergia alata (Acanthaceae)*. Aus mehreren Kelchblättern gebildete Außenkelche sind unter anderem charakteristisch für die Passifloraceen (Abb. 12) und die Malvaceen, bei welchen sie aus 3 bis vielen unscheinbaren oder kräftig entwickelten Hochblättern (Abb. 25 V) bestehen. Bei *Hibiscus costatus* sind diese peltat gebaut (BAUM 1952).

Bei den *Dipsacaceae* stellt der mit der Blüte eng verbundene, aus dem Vorblattwirtel und einem weiteren brakteosen Blattwirtel gebildete Außenkelch, der z.B. als Flugkelch bei der Windverbreitung der Früchte eine wichtige Rolle spielen kann, ein konstantes Familienmerkmal dar, ähnlich auch bei den eng verwandten Morinaceen. Die gleichfalls eng verwandte Gattung *Triplostegia (Triplostegiaceae)* besitzt sogar einen doppelten Außenkelch.

Einem Außenkelch vergleichbar ist auch das sogenannte „Involucrum", das bei den Leberblümchen *(Hepatica)* dicht unterhalb der Blüte steht. Es handelt sich um einen dreigliedrigen Scheinwirtel aus Hochblättern (Abb. 27 IV), der den 3 gefiederten Stengelblättern vergleichbar ist, welche beim Buschwindröschen *(Anemone nemorosa*, Abb. 27 III) in der Mitte des Blütenstengels zu einem Scheinwirtel angeordnet sind und in ähnlicher Form auch beim Gelben Windröschen *(A. ranunculoides)*, der Küchenschelle *(Pulsatilla)* und auch beim Winterling *(Eranthis hyemalis)* auftreten. Bei *Anemone hortensis* (V) können diese in ihrer Form oft zwischen den gefiederten Stengelblättern und den lanzettlichen Hochblättern vermittelnden Blattorgane (Abb. 27 VII bis XI) tief unter der Blüte stehen, aber durch Verkürzung des auf sie folgenden Internodiums auch dicht an die Blüte herangerückt sein (VI). Die anhand der genannten Beispiele aufstellbare Formenreihe diente in vielen Lehrbüchern als Modellfall für die Entstehung des Kelches aus Hochblättern. HIEPKO (1965) konnte jedoch nachweisen, daß es sich bei der Blütenhülle der Gattungen *Anemone, Hepatica* und *Pulsatilla* um ein Perigon handelt (vgl. ferner HIEPKO 1975 und die dort zitierte Literatur).

---

* KANIA (1973) hält die Glieder des Außenkelches der Rosaceen allerdings für bloße Emergenzen, weil sie „erst nach dem Sichtbarwerden der Kelchblattanlagen... in Erscheinung treten" (was aber dem gewohnten Verhalten der Stipeln entspricht) und weil sie keine Prolepsis zeigen. Die Prolepsis der Stipeln ist jedoch kein unabdingbares Kriterium, namentlich angesichts der im Blütenbereich oft stark abgewandelten Wachstumsrelationen.

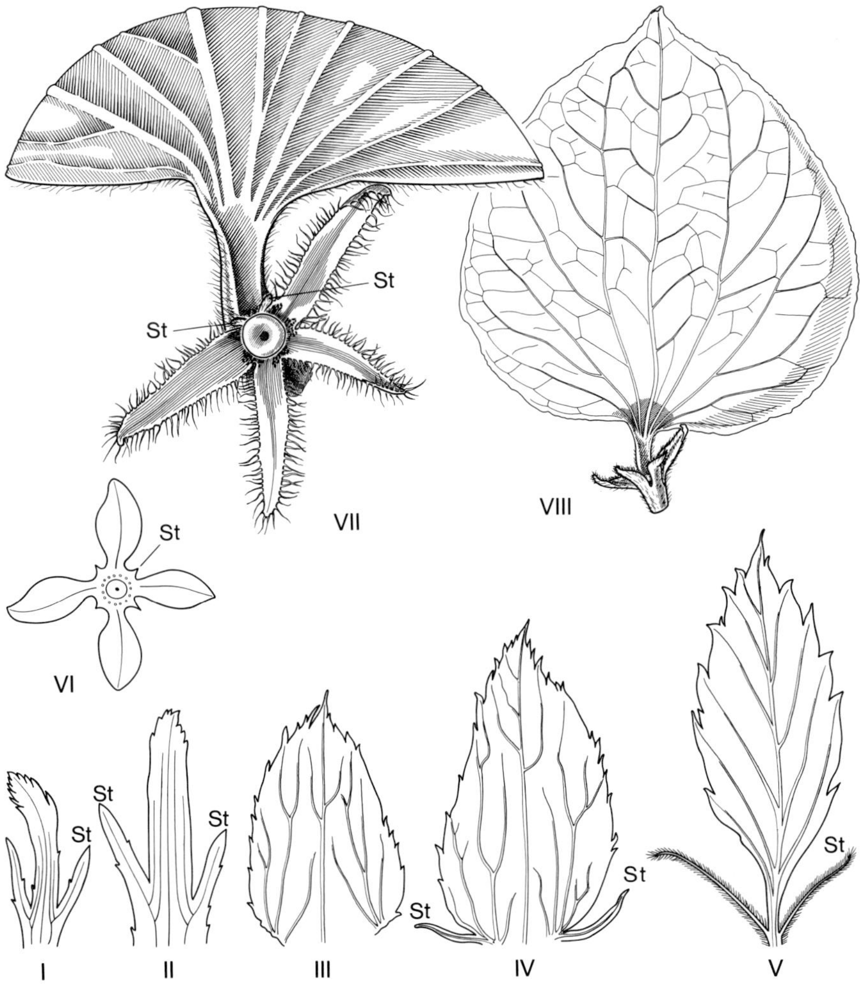

Abb. 26. I–V *Rhodotypos scandens (R. kerrioides)*, Knospenschuppen (I, II), inneres (III) und äußeres (IV) Kelchblatt, Übergangsblatt zwischen Nieder- und Laubblättern (V) nach SCHAEPPI. VI *Manettia inflata*, Kelch einer abgeblühten Blüte (nach LEINFELLNER). VII, VIII *Mussaenda* cf. *erythrophylla*, Kelch mit einem laubblattartig gestalteten corollinisch gefärbten Kelchzipfel, in VII stärker vergrößert. St Stipeln.

Form und Funktion der Kelchblätter

Soweit die Kelchblätter eine Schutzfunktion ausüben, erstreckt sich diese in erster Linie auf die Blüte im präfloralen Zustand, sie kann aber auch darüber hinaus noch während der Anthese ausgeübt werden. Die Kelchblätter sind dann auch während der Blütezeit oft nicht völlig zurückgeschlagen, sondern entfalten sich nur teilweise. Bei den meisten Cruciferen bleiben sie sogar völlig aufrecht. Oft fallen die Kelchblät-

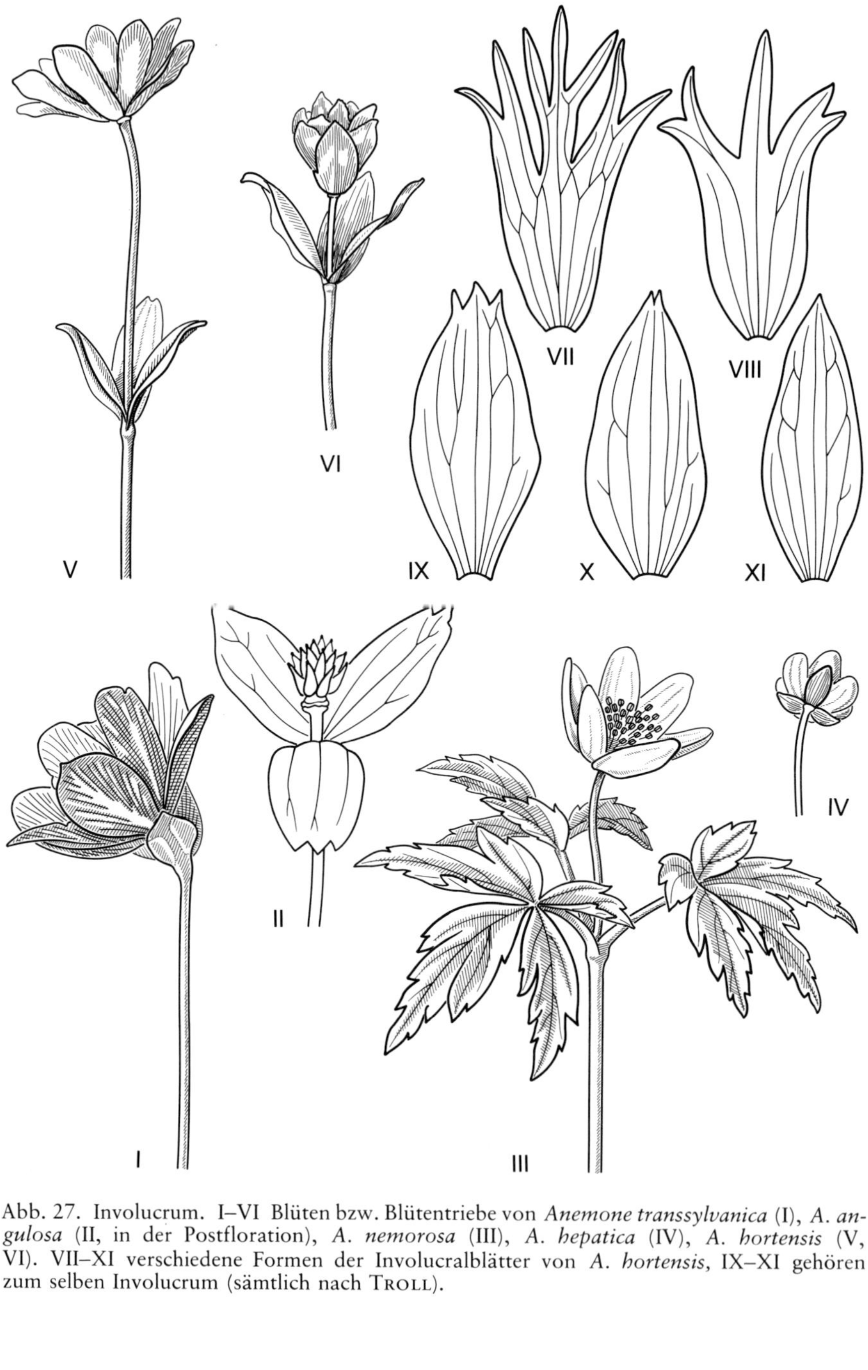

Abb. 27. Involucrum. I–VI Blüten bzw. Blütentriebe von *Anemone transsylvanica* (I), *A. angulosa* (II, in der Postfloration), *A. nemorosa* (III), *A. hepatica* (IV), *A. hortensis* (V, VI). VII–XI verschiedene Formen der Involucralblätter von *A. hortensis*, IX–XI gehören zum selben Involucrum (sämtlich nach TROLL).

ter schon beim Aufblühen ab, man nennt sie dann hinfällig (caducus) oder aber sie werden erst nach der Blütezeit abgeworfen (deciduus). In ihrer anatomischen Struktur lassen die Kelchblätter im Vergleich zu den Laubblättern weithin eine Reduktion des Mesophylls erkennen, die sich um so stärker bemerkbar macht, je mehr die laubige Ausbildung zurücktritt.

Bei der Passionsblume (Abb. 12) sahen wir bereits ein Beispiel für eine kapuzenförmige Gestalt von Kelchblättern, die – dem äußeren Anschein nach auf der Rückenseite – eine kleine, auch als „Corniculum" bezeichnete Spitze tragen. Diese wird von TROLL (1932, Seite 171) und BAUM (1951) als unifaziales Oberblattrudiment gedeutet. Dementsprechend wird der flächige Abschnitt als Unterblatt interpretiert, dessen oberer, quer über das Blatt hinweglaufender Rand wie bei einer Medianstipel ausgewachsen ist, so daß das rudimentäre Oberblatt der Rückseite des Blattes anzusitzen scheint.

Eine solche Interpretation kann freilich nur dann als gesichert gelten, wenn entsprechend gegliederte Stengel- oder Hochblätter zu solchen Kelchblattformen überleiten und eine sichere Homologisierung der einzelnen Abschnitte gewährleisten. Kelchblattspitzen der hier beschriebenen Form „können nämlich nach ihrem Bau und ihrer Lage innerhalb des Kelchblattes theoretisch ebenso gut dem ganzen reduzierten und undifferenzierten Oberblatt als auch nur der Vorläuferspitze dieses Oberblattes entsprechen" (BAUM-LEINFELLNER 1953, Seite 593). Die von Laubblättern her bekannten Vorläuferspitzen stellen zumeist unifaziale zipfelartige Endabschnitte dar, deren Wachstum der Ausbildung der eigentlichen Blattfläche voraneilt. In diesem Falle ist es die Querzone an der Grenze von bifazialer Spreite und unifazialer Vorläuferspitze, durch deren Wachstum eine kapuzenartige Form zustande kommen kann. Dies Verhalten wurde von LEINFELLNER (1952 a) für die Kelchblätter der Mesembryanthemeen nachgewiesen. Hier besitzen sowohl die Laubblätter als auch die Kelchblätter „eine unifaziale Vorläuferspitze, die beim Laubblatte einen unscheinbaren Anhang des bifazialen Oberblattes darstellt, beim Kelchblatte aber den charakteristischen dorsalen Zipfel der Kapuze bildet" (Seite 317).

Beispiele für das Auftreten unifazialer Kelchblattspitzen und eine mehr oder minder kapuzenförmige Gestalt der Kelchblätter sind aus sehr verschiedenen Verwandtschaftskreisen bekannt, so z. B. von *Onagraceae (Oenothera, Godetia), Geraniaceae (Geranium, Erodium), Caryophyllaceae, Vitaceae, Bignoniaceae (Tecoma), Impatiens*-Arten, *Ipomoea*-Arten u. a. In all diesen Fällen spricht BAUM (1950, 1951 a) von unifazialen Vorläuferspitzen. Für die Kelchblätter von *Oenothera spectabilis, Impatiens balsamina* und anderen Arten, bei denen mehrere Leitbündel in die Spitze einziehen, konnte sie anhand von Querschnitten sogar zeigen, daß die Leitbündelanordnung völlig dem bekannten Bild eines unifazialen Blattabschnittes entspricht. Dies wäre freilich auch dann der Fall, wenn es sich bei der unifazialen Spitze nicht um eine Vorläuferspitze, sondern um das Äquivalent des gesamten Oberblattes handeln würde. Für den Fall von *Polygala myrtifolia* konnte LEINFELLNER (1952 b) die Homologie des Spitzenabschnittes mit der sehr unscheinbaren Vorläuferspitze der Laubblätter aufzeigen.

Außer den Beispielen für unifaziale Vorläuferspitzen nennt BAUM (1951 a) auch zahlreiche Pflanzen, an deren Kelchblättern *bifaziale* Vorläuferspitzen auftreten (*Cobaea scandens, Campanula pyramidalis, Trifolium repens, Alcea (Althaea) officinalis* u. a.).

Darüber hinaus führen BAUM (1951 a) und LEINFELLNER (1955 a) sogar Beispiele für Vorläuferspitzen an Kronblättern choripetaler und sympetaler Corollen auf, und zwar sowohl für unifaziale (*Impatiens*-Arten; Cucurbitaceae: *Cucurbita, Cucumis, Lagenaria;* Convolvulaceae: *Quamoclit, Ipomoea*) als auch für bifaziale (andere Cucurbitaceae: *Bryonia, Echinocystis;* Solanaceae: *Datura;* Melastomataceae: *Bertolonia;* Plumbaginaceae: *Ceratostigma* u.a.). Auch Tepalen können mit unifazialen Vorläuferspitzen ausgestatet sein (*Juncaceae;* Liliaceae: *Lilium, Ornithogalum, Hemerocallis;* Amaryllidaceae: *Leucojum* u.a.; Baum 1950)

Gamosepalie

Im Zusammenhang mit der Schutzfunktion ist es wohl zu verstehen, daß bei den Kelchblättern weitaus häufiger als bei den Kronblättern eine freilich nicht immer stark ausgedehnte kongenitale Vereinigung auftritt. Diese **Gamosepalie**, die häufig auch bei quincuncialer Stellung der Kelchblätter zu beobachten ist, findet sich in verschieden starker Ausprägung auch bei vielen Familien, bei denen die Kronblätter nicht zu einer sympetalen Corolle vereinigt sind. Daraus erhellt, daß der systematische Wert der Gamosepalie im Unterschied zur Sympetalie gewöhnlich nicht sehr hoch anzusetzen ist, wenngleich die Vereinigung der Kelchblätter bei den Caryophyllaceen ein die Unterfamilien deutlich gegeneinander abgrenzendes Merkmal darstellt.

Grundsätzlich läßt sich die Gamosepalie mit der gamophyllen Ausbildung der Blattbasen von Wirtelblättern vergleichen, wie sie uns im vegetativen Bereich immer wieder entgegentritt. Mit dieser Feststellung soll freilich nicht gesagt werden, daß die aus der kongenitalen Vereinigung der Kelchblätter resultierende mehr oder minder ausgedehnte Kelchröhre (der Tubus) den Unterblattanteilen, und die mehr oder minder kräftig entwickelten freien Zipfel des Kelchsaums (Limbus) dem Oberblatt der Laubblätter entsprechen. Wir haben bereits darauf hingewiesen, daß für eine solche ins einzelne gehende Homologisierung meist keine ausreichende Vergleichsbasis gegeben ist.

Der Kelchtubus kann eine sehr verschiedene Gestalt annehmen, er kann z.B. schüsselförmig (pelviformis), glockenförmig (campanulatus), röhrenförmig (tubiformis), bauchig (ventricosus), trichterförmig (infundibuliformis) oder krugförmig (urceolatus) sein. Im übrigen kann man auch bei den Kelchen zwischen einer aktinomorphen und einer zygomorphen Ausbildung unterscheiden. Im letztgenannten Falle ist der Kelch gewöhnlich zweilippig gestaltet, wobei die an der Ober- und Unterlippe beteiligten Kelchzipfel (meist 2 zu 3) oft kaum noch hervortreten oder gar nicht mehr erkennbar sind.

Kontaktverschluß

Abgesehen von der durch kongenitale Vereinigung zustande kommenden Gamosepalie sind im Kelchbereich ebenso wie bei den Kronblättern auch postgenitale Verwachsungen zu beobachten. Diese bestehen in einer mehr oder minder festen Verbindung zwischen den Rändern dieser Organe in der Knospenlage.

Bei vielen Blütenknospen reicht die gegenseitige Deckung der Kelch- und Kronblätter aus, um die junge Blütenknospe fest zu verschließen. Häufig findet man aber noch besondere anatomische Einrichtungen, welche einen engeren Verschluß der Kelch- oder Kronblätter bewirken. Man spricht dabei von einem **Knospenverschluß (Kontaktverschluß)**.

Sigmond (1930) unterscheidet zwei Grundtypen von Blütenknospenverschlüssen durch spezielle Verschlußorgane, nämlich 1. die **Verzahnungen** oder **Nähte** und 2. die **Haarverschlüsse**.

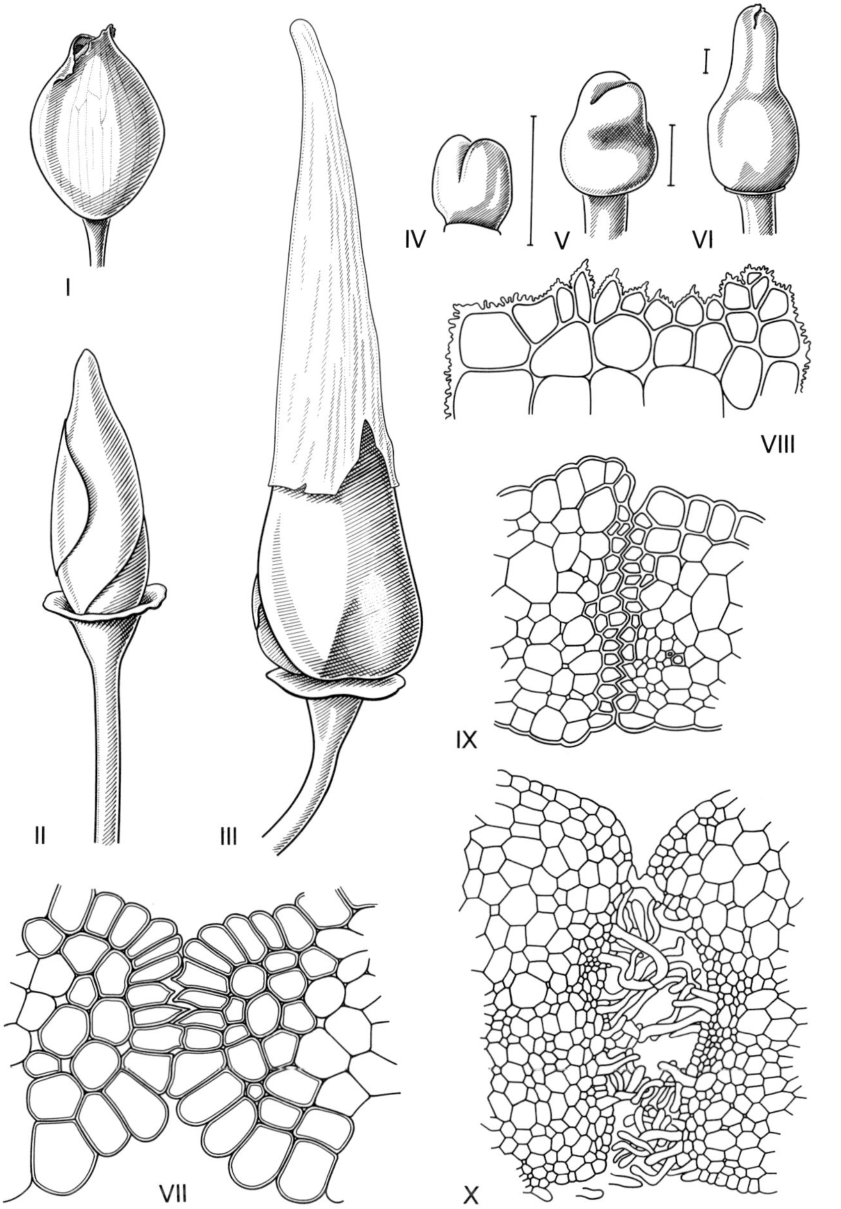

Abb. 28. I *Eomecon chionantha,* Blütenknospe. II–VI *Eschscholzia californica,* II junge Blüte nach Abnehmen des Kelches, III Blüte vor der Entfaltung mit noch aufsitzendem, aber an der Basis schon abgesprengtem Kelch, IV–VI Stadien aus der Blütenentwicklung, IV nach Ausgliederung des Kelches, V, VI das interkalare Wachstum demonstrierend. VII–X Kontaktverschlüsse. VII *Galium odoratum,* Krone; VIII *Vitis vinifera,* Krone, isolierte Verschlußhälfte; IX *Oenothera biennis,* Kelch; X *Tilia platyphyllos,* Kelch (valvate Ästivation). VII–X nach SIGMOND.

Die **Nähte** kommen durch das Ineinandergreifen zugespitzter papillenförmiger Epidermiszellen an den Kantenflächen (Abb. 28 VII) oder durch die Verzahnung von Cuticularzapfen zustande (vgl. S. 81). Nicht selten sind beide Strukturen miteinander kombiniert: sogenannte doppelte Nähte (Abb. 28 VIII). Durch randliche Verzahnungen kommt unter anderem auch die Verbindung der Schiffchenränder bei den Papilionaceen zustande. Derartige Verbindungen sind übrigens nicht nur bei der Blütenhülle anzutreffen, sondern auch als sogenannte Antherennähte und als Nähte im Griffelkanal (*Oenothera biennis*, *Campanula*-Arten u. a.). Es können auch periklinale und antiklinale Teilungen der Nahtzellen eintreten und zu einer Verwischung der Zellnaht führen (Chrometzka 1967).

Bei den **Haarverschlüssen** kommt die randliche Verbindung der Perianthblätter durch eine mehr oder minder innige Verfilzung von Trichomen zustande, so etwa bei den Kelchblättern der Linde (Abb. 28 X).

Während der Entfaltung der Blüte lösen sich die Kelch- und Kronblätter gewöhnlich aus dieser Verbindung. In einzelnen Fällen ist die Verzahnung jedoch so innig, daß die Blattorgane über kürzere oder längere Strecken miteinander verbunden bleiben und als Ganzes abgeworfen werden. So kann man bei den früh abfallenden Kelchblättern von Mohn-Arten beobachten, daß die Epidermen der breit übereinandergreifenden Ränder leicht miteinander verzahnt sind. Dies bewirkt, daß die Kelchblätter bei der Entfaltung der Blüte oft noch an der Spitze oder an einer Seite zusammenhängen, während sie sich an ihrem Grunde schon von der Blütenachse gelöst haben und abgeworfen werden. Auch die durch eine Doppelnaht (Abb. 28 VIII) miteinander verbundenen Kronblätter von *Vitis* bleiben bekanntlich an der Spitze vereinigt, lösen sich aber am Grund ab, so daß die gesamte Krone als Kappe von den sich streckenden Staubblättern emporgehoben und abgeworfen wird.

Kalyptrakelche

Das Verhalten der Papaveracee *Eschscholzia californica* (Abb. 28 II, III) erscheint auf den ersten Blick als eine Steigerung des bei den Kelchblättern der Mohn-Arten beobachteten Verhaltens. Die Blütenachse ist hier zu einem niedrigen Achsenbecher verbreitert, dessen Rand über die Ansatzstellen der Petalen und Sepalen hinausragt. Letztere lösen sich auch hier bei der Entfaltung der Blüte am Grunde von der Blütenachse ab, bleiben aber fest miteinander vereinigt. Der ganze Kelch wird von den sich streckenden Kronblättern emporgehoben und sitzt diesen noch eine Zeitlang wie ein kleines Mützchen auf (Abb. 28 III), bis er beim Ausbreiten der Kronblätter endlich abgeworfen wird. Diese Besonderheit hat der Pflanze den Volksnamen „Schlafmütze" eingetragen. Gewöhnlich wird dieses Verhalten mit dem Hinweis erklärt, daß die Sepalen „mit ihren klappig zusammengestellten Rändern verwachsen" (z. B. Fedde 1936, Seite 22). Eine Querschnittsserie zeigt jedoch, daß dies nur für die äußerste Spitze des Kelches zutrifft. Nur hier sind die Kelchblätter voneinander durch Epidermen getrennt, die eng miteinander verzahnt sind. Etwas weiter oberhalb trennen sich die Kelchblattspitzen völlig voneinander. In seiner gesamten übrigen Ausdehnung läßt der Kelch jedoch keine Spur von Verwachsungsnähten erkennen, sondern zeigt ein völlig einheitliches Gewebe. Das Studium der Kelchentwicklung bestätigt diese Feststellung: bei ihrer Ausgliederung treten die beiden Kelchblätter deutlich als zwei Blattorgane in Erscheinung, lassen jedoch schon eine gamophylle Basalzone erkennen (Abb. 28 IV). Diese gamophylle Basalzone ist es, welche in der Folge zu einer birnförmigen Kapuze heranwächst, während die beiden Kelchblattspitzen im Wachstum stark zurückbleiben (Abb. 28 V, VI). Es liegt somit keine postgenitale Verwachsung vor, sondern echte Gamosepalie, die durch ein intensives interkalares Wachstum der kongenital vereinigten Basalzone des Kelches bedingt ist und zur Ausbildung eines sogenannten „Kalyptra-Kelches" führt. Schon SIGMOND (1930) hatte übrigens das Fehlen von „Trennungslinien" und den „völlig einheitlichen Zusammenhang" der Kelchblätter bei *Eschscholzia* bemerkt, während BAUM (1951 a) bereits darauf hinwies, daß der Kelch von *Eschscholzia pulchella* als „in sich geschlossener einheitlicher Ringwall" angelegt wird, und die gemeinsame Basalzone der Kelchblätter im Verlaufe des weiteren Wachstums stark gefördert wird. – Ähnlich verhält sich der Kelch der gleichfalls zu den *Papaveraceae* gehörenden *Eomecon chionantha* (Abb. 28 I; WEBERLING unveröff.). Nach FEDDE (1936, Seite 22) sind hier „die Sepalen zu einer helmförmigen Hülle verwachsen, die mit einem Längsspalt aufreißt". Auch für die *Himantandraceae* wird angegeben, daß die beiden Sepalen zu einer „Kalyptra" verwachsen seien. (Über *Calycotome spinosa* vgl. GOEBEL 1924, Seite 66/67).

In ähnlicher Weise wie bei *Eschscholzia* kommen auch die Kalyptra-Kelche zustande, die man bei vielen *Myrtaceae*, insbesondere bei der Gattung *Eucalyptus* (Name!) antrifft (vgl. dazu auch RACIBORSKI 1895). Als Beispiel sei zunächst *Eucalyptus globulus* (Abb. 29 I, II) genannt. Hier ist der vierzählige Kelch in Form eines dicken festen Deckels, eines sogenannten Operculums entwickelt, der sich bei der Entfaltung der Blüte als Ganzes vom Achsenbecher ablöst. Außerdem sind hier aber auch die vier Kronblätter miteinander vereinigt. Sie bleiben als hinfälliger Innendekkel zurück, welcher bei der Entfaltung der zahlreichen mit langen prächtig gefärbten Filamenten ausgestatteten Staubblätter schrumpft. Es wird hier somit eine „Blumenkronenkalyptra" und eine „Kelchkalyptra" gebildet (GOEBEL 1924, Seite 65 ff.). Außer solchen bioperculaten Blüten, wie sie nach PRYOR und KNOX (1971) für die Untergattung *Symphomyrtus* charakteristisch sind, gibt es auch monoperculate Blüten (Untergattung *Monocalyptus*), bei denen das Operculum allein vom Kelch gebildet wird. Umgekehrt kann das sogenannte „innere Operculum" (Untergattung *Eudesmia*) unter starkem Zurücktreten der Kelchblätter allein aus dem Kronblattwirtel gebildet werden oder auch unter schwacher Beteiligung der dann oft nur in Zweizahl vorhandenen Kelchblätter, welche dann mit dem inneren Operculum vereinigt sind. In jedem Falle jedoch kann man zu Beginn der Entwicklung sowohl des Kelches als auch der Krone deutlich die Hervorwölbung der einzelnen Kelch- und Kronblattspitzen erkennen, die sich aus einem gemeinsamen Ringwall erheben, der sich während der weiteren Entwicklung durch interkalares Wachstum stark ausdehnt und den weitaus überwiegenden Teil des jeweiligen Operculums bildet. Von der Öffnung des Kelches bleibt nur ein enger „Opercular-Kanal" übrig, der noch durch zusätzliche Gewebebildungen weitgehend verschlossen werden kann. – Während man bei der eng mit *Eucalyptus* verwandten Gattung *Angophora* völlig freie Kelch- und Kronblätter findet, verwachsen bei anderen Myrtaceen (*Calyptranthes, Campomanesia, Psidium*-Arten) die Sepalen zu einer Hülle, welche bei der Entfaltung der Blüte unregelmäßig zerreißt oder am Grunde abgesprengt wird; bei *Syzygium aromaticum (Eugenia caryophyllata)*, dem Gewürznelkenbaum, und *Eugenia*-Arten sind es die Kronblätter, die miteinander zu einer Kappe verbunden abfallen.

Ein Ablösen des ganzen Kelches in Form eines Operculums können wir auch bei nicht wenigen *Monimiaceae* beobachten, so z. B. bei den weiblichen Blüten von *Mollinedia*-Arten (Abb. 29 III, IV). Bei der Bignoniacee *Enallagma cucurbitana* (Abb.

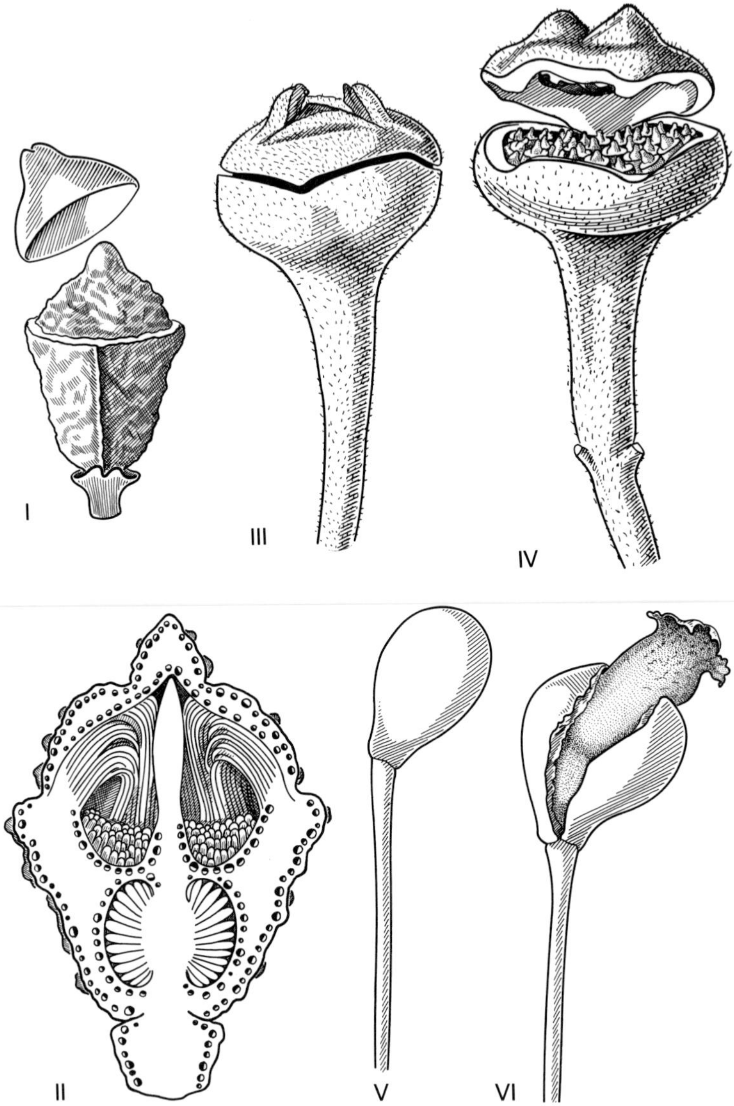

Abb. 29. I, II *Eucalyptus globulus,* Blüte in Gesamtansicht, mit sich ablösendem (äußeren) Operculum (I) und im Axialschnitt (II). III, IV *Mollinedia floribunda,* weibliche Blüte mit sich ablösendem (III) und abgehobenem Operculum. V, VI *Enallagma cucurbitana,* geschlossene (V) und geöffnete (VI) Blüte. I, II nach ENGLER, III, IV Orig., V, VI nach VELENOVSKÝ.

29 V, VI) hingegen „ist der Kelch zu einem vollkommen kugelförmigen, glatten, fleischigen Gebilde zusammengewachsen, welches keine Spur von irgendwelchen Kelchzähnen aufweist" und schließlich bei Entfaltung der Krone unregelmäßig zerreißt. Ähnlich verhält sich die Myrtacee *Mitranthes langsdorffii* (vgl. VELENOVSKÝ 1910, Seite 924/25).

Eine eigenartige Erscheinung sind die zuerst von TREUB (1889) an den Blütenknospen der Bignoniacee *Spathodea campanulata* beobachteten **Wasserkelche**. Diese sind im geschlossenen Zustand prall mit Wasser gefüllt, das von Trichomhydathoden auf der Kelchinnenseite abgeschieden wird. Die Blütenkrone entwickelt sich daher „wie in einem Wasserbad". Unklar ist jedoch, ob dies wirklich von biologischer Bedeutung ist. Im übrigen gibt es auch ganze Blütenstände, die sich in gefüllten Wasserbehältern bzw. bei den Bromeliaceengattungen *Nidularium* und *Vriesea* oft untergetaucht in dem gespeicherten Wasser eines Blatttrichters entwickeln. Weitere Angaben über die bei sehr verschiedenen Familien - Bignoniaceen, Solanaceen, Scrophulariaceen, Verbenaceen usw., auch bei *Aconitum variegatum* (MOLISCH 1920) – auftretenden Wasserkelche und ähnliche Erscheinungen findet man bei KOORDERS (1897) und PASCHER (1960).

Funktionswechsel bei Kelchblättern

Der Kelch kann *zusätzlich* zu seiner Hüllfunktion, nicht selten jedoch ausschließlich auch anderen Aufgaben dienen. Oft sieht man, daß der Kelch durch lebhafte Färbung die Schauwirkung der Blütenkrone verstärkt. Als ein Beispiel dafür ist die häufig auf unseren Blumenrabatten gepflanzte *Salvia splendens* zu nennen, bei welcher der Kelch ebenso wie die Krone und alle Achsen und Brakteen des Blütenstandes leuchtend rot gefärbt sind. Bei dem oft als Warmhauspflanze oder auch als Zimmerpflanze kultivierten *Clerodendrum thomsoniae (Verbenaceae)* steht die grünlich weiße Färbung des aufgeblasenen Kelches in lebhaftem Kontrast zur dunkelrot gefärbten Krone. Eine Schauwirkung übt zweifellos auch der ausgebreitete tiefrot gefärbte Kelch von *Holmskioldia sanguinea* (Abb. 30 VII) aus; weitere bekannte Beispiele sind die Labiate *Molucella laevis* und die Verbenaceen-Gattung *Petraea*.

Bei nicht wenigen Rubiaceengattungen aus zumindest fünf verschiedenen Triben werden innerhalb eines Blütenstandes einzelne Kelchblätter zu großen weißen oder prächtig gelb oder rot gefärbten Schauorganen umgewandelt, welche stets an der Peripherie des Blütenstandes stehend dessen Auffälligkeit beträchtlich erhöhen (vgl. dazu WEBER 1955). Diese vergrößerten Kelchblätter zeigen oft eine Gliederung in einen stielartigen und einen spreitenartigen Abschnitt (Abb. 26 VIII), deren Homologisierung mit Stiel und Spreite der Laubblätter dann gerechtfertigt erscheint, wenn an ihrer Basis rudimentäre Stipeln deutlich hervortreten (Abb. 26 VII). Eine ungleiche Größenentwicklung der Kelchblätter (Heterosepalie) findet man unter den Rubiaceen noch bei einigen anderen Gattungen (z.B. *Pentas*).

Bei den Hortensien *(Hydrangea)* kommt die Schauwirkung der Blütenstände durch die petaloide Ausbildung des gesamten Kelches zustande, welche normalerweise nur an einzelnen, am Ende von Ästen höherer Ordnung stehenden sterilen Blüten eintritt. Die Krone bleibt bei diesen meist am Rande des Blütenstandes stehenden Blüten ganz unscheinbar (Abb. 30 IX), aber auch an den fertilen Blüten bleibt sie klein, während die Kelchzipfel nur noch als kleine Zähne zu erkennen sind (VIII bis X). Bei den Blütenständen der „gefüllten" Gartenformen werden fast alle Blüten in der geschilderten Weise zu Schaublüten ausgebildet, mit dem Ergebnis, daß die Schauwirkung des Blütenstandes zwar weiter erhöht wird, die Blüten aber steril sind.

Allgemein ist eine Übernahme der Anlockungsfunktion durch Kelchblätter häufig dann zu beobachten, wenn die Blütenkrone oder einzelne ihrer Glieder stark rückgebildet sind oder gar nicht mehr zur Entwicklung gelangen (Apopetalie). Eine schrittweise Reduktion der Kronblätter und die Übernahme ihrer Funktion durch den Kelch und in diesem Falle auch den Blütenbecher läßt sich sehr gut innerhalb der *Thymelaeaceae* aufzeigen, wofür hier als Beispiel nur die Blüten von 3 *Gnidia*-Arten dienen mögen (Abb. 30 I bis III). Der Blüte von *Gnidia spicata* entsprechen im Grunde auch die Blüten unserer Seidelbast-Arten *(Daphne)*. – Bei den an die Schmetterlingsblütler erinnernden Blüten der Polygalaceen sind die beiden den „Flügeln" der Papilionaceenblüte entsprechenden Petalen weggefallen und dadurch „ersetzt", daß die beiden transversal stehenden Kelchblätter petaloid ausgebildet sind.

Gelegentlich sind die Kelchblätter Träger von Nektarien, so z. B. besonders häufig bei den Malpighiaceen, wo sie für diese Aufgabe sogar stark umgebildet sein können (Abb. 30 IV bis VI). Bei den Linden *(Tilia)* und den Malven *(Malva)* sitzen die Nektarien auf der Oberseite der Kelchblätter. Bei den *Impatiens*-Arten (*Balsaminaceae*, Abb. 31) sind sie in mehr oder minder tiefen Aussackungen der Kelchblätter oder sogar in einem Kelchblattsporn geborgen, der an einem medianen Kelchblatt ausgebildet wird und die zygomorphe Gestalt mancher Blüten in starkem Maße mitbestimmt. In ihrer Gestalt zeigen diese Kelchblätter eine große Mannigfaltigkeit und weisen Sporne von sehr verschiedener Form und Länge auf (Abb. 31 V–VII).

Die Position, welche diese gespornten Kelchblätter an der entfalteten Blüte einnehmen, kommt erst kurz vor dem Aufblühen durch eine Drehung des Blütenstieles um 180° (Resupination, vgl. Seite 76) zustande. Ursprünglich ist dieses Kelchblatt der Abstammungsachse zugewandt, wie es das theoretische Diagramm in Fig. III erkennen läßt, das zugleich die Position der beiden bei *Impatiens wallerana (I. sultani)* ebenso wie bei manchen anderen Arten fehlenden (bei *I. glandulifera* noch vorhandenen) vorderen Kelchblätter angibt. Das empirische Diagramm in Fig. IV zeigt die Verhältnisse, wie man sie an der entfalteten Blüte (I) antrifft, deren Kelch in Fig. II isoliert wiedergegeben wurde.

Anders als bei den *Impatiens*-Arten wird der Nektar beim Rittersporn *(Delphinium)* nicht von den Kelchblattspornen gebildet. Vielmehr ragen hier zwei langgespornte Nektarblätter in den wiederum vom medianen Kelchblatt gebildeten Sporn hinein, während beim Eisenhut (*Aconitum*, Abb. 47 II) zwei langgestielte Nektarblätter unter einem, dem Spornblatt von *Delphinium* entsprechenden helmförmigen Kelchblatt geborgen sind.

Die Kelchblätter des Stiefmütterchens, *Viola tricolor*, (Abb. 31 VIII) und anderer *Viola*-Arten tragen am Grunde auf ihrer Rückseite einen kurzen und breiten soliden

Abb. 30. I–III Blüten von *Gnidia*-Arten im Axialschnitt, die zunehmende Reduktion der Corolle zeigend, I *G. stuhlmannii*, II *G. carinata*, III *G. spicata*. IV, V *Malpighia punicifolia*, Blütenknospe (IV) und entfaltete Blüte (V) mit paarigen Drüsen auf der Kelchblattunterseite. VI *Dinemandra glauca*, Blüte mit gestielten Nektardrüsen an den Kelchblättern. VII *Holmskioldia sanguinea*, zygomorphe Blüte mit tellerförmig ausgebreitetem Kelch. VIII–XI *Hydrangea hortensis* VIII–X fertile Blüten im Knospenzustand (VIII, IX) und entfaltet (X), die Blüte in VIII ist im gleichen Größenmaßstab gehalten wie die Blüte in XI. I–III nach Gilg, VI nach Engler, VII nach Velenovský, VIII–X nach Troll.

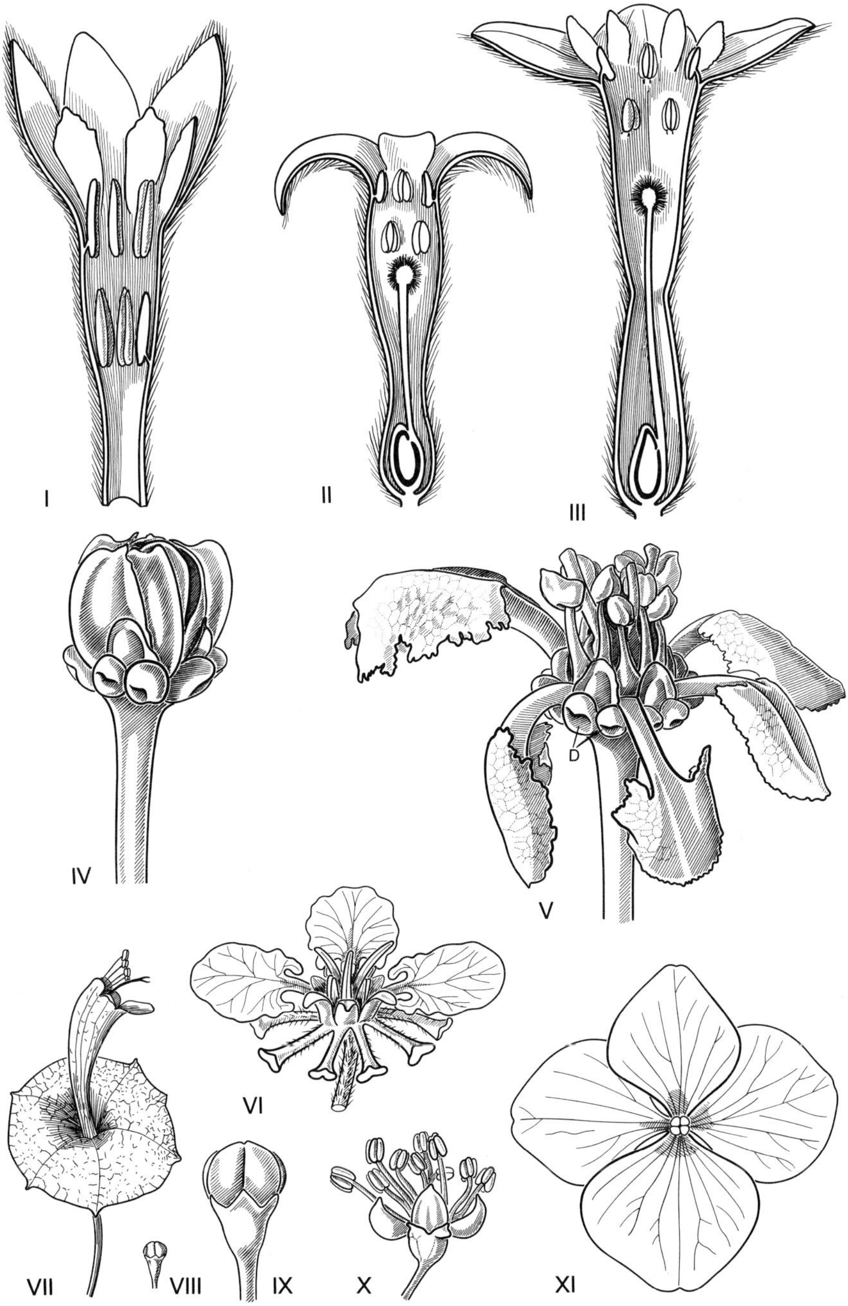
I
II
III
IV
V
D
VI
VII
VIII
IX
X
XI

Sporn, der vermutlich durch die Tätigkeit eines Dorsalmeristems (vgl. ROTH 1957 a u. b) entsteht (vgl. dazu auch GOEBEL 1933, Seite 1875; ferner TROLL 1949).

Persistierende Kelche

Wir haben schon auf die bekannte Tatsache hingewiesen, daß die Kelchblätter häufig bereits beim Aufblühen oder aber nach der Blütezeit abfallen. Namentlich bei Blüten mit unterständigem oder halb unterständigem Ovar, aber auch bei nicht wenigen Blüten mit oberständigem Ovar bleibt der Kelch jedoch nach dem Abblühen erhalten.

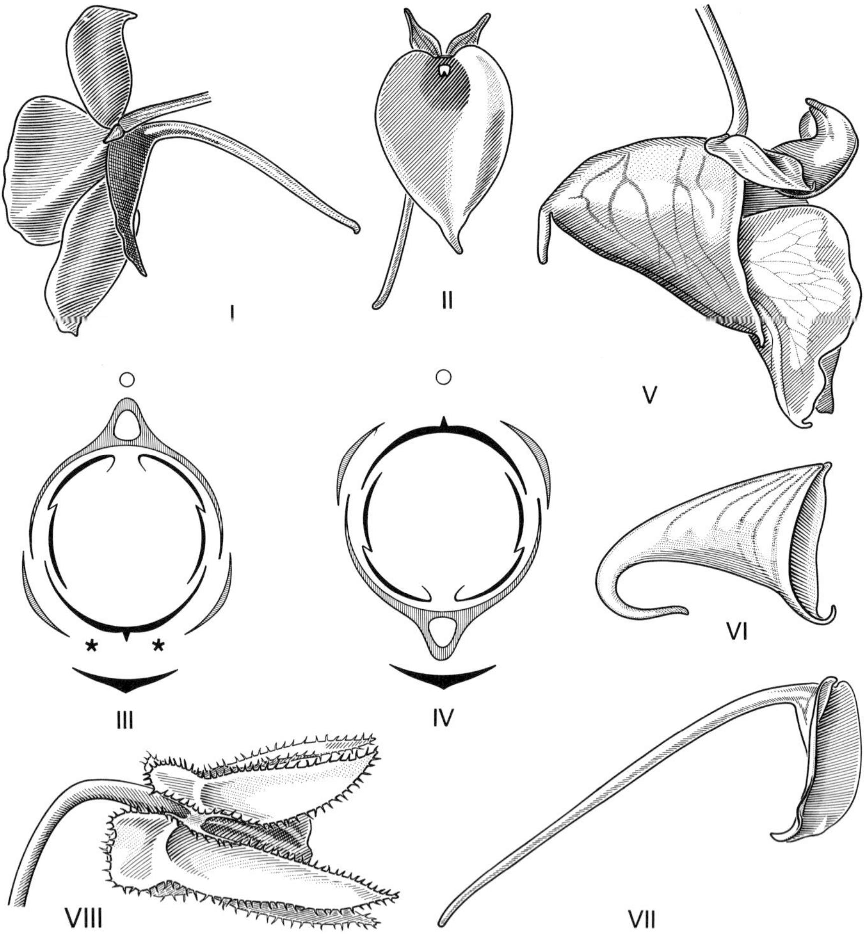

Abb. 31. Kelchblattsporne bei *Impatiens*-Arten (I–VII) und *Viola* (VIII). I–IV *Impatiens walerana*, I Blüte in Seitenansicht, II Kelch in Oberansicht, III, IV Blütendiagramm vor (III) und nach (IV) der Resupination. V *I. glandulifera (I. roylei)* Blüte in Seitenansicht; VI, VII gespornte Kelchblätter von *I. noli-tangere* und *I. walleriana;* VIII *Viola tricolor* subsp. *arvensis,* Fruchtkelch. I–VII nach TROLL.

Oft erfahren solche persistierenden Kelche sogar noch eine Weiterentwicklung. Diese kann vornehmlich in einer starken Vergrößerung bestehen, wie etwa bei Primeln oder dem Klappertopf *(Alectorolophus)* und ganz besonders bei den Solanaceen, bei denen sie extreme Ausmaße erreichen kann und bei denen sich „alle Modifikationen von Kelchvergrößerungen" wiederholen, „die sonst nur einzeln bei einzelnen Familien auftreten" (PASCHER 1910a, Seite 268).

Bei *Przewalskia tangutica* erreicht der Kelch nach PASCHER eine Längenzunahme um das 14- bis 17fache und eine Volumenzunahme bis zum 3000fachen. Ein derart vergrößerter Fruchtkelch mit einer Oberfläche von 200 bis 300 cm^2 kann bei der hier gegebenen laubigen Beschaffenheit zumindest zeitweise als Assimilationsorgan größere Bedeutung erlangen, als die hier um ein Vielfaches kleineren Laubblätter. Der Fruchtkelch erfüllt hier aber noch eine weitere Funktion. Er bietet sich am Ende seiner Entwicklung als „ziemlich dünnwandige, hühner- bis gänseeigroße, ellipsoidische Blase dar". „Die vorderen zarten Maschen des Nervennetzes verstärken sich, werden zäh und derb." Dabei „neigen die ebenfalls vergrößerten Kelchzähne derart zusammen, daß ein Austreten der Samen durch diesen vorderen Verschluß der Kelchmündung zum mindesten sehr erschwert wird". Die Mehrzahl der Samen, welche aus der als Deckelkapsel entwickelten Frucht in den Hohlraum des Kelches fallen, werden schließlich auf ganz andere Weise frei. Die Gewebepartien zwischen den strangartig verdickten Nerven des Fruchtkelches trocknen nämlich immer mehr aus, werden immer dünner und häutiger und brechen endlich ganz aus dem Maschenwerk der Kelchnervatur heraus, „so daß als Rest nur das Gitterwerk des Nervengeflechts übrigbleibt". Da der Fruchtstiel verdorrt, bricht die Frucht leicht ab und wird als leichte Kugel vom Wind über weite Strecken der Steppe (Nordchinas) gerollt und gewirbelt, wobei sich die Samen weithin zerstreuen können (PASCHER 1910b). Ähnliche „Gitterkelche" werden auch bei einigen anderen steppenbewohnenden Solanaceen ausgebildet.

In anderer Weise tragen die blasig vergrößerten Fruchtkelche der Lampionblume (*Physalis,* Abb. 32 IV, V) zur Verbreitung der Frucht bei. Sie sind hier auffällig gefärbt und können somit der Anlockung von Tieren dienen, welche nach dem Verzehren der Früchte die endozoochore Verbreitung der Samen besorgen. – Blasig aufgetriebene Kelche, die ein Schwimmen der Früchte und ihren Transport durch Wasserströmungen ermöglichen, findet man nach RIDLEY (1930, zit. n. STOPP 1952) bei *Hernandia ovigera (Hernandiaceae)*; man spricht hier von Schwimmfrüchten.

Der postfloralen Vergrößerung der Kelche stehen bei den Solanaceen übrigens auch einige Fälle gegenüber, in denen – wie bei *Anisodus* und *Atropanthe* – die Kelche schon vor der Anthese stark vergrößert sind und „den Schutz der kleinen unentwickelten Kronenknospen zu besorgen haben" (PASCHER 1910a).

Der endozoochoren Verbreitung kann auch die fleischige Ausbildung der Kelchblätter während der Fruchtreife dienen, die STOPP (1952) für die Labiate *Hoslundia decumbens* (Abb. 33 XI) beschrieben hat. Durch Ausbildung von Haken, Dornen oder Klebdrüsen können persistierende Kelche zur epizoochoren Verbreitung von Früchten beitragen, weil sich die Früchte leicht am Fell vorbeistreifender Tiere festheften (Klett- und Klebfrüchte). Beispiele dafür bieten *Phryma leptostachya (Phrymaceae),* das Scharfkraut (*Asperugo procumbens,* Abb. 33 VI) und die Kapensische Bleiwurz, *Plumbago capensis* (= *P. auriculata,* Abb. 32 I, II). Man vergleiche im übrigen die Ausführungen bei STOPP (1952, 1958).

Anschauliche Beispiele für die Ausbildung persistierender Kelche zur Windverbreitung der Früchte (Anemochorie) sind die Flugkelche der *Dipterocarpaceae* (Name!), bei denen alle Kelchblätter oder nur 2 oder 3 von ihnen bei der Fruchtreife zu Flügeln verlängert werden (Abb. 32 VI), oder etwa die Flugkelche vieler Plumba-

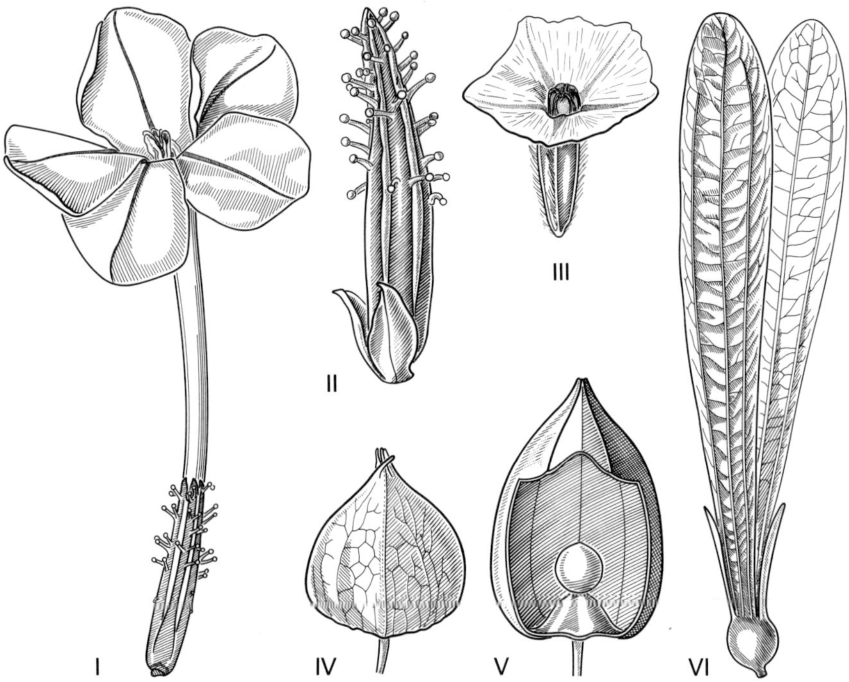

Abb. 32. Persistierende Kelche. I, II *Plumbago auriculata*, Blüte (I), Frucht (II). III *Limonium mucronatum*, Frucht mit Flugkelch. IV und V *Physalis alkekengi*, Früchte mit „aufgeblasenem" (orangerotem) Kelch, in V durch ein im Kelch ausgeschnittenes Fenster geöffnet. VI *Anisoptera curtisii (Dipterocarpaceae)*, Frucht. IV, V nach TROLL, VI nach GILG.

ginaceen (*Armeria*, Grasnelke; *Limonium*, Abb. 32 III, und der Polygonaceengattung *Triplaris*. Auch bei manchen Rubiaceen *(Otiophora, Otomeria, Cruckshanksia)* dienen persistierende vergrößerte Kelchblätter als Flugorgane, bei *Jackia, Alberta, Nematostylis* und *Gaillonia* wachsen diese Kelchblätter erst während der Fruchtreife zu Flugorganen heran.

Bekannt ist auch der in mannigfacher Weise – z.B. als Kranz gefiederter oder ungefiederter Borsten oder als „gestielter" „Fallschirm" (Abb. 33 I) – entwickelte Federkelch (Pappus) vieler Compositen (vgl. dazu besondes LUND 1874). Dieser Federkelch ist bei der Valerianaceengattung *Centranthus* und bei vielen *Valeriana*-Arten während der Anthese allenfalls als eingerollter Ringwulst erkennbar und „entwikkelt" sich erst während der Fruchtreife (Abb. 33 IV, V). Bei anderen *Valeriana*-Arten wird er nur als Ringwulst ausgebildet, bei manchen *Valerianella*-Arten wird er zu einem kronenförmigen (*V. coronata*, Abb. 33 II), sternförmig ausgebreiteten (*V. discoidea*) oder aufgeblasenen (*V. vesicaria*, Abb. 33 III) Flugkelch, bei anderen Arten dieser Gattung zu einem der epizoochoren Verbreitung dienenden Hakenkelch. Dabei kommt es – etwa bei *V. uncinata* (Abb. 33 VII) – zu einer ungleichen Ausbildung in den verschiedenen Abschnitten des Fruchtstandes; besonders auffällig ist die vor

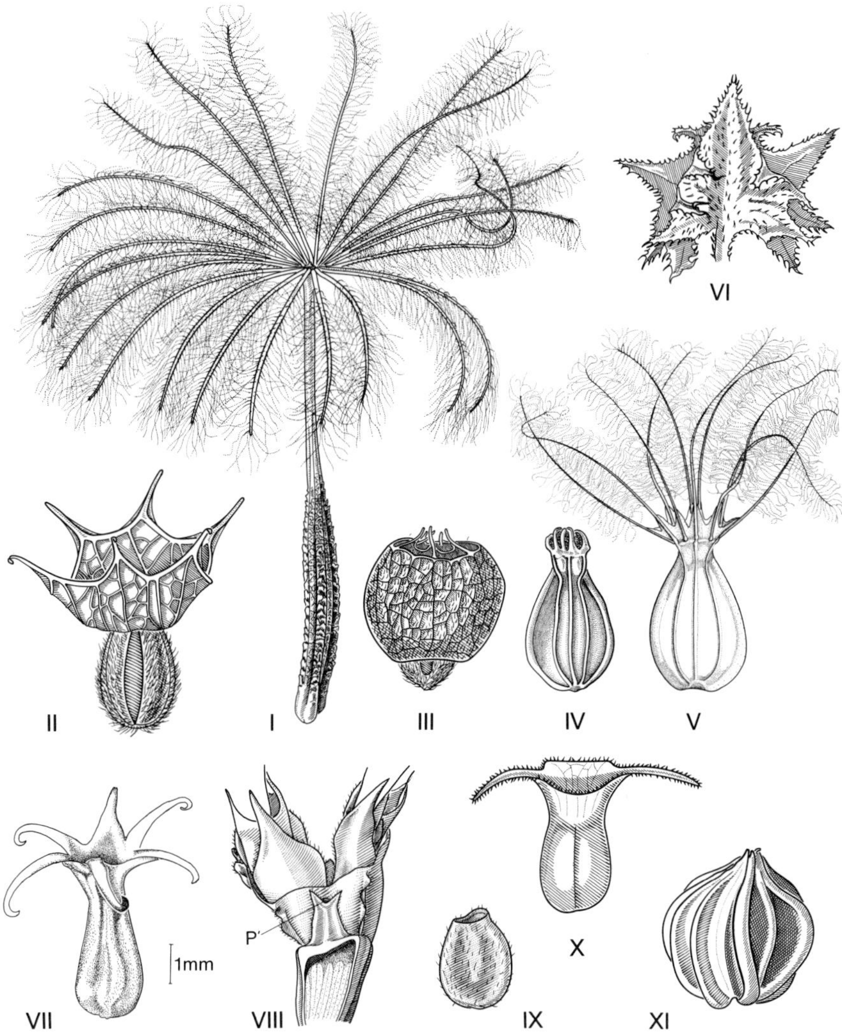

Abb. 33. Persistierende Blütenkelche. I *Tragopogon orientalis,* lang „geschnäbelte" Achäne, Kelch als Pappus mit gefiederten Pappusstrahlen entwickelt; II–V Achänen von *Valerianella coronata* (II) und *V. vesicaria* (III) mit kronenförmigem und aufgeblasenem Kelch, IV, V *Valeriana tuberosa* mit noch unentwickeltem (IV) und entfaltetem Pappus. VI *Asperugo procumbens,* als Klettorgan ausgebildeter Fruchtkelch; VII *Valerianella uncinata,* Achäne mit Hakenkelch, VIII–IX *Fedia cornucopiae,* VIII Längsschnitt durch das Hypopodium eines dichasial verzweigten Teilblütenstandes mit der Frucht der Primanblüte (P), die mit dem Hypopodium verwachsen ist und noch Kelchzähne trägt, IX Achäne aus dem monopodial verzweigten Abschnitt, X Achäne von *Fedia caput-bovis* mit dreizähnigem Hakenkelch. XI *Hoslundia decumbens,* Frucht mit fleischigen Kelchblättern. VI und XI nach STOPP, VII nach K. MÜLLER.

allem dadurch bedingte Heterokarpie bei *Fedia* (Abb. 33 VIII bis X; vgl. Weberling 1970).

Es gibt jedoch bei Boraginaceen, Labiaten und Verbenaceen auch persistierende Kelche, welche „zur Zeit der Samenreife Dehiszenzerscheinungen zeigen, wie sie analog an den Perikarpien der Kapselfrüchte auftreten" (Stopp 1958 a), vor allem auch solche, die Deckelkapseln vergleichbar sind *(Aeolanthus)*.

1.4.3 Die Krone (Corolla)

Die Kronblätter (Petalen) sind – gleich, ob es sich nun um eine choripetale oder um eine sympetale Corolle handelt – gegenüber den Kelchblättern im allgemeinen durch ihre zartere Konsistenz und im typischen Falle durch ihre weitaus stärkere Flächenentwicklung ausgezeichnet. Da sie außerdem in der Regel weiß (durch Interzellularenreichtum) oder in verschiedenster Weise gefärbt sind, stellen sie gewöhnlich den auffälligsten Teil der Blüte – eben den Schauapparat – dar. Wir haben freilich schon festgestellt, daß diese Funktion gelegentlich auch von den Kelchblättern übernommen werden kann, die dann eine entsprechende Differenzierung aufweisen. Auch in solchen Fällen gilt aber, daß sie der Blütenachse mit breiter Basis anzusitzen pflegen, während die Kronblätter – soweit es sich um choripetale Corollen handelt – weithin durch sehr schmale Ansatzzonen charakterisiert sind; ausgenommen davon sind unter anderem die Kronblätter mancher Monokotylen.

Anatomischer Bau und Färbung der Kronblätter, Blütenduft

Entsprechend ihrer zarteren Konsistenz weichen die Perianthblätter in ihrer anatomischen Struktur meist noch stärker von den Laubblättern ab als die Kelchblätter. Die Gliederung des Mesophylls in ein Palisaden- und Schwammparenchym unterbleibt gewöhnlich (Abb. 34 I, II). Die Mesophyllzellen sind im Querschnitt rundlich oder unter starker Ausdehnung der Interzellularräume unregelmäßig in mehrere armartige Auswüchse verzweigt (Abb. 34 II). Die Epidermiszellen der Blattoberseite sind häufig papillenförmig ausgezogen, wodurch die samtartige Oberflächenbeschaffenheit vieler Petalen zustande kommt. Ihre antiklinalen Wände sind oft stark gewellt und können durch ein lokal verstärktes, zentripetal gerichtetes Wachstum leistenartige Fortsätze bilden. Diese sind entweder massiv (Abb. 34 III) oder treten mehr oder minder deutlich als Falten in Erscheinung (Abb. 34 IV). Nach Kaussmann (1963, Seite 485) kann man die Membranfaltung als mechanische Versteifung der sonst zart bleibenden Zellwände ansehen. Als Steigerung dieses Verhaltens treten im Gegensatz zur üblichen, durch das lückenlose Aneinanderschließen der Zellen gekennzeichnete Epidermisstruktur bei den Blütenkronen mancher Pflanzen sogar Interzellularen in der oberen Epidermis auf (Hiller 1884). Sie werden auf der Epidermis-Außenseite gewöhnlich von einer Cuticula überspannt, korrespondieren nach innen aber mit dem Interzellularensystem des Mesophylls (Abb. 34 V). In einzelnen Fällen, so etwa bei den Kesselfallenblüten von *Ceropegia*-Arten (Vogel 1961), aber auch bei dem großen Hochblatt, das den Blütenstand des Aronstabs einhüllt (Knoll 1923, vgl. auch Seite 342), weist die Epidermis echte Perforationen an der Innenseite des Kessels auf.

Im Gegensatz zur samtartigen Oberflächenbeschaffenheit vieler Petalen steht der sog. **Lackglanz**; er kommt dadurch zustande, daß die Oberfläche der Epidermis nicht nur völlig glatt, sondern auch noch von einer Schicht fetten Öls überzogen ist (z.B. Kronblätter der *Ranunculus*-Arten, Orchideenblüten, etwa *Dendrobium*).

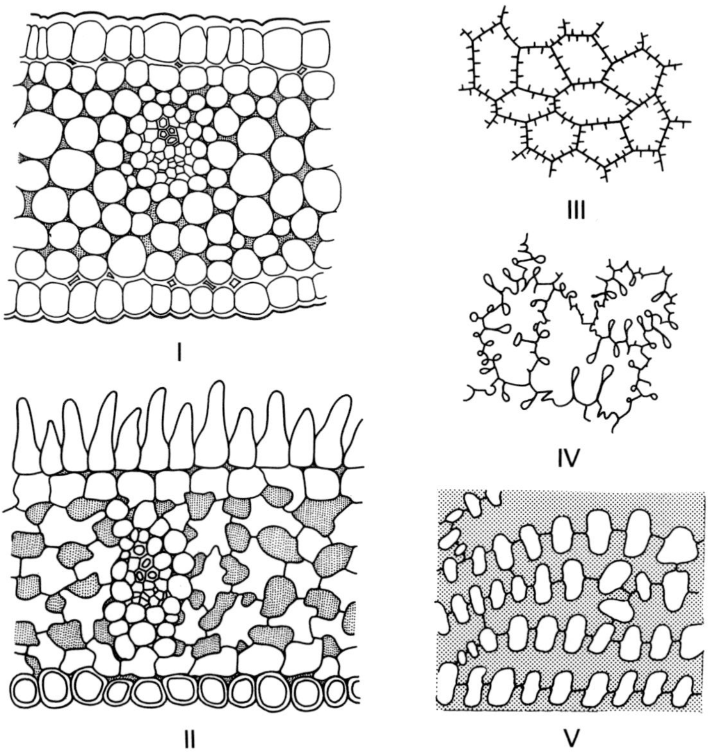

Abb. 34. Anatomie der Kronblätter. I, II Querschnitte durch Petalen von *Tulipa kaufmanniana* und *Viola tricolor* f. *maxima*. III–V Epidermisaufsicht von Petalen von *Pelargonium* spec. (III), *Anchusa officinalis* (IV) und *Linum usitatissimum* (V). Nach KAUSSMANN (I, II) und HILLER (III–V verändert, aus KAUSSMANN).

Spaltöffnungen fehlen der Epidermis der Blütenblätter gewöhnlich, wodurch der nichtlaubige Charakter dieser Blattorgane erneut zum Ausdruck kommt. Damit ist jedoch nicht gesagt, daß die Petalen nicht über Chlorophyll verfügen könnten. Namentlich in früheren Entwicklungsstadien der Blütenkrone ist dies sogar recht häufig der Fall. In diesem Zustand besitzen Petalen oder Tepalen dann eine bleichgrüne Färbung, wie etwa bei der Hyazinthe, deren Blüten später zu Weiß verblassen, weil das Chlorophyll bei der zunehmenden Vergrößerung und Entfaltung der Blattorgane nicht vermehrt, eventuell sogar abgebaut wird, und das Licht dann von dem interzellularenreichen Gewebe reflektiert wird. Statt der Chloroplasten finden wir dann in den Petalen häufig Leukoplasten, die oft sekundär aus Chloroplasten entstehen, auch dafür bilden die Hyazinthen ein Beispiel. Bei den rot- oder blaublütigen Hyazinthen ist es die Farbe der im Zellsaft gelösten Anthocyanine, die nach dem Schwinden des Blattgrüns den Blüten ihre Farbe verleihen. Das gleiche gilt für Tulpen, bei denen die Farbe der jungen Blütenknospen gleichfalls durch Chlorophyll bestimmt wird. Hier ist freilich außer dem im Zellsaft gelösten Anthocyan noch ein Carotinoid, also ein Plastidenfarbstoff, an der Färbung der Blüten beteiligt.

Die Färbung der Blüte kann somit auf verschiedene Weise zustande kommen, wobei sich drei Möglichkeiten unterscheiden lassen: 1. die sog. chymochromen, d.h. im Zellsaft gelösten Farbstoffe, nämlich die Flavon- bzw. Flavonolglykoside, die Anthocyane (einschließlich der von ihnen mit Aluminium und Eisen gebildeten farbgebenden Komplexe) und die für die Centrospermae (mit Ausnahme der *Caryophyllaceae*) charakteristischen stickstoffhaltigen Betalaine; 2. plasmochrome Farbstoffe, d.h. die in den Plastiden, insbesondere den Chromoplasten gebundenen gelben und roten Carotinoide; durch diese sind verschiedene gelbe, orange gelbe oder orange rote Färbungen bedingt, die im Zusammenspiel mit chymochromen Farbstoffen, z.B. dem blauen Anthocyan, auch Mischfarben ergeben, wie etwa die braune Farbe von Stiefmütterchen; 3. in Zellwänden eingelagerte Farbstoffe. – Die Leuchtkraft der Farben kann (wie beim Aquarell) dadurch verstärkt werden, daß die auf das Blütenblatt fallenden Lichtstrahlen nach Passieren der gefärbten Schichten vom lufthaltigen Mesophyll reflektiert werden, und zwar unter erneutem Durchdringen der Farbschichten. Diese Tapetum-Wirkung kann noch durch Reflexion des Lichtes an Schichten reich mit Stärkekörnern ausgefüllter Zellen verstärkt werden.

Auch die plasmochromen Farben treten häufig erst nach dem Chlorophyllschwund hervor, wie man im Frühjahr deutlich an den Blüten der Forsythie beobachten kann. Ja, häufig verbinden sich sogar beim Chloroplastenabbau freiwerdende Fettsäuren mit den gleichfalls in den Chloroplasten vorhandenen Xanthophyllen zu sog. Farbwachsen, die verbreitete Blütenfarbstoffe darstellen, wie z.B. das Physaliën (*Physalis* u.a.) und das Heleniën (*Helenium* u.a.). Die Übereinstimmung solcher durch Abbauvorgänge bedingten Farbstoffbildungen mit Prozessen, die bei der herbstlichen Gelbfärbung der Laubblätter auftreten, machen deutlich, daß mit dem allgemein als Höhepunkt der pflanzlichen Entwicklung empfundenen Aufblühen einer Blüte bereits in starkem Maße Abbauvorgänge (Autolyse) verknüpft sind. Man vergleiche dazu nur die zusammenfassende Darstellung MATILES (1977) über die Untersuchungen der anthetischen und postanthetischen Auf- und Abbauvorgänge in einer *Ipomoea*-Blüte. – Häufig führt ein altersbedingter Säureschwund in den Zellen anthocyangefärbter Kronblätter, also eine Änderung des pH-Wertes, zu einem **Farbwechsel** von rosa über violett nach blau. Ein bekanntes Beispiel ist das Lungenkraut *(Pulmonaria officinalis)*, in dessen Blütenstand man zu gleicher Zeit junge rosafarbene und ältere blauviolette Blüten finden kann; durch einen ähnlichen Farbwechsel sind auch andere Boraginaceen ausgezeichnet *(Lithospermum purpureo-caeruleum, Symphytum, Echium)*, bei *Myosotis versicolor* wechselt die Farbe von hellgelb zum Zeitpunkt der Blütenöffnung bis nach dunkelblau bei alten Blüten. Bei der Frühlingsplatterbse *(Lathyrus vernus)* sind die Blüten zuerst rot und werden dann blaugrün. Schon von RUMPHIUS (Herbarium amboinense, Utrecht 1743) wurde der Farbwechsel der Blüte von *Hibiscus mutabilis* geschildert, die bei ihrer Entfaltung am Morgen rein weiß, am Mittag blaß rötlich und am Abend rosa bis rot gefärbt ist (daher: „flos horarius“ = Stundenblume, RUMPHIUS). Eingehende Untersuchungen über Farbwechsel und Zeichnungsmuster bei Blüten haben neben anderen vor allem KUGLER (1936, 1952 u.a.) und VOGEL (1950) angestellt.

Der Farbwechsel von Blüten kann Auswirkungen auf die Bestäubungsökologie haben, wie das von KUGLER (1936) untersuchte Beispiel der Saftmalsumfärbung bei der Roßkastanie *(Aesculus hippocastanum)* zeigt. Die Saftmale (siehe unten) sind anfangs hellgelb und ändern ihre Farbe während der Anthese über gelbrot nach karminrot. Da die „Kerzen“ der Roßkastanie ein bis zwei Wochen lang blühen, findet man

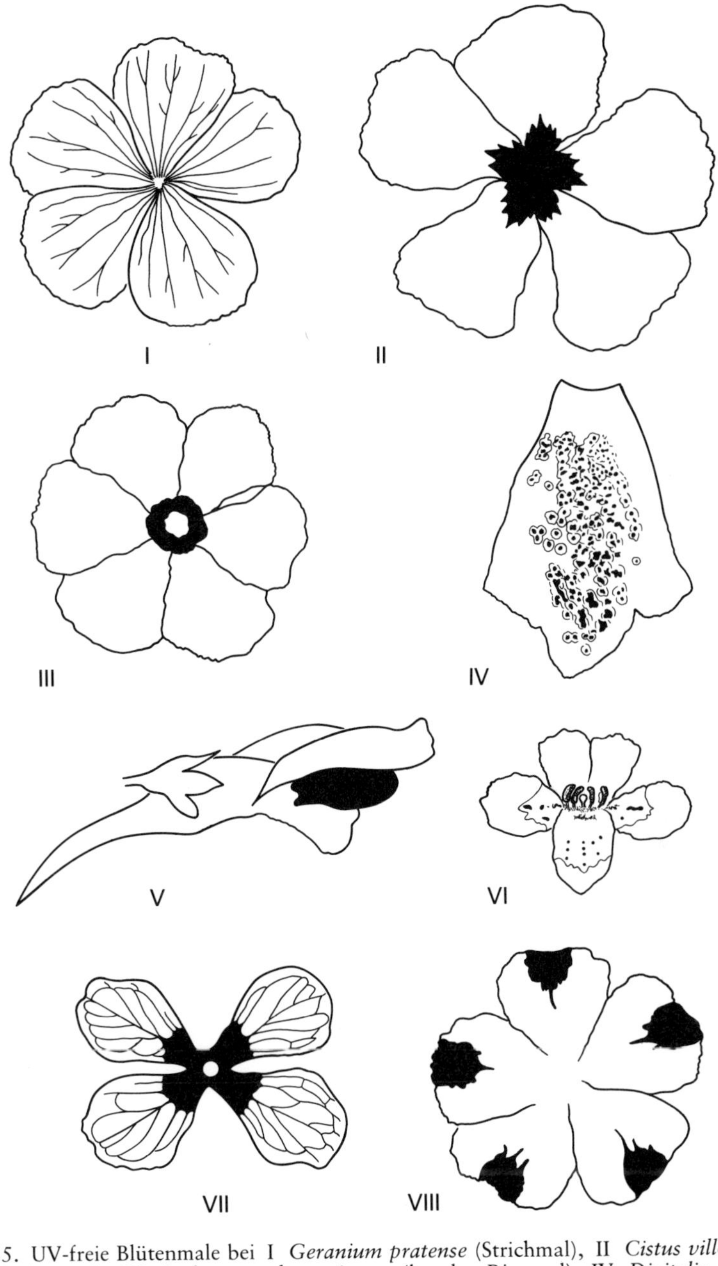

Abb. 35. UV-freie Blütenmale bei I *Geranium pratense* (Strichmal), II *Cistus villosus* (basales Fleckenmal), III *Androsace chamaejasme* (basales Ringmal), IV *Digitalis purpurea* (Tüpfelmal auf der Innenseite der Unterlippe), V *Linaria vulgaris* (dorsiventrales Fleckenmal), VI *Tozzia alpina* (Tüpfelmal), VII *Raphanus raphanistrum* (basales Fleckenmal und Strichmal kombiniert), VIII *Nemophila maculata* (Randmale). Nach H. KUGLER.

in einem Blütenstand oft Blüten mit gelbem und rotem Saftmal nebeneinander. Von den Bestäubern (Honigbienen, Hummeln) werden die noch an Pollen reichen und nektarführenden Blüten mit gelbem Saftmal viel häufiger angeflogen als die mit rotem Saftmal. Beobachtungen an Blüten von *Malvaviscus arboreus* var. *penduliflorus* (Gottsberger 1967, 1971) lehren, daß auch Kolibris Farbänderungen der Blüten beachten.

Nicht immer ist es die Änderung des pH-Wertes, welche den Farbwechsel hervorruft; es kann sich z. B. auch um die Synthese verschiedener Farbstoffe handeln, die in den einzelnen Stadien der Anthese mit unterschiedlicher Intensität ablaufen kann (vgl. Harborne 1976). Auch durch Temperaturwechsel kann die Blütenfarbe verändert werden, so z. B. beim Reiherschnabel *(Erodium)* oder beim Flieder *(Syringa)*; bei Petunien kann das Farbmuster durch die in einem bestimmten sensiblen Entwicklungsstadium der Blüte einwirkende Temperatur bestimmt werden (Schröder 1934; vgl. im übrigen: Suessenguth 1936, 1938, Lüke 1943, Seybold 1954, Kisser und Hauer 1955, Reznik 1956).

Im ganzen reicht die Skala der Blütenfarben von Rot bis zum Ultraviolett, das bekanntlich von vielen Insekten wahrgenommen werden kann. Recht häufig sind mehrfarbige Blütenkronen, wobei die verschiedenen Farben, Farbtönungen oder Zeichnungen in ihrer Anordnung gewöhnlich eine enge Beziehung zur Blütengestalt erkennen lassen. Die verschiedenen Farbabstufungen und vor allem die Farbflecken und Zeichnungen markieren nämlich – in freilich recht unterschiedlicher Weise (vgl. Abb. 35) – den Zugang zu den Nektarquellen. Diese **Blütenmale**, bei nektarführenden Blüten als **Saftmale**, bei nektarlosen als Pollenmale bezeichnet, stellen somit optische Signale für die blütenbesuchenden und -bestäubenden Insekten dar. Dabei ist zu berücksichtigen, daß viele Blütenmale für den Menschen nicht sichtbar sind, da sie durch Ultraviolett-Absorption zustande kommen; man kann sie jedoch unter Verwendung bestimmter Filter photographisch nachweisen (Abb. 35, vgl. dazu Kugler 1963, 1970 und die dort zitierte Literatur). Auch hier können Änderungen im Zeichnungsmuster, die während der Anthese auftreten, Auswirkungen auf das Verhalten der Blütenbesucher haben (vgl. z. B. Jones und Buchmann 1974). Von allgemeinem biologischen Interesse ist, daß die Blütenmale oft in Gestalt eines „übergreifenden Musters" ausgebildet sind, das sich über mehrere oder alle Petalen erstreckt und erst dadurch zustandekommt, daß die Einzelzeichnungen dieser Blütenorgane sich in der entfalteten Blüte zu einem einheitlichen Muster zusammenfügen. Bei den Blüten der Kapuzinerkresse *(Tropaeolum majus)* greift das in den Nektar-führenden Sporn hineinführende Strichmuster sogar von den Petalen auf die zwischen den Petalen sichtbaren Flächen der Kelchblätter über. Man wird dabei an die Zeichnungen von Schmetterlingsflügeln erinnert, die jeweils an den 4 Flügeln gesondert entstehen und erst, wenn die Flügel ausgebreitet sind, ein übergreifendes Muster (Totalzeichnung) ergeben (sog. Oudemans-Phänomen).

Die optischen Anlockungsmittel der Blüten werden ergänzt durch chemische Reize, vor allem durch den Blütenduft. Dieser wird oft von bestimmten Duftdrüsen, den sog. Osmophoren abgesondert, die an sehr verschiedenen Blütenorganen auftreten können (Abb. 186). Einige Einzelheiten darüber wollen wir im Kapitel 3 besprechen. Hier sei im Zusammenhang mit der Tatsache, daß der Färbung der Kronblätter nicht selten Abbauvorgänge zugrunde liegen, nur erwähnt, daß man auch den Blütenduft verschiedentlich auf autolytische Vorgänge zurückführen kann, so z. B. den Cumarinduft der Blüten des Honigklees *(Melilotus)*, der durch die enzymatische Spaltung von Cumaringlykosiden zustande kommen soll.

Entfaltung und Lebensdauer

Die Entfaltung der Kronblätter bzw. Tepalen ist zuallererst ein Wachstumsvorgang, bei welchem die Oberseite gewöhnlich stärker wächst als die Unterseite, so daß sich die Kronblätter mehr oder minder weit nach außen krümmen. Bei den Blüten der Tulpe oder des *Crocus* können bekanntlich temperaturabhängige Wachstumsbewegungen ein wiederholtes Öffnen und Schließen bewirken. Daneben können aber auch Turgorbewegungen eine Rolle spielen. So rollen sich die Kronblätter mancher *Silene*-Arten tagsüber nach innen ein, was durch einen Turgorschwund auf der Innenseite und ein entsprechendes Widerlager durch Verlagerung der Leitbündel zur Unterseite der Kronblätter hin ermöglicht wird. Schon GOEBEL (1924, Seite 75) weist darauf hin, daß die Einrollung der Kronblätter bei ausreichendem Wasserangebot (Luftfeuchtigkeit, Benetzung) unterbleibt. Wichtig ist, daß solche Bewegungen stets auf die Gesamtsymmetrie der Blüte oder – bei den Köpfchen der Compositen – auch eines Blütenstandes bezogen sind. Das gilt insonderheit auch für die bei manchen dorsiventralen Blüten – etwa am Labellum von Orchidaceen – auftretenden passiven oder aktiven Gelenkzonen (vgl. dazu GOEBEL 1924, Seite 79ff.).

Die Lebensdauer der Petalen bzw. Tepalen ist unterschiedlich. Oft fallen sie nach kürzerer oder längerer Zeit ohne vorheriges Welken *(Rosa, Geranium, Linum, Aquilegia, Canna)* oder im welken bzw. trockenen Zustand ab, wobei sie sich an der Ansatzstelle ablösen (*Lilium, Tulipa,* Cruciferen) oder auch etwas weiter oberhalb, so daß basale Teile zurückbleiben *(Althaea, Datura, Nicotiana)*. Die Ablösung kann durch besondere Trennungszonen bewirkt werden, deren Trennschichten meist wenig differenziert sind und kaum Zellteilungsaktivität erkennen lassen. Die Abtrennungsnarben können imprägniert werden. Ähnliche Vorgänge beobachtet man auch beim Abfallen der Staubblätter oder der Griffel. (Bei Pflanzen mit eingeschlechtigen Blüten werden nach der Anthese häufig die männlichen Blüten als Ganzes abgeworfen, ähnlich wie die Kätzchen bei Kätzchenblütlern; oft geschieht das gleiche mit unbefruchtet gebliebenen Blüten eines Blütenstandes.) Nicht selten bleiben die Petalen aber auch in trockenem Zustand bis zur Reife der von ihnen mehr oder weniger weitgehend umhüllten Frucht erhalten, so etwa bei den Klee-Arten. Die Tepalen des Germers *(Veratrum)* oder der Einbeere *(Paris)* ergrünen nach der Anthese und bilden schließlich einen Bestandteil der Frucht.

Bei den Kelchblättern war bereits die Rede davon, daß sie in einzelnen Fällen, und zwar gewöhnlich im Zusammenhang mit der Fruchtreife, fleischig ausgebildet werden und bei der Verbreitung der Früchte durch Tiere eine Rolle spielen können. Einen derartigen Funktionswechsel findet man gelegentlich auch bei den Kronblättern, so z.B. bei der Gattung *Coriaria* (Gerberstrauch, *Coriariaceae,* Abb. 37 VII bis X). Die 5 kleinen fleischigen, auf der Innenseite gekielten Petalen der grünlichen Blüten verdicken und vergrößern sich nach dem Abblühen, drängen sich zwischen die freien Karpelle und bilden so eine beerenartige Sammelfrucht.* Ein Gegenstück dazu bildet das aus zwei 2zähligen Wirteln bestehende unscheinbare Perigon der Blüten der Maulbeerbäume *(Morus, Moraceae)*, das bei der Fruchtreife gleichfalls fleischig und saftig wird und das nur einen Samen umschließende Gynoeceum umhüllt; die aus einem Blütenstand hervorgehenden Früchte liefern bekanntlich den als „Maulbeere" bezeichneten, einer Brombeere äußerlich ähnlichen Fruchtstand.

---

* In Italien ist eine Verbreitung durch Vögel (Amseln) nachgewiesen.

Kronblattformen

Die Umrißformen der Petalen sind so mannigfaltig, daß ihre ausführliche Darstellung einer nutzlosen Aufzählung gleichkäme. Es ist jedoch zu erwähnen, daß die der Blütenachse mit schmaler Basis ansitzenden Petalen freikronblättriger Blüten in einen langgestreckten verschmälerten proximalen Abschnitt ausgezogen sein können, den man als **Nagel** bezeichnet. Häufig, so bei vielen Nelken (*Caryophyllaceae-Silenoideae,* Abb. 36 I bis III, VII bis IX, XII), sind die gewöhnlich vom Kelch umschlossenen verschmälerten Abschnitte sogar scharf von den frei entfalteten verbreiterten Endabschnitten abgesetzt, so daß man zwischen dem **Nagel** (unguis) und der **Platte** (lamina) unterscheiden kann. In der Ontogenie derart gegliederter Petalen eilt die Platte dem Nagel gewöhnlich weit voraus, der sich erst bei der Entfaltung der Blüte stärker streckt (Abb. 36 VIII, IX). Daß es auch Petalen mit verbreitertem (hier haubenförmigem) Basalabschnitt und verhältnismäßig schmalem distalen Abschnitt gibt, lehrt das Beispiel von *Guazuma ulmifolia* (*Sterculiaceae,* Abb. 36 V). Hier entwickelt sich der basale Abschnitt schneller als der distale (Leinfellner 1960b). An der Grenze zwischen den beiden Abschnitten ist bei den *Silenoideae* und einigen anderen Verwandtschaftskreisen oft ein kleiner schuppenförmiger, oft zweigeteilter Anhang, eine **Ligula,** entwickelt, welche der Oberseite des Petalums entspringt (Abb. 36 II, III). Diese Auswüchse werden bisweilen als Stipularbildungen gedeutet (Glück 1919 u. a.). Für eine solche, an sich naheliegende Homologisierung ist bei der stark abgeleiteten Natur der Petalen jedoch ebensowenig eine ausreichende Vergleichsbasis vorhanden wie etwa für die Homologisierung der von Glück (1919) als „Stipularzähnchen" gedeuteten Zipfel an der Basis des Vexillums von *Scorpiurus subvillosus* (Abb. 36 XIII).* – Gemeinsam können die Ligulae einer Blüte eine sogenannte **Nebenkrone** oder **Paracorolla** bilden (Abb. 11 IV).

Als eine häufig auftretende Erscheinung haben wir schon früher (Seite 45) die mehr oder minder starke Ausrandung der Kronblätter erwähnt (Abb. 22 II). Zweifellos darf man diese sowohl an freien Petalen als auch an den Zipfeln einer sympetalen Krone zu beobachtende Ausrandung als Hinweis auf die engen Formbeziehungen betrachten, die zwischen den Kronblättern und den Staubblättern bestehen, und die später noch ausführlicher erörtert werden sollen. Troll (1928, Seite 184) machte darauf aufmerksam, daß bei radiären Blüten die Petalen, wenn überhaupt, alle gleichmäßig ausgerandet seien. Bei dorsiventralen Blütenkronen jedoch beschränkt sich die Ausrandung zumeist auf die größeren, geförderten Petalen, so etwa bei den *Papilionaceae* das Vexillum (vgl. Seite 76) oder bei *Viola* (Abb. 5 XI) das größere abaxiale Petalum.

Nicht selten, so bei vielen Nelkengewächsen *(Caryophyllaceae)* oder etwa beim Frühlings-Hungerblümchen *(Erophila verna),* vertieft sich diese Ausrandung zu einem weit in das Blütenblatt hineinreichenden Einschnitt, bei anderen Arten sogar zu einer bis fast zum Grunde reichenden Spaltung (Abb. 36 IV), so daß man bei flüchtiger Betrachtung einer Blüte meint, die doppelte Anzahl von Petalen vor sich zu haben. Wie die Kronblätter der Kuckucks-Lichtnelke (*Lychnis flos-cuculi,* Abb. 36 II) zeigen, können die beiden durch den medianen Einschnitt entstandenen Lappen auch noch weiter aufgeteilt werden. Die Prachtnelke (*Dianthus superbus,* Abb. 36 VII)

* Für das Perigon der *Zingiberaceae* hat Weber (1980) eine „Feinhomologisierung" der einzelnen Tepalenabschnitte versucht.

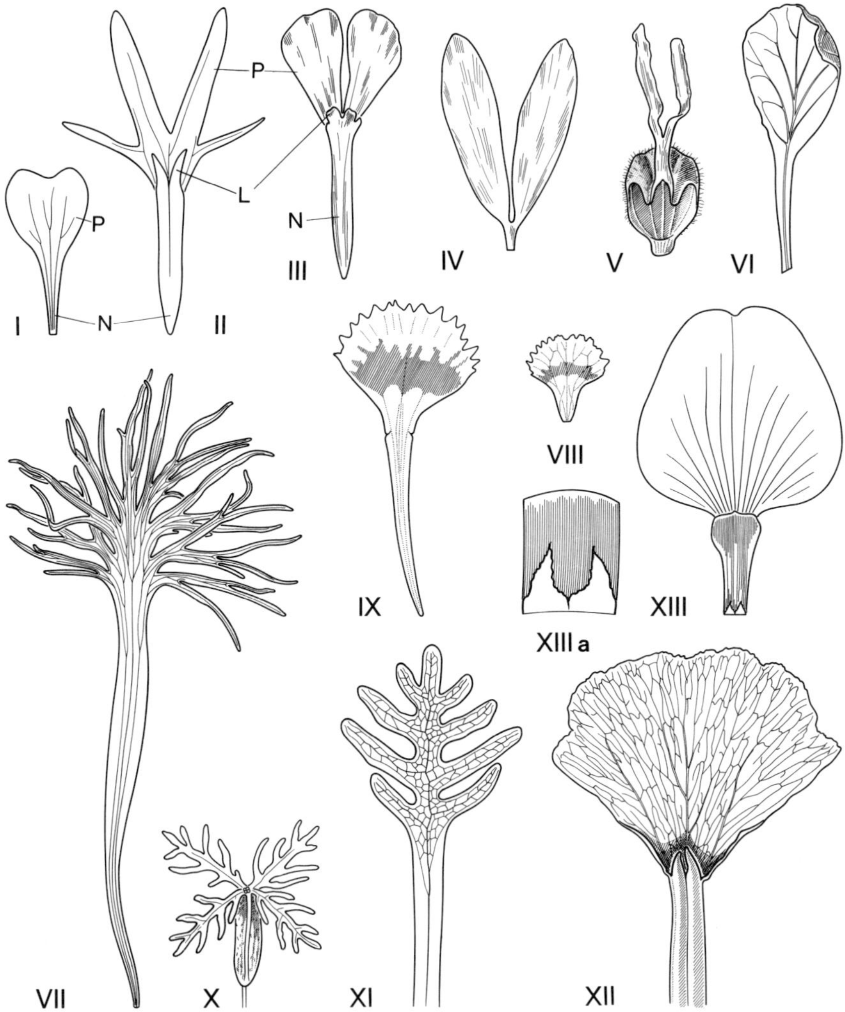

Abb. 36. Kronblattformen. I *Tunica saxifraga*, II *Lychnis flos-cuculi*, III *Silene dioica*. N Nagel, P Platte, L Ligula, IV *Stellaria media*, V *Guazuma ulmifolia*, VI *Erucastrum gallicum*, VII *Dianthus superbus* subsp. *speciosus*, VIII, IX *Dianthus barbatus*, junges (VIII) und entwickeltes Kronblatt (IX), X XI *Schizopetalon walkeri*, Blüte (X) und Kronblatt (XI), XII *Lychnis coronaria*, XIII *Scorpiurus subvillosus*, XIIIa Kronblattbasis stärker vergrößert. I–IV, VIII, IX nach TROLL, X nach O. E. SCHULZ, XIII, XIIIa nach GLÜCK.

und die Arten der Cruciferengattung *Schizopetalon* (Abb. 36 X, XI) sind Beispiele für eine Fiederung der Petalen; auch eine mehr oder minder regelmäßige Zähnung des oberen Randes (Abb. 36 IX) oder des gesamten Randbereiches (Abb. 30 V) oder eine unregelmäßige Zerschlitzung sind nicht selten.

Zygomorphe Blüten mit freien Kronblättern

Wie bereits erwähnt, kann schon aufgrund einer ungleichen Größenentwicklung der Petalen statt einer radiären (oder einer disymmetrischen) eine monosymmetrische, zygomorphe Ausbildung der Blüte zustande kommen. Sehr deutlich zeigt sich dies bei der Schleifenblume (*Iberis*, Abb. 108). Der traubige Blütenstand dieser Crucifere erscheint in seinem Spitzenabschnitt doldenförmig, weil die Internodien der Blütenstandsachse sich erst in dem Bereich zu strecken beginnen, in welchem die Blüten bereits abgeblüht sind. Zudem strecken sich die Blütenstiele vor und während der Anthese so stark, daß die Blüten in einer leicht gewölbten „Dolde" stehen. Die Doldenähnlichkeit des blühenden Spitzenabschnittes wird nun noch dadurch betont, daß von den vier sonst gleichförmigen Petalen die beiden unteren, während der Anthese zur Peripherie des Blütenstandes hin ausgerichteten gegenüber den beiden oberen, nach innen gerichteten stark vergrößert sind. – Ähnlich verhalten sich die peripheren Blüten in den Doppeldolden vieler Umbelliferen, allerdings mit dem Unterschied, daß die Lappen der tief zweigeteilten Petalen entsprechend ihrer Lage zur Peripherie oft ungleich gefördert, die Petalen somit häufig asymmetrisch sind (Abb. 37 IV, V).

Bei der Blüte des Stiefmütterchens (*Viola tricolor* subspec. *arvensis*, Abb. 5 XI) weichen die Petalen schon durch ihre Ausrichtung von der einer radiärsymmetrischen Blüte ab. Die beiden Paare der seitlich nach oben ausgerichteten Petalen sind zudem durch eine Förderung der abwärts gerichteten Seite asymmetrisch gestaltet; allein das nach unten weisende Petalum ist spiegelsymmetrisch. Es übertrifft die vier anderen beträchtlich an Größe und weist am Grunde eine tiefe Aussackung auf, einen Kronblattsporn, in den basale Fortsätze der vor ihm stehenden Staubblätter hineinragen, welche als Nektarien fungieren (Abb. 38 VII). Eine Spornbildung bei allen Petalen einer radiärsymmetrischen Blüte ist selten, wir finden sie bei den 5zähligen Blüten der Gentianaceengattung *Halenia* (Abb. 38 VIII).

Als Beispiel für stark zygomorph gestaltete choripetale Blütenkronen müssen vor allem die Schmetterlingsblütler *(Papilionaceae, Fabaceae)* erwähnt werden. Die cochlear-absteigende Knospenlage hatten wir bereits auf Seite 24 erörtert (Abb. 7 VII). Das hintere, die anderen Petalen überdeckende Kronblatt ist auch das größte und auffälligste. Es wird als „Fahne" *(vexillum)* bezeichnet; denn es richtet sich bei der Entfaltung der Blüte oft als einziges auf und breitet sich flach aus, während die übrigen vier Petalen mehr oder minder in der Knospenlage verharren (Abb. 37 II). Die beiden unteren von ihnen sind miteinander zum „Schiffchen" *(carina)* verbunden, das die Staubblätter und das Gynoeceum umschließt und oft gemeinsam mit den beiden seitlichen Kronblättern, den „Flügeln" *(alae)*, als Anflugorgan für die blütenbesuchenden Insekten dient. – Äußerlich ähnlich sind die Blüten der Kreuzblume (*Polygala, Polygalaceae*) gebaut. Bei ihnen sind jedoch die beiden seitlichen Petalen ausgefallen und durch kronblattartig ausgebildete, den „Flügeln" der Papilionaceen-Blüte ähnliche Kelchblätter „ersetzt", anstelle der „Fahne" finden sich hier zwei Petalen und statt des aus zwei Petalen bestehenden „Schiffchens" dient hier ein einziges kahnförmiges Kronblatt mit zerschlitztem Anhängsel als Anflugorgan. (Weitere Unterschiede zur Papilionaceen-Blüte sind das Fehlen der beiden medianen Staubblätter und das aus zwei Karpellen – statt aus einem einzigen – bestehende Gynoeceum.)

Die Blüten mancher Papilionaceen werden regelmäßig um 180° gedreht. Diese sogenannte **Resupination** wird durch eine Torsion des Blütenstiels oder der Kronenba-

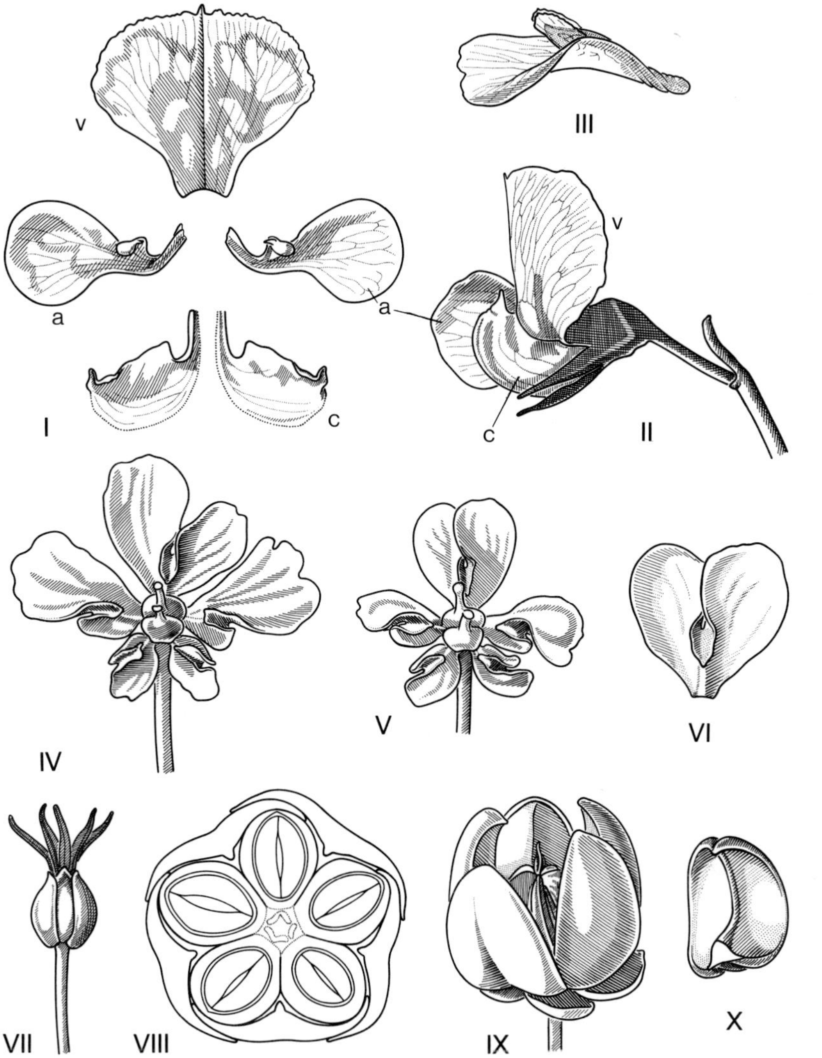

Abb. 37. I, II *Pisum sativum,* I Glieder der Blütenkrone: v Fahne (vexillum), a Flügel (alae), c Schiffchen (carina), II ganze Blüte in Seitenansicht, ein Flügel entfernt III *Trifolium resupinatum,* Blüte in Seitenansicht. IV–VI *Daucus carota,* Blüte mit teilweise geförderten Petalen, in Oberansicht (IV, V) und einzelnes (gefördertes) Petalum. VII–X *Coriaria japonica,* VII Blüte in Seitenansicht, VII, IX junge Frucht quergeschnitten (VIII) und in Schrägansicht (IX), X einzelnes, aus der jungen Frucht herauspräpariertes Petalum. I, II und III–VI nach TROLL, III nach GOEBEL, verändert, VII–X Orig. TROLL.

sis bewirkt. Letzteres ist z.B. bei *Trifolium resupinatum* der Fall (Abb. 37 III). Das Vexillum gelangt durch diese Drehung nach unten und könnte folglich die Rolle des Anflugorgans übernehmen. Für die tropische *Clitoria ternatea,* bei der die Fahne durch Überkippung der Blüte nach unten gelangt, gilt dies als sicher, während *Trifolium resupinatum* nach Goebel (1924, Seite 257) autogam ist. – Eine Resupination der Blüten um 180° ist auch für manche Acanthaceen, Lobeliaceen, Melianthaceen, für viele Balsaminaceen (Abb. 31) und vor allem für die Orchidaceen bekannt. Bei vielen Orchidaceen erfolgt sie bekanntlich durch Torsion des unterständigen Gynoeceums (Abb. 74 VII, IX).

Nicht immer ist die Symmetrie-Ebene zygomorph ausgebildeter Blüten von vornherein senkrecht gestellt. Beim Erdrauch *(Fumaria)* und beim Lerchensporn (*Corydalis,* Abb. 38 IV), die ebenso wie das Tränende Herz (*Dicentra spectabilis,* Abb. 38 I, III; 5 XII, XIII) zu den *Papaveraceae-Fumarioideae* gehören, ist bei sonstiger Übereinstimmung im Blütenbau nur eines der beiden transversal gestellten Kronblätter mit einem Sporn versehen, und auch nur auf dieser Seite ist am Grunde des vor dem Sporn stehenden Staubblattes eine Nektardrüse entwickelt (Abb. 38 IV). Diese Form der Blütensymmetrie bezeichnet man als **transversale Zygomorphie.** Kurz vor der Anthese erfährt die Blüte durch Torsion des Blütenstieles eine Drehung um 90°, so daß der Sporn ebenso wie das als Anflugorgan gestaltete gegenüberliegende Petalum in eine bestäubungsökologisch günstigere Stellung einrücken (Abb. 38 V, VI). – Übrigens weichen sowohl bei *Corydalis* und *Fumaria* als auch bei *Dicentra* die beiden Glieder des inneren Kronblattwirtels nicht nur im Bezug auf die Spornbildung von den beiden äußeren Petalen ab. Vor allem gilt dies für *Dicentra* (Abb. 38 II), wo sie eine deutliche Längsgliederung in einen proximalen und einen distalen Abschnitt aufweisen, zwischen denen eine als Gelenk wirkende Striktur ausgebildet ist. Diese Gelenkzone ermöglicht es, daß die lang aus der Blüte heraushängenden und an der Spitze leicht miteinander verbundenen Endabschnitte, welche Staubblätter und Griffel kapuzenartig umgeben, von den Blütenbesuchern beiseite gedrängt werden (zur Biotechnik der Blüte vgl. Müller 1954). Eine Längsgliederung kann man aber auch an den äußeren Petalen erkennen, bei denen der verschmälerte und während der Anthese zurückgeschlagene Endabschnitt deutlich vom sackartig ausgeweiteten Basalteil abgesetzt ist.

Außer der transversalen Zygomorphie kennt man auch eine schräge Zygomorphie, durch welche unter anderem die Blüten vieler *Sapindaceae* oder auch der Roßkastanie *(Aesculus hippocastanum)* gekennzeichnet sind, bei denen die ursprüngliche Symmetrie-Ebene nur um einen spitzen Winkel von der Senkrechten divergiert. Auch hier wird die Symmetrie-Ebene kurz vor der Anthese senkrecht gestellt.

Sympetalie

Besonders stark wird die Form der Blütenkrone durch die Vereinigung der Kronblätter zu einer sympetalen Corolle beeinflußt. Wie schon auf Seite 58 ausgeführt wurde, erfolgt diese Vereinigung allgemein nicht erst durch eine nachträgliche, postgenitale Verwachsung bereits ausgegliederter Organe, sondern die Organe sind schon von ihrer Anlegung her, also **kongenital** miteinander verbunden.* Für Troll (1937, Seite 29) stellt die Bildung sympetaler Blumenkronen sogar ein Musterbeispiel für konge-

* vgl. dazu vor allem Čelakovský 1884

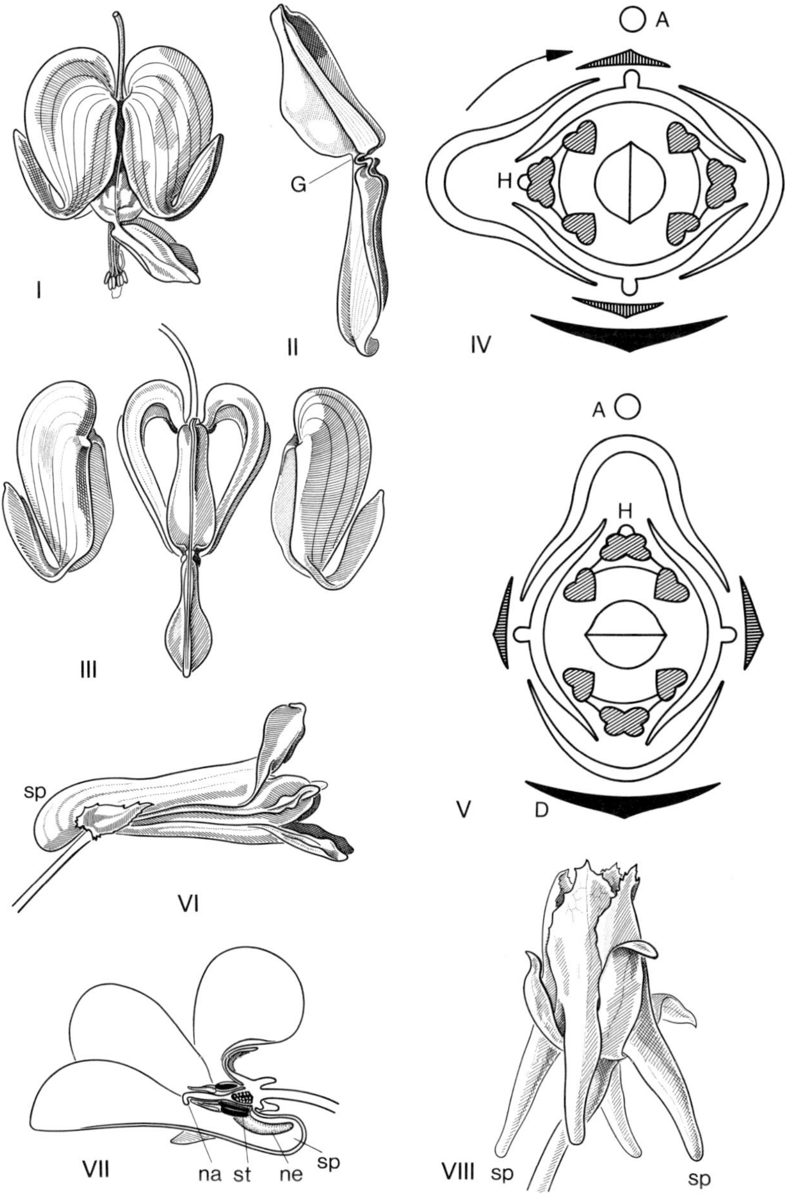

Abb. 38. I–III *Dicentra spectabilis,* I Blüte in Flächenansicht, die von den inneren Petalen gebildete Kapuze zur Seite gebogen, so daß Staubblätter und Griffel frei hervortreten, II inneres Kronblatt mit Gelenk G, III Blüte, von der die äußeren Kronblätter abgelöst wurden, IV–VI *Corydalis lutea,* IV, V Diagramm der Blüte vor (IV) und nach (V) der Resupination, VI Blüte in Seitenansicht. VII *Viola odorata,* Blüte median durchschnitten. na Narbe, st Staubblatt mit H, ne Nektardrüse, sp Sporn, A Abstammungsachse, D Deckblatt; VIII *Halenia umbellata,* Blüte in Seitenansicht I–VI nach Troll, VII nach Firbas.

nitale Organvereinigungen dar: „Verfolgt man deren Entwicklung, so kann man beobachten, daß ursprünglich freie Primordien von Blumenblättern auftreten, deren Anzahl den späteren Zipfeln des Kronsaums entspricht. Jedoch wachsen sie nicht für sich heran, um, nachdem sie eine gewisse Größe erreicht haben, an ihren Rändern miteinander in Verbindung zu treten. Wir sehen vielmehr, daß, während die Anlagen aus dem plastischen Gewebe des Vegetationspunktes heraus sich vergrößern, an ihrer Basis eine seitliche Verbreiterung eintritt, so daß die anfänglich selbständigen Primordien, *die in ihren freien Teilen auch weiterhin selbständig bleiben*, nachher einer allen gemeinsamen ringwallartigen Zone aufsitzen. Diese ist es, welche nun hauptsächlich heranwächst und die spätere sympetale Kronröhre bildet. Die Verschmelzung der Blumenblätter tritt also schon bei deren Anlegung, *gleichzeitig mit ihrer Entstehung*, ein, was man eben als *‚kongenitale‘* Verwachsung bezeichnet." Demnach tritt hier sowohl eine Verschmelzung der Randmeristeme („Meristemfusion", HAGEMANN 1970) als auch ein Wachstum mittels eines interkalaren, basalen Meristems ein. Das Ausmaß, in dem die fusionierten Randmeristeme und interkalaren Meristeme an der Ausbildung sympetaler Corollen beteiligt sind, dürfte freilich von Fall zu Fall unterschiedlich sein.

Das Wachstum der freilich nur mit sehr kurzer Kronröhre ausgestatteten radförmigen Corolle von *Solanum dulcamara* läßt sich nach SATTLER (1977) allein auf die Tätigkeit der fusionierten Randmeristeme zurückführen. Nach neueren Mitteilungen SATTLERS (5. Symposium Morphologie, Anatomie und Systematik der Pflanzen, Gent 1979) wären die seinerzeit erzielten Ergebnisse allerdings zu revidieren. Auch NISHINO (1976) schreibt aber über die Entwicklung der Kronröhre von *Pharbitis nil (Convolvulaceae)*: „The corolla tube is initiated by co-operation of interprimordial growth and marginal growth of petal primordia." SINGH und JAIN (1979) beobachteten bei der Bignoniacee *Adenocalymna alliaceum* an Kelch- und Kronblattbasen eine randliche Fusion und ein bevorzugtes Wachstum der so entstandenen gemeinsamen Basalzone. Ähnliches fanden GERSTENBERGER und LEINS (1978) bei *Physalis philadelphica (Solanaceae)*. In diesem Zusammenhang ist auch auf frühere Untersuchungen BOKES (1948) und CUSICKS (1966) hinzuweisen.

Im Gegensatz zur Gamosepalie des Kelches, die oft nur für bestimmte Gattungen oder Unterfamilien (z.B. die *Silenoideae* gegenüber den *Alsinoideae*) ein zuverlässiges durchgängiges Merkmal darstellt, darf die Sympetalie der Corolle wegen ihres konstanten Auftretens innerhalb oft sehr großer Verwandtschaftskreise als wichtiges Verwandtschaftskriterium gelten. Diese – in der alten Einteilung in choripetale und sympetale Dikotylen zum Ausdruck kommende – Wertung darf jedoch nicht darüber hinwegtäuschen, daß es innerhalb choripetaler Familien (oder Ordnungen) verschiedentlich Ausnahmen mit sympetalen Corollen und innerhalb sympetaler Verwandtschaftskreise nicht wenige Vertreter mit choripetalen Corollen gibt. So sind z.B. innerhalb der sonst choripetalen *Violales* bei den *Achariaceae* die Petalen zu einer glockenförmigen, fünf- bis dreilappigen Krone verwachsen. Die Loasaceengattung *Sympetaleia* besitzt – wie der Name schon andeutet – hoch hinauf miteinander verbundene Petalen. Bei den *Caricaceae* sind die Petalen der männlichen Blüten zu einer langen röhrigen oder glockenförmigen Kronröhre vereint, bei den weiblichen dagegen frei oder am Grunde ganz kurz miteinander verbunden, gelegentlich auftretende Zwitterblüten nehmen eine Mittelstellung ein. Innerhalb der Saxifragaceen weicht die Gattung *Roussea* durch eine sympetale Corolle ab. Die Reihe der Beispiele ließe sich noch fortsetzen.

Andererseits hat SUESSENGUTH (1938) eine lange Liste von „sympetalen" Familien zusammengestellt, bei denen sich einzelne Gattungen oder Arten mit freien Kronblättern finden, darunter die *Diapensiaceae, Pyrolaceae, Ericaceae* (Porst, *Ledum*), *Styracaceae, Oleaceae, Rubiaceae, Campanulaceae* und *Stylidiaceae.* Auch Vertreter der eng mit der Scrophulariaceengattung *Veronica* verwandten Gattung *Synthyris* sind hier zu nennen, so *Synthyris ranunculina,* bei der nach HARTL (1965) die schon bei *Veronica* zu beobachtende starke Reduktion der Kronröhre zu sekundärer Choripetalie geführt hat.

Pseudosympetalie

Bisweilen wird Sympetalie auch durch eine postgenitale Verwachsung der Petalen vorgetäuscht. Man spricht dann von **Pseudosympetalie.** Ein Beispiel dafür ist *Correa speciosa,* eine Rutacee, die von WETTSTEIN (1935, Seite 824) wegen ihrer anscheinend sympetalen Blütenkrone als mögliches Bindeglied zwischen Choripetalen und Sympetalen angesehen wurde. Wie schon von TROLL (1937, Seite 29) bemerkt und später von HARTL (1957 a) an Hand eingehender Untersuchungen bestätigt wurde, liegt jedoch eine postgenitale Verwachsung von ursprünglich freien Petalen vor (Entsprechendes gilt wohl für andere Gattungen der *Diosmeae* und *Boronieae;* vgl. WETTSTEIN 1935, Seite 824). Die Verwachsungszonen zwischen den Petalen sind äußerlich in Form schwach hervortretender Leisten erkennbar, die von den Buchten zwischen den Kronzipfeln zur Basis der Blütenkrone herabziehen und in der Mitte eine seichte Rille aufweisen (Abb. 39 III). Entfernt man den Kelch, so sieht man, daß diese Rillen an der Corollenbasis in einen Spalt übergehen (IV). Ein Querschnitt durch die Verwachsungszone (Abb. 39 V bis VII) zeigt, daß die Individualität der Petalen auch in diesem Bereich erhalten bleibt: man erkennt deutlich die Nahtstellen. Der (von oben gesehen) rechte Rand jedes Petalums deckt den linken Rand des benachbarten (V), wobei die Epidermen beider Blätter miteinander verzahnt und verkittet sind (VI, VII). Die Verzahnung ist doppelt; sie ist sowohl durch die vorspringenden Epidermiszellen, als auch durch zinkenartige Membranvorsprünge bedingt. Zwischen den beiden Epidermen ist die Cuticula noch nachweisbar. Es handelt sich somit nur um eine Steigerung des Verhaltens, das auch beim sogenannten Knospenverschluß oder Kontaktverschluß (Seite 57) zu beobachten ist. Ähnliche Verhältnisse wurden von WINKLER (1940) für die Gattung *Stackhousia* aus der zu den *Celastrales* gehörenden Familie der *Stackhousiaceae* nachgewiesen. Nach REICHE (1891) sind auch bei *Tupa salicifolia* (*Lobelia,* Sect. *Tupa*) und bei der Goodeniacee *Selliera radicans* die Kronblätter postgenital miteinander verwachsen.

Besonders interessant ist das von LEINFELLNER (1964 b) eingehend untersuchte Verhalten der Bruniaceen-Gattung *Lonchostoma* und einiger verwandter Gattungen. Auch diese Vertreter eines an sich choripetalen Verwandtschaftskreises scheinen sympetale Kronröhren zu besitzen. Querschnittsserien durch die Blüten (Abb. 39 I, II) zeigen jedoch, daß auch hier keine echte Sympetalie vorliegt, sondern eine postgenitale Verwachsung unter Vermittlung durch die Filamente der mit den Kronblättern alternierenden Staubblätter. Ähnlich verhält sich nach LEINFELLNER auch die Crassulaceen-Gattung *Pachyphytum.* Nach ROHWEDER (1969) erfolgt die Vereinigung der Petalen bei den Commelinaceen-Gattungen *Zebrina, Coleotrype, Setcreasea* und *Dichorisandra (hexandra)* gleichfalls indirekt durch Vermittlung der episepalen Stamina (bei *Cyanotis* hingegen unmittelbar).

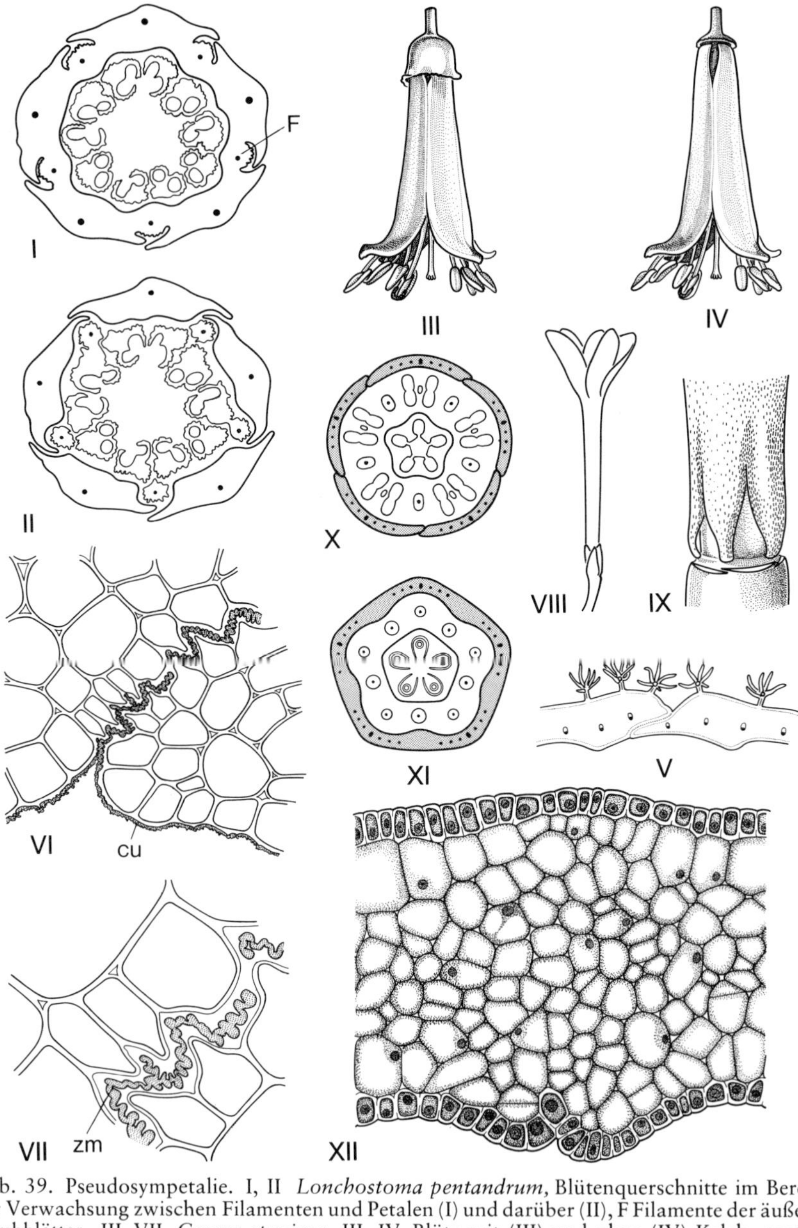

Abb. 39. Pseudosympetalie. I, II *Lonchostoma pentandrum,* Blütenquerschnitte im Bereich der Verwachsung zwischen Filamenten und Petalen (I) und darüber (II), F Filamente der äußeren Staubblätter. III–VII *Correa speciosa,* III, IV Blüte mit (III) und ohne (IV) Kelch, postfloral. V–VII Querschnitte durch die Verwachsungszone zweier Petalen, V Übersichtsbild, VI Ausschnitt aus V, VII Ausschnitt aus VI, jeweils stärker vergrößert, cu Cuticula, zm zapfentragende Membranschicht. VIII–XII *Oxalis tubiflora;* VIII Blüte kurz vor der vollständigen Entfaltung der Kronblätter, IX Corollenbasis nach Abtragen der Kelchblätter; X, XI Querschnitte durch eine junge Blüte im Bereich der vollständigen Verwachsung der Kronblätter (XI) und im darüberliegenden Übergangsbereich (X), XII Querschnitt im Bereich der vollständigen Verwachsung, stärker vergrößert, Tubusinnenseite nach unten gekehrt. Nach LEINFELLNER (I, II) und HARTL.

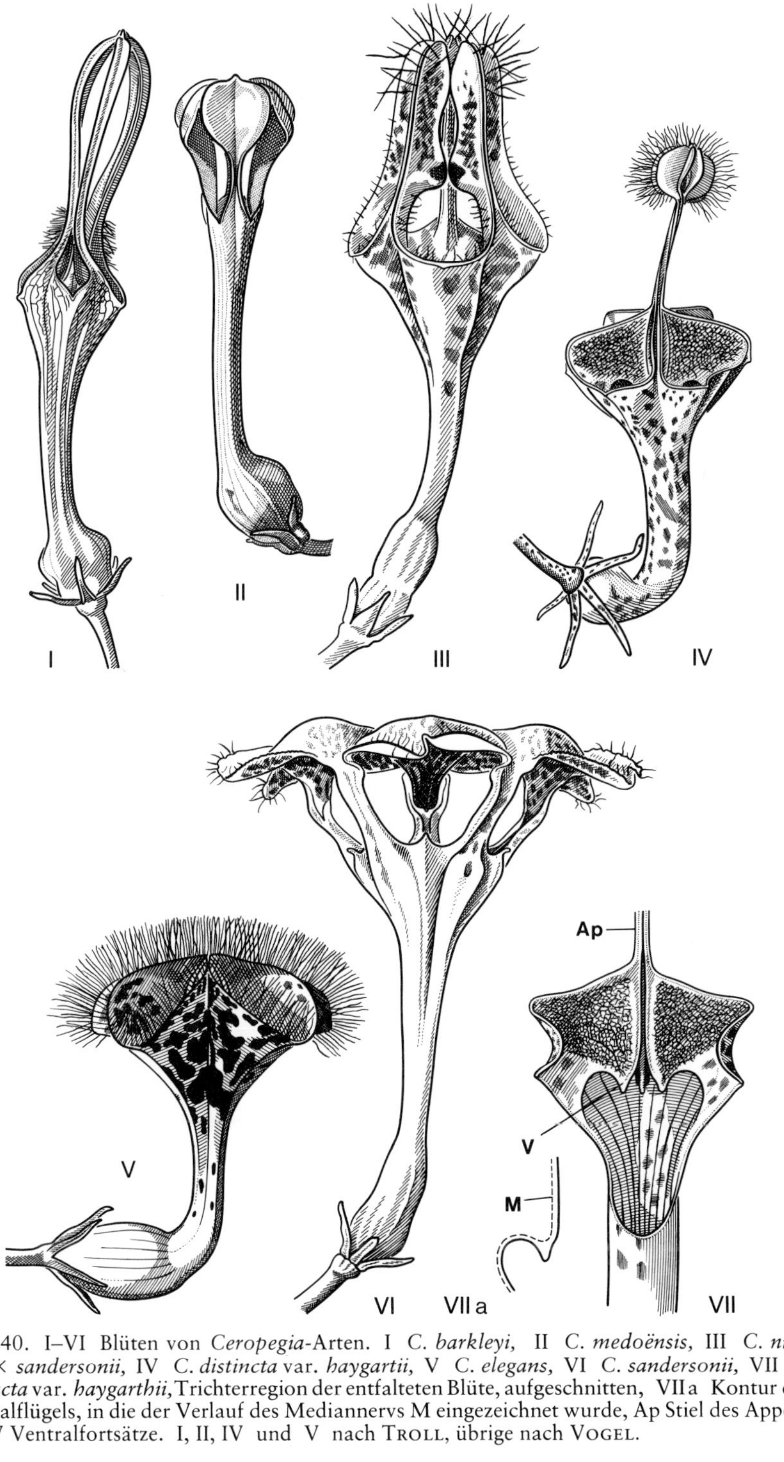

Abb. 40. I–VI Blüten von *Ceropegia*-Arten. I *C. barkleyi,* II *C. medoënsis,* III *C. nilotica × sandersonii,* IV *C. distincta* var. *haygartii,* V *C. elegans,* VI *C. sandersonii,* VII *C. distincta* var. *haygarthii,* Trichterregion der entfalteten Blüte, aufgeschnitten, VII a Kontur des Ventralflügels, in die der Verlauf des Mediannervs M eingezeichnet wurde, Ap Stiel des Appendix, V Ventralfortsätze. I, II, IV und V nach TROLL, übrige nach VOGEL.

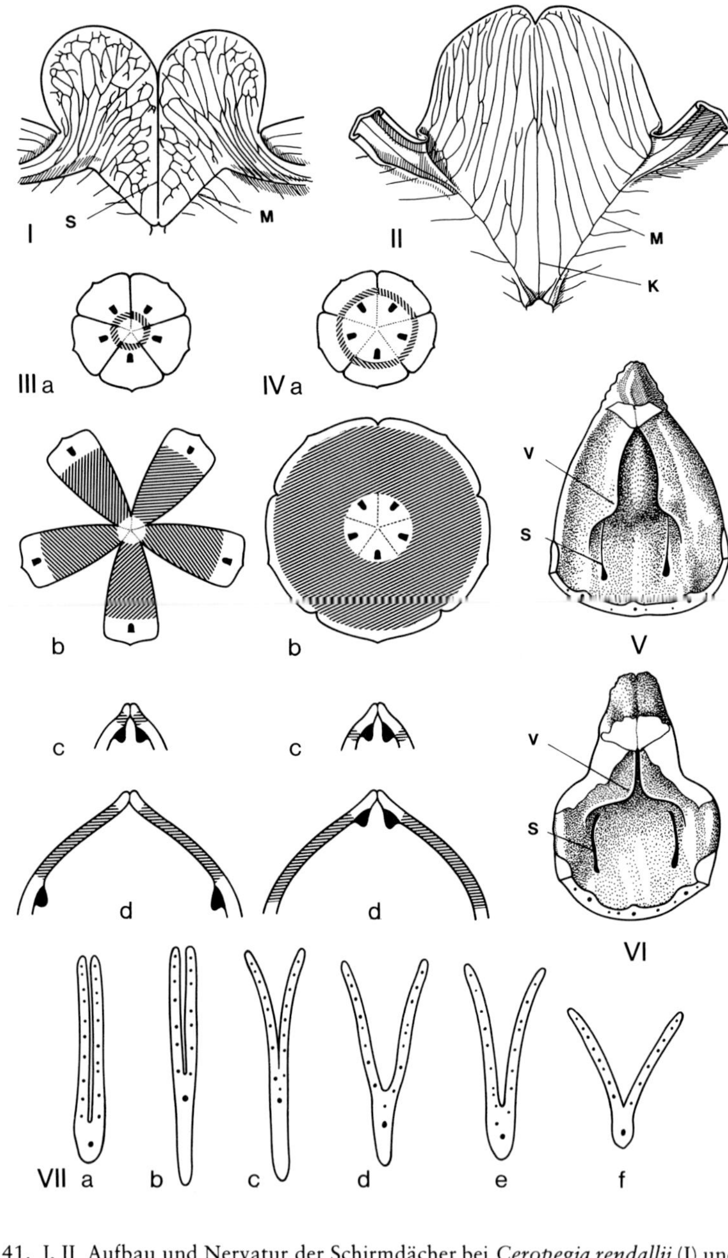

Abb. 41. I, II Aufbau und Nervatur der Schirmdächer bei *Ceropegia rendallii* (I) und *C. sandersonii* (II), es ist jeweils ein Schirmsektor mit zwei Nägeln abgebildet. III, IV schematischer Vergleich der Entwicklung des distalen Corollenabschnittes bei *Ceropegia sandersonii* (IV) und den verwandten schirmlosen Arten (III), Zone des stärksten Flächenwachstums schraffiert. Ventralfortsätze bzw. Uvula schwarz; a Aufsicht auf die primordiale Spitzenregion, später ge-

Bei *Oxalis tubiflora* liegt ebenfalls Pseudosympetalie vor. Die Blütenkrone (Abb. 39 VIII) ist, wie man sagt, „stieltellerförmig" ausgebildet. Auch hier findet man an der Basis der Kronröhre weit klaffende Spalten (Abb. 39 IX). Die postgenitale Verwachsung der Petalen ist hier jedoch weit inniger als bei *Correa* und nur noch an einer Einkerbung der Petalenfläche und an einer schwach sichtbaren Doppelreihe von Zellen erkennbar (Abb. 39 XII). Entwicklungsgeschichtlich läßt sich jedoch nachweisen, daß eine spätere Verwachsung der ursprünglich freien Petalen erfolgt (HARTL 1957).

Bei den Blüten des Weinstocks *(Vitis vinifera)* sind die Spitzen der in valvater Aestivation zusammenschließenden Kronblätter durch Verzahnung der Epidermiszellen und Cuticularnähte (RACIBORSKI 1895, SIGMOND 1930; vgl. Abb. 28 VIII) so fest miteinander verbunden, daß die Kronblätter sich nicht entfalten können. Sie lösen sich vielmehr an ihrer Basis ab, und die Krone wird als Ganzes durch die Filamentstreckung der Staubblätter emporgehoben und abgeworfen. Beim Ablösen der Kronblätter wirkt bei *Vitis vulpina* nach GOEBEL (1924, Seite 65) offenbar eine stärkere Gewebespannung auf der Innenseite der Kronblätter mit, die ohne den Zusammenhalt der Kronblattspitzen zur Entfaltung der Petalen führen würde, so aber nur eine starke Auswärtskrümmung der Kronblattbasen bewirkt.

Fensterblüten

Auch bei der Teufelskralle *(Phyteuma, Campanulaceae)* bleiben die fünf Kronzipfel zu Beginn der Anthese mit den Spitzen untereinander verbunden und bilden einen engen, die Staubblätter einschließenden Schnabel. Dieser wird dann von dem sich streckenden Griffel durchstoßen. Die Krone öffnet sich zunächst unterhalb des Schnabels durch Auseinanderweichen der Kronblattränder mit fünf „Fenstern". Erst später lösen sich auch die Kronblattspitzen voneinander (vgl. GOEBEL 1924, Seite 72).

Auch bei den sympetalen Blüten der *Ceropegia*-Arten ist die postgenitale Verwachsung der Kronlappenspitzen meist so fest, daß sich diese während der Anthese nicht mehr voneinander trennen. Diese **Entfaltungshemmung** ist eine der Ursachen für das Zustandekommen der eigenartigen Formen, welche wir bei diesen – blütenbiologisch als myiophile Kesselfallenblüten (VOGEL 1961) fungierenden – Blüten antreffen.

Die Zipfel des Kronsaumes weichen auch hier nur mit ihren seitlichen Rändern in der Weise auseinander, daß 5 seitliche Fenster entstehen. Auch hier spricht man daher von „Fensterblüten" (GOEBEL 1924, Seite 69).* Die Ränder der Zipfel können sich

* Der von GOEBEL (vgl. 1924, Seite 69 ff.) wieder aufgenommene Begriff „Fensterblüte" geht auf W. HOOKER (Botanical Magazine 1845, t. 4161) zurück, der damit das Verhalten der Blüte von *Masdevallia fenestrata (Orchidaceae)* charakterisierte.

trennte Kronblattabschnitte durch kontinuierliche Linien, definitiv verwachsene Abschnitte durch gestrichelte Linien gegeneinander abgegrenzt; b Aufsicht auf die ausgewachsenen Corollen, c, d Längsschnitte durch den Spitzenbereich der jungen (c) und der ausgewachsenen (d) Corollen. V, VI Spitzenabschnitte junger Blüten von *Ceropegia nilotica* × *sandersonii* (V) und *C. sandersonii* (VI) unter Abtrennung je zweier Segmente aufgeschnitten, V Ventralfortsätze bzw. Anlagen der Uvula, s Spalten (spätere Fenster), Schnittflächen weiß. VIIa–f *Ceropegia nilotica* × *sandersonii*, Querschnittserie durch einen Kronzipfel von der apikalen (a) zur basalen (f) Region, die Spreitenränder weisen nach oben, der Ventralfortsatz nach unten. Nach VOGEL.

dabei mehr oder minder weit nach außen biegen (Abb. 40 I) und bei Gliederung in einen verbreiterten Endabschnitt und einen proximalen Nagel sogar ein schirmartiges Dach bilden, das sich über der Mündung der Kronröhre ausspannt (Abb. 40 II, VI). Bei manchen Arten *(C. dichotoma)* sind die Ränder der Kronsaumzipfel nach außen umgeschlagen, so daß die Fenster weit geöffnet sind; so zeigt es auch der trompetenartig erweiterte Kronsaum von *C. elegans* (Abb. 40 V; vgl. im übrigen Troll 1950a, 1951). In vielen Fällen jedoch, so z. B. bei *C. nilotica × sandersonii* (Abb. 40 III) sind die Zipfel insofern „von vornherein auf die Fensterbildung hin angelegt", als ihre Hauptflächen bereits aufgrund einer starken unifazialen Entwicklung radial orientiert sind. In ihrer Querschnittsform (Abb. 41 VII) ähneln diese Abschnitte einem Querschnitt durch den basalen Teil eines Iris-Blattes, mit dem Unterschied, daß wir es bei *Ceropegia* mit einer Reduktion der morphologischen Blattunterseite, nicht der Oberseite zu tun haben.

Bei *Ceropegia distincta* var. *haygarthii* sind diese Abschnitte fast rechtwinklig nach innen eingebogen und bilden 5 den Trichter von oben her unterteilende Septen, wobei sie in der Blütenmitte aufeinander treffen. Jedes dieser Septen trägt einen ventralen Fortsatz, der zapfenförmig nach unten weist (Abb. 40 VII, VIIa). Vogel (1960) fand nun, daß diese Ventralfortsätze bei *Ceropegia sandersonii* (Abb. 41 VI) zu einem einheitlichen Zäpfchen, einer sogenannten Uvula (= „Gaumenzäpfchen") verwachsen. Dabei sind ähnlich wie bei der im vorhergehenden geschilderten postgenitalen Verwachsung der Kronblätter von *Oxalis tubiflora* keine Verwachsungsnähte erkennbar. Allerdings gilt dies nach Troll (1928, Seite 370) bei manchen Arten schon für die postgenitale Verwachsung der Kronlappenspitzen. Wie schon bei den geschilderten Knospenverschlüssen kommt nach Vogel (1960, Seite 403) der Kontakt auch hier „zuerst durch Berührung und Verzahnung der noch embryonalen beiderseitigen Epidermen zustande. Es unterbleibt nur die starke Membranverdickung und eine Cuticula ist nicht mehr nachzuweisen. Die Symphyse wird dadurch so innig, und ihre Grenzen so vollkommen verwischt, daß zuletzt keinerlei Suturen mehr erkennbar sind."

Bei den meisten Arten beschränkt sich diese vollkommene Gewebeverschmelzung auf den äußersten Spitzenbereich, bei *C. sandersonii* jedoch erstreckt sie sich bis unterhalb der schon frühzeitig angelegten ventralen Fortsätze. Im erstgenannten Falle werden von dem weiteren Wachstum auch die später sich voneinander lösenden Zipfelabschnitte oberhalb der ventralen Fortsätze erfaßt, so daß die Fortsätze schließlich weit von der Spitze entfernt liegen (Abb. 41 IIIa bis d). Bei *C. sandersonii* jedoch liegt die Zone stärkster Ausdehnung unterhalb der ventralen Fortsätze, und zwar noch im Bereich der Symphyse, während die ventralen Fortsätze in ihrer embryonalen Lagebeziehung (Abb. 41 VI) festgehalten miteinander zur Uvula verschmelzen. Der Schirm der Blüte von *C. sandersonii* kommt somit durch eine *„enorme Vergrößerung der echt verwachsenen Spitzenregion"* zustande, die *„unter lebhafter Zellteilung sich als Einheit auszuweiten fähig wird"*. Das so entstandene Gewebe „ist als Produkt intercalaren Wachstums vollkommen ‚sekundär kongenital' vereinigt, weshalb eine Naht auch theoretisch nicht angenommen werden kann" (Vogel 1960, Seite 407). Dies spiegelt sich auch in der Nervatur der jeweils zwei Kronzipfeln zuzurechnenden Schirmlappen wieder: Dort, wo man die Sutur vermuten würde, treten nämlich vom Schirmzentrum ausgehende Kommissural-Nerven auf (Abb. 41 IIK), wie sie oft bei sympetalen Corollen entlang der theoretisch anzunehmenden Trennungslinien zwischen zwei benachbarten Petalen verlaufen. Die Schirmlappen von *C. sandersonii* erweisen sich somit als einheitliche Bildungen (Abb. 41 II), ganz im Gegensatz zu denen von *C. rendallii* (Abb. 41 I), bei denen die Nerven der beiden durch eine Sutur (S) voneinander getrennten Lappenhälften eindeutig von den beiden benachbarten Kronlappen her einziehen, deren Medianus mit M bezeichnet ist.

Die genannten Verschiedenheiten sind schon an den 2 mm bzw. 1,2 mm langen Blütenknospen von *C. nilotica* × *sandersonii* (Abb. 41 V) und *C. sandersonii* (VI) zu erkennen. Bei letzterer resultiert aus der engen Nachbarschaft der später zu Zapfen auswachsenden Ventralrippen die folgende nahtlose Vereinigung dieser Zapfen und ebenso die Entstehung der kompakten Spitze, die später als „Umbilicus" (= Nabel) dem Schirm aufsitzt.

Lippen- und Rachenblüten, Schlundschuppen

Bei vielen sympetalen Verwandtschaftskreisen sind die Blütenkronen mehr oder minder deutlich zweilippig gestaltet. Der gewöhnlich 5zählige Kronensaum ist dann zumeist in der Weise gegliedert, daß zwei Kronlappen die Oberlippe und drei Kronlappen die Unterlippe bilden. Dies gilt bekanntlich für die Labiaten, bei denen vielfach Staubblätter und Griffel, zumindest zeitweise, unter dem schützenden Dach der Oberlippe liegen, während die zumeist mit Saftmalen ausgestattete Unterlippe als Anflugorgan dient. Der Pollen wird dann auf dem Rücken der blütenbesuchenden Insekten abgestreift und in entsprechender Weise auch auf die Narben anderer Blüten übertragen. Man sagt dann, die Bestäubung erfolgt **nototrib**. Die Beteiligung von zwei Kronlappen am Aufbau der Oberlippe und von drei Kronlappen am Aufbau der Unterlippe ist häufig, aber keineswegs immer äußerlich ohne weiteres zu erkennen. Die Unterlippe weist oft eine starke Gliederung, z.B. in zwei kleinere Seitenlappen und einen großen, stark gegliederten und geteilten Mittellappen auf; sie kann, wie bei den Gamander-Blüten *(Teucrium)* durch die herabgerückten Oberlippenzipfel auch fünflappig wirken. Dagegen sind die Blüten des Günsel (*Ajuga*, Abb. 42 I) ein Beispiel für eine weitgehende Reduktion der Oberlippe. Beim Basilicum *(Ocimum basilicum)* sieht man das Umgekehrte, nämlich eine Krümmung der seitlichen Unterlippenzipfel zur Oberlippe hin, so daß die Unterlippe scheinbar nur aus einem Zipfel besteht (der Kelch hingegen weist eine vierzipfelige Unterlippe und eine einzipfelige Oberlippe auf!). Ähnlich verhält sich *Plectranthus glaucocalyx*. Bei beiden Blüten liegen Griffel und Staubblätter nicht der Oberlippe, sondern der Unterlippe an und sind leicht aufgekrümmt; die Bestäubung muß demnach über die Bauchseite der blütensuchenden Insekten – **sternotrib** – erfolgen. Auch bei der vogelblütigen Gesneriaceengattung *Columnea* (Abb. 43 VII) sind die beiden ursprünglich ebenfalls der Unterlippe angehörenden seitlichen Zipfel an der entfalteten Blüte in die Oberlippe aufgenommen. Überhaupt ist das von den Labiaten her uns so geläufige Zahlenverhältnis 2:3 nicht das einzige. Bei den Lippenblüten, die wir in der Caprifoliaceen-Gattung *Lonicera* finden (Abb. 42 VIII) wird die Oberlippe von vier, die Unterlippe dagegen nur von einem Kronzipfel gebildet. Bei manchen *Lobeliaceae*, so z.B. *Lobelia* und *Centropogon*, erfolgt die Lippenbildung nach dem Verhältnis 3:2, doch erscheint später durch Resupination *(Lobelia)* oder Überkrümmung der Blüte *(Centropogon)* die ursprüngliche Unterlippe als Oberlippe und umgekehrt. Etwas anders verhält es sich mit der Acanthaceen-Gattung *Strobilanthes*. Die anfänglich schräg aufwärts weisende Krone von *S.. isophyllus* krümmt sich vor der Öffnung um etwas mehr als 90° nach rückwärts, so daß die Unterlippe nach oben, die Oberlippe nach unten weist (Abb. 42 IX).

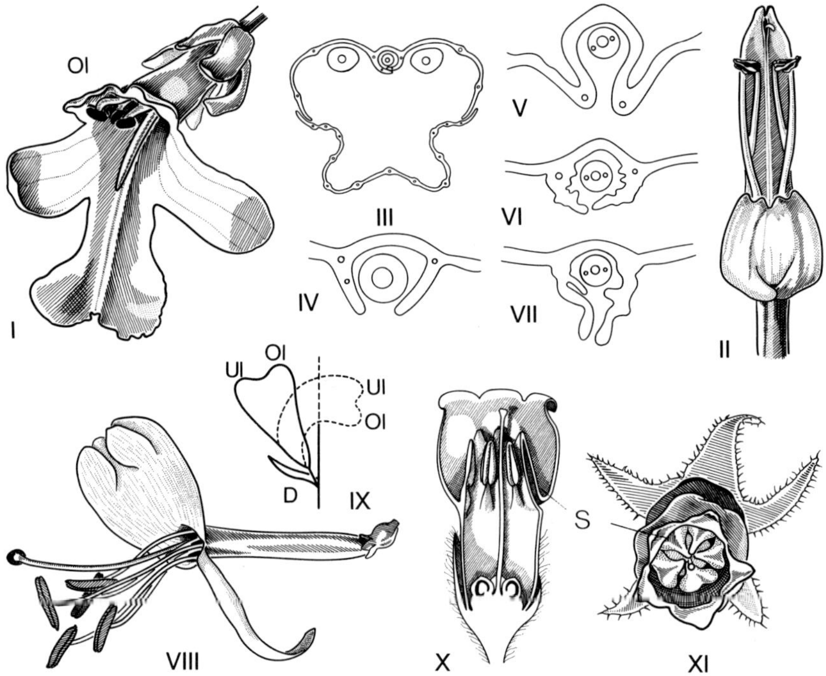

Abb. 42. I *Ajuga reptans*, Blüte. II–V *Jacobinia magnifica*, II vorderer Teil der Blütenkrone in Unteransicht, III Querschnitt durch den Kronsaum einer Blütenknospe, an der Unterseite der Oberlippe der Griffelhalter mit Griffel; IV Querschnitt durch den Griffelhalter unterhalb der Narbe. V–VII *Beloperone violacea*, Querschnitte durch den Griffelhalter im unteren (V) und oberen Bereich der Krone. VIII *Lonicera periclymenum*, Blüte in Anthese. IX *Strobilanthes isophyllus*, Schema zur Erläuterung des Resupination, Ol, Ul Oberlippe, Unterlippe, D Deckblatt. X, XI *Symphytum officinale*, Blüte im Axialschnitt (X) und von schräg vorn, S Schlundschuppen. II–VII nach TROLL, IX nach GOEBEL, X nach BAILLON.

Die Blütenkronen einiger Acanthaceen aus der Tribus der *Justicieae* und der Subtribus der *Odontoneminae* sind durch eine andere eigentümliche Struktur ausgezeichnet: Der Griffel liegt hier nämlich in einer von der Oberlippe gebildeten medianen Falte, einem sogenannten Griffelhalter (Abb. 42 II bis IV). Wie die Abb. 42 V bis VII zeigt, kommt diese Struktur bei *Beloperone* durch zwei rechts und links der Mediane verlaufende Einfaltungen und Leisten der Oberlippe zustande, während es sich bei *Jacobinia* offenbar nur um einfache längs an der Unterseite der Oberlippe verlaufende Leisten handelt (vgl. TROLL 1951).

Nach dem Verhältnis 2:3 sind auch die Blüten der meisten Rachenblütler *(Scrophulariaceae)* gegliedert, was beim Löwenmäulchen und beim Leinkraut gut zu erkennen ist (Abb. 43 II, V). Eine Ausnahme bildet die Gattung *Nemesia*, bei deren Blüten die Oberlippe aus vier, die Unterlippe aus einem Zipfel besteht. Beim Löwenmäulchen *(Antirrhinum)*, dem Leinkraut *(Linaria)* und einer Reihe weiterer Scrophulariaceen wird der Eingang zur Kronröhre durch eine „Maske“ verschlossen, was

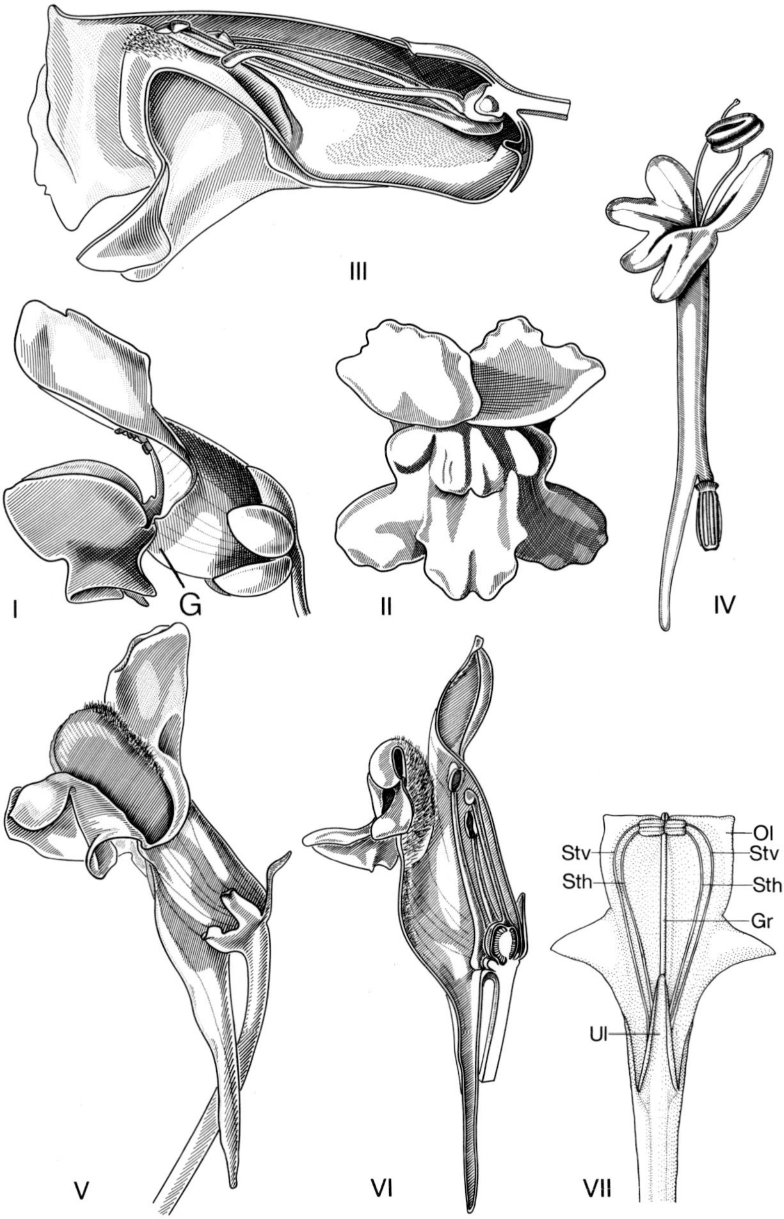

Abb. 43. I–III *Antirrhinum majus*, Blüte in Seitenansicht (I), Vorderansicht (II) und median durchschnitten (III), G Gelenkzone IV *Centranthus ruber*, Blüte. V, VI *Linaria vulgaris*, Blüte in Seitenansicht (V) und median durchschnitten (VI). VII *Columnea picta*, vorderer Teil der Blüte in Unteransicht. Ol, Ul Ober- und Unterlippe, Gr Griffel, Stv, Sth vordere und hintere Staubblätter. I und II nach TROLL, VII nach TRAPP.

den Anlaß für die alte Familienbezeichnung (bzw. Ordnungsbezeichnung) *Personatae* gegeben hat. Es handelt sich dabei um eine Aufwölbung der Unterlippe im Bereich des den drei Kronzipfeln gemeinsamen Basalteiles. Wie Medianschnitte durch die Blüte von *Linaria* (Abb. 43 VI) und vor allem von *Antirrhinum* (Abb. 43 III) zeigen, wird in beiden Fällen die Unterlippe gewissermaßen von unten her eingestülpt, was zur Folge hat, daß sie die Oberlippe berührt und der Zugang zum Tubus verschlossen wird. Der Aufwölbung der Unterlippe entspricht die Bildung eines „Gaumens", der dadurch zustande kommt, daß auf die leichte Abwärtskrümmung der Oberlippe eine plötzliche Aufwärts- und Rückwärtskrümmung der Oberlippenzipfel erfolgt. Bei den „Pantoffelblumen" der Gattung *Calceolaria* (vgl. Seite 338) wird dagegen die Unterlippe von innen her aufgewölbt und stark bauchig aufgeblasen. Die Öffnung der Maskenblüte wird allgemein durch eine (federnde) Gelenkzone an der Basis der Unterlippe ermöglicht (Abb. 43 I G). Sowohl bei *Antirrhinum* als auch bei *Linaria* findet sich an der Basis des Gynoeceums auf der Bauchseite ein Nektarium, dessen Sekret sich beim Löwenmäulchen in der ventralen Aussackung, beim Leinkraut in der Spitze des langen Spornes ansammelt, in den die Kronenbasis hier ausgezogen ist. Der Griffel und die Staubblätter mit den nach unten sich öffnenden Antheren liegen der Oberseite der Kronröhre an und werden vom Rücken der nektarsuchenden Insekten gestreift, so daß die Bestäubung nototrib erfolgt. – Am Grunde ausgesackte oder gespornte sympetale Corollen finden sich unter anderem auch bei den *Valerianaceae* (Abb. 43 IV) und den *Lentibulariaceae*. Bei *Valeriana* findet sich am Grunde der Aussackung ein Nektarium, auch bei der Spornblume *(Centranthus ruber)*, deren langgespornte Blüten völlig asymmetrisch gebaut sind (Abb. 43 IV) wird der Nektar – im Unterschied zu *Linaria* – in der Spitze des langen Spornes sezerniert. Beim Fettkraut (*Pinguicula*, Lentibulariaceae) finden sich an dieser Stelle schleimabsondernde Drüsenhaare („Futterhaare").

Um lokale Einstülpungen der Blütenkrone handelt es sich übrigens auch bei den **Schlundschuppen**, welche bei den radiären Blüten der Boraginaceen unterhalb des Kronsaums in die Blütenröhre hineinragen und den Eingang zu ihr verengen (vgl. SCHAEFER 1942). Von vorne oder von innen gesehen erscheinen sie als den Kronlappen an der Basis aufsitzende Zipfel (Abb. 42 XI), ein in der Mediane eines Kronlappens geführter Schnitt zeigt jedoch, daß die Kronröhre an dieser Stelle tief eingestülpt ist (Abb. 42 X). Es gibt freilich (so bei vielen Enzian-Arten)auch Schlundschuppen, die man allenfalls als „ligulare Auswüchse" der Petalen bezeichnen und somit den Ligulae vergleichen könnte, welche an den genagelten Kronblättern vieler Silenoideen auftreten (vgl. Abb. 11 IV, 36 II, III, XII).

Blütendimorphismus

Als extrem abgewandelte Lippenblüten lassen sich auch die sogenannten Strahlblüten der Compositen-Köpfchen auffassen. Bekanntlich zeigen die Blüten bei der Unterfamilie der *Asteroideae (Tubuliflorae)* häufig einen auffälligen Dimorphismus: im Zentrum des Köpfchens stehen dann kleine sogenannte Scheibenblüten mit radiärsymmetrischer fünfzipfeliger glockig-röhriger Krone (Abb. 44 VI), bei den randständigen „Zungenblüten" hingegen ist die Krone auffällig und zu einem langen an der Spitze dreizähnigen Strahl ausgezogen („Strahlblüten", Abb. 44 VII). Das Zustandekommen dieser Strahlblüten läßt sich leicht an Hand von Übergangsformen erkennen, die in sogenannten „gefüllten" Köpfchen auftreten, so z. B. bei *Pyrethrum roseum* (Abb. 42 VIII). Diese zeigen, daß die drei nach außen gewandten Kronzipfel durch Streckung ihrer gemeinsamen Basis zu einer Unterlippe ausgezogen sind, der die beiden der Köpfchenmitte zugekehrten Kronzipfel als Oberlippe gegenüberstehen. Letztere ist bei den Strahlblüten gewöhnlich ganz verkümmert, während die Unterlippe lang zungenförmig ausgezogen ist, durch ihr dreispitziges Ende aber noch die Herkunft aus drei Kronzipfeln erkennen läßt. Bei den vornehmlich andinen, teilweise vogelblütigen *Mutisieae* sind die Randblüten gewöhnlich noch ausgeprägt zweilippig

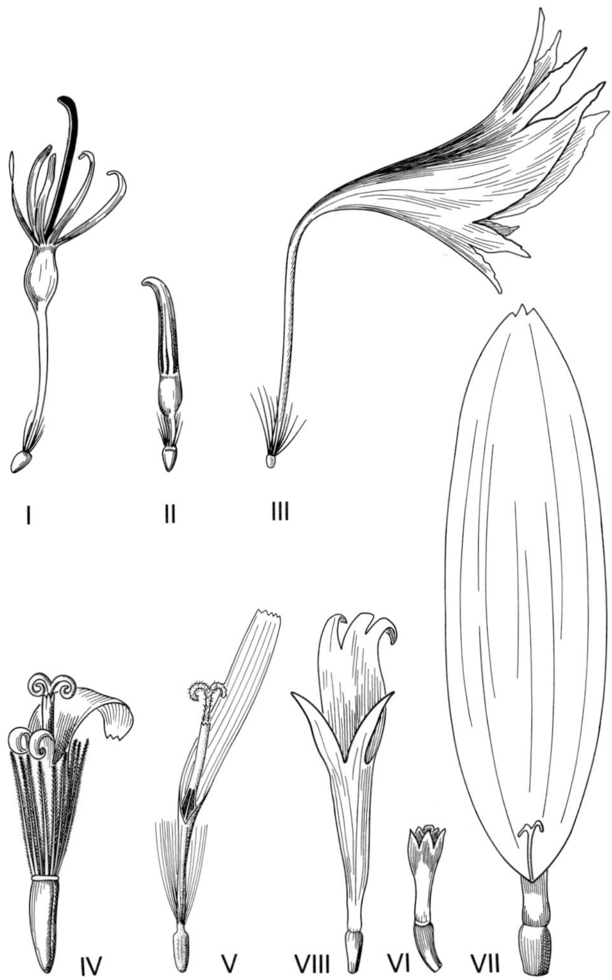

Abb. 44. Blütenformen bei Compositen. I–III *Centaurea cyanus.* I, II Scheibenblüte, entfaltet (I) und in Knospe (II), III Randblüte. IV *Nassauvia spicata (Mutisieae),* Lippenblüte. V *Taraxacum officinale.* VI–VIII *Pyrethrum roseum (Chrysanthemum coccineum).* VI Scheibenblüte, VII Randblüte, VIII Zwischenform zwischen beiden aus einem „gefüllten" Köpfchen. Nach TROLL (I–III, VI–VIII), WETTSTEIN (IV) und BERG und SCHMIDT.

(Abb. 44 IV). Andererseits ist bei den *Cichorioideae (Liguliflorae)* die Krone bei allen Blüten des Köpfchens einseitig zu einer langen, am Ende fünfzähnigen Krone ausgezogen (Abb. 44 V). Hier sind also gewissermaßen alle fünf Kronzipfel in die Unterlippe aufgenommen. Der Dimorphismus der Asteroideen-Blüten äußert sich häufig auch in den Geschlechtsverhältnissen, und zwar insofern als die Randblüten durch Rückbildung der Staubblätter rein weiblich oder durch Verkümmerung der Staub-

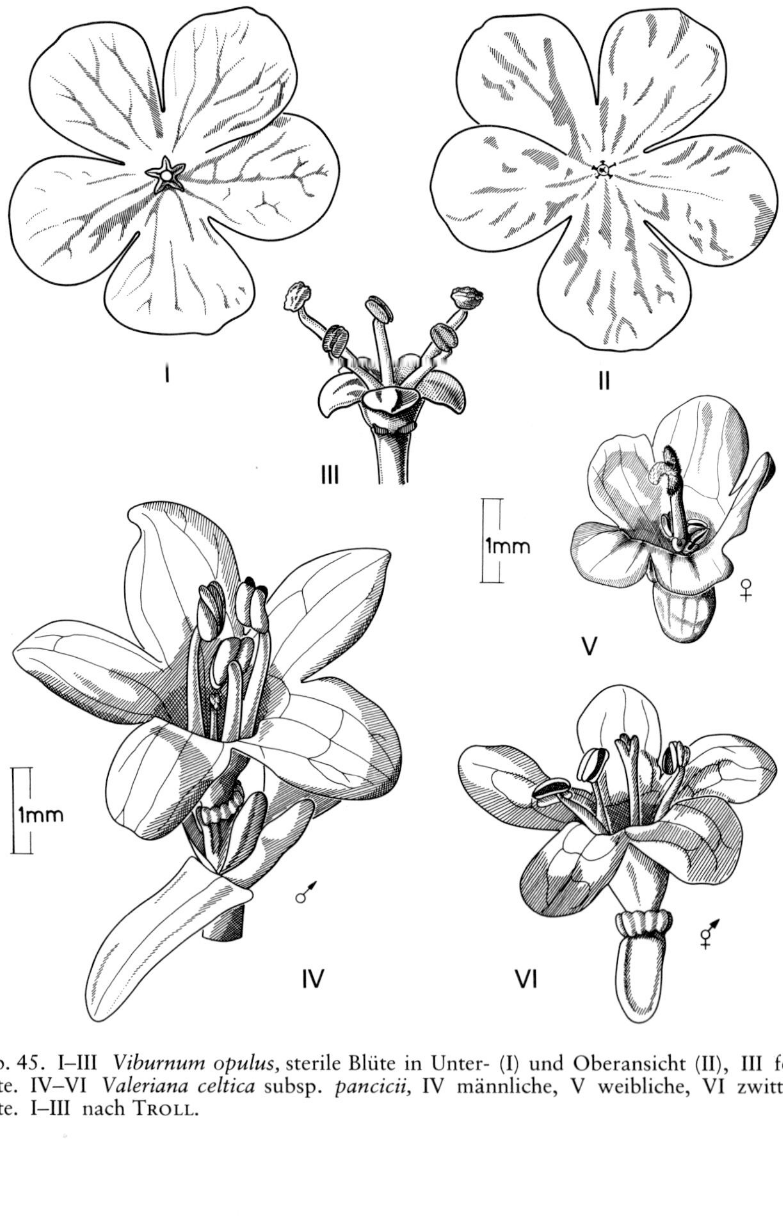

Abb. 45. I–III *Viburnum opulus,* sterile Blüte in Unter- (I) und Oberansicht (II), III fertile Blüte. IV–VI *Valeriana celtica* subsp. *pancicii,* IV männliche, V weibliche, VI zwitterige Blüte. I–III nach TROLL.

blätter und des Ovars steril geworden sind. Letzteres gilt auch für die Randblüten der Kornblume (*Centaurea,* Abb. 42 III) und andere Cynareen, bei denen die Köpfchen nur aus Röhrenblüten bestehen (I, II). Bei diesem Köpfchen sind die Kronen der am Rande stehenden Röhrenblüten als Ganzes auffällig vergrößert, dabei allerdings häufig zygomorph gestaltet und oft vielzipfelig zerteilt.

Einen Dimorphismus (sog. „Heteranthie“ [GOEBEL]) zwischen randständigen sterilen „Schaublüten“ und innenständigen fertilen Blüten finden wir innerhalb vieler Blütenstände ausgebildet. Als Beispiel hatten wir bereits die Blütenstände der Hortensien (Seite 61) erwähnt, bei denen die Schauwirkung einzelner randständiger Blüten durch die corollinische Ausbildung des gesamten Kelches zustande kommt. Ein Gegenstück dazu bilden viele *Viburnum*-Arten, darunter auch unser einheimischer Schneeball (*Viburnum opulus,* Abb. 45 I bis III). Hier beruht die Auffälligkeit der peripheren Blüten des Blütenstandes (I, II) darauf, daß ihre Krone gegenüber den innenständigen Blüten (III) um ein Vielfaches vergrößert ist, während der Kelch unscheinbar bleibt. Auch hier geht die Vergrößerung der Blütenkrone mit einem Sterilwerden der Blüte einher.

Als Beispiel für einen Geschlechtsdimorphismus bzw. -polymorphismus haben wir bereits die unterschiedliche Gestalt der Blütenkrone bei den männlichen, weiblichen und zwitterigen Blüten der Caricaceen (Seite 80) kennengelernt. In nicht wenigen Fällen unterscheiden sich die verschieden-geschlechtigen Blüten durch eine unterschiedliche Größe der Blütenkronen. Dies gilt für viele Baldrian-Arten, z. B. *Valeriana montana, V. tripteris* oder *V. celtica* (Abb. 43 IV bis VI), bei denen die Kronen der männlichen Blüten größer als die der weiblichen sind, während eventuell auftretende Zwitterblüten eine Mittelstellung einnehmen. In anderen Fällen unterscheiden sich männliche und weibliche Blüten in der Zahl und Form der Perianthblätter, so z.B. besteht das Perianth der männlichen Blüten von *Begonia* aus zwei dekussierten Blattpaaren von verschiedener Gestalt, bei den weiblichen ist das Perianth fünfzählig. Am stärksten ausgeprägt ist der Geschlechtsdimorphismus wohl bei den Orchidaceen-Gattungen *Cycnoches* und *Catasetum,* bei welchen man die männlichen und weiblichen Blüten kaum derselben Art oder Gattung zuordnen möchte.

Nektarblätter

Abgesehen von ihrer Funktion als Hüll- und Schauorgane können die Petalen choripetaler (z.B. *Berberis*) und sympetaler (z.B. *Valerianaceae*) Blüten auch als Träger mannigfach gestalteter Nektarien dienen. (Entsprechendes gilt für Kelchblätter, Staubblätter und Fruchtblätter, vgl. Seite 207). Im allgemeinen wird die Form dieser Blattorgane durch die Ausbildung der Nektarien kaum tiefgreifend verändert. Mitunter aber erscheint die Gestalt der Kronblätter im Zusammenhang mit ihrer Funktion als Nektarienträger stärker abgewandelt. Man spricht dann von Honigblättern oder besser von **Nektarblättern**.

Die Formenmannigfaltigkeit der Nektarblätter ist besonders von den Blüten der *Ranunculaceae* her bekannt. Wir wollen hier nur einige wenige Beispiele herausgreifen. Wir beginnen dabei mit dem Schwarzkümmel (*Nigella damascena,* Abb. 46 I bis III). Seine Blüten werden vor dem Aufblühen von einem Involucrum aus einer wechselnden Zahl zart gefiederter grüner Stengelblätter umhüllt, die dicht an die Blüte herangerückt sind und die Blütenorgane weit überragen. Sie haben der Pflanze den Namen „Jungfer im Grünen“ eingetragen. Auf diese, in Abb. 46 I weggelassenen Involucralblätter folgen 5 hellblaue oder weiße kurz genagelte eiförmige Perianthblätter, welche in einem Quincunx angeordnet sind. Sie haben offensichtlich die Schaufunktion für die Blüte übernommen; denn die nun folgenden Nektarblätter sind verhältnismäßig klein. Sie treten stets zu 8 auf, was damit im Zusammenhang steht, daß sie in $^3/_8$-Stellung angeordnet sind.

Ihre Form ist aus Abb. 46 II, III ersichtlich. Der kurze Stiel trägt eine schüsselförmige Nektargrube, die von einer Schuppe überdacht wird, welche dem unteren Rande der Schüssel mit einer Gelenkzone ansitzt, sie kann daher wie in Abb. 46 III nach unten geklappt werden. Distalwärts schließt sich an die Nektargrube ein kurzer petaloider Abschnitt an, der durch einen tiefen medianen Einschnitt zweigeteilt ist und eigenartige knotige Verdickungen an den Basen der beiden Hälften aufweist. Auf die Ähnlichkeit der Nektarblätter mit den in Filament und spiegelsymmetrische Anthere gegliederten Staubblättern kommen wir später noch zu sprechen. Im übrigen kann man aus der Form der Nektarblätter mit ihrer gestielten schüsselförmigen Nektargrube und ihrem quer auf der Ventralseite ansitzenden schuppenförmigen Anhang darauf schließen, daß es sich um peltate Blattorgane (Seite 115) handelt. Diese Vermutung wird nach Troll (1928, Seite 96) durch das Studium der Ontogenie bestätigt. Bei anderen *Nigella*-Arten, und zwar Angehörigen der Sektion *Garidella,* ist der bei *Nigella damascena* nur kurze Endabschnitt stärker verlängert und ausgeprägt petaloid entwickelt.

Die Gliederung in Stiel, nektarführenden und petaloiden Abschnitt kehrt bei den langgestielten Nektarblättern des Blauen Eisenhutes (*Aconitum napellus,* Abb. 46 VI) wieder, unter anderem mit dem Unterschied, daß der nektarführende Abschnitt sackartig ausgebildet ist (Abb. 47 VI). Auch diese Pflanze weist, wie die Abb. 47 IV lehrt, 8 Nektarblätter auf, die nach $^3/_8$-Stellung angeordnet sind (III). Von diesen sind allerdings nur die beiden nach hinten liegenden von dem helmartig gestalteten medianen Perianthblatt überdachten kräftig entwickelt. Die übrigen sind stark rudimentiert, und zwar um so mehr, je weiter sie auf der abaxialen Seite der Blüte inseriert sind. In der Ausbildung der Nektarblätter äußert sich somit der gleiche Förderungssinn, wie er an den großen, prächtig gefärbten äußeren Perianthblättern zu erkennen ist: Das adaxiale, nach hinten liegende helmförmige Blatt ist am stärksten gefördert, nächst ihm die beiden oberen seitlichen Blätter, und zwar vor allem auf der dem Helmblatt zugewandten Seite; die beiden adaxialen Perianthblätter erscheinen demgegenüber recht klein (I).

Bei der Blüte der Akelei (*Aquilegia vulgaris,* Abb. 46 IV, V) sind es die zwischen den lanzettlichen Blättern stehenden mit ihren Spornen aufwärts weisenden Blattorgane, welche wir als Nektarblätter anzusprechen haben. Das Nektarium findet sich hier in dem knaufartig verdickten Ende des Sporns. Die der Nektargrube bei *Nigella* und dem sackartigen nektarführenden Endabschnitt der Nektarblätter des Eisenhutes vergleichbare Region ist hier somit besonders kräftig entwickelt; auch der petaloide Endabschnitt tritt stark hervor. Demgegenüber bleibt die stielartige Zone völlig unentwickelt. Das ganze Organ ist kräftig gefärbt (oder weiß), und zwar von gleicher Farbe wie die lanzettlichen Perianthblätter oder in einem oft lebhaften Kontrast zu diesen. Demgegenüber sind die bei der Christrose (*Helleborus niger,* Abb. 46 VII) und anderen *Helleborus*-Arten in oft größerer Zahl (8, 13, 21) auftretenden Nektarblätter verhältnismäßig klein. An den gestielten Bechern tritt der sonst petaloide Endabschnitt kaum in Erscheinung.

Umgekehrt verhalten sich dagegen die Nektarblätter beim Scharfen Hahnenfuß (*Ranunculus acris,* Abb. 46 VIII, IX) und anderen Hahnenfuß-Arten. Sie sind groß-

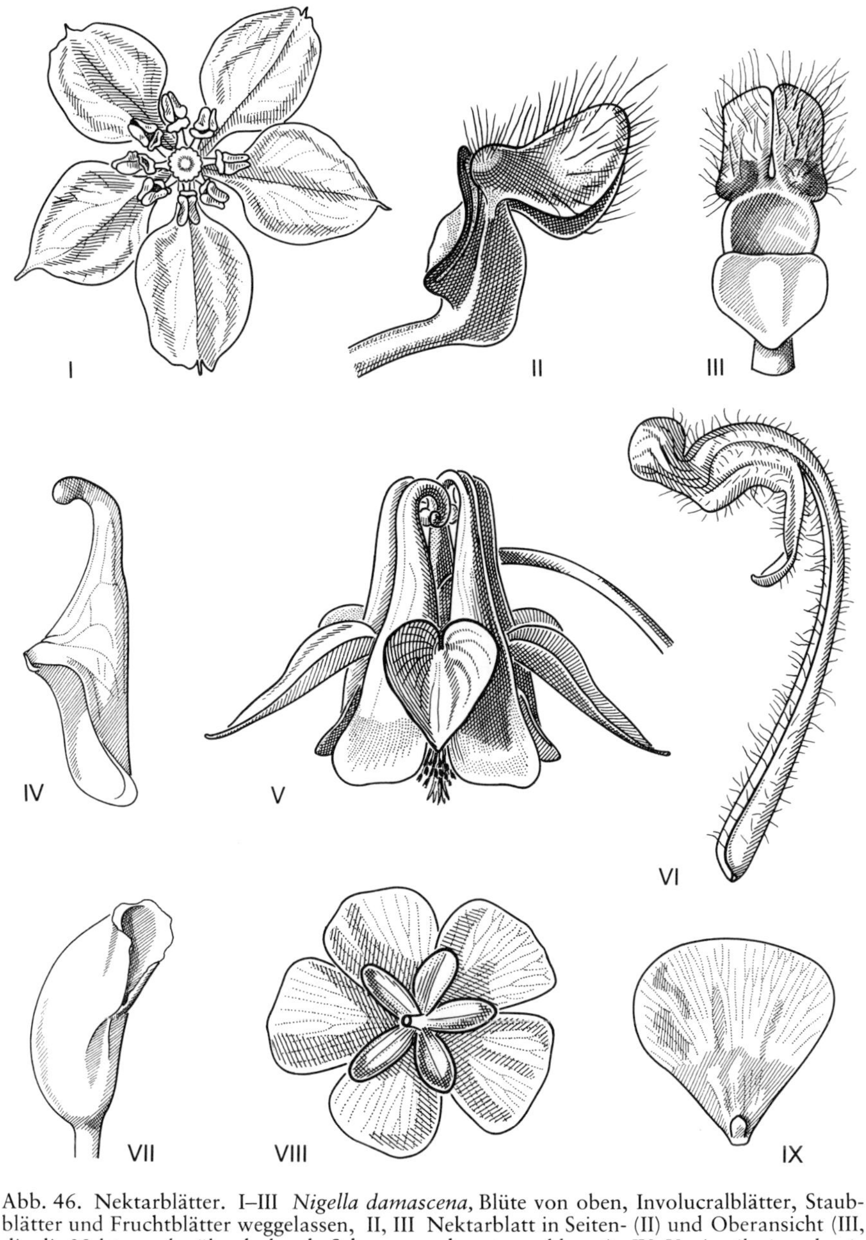

Abb. 46. Nektarblätter. I–III *Nigella damascena,* Blüte von oben, Involucralblätter, Staubblätter und Fruchtblätter weggelassen, II, III Nektarblatt in Seiten- (II) und Oberansicht (III, die die Nektargrube überdeckende Schuppe nach unten geklappt). IV, V *Aquilegia vulgaris,* einzelnes Nektarblatt (IV) und Blüte. VI, VII Nektarblätter von *Aconitum napellus* und *Helleborus niger,* VIII, IX *Ranunculus acris,* Blüte in Unteransicht (VIII) und einzelnes (corollinisches) Nektarblatt. I–VI, VIII, IX nach TROLL, I verändert.

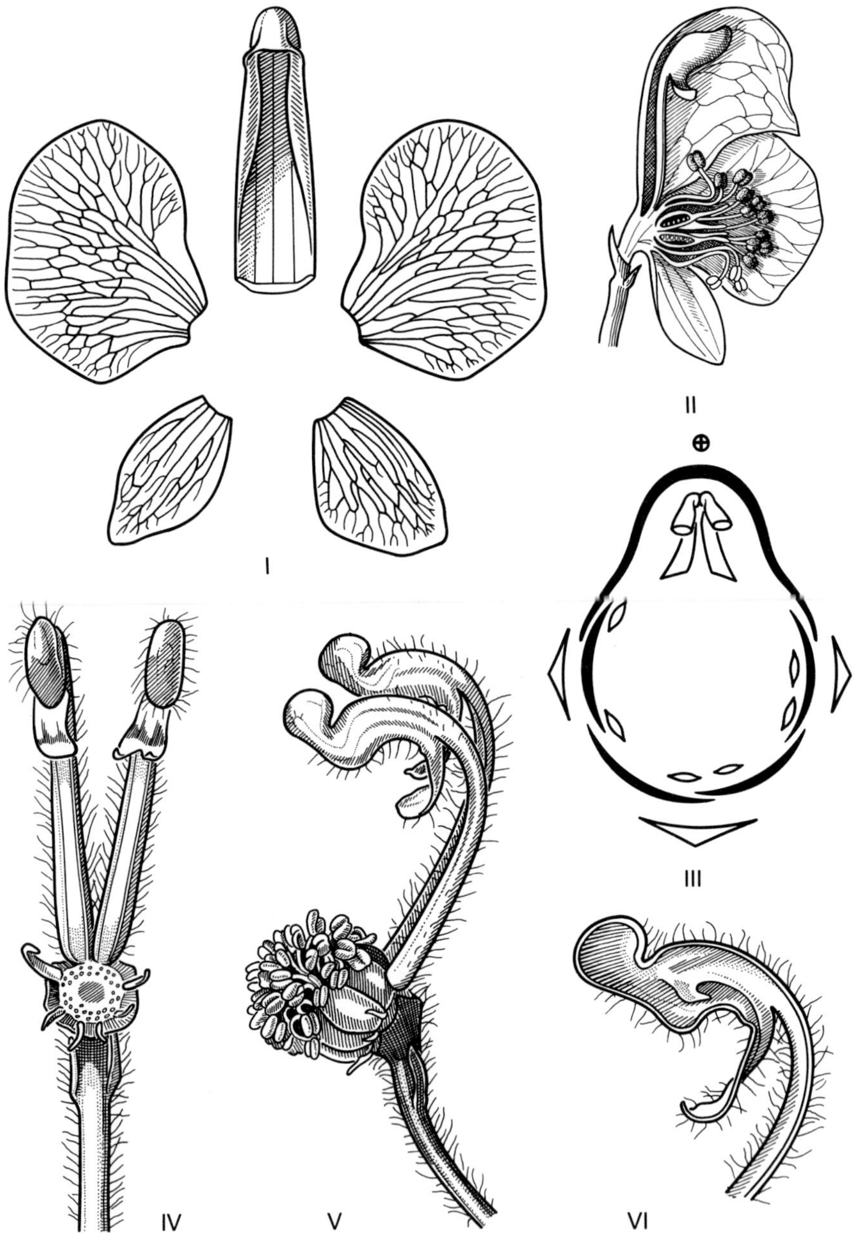

Abb. 47. *Aconitum napellus.* I Perianth, in seine Glieder zerlegt, II Medianschnitt durch die Blüte, III Blütendiagramm, das Perianth und die Nektarblätter umfassend, IV Nektarblätter in natürlicher Anordnung, V Blüte in Seitenansicht, nach Entfernung des Perianths, VI distaler Teil eines Nektarblattes im Medianschnitt. Nach TROLL (I, III–VI) und WARMING (II).

flächig ausgebildet und von petaloider Beschaffenheit und werden oft einfach als „Blütenblätter“ angesprochen, was um so mehr berechtigt erscheint, als ihnen 5 kleinere grüne Kelchblätter in quincuncialer Anordnung vorausgehen (Abb. 46 VIII). Bei näherem Zusehen bemerkt man jedoch an der Basis auf der Ventralseite dieser „Blütenblätter“ eine kleine von einer „Nektarschuppe“ überdeckte Nektargrube. Auch die „Blütenblätter“ von *Ranunculus* sind somit Nektarblätter, deren Gestalt allerdings mehr auf die Schaufunktion bezogen erscheint. Nach den Untersuchungen von LEINFELLNER (1958b, 1959a, 1964a) handelt es sich aber auch hier im Grunde um peltate (bzw. peltat-diplophylle) Blattorgane. Ähnliches gilt für die gleichfalls petaloiden Nektarblätter von *Berberis* (LEINFELLNER 1955).

Das Größenverhältnis zwischen dem petaloiden Abschnitt und der Nektargrube ist übrigens nicht bei allen *Ranunculus*-Arten derart stark zugunsten der petaloiden „Platte“ verschoben: Bei dem südamerikanischen *Ranunculus apiifolius* sind die Nektarblätter kleiner als die kronblattartig entwickelten Kelchblätter, deutlich peltat und breit schüsselförmig. Das Beispiel von *Ranunculus acris* zeigt uns aber, daß es sich bei all den verschiedenen Formen der Nektarblätter um Petalen handelt, deren Form teils stärker auf die Nektarproduktion, teils stärker auf die Schaufunktion oder aber auf beides bezogen ist. Da es bei den Ranunculaceen auch Blüten mit völlig nektarienlosen Petalen gibt, die sich im übrigen aber als den nektarientragenden gleichwertig erwiesen, unterscheidet HIEPKO (1965) nur mehr zwischen „nektarfertilen“ und „nektarsterilen“ Petalen.

1.4.4 Das ungegliederte Perianth (Perigon)

Definition

Ein nicht in Kelch und Krone gegliedertes Perianth pflegt man als Perigon zu bezeichnen. Nach TROLL (1957, Seite 12) bezieht sich der Begriff auf ein Perianth, dessen „Glieder im wesentlichen gleichartig sind“. Man spricht daher auch von einer **homoiochlamydeischen** Blütenhülle. Wir hatten die perigonartige, und zwar corollinische Ausbildung der Blütenhülle bereits am Beispiel der Tulpe (Seite 16) als einem Vertreter der *Liliaceae* erörtert. Tatsächlich darf das Perigon für die *Liliaceae* und darüber hinaus für viele Monokotylen als kennzeichnend betrachtet werden.

Wie bereits erwähnt, tritt uns das Perigon in zwei verschiedenen Formen entgegen, nämlich **corollinisch**, wie bei der Tulpenblüte, oder **„prophylloid“**, wie bei den Simsen *(Luzula)*. Dieser als „vorblattartig“ zu übersetzende Ausdruck soll auf die unauffällige Färbung – grün, blaßgrün, gelblich oder bräunlich – und auf die vielfach geringe Größe hindeuten.

Formen der Tepalen

Die Form der Perigonblätter, der Tepalen, ist gewöhnlich lang- oder breit-elliptisch bis eiförmig oder dreieckig-eiförmig. Von ganz bestimmten Ausnahmen abgesehen, zu denen insbesondere die als Labellum ausgebildeten Perigonglieder zählen, sind sie ganzrandig; allerdings ist die Ausrandung, die schon für die Petalen zu erwähnen war, auch hier gelegentlich zu beobachten, so z.B. bei der Blütenhülle des Pfeilkrautes (*Sagittaria, Alismataceae*, Abb. 48 I) und den inneren Perigonblättern des Schneeglöckchens (*Galanthus nivalis*, Abb. 48 III). Wie bereits erwähnt, sitzen sie der Sproßachse gewöhnlich mit verhältnismäßig breitem Grunde an und werden, wie KAUSSMANN (1941) feststellt, oft von drei oder mehr Blattspuren versorgt. Aber auch

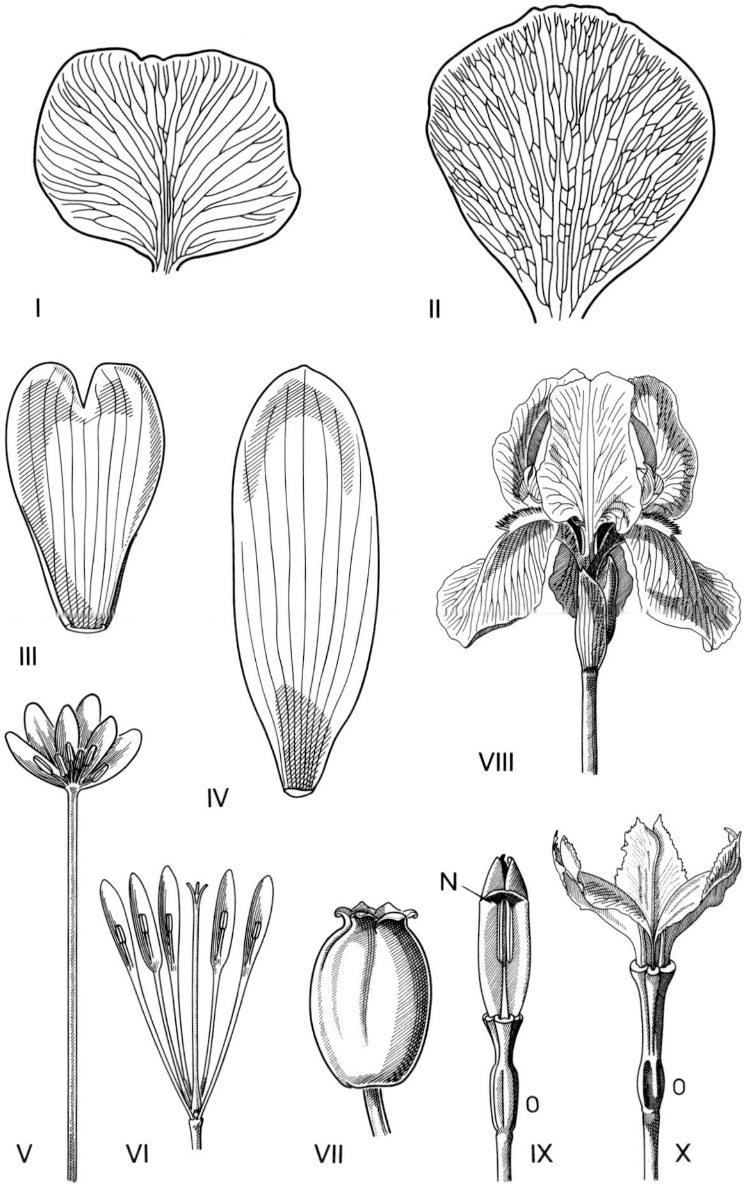

Abb. 48. Perigon. I–IV Tepalen von I *Sagittaria engelmanniana,* II *Butomus umbellatus,* III, IV *Galanthus nivalis,* III inneres, IV äußeres Tepalum. V *Colchicum autumnale,* syntepales Perigon mit Androeceum, Perigonröhre einseitig aufgeschnitten und zusammen mit dem Perigonsaum ausgebreitet. VI *Bulbocodium vernum,* Blüte, die mit je einem Staubblatt vereinigten Tepalen ausgebreitet, eins der Übersicht halber entfernt, VII *Muscari comosum,* Blüte in Seitenansicht. VIII–X *Iris germanica,* Blüte in Seitenansicht (VIII) und nach Abtragen der Tepalen im Knospenzustand (IX) und im entfalteten Zustand (X). N Narbe, O unterständiges Ovar. Nach KAUSSMANN (I, II) TROLL (V–X) und Orig. (III, IV).

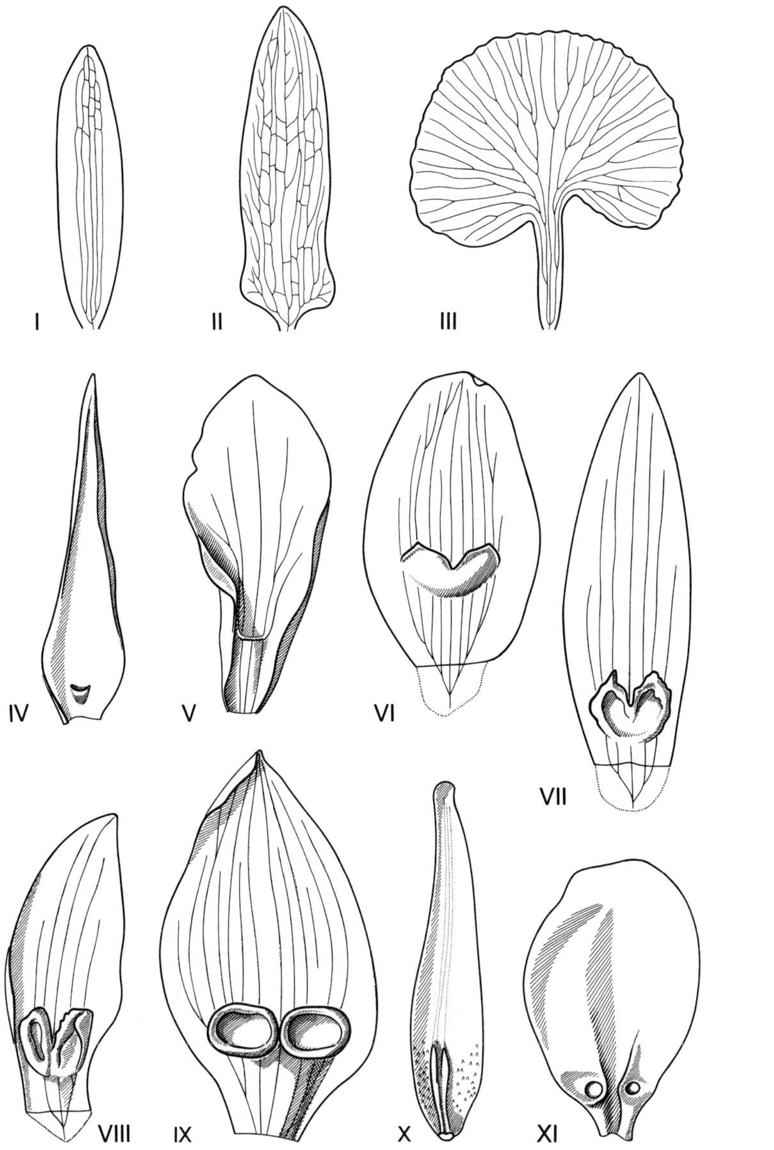

Abb. 49. Ausbildung des Perigons. I–III Tepalen von *Camassia cusickii* (I), *Tricyrtis hirta* (II) und *Commelina benghalensis* (III). IV–XI Nektarientragende (peltate bzw. diplophylle) Tepalen von *Ornithoglossum viride* (IV), *Lloydia serotina* (V), *Anticlea chlorantha* (VI), *A. sibirica* (VII, VIII), *Zygadenus glaberrimus* (IX), *Lilium tigrinum* var. *flore-pleno* (X) und *Dipidax triquetra*. Nach KAUSSMANN (I–III) und LEINFELLNER (IV–XI, teilw. verändert).

davon gibt es Ausnahmen, z.B. die inneren deutlich genagelten Tepalen mancher *Commelinaceae*, wie etwa von *Tradescantia* oder *Commelina* (Abb. 49 III), welche nicht nur eine sehr geringe Insertionsbreite zeigen, sondern auch nur einspurig innerviert sind. Entsprechendes gilt unter den *Liliaceae* etwa für die elliptischen oder lanzettlichen Tepalen von *Camassia* (Abb. 49 I) oder die am Grunde stark zusammengezogenen Tepalen von *Tricyrtis* (Abb. 49 II); auch bei *Sagittaria* (Abb. 48 I) und bei *Iris* (Abb. 48 VIII) sind die Tepalen am Grunde stark verschmälert.

LEINFELLNER (1960a, c, d, 1961a, b, 1963a, b, d, e) konnte nachweisen, daß die Tepalen vieler *Liliaceae* „peltat gebaut oder zumindest als Hemmungsformen peltater Blätter aufzufassen sind", bei denen „die mehr oder weniger rudimentäre Ventralspreite..." „...häufig nicht flächig, sondern als Nektarien ausgebildet" ist (LEINFELLNER 1963e, Seite 448). Das Auftreten und die sehr verschiedene Gestalt dieser Nektarien (Abb. 49 IV bis XI) spielen eine gewisse Rolle bei der Unterscheidung und Charakterisierung von Sippen innerhalb der *Liliaceae*.

Heterotepales Perigon

Wenn eingangs das Perigon dadurch charakterisiert wurde, daß seine „Glieder im wesentlichen gleich sind" (TROLL), so bedeutet das nicht, daß die zwei 3zähligen Wirtel, die das Monokotylen-Perigon gewöhnlich repräsentieren, nicht unter sich verschieden gestaltet sein können. Dies ist schon bei der Wildtulpe *(Tulipa sylvestris)* der Fall, geht aber noch weit darüber hinaus, bis zu einer kelchartigen Ausbildung des äußeren Tepalenkreises, wie wir sie etwa bei den Mormonenlilien (*Calochortus*) oder den *Commelinaceae, Bromeliaceae* und einigen anderen Familien finden, deren äußerer Perigonkreis dann oft auch als Kelch bezeichnet wird. Aus dem Bereich der *Liliaceae* kann man noch die Gattungen *Trillium* und *Paris* als Beispiele für eine stark heterotepale Ausbildung der Perigonwirtel anführen, die aber – und das erscheint hier wichtig – durch viele andere Formen mit der homotepalen Ausbildung verbunden ist. Auch das Schneeglöckchen (Abb. 48 III, IV) ist hier zu erwähnen.

Von besonderer blütenbiologischer Bedeutung ist die verschiedene Gestalt der Perigonkreise bei den Schwertlilien (*Iris*, Abb. 48 VIII). Die Tepalen beider Wirtel sind hier corollinisch ausgebildet und in einen Nagel und eine verbreiterte Platte gegliedert. Die inneren sind jedoch aufgerichtet und schließen mit ihren Platten kuppelartig zusammen („Domblätter"). Die Platten der äußeren, im unteren Teil auf der Mittellinie oft mit einem „helmraupenartigen" Haarstreifen versehenen Tepalen hängen herab („Hängeblätter"). Sie bilden mit dem darüber stehenden petalenähnlichen, corollinisch gefärbten Griffelast zusammen jeweils eine Lippenblume. Dabei wölbt sich der Griffelast gewissermaßen als Oberlippe schützend über das vor ihm stehende, seiner Unterseite anliegende Staubblatt (Abb. 48 IX), dessen Anthere nach außen (unten) gewandt ist. Der Griffelast trägt unterseits nahe dem aufgekrümmten Ende einen Narbenlappen, auf dessen empfängnisfähiger Innenseite die Blütenbesucher beim Eindringen den mitgebrachten Pollen abstreifen, während sie beim Herauskriechen den Narbenlappen mit der fertilen Fläche dem Griffelast andrücken. Man kann somit sagen, daß eine *Iris*-Blüte – blütenbiologisch gesehen – drei Lippenblumen umfaßt.

Zygomorphe Gestalt des Perigons

Für die zygomorphe Ausbildung eines Perigons hatten wir schon (Seite 26) mit *Gladiolus byzanthinus* und *Antholyza aethiopica* Beispiele kennengelernt, bei denen eine Schwerkraft induzierte Verschiedenheit in der Orientierung und Zeichnung bzw. in der Größe der Perigonblätter zu beobachten ist. Über derartige Beispiele hinaus gehört die zygomorphe Gestalt der Blüte zum allgemein bekannten Bild bestimmter Monokotylen-Familien, so vor allem der Scitamineen-Familien und der *Orchidaceae* (vgl. Seite 74).

Syntepalie

Innerhalb verschiedener monokotyler Verwandtschaftskreise tritt eine mehr oder minder weitgehende congenitale Vereinigung der Tepalen auf. Dabei sind die Tepalen der beiden aufeinanderfolgenden Perigonwirtel so miteinander verbunden, als ob sie in einem einzigen Kreise stünden. Ähnlich wie bei sympetalen Blütenkronen kann man dann zwischen einer Perigonröhre und einem Perigonsaum unterscheiden. Es ist aber offensichtlich, daß der congenitalen Vereinigung der Monokotylen-Tepalen nicht der gleiche systematische Wert zukommt, wie der Sympetalie bei den Dikotylen. Wir finden nämlich freie und syntepale Perigone bei eng verwandten Gattungen oder sogar bei verschiedenen Arten derselben Gattung. So sind etwa innerhalb der Liliaceen-Tribus der *Scilleae* die Tepalen bei *Ornithogalum* frei, ebenso bei *Scilla bifolia, Scilla amoena* und anderen *Scilla*-Arten, bei *Scilla non-scripta* jedoch am Grunde vereint, bei *Muscari* glockig miteinander verbunden. Das Ausmaß der Syntepalie und das Größenverhältnis von Perigonröhre und Perigonsaum kann bei nächstverwandten Arten recht unterschiedlich sein.

Eine weitere Variationsmöglichkeit besteht in einer glockigen oder trichterförmigen Ausweitung des Perigontubus (Abb. 48 VII) oder seiner Streckung zu einer langen Röhre, wie etwa bei vielen *Aloe*-Arten oder der heimischen Herbstzeitlosen (*Colchicum autumnale,* Abb. 48 V). Ähnlich wie bei den sympetalen Dikotylen können auch hier die Staubblätter mehr oder minder hoch mit dem syntepalen Perigon vereinigt sein. Diese seriale Gamophyllie muß jedoch nicht mit einer lateralen gekoppelt sein, wie das von Troll (1957, Seite 47ff.) untersuchte Beispiel von *Bulbocodium vernum* lehrt. Im Unterschied zur Blüte von *Colchicum,* der die *Bulbocodium*-Blüte äußerlich ähnlich sieht, sind die Tepalen hier nur an ihrem Grunde ein sehr kurzes Stück miteinander verbunden, im übrigen lang genagelt und frei. Sie werden „nur durch die sie eng umschließenden Laub- und Niederblätter zusammengehalten, was deutlich wird, wenn man sie frei präpariert" (Troll, vgl. Abb. 48 VI). Besonders eigenartig erscheint dann, daß die Filamente der Staubblätter der Oberseite der plattenförmig verbreiterten Tepalenabschnitte aufsitzen.

Durch congenitale Vereinigung von 5 Tepalen zu einem Labellum, dem das mediane adaxiale Tepalum als Oberlippe gegenübersteht, kommt die Lippenblüte bei der Banane *(Musa)* zustande.

Bei den Dikotylen dürfen wohl die schraubig oder in dreizähligen (bzw. gelegentlich auch 2zähligen) Wirteln gestellten, nicht in Kelch und Krone gegliederten Perianthien mancher Magnoliales-Familien (z.B. *Magnoliaceae, Illiciaceae, Schisandraceae, Lauraceae* u.a.) oder die immer wieder als „Hochblatt-Perigon" angesprochene Blütenhülle der *Cactaceae* als echte Perigone gelten. Sucht man jedoch nach weiteren Beispielen für die Ausbildung eines Perigons, so stößt man immer wieder auf die Frage, ob die einfach gestaltete Blütenhülle bei den Dikotylen ein echtes homoiochlamydeisches Perigon darstellt, oder ob sie sekundär – durch Verlust der Corolle – vereinfacht (apopetal) ist.

1.4.5 Achlamydeische Blüten, Apopetalie, Apetalie

Als Beispiel für eine sekundäre Vereinfachung dürfen die Blüten unserer Esche *(Fraxinus excelsior)* gelten. Die Blüten besitzen weder Kelch noch Krone, sind also achlamydeisch, und sind entweder zwitterig oder eingeschlechtig. Die Zwitterblüten (Abb. 50 IV) bestehen aus einem schlanken Pistill, das eine zweilappige Narbe trägt, und zwei mit kurzen Filamenten ausgestatteten Staubblättern, welche zu den Narbenästen gekreuzt stehen. Bei den männlichen Blüten finden wir allein zwei Staubblätter (I), gelegentlich aber auch noch ein rudimentäres Pistill (II). Die weiblichen Blüten bestehen allein aus dem (zweiblättrigen) Pistill (VIII). Zwitterblüten und weibliche Blüten sind aber gleichfalls durch Übergangsformen miteinander verbunden, welche die zunehmende Reduktion der beiden Staubblätter zeigen (V bis VII). Diese Blüten stellen jedoch Endglieder einer Reduktionsreihe dar, die als Übergang zur Windblütigkeit zu verstehen ist. Die vollständige Oleaceen-Blüte besteht nämlich aus einem vierzähligen gamosepalen Kelch, einer gleichfalls vierzähligen sympetalen Corolle, zwei Staubblättern und einem aus zwei Karpellen gebildeten Pistill. Diesem Bauplan entsprechen die Blüten der meisten Oleaceen-Gattungen, so auch die des Flieders *(Syringa)*, des Ölbaums *(Olea)* und der *Forsythia*. Schon bei manchen *Olea*-Arten aus

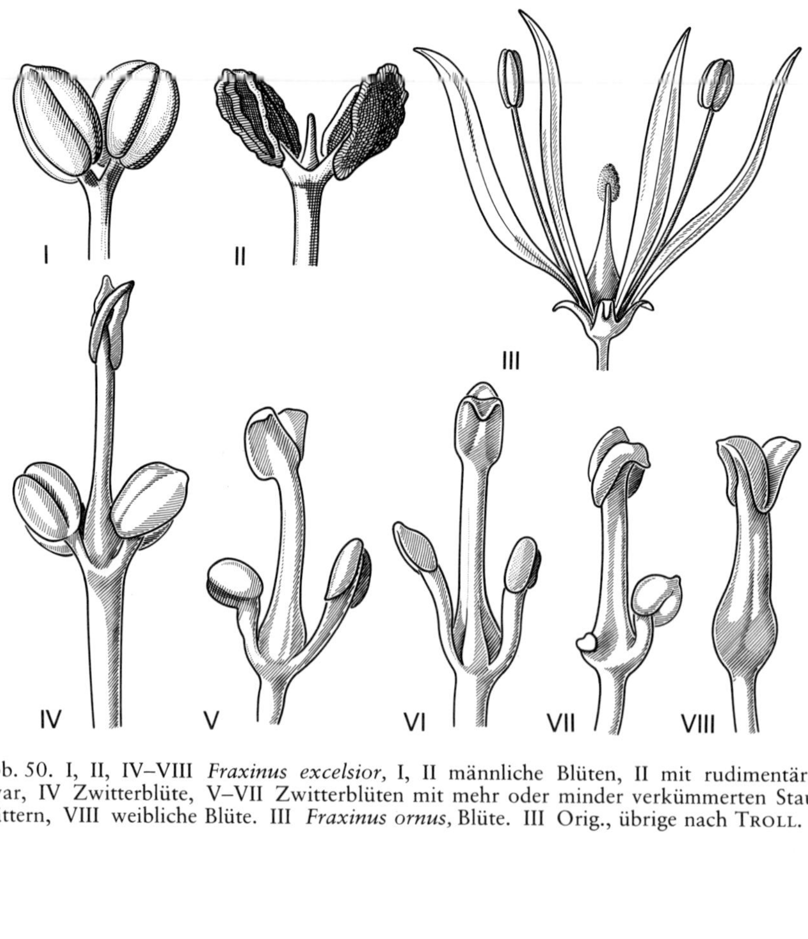

Abb. 50. I, II, IV–VIII *Fraxinus excelsior*, I, II männliche Blüten, II mit rudimentärem Ovar, IV Zwitterblüte, V–VII Zwitterblüten mit mehr oder minder verkümmerten Staubblättern, VIII weibliche Blüte. III *Fraxinus ornus*, Blüte. III Orig., übrige nach TROLL.

der Sektion *Gymnelaea* tritt ein Verlust der Krone ein, andererseits treten bei der Esche gelegentlich männliche Blüten auf, die noch einen Kelch besitzen. Die Überleitung zum Blütenbau der anderen Oleaceen ist durch die Mannaesche (*Fraxinus ornus*, Abb. 50 III) und einige dieser verwandte Arten gegeben. Ebenso wie die Esche ist auch die Mannaesche polygam, besitzt also neben zwitterigen auch eingeschlechtige Blüten, und zwar auf demselben Baum. Im Unterschied zur Esche sind aber alle drei Blütenformen gewöhnlich mit Kelch und Krone ausgestattet, doch auch hier gibt es gelegentlich männliche Blüten ohne Corolle.

Für die Esche erscheint es somit als offensichtlich, daß die nackten und eingeschlechtigen Blüten durch Verlust von Kelch und Krone sowie der Staubblätter oder der Krone sich von zwitterigen Blüten mit vollständigem Perianth herleiten.

Auch für andere Verwandtschaftskreise mit einer einfachen Blütenhülle darf man bezweifeln, daß es sich um ein echtes Perigon handelt. Das gilt insbesondere für viele der Familien, die man früher unter der Bezeichnung *Monochlamydeae* zusammenfaßte. Wenn sich z.B. die Vermutung als richtig erweist, daß die *Fagales* über die *Hamamelidaceae* von den *Rosales* herzuleiten sind, so dürfte ihre einfache Blütenhülle (soweit vorhanden) kaum ein echtes Perigon darstellen, sondern durch Verlust der Krone sekundär vereinfacht, also **apopetal** sein (nicht: **apetal**, womit ein primäres Fehlen der Krone bezeichnet wird, das freilich bisher nirgends schlüssig nachgewiesen werden konnte). Entsprechendes könnte auch für die nackten, **achlamydeischen** Blüten der *Salicaceae* zutreffen, wenn sich die Herleitung von den *Tamaricaceae* als richtig erweist, deren Blüten ein gegliedertes Perianth besitzen. Das Fehlen des Perianths bei den Salicaceen-Blüten wäre dann nicht ein primitives, sondern ein abgeleitetes Merkmal. Derartige Fragen lassen sich demnach oft nur im Zusammenhang mit der Klärung der systematischen Stellung der betreffenden Verwandtschaftskreise, d.h. aber aufgrund der vergleichenden Untersuchung anderer Merkmalskomplexe lösen (vgl. dazu auch WAGENITZ 1975).

1.5 Das Androeceum

1.5.1 Gliederung des Staubblattes

Die Gliederung des Angiospermen-Staubblattes in **Filament** und **Anthere** hatten wir bereits besprochen. Die Anthere weist gewöhnlich eine deutliche Längsteilung in zwei meist gleichartige **Theken** auf, welche durch einen als **Konnektiv** bezeichneten Abschnitt untereinander und mit dem Filament verbunden sind. Jede der beiden Theken besteht aus zwei meist langgestreckten miteinander verwachsenen Pollensäcken, die wir bereits als Mikrosporangien angesprochen haben. Man kann die Theken somit auch den Synangien eusporangiater Farne vergleichen.

Bei Betrachtung der üblicherweise zur Erläuterung der Gliederung eines Staubblattes herangezogenen Beispiele mag es vielleicht nicht gerechtfertigt erscheinen, das oft nur als Vereinigungszone zwischen den beiden Theken erscheinende **Konnektiv** mit einem eigenen, freilich nicht morphologisch, sondern nur deskriptiv gemeinten Terminus zu bezeichnen. Diese Region kann jedoch sehr viel stärker hervortreten und die Gestalt der Anthere in starkem Maße bestimmen. Besonders zu erwähnen sind darüber hinaus die mannigfachen Konnektiv-Auswüchse und Anhangsbildungen, deren Auftreten für manche Familien, wie z. B. die *Melastomataceae,* geradezu typisch ist. Die eigenartige Form solcher Konnektiv-Anhänge ist nicht nur ein wichtiges Kennzeichen für viele Pflanzensippen, sondern oft auch von blütenbiologischer Bedeutung. Aber auch die Form der Theken bzw. der Pollensäcke und ihre Lagebeziehungen können in vielfältiger Weise abgewandelt sein, was hier zunächst nur am Beispiel einer Variablen durch die in Abb. 52 II bis V wiedergegebenen Antheren-Querschnitte demonstriert werden soll. Bei dem durch die Fig.III wiedergegebenen Querschnitt sitzen die beiden Theken beiderseits an den Flanken der Anthere (Flankenständigkeit der Theken), in Fig.IV sind sie dagegen zur Ventralseite hingewandt (introrS), in Fig.V dorsalwärts gerichtet (extrors).

1.5.2 Histogenese und anatomische Struktur

Hinsichtlich der Entwicklungsweise der Staubblätter hatten wir bereits auf die Analyse der histogenetischen Prozesse durch KAUSSMANN (1941) hingewiesen, wonach die Staubblätter in ihrer Anlegungsweise den Laubblättern gleichen. Dies sei an Hand des von KAUSSMANN untersuchten Beispiels von *Cleome gigantea* erläutert. Wie bei den Perianth- und Laubblättern beginnt die Ausgliederung der Staubblätter oft damit, daß sich subepidermale Zellen nach vorangegangener Streckung periklinal teilen (Abb. 51 Ia_1–a_6), häufiger beginnen die Teilungen unter dem Subdermatogen. Nach weiteren Teilungen wird eine subapikale Initiale (Seite 46) erkennbar, von der für eine kurze Zeit die Längenentwicklung des Primordiums ausgeht (II,III). Nach zunächst allseitiger Verdickung des Primordiums durch periklinale Teilungen der subepidermalen Zellen kommt es an den beiden Flanken des Primordiums zur Ausgliederung randlicher Reihen submarginaler Initialzellen, welche durch abwechselnde periklinale und antiklinale Teilungen (Periklinal-Antiklinal-Typus) das Randwachstum der Anlage besorgen. Darüber hinaus kann im medianen Bereich von Staubblattanlagen auch noch eine Dickenentwicklung durch periklinale Teilungen in der subepidermalen Zellschicht erfolgen. Durch dieses Wachstum entsteht aus dem zunächst halbkugeligen Primordium ein längliches Gebilde von meist elliptischem Querschnitt, das sich zur Ansatzstelle hin etwas verjüngt. Dieser unverdickt bleibende Abschnitt stellt die Anlage des Filamentes dar. Sie bleibt während der gesamten inneren und äußeren Ausgestaltung der Anthere kurz und streckt sich erst, wenn die Anthere ihre fertige Form erlangt hat. Oft erreicht das Filament erst nach dem Öffnen der Blüte seine maximale Länge, was bekanntlich bei den Blüten der Gräser binnen weniger Minuten vor sich gehen kann und dadurch besonders eindrucksvoll erscheint (vgl. dazu auch RICHTER 1929, Seite 61).

Der Beginn der Gewebedifferenzierung deutet sich häufig in einer Vierkantigkeit der Anthere an, welche dadurch bedingt ist, daß in vier unterhalb der Längskanten verlaufenden Zonen in der subepidermalen Zellschicht Teilungen durch oberflächenparallele Wände erfolgen, welche zur Bildung der vier Pollensäcke führen (Abb. 51 IV). Aus den ersten dieser Zellteilungen gehen jeweils eine innenliegende Archesporzelle und eine Außenzelle hervor. Während die Zellen des Archespors heranwachsen und sich oft noch durch wiederholte Teilungen vermehren, teilen sich die Außenzellen einerseits durch antiklinale Wände, um dem Wachstum des Archespors zu entsprechen, andererseits durch periklinale Wände, und zwar gewöhnlich so, daß drei Zellschichten entstehen (V, VI, VII bis IX). Von den Wandschichten wird die innerste zum **Tapetum**, dessen Zellen zur Ernährung der Archesporzellen, der aus diesen hervorgehenden Pollenmutterzellen und schließlich der Pollenkörner (?) dienen.

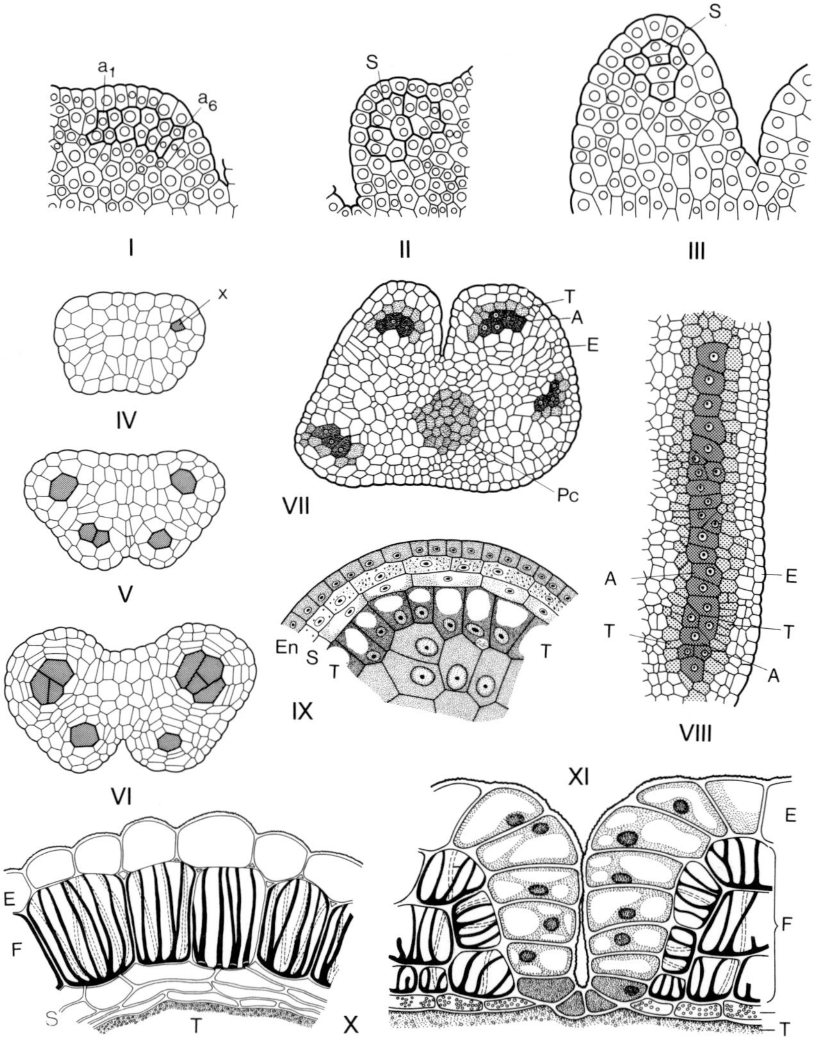

Abb. 51. Staubblattentwicklung und Antherendifferenzierung. I–III Medianschnitte durch Staubblattprimordien verschiedenen Alters bei *Cleome gigantea*, I Beginn der Ausgliederung, II, III Ausbildung der subapikalen Initialzelle S mit periklinal-antiklinaler Aufspaltung. IV–VI Querschnitte durch verschieden alte Antheren von *Chrysanthemum*, in IV bei × die erste periklinale Teilung einer subepidermalen Zelle, V Archesporzellen (schraffiert) in allen 4 Kanten der jungen Anthere, VI weitere Ausbildung der mehrschichtigen Antherenwandung. VII, VIII *Vinca rosea*, Querschnitt durch eine Anthere (VII) und Längsschnitt durch einen Teil der Anthere (VIII) zur Zeit der Pollensackentwicklung, E Epidermis, T Tapetum, A Archespor, Pc Prokambiumstrang. IX *Hemerocallis fulva*, Querschnitt im Bereich eines Pollensackes, En Endothecium, S Schwundschicht. X *Lilium pyrenaicum*, Querschnitt durch die Wandung eines reifen Pollensackes, F Faserschicht (= Endothecium), XI *Tulipa gesneriana*, Querschnitt durch den Stomiumbereich einer Theke. I–III, XI nach Kaussmann, IV–VI nach Warming, VII, VIII nach Boke, IX, X nach Strasburger bzw. Firbas.

Dabei können sie unter Erhaltung der Zellwände als ein den Pollensack auskleidendes drüsenartiges Gewebe, ein **Sekretionstapetum**, ihre Inhaltsstoffe ausscheiden. Gelegentlich besteht dies Tapetum aus 2 oder (seltener) mehr Schichten. Die Tapetumzellen können aber auch unter Auflösung ihrer Zellwände als **Periplasmodialtapetum** zwischen die Pollenmutterzellen eindringen (vgl. im übrigen die Ausführungen von CARNIEL 1963 und LERSTEN 1971).

In manchen Fällen ist der zum Konnektiv hin gelegene Teil des Tapetums infolge einer Mehrschichtigkeit oder Vergrößerung der Zellen wulstartig verdickt („Inneres Tapetum“, CARNIEL 1963). Es darf nicht mit dem sog. **Placentoid** (CHATIN 1870) verwechselt werden, einem längsgerichteten „Gewebewulst, der den Pollensack von der Seite der Scheidewand her eindellt“ (HARTL 1963; vgl. Abb. 52 VI) und als systematisches Merkmal gewertet werden darf, das einerseits bei fast allen Familien der *Tubiflorae*, andererseits bei den *Zingiberaceae, Cannaceae* und *Orchidaceae* anzutreffen ist.

Während die Epidermis der Anthere, das sogenannte **Exothecium**, sich wenig verändert, bildet sich die unter ihr gelegene Schicht, das **Endothecium** zur **Faserschicht** (Abb. 51 X) aus. Ihre Zellwände weisen, soweit sie zur Oberfläche senkrecht stehen, faserartige Verdickungsleisten auf, die sich nach außen hin verjüngen, an den Innenwänden jedoch miteinander verbunden sind. Diese Zellen bewirken später die Öffnung der Pollensäcke, dann nämlich, wenn sie nach der Reifung der Pollenkörner absterben. Sie sind dann nur noch von einer wässrigen Flüssigkeit erfüllt, die allmählich verdunstet. Durch die dabei auftretenden Kohäsionskräfte werden die Außenwände der Faserzellen stark zusammengezogen, während die verstärkten Innenwände dem Zug einen stärkeren Widerstand entgegensetzen. Die dadurch entstehende Spannung führt schließlich zum Aufreißen der Antherenwand. Dies erfolgt dann gewöhnlich durch einen Längsriß in einer dafür schon präformierten Gewebezone, dem **Stomium**, welches in der Rille zwischen den beiden Pollensäcken liegt (Abb. 51 XI). Das Endothecium ist in der Regel einschichtig, bisweilen jedoch (durch vorausgehende Periklinalteilungen der Endotheciumzellen oder entsprechende Differenzierung der tiefer gelegenen Schichten) auch mehrschichtig, so z.B. bei *Tulipa gesnerana* (Abb. 51 XI) oder bei den sehr dicken Antheren vieler Orchidaceen. Andererseits kann die Differenzierung der subepidermalen Schicht zur Faserschicht auch unterbleiben, wie z.B. bei den Ericaceen-Gattungen *Erica* und *Rhododendron,* oder die Epidermis selbst wird als Faserschicht ausgebildet, wie bei den *Epacridaceae* oder der Ericaceen-Gattung *Loiseleuria* (s. unten). Ähnliches scheint auf den ersten Blick bei den Antheren der Loranthaceen-Gattung *Struthanthus* der Fall zu sein (Abb. 52 XIV). Tatsächlich aber sitzen hier zwischen den Endotheciumzellen noch vereinzelte Zellen der Epidermis, die zwar noch in der üblichen Weise angelegt, später aber durch das Wachstum der Endotheciumzellen auseinandergezerrt wird, so daß sie diese nicht mehr vollständig überlagert. Bei *Casuarinaceae, Proteaceae, Piperaceae* und *Euphorbiaceae* fand STAEDLER (1923) ähnliche Fälle.

Eine entsprechende Reduktion der Epidermis und andere Reduktionserscheinungen im Bau der Antherenwand finden nach STAEDLER (1923) in zunehmendem Maße innerhalb der Urticiflorae statt; bei den explodierenden Antheren der *Urticaceae* unterbleibt die faserige Ausbildung der Endotheziumzellenwände, die zarten Antherenwände reißen schon vor der Anthese auf. Auch bei kleistogamen Blüten ist im Vergleich zu chasmogamen Blüten die Faserschicht reduziert, sie fehlt ferner gewöhnlich bei den submers blühenden Wasserpflanzen. – Andererseits werden bei der Loranthacee *Phthirusa pyrifolia* außer den Zellen des Endotheciums auch große Teile der Epidermis und des übrigen sonst parenchymatischen Antherengewebes nach Art der Faserzellen ausgebildet (KUIJT und WEBERLING 1972).

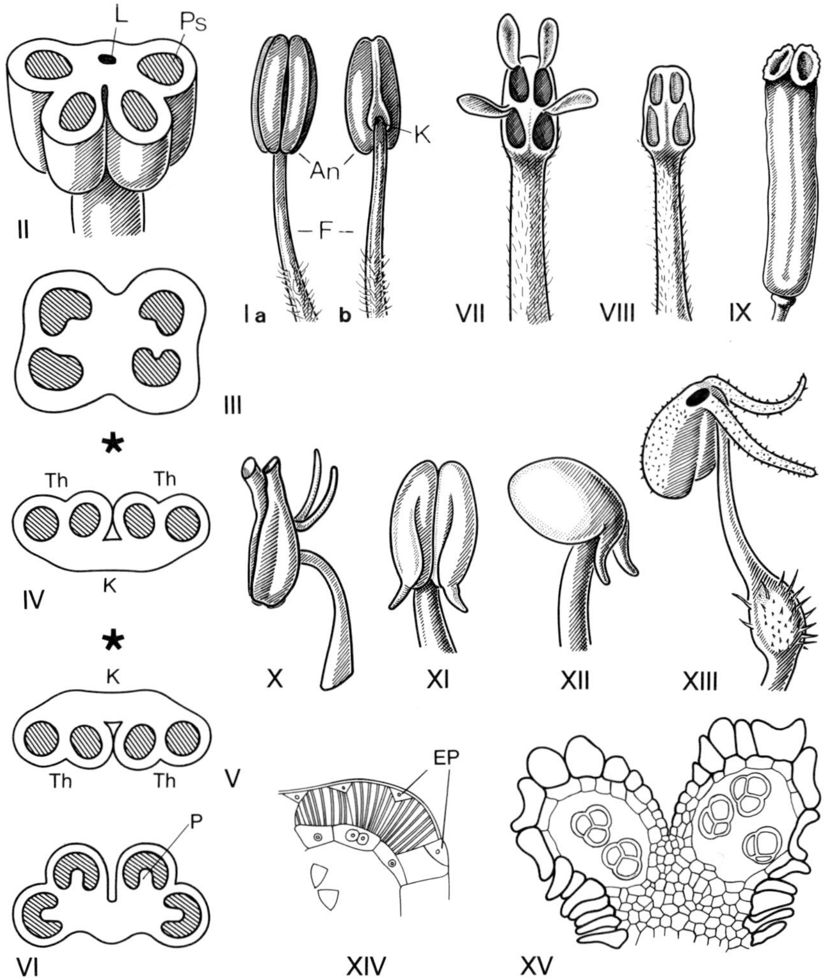

Abb. 52. I Staubblatt von *Hyoscyamus niger* von vorn (a) und hinten (b), F Filament, An Anthere, Th Theke, K Konnektiv. II Anthere quer geschnitten, schematisch, Ps Pollensack, L Leitbündel. III Querschnitt durch eine aequifaziale Anthere von *Papaver rhoeas.* IV, V schematisierte Querschnitte durch eine introrse (IV) und eine extrorse (V) Anthere, mit * ist die Richtung des Mittelpunktes der Blüte angegeben, VI schematisierter Querschnitt durch eine Anthere, in deren Pollensäcken Placentoide (P) ausgebildet sind. VII–IX Staubblätter von: *Cinnamomum zeylanicum,* Öffnung der Anthere durch Klappen (VII), *Persea americana,* desgl., aber noch geschlossen (VIII), *Ochna multiflora,* poricide Anthere (IX). X *Vaccinium uliginosum,* überkippte poricide Anthere mit hornförmigen Anhängseln. XI, XII junge Antheren von *Arctostaphylos alpinus* vor (XI) und während (XII) der Überkippung. XIII *Arctostaphylos uva-ursi,* Staubblatt mit geöffneten Poren. XIV *Struthanthus calobotrys,* Querschnitt durch die Antherenwand, Ep auseinandergedrängte Epidermiszellen. XV *Erica carnea,* Querschnitt durch eine Theke; ein Endothecium ist, obgleich die Pollentetraden bereits ausgebildet sind, nicht vorhanden. Nach Schimper (I), Schaeppi (III), Troll (IV, V), Hartl (VI), Goebel (IX, XIV, XV), Amberg (XI, XII, veränd.) und Warming (XIII) sowie Orig.

Die in Ein- oder Mehrzahl zwischen dem Endothecium und dem Tapetum liegenden Zwischenschichten werden beim Heranwachsen der Pollensäcke meist stark tangential gestreckt und häufig während der weiteren Antherenentwicklung zerstört (**Schwundschichten**).

Die geschilderte (**longicide**) Öffnungsweise der Antheren durch Längsrisse infolge des Kohäsionszuges in der austrocknenden Faserschicht ist nicht die einzige, die sich bei den Angiospermen findet. Die Öffnung kann auch durch **Querspalten, Poren** oder **Klappen** erfolgen. **Klappenantheren** finden sich z. B. bei den *Lauraceae* (Abb. 52 VII, VIII), *Hamamelidaceae* und *Berberidaceae*. Die Ausbildung einer Faserschicht bleibt hier auf die als Klappen sich ablösenden Teile der Antherenwand beschränkt, die beim Aufkrümmen die klebrigen Pollenkörner mit emporheben.

Die durch **Poren** erfolgende (**poricide**) Öffnungsweise der Antheren (Abb. 52 IX) leitet sich im allgemeinen durch Verkürzung und basale oder spitzenwärtige Verlagerung der Längsspalte von der longiciden ab (vgl. RICHTER 1929). Bei den oben bereits erwähnten Antheren der Ericaceen entstehen die Poren durch Zerstörung eines an der späteren Öffnungsstelle vorgebildeten Gewebes (ARTOPOEUS 1903, GOEBEL 1933, Seite 1982). Die Pollenkörner werden hier oft durch Zusammenziehen der Antherenwand beim Austrocknen herausgepreßt.* Ähnliches erfolgt bei *Spathicarpa sagittifolia* (TROLL 1928), *Zantedeschia aethiopica* und anderen Araceen (vgl. RICHTER 1929, GOEBEL 1933). Hier beruht das Herauspressen des Pollens darauf, daß die Wandverdickungen in den Zellen der Faserschicht genau umgekehrt angeordnet sind wie sonst, daß nämlich die Verdickungsleisten der Zellwände nach außen zusammenlaufen und die Außenwände der Faserzellen stark verdickt sind (inverser Bau). Bei *Cryptocoryne* und *Microcasia pygmaea* sind anstelle der Poren sogar von zartem Gewebe erfüllte Fortsätze ausgebildet, die sich bei der Antherenreife durch Auflösung des inneren Gewebes zu regelrechten Austrittsröhren umwandeln. In ähnliche Fortsätze, die als „Ausschütteröhren" (GOEBEL) für die trockenen, nicht klebrigen Pollenkörner fungieren, sind die Poren bei den Antheren mancher Ericaceen (*Vaccinium,* Abb. 52 X ausgezogen. Das Endothecium fehlt in solchen Fällen gewöhnlich Abb.52 XV). Die Röhren sitzen übrigens nicht an der Spitze, sondern ebenso wie die häufig auftretenden hornartigen Anhänge (auf die der alte Ordnungsname *„Bicornes"* hinweist, Abb. 52 XIII) an einem spornartig nach rückwärts gerichteten Basalteil der „hypopeltaten" Anthere. Sie werden entweder durch eine frühzeitige Einkrümmung der Staubblattanlage oder durch ein späteres Überkippen nach oben gekehrt, wie es die beiden späten Stadien aus der Staubblattentwicklung von *Arctostaphylos alpinus* (Abb. 50 XI, XII) zeigen (vgl. dazu auch LEINFELLNER 1963c). Die Antheren mancher Pflanzen springen nicht auf, sondern öffnen sich durch Gewebezerfall oder Zerbrechen der Wandung.

Die Zahl der Mikrosporangien (Pollensäcke)ist bei nicht wenigen kleineren oder größeren Gruppen verwandter Pflanzen scheinbar vermehrt. Dieses Verhalten kommt dadurch zustande, daß in den Sporangien sterile Gewebeplatten zwischen den Archesporzellen auftreten.

---

* Bei *Rhododendron* wird der Pollen weder herausgepreßt noch herausgeschüttelt, sondern die durch klebrige Viscinfäden zusammenhängenden Pollentetraden werden von blütenbesuchenden Insekten, die an den Antherenöffnungen vorbeistreifen, herausgezogen (RICHTER 1929).

So berichtet z.B. BEER (1906) über *Onagraceae*, daß jedes Mikrosporangium nur eine einzige längs verlaufende Reihe von Archesporzellen umfaßt. Einzelne dieser Zellen werden steril und bilden durch weitere Teilungen transversale Septen. Bei *Annona cherimolia* wird nach SAMUELSSON (1914) jede Pollenmutterzelle durch ein steriles Septum isoliert. In vielen Fällen bilden sich die sterilen Zellen offenbar zu Tapetumzellen aus, wenn nicht schon die Septen oder einzelne Querstränge überhaupt vom Tapetum her gebildet werden („Balkentapetum"), wie dies z. B. für die *Balsaminaceae* behauptet wird. Die bekanntesten Beispiele für die Septierung der Mikrosporangien dürften die *Loranthaceae*, die Gattung *Rhizophora (Rhizophoraceae)* und die von ENGLER (1876) ausführlicher geschilderten Verhältnisse bei den *Mimosaceae* sein. Auch bei diesen besteht das Archespor jeweils nur aus einer einzigen Zellreihe, die von sterilen Zellen unterbrochen ist. Auf diese Weise entstehen in den vier Kanten der Anthere jeweils zwei oder mehr voneinander isolierter Archesporzellen. Jede der Archesporzellen teilt sich zunächst in vier in einer Ebene liegende Tochterzellen, manchmal auch in sechzehn. Jede dieser Tochterzellen verhält sich wie eine Pollenmutterzelle, macht also in der Folge eine Reduktionsteilung durch und liefert vier Pollenkörner. Alle aus einer Archesporzelle hervorgegangenen Zellen bleiben jedoch auch nach der Reifung des Pollens miteinander verbunden, so daß Gruppen von sechzehn, zweiunddreißig oder vierundsechzig Pollenzellen miteinander zu einer sogenannten Massula vereinigt bleiben. Nach der Reduktion des zwischen den einzelnen Massulae gelegenen sterilen Gewebes liegen diese dann zu zweit oder mehreren in einem Pollensack. – Die in der bisherigen Literatur vorliegenden Befunde über die Verbreitung und Ausbildung septierter Mikrosporangien wurden von LERSTEN (1971) übersichtlich zusammengefaßt, weitere Befunde *(Flacourtiaceae, Myrsinaceae, Sterculiaceae)* geben ENDRESS und VOSER (1975).

1.5.3 Theken- und Sporangienreduktionen

In morphologischer Hinsicht kommt der Rückbildung von Sporangien eine größere Bedeutung zu. Dabei sind schon nach GOEBEL (1933, Seite 1892; vgl. auch TRAPP 1956) zwei Möglichkeiten voneinander zu unterscheiden. Es kann nämlich entweder eine der beiden Theken einer Reduktion verfallen, was als **laterale** Reduktion bezeichnet wird, oder aber es können jeweils nur die beiden vorderen oder die beiden hinteren Sporangien einer Anthere verkümmern, was als **faziale** Reduktion gekennzeichnet wird.

Als Beispiel für eine faziale Reduktion führt schon GOEBEL die von DEMETER (1922) näher untersuchten Antheren der meisten *Asclepiadaceae–Asclepiadoideae* an, bei denen (im Unterschied zu den *Periplocoideae* und den *Asclepiadoideae-Secamoneae*) von vornherein nur zwei Pollensäcke, und zwar die beiden vorderen angelegt werden. Bei verschiedenen Gattungen der *Lauraceae* hingegen werden nur die beiden hinteren Sporangien, bei anderen wieder nur die beiden vorderen entwickelt (vgl. MEZ 1889). Im ganzen ist die faziale Sporangienreduktion eine verhältnismäßig seltene Erscheinung.

Die Antheren von *Arceuthobium (Loranthaceae)* sind nach COHEN (1968) „unilocular from the very beginning", und im reifen Zustand umgibt das zylindrisch geschlossene Archespor eine „central column of sterile tissue".

Die Beispiele für eine **laterale** Reduktion, also die Rückbildung einer Theke, sind recht zahlreich. Das bekannteste ist wohl das Indische Blumenrohr (*Canna indica*, Abb. 74 I,II sowie III), bei dem das einzige fruchtbare Staubblatt der Blüte nur eine Theke trägt, also nur zur Hälfte fertil ist, während die andere Hälfte petaloid umgebildet ist.

Eine Thekenreduktion kann jedoch auch stattfinden, ohne daß die Gestalt des Staubblattes – sieht man von der „Halbierung" der Anthere ab – verändert wird. Dies ist bei nicht wenigen Gattungen der *Acanthaceae* der Fall, bei denen man die Hemmung der einen Theke während der Antherenentwicklung gut beobachten kann (Abb. 53 XIII bis XV). Bau und Entwicklungsweise solcher Staubblätter wurden sehr eingehend von TRAPP (1956, 1957) studiert, auf dessen Untersuchungen wir hier und im folgenden stark zurückgreifen.

Von besonderem Interesse ist das Verhalten der Salbei-Arten, bei denen das Sterilwerden einer Theke mit der Ausbildung eines für die Bestäubung wichtigen Hebelmechanismus verbunden ist. In den Lippenblüten aller Salbei-Arten ist nur das vordere bzw. untere Staubblattpaar funktionsfähig, während von den beiden hinteren Staubblättern nur noch Rudimente erkennbar sind (Abb. 53 IX). Die Filamente der funktionsfähigen Staubblätter bleiben kurz. Beim Wiesensalbei *(Salvia pratensis)* ist von den beiden Theken jeweils nur eine fertil; sie sitzt am Ende eines lang ausgezogenen Konnektivarmes. Die andere Theke verkümmert vollständig, der ihr zugehörige Konnektivabschnitt ist jedoch stark flächig entwickelt und bildet eine kleine Platte (Abb. 53 VI). Die unterschiedliche Ausbildung der beiden Theken tritt in der Ontogenie des Staubblattes von vornherein deutlich zutage (Abb. 53 I bis IV). Da sich das Filament zum Konnektivansatz stark verjüngt, sitzt die mit Platte und langem Konnektivarm weit ausladende Anthere dem Filament gelenkig an, wobei (nach TROLL 1957) eine muschelartige Ausweitung unterhalb der Filamentspitze wie eine Gelenkpfanne wirkt (Abb. 53 XI, XII). Die Platten der beiden Staubblätter sind leicht miteinander verbunden und versperren die Schlundregion der Blüte. Stößt ein nektarsuchendes Insekt beim Eindringen in die Blüte gegen diese Sperre, so werden die langen Hebelarme der Konnektive nach unten bewegt und die fertilen Theken dem Rücken des Insekts angedrückt (nototribe Bestäubung, vgl. Seite 87). Da die Blüten proterandrisch sind und bei älteren Blüten die bestäubungsfähigen Narben sich in der gleichen Stellung befinden, welche zuvor die reifen Theken eingenommen haben, kann regelmäßig eine Fremdbestäubung erfolgen.

Die derart stark umgebildeten Staubblätter von *Salvia pratensis* lassen sich in eine Formenreihe einordnen, welche die fortschreitende Reduktion der einen Theke zeigt. Sie beginnt mit Arten wie *Salvia officinalis,* bei denen der kurze Konnektivarm noch eine vollkommen fertile Theke trägt (Abb. 53 V). Als nächste Glieder ordnen sich *Salvia pratensis* (Abb. 53 VI), *S. sclarea* und andere ein. An diese schließen sich die Arten der Sect. *Calosphace,* z. B. *S. splendens* (Abb. 53 VII) mit einer noch weitergehenden und schließlich *S. verticillata* (Abb. 53 VIII) mit einer fast vollständigen Reduktion der einen Theke an. Dem letzten, in Abb. 53 VIII durch *Salvia verticillata* repräsentierten Reduktionsstadium entspricht auch die Staubblattform von *Rosmarinus officinalis,* bei dem im Gegensatz zu den *Salvia*-Arten nur die beiden vorderen Staubblätter fertil entwickelt sind.

Thekenreduktionen sind auch bei den *Scrophulariaceae* keine Seltenheit, und auch hier sind sie gelegentlich mit starken Umbildungen der Staubblätter verknüpft. So etwa können bei *Calceolaria*-Arten die beiden Theken durch stielartig verlängerte Konnektive weit auseinandergerückt sein, womit sich eine mehr oder minder weitgehende Reduktion der Pollensäcke in der geminderten Theke verbindet. Die unteren Staubblätter von *Pseudosopubia obtusifolia* (Abb. 58 XVII) ähneln sogar den stark umgewandelten Staubblättern von *Salvia.* Bei anderen Vertretern der Familie sind die sterilen Theken zu längeren spornartigen Anhängseln umgebildet.

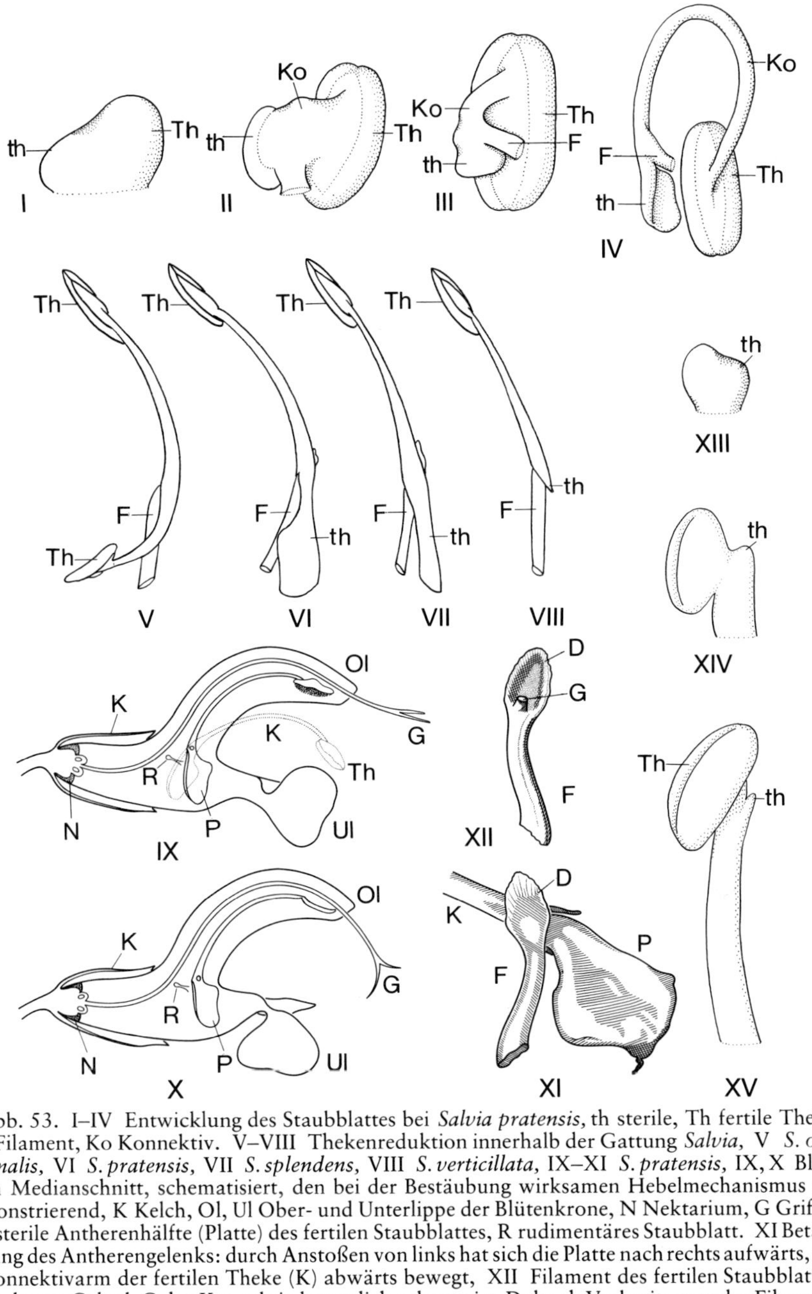

Abb. 53. I–IV Entwicklung des Staubblattes bei *Salvia pratensis,* th sterile, Th fertile Theke, F Filament, Ko Konnektiv. V–VIII Thekenreduktion innerhalb der Gattung *Salvia,* V *S. officinalis,* VI *S. pratensis,* VII *S. splendens,* VIII *S. verticillata,* IX–XI *S. pratensis,* IX, X Blüte im Medianschnitt, schematisiert, den bei der Bestäubung wirksamen Hebelmechanismus demonstrierend, K Kelch, Ol, Ul Ober- und Unterlippe der Blütenkrone, N Nektarium, G Griffel, P sterile Antherenhälfte (Platte) des fertilen Staubblattes, R rudimentäres Staubblatt. XI Betätigung des Antherengelenks: durch Anstoßen von links hat sich die Platte nach rechts aufwärts, der Konnektivarm der fertilen Theke (K) abwärts bewegt, XII Filament des fertilen Staubblattes, an dessen Gelenk G das Konnektiv beweglich gelagert ist, D durch Verbreiterung des Filamentendes gebildete Gelenkpfanne. XIII–XV Staubblattentwicklung mit Thekenreduktion bei der Acanthaceengattung *Crossandra.* Nach Trapp (I–IV, XIII–XV), Hruby (V–VIII, aus Trapp). Knoll (IX, X) und Troll (XI, XII).

1.5.4 Thekenspreizung, Thekendislokation, Transversalstellung von Antheren

Andere wiederkehrende Veränderungen der Staubblattgestalt kommen nach TRAPP durch **Thekenspreizung, Thekendislokation** und **Transversalstellung** der Anthere zustande. In allen Fällen handelt es sich um Wachstumsverschiebung im Konnektivbereich.

Bei der **Thekenspreizung** (Thekendivergenz) handelt es sich darum, daß die Theken im Verlaufe der Entwicklung an ihrer Basis mehr oder minder weit auseinander-

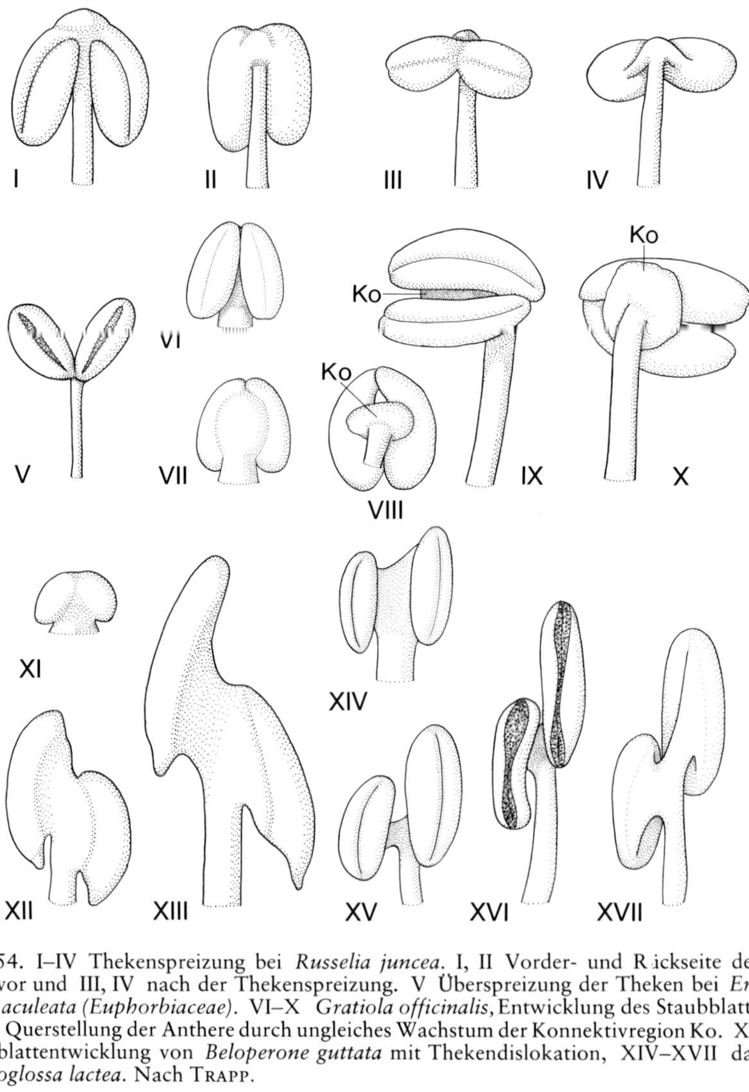

Abb. 54. I–IV Thekenspreizung bei *Russelia juncea*. I, II Vorder- und Rückseite der Anthere vor und III, IV nach der Thekenspreizung. V Überspreizung der Theken bei *Erythrococca aculeata (Euphorbiaceae)*. VI–X *Gratiola officinalis*, Entwicklung des Staubblattes mit später Querstellung der Anthere durch ungleiches Wachstum der Konnektivregion Ko. XI–XIII Staubblattentwicklung von *Beloperone guttata* mit Thekendislokation, XIV–XVII dasselbe bei *Isoglossa lactea*. Nach TRAPP.

treten. Nach TRAPP kommt dies durch „eine relativ spät einsetzende *aktive Entfaltungsbewegung*“ zustande, „für die im wesentlichen das interkalare Meristem an der Basis des Konnektivs verantwortlich ist“. Thekenspreizungen findet man unter anderem nicht selten bei Labiaten, Scrophulariaceen (Abb. 54 I bis IV) und Bignoniaceen. Der im Endzustand von den Theken eingeschlossene Divergenzwinkel erreicht bei den einzelnen Arten unterschiedliche Ausmaße. Nicht selten kommt es sogar zu einer „Überspreizung“, bei der die Theken schräg nach oben gerichtet sind (Abb. 54 V).

Ein asymmetrisches Wachstum der Konnektivregion kann auch eine – im einzelnen recht verschiedenartige – vertikale Verschiebung der Theken, eine **Thekendislokation**, zur Folge haben, was man bei vielen Acanthaceen beobachten kann (Abb. 54 XI bis XIII, XIV bis XVII). Durch asymmetrisches Wachstum kommt auch die schraubige Aufwindung der lang ausgezogenen Antherenspitzen bei *Nerium oleander* zustande, die von KUNZE (1979) untersucht wurde.

Beispiele für eine Querstellung der Antheren (**Transversalstellung**) gibt es unter anderem bei den Labiaten, Scrophulariaceen, Gesneriaceen und Bignoniaceen. Sie kommt durch ein unmittelbar vor der Anthese einsetzendes asymmetrisches Wachstum in der Konnektivregion zustande (Abb. 54 VI bis X). – In vielen Fällen beruht eine entsprechende Orientierung der Antheren jedoch auf Krümmungen der Filamente.

1.5.5 Theken- und Sporangienfusion

Von der durch asymmetrisches Konnektivwachstum bedingten Querstellung der Antheren muß man das Verhalten der Staubblätter von *Scrophularia, Verbascum* und einer Reihe anderer Scrophulariaceen-Gattungen unterscheiden, bei denen sich die Pollensäcke in Form zweier nierenförmig gekrümmter Wülste quer über den Scheitel des Staubblattes hinwegziehen (Abb. 58 XII). Ein medianer (Abb. 55 V) und ein transversaler (IV) Längsschnitt durch eine reife Anthere von *Scrophularia nodosa* zeigen, daß hier tatsächlich nur zwei Pollenfächer (Loc) vorhanden sind. Sie öffnen sich mittels einer gemeinsamen über die ganze Anthere ziehenden Spalte, nachdem zuvor das die beiden „Loculamente“ trennende Septum im oberen Bereich abgebaut wurde. Wir finden hier also die gleiche Öffnungsweise wie sonst bei den beiden zu einer Theke gehörenden Pollensäcken. Man hat daher auch die Vermutung ausgesprochen, daß es sich hier um eine durch laterale Reduktion halbierte Anthere handeln könnte, die nachträglich „aufgerichtet“ wurde und eine terminale Stellung einnimmt.

Die Ontogenie der Staubblätter zeigt jedoch, daß die spätere Orientierung der Anthere schon bei ihrer Ausgliederung gegeben ist. Zu Beginn der Entwicklung (Abb. 55 I) sind alle Staubblattprimordien gleichgestaltet, und zwar einschließlich der medianen Staubblattanlage, die später petaloid drüsig ausgebildet wird. Alle Primordien wenden ihre breiten Seiten dem Zentrum und der Peripherie der Blütenanlage zu. Ein etwas späteres Entwicklungsstadium (Abb. 55 II) läßt bereits die abweichende Entwicklung der medianen Staubblattanlage und die über den Scheitel der übrigen Anlagen quer hinwegziehende Trennungslinie zwischen den beiden späteren Mikrosporangien (III) erkennen. Die Ausbildung des Archespors beginnt in der schon bekannten Weise durch Teilungen an den vier im Querschnitt erkennbaren Kanten (Abb. 55 IX). Eine Reihe transversaler Längsschnitte durch Antherenanlagen verschiedenen Alters (VI bis VII) zeigt jedoch, daß die Bildung des Archespors sehr bald von den Flanken her über den Scheitel der Anthere hinweggreift, so daß in der nach

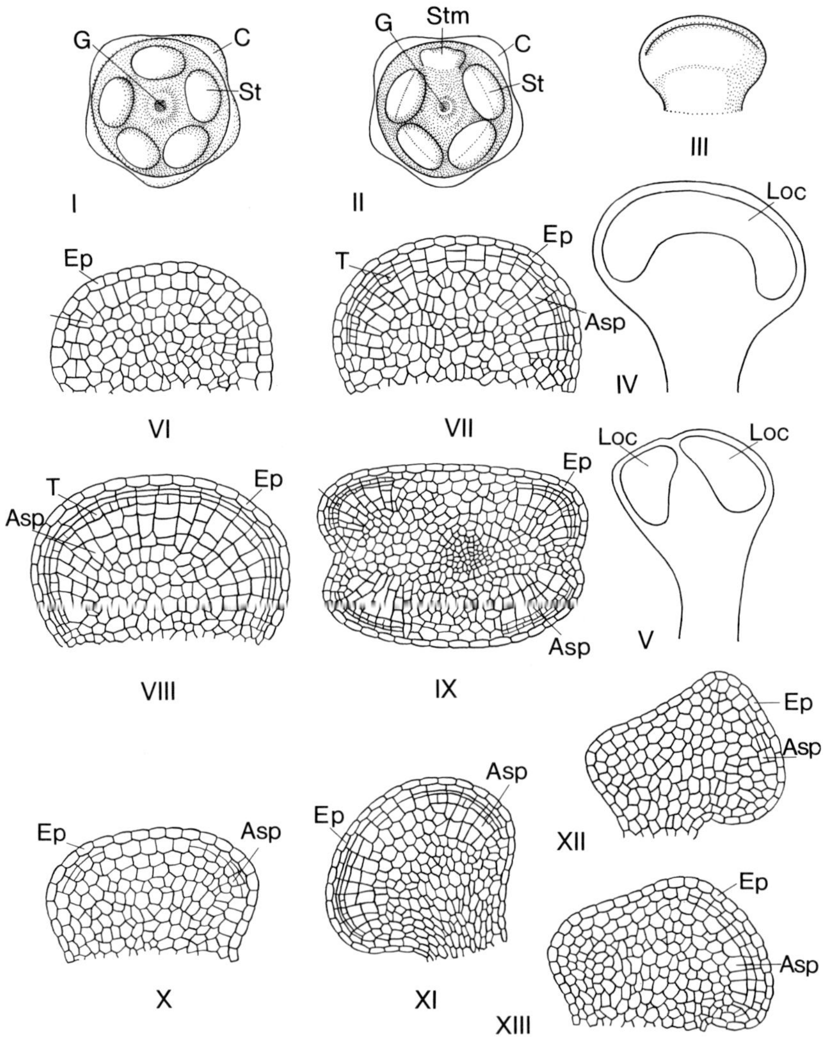

Abb. 55. I–IX *Scrophularia nodosa*. I, II Blütenanlage kurz nach Ausgliederung der Staubblattanlagen (I) und etwas später (II), Corolle C bis auf die Ansatzzone entfernt, St Staubblattanlagen, Stm zum Staminodium umgebildete Anlage, G Anlage des Gynoeceums. III Staubblatt mittleren Alters; IV, V transversaler und medianer Längsschnitt durch eine reife Anthere, Loc Pollenfächer. VI–VIII transversale Längsschnitte durch Antheren in verschiedenen Entwicklungsstadien, Ausbildung der Mikrosporangien, IX eine dem Stadium VII entsprechende Anthere im Querschnitt, Ep Epidermis, Asp Archespor, T Tapetum. X, XI *Hebenstreitia dentata*, transversale Längsschnitte durch Antheren verschiedenen Alters, Mikrosporangienbildung, XII, XIII desgl. bei *Rosmarinus officinalis*. Nach TRAPP.

außen und der nach innen gewandten Hälfte der Anthere jeweils ein vollständig zusammenhängender einheitlicher Pollensack entsteht. Nach TRAPP (1956, 1957) liegt hier somit eine frühzeitig eintretende, **primäre Thekenfusion** vor, welche zur Ausbildung einer **synthekischen Anthere** führt, von der sich eine dithekische Anthere vor allem dadurch unterscheidet, daß „der apikale Teil des Primordiums nicht zur Bildung von sporogenem Gewebe herangezogen wird und steril bleibt.“ (Bei den von TRAPP als **sekundär synthekisch** bezeichneten Antheren findet die Fusion der Theken erst bei der Pollenreife oder unmittelbar vor der Anthese durch Abbau der trennenden Gewebepartien statt. Dies Verhalten findet sich bei *Digitalis purpurea* und anderen Scrophulariaceen, bei Bignoniaceen, bei Gesneriaceen (*Monophyllaea*, A. WEBER 1976) und vielen verwandten Familien, aber auch bei choripetalen Familien.

Die gleiche Ausbildungsweise des Archespors wie bei *Scrophularia nodosa* beobachtet man auch bei den Selaginaceen *Selago spuria* und *Hebenstreitia dentata* (Abb. 55 X, XI), deren Antheren in ihren Anfangsstadien auch äußerlich denen von *Scrophularia nodosa* gleichen, später aber infolge asymmetrischer Wachstumsvorgänge dem Filament einseitig ansitzen, und daher mehrfach als durch laterale Reduktion entstandene monothekische Antheren gedeutet wurden. Besonders interessant sind die *Verbascum*-Arten der Sect. *Thapsus*, deren vordere Staubblätter ähnlich wie bei *Hebenstreitia* gebaute „einseitig herablaufende Antheren“ besitzen (Abb. 58 XI), während die Antheren der hinteren Staubblätter (Abb. 58 XII) in ihrer Form denen von *Scrophularia nodosa* entsprechen.

Ganz anders entwickeln sich dagegen die Antheren von *Rosmarinus officinalis*, die tatsächlich durch laterale Reduktion monothekisch geworden sind. Dies wird durch die Beobachtung der Gewebeentwicklung bestätigt (Abb. 55 XII, XIII), wobei nicht nur die frühzeitige Reduktion der einen Theke deutlich wird, sondern auch zu erkennen ist, daß die Bildung des Archespors nur von zwei Stellen der nicht gehemmten Theke (in den hier wiedergegebenen transversalen Längsschnitten also nur von einer Stelle) ihren Ausgang nimmt.

1.5.6 Staubblätter als diplophylle Organe

Die von TRAPP ermittelten Befunde über den Bau der synthekischen Antheren lassen sich ebenso wie eine Reihe anderer Gestaltmerkmale der Staubblätter recht gut mit den von BAUM (1949c, 1952a, 1953a) und LEINFELLNER (1956b, 1956d, 1957a, 1958a, 1960a; BAUM und LEINFELLNER 1953a) entwickelten Vorstellungen über die Grundzüge der Staubblattmorphologie bei den Angiospermen vereinbaren. Nach diesen Vorstellungen gelangen wir erst dann zu einem Verständnis des Baues der Staubblätter und seiner vielfältigen Abwandlungen, wenn wir berücksichtigen, daß es sich zumindest bei vielen Staubblättern ebenso wie bei den Karpellen um peltate bzw. diplophylle Blattorgane handelt. Auch Staubblätter, „die im reifen Zustand durchaus keine Ähnlichkeit mit Schildblättern aufweisen“, sind nach den Untersuchungen von BAUM (1949) *“in der frühen Ontogenese einwandfrei schildförmig“*.

Als bekanntestes Beispiel für die peltate Ausbildung von Laubblättern darf wohl das Schildblatt der Kapuzinerkresse (*Tropaeolum majus*, Abb. 56 X) gelten. Voraussetzung für das Zustandekommen solcher Schildblätter ist die unifaziale Ausbildung des Blattstieles, d.h. die Unterdrükkung der Blattoberseite im Stielbereich. An bifazialen Stielen ist die Blattoberseite stets deutlich entwickelt (Abb. 56 I). Dementsprechend zeigt der Blattrand hier einen kontinuierlichen Verlauf vom Blattansatz entlang den Kanten des Blattstieles bis zur Spitze. Bei vielen Blattstielen ist die Oberseite jedoch mehr oder minder rinnig und zugunsten einer stärkeren Ausdehnung der Unterseite stark eingeengt (Abb. 56 II). Dies Verhalten kann sich bis zu einer völligen Unterdrückung der Oberseite steigern, wobei sich auch die ursprünglich zuäußerst im Rand verlaufenden Leitbündel zu einem einzigen Strang vereinigen können, der dem Mittelnerv (Medianus) als Ventralmedianus auf der adaxialen Seite des Blattes gegenüberliegt (IIIa bis d). Aus der unifazialen Struktur des Blattstieles ergibt sich eine wichtige Änderung für den Verlauf des Blattran-

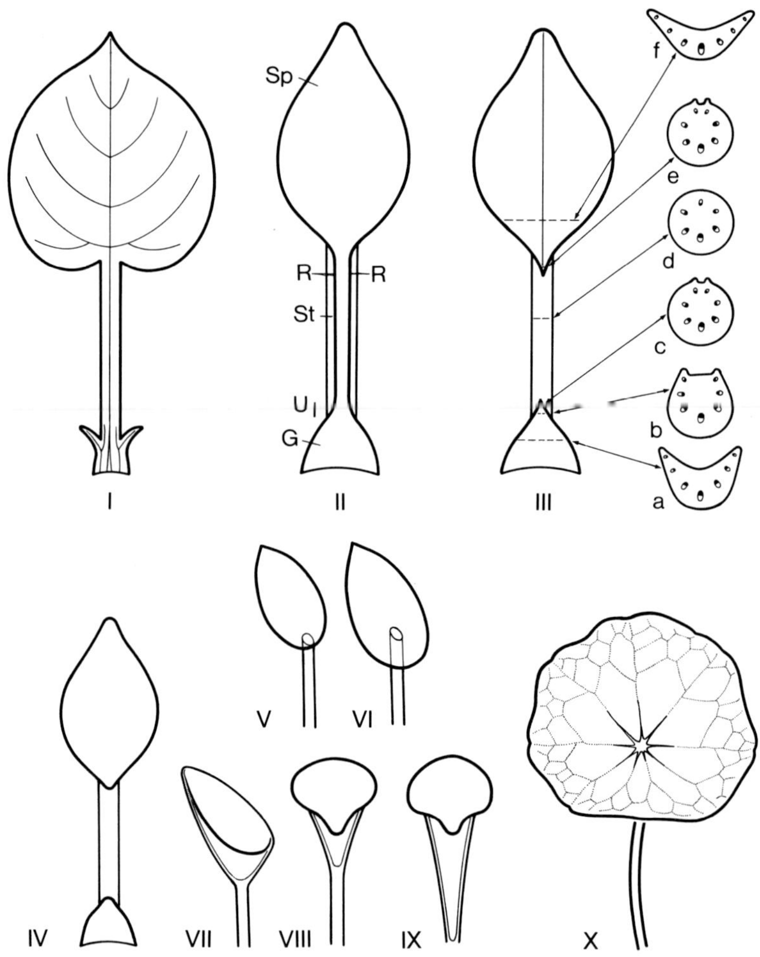

Abb. 56. Unifazialität, Peltation und Schlauchbildung bei Blattorganen. I, II Laubblätter mit bifazialem Blattstiel, Blattgrund mit (I) und ohne (II) Stipeln; der Querschnitt durch den Stiel des Blattes II entspricht etwa Fig. IIIb. III Laubblatt mit unifazialem Blattstiel, IIIa–f in verschiedener Höhe geführte Querschnitte durch Blatt III; die bei Blatt III in spitzem Winkel zusammenlaufenden und wieder auseinandertretenden Blattränder vereinigen sich in IV quer über den Blattstiel hinweg. V subpeltate, VI peltate Spreite, VII–IX trichter- und schlauchförmige Spreiten. X schildförmiges Laubblatt von *Tropaeolum majus* (II–X nach TROLL, teilw. verändert).

des: Im Übergangsbereich zwischen Blattgrund und Stiel laufen die beiderseitigen Blattränder im spitzen Winkel (III) oder quer über den Blattstiel hinweg (IV) aufeinander zu. Das gleiche vollzieht sich an der Spreitenbasis (vgl. auch V). Greift das Randwachstum der Spreite nun auch auf diese „Querzone" über, so entstehen schildförmige (peltate) Spreiten, die gewissermaßen „auf der Rückseite gestielt" erscheinen (VI). Im Unterblattbereich führt eine entsprechende Wachstumsaktivität der Querzone zu einer mehr oder minder kapuzenförmig gestalteten Ligula oder einer sogenannten Medianstipel. Bleibt bei der Spreite eines Schildblattes die Ausdehnung des Randes hinter der Flächenentwicklung zurück, so ergeben sich tüten- oder im Extremfall schlauchförmige – ascidiate – Spreiten (Abb. VII bis IX), eine Erscheinung, welche vor allem die Form der Karpelle (vgl. Abb. 77, 78) maßgeblich bestimmt.

In der Ontogenie der peltaten Blätter treten die Querzonen schon frühzeitig deutlich hervor. Dies gilt nach BAUM (1949c u. a.) auch für die frühen Entwicklungsstadien der Staubblätter. Das zeigt die in Abb. 57f wiedergegebene schematische Seitenansicht eines sehr jungen peltaten Staubblattes; sie stimmt im übrigen „völlig mit der entsprechenden Ansicht eines jungen Karpells überein". Bei der weiteren Entwick-

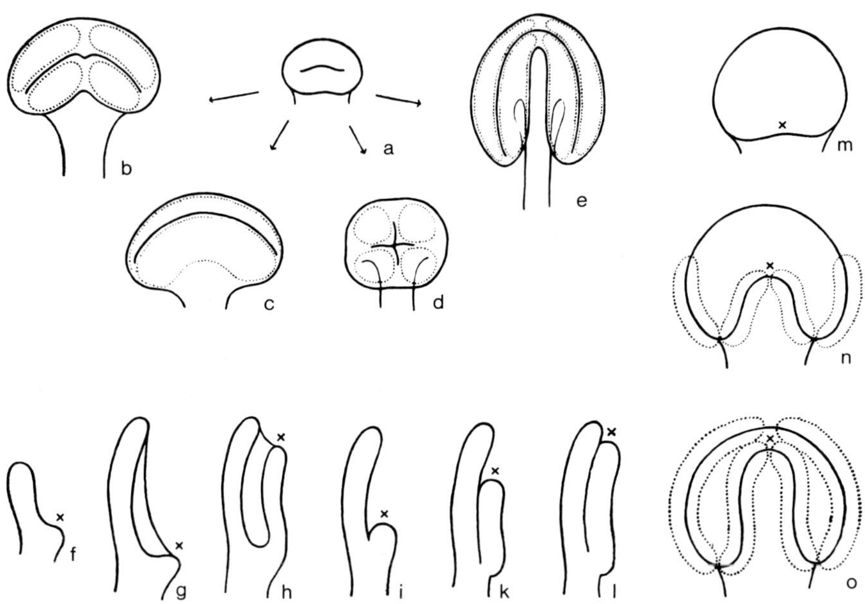

Abb. 57. Drei schematische Darstellungen zur Entwicklung des reifen Staubblattes aus einem jungen Schildblatt. 1.a sehr junges schildförmiges Staubblatt, aus dem sich verschiedene Typen reifer Staubblätter (b, c, d, e) ontogenetisch entwickeln können. 2. Querzonenwachstum, dargestellt an medianen Längsschnitten (f–l): f ein sehr junges Karpell- oder Staubblattprimordium mit deutlich entwickelter Querzone, aus dem durch verschieden intensives Querzonenwachstum ein latent peltates (g) oder ein manifest peltates (h) Karpell bzw. ein Staubblatt mit einer wenig (i), mäßig (k) oder stark entwickelten (l) Querzone entsteht. 3. Spreitenfaltung, dargestellt an Ventralansichten (m–o); m sehr junges Staubblatt mit in sich geschlossenem Spreitenrand, der sich in n etwas, in o extrem gefaltet hat. In f–o sind die höchsten Punkte der Querzonen mit x gekennzeichnet, in b–c, u und o die Sporangien punktiert umrissen. Nicht berücksichtigt ist in n und o die sekundäre Verlängerung der beiden Antherenhälften (aus BAUM).

lung eines Staubblattes ist es nach den vergleichenden Untersuchungen BAUMS „ausschließlich eine Frage der Intensität des Querzonenwachstums der Schildspreite, ob die Schildform der Staubblätter zeitlebens deutlich sichtbar bleibt oder aber sich im Lauf der Ontogenese der üblichen Vierkantform dadurch mehr oder weniger nähert, daß sich die Spreitenränder ontogenetisch in verschiedenem Ausmaß falten", was durch das Schema in Abb. 57a–e illustriert wird. Dabei ist zu beachten, daß im Gegensatz zu den schlauchförmigen Karpellen (h) kein Hohlraum ausgespart bleibt, sondern das von der Querzone produzierte Gewebe im medianen Bereich kongenital mit der rückwärtigen Antherenfläche vereinigt ist (i–l). An den freibleibenden Rändern entwickeln sich dann die (in Abb. 57 punktiert eingezeichneten) Mikrosporangien. Nach BAUM und LEINFELLNER (1953a) läßt die Ontogenese „einwandfrei erkennen, daß jene Stelle, die die Pollensäcke ausbildet, dem morphologischen Blattrand entspricht." Bei einem gleichmäßig nach allen Seiten erfolgenden Wachstum der Antherenanlage (Abb. 57d, b) bleibt die Schildform der Anthere auch später erkennbar, wofür *Alchemilla* und *Monophyllaea* (Abb. 58 VI, VIa, VII; XIV, XV) gute Beispiele sind. Wie bei *Alchemilla* sind auch die Antheren von *Coleus thyrsoideus* (Abb. 58 VIII) gebaut, die TRAPP (1956, 1957) eingehend untersuchte und als Beispiel für eine „Superposition der Sporangien" anführte. Sind die Ränder der Antherenanlage nur schwach gekrümmt, so können – wie bei *Verbascum* und *Scrophularia* – zwei parallel (hintereinander) bogenförmig über den Antherenscheitel verlaufende Sporangien gebildet werden (Abb. 57c, 58 XII). Bleiben die Seitenteile stark im Wachstum zurück, so muß sich der Rand stark schleifenförmig biegen (Abb. 57m–o, *Veronica, Gloxinia,* Abb. 58 XVIII). Dabei können die beiden etwa in der Längsrichtung der Staubblattanlage verlaufenden Randpartien jeder Antherenhälfte mehr oder minder parallel nebeneinander zu liegen kommen (Abb. 58 XIX), und der Zusammenhang zwischen ihnen kann im Laufe des weiteren Wachstums gänzlich verwischt werden (Abb. 58 XX bis XXIa). Letzteres wird vor allem dadurch bedingt, daß einerseits das sporogene Gewebe gewöhnlich an den spitzen Randschleifen von sterilem Gewebe unterbrochen wird, andererseits die Pollensäcke beim weiteren Antherenwachstum stark gefördert werden und daher die Gestalt der reifen Anthere in starkem Maße bestimmen. Diese Entwicklungsweise liegt offenbar der Gestalt vieler Staubblätter zugrunde (von den zahlreichen im Literaturverzeichnis genannten Arbeiten von BAUM und LEINFELLNER zur Staubblattmorphologie vergleiche man zu diesem Punkt besonders die Untersuchungen LEINFELLNERS über *Viola* 1957a).

In dem stark schleifenförmig gebogenen Verlauf der Ränder und der späteren Isolation der aus dem Rand der Querzone hervorgehenden Pollensäcke, welche der ventralen Antherenfläche aufzusitzen scheinen, herrscht Übereinstimmung mit dem als **Diplophyllie** bezeichneten Verhalten mancher Laubblattspreiten.

Als Beispiele eignen sich für unseren Zusammenhang die Blätter einiger *Caltha*-Arten aus der Sektion *Psychrophila,* die von TROLL (1937) eingehend untersucht wurden. Das Eigenartige an diesen Blättern (Abb. 59 VIII, IX) ist ihre „Doppelspreitigkeit". Es erheben sich nämlich auf der Fläche der Lamina noch einmal 2 laubige Flügel, so daß die ganze Blattspreite 4flügelig wird, wie es auch die Querschnitte (II, III) zeigen. Die Diplophyllie dieser *Caltha*-Blätter beruht auf deren peltater Ausbildung. Die Querzone zeigt hier aber nicht wie etwa bei *Tropaeolum* ein einheitliches Randwachstum, sondern bildet zwei Spreitenohren, die rechts und links über den Stielansatz hinausragen (Abb. 59 I). In der Knospenlage sind solche Ohren meist ventralwärts nach oben eingeschlagen (Abb. 59 V), so auch hier. Bei den diplophyl-

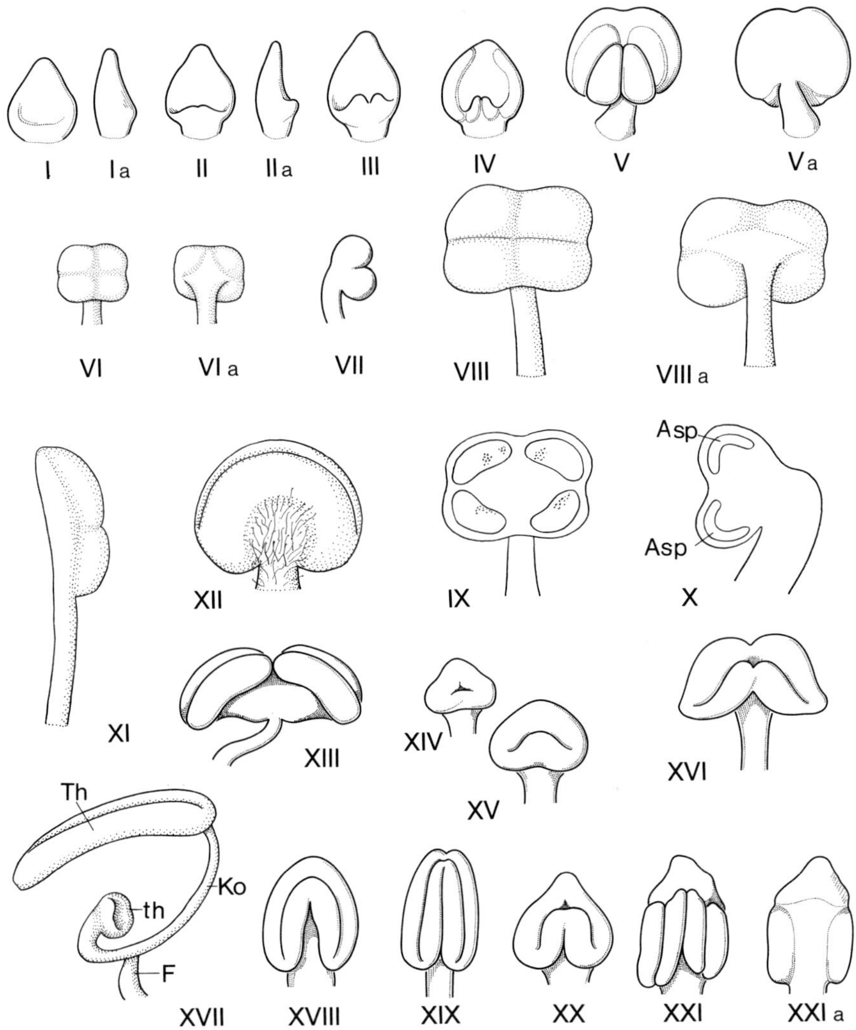

Abb. 58. I–V Antherenentwicklung bei *Streptocarpus kirkii.* Ia, IIa Seitenansichten der Stadien I und II, Va Rückseite von V. VI, VIa Antheren von *Alchemilla mollis* in Ventral- (VI) und Dorsalansicht (VIa); VII *A. speciosa,* Seitenansicht; VIII–XIII *Coleus thyrsoideus,* VIII Ventral-, VIIIa Dorsalansicht, IX Transversal-, X Sagittalschnitt; XI, XII *Verbascum olympicum,* vorderes (XI) und hinteres (XII) Staubblatt; XIII *Lamium orvala*; XIV, XV junge und ältere Anthere von *Monophyllaea horsfieldii*; XVI, XVII reife Antheren von *Streptocarpus gardenii* (XVI) und *Pseudosopubia obtusifolia* (XVII), Th fertile, th sterile Theke, Ko Konnektiv. XVIII, XIX junge und reife Anthere von *Gloxinia hybrida,* XX, XXI von *Viola obliqua,* XXIa Dorsalansicht von XXI. VI, VIa, VIII–X, XVII nach TRAPP, übrige nach BAUM.

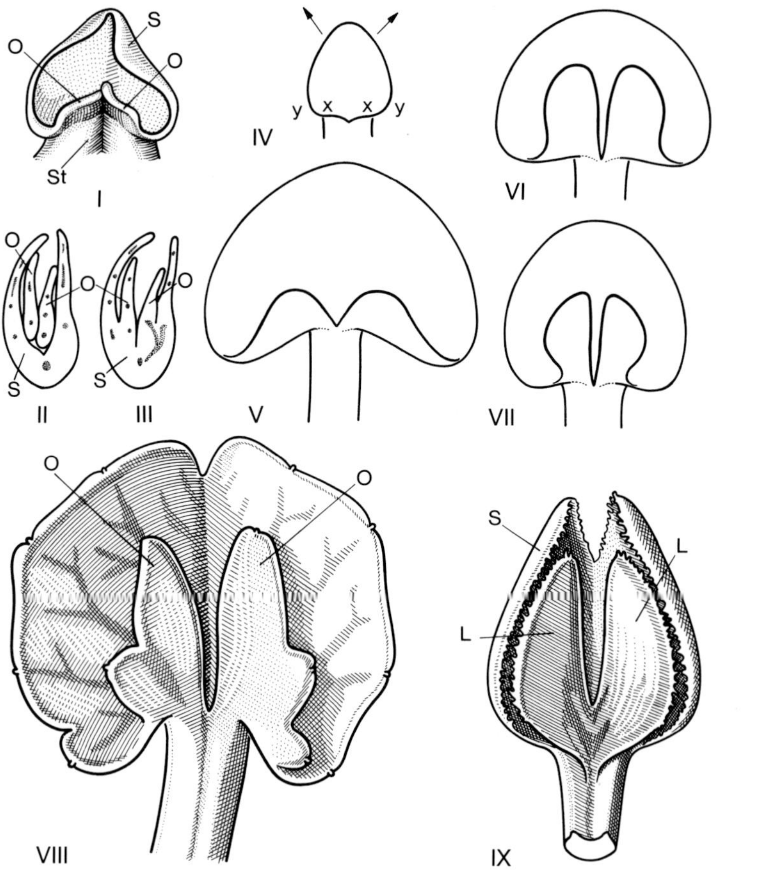

Abb. 59. Diplophyllie. I–III *Caltha obtusa,* I Spreite eines jungen Blattes, II, III Querschnitte durch ein in Knospenlage befindliches ausgewachsenes Blatt, II in der Mitte und III an der Basis der Spreite geführt. IV–VII schematische Figuren zur Erläuterung der Spreitenbildung in der Gattung *Caltha*. Erläuterung im Text. VIII, IX entfaltete Laubblätter von *Caltha obtusa* (VIII) und *C. dionaeifolia* (IX). Nach TROLL.

len Blättern tritt nun das sonst zur Spreitenform in Abb. 59 V führende Wachstum des rechten und linken unteren Spreitenrandes (yy in Abb. 59 IV) stark zurück. Statt dessen erfolgt an den in IV mit xx bezeichneten Stellen ein starkes Randwachstum, so daß sich die Öhrchen stark strecken, wie es VI für das Laubblatt von *Caltha sagittata* und VII für das in VIII abgebildete Laubblatt von *C. obtusa* zeigt. Wächst nun im Laufe des weiteren Spreitenwachstum besonders die Ansatzregion dieser Spreitenohren stark in die Länge, so stehen diese nachher als Flügel auf der Oberseite der Lamina, wie es bei *Caltha dionaeifolia* (Abb. 59 IX) der Fall ist. Die Ähnlichkeit einer solchen Spreite mit der Struktur der oben geschilderten Antheren erscheint deutlich.

Nach den zahlreichen Untersuchungen von BAUM und LEINFELLNER lassen sich somit viele, wenn nicht alle Staubblattformen auf einen peltaten bzw. diplophyllen Bau zurückführen. Das trifft nach BAUM und LEINFELLNER (1953a) auch für die als **epeltat** oder **impeltat** (SCHAEPPI 1939) bezeichneten Staubblätter zu. Diese (Abb. 60 III bis VI, XI) wurden bisher den **peltaten** Staubblättern gegenübergestellt, bei denen die „Filamentspitze nicht an der Basis des Konnektivs, sondern an dessen Fläche inseriert" ist, wobei die basale Verlängerung der Anthere „sowohl nach der morphologischen Ober- wie auch nach der Unterseite zu entstehen" kann (SCHAEPPI 1939, Seite 402), also adaxial oder abaxial orientiert ist.

GOEBEL (1933) bezeichnete diese beiden Formen als **epipeltat** (Abb. 60 I) und **hypopeltat** (II). In der deskriptiven Terminologie verwendet man statt dessen auch die Bezeichnungen **dorsifix** und **ventrifix**; außerdem unterscheidet man im einzelnen von den dorsifixen noch die **adnaten** und **semiadnaten** Antheren, Unterscheidungen, die letztlich auf Proportionsunterschiede zurückgehen, die auf einem unterschiedlichen Wachstum der einzelnen Antherenabschnitte beruhen (Abb. 60 VII bis X).

Nach BAUM und LEINFELLNER wird nun die von ihnen stets beobachtete Schildform des jungen Staubblattes gewöhnlich „im Verlauf der weiteren Entwicklung dadurch verwischt, daß sich die Querzone des Staubblattes nach Art der eines diplophyllen Blattes nach oben auffaltet und dadurch einen ventralen Spreitenabschnitt ausbildet, der mit dem dorsalen Spreitenabschnitt median verwachsen ist. Je nach der Intensität des Querzonenwachstums wird dieser Ventralabschnitt mehr oder weniger gut entwickelt sein und damit auch wesentlich die Länge und Lage der Pollensäcke bestimmen, die sich aus dem Blattrand differenzieren" (1953a, Seite 92). Demnach sind „die verschiedenen Formen der fertigen Angiospermen-Staubblätter..." „...bloß quantitative Varianten der diplophyllen Anlage. Bei ungestörter isodiametrischer Weiterentwicklung wird diese zu einem Staubblatt mit einer introrsen, basifixen Anthere, das uns somit den Typus des Angiospermen-Staubblattes repräsentiert" (Seite 134). Das bei den später peltat erscheinenden Staubblättern erfolgende „Auswachsen der Antherenbasis über die Ansatzstelle des Filaments hinaus spielt sich demnach an dem schon diplophyll gewordenen Staubblatt ab ..." und stellt „nur einen *sekundären* Wachstumsvorgang dar" (Seite 96). Man vergleiche dazu nur die in Abb. 61 IV bis VI dargestellte Entwicklung der Staubblätter von *Hemerocallis fulva* (I bis III) und der mit ventrifixen Antheren (IX, IX a) ausgestatteten Staubblätter von *Cobaea scandens* (X bis XII). Auch bei dem ventrifixen Staubblatt, wie es hier von *Cobaea scandens* (Abb. 61 IX, IXa) abgebildet wurde, lassen die Primordien eine normale (ventrale) Peltation und anschließende diplophylle Einfaltung erkennen (X bis XII, XII a). Die Ausgliederung des hier dorsal nach unten weisenden Antherenabschnittes erfolgt erst sehr spät und hat nichts mit der Peltation zu tun. Die Schwierigkeiten, welche sich aus der Deutung der ventrifixen Staubblätter als „hypopeltate Blattorgane" ergaben (vgl. TROLL 1932, S. 295) entfallen damit.

Sekundäre Wachstumsprozesse sind es auch, welche die Gestalt der pfeilförmigen (Abb. 60 V, 61 VII), der x-förmigen (Abb. 60 VI), H-förmigen (Abb. 61 VIII, VIII a) und **zentrifixen** Antheren bedingen (BAUM und LEINFELLNER 1953a). Letztere kann man unter anderem bei manchen Liliaceen und Crassulaceen *(Echeveria multicaulis)* antreffen. Sie sind dadurch besonders eigenartig, daß das Filament ringsum von der Anthere umgeben in einer Röhre frei bis etwa zur Hälfte der Antherenlänge emporragt und erst dort festsitzt; in anderen Fällen (*Kniphofia aloides* u. a.) steckt die Fila-

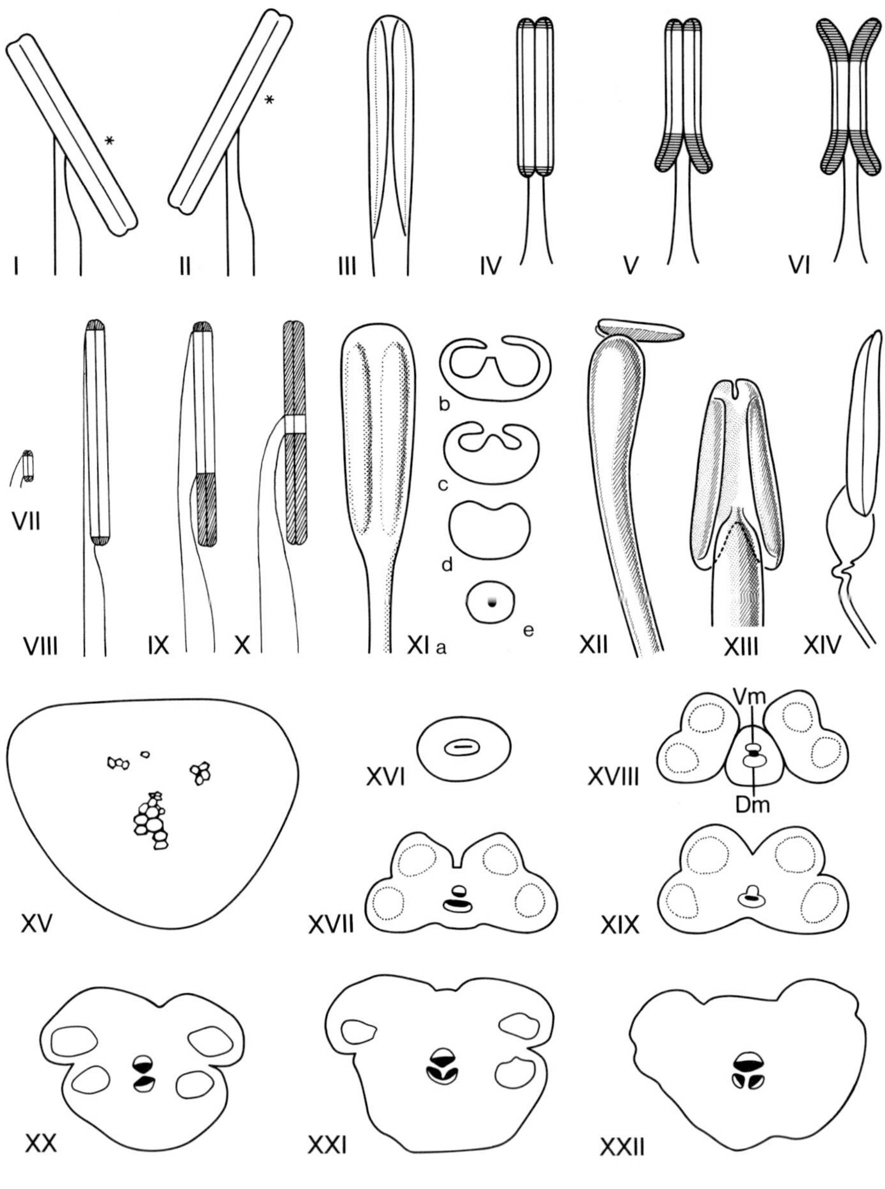

Abb. 60. I, II Schemata eines hypopeltaten (I) und eines epipeltaten (II) Staubblattes im Sinne Goebels, mit * ist jeweils die morphologische Oberseite bezeichnet (aus Schaeppi). III–VI Schemata impeltater Staubblätter im Sinne Schaeppis: III ungegliedertes, IV nicht pfeilförmiges, V pfeilförmiges Staubblatt und VI Staubblatt mit X-förmiger Anthere (nach Schaeppi). VII–X Schemata zur Erläuterung des Zustandekommens adnater (VIII), semiadnater (IX) und dorsifixer (X) Antheren aus einer indifferenten Anlage (VII), nach Troll. XIa Staubblatt von *Sparganium erectum* und b–e Querschnittserie durch ein ähnlich

mentspitze nur in einer grubigen oder taschenartigen Vertiefung der Anthere. Die jungen Staubblätter sind jedoch auch hier basifix gebaut, erst später beginnt die Basis der Anthere sich allseitig über die Ansatzstelle des Filaments vorzuwölben. Nach alledem darf man auch für die sogenannten **„ungegliederten“** Staubblätter (Abb. 60 III, XI) annehmen, daß sie eine sekundäre Abwandlung der diplophyllen Ausgangsform der Anthere darstellen. Wie von TROLL und anderen bereits vermutet, liegen auch der aequifazialen, introrsen und extrorsen Orientierung der Theken (Abb. 52 III bis V) spätere Proportionsverschiebungen zugrunde. Allerdings entspricht nach LEINFELLNER die basifixe und introrse Anthere der ursprünglichen Ausbildung und dem Typus des Angiospermenstaubblattes, während die aequifaziale und extrorse Ausbildung der Anthere einer mehr oder minder starken Förderung der „Ventralspreite“ zuzuschreiben ist.

Wenn wir hier die peltate oder diplophylle Ausbildung einer Laubblattspreite mit den bei Antheren auftretenden Strukturen verglichen haben, so bedeutet dies keine Gleichsetzung im morphologischen Sinne. Die Beobachtung, daß Staubblätter sich gewöhnlich in ein stielartiges Filament und einen verbreiterten Endabschnitt, die Anthere, gliedern, rechtfertigt allein noch keine Homologisierung mit Stiel und Spreite eines Laubblattes. Dies gilt um so mehr, als die Sporophylle gegenüber Laubblättern in vielfacher Hinsicht abgewandelt erscheinen. BAUM (1949c) weist deshalb (im Zusammenhang mit dem oben wiedergegebenen Zitat) ausdrücklich darauf hin, daß man nur von einem „spreitenförmigen Apikalende des Blattes“ sprechen kann. Darüber hinaus können wir schon bei Laubblättern feststellen, daß die Ausbildung der unifazialen Struktur mit der Konsequenz der „Peltation“ der angrenzenden flächig gestalteten Bereiche nicht auf Blattstiele beschränkt ist. Bei einem Blatt können vielmehr unifaziale und peltate Blattabschnitte mehrfach miteinander abwechseln, was man besonders an den Laubblättern von *Codiaeum variegatum* var. *pictum* f. *appendiculatum* beobachten kann (Abb. 86 VIII).

Die von BAUM und LEINFELLNER vertretene Auffassung, daß es sich bei den Staubblättern der Angiospermen um diplophylle Blattorgane handelt, ist freilich nicht unwidersprochen geblieben. Die vielfach während der Antherenentwicklung erkennbare, von BAUM (1949c) als Einschnitt zwischen „Dorsalspreite“ und Querzone gedeutete Transversalfurche (vgl. z.B. Abb. 57a, c) ist nach KUNZE (1979) nicht als Anzeichen der Peltation zu werten. Sie wird, so betont er gegenüber der Auffassung BAUMS, „keineswegs so frühzeitig in der Morphogenese angelegt, wie dort behauptet. Auch erfolgt kein Heraufwachsen dieser vermeintlichen Querzone an der DS“ (Dorsalspreite). „Die Diplophyllie wäre höchstens als primär vollständig kongenital aufzufassen.“ Gerade die weitgehend kongenitale Ausbildung der Antherenstrukturen wird nun allerdings von BAUM und LEINFELLNER immer wieder hervorgehoben, wie KUNZE selbst erwähnt. Nach Ansicht KUNZES ist das Staubblatt „*als ursprünglich bifaziales Organ* anzusehen“, die an der jungen Antherenanlage sich zeigende transversal verlaufende Furche entsteht nach seiner Ansicht dadurch, „daß das zunächst einheitliche Randwachstum sich in zwei getrennte Wülste verlagert, die dann zwi-

---

gebautes Staubblatt von *Smilax aspera*. XII, XIII *Yucca filamentosa*, erwachsenes Staubblatt in Seitenansicht (XII) und junges Staubblatt von hinten (XIII). XIV *Dianella caerulea*, Staubblatt in Seitenansicht. XV *Cobaea scandens*, Querschnitt durch ein Filament mit konzentrischem Leitbündel, das 4 Xylemgruppen aufweist. XVI–XIX *Pittosporum tobira*, Aufspaltung des konzentrischen Filamentbündels (XVI) in einen Dorsalmedianus (Dm) und einen Ventralmedianus (Vm) im Bereich der Anthere. XX–XXII *Magnolia* × *soulangiana*, Querschnittserie durch ein Staubblatt, XX durch die Mitte, XXI durch die Basis der Anthere, XXII durch den oberen Teil des Filamentes. XI–XIV nach SCHAEPPI, XV–XXII nach LEINFELLNER.

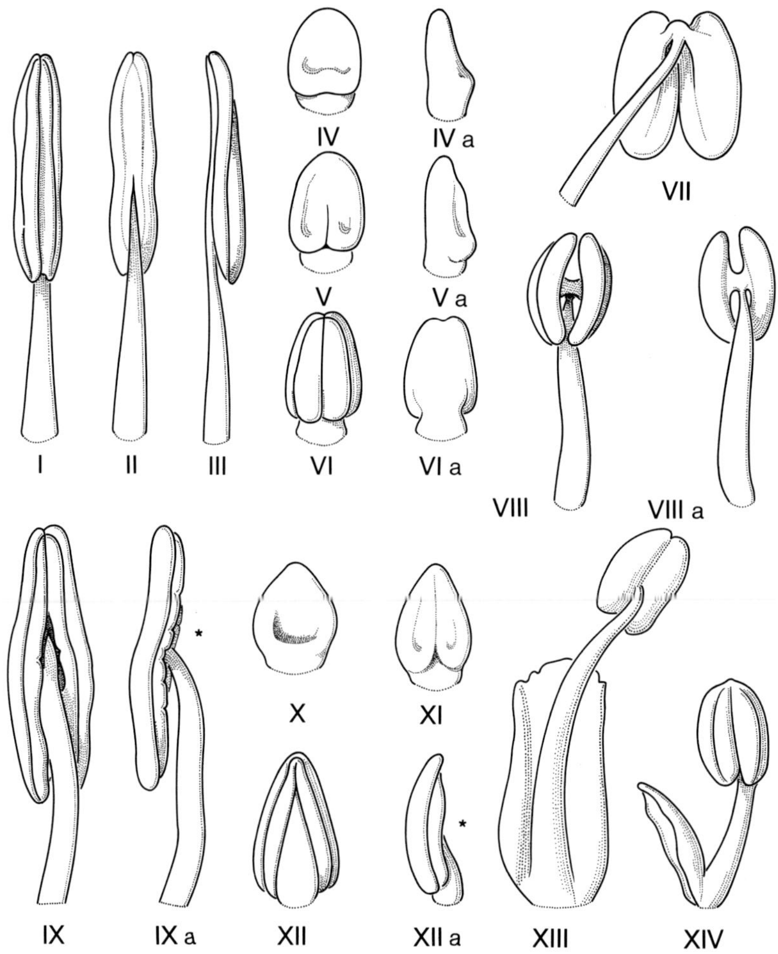

Abb. 61. I–VI *Hemerocallis fulva.* I–III Erwachsenes Staubblatt in Ventralansicht (I), Dorsalansicht (II) und von der Seite (III); IV–VI Stadien aus der Staubblattentwicklung, IVa, Va Seitenansichten von IV und V, VIa Rückansicht von VI. VII *Rehmannia angulata,* Staubblatt, Dorsalansicht. VIII, VIIIa *Fagopyrum esculentum,* Staubblatt, in Ventral- (VIII) und Dorsalansicht (VIIIa). IX–XI *Cobaea scandens,* IX, IXa Staubblatt in der Ventral- (IX) und Seitenansicht (IXa), X–XII Stadien aus der Staubblattentwicklung, X–XII Ventralansichten, XIIa Seitenansicht, * bezeichnet jeweils die morphologische Oberseite. XIII, XIV Staubblätter von *Zygophyllum album* (XIII, Dorsalansicht) und *Alyssum armenum* (XIV, Seitenansicht). Nach BAUM und LEINFELLNER.

schen sich die Transversalfurche bilden". Es liegt somit „lediglich eine partielle Aufteilung des periplasten Randwachstums in Dorsal- und Ventralwulst vor, wodurch eine scheinbar peltate Gestalt der frühen Staubblattanlage vorgetäuscht wird." Die Bestätigung dieser Auffassung durch histologische Bilder (die allerdings vielleicht auch andere Deutungen zulassen könnten) vermißt man freilich in der Arbeit

KUNZES, hingegen gleichen die von ihm beigefügten zeichnerischen und photographischen Darstellungen der Antherenentwicklung oft weitgehend den Abbildungen bei BAUM und LEINFELLNER. Die Kontroverse bleibt daher – zumindest einstweilen – weithin eine Angelegenheit unterschiedlicher Interpretation (was bei der Darstellung der Verhältnisse bei den Violaceen-Antheren von KUNZE sogar ausdrücklich bestätigt wird, vgl. Seite 278).

1.5.7 Das Filament

Das Filament ist – wie sein Name schon sagen soll – meist dünn, wenn auch nur selten wirklich fadenförmig. Es gibt aber auch Filamente, welche die Anthere in ihrer Dicke weit übertreffen. Ein Beispiel sind die kopfig verdickten Filamente bei der Liliaceen-Gattung *Dianella* (Abb. 60 XIV). Bei *Yucca filamentosa* (Abb. 60 XII) ist das Filament so stark angeschwollen, daß die Anthere waagrecht zu liegen kommt. Dieser Ausbildungsweise stehen die Staubblätter mit sogenannten **versatilen** Antheren gegenüber, das heißt Antheren, die beweglich, drehbar am Filament ansitzen. Voraussetzung für diese bestäubungsbiologisch sicherlich günstige bewegliche Lagerung, ist eine extreme Verjüngung des Filamentendes. Eine solche Verjüngung des Filamentendes ist übrigens auch bei *Yucca filamentosa* (Abb. 60 XIII) zu beobachten, nur kommt sie wegen der Kürze dieses Abschnittes und der im übrigen stark keuligen Verdickung des Filamentes nicht zur Auswirkung.

Die nach BAUM und LEINFELLNER peltate bzw. diplophylle Ausbildung der Staubblätter setzt zumindest im distalen Bereich des Filaments eine unifaziale Struktur voraus. Es stellt sich daher die Frage, ob diese Unifazialität sich auch im anatomischen Bau des Filamentes widerspiegelt. Allerdings ist die für unifaziale Blattstiele so charakteristische ringförmige Anordnung der Leitbündel hier kaum zu erwarten, weil die überwiegende Mehrzahl der Staubblätter nur von einem einzigen Leitbündel versorgt wird. Man findet dieses Leitbündel jedoch häufig als radiär gebauten konzentrischen Strang mit zentralem Xylem ausgebildet. In manchen Fällen, so bei *Pittosporum tobira* (Abb. 60 XVI bis XIX), findet in der Anthere eine Zerlegung dieses im Filament einheitlich konzentrischen Bündels in ein kleineres ventrales und ein größeres dorsales Bündel statt, deren Xylemteile einander zugewandt sind. Man darf diese beiden Bündel wohl als Ventralmedianus und Dorsalmedianus deuten. Auch bei *Magnolia soulangiana* „besitzt die Anthere zwei in der Mediane liegende Bündel, die ihren Xylemteil einander zukehren, was auf einen rudimentären Bündelring hinweist, von dem allein der Dorsalmedianus und der Ventralmedianus entwickelt sind" (LEINFELLNER 1956d, Seite 383, 1956b). Der Ventralmedianus stellt hier ein Verschmelzungsprodukt zweier Lateralnerven dar, welche sich an der Antherenbasis von dem einzigen Bündel des Filamentes abgespalten haben (Abb. 60 XX bis XXII). Bei *Cobaea scandens* findet man in dem konzentrischen Filamentbündel sogar vier deutlich voneinander getrennte Xylemgruppen (Abb. 60 XV). – Durch andere Untersuchungen über die Leitbündelversorgung der Staubblätter von *Lilium henryi*, *Tricyrtis pilosa* und *Trapa natans* konnte LEINFELLNER (1956c, 1957b) seine Auffassung stützen, daß die vermeintlichen Querzonen der äußerlich peltat erscheinenden Antheren erst durch sekundäre Wachstumsprozesse zustande kommen.

Nicht selten findet man eine blattartige Verbreiterung der Filamente, von welcher aber zumindest der äußerste distale Abschnitt unter der Anthere ausgenommen ist (Abb. 62 I bis IV, VI). Trotz der dadurch suggerierten stärkeren „Blattähnlichkeit"

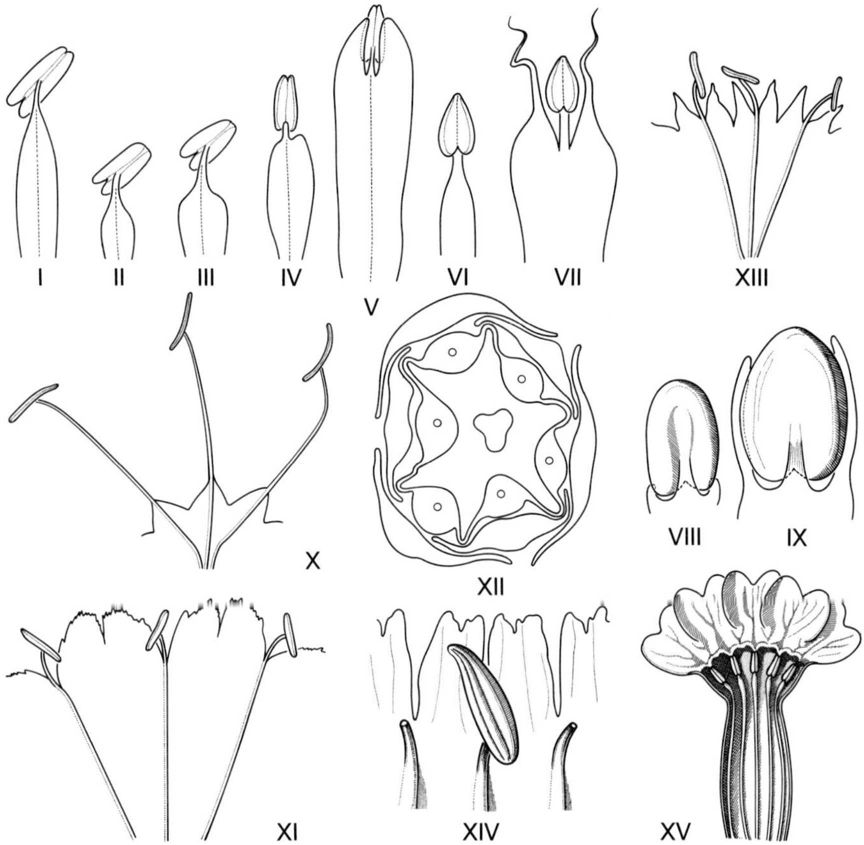

Abb. 62. I–VII Staubblätter von *Ornithogalum divergens* (I), *O. caudatum* (II, III), *O. nutans* (IV, V), *Allium porrum* (VI, VII), I, III, V, VII Staubblätter des inneren Kreises. VIII, IX junge Staubblätter von *Allium rotundum*. X, XI Teile der ausgebreiteten Nebenkronen von *Hymenocallis illyricus* (X) und *H. lacera* (XI). XII, XIII *Pancratium maritimum*, Blütenquerschnitt (XII) und Teil der ausgebreiteten Nebenkrone (XIII). XIV *Puschkinia* spec., Teil der ausgebreiteten Nebenkrone, bei den beiden außen liegenden Staubblättern sind die Antheren entfernt. XV *Primula veris*, sympetale Corolle mit innen angewachsenen Stamina, aufgeschnitten und flach ausgebreitet. XV nach Troll, übrige nach Schaeppi.

dürften diese Staubblätter wohl ebensowenig als „primitive Formen“ anzusprechen sein wie die insgesamt blattartig flachen Staubblätter (Leinfellner 1956b), mit denen wir uns später noch befassen müssen. Die bisweilen recht starke Verbreiterung der hier zunächst zu besprechenden Staubblattfilamente kann zur Bildung lappenartiger Auswüchse führen, die sich rechts und links der Anthere erheben (Abb. 62 V) oder diese sogar überragen (VII). Solche zipfelartigen Anhänge, die bei anderen Staubblättern auch unmittelbar rechts und links am Ansatz der „verbreiterten oder fadenförmigen“ Filamente auftreten, erinnern in ihrem Aussehen an die Stipeln der Laubblätter und werden meist auch als Stipeln bezeichnet (vgl. z. B. Glück 1919).

Diese Identifikation setzt jedoch wieder voraus, daß wir das Filament der Staubblätter mit einem Blattstiel und die Anthere mit der Spreite eines Laubblattes homologisieren. Dazu aber reicht – wie bereits an anderer Stelle betont wurde – die vorhandene Vergleichsbasis nicht aus. Das gilt natürlich auch für die von LEINFELLNER (1956a) näher untersuchten und als „Medianstipeln" gedeuteten, ventral am Grunde des Filamentes sitzenden oder etwas an diesem hinaufgerückten Schüppchen, wie man sie etwa bei *Zygophyllum album* oder *Alyssum armenum* und nicht wenigen anderen Arten finden kann (Abb. 61 XIII, XIV). Auch in der Ontogenie dieser basalen Zipfel fehlen die typischen Stipelmerkmale, nämlich die frühzeitige Anlegung sowie das dem übrigen Blatt stark vorauseilende Wachstum und die rasche Differenzierung. Diese als Prolepsis bekannte Erscheinung fehlt bei den vermeintlichen Stipeln der Staubblätter in allen bisher daraufhin untersuchten Fällen. Bei *Allium rotundum* (Abb. 62 VIII, IX) sind die Antheren an den Staubblattprimordien vollständig ausgebildet, die als „Stipeln" gedeuteten Anhänge jedoch erst als kleine Spitzen sichtbar. Wenn man diese Verhältnisse vielleicht auch mit den ohnehin abgewandelten Wachstumsintensitäten im Blütenbereich begründen kann, so entfällt damit doch ein weiteres Kriterium für die Feststellung, ob es sich um Stipeln handeln könnte oder nicht. Wir tun also besser daran, von „lateralen" oder „basalen Staminalanhängen" zu sprechen.

Basale Staminalanhänge können übrigens auch als Nektarien fungieren, so z. B. bei Polygonaceen und Caryophyllaceen (vgl. GLÜCK 1919). Daß auch die Antheren Nektardrüsen tragen können, wurde bereits für *Viola* (Seite 76) erwähnt, wo die Nektarien einen spornartigen Anhang der Anthere bilden.

1.5.8 Laterale Vereinigung von Filamenten, Paracorollen

Eine besondere Rolle spielen die für Stipeln gehaltenen lateralen Staminalanhänge beim Zustandekommen der sogenannten Paracorollen bei Liliaceen und Amaryllidaceen, deren Ausbildung auf der lateralen Vereinigung blattartig abgeflachter Filamente beruht.

Laterale Vereinigungen von Filamenten treten keineswegs selten auf. Das bekannteste Beispiel ist wohl das Androeceum der Papilionaceen, bei denen größere Verwandtschaftsgruppen dadurch ausgezeichnet sind, daß die Filamente aller zehn Staubblätter zu einer das Fruchtblatt umschließenden Röhre vereinigt sind, oder aber (wie z. B. bei *Vicia*, Abb. 7 VII) nur neun von ihnen eine nach oben offene Rinne bilden, die von dem zehnten Staubblatt, das einzeln steht, bedeckt wird. Derartige Vereinigungen von Staubblättern werden als **Adelphien** bezeichnet. Je nach dem, ob die Staubblätter mehrere, zwei oder ein Bündel bilden, nennt man das Androeceum **polyadelphisch, diadelphisch, monadelphisch.**

Monadelphisch ist auch die Ausbildung des Androeceums bei *Melia azedarach* (Abb. 64 I, II). Man spricht hier auch von einer Staminalcorolle, da das Verwachsungsprodukt der Staubblätter einer Blütenkrone nicht unähnlich ist. Ähnliches findet sich auch bei anderen Meliaceen, ferner z. B. bei *Erythroxylon coca* (Abb. 64 III).

Sehr häufig sind die Filamente eines diplostemonen oder haplostemonen Androeceums nur an ihrer Basis für ein kurzes Stück miteinander verbunden. Nicht selten ist die monadelphische oder polyadelphische Ausbildung mit der Entwicklung polyandrischer Androeceen verknüpft (vgl. Seite 134). Dies gilt besonders für die „Columniferen"-Familien der Malvaceen und Bombacaceen (und Sterculiaceen), bei de-

Abb. 63. *Eucharis grandiflora (E. amazonica),* Blüte. P Paracorolla.

nen gewöhnlich alle Staubblätter zu einer den Griffel umgebenden Röhre oder Säule (Columna) vereinigt sind. Bekannte Beispiele für eine „Bündelung" der Staubblätter, bei polyadelphischer Ausbildung des Androeceums, finden sich unter anderem bei den Myrtaceen und Hypericaceen (Abb. 64 V). Diese Fälle sind jedoch den zuvor genannten nicht vergleichbar.

Bei den bisher genannten Beispielen handelt es sich ausschließlich um eine kongenitale Vereinigung. Es gibt jedoch auch Fälle, bei denen die Filamente postgenital miteinander verwachsen. Unter den Liliifloren trifft dies nach SCHAEPPI (1939) für *Iris unguicularis (I. stylosa)* und einige andere Iridaceen *(Sisyrinchium, Tigridia)* zu, während bei *Ruscus aculeatus* eine kongenitale Vereinigung vorliegt, welche sogar die Antheren miterfaßt.

Bei Vertretern der Liliaceen und Amaryllidaceen können nun auch mit lateralen Anhängen ausgestattete Filamente miteinander vereinigt auftreten. Dies führt dann dazu, daß am Rande der corollinisch gefärbten Staminalröhre jeweils zwei petalenähnliche Zipfel oder ein breiter, ausgerandeter Zipfel mit den gestielten Antheren abwechseln (Abb. 62 XI, XIII), wobei sie letztere sogar um ein erhebliches Stück überragen können. Auf diese Weise kommt es zur Ausbildung einer oft ansehnlichen **Nebenkrone** (**Paracorolla**, Abb. 63), welche in ihrer Färbung den sie umgebenden Perianthblättern gleicht oder mit diesen kontrastieren kann. Bekannt sind diese Nebenkronen vor allem von den Narzissen her. Hier sitzen die Antheren allerdings nicht am Rand der Nebenkrone, sondern sind mehr oder minder tief an deren Innenseite inseriert. Schon bei *Puschkinia* (Abb. 62 XIV) kann man jedoch feststellen, daß die zwischen den Antheren stehenden corollinischen Zipfel auf der Rückseite der stiel-

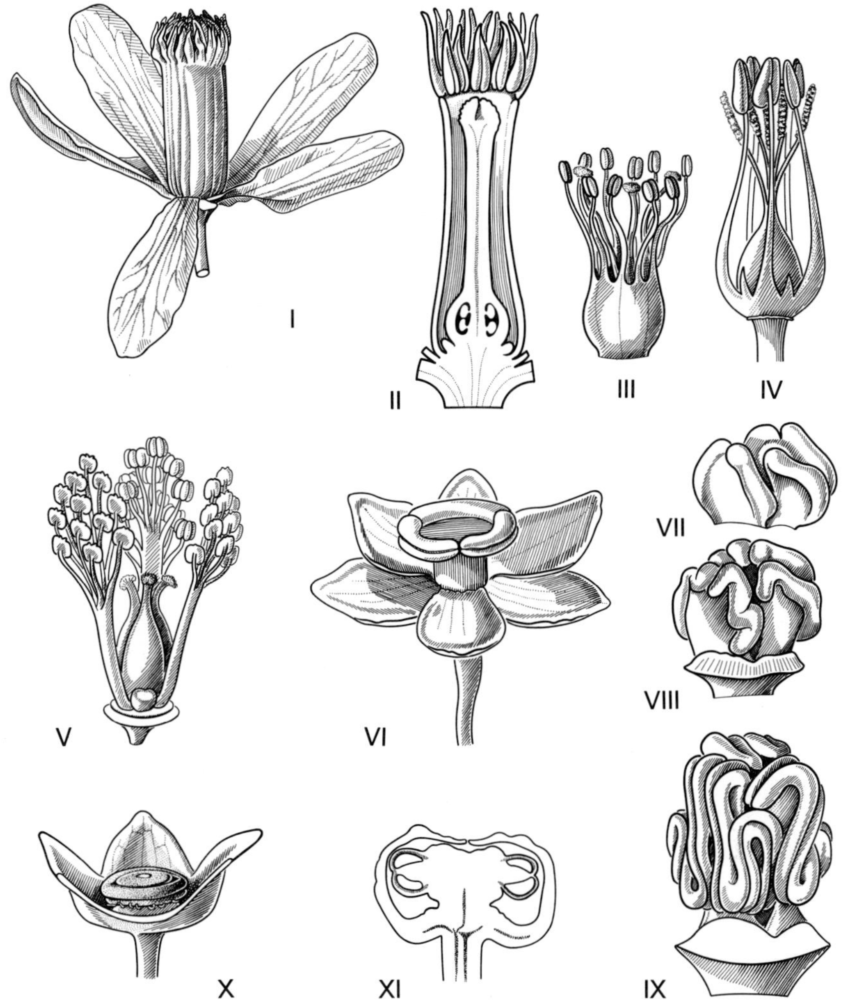

Abb. 64. I, II *Melia azedarach*, Blüte, II Axialschnitt durch den zentralen Teil mit Filamentröhre und Pistill. III *Erythroxylon coca*, Filamentröhre und Pistill. IV *Linum usitatissimum*, desgl. V *Hypericum aegypticum*, triadelphisches Androeceum und Pistill, VI *Phyllanthus cyclanthera*, männliche Blüte. VII–IX *Cucurbita pepo*, Entwicklung des Androeceums. X *Cyclanthera explodens*, männliche Blüte. XI *C. pedata*, männliche Blüte im Axialschnitt. II nach HARMS, IV nach WARMING, III, VI–IX, XI nach ENGLER, V nach BAILLON.

förmigen Filamentabschnitte ein Stück weit miteinander verbunden sind. SCHAEPPI vermutete bereits, daß es sich bei den Nebenkronen der *Narcissus*-Arten nur um eine Steigerung dieses (sicherlich auf sekundären Wachstumsprozessen beruhenden) Verhaltens handelt. Diese Auffassung konnte durch bisher unveröffentlichte Ergebnisse TROLLS bestätigt werden.

1.5.9 Vereinigung von Antheren

Wie bereits für *Ruscus aculeatus* erwähnt, kann die Vereinigung der Staubblätter auch auf die Antheren übergreifen. Sie kann auch die Antheren allein betreffen. Das bekannteste Beispiel dafür dürften die Compositen sein. Der alte Ordnungsname *Synandrae* soll ja zum Ausdruck bringen, daß hier die (introrsen) Antheren der fünf Staubblätter zu einer den Griffel umgebenden Röhre verbunden sind. Allerdings ist diese Verbindung nur sehr schwach, sie kommt dadurch zustande, „daß *ausschließlich die Cuticula* zweier benachbarter Antheren auf eine kurze Strecke verwächst und dauernd verwachsen bleibt“ (Tschirch 1904, Seite 52).* In weniger starkem Maße tritt dies bei den verwandten Campanulaceen und vor allem bei Lobeliaceen auf.

Verbreitet und für die Bestäubungsbiologie nicht unerheblich sind postgenitale Verwachsungen von Antheren auch bei ausgeprägt zygomorphen Blüten, bei welchen das Androeceum in die dorsiventrale Ausbildung der Blüte mit einbezogen wird, was sich sowohl in gestaltlichen Verschiedenheiten der oberen und unteren Staubblätter (Didynamie) wie auch in Änderungen ihrer Lage äußert.

Vielfach kann man in solchen Blüten eine symmetrische Anordnung der Staubblätter zu beiden Seiten des Griffels (Abb. 42 II) und eine damit verbundene Annäherung der Antheren aneinander beobachten, womit zugleich eine Fixierung der Antheren in einer für die Bestäubung günstigen Lage verbunden ist.

Ein gutes Beispiel dafür bietet die von Trapp (1956) untersuchte Gesneriacee *Columnaea picta*, deren eigentümliche Kronsaumgestalt wir schon früher besprochen haben (Abb. 43 VII). Die beiden seitlichen, ursprünglich der Unterlippe angehörenden Zipfel bilden nämlich an der entfalteten Blüte einen Teil der Oberlippe. Zu beiden Seiten des in der Mediane unter der Oberlippe liegenden Griffels steigen die Filamente in weit ausholenden, der Oberlippe folgenden Bögen auf. Die Antheren jeder Blütenhälfte sind seitlich miteinander und an der Spitze mit den Antheren der gegenüberliegenden Seite verbunden. Sie sind quer zur Mediane gestellt (Abb. 43 VII, 65 V).

Die Entwicklung des Androeceums beginnt mit der Ausgliederung von fünf gleichartigen Höckern in gleichmäßiger radiärer Verteilung (Abb. 65 I, II). Mit fortschreitendem Wachstum stellt sich eine Reduktion der medianen Anlage ein, die zu einem kurzen griffelartigen Staminodium wird, das zuletzt kaum noch in Erscheinung tritt. Mit Beginn der Filamentstreckung geben die Staubblätter ihre radiäre Anordnung auf und beginnen, sich paarweise aneinanderliegend entlang der Unterlippe vorzuschieben (III, IV). In dieser Stellung kommt es bereits zu einer seitlichen Verbindung zwischen den Antheren der gleichen Blütenhälfte. Die Filamente liegen aber noch mehr oder minder parallel der Unterlippe an. In der Anthese setzt nun ein starkes einseitiges Wachstum ein, aufgrund dessen die Filamente seitwärts auseinanderweichen. Dabei müssen natürlich auch die Antheren ihre bisherige Stellung aufgeben. Sie treten an ihrer Basis auseinander, bleiben aber seitlich miteinander verbunden. Die Aufwärtsbewegung der Antheren führt schließlich dazu, daß die Spitze der Antheren der rechten und linken Blütenhälfte in engere Berührung kommen und schließlich in festere Verbindung miteinander treten (V).

* „Das Ligament, welches die ganze Antherenröhre auch im Zustande völliger Reife umschließt, wird nur von der Cuticula der Antheren gebildet, die sich von der Außenwand der Antherenepidermis ablöst und eben wegen der oben erwähnten partiellen Verwachsung der benachbarten Stücke ein zusammenhängendes Band bildet“ (Tschirch 1904, Seite 52).

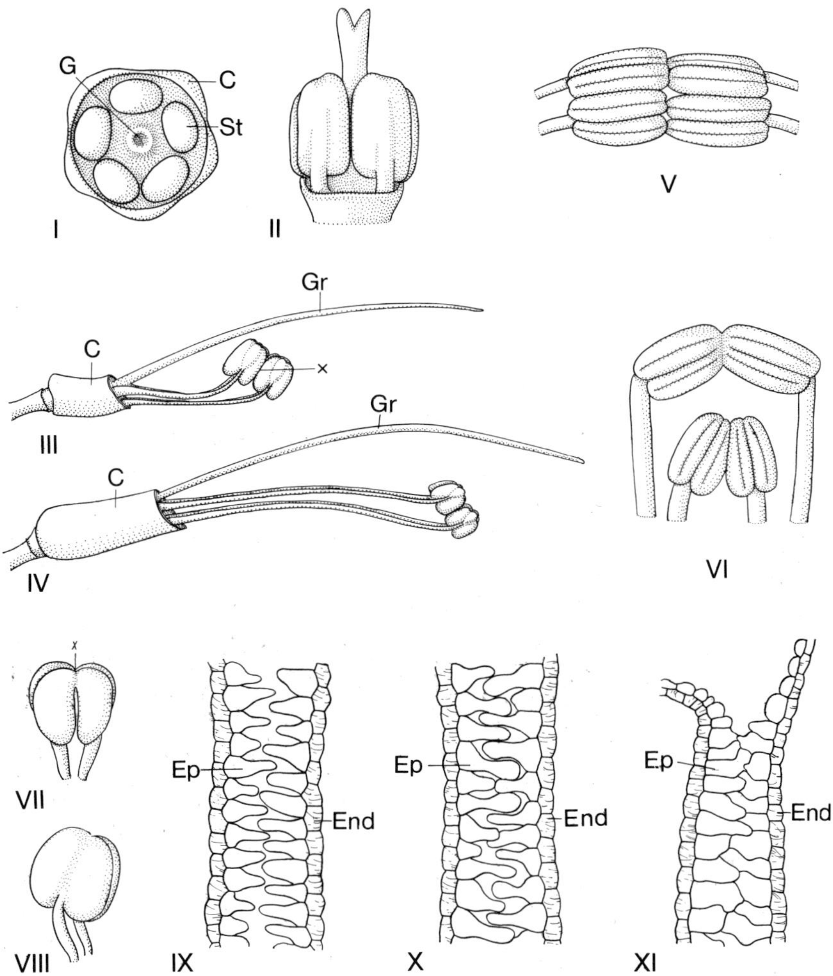

Abb. 65. I–V *Columnea picta.* Staubblattentwicklung, I sehr junge Blütenanlage in Aufsicht; II Blüte mittleren Alters seitlich, nach Entfernung der Corolle; III, IV Staubblattentfaltung bei älteren Blüten, Corolle zum größten Teil entfernt; V reife Synanthere. VI Synantheren von *Aeschynanthus pulcher.* VII–XI *Saintpaulia ionantha,* VII, VIII verwachsene Antheren von vorn und von der Seite, bei × Verwachsungsstelle, IX–XI transversale Längsschnitte durch die Verbindungsregion, die Verzahnung der Epidermis in fortschreitenden Stadien zeigend, Ep Epidermis, End Endothecium, G Gynoeceumsanlage, sonst wie in Abb. 66. Nach Trapp.

Das geschilderte Verhalten ist bei den Androeceen der Gesneriaceen, aber auch anderer, verwandter Familien recht verbreitet. Dabei können alle Antheren zu einer Synanthere zusammentreten oder jeweils nur die Antheren der vorderen und hinteren Staubblätter miteinander verbunden sein (Abb. 65 VI).

Wie das auf Seite 88 (Abb. 42) bereits erwähnte Beispiel des Griffelhalters bei *Jacobinia magnifica* und *Beloperone violacea* bereits gezeigt hat, kann auch das Pe-

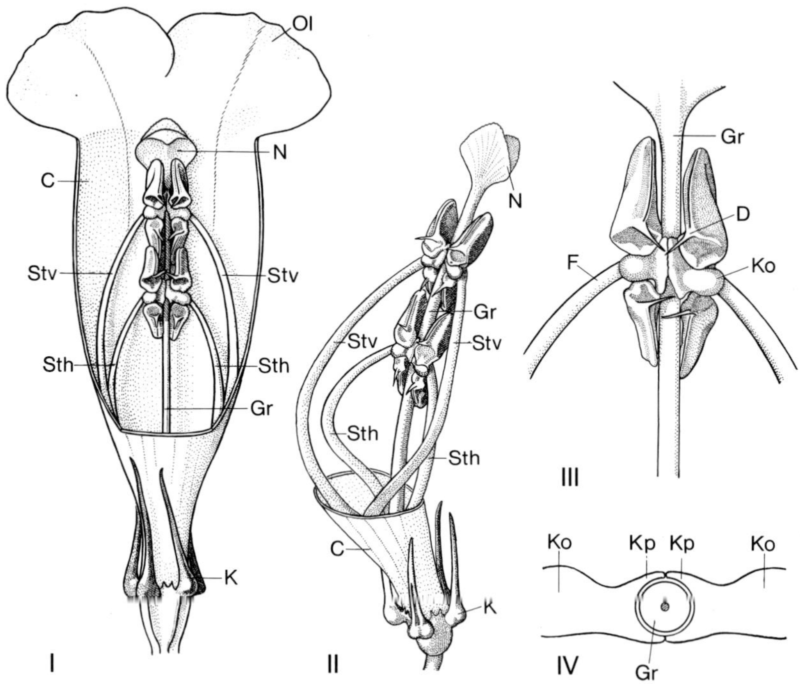

Abb. 66. *Incarvillea variabilis.* I, II Gesamtansicht des Androeceums und Griffels (Gr) von unten (I) und von der Seite (II), Corolle (C) teilweise abgeschnitten. III Antherenregion, vorderes Antherenpaar, IV schematisierter Querschnitt durch die Konnektivregion zweier benachbarter Antheren. Ol Oberlippe der Corolle, N Narbe, Stv, Sth vordere und hintere Staubblätter, K Kelch, D Thekendorn, F Filament, Kp petaloide Verbreiterung des Konnektivs (Ko). Nach Trapp.

rianth an der Lagefixierung der Antheren beteiligt sein. Bei der Bignoniaceen-Gattung *Incarvillea* (Abb. 66 I, II) werden die Antheren dadurch in ihrer Lage festgehalten, daß ihre Konnektive in der durch Abb. 66 III, IV wiedergegebenen Weise den Griffel umgreifen (Trapp 1954, 1956). Die Bestäubung durch Insekten wird mit Hilfe besonderer Antherendorne (Abb. 66 III D) und vorgebildeter Gelenke der Thekenwandung bewerkstelligt. Nach Trapp „ist für ein glattes Funktionieren des Bestäubungsmechanismus eine Fixierung der Antheren unerläßlich". Trapp betont aber auch, daß in all diesen Fällen ein „dominierendes Gestaltungsprinzip" zutage tritt, „das sich nicht nur in der diagrammatischen Anordnung und Verteilung der Anlagen äußert, sondern darüber hinaus auch in der verschiedenen Ausbildung der Staubblätter sowie in ihren mannigfachen Lagebezeichnungen sichtbar wird". Das heißt, daß die Entwicklung der einzelnen Blütenstrukturen weitgehend von der „Symmetrie der Gesamtblüte" bestimmt wird, die „den Grund dafür bildet, daß sich die Staubblätter nicht in einem beziehungslosen Nebeneinander, vielmehr *geordnet* entfalten" und „zu einer übergeordneten Einheit zusammenschließen" (1956, Seite 60).

Das Zustandekommen der Antherenverbindungen läßt sich sehr gut bei dem ebenfalls von Trapp untersuchten Usambara-Veilchen, *Saintpaulia ionantha* zeigen. Die beiden einzigen Staubblätter der Blüte sind auch hier an der Spitze miteinander verbunden (Abb. 65 VII), und zwar so fest, daß man die beiden Antheren mit einer Nadel nicht auseinanderzupfen kann, ohne sie zu verletzen. Die beiden Antheren sind von einer papillösen Epidermis umgeben, und auf dieser Eigenschaft beruht auch die postgenitale Verwachsung. Führt man einen medianen Längsschnitt durch die Spitze zweier jüngerer Antheren (Abb. 65 IX), so sieht man, daß gerade hier die Epidermis-Papillen besonders langgestreckt sind. An älteren Stadien (X) sieht man bereits den Beginn des Verbindungsprozesses: Die Zellen haben sich weiter verlängert und beginnen nun in die Lücken zwischen den Papillen der gegenüberstehenden Antherenwandung einzuwachsen. Es kommt also zu einer Verzahnung der beiden Epidermen. Diese wird dadurch besonders fest, daß die Spitzen der Papillen köpfchenartig anschwellen und infolgedessen in den Ausbuchtungen druckknopfartig festgehalten werden. Endlich platten sich die Epidermiszellen im Verlaufe der weiteren Entwicklung gegenseitig ab, so daß der Eindruck eines einheitlichen parenchymatischen Gewebes entsteht (XI).

Eigenartigen Formen von Staubblattverwachsungen begegnen wir bei den *Cucurbitaceae,* deren Blüten in der Regel eingeschlechtig sind. Nur selten finden sich hier 5 freie Staubblätter *(Fevillea).* Bei *Sechium* sind die Filamente aller 5 Staubblätter miteinander vereinigt, meist aber treten die Staubblätter paarweise miteinander in Verbindung, so daß nur ein einziges Staubblatt übrigbleibt. Während bei der Zaunrübe *(Bryonia)* die Antheren noch frei bleiben, vereinigen sich bei den meisten anderen Vertretern der Familie auch die – nach Auffassung EICHLERS (1875) und anderer Autoren gewöhnlich nur aus einer Theke bestehenden (monothecischen) – Antheren.* Besonders verwirrend wird das Bild dadurch, daß die Theken während der Staubblattentwicklung meist eine starke, oft S-förmige Krümmung erfahren (Abb. 64 VII bis IX). Nach KUNZE (1979), der die Staubblattentwicklung von *Bryonia dioica* studierte, entspricht das Cucurbitaceen-Staubblatt jedoch „einem normalen Staubblatt, ist aber durch sein spezifisches Randwachstum abweichend gestaltet. Es ist *nicht* monothecisch", „da die Pollensäcke aus Flanken- *und* Apikalmeristem entstehen und nur eine Flanke steril bleibt". Es handelt sich „um eine primär sattelförmige Anthere, die letzten Endes um ein Viertel ihrer Länge auf einer Seite reduziert ist".

Am stärksten abgewandelt sind die Verhältnisse bei *Cyclanthera,* deren Name schon angedeutet, daß in der Mitte der Blüte zwei übereinander rings um eine Mittelsäule verlaufende Pollensäcke ausgebildet sind. Offenbar handelt es sich dabei um eine vollständige kongenitale Vereinigung von vermutlich 3 um ein Narbenrudiment (vgl. EICHLER 1875, Seite 312, CHAKRAVARTY 1958, LEINS und GALLE 1971) gruppierten Staubblättern, deren quergestellte, durch einen waagerechten Spalt sich öffnende Theken so weitgehend miteinander verschmolzen sind, daß die Pollensäcke ohne Trennwand ineinander übergehen (Abb. 64 X, XI). Ein Gegenstück dazu stellt die Euphorbiacee *Phyllanthus cyclanthera* dar (Abb. 64 VI), bei der die Pollensäcke der drei beteiligten Staubblätter jedoch getrennt bleiben. – Aus zahlreichen Staubblättern gebildete Synandrien sind bei den Clusiaceen häufig anzutreffen.

---

* Nach BHATTACHARJYA (1954) findet man bei *Telfairia* und manchmal auch bei *Coccinia cordifolia* noch 5 Staubblätter mit 2 Theken, bei *Benincasa hispida* besitzt das einzeln gebliebene Staubblatt noch 2 Theken.

Wie bereits erwähnt, gibt es abgesehen von der lateralen, kongenitalen oder postgenitalen Verbindung von Staubblättern untereinander auch die Möglichkeit einer **serialen Vereinigung** von Staub- und Kronblättern, und zwar so, daß die Filamente der vor den Kronblättern stehenden Staubblätter über ein kürzeres oder längeres Stück mit den Kronblättern vereinigt sind. Bei sympetalen Corollen kann diese Vereinigung soweit gehen, daß die Antheren unmittelbar der Innenwand der Kronröhre zu entspringen scheinen (Abb. 62 XV). Die Beobachtungen, daß derartige Verbindungen zwischen Kron- und Staubblättern oft schon in sehr frühen Stadien der Blütenentwicklung in Erscheinung treten (vgl. auch Abb. 18 V), hat zu mancherlei Fehlinterpretationen geführt. So meinten schon PFEFFER (1872) und später MATTFELD (1938), VAUGHAN (1955) und ROTH (1959) aus der Beobachtung, daß Staubblätter und Petalen bei Primulaceen aus einem „gemeinsamen" Primordium hervorgehen, ableiten zu können, daß die Petalen an der Außenseite der Staubblattprimordien entstehen. Diese schon früher nicht unbestritten gebliebene Ansicht wurde in letzter Zeit von SATTLER (1962) widerlegt, der feststellte, daß der (innerhalb der Familie unterschiedliche) Zeitpunkt der Anlegung der einzelnen Organe darüber entscheidet, ob die Organe getrennt bleiben oder miteinander verbunden sind. Ähnliches gilt für die von MARKGRAF (1936) als Konnektivanhänge interpretierten Tepalen von *Potamogeton* (SATTLER 1965, POSLUSZNY und SATTLER 1974).

1.5.10 Polyandrische Androeceen

Wir müssen uns noch einmal mit der Frage nach der **Anzahl und Anordnungsweise der Staubblätter** in einer Blüte befassen. Die als „primitiv" geltende schraubige – **azyklische** – Anordnung zahlreicher und vor allem in ihrer Anzahl nicht fixierter Blattorgane in den verschiedenen Formationen der Blüte hatten wir (Seite 18) bereits als ein Merkmal von Verwandtschaftskreisen genannt, die auch in anderen Strukturen verhältnismäßig primitive Züge erkennen lassen. Auch die schraubige Anordnung der Staubblätter (vgl. Abb. 14) stimmt daher gut mit den Vorstellungen überein, nach denen wir die Blüte als einen gestauchten Sporophyllstand begrenzten Wachstums zu verstehen haben. Tatsächlich werden die Stamina bei den polyandrischen Adroeceen der *Polycarpicae* in streng akropetaler und oft deutlich schraubiger Folge ausgegliedert. Wir dürfen wohl annehmen, daß aus diesem schraubig-polymeren Androeceum durch Verringerung der Anzahl und „Zyklisierung" der Anlagen das **diplostemone Androeceum** vieler Verwandtschaftskreise hervorgegangen ist, und in vielen Fällen aus diesem durch Reduktion eines Kreises das **haplostemone Androeceum**, das sich in anderen Fällen wohl auch unmittelbar aus dem schraubig-polymeren herleiten läßt.

Von dem (1) **schraubig-polyandrischen Androeceum** der *Polycarpicae* (Abb. 67 I) muß man nach LEINS (1975) jedoch zwei andere Formen multistaminater Androeceen unterscheiden, nämlich das (2) **Androeceum mit sekundär eingeschobenen einfachen Organen** und das (3) **komplexe Androeceum.**

Beim **Androeceum mit sekundär eingeschobenen einfachen Organen** wird nach LEINS die Voraussetzung für die Anlage zahlreicher Stamina erst durch eine starke Erweiterung des Blütenbodens gegeben. Die Anlegung der hier stets in Kreisen, niemals schraubig angeordneten Staubblätter schreitet meistens auch dann noch fort, wenn die Entwicklung des Gynoeceums bereits begonnen hat. Bei den Rosaceen erfolgt nach KANIA (1973) die Vergrößerung des Blütenbodens zwischen den bereits

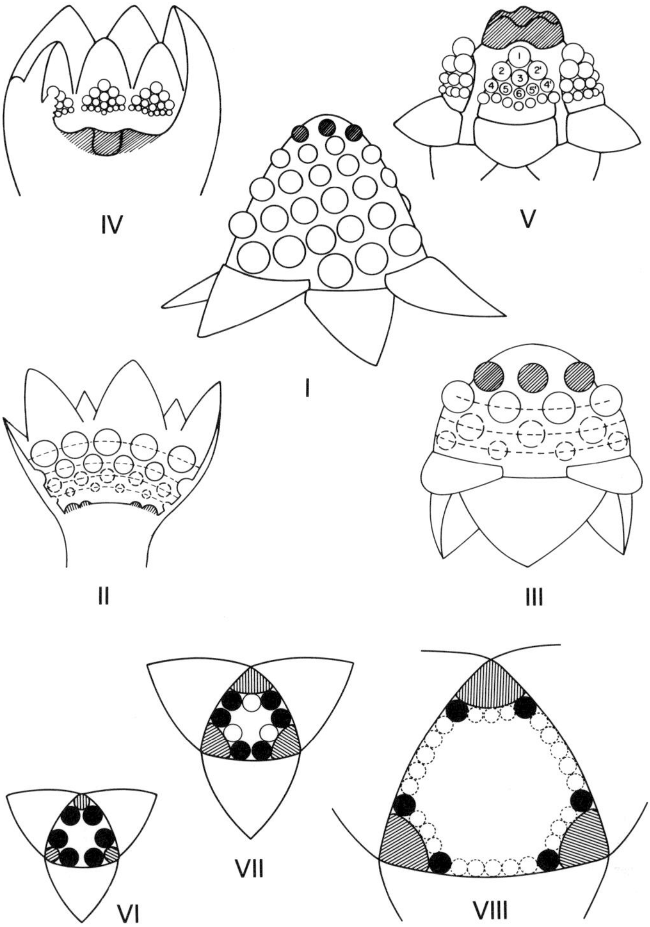

Abb. 67. Gliederungsweise multistaminater Androeceen (Gynoeceum in Fig. I–V schraffiert, in VI–VIII weggelassen). I Schraubig-polyandrisches Androeceum mit einfachen Organen *(Polycarpicae):* II zentripetale Einschiebung von Staubblattkreisen *(Rosaceae);* III zentrifugale Einschiebung von Staubblattkreisen *(Hydrocleis, Butomaceae);* IV zentripetales komplexes Androeceum *(Myrtaceae);* V zentrifugales komplexes Androeceum (verschiedene Familien der *Dilleniidae*). Zusammengestellt aus LEINS 1975. VI–VIII Knospendiagramme von *Alismataceae,* die zuerst angelegten Stamina schwarz, VI *Alisma,* VII *Echinodorus intermedius,* VIII *Echinodorus macrophyllus.* Nach LEINS, verändert.

vorhandenen Staubblattprimordien und dem Gynoeceum und die Einschiebung neuer Staubblattkreise in zentripetaler Folge (Abb. 67 II). Bei den *Helobiae (Alismatales)* hingegen vergrößert sich der Blütenboden im Bereich zwischen den ersten Staubblattanlagen und der Blütenhülle. Die damit verbundene Erweiterung des Umfanges ermöglicht außer einer zentrifugalen Einschiebung (Abb.67 III) auch eine kollaterale Vermehrung von Staubblattanlagen (Abb. 67 VI bis VIII; SINGH und SATTLER 1972,

1973, 1974, LEINS und STADLER 1973, SATTLER und SINGH 1973, 1977, vgl. auch 1980). Auch für einige Palmen konnte eine zentrifugale Ausgliederungsfolge zahlreicher Stamina im Zusammenhang mit einer peripheren Erweiterung des Blütenbodens festgestellt werden (UHL und MOORE 1977).

Ob sich auch die verschiedenen Fälle einer bloßen Verdoppelung der Staubblätter des inneren (z.B. *Monsonia, Geraniaceae;*) oder äußeren (z.B. *Peganum, Nitraria, Zygophyllaceae*) durch Teilung der Anlagen („Dedoublement" i.e.S. = „Spaltung") hier einordnen lassen, muß freilich dahingestellt bleiben.

Ein **komplexes Androeceum** entsteht aus Anlagen, die in ein oder zwei, der akropetalen Ausgliederungsfolge der Blütenorgane sich einfügenden Kreisen als breite Höcker aus dem Blütenboden aufgewölbt werden und sich weiter in Einzelstamina untergliedern („Dedoublement" i.w.S., „Chorise"). Die Ausgliederung der Einzel-

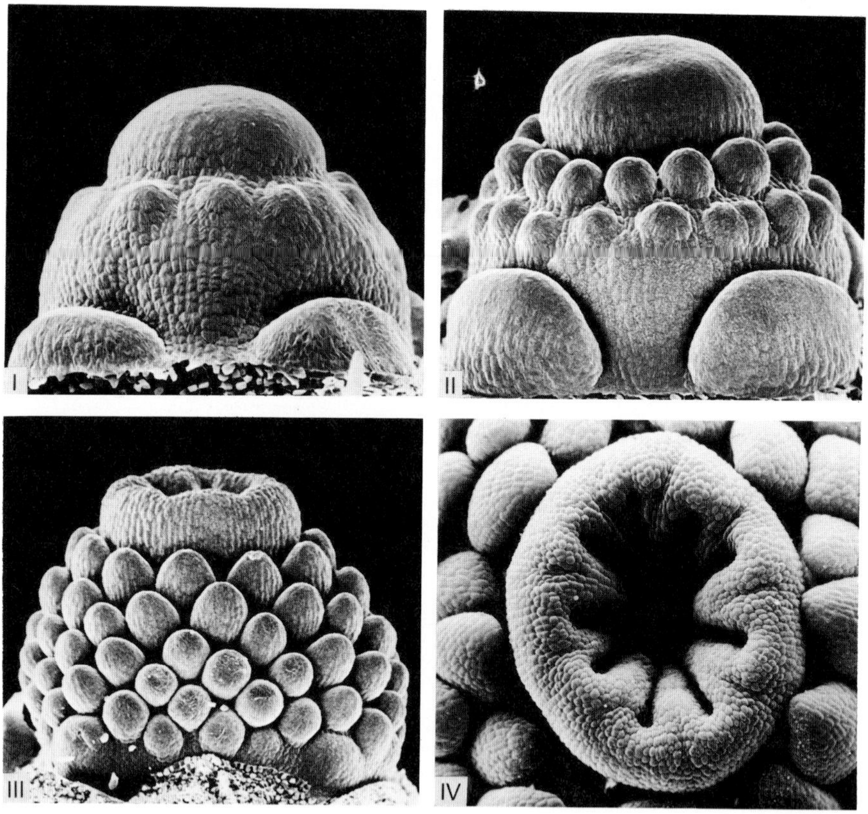

Abb. 68. *Capparis spinosa* var. *inermis* Blütenentwicklung. I Blütenprimordium mit zwei Petalumanlagen (unten), darüber Ringwall mit oberstem Ring von Staminalanlagen. II Auftreten weiterer Staminalanlagen in basipetaler Folge; in der Mitte der Blütenanlage erhebt sich sockelförmig die Anlage des Gynophors. III Androeceum nach Ausgliederung aller Staminalanlagen, am Scheitel des Blütenprimordiums die Anlage des Gynoeceums. IV Anlage des Gynoeceums von oben. Vergr. Fig. I ca. 260 ×. I, II aus LEINS und METZENAUER, III, IV Orig. LEINS und METZENAUER.

stamina aus den sog. Primärhöckern kann in Richtung auf das Blütenzentrum oder zur Peripherie hin, also **zentripetal** (Abb. 67 IV) oder **zentrifugal** (Abb. 67 V, 69 VI) fortschreiten. Das erstere ist bei den *Myrtaceae* (LEINS 1965, MAYR 1969), vereinzelt auch bei den *Saxifragales* (*Philadelphus*, GELIUS 1967) der Fall. Eine zentrifugale Ausgliederungsweise ist für viele der multistaminaten Familien aus der Unterklasse

Abb. 69. I *Lecythis lanceolata*, Blüte median. II *Lecythis* cf. *urnigera* Blüte von vorn, Z zungenförmiges Organ. III *Couroupita guianensis*, Medianschnitt durch eine junge Blüte im Bereich des sich entwickelnden zungenförmigen Anhanges A, St fertile Einzelstaubblätter. IV, V *Napoleona imperialis*, IV Blüte axial durchschnitten in V zentraler Teil stärker vergrößert. VI *Abutilon darwinii*, Entwicklung des Androeceums, P Petalum-Anlagen. I, IV, V nach BAILLON, II nach LEINS, VI nach VAN HEEL.

der *Dilleniidae* charakteristisch, so z. B. für die *Paeoniaceae* (Hiepko 1964), die *Hypericaceae, Cistaceae, Capparidaceae, Resedaceae,* nicht aber die *Begoniaceae, Datiscaceae* und *Ochnaceae* (Leins 1964b, c, 1977, Merxmüller und Leins 1971, Leins und Bonnery-Brachtendorf 1977, Pauze und Sattler 1978), ferner die *Malvales* (van Heel 1966, Abb. 69 VI), die *Loasaceae* nur zum Teil (Leins und Winhard 1973). Aus der Ordnung der Centrospermen sind hier die *Aizoaceae* zu nennen (Ihlenfeldt 1960), und bei den *Myrtales* entwickeln sich die Androeceen der *Lythraceae, Punicaceae* und *Lecythidaceae* im Gegensatz zu denen der *Myrtaceae* zentrifugal (Mayr 1969, Leins 1972). Die unterschiedliche Entwicklungsweise der polyandrischen Androeceen stellt somit für Familien und größere Verwandtschaftskreise oft ein recht aufschlußreiches systematisches Kriterium dar, wenngleich es uns nicht mehr gerechtfertigt erscheint, daraus ein Indiz für die Gliederung der Dikotylen in verschiedene Hauptevolutionsäste abzuleiten (vgl. z. B. Cronquist 1967, Leins 1964b). Es sind nämlich inzwischen auch Familien bekannt, deren einzelne Vertreter sich hinsichtlich der Gliederungsweise des Androeceums unterschiedlich verhalten. Abgesehen von den schon genannten *Loasaceae (Mentzelia:* zentripetal) sind hier die *Hamamelidaceae* (Endress 1967) zu erwähnen. *Caloncoba echinata (Flacourtiaceae)* verhält sich „weder eindeutig zentrifugal noch zentripetal“ (Endress und Voser 1975). Man vergleiche ferner bei Tucker (1974).

Bei den komplex-polyandrischen Androeceen können die aus einem Primärhöcker hervorgehenden Einzelstamina auch im ausgewachsenen Zustand mehr oder minder deutlich miteinander verbunden sein. Die Bündelung der Stamina bei polyadelphischen Androeceen (Abb. 64 V) wird auf diese Weise gut verständlich.

Wohl einzig in ihrer Art und daher auch nur schwer in vergleichende Betrachtungen einzubeziehen sind die mehrfach „verzweigten“ Staubblätter der Euphorbiaceengattung *Ricinus,* die nach van der Pijl (1952) zu Unrecht als Beweismaterial für die Telomtheorie herangezogen werden.

Nach Leins (1975) läßt nicht nur das echt schraubig-polymere Androeceum mit seiner großen, unbestimmten Organzahl, sondern auch das komplexe Androeceum ursprüngliche Züge erkennen. Die immer wieder mit der Segmentierung von Fiederblättern verglichene (vgl. Leins 1964, Hiepko 1964) „Verzweigung“ könnte nach Leins einer primitiven Form des Staubblattes entsprechen. Dies um so mehr, als etwa bei den Paeoniaceen als einer mit verschiedenen primitiven Merkmalen ausgestatteten *Dilleniales*-Familie ebenfalls eine schraubige Anordnung der komplexen Anlagen erkennbar ist (Hiepko 1964).

Unter solchen Umständen müßte man erwarten, daß sich zwei- und einkreisige Androeceen nicht allein vom schraubig-polymeren, sondern auch vom komplexen Androeceum mit zentripetaler (ventraler) oder mit zentrifugaler (dorsaler) Aufgliederung herleiten könnten.* Diese Möglichkeit wurde insbesondere auch für das Zustandekommen obdiplostemoner Blüten diskutiert (Čelakovský 1894, Corner 1946, Huber 1963), so nämlich, daß in manchen Verwandtschaftskreisen das obdiplostemone Androeceum ein Sonderfall des polyandrischen zentrifugalen sei. Bisher ließen sich dafür jedoch keine eindeutigen Hinweise ermitteln, vor allem nicht in der Ontogenie der betreffenden Androeceen (vgl. dazu Eckert 1966).

* Leins (1979) hält für die Vereinfachung zentrifugaler komplexer Androeceen zwei Wege für möglich: „Förderung der Primäranlagen und Verlust ihrer Aufgliederung, *oder*: Reduktion der Primäranlagen und Reduktion der Stamenzahl.“

1.5.11 Obdiplostemonie

Die Erscheinung der **Obdiplostemonie** hatten wir bereits (Seite 21) als eine „Durchbrechung der Alternanzregel" im Staubblattbereich erwähnt. Es handelt sich darum, daß in Blüten mit zwei gleichzähligen (isomeren) Staubblattkreisen die mit den Kronblättern alternierenden „episepalen" Staubblätter (Kelchstaubblätter) weiter innen stehen, als die vor den Kronblättern stehenden „epipetalen" Kronstaubblätter. Aber auch die Stellung der Karpelle bleibt von dieser abweichenden Anordnung der Staubblattkreise oft nicht unberührt, dann nämlich, wenn Androeceum und Gynoeceum isomer sind. In solchen Fällen stehen die Karpelle – statt mit den Kronblättern zu alternieren – epipetal (Abb. 5 XIII), d.h. die beiden Staubblattkreise und die Karpelle scheinen in regelmäßiger Alternanz aufeinanderzufolgen.

Am bekanntesten ist die Erscheinung der Obdiplostemonie von den Caryophyllaceen her. Sie gilt aber auch als typisches Merkmal der Crassulaceen und Saxifragaceen. Ferner sind die Myrtales-Familien der Onagraceen, Combretaceen und Haloragaceen zu nennen sowie die meisten Familien der Geraniales und Rutales.

Die Deutung der eigenartigen Stellungsverhältnisse ist seit langem umstritten. Eine zusammenfassende Darstellung der verschiedenen Theorien, von denen wir eine schon im vorhergehenden erwähnt haben, findet sich bei ECKERT (1966), die der Klärung des Problems gründliche entwicklungsgeschichtliche und blütenanatomische Untersuchungen gewidmet hat.

Interessant, wenn auch unzutreffend, ist der Deutungsversuch, den MATTFELD (1938a, b) vor allem aufgrund von Beobachtungen an Caryophyllaceen-Blüten unternommen hat. Die Stellung der Kronstaubblätter unmittelbar vor den Kronblättern kommt nach seiner Deutung dadurch zustande, daß die vermeintlichen Kronblätter in Wirklichkeit den Nebenblättern der Kronstaubblätter homolog seien und dort, wo sie mit dem Rücken der Filamente verwachsen seien, dorsalen Medianstipeln entsprächen. Ausgangspunkt für seine Überlegungen war die Beobachtung, daß die von GLÜCK (1919) als Nebenblätter der Staubblätter gedeuteten paarigen Nektardrüsen am Grunde der Filamente bei *Stellaria filiformis (Drymaria filiformis)* in lange petaloide Lappen ausgewachsen waren, „in einer Weise, die diese Drüsen einem tiefgespaltenen Blumenblatt einer *Stellaria* sehr ähnlich machen" (1938b, Seite 89). Soweit sie mit dem Rücken der Filamente verbunden sind, deutet er sie gewissermaßen als dorsale Medianstipeln. Mit der Herkunft der petaloiden Organe aus verwachsenen Stipeln erklärt sich nach MATTFELD auch die bei Caryophyllaceen und anderen Verwandtschaftskreisen so häufige tiefe Zweiteilung oder Ausrandung der Blumenblätter sowie deren häufig sehr hoch hinaufreichende Verwachsung mit den Filamenten zu einer „Stamen-Petalum-Einheit".Auf diese, in manchen Verwandtschaftskreisen auftretende mehr oder minder enge basale Verbindung der Kronblätter mit den Filamenten der vor ihnen stehenden Staubblätter, die dem äußeren Anschein nach häufig sogar aus einem gemeinsamen Primordium hervorgehen, gründet sich auch eine alte, von FRIEDRICH (1956) für die Centrospermen wieder aufgegriffene Theorie, wonach Petalum und Kronstaubblatt aus einer Anlage durch seriale Spaltung entstehen. Nach ECKERT (1966 Seite 591) liefert die Histogenese dafür jedoch keinerlei Anzeichen.

In den letzten Jahren wurden von verschiedenen Autoren gründliche entwicklungsgeschichtliche Untersuchungen an Verwandtschaftskreisen mit obdiplostemonen Androeceen vorgenommen, nämlich von LEINS (1964) an *Ericales*, ECKERT (1966) an *Geraniales*– und *Rutales*-Familien, *Caryophyllaceae, Saxifragaceae* und *Crassulaceae*, GELIUS (1967) an *Saxifragales* und MAYR (1969) an *Myrtales*-Familien. Alle Autoren kommen übereinstimmend zu dem Ergebnis, daß es sich bei der Obdiplostemonie um eine sekundäre Erscheinung handelt, die „in jedem Fall auf primären Größenunterschieden und sekundären Wachstumsverschiebungen" (MAYR, Seite 268) beruht. Diese äußern sich darin, daß die schwächeren Kronstaubblätter nach außen gedrängt werden, namentlich dann, wenn die Entwicklung der Petalen etwas gehemmt ist. Andererseits kann die Erstarkung der Sepalen zu einer geringen Hebung der vor ihnen stehenden Staubblätter führen.

Die abweichende Stellung der Karpelle erklärt sich offenbar aus den durch das unterschiedliche Wachstum der vorhergehenden Organkreise gegebenen Platzverhältnissen (HOFMEISTERsche Regel). Reichen also die Anlagen der Kronstamina zum Zeitpunkt der Karpellanlegung mit ihren oberen Rändern höher hinauf als die der Kelchstamina, so erfolgt die Ausgliederung der Karpelle episepal, liegen die oberen Ränder der (später angelegten und schwächeren) Kronstamina zu diesem Zeitpunkt tiefer, so entstehen die Karpelle epipetal. Damit wird die zuerst von ČELAKOVSKÝ (1875) vertretene Deutung der Obdiplostemonie („Verschiebungstheorie") und in gewissem Sinne die Theorie von STROEBL (1925), GOEBEL (1928), TROLL (1928) sowie WASSMER (1955), welche von einer „Förderung der Kelchblattsektoren" spricht, bestätigt.

1.5.12 Staminodien

Im vorhergehenden war bereits mehrfach die Rede davon, daß einzelne Staubblätter einer Blüte regelmäßig in Nektarien umgewandelt sein können, wie etwa das mediane Staubblatt bei *Scrophularia nodosa* (Abb. 55 I, II), oder in mehr oder minder starkem Maße der Verkümmerung anheimfallen, wie z. B. die beiden hinteren Staubblätter bei *Salvia* (Abb. 53 IX, X), das mediane Staubblatt bei *Columnea picta* (vgl. Seite 130) oder auch die Glieder des inneren Staubblattkreises bei *Linum* (Abb. 64 IV). Solche sterilen Staubblätter, die verschiedene Stufen der Rückbildung zeigen oder andere Funktionen übernehmen, bezeichnet man bekanntlich als **Staminodien.** Oft erscheinen die Staminodien gegenüber den fertilen Staubblättern wenig verändert (Abb. 73 X, XI), oft sind sie mehr oder minder flächig und petaloid gestaltet und von lebhafter, nicht selten mit dem Perianth kontrastierender Färbung, wie z. B. bei *Loasa vulcanica,* bei der die rot und gelb gefärbten Staminodien sich auffällig gegenüber den weißen Kronblättern abheben, oder bei *Clematis alpina,* deren weiße, durch gleitende Übergänge mit den Staubblättern verbundene Staminodien (Abb. 70 VIII, IX) einen lebhaften Kontrast zu den hellblauen Kronblättern bilden.

Bei den Malvaceen kann allem Anschein nach die Gestalt von Staminodien in starkem Maße durch die komplex-polyandrische Struktur des Androeceums bestimmt sein, was z. B. darin zum Ausdruck kommt, daß verzweigte Staminodien auftreten (Abb. 70 X, XI) und vor allem die mehr oder minder petaloiden Staminodien der gefülltblütigen Formen von *Hibiscus rosa-sinensis* und *Alcea rosea* (Abb. 70 XII bis XVII) oft in zahlreiche Lappen zerteilt sind, die am Rande oft noch Antherenrudimente tragen.

Es gibt nicht wenige Fälle, in denen sie in großer Zahl auftretend die Gestalt der Blüte in besonderem Maße bestimmen, so etwa bei Blüten der polyandrischen Lecythidaceen. Hier sind bei der „Kaiser-Napoleonsblume" *(Napoleona)* die Staminodien zu einer in drei Strahlenkränze gegliederten kokardenartig gefärbten „Staminodienkrone" vereinigt (Abb. 69 IV, V), während die Petalen fehlen. Bei *Lecythis* (Abb.

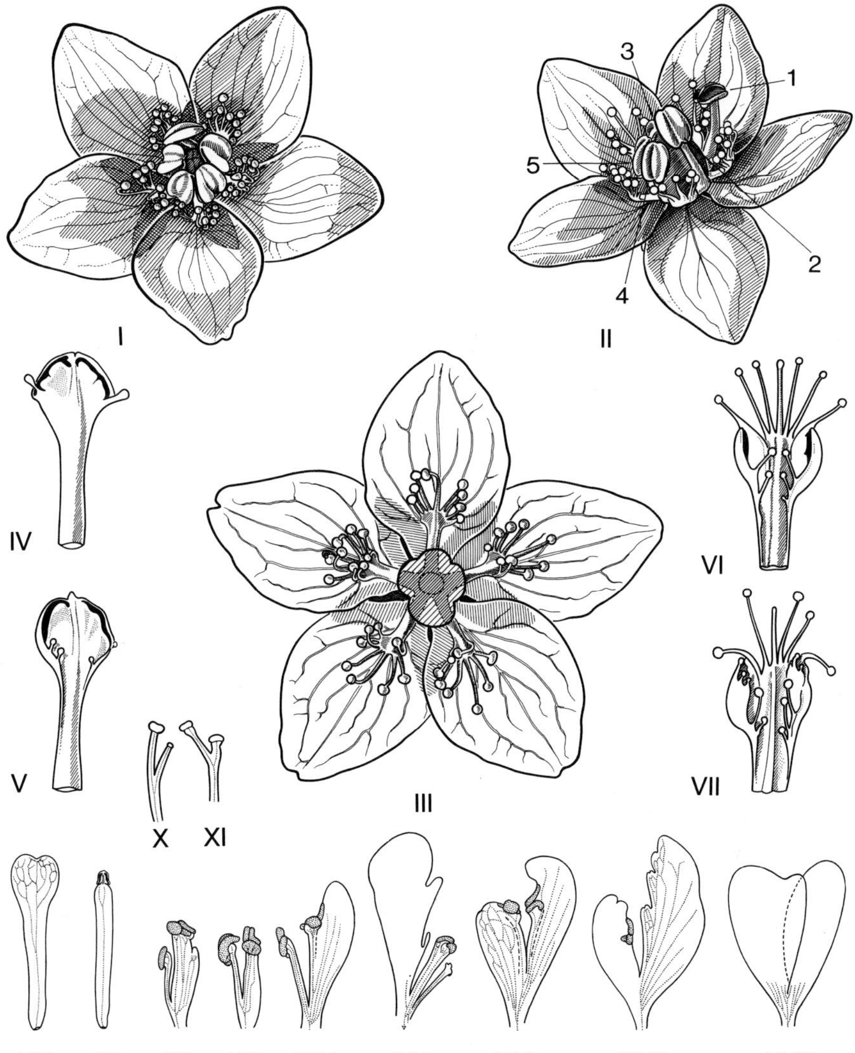

Abb. 70. I–VII *Parnassia palustris*. I, II Blüte total, von oben, vor der Anthese (I) und nach Verstäuben des ersten und Aufrichten des 2. Staubblattes (die Bezifferung gibt die Verstäubungsfolge der Antheren an), III Blüte nach Entfernung des Gynoeceums. IV–VII Übergangsformen zwischen fertilen Staubblättern und gewimperten Staminodien. VIII, IX *Clematis alpina*, Formen von Staminodien. X–XVIII *Alcea rosea*, Staminodien. IV–VII nach v. WETTSTEIN, X–XVIII nach VAN HEEL.

69 I, II) oder auch bei *Couroupita* bilden sie auf der Vorderseite der Blüte ein zungen- oder helmförmiges Anhängsel, das nach LEINS (1972b u. briefl. Mitt.) bei *Couroupita* (Abb. 69 III) als Anhängsel des androecealen Ringwalls gebildet wird, der den Primäranlagen des Androeceums entspricht.

Von bizarrer Form sind die grünen, mit langgestielten glänzenden köpfchenförmigen „Scheinnektarien" (vgl. Seite 211) gewimperten Staminodien, welche in den Blüten des Sumpfherzblattes *(Parnassia palustris)* mit dem 5zähligen Kreis fertiler Staubblätter alternierend vor den großen weißen Kronblättern stehen und einen lebhaften Kontrast zu diesen bilden (Abb. 70 I bis III). Ihre Form und die Zerteilung ihres distalen Abschnittes in 11 kopfig endende Wimpern läßt sich zunächst gar nicht auf die Form eines fertilen Staubblattes beziehen, man hat sie daher auch schon als bloße „Diskuseffigurationen" gedeutet. Bei anderen *Parnassia*-Arten findet man jedoch kaum mehr als 7, oft nur 3 oder weniger Drüsen, und bei *Parnassia tenella* weisen die Staminodien eine deutliche Gliederung in ein Filament und eine verkümmerte Anthere auf (Eichler 1878, Seite 426). Vor allem aber finden sich auch bei *P. palustris* gelegentlich Übergangsformen (Abb. 70 IV bis VII), welche zwischen den fertilen Staubblättern und den gewimperten Staminodien vermitteln (Wettstein 1890).

1.5.13 Petaloide Umwandlung von Staubblättern

Für die „petaloide Umwandlung" von Staubblättern bzw. die Ausbildung von Übergangsformen zwischen fertilen Staubblättern und Petalen haben wir – angefangen bei den petaloiden Blattorganen „gefüllter" Rosenblüten (vgl. Abb. 22 VIII bis XI) – bereits zahlreiche Beispiele kennengelernt. Wir haben auch bereits erwähnt, daß die mit sog. „Nektarschuppen" ausgestatteten Tepalen zahlreicher Liliaceen (Abb. 49 IV bis XI) sich in vielen vergleichenden Untersuchungen als „Hemmungsformen peltater Blätter" bzw. diplophyller Blätter erwiesen haben (vgl. Seite 100). Sie weisen eindeutig enge gestaltliche Beziehungen zu den Staubblättern auf; Entsprechendes gilt für petaloid verbildete Staubblätter von *Narcissus* (Leinfellner 1960a).

Die von Leinfellner (1963b, S. 369) gezogene Schlußfolgerung, daß die weitgehende bauplanmäßige Übereinstimmung der Liliaceen-Perigonblätter mit Staubblättern „nur in dem Sinne verstanden werden kann, daß sie insgesamt sterile Abkömmlinge des Andrözeums sind", ist jedoch keineswegs zwingend. Es werden nämlich „lediglich die morphologischen Beziehungen der Blumenblätter zu den benachbarten Blattorganen" (vgl. das Troll-Zitat auf Seite 46) aufgezeigt.

Wenn wir aber von der Voraussetzung ausgehen wollen, daß die Organe der Blütenhülle sich sekundär durch eine entsprechende Differenzierung der Blattorgane im Übergangsbereich zwischen Trophophyllen und Sporophyllen herausgebildet haben (vgl. Seite 42), so dürfen wir sogar erwarten, daß die inneren Glieder eines doppelten Perianths, also die Petalen, und in bestimmten Fällen auch Tepalen, enge Formbeziehungen zu den nächsten Sporophyllen, d.h. den Staubblättern erkennen lassen. Eine phylogenetische Interpretation in dem Sinne, daß Tepalen oder Petalen stammesgeschichtlich aus Staubblättern hervorgegangen seien, dürfte wohl nur in Einzelfällen bei entsprechender Absicherung durch parallele Befunde bei anderen Merkmalsreihen zulässig sein.

Enge Formbeziehungen bestehen auch zwischen Staubblättern und Petalen einiger dikotyler Verwandschaftskreise, bei denen die Kronblätter mehr oder minder deutlich peltaten oder diplophyllen Bau zeigen. Das gilt unter anderem für die mit einer Ligula ausgestatteten Kronblätter von *Erythroxylon* und *Koelreuteria* und die peltaten oder diplophyllen Kronblätter der Sapindaceen (Leinfellner 1954c, 1955b, 1958). Ein sehr instruktives Beispiel für eine geschlossene Reihe von Übergangsformen zwischen fertilen Staubblättern und Petalen bildet *Orthostemon sellowianus*

(Abb. 71 I bis VII, BAUM 1951a), wenngleich der Randverlauf bei den Kronblättern hier keine Andeutung einer Querzone mehr erkennen läßt. Bei den Kronblättern von *Waldsteinia geoides* ist dies dagegen noch häufig der Fall (Abb. 71 VIII bis X); dabei ist zu bemerken, daß die getrennten, wie zwei umgeschlagene basale Randlappen erscheinenden Gebilde ebenso wie die einheitlichen Ventrallappen basal für ein kleines, aber deutlich erkennbares Stück mit der Dorsalspreite verwachsen sind, also nicht nur umgeschlagene Spreitenohren darstellen (LEINFELLNER 1954d). Sehr deutlich ist die Peltation und Diplophyllie an jungen Kronblättern zu erkennen (Abb. 71 XI bis XIV). Man braucht sich bei solchen Beispielen oft nur vorzustellen, daß die starke Flächenentwicklung zugunsten einer Fertilität der Ränder eingeschränkt ist, um zu den entsprechenden Staubblattformen zu kommen. Dies hat LEINFELLNER (1954) am Beispiel von *Aesculus*- und *Dianthus*-Arten deutlich gemacht. Man vergleiche dazu

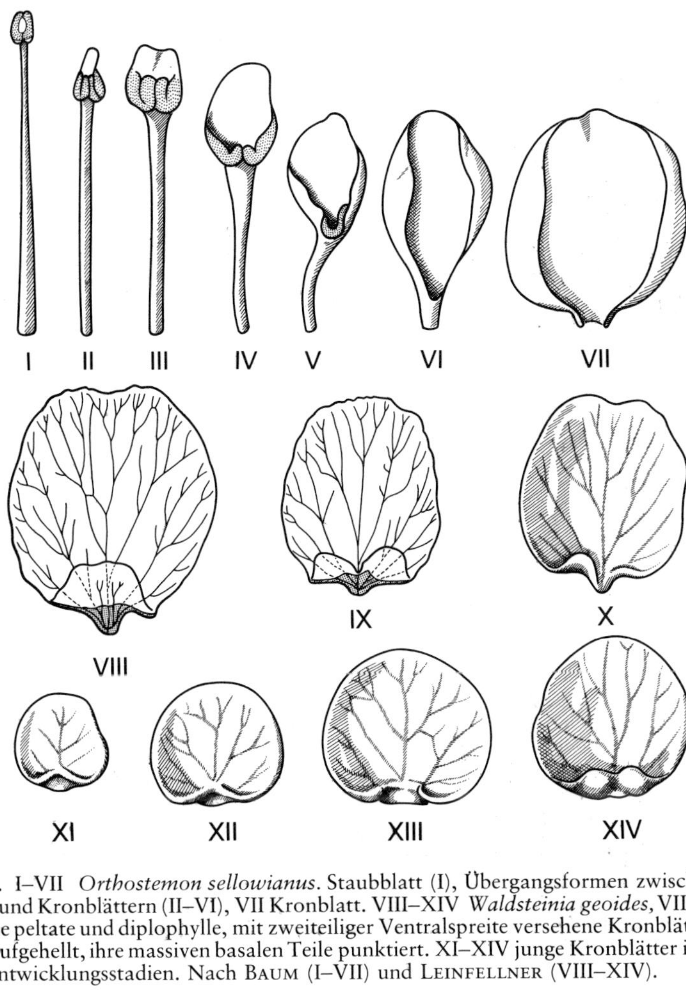

Abb. 71. I–VII *Orthostemon sellowianus*. Staubblatt (I), Übergangsformen zwischen Staubblättern und Kronblättern (II–VI), VII Kronblatt. VIII–XIV *Waldsteinia geoides*, VIII–X ausgewachsene peltate und diplophylle, mit zweiteiliger Ventralspreite versehene Kronblätter, in VIII und IX aufgehellt, ihre massiven basalen Teile punktiert. XI–XIV junge Kronblätter in verschiedenen Entwicklungsstadien. Nach BAUM (I–VII) und LEINFELLNER (VIII–XIV).

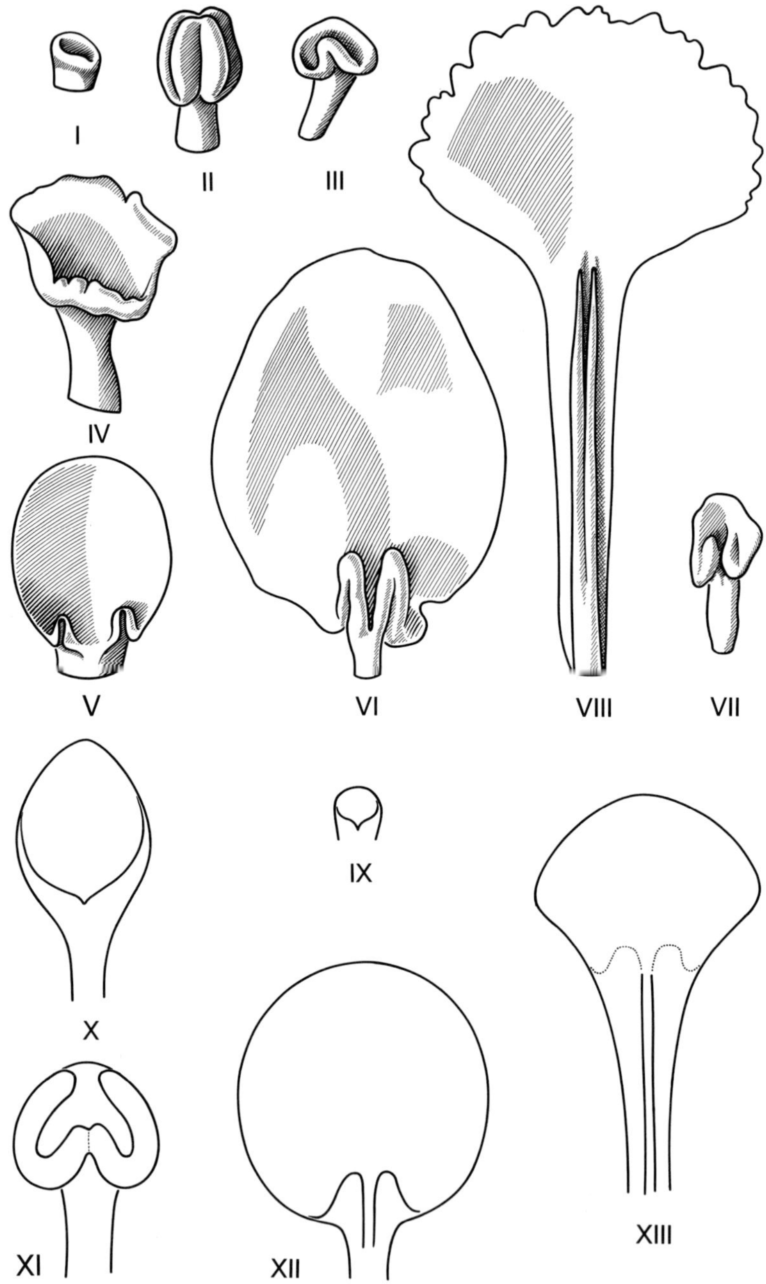

Abb. 72. I–IV *Dianthus caryophyllus*. I Staubblattprimordium, II junges Staubblatt, III, IV verbildete Staubblätter. V, VI *Aesculus hippocastanum*, junges (V) und *A. carnea*, älteres (VI) Kronblatt. VII *Dianthus semperflorens*, verbildetes Staubblatt. VIII *D. barbatus*, Kronblatt. IX–XIII schematische Übersicht über die bauplanmäßigen Zusammenhänge zwischen einer peltaten Staubblattanlage von *Dianthus* (IX) und einem peltaten Kronblatt (X), einem normalen Staubblatt (XI) und einem Kronblatt von *Aesculus* (XII) und *Dianthus* (XIII). Sämtlich nach LEINFELLNER.

die schematischen Figuren in Abb. 72 IX bis XIV mit der in Abb. 72 I wiedergegebenen Staubblattanlage von *Dianthus* und den Formen fertiler und steriler Staubblätter und Kronblätter von *Dianthus* und *Aesculus* (II–VIII). Der Bau, der in Abb. 72 I und im Schema IX wiedergegebenen Staubblattanlage schließt nach LEINFELLNERS Deutung die Entwicklungsmöglichkeit der verschiedenen hier in Rede stehenden Kron- und Staubblätter durchaus ein, gleich ob diese schlauchförmig oder diplophyll gestaltet sind. Bei freier Randentwicklung kann aus der Anlage sowohl das schildförmig verbildete sterile Staubblatt in IV als auch ein peltates Kronblatt (V/X) entstehen, bei Fertilität der Ränder und Emporwachsen der mit dem dorsalen Spreitenabschnitt verbundenen Querzone ein Staubblatt bzw. bei Zurückdrängung der Fertilität ein Staminodium der in III/XI wiedergegebenen Form (vgl. auch das Staminodium in VII). Verbreitert sich der stielartige Abschnitt „entsprechend dem Wachstum der Lamina und wird der Schlitz, den die herabgezogenen Ränder bilden, durch Streckung des Anlagenstieles stark in die Länge gezogen“ (1954, Seite 403), so entsteht die Form des *Dianthus*-Kronblattes (VIII/XIII). Durch starke flächige Entwicklung bei nur geringem Emporwachsen der ventralen Randbögen an der Lamina und schwacher Streckung des stielartigen Abschnittes kommt ein Kronblatt zustande, wie man es bei *Aesculus* findet (VI/XII).

Die vierkantige oder vierflügelige Form, welche bei den Petalen bisweilen angedeutet (Abb. 72 VIII), bei den petaloid verbildeten Staubblättern aber sehr oft noch viel stärker ausgeprägt ist, versuchte ČELAKOVSKÝ (1878) mit Hilfe seiner „Überspreitungstheorie“ zu erklären. Sie ist nach LEINFELLNERS Ansicht jedoch eine Folge des diplophyllen Grundaufbaues (zu der von LEINFELLNER gegebenen Deutung des *Dianthus*-Kronblattes vergleiche man die kritischen Anmerkungen KUNZES (1979, Seite 287ff.).

In das Formenspektrum zwischen fertilen Staubblättern und peltaten oder diplophyllen Kronblättern lassen sich auch die Formen der Nektarblätter (vgl. Seite 93, Abb. 46, 47) ohne Schwierigkeiten einordnen.

Eindeutig diplophyll sind nach den Untersuchungen LEINFELLNERS (1955b) auch die etwa von Nymphaeaceen her bekannten blattartig flachen Staubblätter, die sich besonders häufig bei den als „primitiv“ angesehenen Familien der *Magnoliales* finden. Sie lieferten bekanntlich das „klassische Beweismaterial“ für die Blattnatur der Staubblätter (Abb. 73), und auch heute noch gelten solche Staubblattformen wie etwa die von *Degeneria* (TAKHTAJAN 1959) als primitiv und als Hinweis darauf, daß in der Evolution „die breiten bandförmigen Staubblätter der primitiven Formen in stärker spezialisierte Mikrosporophylle“ übergingen (Seite 85; vgl. z.B. auch CANRIGHT 1952). Entsprechend wird auch die oft zu beobachtende Dreinervigkeit dieser Stamina interpretiert (vgl. z.B. PARKIN 1951). Die zur Verbreiterung führenden Säume und Lamellen dieser Staubblätter stellen jedoch nach LEINFELLNER (1955b) (ähnlich wie bei den Kronblättern der *Bruniaceae;* LEINFELLNER 1964c) das Ergebnis sekundärer Veränderungen dar und treten auch im allgemeinen verhältnismäßig spät während der Ontogenese in Erscheinung (Abb. 73 I bis VII). Auch die „Staubblattanlagen von *Nymphaea* sind eindeutig diplophyll“ ... „Die blattartig flachen Staubblätter sind daher keinesfalls als einfach gestaltete, den bifazialen Blättern nahestehende Sporophylle, sondern als abgeleitete Bildungen zu bewerten.“ (LEINFELLNER 1955b, Seite 288). Die blattartig verbreiterten Staubblätter von *Victoria amazonica* erwiesen sich durch das Auftreten zusätzlicher peripherer (auf der adaxialen Seite teilweise inverser) Leitbündel ebenfalls als sekundär abgeflacht (HEINSBROEK und VAN HEEL 1969).

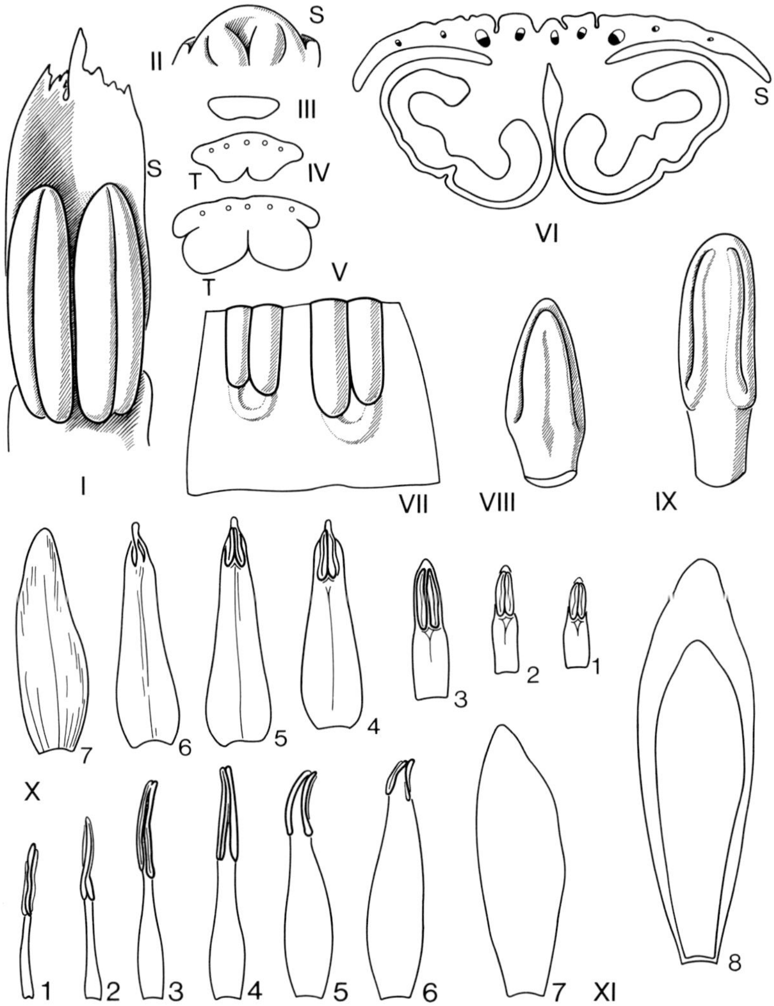

Abb. 73. I–VI *Costus igneus*. I Staubblatt vor der Anthese, II Staubblattanlage, III–VI Querschnitte durch Antheren in aufeinanderfolgenden Entwicklungsstadien, S petaloider Saum, T Thekenwülste. VII *Nymphaea stellata*, Antherenbasis eines äußeren Staubblattes VIII, IX junge Staubblätter von *Nymphaea tetragona* in aufeinanderfolgenden Entwicklungsstadien (IX etwas weniger vergrößert als VIII). X, 1–7 und XI, 1–8 Übergänge zwischen Staubblättern und Tepalen bei *Nymphaea hybrida* und *N. alba*. I–IX nach Leinfellner, X, XI nach Troll.

Wohl eindeutig sekundärer Natur ist auch die petaloide Umwandlung von Staubblättern, die wir bei den *Zingiberales*-Familien der *Zingiberaceae*, *Cannaceae* und *Marantaceae* finden. Dies geht soweit, daß die Schaufunktion der beiden kaum noch auffällig hervortretenden trimeren Perigonwirtel weitgehend oder gänzlich von den

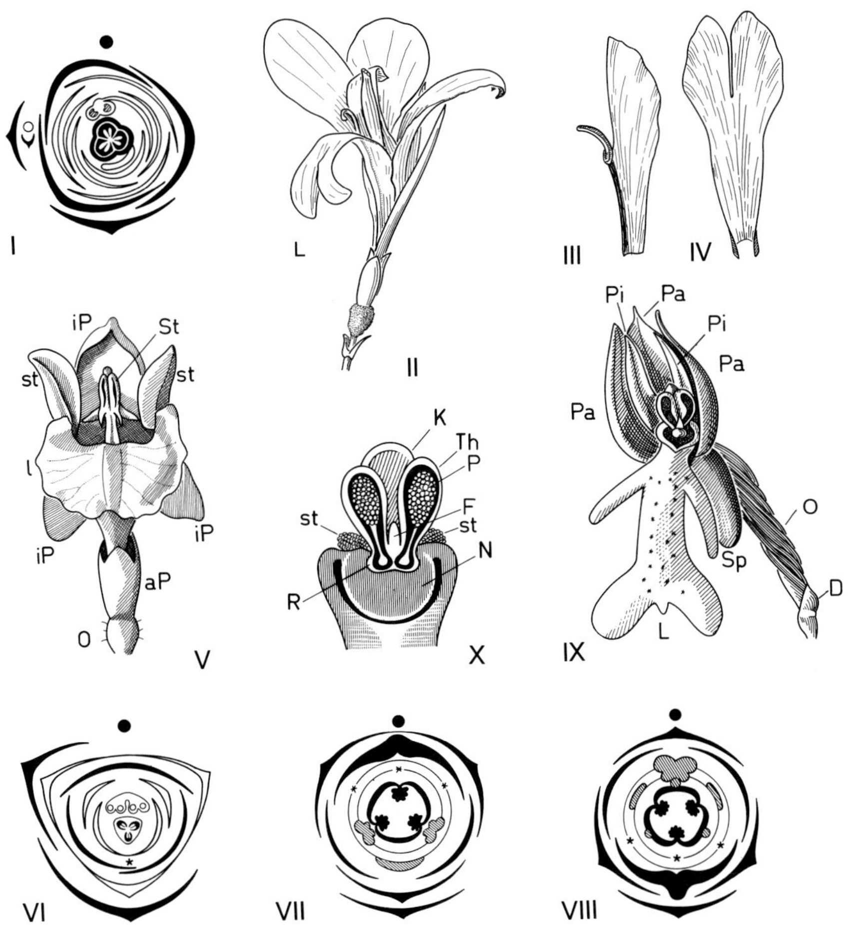

Abb. 74. I, II *Canna indica,* I Blütendiagramm, II Blüte, L Labellum. III, IV *Canna iridiflora,* III Staubblatt und IV Labellum. V, VI *Zingiberaceae,* V Blüte von *Curcuma australasica,* O unterständiges Ovar, aP äußerer, iP innerer Perigonkreis, st Staminodien, St das einzige fertile Staubblatt, l staminodiales Labellum. VI *Kaempferia ovalifolia,* Blütendiagramm. VII, VIII Blütendiagramm von *Cypripedium,* nicht resupiniert, und *Orchis,* resupiniert. IX, X *Orchis militaris,* IX Blüte mit tordiertem unterständigen Ovar (O), D Deckblatt, L Labellum, Sp Sporn, X Gynostemium stärker vergr., Th Theke, P Pollinium und K Konnektiv des fertilen Staubblattes, st Staminodien, übrige Bezeichnungen wie in V. Nach Eichler (I, VI–VIII), Schenck (II), Troll (III, IV), Hooker (V) sowie Berg und Schmidt (IX, X).

großen corollinisch gefärbten Staminodien übernommen wird, die wiederum die Gestalt von Lippenblumen hervorbringen können. Bei einer solchen, „unabhängig von der Organisation einer einfachen Blüte“ sich herausbildenden Gestalt, „die nur einzelne Teile einer Blüte für sich beansprucht, wobei die übrigen gestaltlich bedeutungslos werden“, spricht Troll (1928, Seite 89/90) von einer „Sekundärblüte“.

Als Beispiel für eine solche zweilippige Sekundärblüte mag die Zingiberacee *Curcuma australasica* (Abb. 74 V) dienen. Wie bei allen Zingiberaceen ist hier nur noch das mediane Staubblatt des inneren Kreises fertil, das mediane des äußeren Kreises fehlt, die übrigen sind bei *Curcuma* und allen anderen *Hedychieae* (Abb. 74 VI) sämtlich groß und blumenblattartig entwickelt, die beiden innersten zu einem lippenförmigen Organ, dem Labellum, vereinigt, das mit seinen hinteren Rändern das Staubblatt einschließt und dem als „Oberlippe" fungierenden medianen Tepalum des inneren Perigonkreises als „Unterlippe" gegenübersteht.

Bei *Kaempferia marginata* wird die Oberlippe von dem fertilen Staubblatt gebildet, dessen Konnektivregion in zwei breite nach hinten zurückgeschlagene petaloide Zipfel ausgezogen ist; die in der Mediane nach innen eingekrümmte Theke dient darüber hinaus auch noch als Griffelhalter (vgl. TROLL 1928, Seite 306 ff.). Bei *Roscoea purpurea* ist sogar ein ähnlicher Hebelmechanismus ausgebildet wie bei *Salvia*-Arten (vgl. Seite 335).

Noch weiter als bei den *Zingiberaceae* geht die petaloide Umwandlung der Staubblätter bei den *Marantaceae* und *Cannaceae:* hier wird auch das letzte bei den Zingiberaceen noch fertile Staubblatt zur Hälfte corollinisch ausgebildet, nur eine Theke bleibt fertil. Das bekannteste Beispiel sind die *Canna*-Arten (*C. indica, C. iridiflora*, Abb. 74 I bis IV), bei deren gänzlich asymmetrischen Blüten die Schauwirkung allein von den petaloiden Staminodien ausgeht, von denen eins wiederum als Labellum ausgebildet ist (IV).

1.5.14 Vereinigung von Staubblättern und Gynoeceum

Bei dem häufigen Auftreten serialer Vereinigungen zwischen Gliedern aufeinanderfolgender Organkreise, besonders zwischen Kron- und Staubblättern, darf man fast von vornherein erwarten, daß es auch zu serialen Verbindungen zwischen Staubblättern und dem Gynoeceum kommen kann. Dies ist tatsächlich gelegentlich der Fall, so z. B. bei manchen *Aristolochiaceae,* wo die Staubblätter mit dem Griffel zu einem sog. **Gynostemium** vereinigt sind (vgl. Abb. 189 III, IV); ähnliches gilt etwa für die *Stylidiaceae.*

Bei den *Asclepiadaceae* kommt die Verbindung der Staubblätter mit dem Gynoeceum teils durch bloße Cuticularverzahnung *(Periplocoideae),* teils durch postgenitale Verwachsung *(Cynanchoideae)* zustande (vgl. Abb. 190), bei den *Apocynaceae* sind die Staubblätter entweder durch einzelne Haare *(Plumerioideae)* oder durch Haarbüschel und lockere Wucherungen *(Echitoideae)* mit dem Gynoeceum verbunden (BAUM 1948a).

Besonders innig und zudem von hoher blütenbiologischer Bedeutung ist die Vereinigung des – stark reduzierten – Androeceums mit Griffel und Narbe bei den *Orchidaceae,* denen die konstante Ausbildung eines Gynostemiums den alten Namen *Gynandrae* eingetragen hat.

Bei den *Orchidaceae* gelangen von den beiden 3zähligen Staubblattwirteln des Liliaceen-Diagramms nur die 3 ursprünglich dem Deckblatt zugewandten Staubblätter zur Entwicklung. Von diesen sind nur ausnahmsweise alle drei fertil, so bei der durch schwach zygomorphe Blüten ausgezeichneten Gattung *Neuwiedia (Apostasieae).* Bei den übrigen *Cypripedioideae,* zu denen unser einheimischer Frauenschuh *(Cypripedium calceolus)* und das unter dem selben Namen „Frauenschuh" häufig kultivierte *Paphiopedilum* gehören, ist das mediane zu einer sterilen Schuppe umgebildet (Abb. 74 VII). Bei den formen- und zahlenmäßig weit überwiegenden *Or-*

chidoideae ist allein das mediane Staubblatt fruchtbar (Abb. 74 VIII). Die Antheren verstäuben ihren Pollen nur selten, gewöhnlich sind die Pollenkörner eines Pollensackes oder einer Theke zu einem kompakten „Pollinium" vereinigt, das bei der Bestäubung als Ganzes übertragen wird. Griffel- und fruchtbare Staubblätter sind meist vollständig zu einem sogenannten **Gynostemium** vereinigt, das im Zentrum der Blüte emporragt. Im Perigon ist das mediane, ursprünglich der Abstammungsachse zugekehrte Glied gewöhnlich stark abweichend gestaltet und in mannigfacher Weise zu einer Lippe, dem „Labellum", ausgebildet und dabei häufig nach hinten in einen Nektar bergenden Sporn verlängert. Da sich die Blüten während ihrer Entwicklung durch eine Torsion im Bereich des unterständigen Fruchtknotens oder des Blütenstiels um 180° drehen (VII), gelangt das Labellum nach unten und kann als Anflugorgan dienen. Der Eingang des Spornes liegt dann unmittelbar vor dem Gynostemium (Abb. 74 IX). Bei Orchideen mit überhängenden Blütenständen findet meist keine Resupination der Blüten statt.

Das 3zählige Ovar ist nur selten dreifächerig mit zentralwinkelständiger Plazentation, sondern meist einfächerig mit mehr oder minder weit vorspringenden oft gespaltenen Placenten. Von den drei Narbenlappen dienen nur noch die beiden seitlichen der Aufnahme des Pollens; sie bilden zusammen eine grubenförmig vertiefte Narbenfläche. Der dritte Narbenlappen ist als „Rostellum" mit der fruchtbaren Anthere verwachsen und liefert Klebmasse und „Stielchen", welche mit jedem Pollinium zu einem „Pollinarium" verbunden werden (Abb. 74 X). Die Blütenbesucher, z.B. Insekten, stoßen leicht mit dem Kopf gegen die Klebkörper der nach dem Öffnen der Theken freiliegenden Pollinarien, ziehen diese aus der Anthere heraus und tragen sie zur nächsten Blüte. Die rasch welkenden Stielchen biegen sich währenddessen nach vorn, so daß das Pollinium beim Eindringen des Insekts in die Blüte auf die fertile Narbenfläche gedrückt wird. Nur durch die Übertragung eines ganzen Polliniums ist die Befruchtung der oft mehrere Tausend zählenden Samenanlagen eines Ovars bei einem einmaligen Bestäubungsvorgang möglich.

1.6 Das Gynoeceum

1.6.1 Bau des Karpells, chorikarpes (apokarpes) und coenokarpes Gynoeceum, Placentationsformen

Den Gipfelbereich der Blüte nehmen die Makrosporophylle ein, die wir bei den Samenpflanzen auch als Fruchtblätter oder Karpelle bezeichnen. Sie treten in einer Blüte meist in der Mehrzahl auf, bei manchen Verwandtschaftskreisen, z.B. den Hülsenfrüchtlern *(Leguminales)* oder den *Rosaceae – Prunoideae,* auch nur in der Einzahl. Die Gesamtheit der Karpelle einer Blüte wird, wie bereits erwähnt, ihr Gynoeceum genannt.

Im Verhältnis zu den Staubblättern lassen diese Organe ihren Blattcharakter oft viel stärker erkennen. Das liegt vor allem an ihrer durch den hohen Chlorophyllgehalt bedingten intensiven Grünfärbung. Darüber hinaus weisen sie bei manchen Verwandtschaftskreisen oft eine beträchtliche Flächenentwicklung auf (Abb. 75 I). Allerdings sind sie nicht flach ausgebreitet.

Wir haben bereits (Seite 11ff.) kurz erörtert, daß im Gegensatz zu den Gymnospermen, bei denen die Samenanlagen zumindest während der Bestäubungszeit am Rande der Fruchtblätter frei und offen zutage liegen, sie bei den Angiospermen von den Fruchtblättern umschlossen sind. Das Beispiel des Fruchtblattes von *Helleborus foetidus* (Abb. 75 III, IV) zeigt uns, wie diese Aussage gemeint ist. Äußerlich (II) ist an diesem wenig zu entdecken, was auf ein Makrosporophyll hindeutet. Erst wenn man ein solches Organ quer durchschneidet (Abb. 75 V, 76 II) oder der Länge nach

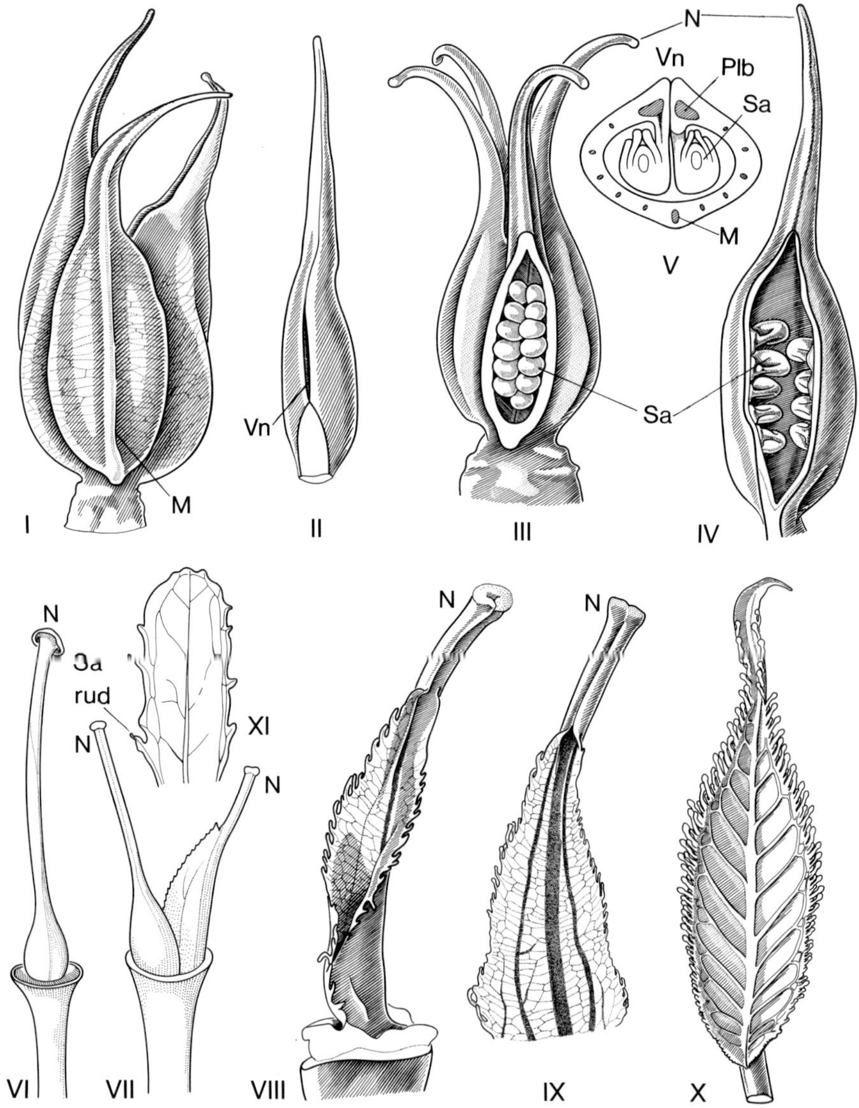

Abb. 75. I–IV *Helleborus foetidus.* I Gynoeceum während der Fruchtentwicklung, M Mediannerv des nach vorn gekehrten Karpells, II einzelnes Karpell während der Anthese, Ventralansicht, III Gynoeceum während der Anthese, Rückenwand des nach vorn gekehrten Karpells abgetragen, um die entlang der Ventralnaht sitzenden Samenanlagen Sa zu zeigen, IV einzelnes Karpell während der Fruchtentwicklung, mit aufgetrennter Ventralnaht. V *Delphinium elatum,* Querschnitt durch ein Karpell, Vn Ventralnaht, Plb Placentarbündel, M Mediannerv, VI *Prunus avium,* Blüte, deren sämtliche Organe, das Karpell ausgenommen, abgetragen wurden. VII–X *Prunus paniculata,* VII das aus zwei Karpellen bestehende Gynoeceum wie in VI freigelegt, eines der beiden Karpelle verlaubt. N Narbe, VIII dasselbe bei einem einkarpelligen, verlaubten Gynoeceum, IX dasselbe Karpell ausgebreitet, X junges Laubblatt zum Vergleich. XI *Barbarea vulgaris,* verlaubtes Karpell Sa rud rudimentäre Samenanlagen. Weitere Erläuterungen im Text. V, VI nach TROLL, VII nach RAUH, XI nach ROHWEDER.

öffnet (Abb. 75 III, IV), sieht man in dem durch das Fruchtblatt gebildeten Gehäuse die Samenanlagen (Sa). Sie entspringen den Rändern des Fruchtblattes, die ventralwärts eingekrümmt und an der Berührungslinie postgenital miteinander verwachsen sind.

Die Spitze des Fruchtblattes ist deutlich verlängert, seine beiden Ränder bleiben hier frei und weichen auseinander, so daß die Oberseite offen nach außen (oben) gekehrt ist. Dieser Abschnitt des Fruchtblattes dient als **Narbe** (Abb. 75 III, IV, VII) der Aufnahme des durch Wind oder Tiere herangebrachten Pollens. Seine Oberseite ist daher oft dicht mit papillösen Erhebungen (Narbenpapillen) besetzt, die ein schleimiges Narbensekret absondern, das die Pollenkörner festhalten und auch das Wachstum des Pollenschlauches anregen und fördern kann.

Von der Nervatur des Fruchtblattes ist besonders der Mittelnerv (M) zu erkennen. Die ihm gegenüberliegenden, durch die Ventralnaht miteinander vereinigten Ränder verfügen ebenfalls über je ein kräftiges Leitbündel (Abb. 75 V Plb.), das offensichtlich der Versorgung der zahlreichen Samenanlagen dient, die hier an der Ventralseite der Ränder inseriert sind. Der Insertionsbereich der Samenanlagen springt in Form einer leistenförmigen Gewebewucherung vor, die man als **Placenta** bezeichnet. Das in den Rändern verlaufende Leitbündel wird dementsprechend Placentarbündel (Plb) genannt.

Die hier vorliegende Stellung der Samenanlagen bezeichnet man als **randlich** oder **marginal** (bzw. submarginal). Von diesem vorherrschenden Grundtyp der Placentation unterscheidet man noch einen zweiten, die **laminale** Placentation, bei welcher die Samenanlagen wie z. B. bei den *Butomaceae* (Abb. 78 XIV, XV), *Hydrocharitaceae* und den meisten *Nymphaeaceae* (Abb. 14 I, 78 XVI) der Innenfläche des Karpells entspringen, und zwar mit Ausnahme des medianen Bereichs und der Randzonen (laminal–lateral); nur in wenigen Fällen, die einer genauen Nachprüfung bedürfen, sollen die Samenanlagen über der Mediane des Karpells stehen, während die Karpellflanken frei bleiben (laminal-mediane Placentation, *Brasenia (Nymphaeaceae), Ceratophyllaceae;* vgl. Troll 1934). Vielleicht ist es möglich, „den laminalen Modus auf die marginale Plazentation zurückzuführen" (Troll 1931, Seite 5).

Der Blattcharakter der Karpelle tritt oft besonders deutlich in Fällen abnormer Blütenentwicklung zutage, und zwar bei der sogenannten Verlaubung, die bei manchen Blütenmißbildungen (Abb. 75 XI) und oft als Begleiterscheinung der sogenannten „Blütenfüllung" bei Ziergewächsen zu beobachten ist. Ein anschauliches Beispiel dafür liefert die Japanische Zierkirsche *(Prunus paniculata = P.serrulata)*, deren Blüten stets durch die in allen Stadien in Erscheinung tretende petaloide Ausbildung zahlreicher Staubblätter gefüllt sind. Für die *Prunus*-Arten ist allgemein charakteristisch, daß ihr Gynoeceum nur aus einem einzigen Fruchtblatt besteht, das eine Gliederung in ein eiförmiges Ovar, einen langen Griffel und eine tellerförmige Narbe aufweist (Abb. 75 VI).

Bei der Japanischen Zierkirsche treten jedoch meist zwei Karpelle auf, von denen zumindest eins verlaubt zu sein pflegt (Abb. 75 VII). Abgesehen vom Fehlen des Blattstieles zeigt dieses eine erstaunliche Ähnlichkeit mit den Laubblättern: die Ränder bleiben unverwachsen und weisen die gleiche Zähnung auf wie die Spreitenränder der Laubblätter (VIII). Auch die Nervatur ist laubblattähnlich, läßt aber neben dem Mittelnerv noch zwei kräftige Längsnerven erkennen, welche den Placentarbündeln entsprechen dürften (IX). Griffel und Narbe, in die sich die Mittelrippe des Karpells verlängert, sind offenbar in verkümmerter Form erhalten geblieben. Die Einfaltung der Spreite, die auch bei den Laubblättern in der Knospenlage auftritt, bleibt gleichfalls erhalten.

Sofern in einer Blüte mehrere Fruchtblätter vorhanden sind, muß man in der Ausbildung des Gynoeceums zwei Möglichkeiten voneinander unterscheiden, die wir als chorikarp (apokarp) und coenokarp bezeichnen. Chorikarp (apokarp) heißt ein Gynoeceum, das aus freien, nicht untereinander vereinigten Fruchtblättern besteht. Als Beispiel mag das Gynoeceum von *Delphinium elatum* (*Ranunculaceae*, Abb. 76 I) dienen. In dieser chorikarpen Form bietet sich das Gynoeceum in einem recht ursprünglich erscheinenden Zustand dar, der sich bei den durch Häufung auch anderer primitiver Merkmale gekennzeichneten Familien der *Polycarpicae*, der *Dilleniales* und mancher *Helobiae*, ferner bei Familien der *Rosales* und etlicher anderer Verwandtschaftskreise erhalten hat (*Sterculiaceae, Simaroubaceae, Apocynaceae, Asclepiadaceae, Palmae* u. a.).

Das **coenokarpe Gynoeceum** ist gegenüber dem chorikarpen (apokarpen) durch die kongenital oder (zumindest teilweise) auch postgenital erfolgende Vereinigung der Karpelle zu einem mehr oder minder einheitlichen Gebilde gekennzeichnet.

Man braucht sich nur die in Abb. 76 II im Querschnitt wiedergegebenen getrennten Karpelle von *Delphinium* seitlich miteinander verbunden vorzustellen, um zu dem Querschnittsbild eines coenokarpen Ovars zu gelangen (Abb. 76 IV), wie es etwa für viele Liliaceen charakteristisch ist.

Bau und Placentationsverhältnisse des einzelnen Fruchtblattes werden durch diese kongenital zustande kommende Verbindung zu einem coenokarpen Gynoeceum in keiner Weise verändert. Die Karpelle haben jedoch ihre Selbständigkeit aufgegeben, sie bilden ein Organgefüge höherer Ordnung, das wegen seiner oft einem Stempel oder einer Mörserkeule ähnlichen Form als **Stempel** oder **Pistill** bezeichnet wird. Sein die Samenanlagen umschließender Basalteil wird auch hier **Ovar** oder seiner mehr oder minder starken knotenartigen Verdickung wegen auch **Fruchtknoten** genannt.

Der obere, zwischen dem Ovar und den Narben (N) gelegene Teil des Pistills ist oft stark verlängert und erheblich verjüngt, und wird daher Griffel (**Stylus**) genannt. Sofern – wie bei der Tulpe – kein Griffel ausgebildet ist, sitzen die Narben dem verdickten fertilen Abschnitt des Gynoeceums, also dem Ovar, unmittelbar auf. Bei der Verwachsung von drei mit ihren Rändern völlig zusammenschließenden Fruchtblättern entsteht – wie im dargestellten Beispiel – ein dreifächeriger Innenraum des Fruchtknotens, d. h. das Pistill verfügt über ebensoviele Fächer wie Blattorgane an seinem Aufbau beteiligt sind. Die jeweils aus den miteinander verwachsenen Flanken der Fruchtblätter gebildeten Trennungswände werden Septen genannt, die Fächer nennt man **Loculi (Loculamente)**. Die Samenanlagen, bzw. die Placenten kommen dabei im allgemeinen im zentralen Teil des Fruchtknotens in den Winkeln zwischen den Scheidewänden zu liegen, man sagt daher: **zentralwinkelständig.** Wie bereits erwähnt, bleiben die Fruchtblattränder im Bereich des Griffels steril. Sie weichen hier gewöhnlich auseinander und ziehen sich vom Zentrum des Ovars zurück, so daß ein einheitlicher Innenraum, der **Griffelkanal** gebildet wird, der allerdings häufig durch sekundäre Gewebewucherungen ausgefüllt wird, welche bei der Leitung der Pollenschläuche eine Rolle spielen können.

Von dieser als **coenokarp-synkarp (synkarp)** bezeichneten Form des coenokarpen Gynoeceums muß man die **coeno-parakarpe** Ausbildungsweise unterscheiden. Diese ist dadurch gekennzeichnet, daß zwar die Fruchtblätter untereinander vereinigt sind, aber die Ränder des einzelnen Fruchtblattes auf der Ventralseite nicht zusammen-

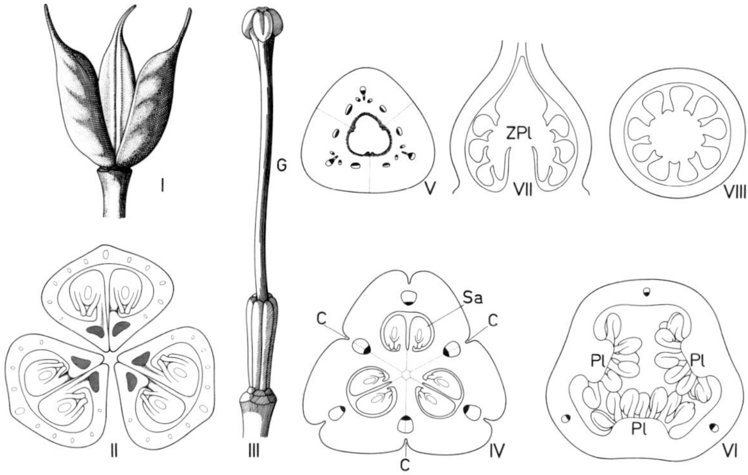

Abb. 76. Bau des Gynoeceums. I, II chorikarpes Gynoeceum von *Delphinium elatum* postfloral, in Gesamtansicht (I) und im Querschnitt (II). III–V coenokarpes Gynoeceum von *Lilium candidum,* III Gesamtansicht, G Griffel, IV Querschnitt durch das Ovar, V durch den Griffel, Sa Samenanlagen, C Kommissuren, in denen die Karpelle miteinander vereinigt sind. VI Querschnitt durch das parakarp-aseptale Gynoeceum von *Passiflora,* Pl Placenten. VII, VIII Axial- und Querschnitt durch das Gynoeceum von *Lysimachia.* ZPl Zentralplacenta. Sämtlich nach TROLL.

schließen, so daß ein einheitlicher Hohlraum entsteht, in welchen die Ränder der Fruchtblätter mit ihren Placenten mehr oder weniger tief hineinragen. Dadurch kann eine unvollständige Fächerung entstehen (Abb. 81 XII). Sofern das nicht der Fall ist, stehen die Placenten auf der Innenwand des Fruchtknotens, man nennt das **parietal** (Abb. 76 VI). Die Parakarpie wird oft als sekundäre Erscheinung gewertet, und zwar aus der Überlegung heraus, daß erst nach dem Zusammenschluß der Karpelle zu einem coenokarpen Gynoeceum der ventrale Verschluß der einzelnen Fruchtblätter ohne Schaden für die zu schützenden Samenanlagen aufgegeben werden kann.

Auch das Zustandekommen der sogenannten **Zentralplacenta** (Abb. 76 VII, VIII) beruht auf einem Zurücktreten der Septen. Dies kann in späteren Stadien der Entwicklung – also postgenital – durch Schwund der Septen, aber auch schon kongenital dadurch bewirkt werden, daß die Karpellränder seitlich nicht bis zum Zentrum des Ovars vorstoßen.

Dadurch entsteht dann ein Fruchtknoten mit einheitlichem Hohlraum, in dessen Mitte sich eine Samenanlagen tragende Säule befindet. Auch diese Säule kann – sofern nur ihr unterer Teil Samenanlagen trägt – reduziert sein, so daß die Samenanlagen in der Mitte des Fruchtknotens an seinem Grunde inseriert sind, und dadurch der Eindruck erweckt wird, als gingen sie aus dem apikalen Ende der Blütenachse hervor, seien also achsenbürtig und nicht blattbürtig.

Um die zuletzt geschilderten Formen der Zentralplacenta wirklich verstehen zu können, vor allem aber um zu einem allgemeinen tieferen Verständnis vom Aufbau des Gynoeceums zu gelangen, müssen wir uns noch einmal der Morphologie seiner Elemente, das heißt der Struktur des einzelnen Karpells zuwenden. Vielfältige Möglichkeiten dazu bieten die chorikarpen Gynoeceen der schon genannten Verwandtschaftskreise.

1.6.2 Karpelle als peltat-ascidiate Organe, U-förmige Placentation

Beim Karpell haben wir es zumeist mit einem Blattorgan zu tun, das von anderen Blättern nicht nur durch seine Einfaltung und die Verwachsung der Ränder abweicht. Die Grundform des Karpells ist oft vielmehr die eines peltaten, eigentlich mehr oder minder schlauchförmigen Blattes, das auf seiner morphologischen Oberseite längs seiner Ränder die Placenten mit den Samenanlagen trägt.

Den Bau und das Zustandekommen eines peltaten, schildförmigen Laubblattes haben wir schon auf Seite 115 am Beispiel des *Tropaeolum*-Blattes erörtert. Von einem solchen Schildblatt mit flacher Spreite läßt sich die Bildung eines schlauchförmigen Blattes ohne weiteres ableiten. Man braucht sich dazu nur vorzustellen, daß die Fläche des *Tropaeolum*-Blattes stark wächst, während der Rand seinen ursprünglichen Umfang beibehält. Dabei muß es zwangsläufig zu einer Einwölbung der Spreite kommen, die zunächst zur Form eines Trichters führt und im Extremfalle sogar ein lang röhrenförmiges Blatt ergibt.

Solche lang röhren- oder tütenförmigen Laubblätter sind von verschiedenen Insectivoren her bekannt, man denke nur etwa an Blätter von *Sarracenia* oder auch an das Kannenblatt von *Nepenthes*. Entsprechende lang-schlauchförmige Karpelle findet man etwa bei den *Potamogetonaceae* oder bei den *Zannichelliaceae* (Abb. 77 I, II).

Die peltat-schlauchförmige Natur solcher Karpelle tritt schon frühzeitig durch die Aufwölbung der Querzone in Erscheinung (Abb. 77 VI, VII). Auf diese Weise kommt ein mehr oder minder schief gestelltes schüsselförmiges Primordium zustande, das mit geschlossen-ringförmigem Randmeristem zu einem zylindrischen Gebilde mit mehr oder minder schief ausgerichteter Mündung heranwächst (Abb. 77 III bis V, 78 I, XVI). Dabei kann der gesamte ringförmige Rand zur Narbe ausgebildet (Abb. 78 I) und sogar tellerförmig verbreitert werden (Abb. 77 I, II).

Da peltat-schlauchförmige Karpelle – freilich nur ausnahmsweise mit O-förmiger Placenta (vgl. Seite 156) – innerhalb der *Magnoliales* besonders häufig zu finden sind oder gar vorherrschen, erscheint die Annahme Leinfellners (1969b, Seite 124) gerechtfertigt, daß sie „nicht nur in morphologischer, sondern auch in phylogenetischer Hinsicht der Grundtypus der Angiospermen-Karpelle“, (vgl. auch Baum 1952c), zumindest aber einer der Grundtypen sind.

In gleichmäßig schlauchförmiger Gestalt treten uns auch die deutlich peltaten Karpelle freilich nur verhältnismäßig selten entgegen. Meist reicht der ventrale Teil der Karpellwand nicht bis an die Spitze heran, sondern bleibt wesentlich niedriger als die Rückenwand, man vergleiche dazu nur den Medianschnitt durch ein junges Karpell von *Thalictrum* in Abb. 77 X. Mit anderen Worten: der dorsale Bereich der Karpellspreite setzt sich distalwärts noch ein oft beträchtliches Stück über den schlauchförmigen Abschnitt hinaus fort. Insoweit besteht also Übereinstimmung mit dem in Abb. 56 VII gezeichneten Schema einer trichterförmigen Laubblattspreite. Allerdings wachsen die Randwülste auch in dem dorsalen Bereich nicht nach außen, sondern nach oben und biegen sich schließlich einwärts, so daß die Karpellhöhlung in einer spaltenartigen Öffnung, dem Ventralspalt, ausmündet, der später durch postgenitale Verwachsung der Ränder verschlossen wird (Abb. 78 II). Die Mündung des Karpells,

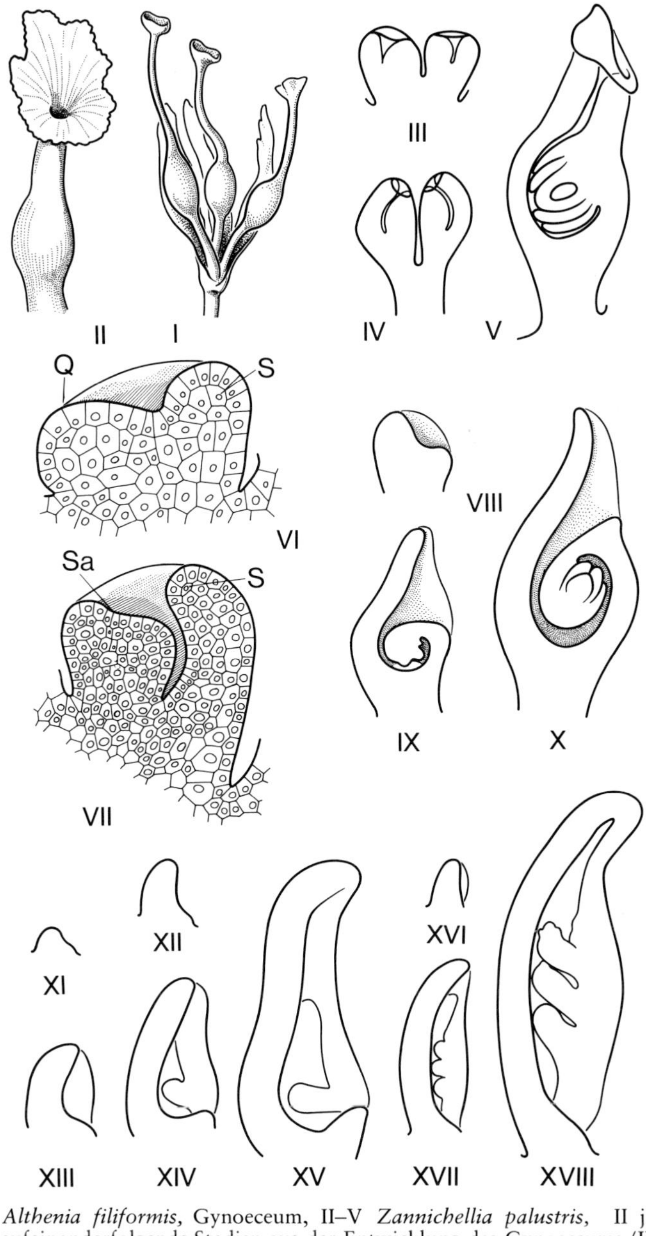

Abb. 77. I *Althenia filiformis,* Gynoeceum, II–V *Zannichellia palustris,* II junges Karpell, III–V aufeinanderfolgende Stadien aus der Entwicklung des Gynoeceums (III, IV) bzw. eines einzelnen Karpells (V). VI, VII *Potamogeton alpinus,* Stadien aus der Karpellentwicklung, beide durch mediane Schnitte halbiert. VIII–X *Thalictrum flavum,* Stadien aus der Karpellentwicklung in Medianschnitten, XI–XVIII Stadien aus der Entwicklung des peltaten Karpells von *Amorpha fruticosa* (XI–XV) und des epeltaten von *Astragalus galegiformis* (XVI–XVIII) in Medianschnitten. Q Querzone, S subepidermale apikale Initialzelle, Sa Samenanlage. I nach PRILLIEUX, II–V nach EBER, VI, VII nach KAUSSMANN, VIII–X nach TROLL, XI–XVIII nach LEINFELLNER.

die in ihrer ersten Anlage oft noch deutlich schräg aufwärts weist (Abb. 77 VIII), wird somit durch stärkeres oder gar überwiegendes Wachstum des Karpellrückens mehr oder minder in eine senkrechte adaxiale Lage gebracht und zum Ventralspalt verlängert (vgl. dazu auch Abb. 77 XI bis XV und XVI bis XVIII). Dies gilt auch für die – als verhältnismäßig ursprünglich angesehenen – schlauchförmigen Karpelle von *Degeneria vitiensis (Degeneriaceae)*, bei der die schräg gestellten, den „Apikalspalt" begrenzenden Ränder bis auf das kurze basalwärts abgeknickte untere Ende zu charakteristischen „Narbenkämmen" ausgebildet werden (Abb. 78 VI, VII; Swamy 1949, vgl. auch Leinfellner 1969b, ferner die Untersuchungen von Payne und Seago (1968) über das als „open conduplicate" bezeichnete Karpell von *Akebia quinata*).

Bei den meisten Karpellen können wir somit zumindest deskriptiv zwischen einem **schlauchförmigen (ascidiaten)** basalen Abschnitt und einem nicht-schlauchförmigen, aber **zusammengefalteten (plikaten)** Abschnitt unterscheiden, deren Größenverhältnis sehr unterschiedlich sein kann.

Betrachten wir zunächst das in Abb. 78 II in Ventralansicht und in III bis V in Längsschnitten wiedergegebene Karpell von *Clematis cirrhosa*. Da der Ventralspalt hier mit seinem unteren Ende weit am Karpell herabreicht, darf man annehmen, daß der ascidiate Abschnitt recht kurz ist. Dies wird durch einen Medianschnitt (III) bestätigt. Fig. IV zeigt den unteren Teil eines anderen Karpells bei gleicher Schnittführung, während Fig. V nach Abtragen der Dorsalseite des Karpells den Blick von innen auf den Ventralspalt und die Placenta darbietet. Deutlich ist zu erkennen, daß hier – wie bei den Anemoneen fast allgemein – nur eine einzige Samenanlage zu voller Entwicklung gelangt, welche an der Querzone des Karpells inseriert ist. Das Auftreten der hier mehr oder minder verkümmerten Samenanlagen an den zusammengefalteten (plikaten) Rändern des Fruchtblattes weist jedoch darauf hin, daß grundsätzlich Samenanlagen sowohl an der Querzone wie auch an den beiden von ihr spitzenwärts hinaufziehenden ursprünglich freien, später verwachsenen Karpellrändern gebildet werden können. In dieser Gestalt eines **U-förmigen** Bogens, der das untere Ende des Ventralspaltes einschließt, bietet sich die Placenta des Angiospermenkarpells sehr häufig dar (Abb. 78 XIII; vgl. Leinfellner 1951a). Es gibt jedoch bei *Drimys*-Arten schlauchförmige Karpelle, deren ellipsenförmig geschlossener Karpellrand in seiner ganzen Ausdehnung fertil sein kann (Abb. 78 I, VIII, IX). „Der Ventralspalt wird also hier von einer ring- oder O-förmigen Plazenta umsäumt. Damit aber erweist sich die U-förmige Plazenta... als eine – freilich ungemein häufige – Sekundärform, die durch Gliederung der normalen Angiospermen-Karpelle in einen fertilen (Fruchtknoten) und in einen sterilen Abschnitt (Griffel und Narbe) bedingt ist" (Leinfellner 1966, Seite 95).

Die einzelnen Abschnitte der **U-förmigen Placenta** können in verschiedener Weise gehemmt oder gefördert sein. Es kann also entweder allein die Querzone Samenanlagen (oft nur eine, vgl. Abb. 77 X) tragen oder aber nur die postgenital verwachsenen Karpellränder, was dann zwei getrennte Lateralplacenten ergibt (Abb. 75 III bis V, 77 XVIII, 78 XII). Diese Variabilität der Proportionen kann sich schon aus der unterschiedlichen Entwicklung des ascidiaten und plikaten Karpellabschnittes ergeben, die sich oft schon frühzeitig in der Karpellontogenie zu erkennen gibt (Abb. 77 VIII bis X, XI bis XV, XVI bis XVIII). Aus einer weitgehenden Unterdrückung des ascidiaten Abschnittes resultieren Karpellformen, die man als **subpeltat** oder latent peltat bezeichnet. Beispiele dafür liefern etwa die in Abb. 78 X und XI, XII wiedergegebe-

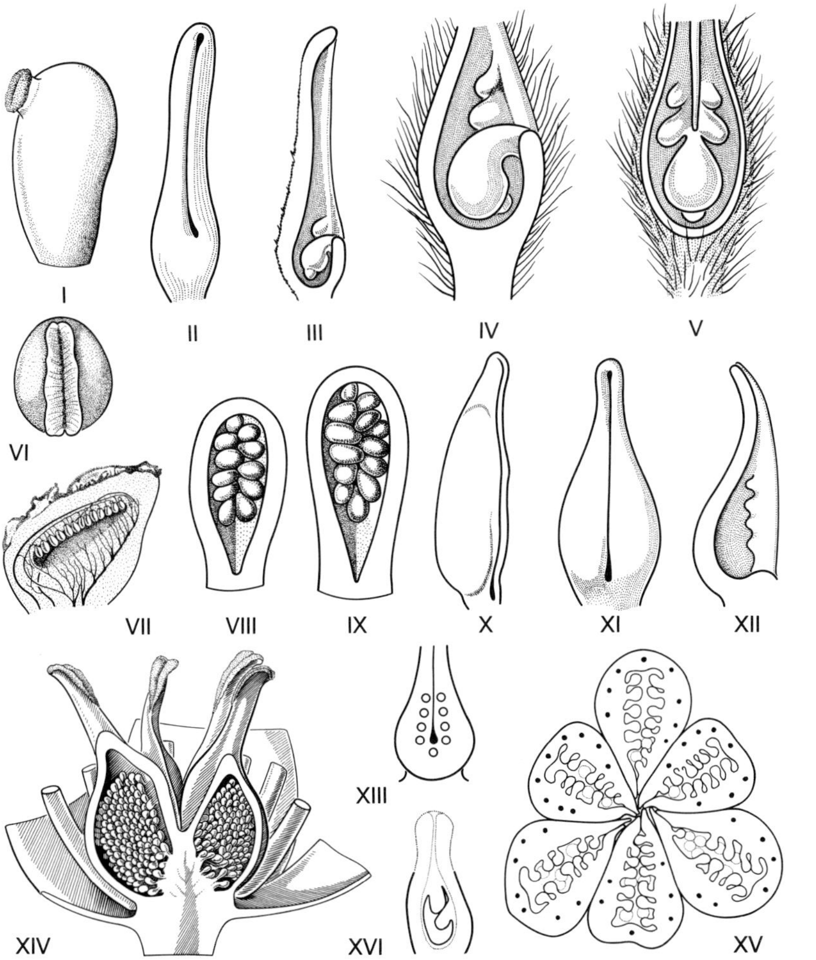

Abb. 78. I *Drimys winteri*, Karpell. II–V *Clematis cirrhosa*, Karpell in Ventralansicht (II), median durchschnitten (III), in IV der halbierte Basalteil eines anderen Karpells stärker vergrößert, V dasselbe Karpell, von der Dorsalseite geöffnet. VI, VII *Degeneria vitiensis*, Karpell von oben (VI) und median durchschnitten (VII). VIII, IX *Drimys winteri*, Karpelle nach Abtragen der Rückenwand, die Anordnung der Samenanlagen um den Ventralspalt zeigend, in VIII steht vermutlich die oberste, in IX die unterste Samenanlage median. X *Eranthis hyemalis*, subpeltates Karpell. XI, XII *Delphinium requienii*, epeltates Karpell ventral (XI) und im Medianschnitt (XII). XIII Schema zur Erläuterung der U-förmigen Placentation, XIV, XV *Butomus umbellatus*, Blüte im Axialschnitt (XIV), Perigon und Staubblätter abgeschnitten, XV Gynoeceum quergeschnitten. XVI *Cabomba caroliniana*, tangentialer Längsschnitt durch ein junges Karpell. I, VIII, IX nach LEINFELLNER, III–V, XI, XII nach PAYER, VI, VII nach SWAMY, X nach BAUM, XIII nach HARTL, XVI nach TROLL, übrige Orig.

nen Karpelle von *Eranthis hyemalis* und *Delphinium requienii.* Bei nicht wenigen Karpellen, so bei *Prunus* (SCHAEPPI 1951) oder den meisten *Leguminales* (LEINFELLNER 1969d, 1970a) läßt sich der Ventralspalt sogar bis zum Ansatz des (oft unifazialen) Karpellstieles verfolgen. Als Beispiel möge das Karpell von *Astragalus galegiformis* (Abb. 77 XVI bis XVIII) dienen, in dessen Entwicklung von der Anlegung einer Querzone nichts zu bemerken ist. Solche Karpelle mit völlig fehlender Querzone sind demnach nur eingefaltet: **epeltate Karpelle.**

Der Zusammenhang zwischen epeltaten und peltaten Karpellen wird nach BAUM (1952e) am Beispiel von *Helleborus foetidus* deutlich: hier treten nämlich in ein und demselben Gynoeceum nebeneinander „manifest peltate, latent peltate und epeltate Karpelle" auf, die sich ontogenetisch durch den Zeitpunkt der Anlegung ihrer Querzone unterscheiden: „wird nämlich die späte Anlegung der Querzone der latent peltaten Karpelle noch etwas mehr verzögert, so kann die Querzone ontogenetisch überhaupt nicht mehr in Erscheinung treten und es resultieren epeltate Karpelle."

Es bleibt die Frage, ob sich der peltate Bau der Karpelle auch in ihrer Nervatur widerspiegelt. Dies ist tatsächlich der Fall. Im allgemeinen zeigen die sichtbar peltaten Karpelle im ascidiaten Abschnitt ein medianes, mit dem Xylemteil zur abaxialen Seite hin gewandtes (inverses) Leitbündel, das dem Dorsalmedianus gegenüberliegt (Abb. 79 I, II, VII, VIII), also einen Ventralmedianus darstellt. Beim Übergang in den plikaten Abschnitt spaltet sich dieser in die beiden randlichen Placentarbündel auf, wie es Abb. 79 VI bis III, X für das reich innervierte Karpell von *Thalictrum flavum* zeigt (vgl. u.a. TROLL 1932a, SCHAEPPI und FRANK 1962).

1.6.3 Unifaziale Ausbildung von Karpellstielen

Als wesentliche Voraussetzung für das Zustandekommen eines peltaten Blattabschnittes hatten wir den unifazialen Bau des Blattstieles oder allgemeiner: die unifaziale Struktur eines der peltaten Zone vorausgehenden Abschnittes genannt (Seite 115). Im allgemeinen pflegen die Karpell„spreiten" dem Blütenboden unmittelbar aufzusitzen oder sind allenfalls ganz kurz gestielt. Bei den Zannichelliaceen (Abb. 77 I, II), den Ranunculaceen und einigen anderen Verwandtschaftskreisen kommen jedoch Gynoeceen vor, deren Karpellstiele recht lang gestreckt sind (Abb. 79 IX). In solchen Fällen ist es von Interesse festzustellen, ob derartige Karpellstiele nicht nur durch ihre rundliche Querschnittsform, sondern auch in ihrer anatomischen Struktur Hinweise auf eine unifaziale Ausbildung erkennen lassen. Nach TROLL (1932a) weist der Karpellstiel einen zentralen Leitstrang auf, der sich am Übergang in die Karpellspreite in zwei Äste spaltet (Abb. 79 X): den Dorsalmedianus (Dm) und den Ventralmedianus (Vm), welch letzterer an seiner Basis die beiden lateralen Stränge S_1 und S_2 entläßt und vor seinem Eintritt in den Funiculus der einzigen, median der Querzone ansitzenden Samenanlage abermals zwei Seitenäste (L_1 und L_2) abgibt. Der ascidiate Karpellabschnitt ist in Fig. XI nochmals in schematischer Form abgebildet.

Betrachtet man den Querschnitt des Karpellstieles (XII), so fällt daran der abgeplattete zentrale Xylemkörper (x) auf, der ventralwärts und dorsalwärts von 2 kleineren Siebteilen (S_1 und S_2) begrenzt wird. Dies rührt daher, daß in diesem Leitstrang zwei Bündel vereinigt sind, die sich weiter oben in den Dorsal- und den Ventralmedianus trennen, wie es das durchsichtig gemachte Karpell in X erkennen läßt.

Zieht man zum Vergleich die Karpellstiele von *Eranthis hyemalis* (Abb. 79 XIII) heran, so erkennt man hier im Querschnitt 3 getrennte kollaterale Leitbündel und

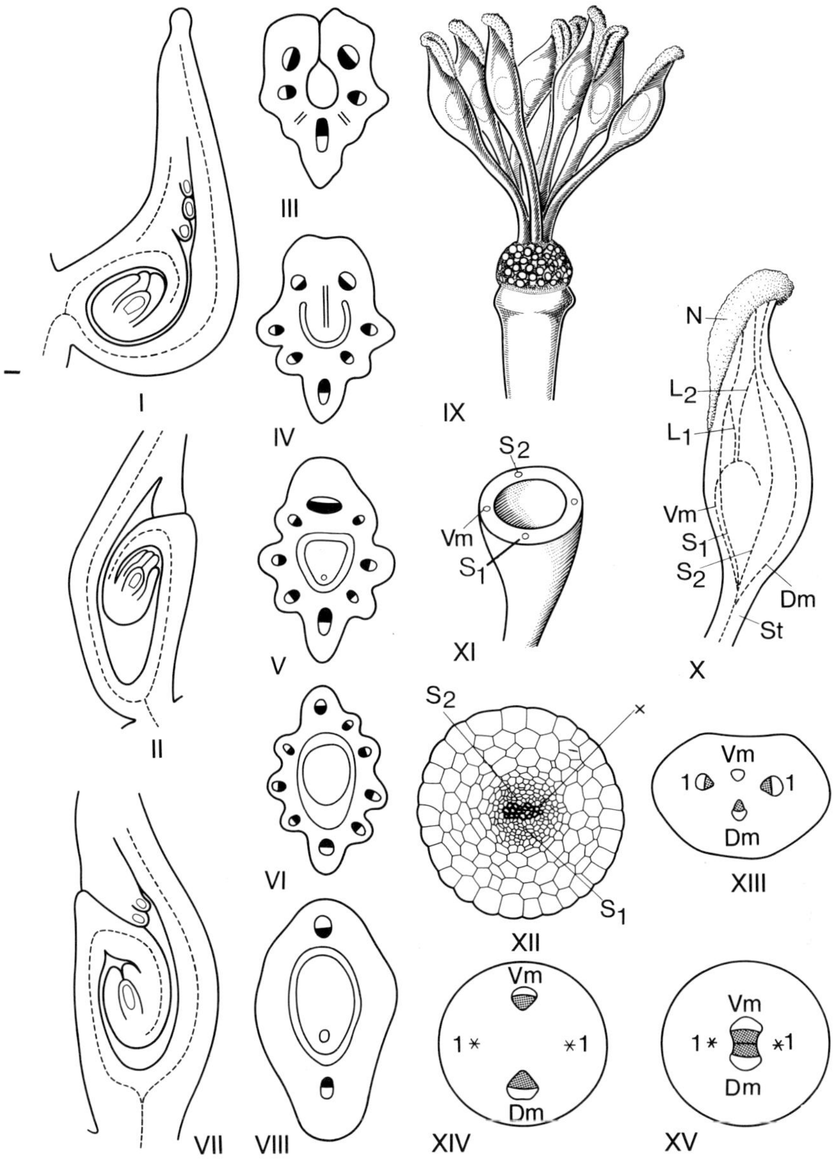

Abb. 79. I, II Karpelle von *Adonis annua* (I) und *Thalictrum flavum* (II) im Medianschnitt. III–VI Querschnittserie durch das Karpell von *Thalictrum flavum*. VII, VIII *Clematis vitalba*, Karpell median (VII) und im ascidiaten Abschnitt quer geschnitten (VIII). IX–XII *Thalictrum aquilegifolium*, IX Gynoeceum, nach Entfernung des Perianths und des Androeceums, X einzelnes Karpell, durchsichtig gemacht, XI schlauchförmiger Abschnitt der Karpellspreite, durchschnitten, schematisiert, XII Querschnitt durch den Karpellstiel (St). XIII *Eranthis hyemalis*, Querschnitt durch den Karpellstiel, XIV, XV Schemata zur Erläuterung des unifazialen Baues der Karpellstiele von *Thalictrum* und *Eranthis*. In I und VII über der voll ausgebildeten Samenanlage rudimentäre Samenanlagen; Vm Ventral-, Dm Dorsalmedianus, S_1, S_2 und L_1, L_2 Seitenäste des Ventralmedianus, N Narbe. In XII–XV S_1, S_2 Siebteile, x Xylem, 1–1 Lateralstränge (* reduziert). I–VIII nach SCHAEPPI und FRANK, IX–XV nach TROLL.

ein viertes medianes (Vm), das nur sehr schwach ist und kein Xylem besitzt. Die übrigen Stränge (1,1) kehren ihre Xylemteile dem Stielzentrum zu, zeigen also das für die Unifazialität typische Kennzeichen.

Das Verhalten von *Thalictrum* dagegen entspricht dem Schema Abb. 79 XIV. Hier sind die beiden lateralen Stränge reduziert, was im Zusammenhang mit der Ausbildung nur einer medianen Samenanlage zu erklären ist. Beide Bündel kehren auch hier wieder ihren Xylemteil nach innen. Am unifazialen Bau dieser Zone kann somit auch hier kein Zweifel bestehen, selbst wenn die beiden Xylemteile gemäß Schema XV miteinander verschmolzen sind.

1.6.4 Marginale oder submarginale und laminale Placenten

Es ist eine alte Streitfrage, ob die Samenanlagen genau marginal, also unmittelbar an den Karpellrändern entspringen, die – „involutiv" – ins Innere der Karpellhöhlung eingerollt und an den Berührungsstellen postgenital miteinander verwachsen sind (Puri 1961, Guédès 1965, Rohweder 1967b, Leins u. Galle 1971, Endress 1969), oder ob sie randnah-flächenständig – also submarginal – entstehen und die Karpellränder durch einfache – „konduplikative" – Faltung des Karpells miteinander in Kontakt und zur postgenitalen Verwachsung kommen – eine Anschauung, der namentlich in letzter Zeit die meisten Autoren zuneigen.

Als eines der wichtigsten Argumente für die erstgenannte Auffassung wird angeführt, daß die Ventralbündel bis zu 270° gegen den Dorsalmedianus gedreht sein können (vgl. Puri 1961, Rohweder 1967), was mit der angenommenen Einrollung der Ränder des „involuten Karpells" erklärt werden kann. In diesem Falle wären die im plikaten Abschnitt beiderseits der Verwachsungsnaht liegenden Bereiche nicht die eigentlichen Karpellränder, und die z.B. bei den Ranunculaceen beiderseits des Ventralspaltes oft stark nach außen hervortretenden Kanten wären als sekundäre Randbildungen, als rippenartige Vorsprünge der Karpellunterseite zu werten. Nach Rohweder kommen sie durch periklinale Teilungen in der subepidermalen Schicht zustande und gleichen darin den bei *Caltha, Thalictrum* und *Helleborus* über dem Dorsalmedianus und den Seitennerven verlaufenden flügelartigen Rippen, bei deren Ausbildung es in extremen Fällen sogar „zur Entstehung von ausgesprochenen Randmeristemen kommen" kann, „die also... keineswegs auf den primären Phyllomrand beschränkt sein müssen" (1967, Seite 420). Ihre Zellen sind frühzeitig vakuolisiert, während die scheinbar randferneren Plazentarregionen vollmeristematisch bleiben" (S. 419). Entsprechende Vorwölbungen werden nach Rohweder bei den mit einer einzigen, der Querzone ansitzenden Samenanlage ausgestatteten Karpellen von *Ranunculus sceleratus* „auch neben und vor allem unterhalb der Ansatzstelle der Samenanlage sichtbar" (Seite 381), wobei es sich schon deshalb nicht um den primären Karpellrand handeln könnte, weil dieser „ja durch die Samenanlage besetzt ist." Dasselbe zeigt Endress (1972, 1973, 1975) an Lauraceen und Monimiaceen.

Demgegenüber hat Leinfellner (1973) an Hand von *Sedum hybridum* und anderen Beispielen erneut aufgezeigt, daß sich das kontinuierlich vermittels zweischneidig segmentierender subepidermaler Randzellen erfolgende Wachstum der Karpelle auch auf den später als Rand nach außen hervortretenden Bereich erstreckt." Das Plazentenmeristem... stammt wohl in seinen Zellen vom Randmeristem ab, jedoch wird durch seine Randferne und durch die Teilungsrichtung seiner Zellen, die senkrecht zu den von den Randzellen gebildeten Zellreihen steht, klar angedeutet, daß hier kein Blattrand, sondern nur ein flächenständiger Auswuchs (Plazenten und Samenanlagen) gebildet wird“ (Seite 299). Ein entsprechendes Verhalten fand LEINFELLNER bei *Butomus umbellatus,* dem Schulbeispiel für die flächenständige – laminale – Placentation. – Übrigens räumt auch PURI (1963) ein, daß es sich in Fällen wie *Butomus, Nymphaea* u.a. eindeutig um eine Flächenständigkeit der Samenanlagen handelt, und wiederholt (Seite 196) eine schon früher mit Bezug auf die Placentation der Gentianaceen (GOPAL und PURI 1962) geäußerte Vermutung, „that the so-called superficial placentation ‚can be looked upon as a function of growth in which one part of the carpel (the marginal region) grows more than the rest‘“.

Deutliche Hinweise auf die Randbürtigkeit (und die Homologie) der Samenanlagen erblickte man schon früher in der – oft gefiederten – Form vergrünter Karpelle. So schreibt z.B. VELENOVSKÝ (1910, Seite 978): „In den vergrünten Blüten finden wir tatsächlich an den Karpellen, welche wieder die Gestalt grüner Blätter angenommen haben, flache Fiedern an den Rändern, welche alle Übergänge zu dem normalen Eichen aufweisen“ („*Eichen*“ = Samenanlage!). Auch GUÉDÈS (1955, 1966a, d) und ROHWEDER (1967, vgl. auch 1959) greifen auf die Analyse und Interpretation derartiger teratologischer Erscheinungen zurück, was nicht unbedenklich erscheint. Allerdings wird die schon auf ČELAKOVSKÝ (1884) zurückgehende Gleichsetzung vergrünter Samenanlagen mit Fiedern eines Laubblattes weder von PURI (1961, 1963) noch von ROHWEDER vertreten, sie ist für die Frage nach der Lage der Placenten auch ohne Belang. Zu dieser von GUÉDÈS (1965, 1972, GUÉDÈS und DUPUY 1970) wieder aufgegriffenen Homologisierung bemerkt LEINFELLNER (Seite 286) treffend: „Die Samenanlagen... entstehen als höckerförmige Auswüchse (Nuzellusanlagen) verhältnismäßig spät in der Ontogenese der rezenten Karpelle. Wenn nun die weitere Karpellentwicklung in Richtung auf ein vergrüntes Organ abgeändert wird, wozu kann dieser kleine Gewebehöcker auswachsen, als zu einem flächigen, blättchenartigen Gebilde? Setzt die Umstimmung jedoch erst nach der Anlegung der Integumente ein, dann ergeben sich jene verschieden gestalteten tütenförmigen Gebilde, die immer wieder beschrieben werden, und deren Gestalt leicht als das Ergebnis exzessiven Wachstums der ringwallartigen Integumentanlagen zu verstehen ist.“ Im übrigen konnte LEINFELLNER zeigen, daß – im Widerspruch zu den von GUÉDÈS (1967) geschilderten Ergebnissen an *Trifolium repens* – die mehr oder minder umgebildeten Samenanlagen vergrünter Karpelle von *Trifolium hybridum* genauso wie die normalen Samenanlagen normaler Karpelle der randnahen Innenseite der Karpellspreite entspringen, und in den Spreitenflügeln der jungen Karpelle die „charakteristische Zellanordnung unverkennbar das Ergebnis einer zweischneidig segmentierenden subepidermalen Randzelle ist (1973, Seite 295).

Wägt man die verbleibenden Argumente der von PURI, ROHWEDER u.a. vertretenen Auffassung – streng marginale Placentation am involutiven Karpell – und die Argumente der hier durch die Aussagen LEINFELLNERS repräsentierten Ansicht – submarginale Placentation am konduplikaten Karpell – gegeneinander ab, so erscheint es nicht unmöglich, daß beide Formen der Placentation und des Zusammenschlusses der Karpellränder verwirklicht sein könnten und nicht so streng voneinander zu scheiden sind, wie es auf Grund der geschilderten Diskussion scheint. Dabei ist vor allem auch die im Vergleich zu den Laubblättern oft beträchtlich gesteigerte Dicke der Karpellränder in Rechnung zu stellen (worauf auch PURI hingewiesen hat).

1.6.5 Der Bau des coenokarpen Gynoeceums

Da wir bereits wissen, daß das Karpell bei dem Zusammenschluß mit mehreren seinesgleichen zu einem mehr oder minder verwachsenen Gynoeceum seinen charakteristischen Bau nicht aufgibt, können wir sagen, daß der Bau eines coenokarpen

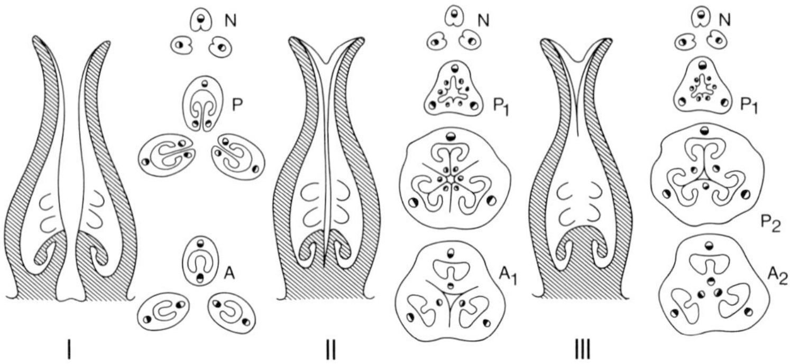

Abb. 80. Schematische Längs- und Querschnitte durch ein chorikarpes (I), ein halbverwachsenes (hemisynkarpes) (II) und ein eusynkarpes Gynoeceum (III). N Querschnitt in der Narbenregion, P im plikaten, A im schlauchförmigen (ascidiaten) Abschnitt, P_1 in der hemisymplikat-aseptalen und in II darunter der hemisymplikat-holoseptalen Zone, P_2 in der symplikat-holoseptalen, A_1 in der hemisynascidiaten und A_2 in der synascidiaten Zone. Nach LEINFELLNER.

Gynoeceums in seinen wesentlichen Zügen bestimmt wird durch die Proportionen zwischen den einzelnen Karpellabschnitten und die partielle Sterilität der U-förmigen Placenta, durch die wechselnde Zahl der Karpelle und den verschiedenen Grad ihrer Verwachsung.*

Wie schon erwähnt, ist das kennzeichnende Merkmal durch das sich das coenokarpe (bzw. synkarpe) Gynoeceum vom chorikarpen (apokarpen) unterscheidet, in der seitlichen Verbindung der Fruchtblätter gegeben. Ein Zusammenschluß der Einzelkarpelle kann nun aber sowohl durch kongenitale Vereinigung wie auch durch postgenitale Verwachsung zustande kommen. Man ist weithin der Ansicht, daß bei der Beurteilung des Gynoeceums als chorikarp oder synkarp die kongenitale Verwachsung den Ausschlag geben sollte.

Die während der Blütenentwicklung eintretenden postgenitalen Verwachsungen im Gynoeceum ahmen die charakteristische Art kongenitaler Vereinigungen vielfach in allen Einzelheiten nach, überlagern die kongenitale Vereinigung und führen auch in der Gewebestruktur oft zu gleichen Ergebnissen, die am erwachsenen Gynoeceum nicht mehr auseinanderzuhalten sind (BAUM 1948c, f, 1949, LEINFELLNER 1950, 1951b). Man ist daher genötigt, zur Klarlegung der Zusammenhänge stets auch die Jugendstadien der Gynoeceumsentwicklung zu beachten, in welchen die postgenitale Verbindung noch nicht, oder zum mindesten aber gut erkennbar in Erscheinung tritt.

Darüber hinaus muß man auch am coenokarpen bzw. synkarpen Gynoeceum die schon am Einzelkarpell unterschiedenen Abschnitte der ascidiaten und der plikaten Zone unterscheiden. Daraus ergeben sich verschiedene Möglichkeiten des Fruchtknotenbaues, die in einem von LEINFELLNER herrührenden Schema (Abb. 80) zusammengefaßt sind.

* Nach SAUNDERS (1925–29ff.) liegt dem Aufbau der meisten Angiospermen-Gynoeceen nicht eine Grundform des Karpells, sondern eine Mehrzahl verschiedener Karpellformen (das valvate, das solide und das semi-solide Karpell) zugrunde, die in wechselndem Ausmaß am Zustandekommen der verschiedenen Gynoeceen beteiligt sein sollen. Diese Auffassung wurde bereits von EAMES 1931 sowie JOSHI und RAO (1933) zurückgewiesen.

In Fig. I ist ein chorikarpes Gynoeceum dargestellt. Dem schematischen Längsschnitt sind Querschnitte durch den ascidiaten und den plikaten Abschnitt der Fruchtblätter hinzugefügt, darüber ist ein Querschnitt durch die Narbenregion eingezeichnet.

Die beiden anderen schematischen Längsschnitte samt den dazugehörenden Querschnitten stellen coenokarpe Gynoeceen dar, wobei hier nur an einen kongenitalen Zusammenschluß der Karpelle gedacht ist. Die in Fig. III dargestellte Gynoeceumsform wird von LEINFELLNER als eusynkarpes Gynoeceum bezeichnet, entsprechend der von uns verwendeten Terminologie ziehen wir die Bezeichnung **holocoenokarp** vor, ebenso auch die Bezeichnung hemicoenokarp an Stelle von hemisynkarp (siehe unten). Durch kongenitale Verwachsung der ascidiaten Karpellbasen kommt die im Querschnitt A2 gezeigte, von Anfang an gefächerte Basalzone zustande, nach LEINFELLNER die **synascidiate** Zone.

Darüber liegt die **symplikate** Zone, der Bereich, in welchem die plikaten Karpellabschnitte kongenital miteinander verwachsen sind (P2).* Die Karpellspitzen bleiben hingegen gewöhnlich frei – dies ist die **asymplikate** Zone bzw. der Narbenbereich (N).

Der Übergang von der asymplikaten Zone zur symplikaten vollzieht sich jedoch im allgemeinen nicht plötzlich, sondern es werden nach und nach von außen nach innen fortschreitend immer größere Teile der eingefalteten, aneinandergepreßten Karpellspreiten in die kongenitale Verwachsung einbezogen. Der Spalt, der die Karpellflächen voneinander trennt, wird nach unten zu allmählich eingeengt und zum Verschwinden gebracht. Da diese Übergangszone als konstantes Bauelement auftritt, hat LEINFELLNER für sie ebenfalls eine besondere Bezeichnung, nämlich **hemisymplikat,** vorgeschlagen.

Ein typisch synkarpes Gynoeceum weist nach LEINFELLNER somit 4 vertikale Zonen auf, welche durch das Ausmaß der kongenitalen Verwachsung der Karpelle untereinander und durch die Grundgliederung der Karpelle bedingt sind.

Es sind dies die: asymplikate,
hemisymplikate,
symplikate und die
synascidiate* Zone.

Dabei können die einzelnen Zonen nach dem Prinzip der variablen Proportionen jeweils ein recht verschiedenes Ausmaß erreichen. Es kann also etwa die Ausbildung

* Nach Auffassung HARTLS (briefl. Mitteilung) läßt sich in der Regel am Objekt nicht entscheiden, wie das Fehlen des Ventralschlitzes zustande kommt: ob durch ascidiaten Bau der einzelnen Karpelle oder dadurch, daß ein Zapfen der Blütenachse mit seinem Gewebe (das gleichsam als „Lötmaterial" dient) die Ventralschlitze kongenital verschließt. Es gibt jedoch etliche Beispiele, wo letzteres offensichtlich ist (*Geranium;* einzelne Rutaceen, z. B. die Navel-Orangen *(Citrus)*, Nolanaceen) und sich über der „Scheinquerzone" noch ein kurzer freier Achsenzapfen erhebt. Die Beobachtung, daß sich im primär synkarpen Abschnitt in den Loculamenten sehr oft ventral eine Doppelreihe von Samenanlagen weit nach unten zieht, spricht ebenfalls nicht für eine ascidiate Entstehung, sondern könnte eher für den sekundären Verschluß einer „scheinascidiaten" Zone durch einen Achsenzapfen gedeutet werden. Man sollte daher nur in wenigen Fällen von einer „synascidiaten" Zone sprechen, wo dies einwandfrei nachgewiesen werden kann. Im anderen Falle wäre nur der Begriff der Synkarpie anzuwenden. Das LEINFELLNER-Schema ist demnach zwar grundsätzlich richtig, aber nicht vollständig und ohne weiteres vielleicht nicht einmal auf die Mehrzahl der Fälle zu beziehen.

der synascidiaten Zone überwiegen etc. Für den Fall einer völlig asymplikaten Ausbildung hätten wir ein chorikarpes (apokarpes) Gynoeceum vor uns. Auch das chorikarpe Gynoeceum fügt sich diesem LEINFELLNERschen Schema somit zwanglos ein.

Andererseits kann auch die Zone der unvollständigen Verwachsung ein größeres Ausmaß erlangen. In diesem Falle gelangt das Gynoeceum auf der ganzen Länge seiner Karpellspreiten einschließlich der ascidiaten Abschnitte nicht über den Zustand der hemisymplikaten Zone des synkarpen Gynoeceums hinaus, weil stets nur ein Teil der einander berührenden Karpellflanken kongenital miteinander verschmolzen ist. Dieser Fall ist in Fig. II des Schemas dargestellt; er findet sich bei den Liliifloren sehr häufig. Wir können ein solches Gynoeceum als hemicoenokarp („hemisynkarp") bezeichnen und dem in Fig. III dargestellten holocoenokarpen („eusynkarpen") gegenüberstellen.

Den Bau eines hemicoenokarpen Gynoeceums mag eine Querschnittserie durch das Gynoeceum von *Asphodelus albus* (Abb. 81 VIII bis XI) veranschaulichen, die ebenso wie die folgenden Beispiele von LEINFELLNER (1950) untersucht und wiedergegeben wurde. Der Griffel (VIII) weist eine einheitliche Höhlung auf, in welche die Karpellränder etwas hineinragen. Die Karpellflanken sind hier ausschließlich durch postgenitale Verwachsung miteinander verbunden, ausgenommen davon ist wohl nur der Übergangsbereich zur plikaten Zone der Karpelle. In dieser plikaten Zone tritt der hemisynkarpe Bau des Gynoeceums deutlich zutage (IX): die Karpellflanken sind im äußeren Bereich des Ovars kongenital untereinander verbunden, bleiben im übrigen aber durch deutliche Spalten – Septalspalten – voneinander getrennt. Diese Septalspalten setzen sich abwärts bis in den ascidiaten Bereich der Karpelle fort (X, XI). Auch wenn sie dabei zunehmend eingeengt werden, bleibt der hemisynkarpe Bau des Gynoeceums somit auch hier noch erhalten. Soweit die Einengung der Septalspalten vom Zentrum des Gynoeceums her erfolgt, dürfte sie zumindest teilweise unter Beteiligung der in der Mitte zwischen den Karpellen sich erhebenden Blütenachse zustande kommen, deren freies Ende auf der Höhe des hemisymplikaten Abschnittes (IX) in der Mitte zwischen den drei Karpellen erkennbar ist (vgl. im übrigen auch die Untersuchungen von STERLING 1972, 1977 an anderen Liliaceen).

Die unvollständig verwachsene ascidiate Zone können wir durch den Ausdruck **hemisynascidiat** charakterisieren.

Wie wir bereits wissen, kann der Innenraum eines Gynoeceums in verschiedener Weise gestaltet sein: Treten die eingefalteten Karpell„spreiten" nicht – wie beim coenokarp-synkarpen Gynoeceum – bis zur Mitte des Ovars vor, das heißt, schließen im plikaten Abschnitt die Ränder jedes einzelnen Karpells ventralwärts nicht zusammen, sondern klaffen, so daß ein mehr oder minder einheitlicher Innenraum gebildet wird, so entsteht die als parakarp bzw. coenokarp-parakarp bezeichnete Form. Zwischen dem völligen Zusammenschließen der Karpellränder im plikaten Teil und der von TROLL als coenokarp-parakarp bezeichneten Ausbildung besteht jedoch eigentlich nur ein gradmäßiger Unterschied.*

Spätestens im Narbenbereich weichen die Karpellränder ja ohnedies meist auseinander. Aber auch schon im fertilen Abschnitt des Gynoeceums kann man häufig ein

* Die Anwendung der von LEINFELLNER geprägten Ausdrücke sollte – namentlich im Zusammenhang mit der Behandlung systematischer Fragestellungen – nicht zu formalistisch gehandhabt werden.

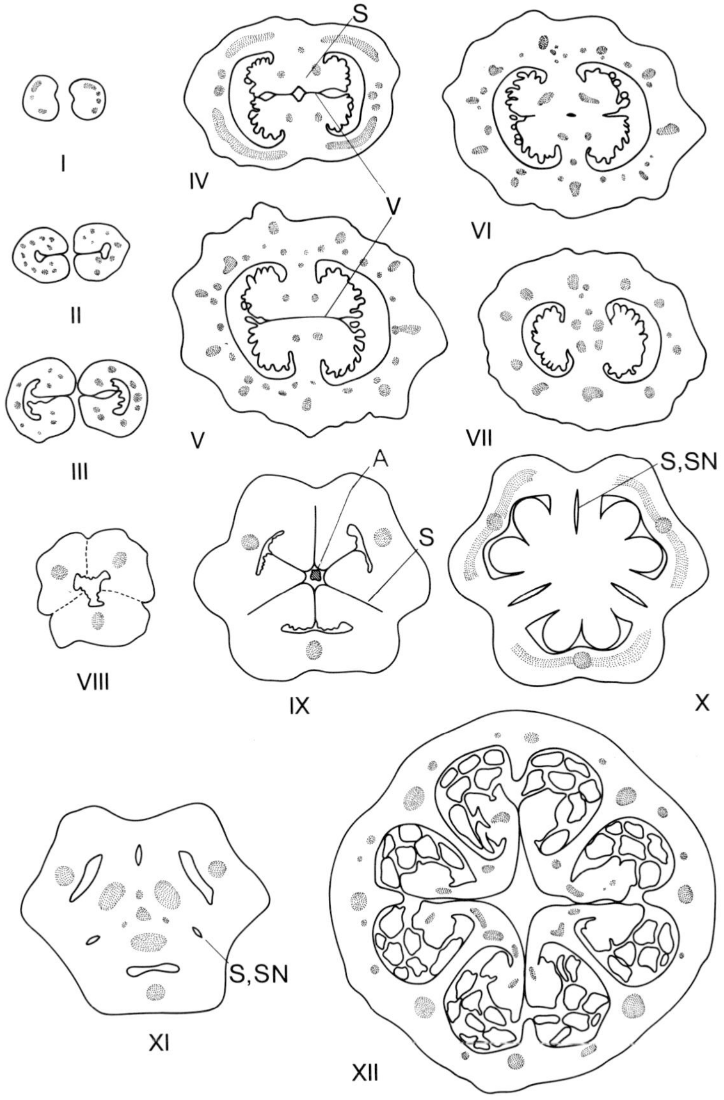

Abb. 81. Querschnittserien durch das eusynkarpe Gynoeceum von *Boykinia tellimoides* (I–VII), mit fertiler Ausbildung aller vier Zonen, und durch das hemisynkarpe Gynoeceum von *Asphodelus albus* (VIII–XI), A Achsenende. XII Querschnitt durch die obere Hälfte des Ovars von *Philadelphus coronarius*, symplikate Ausbildung. S Septalspalt mit SN, Septalnektarium, V Ventralspalt. Weitere Erläuterungen im Text. Sämtlich nach LEINFELLNER.

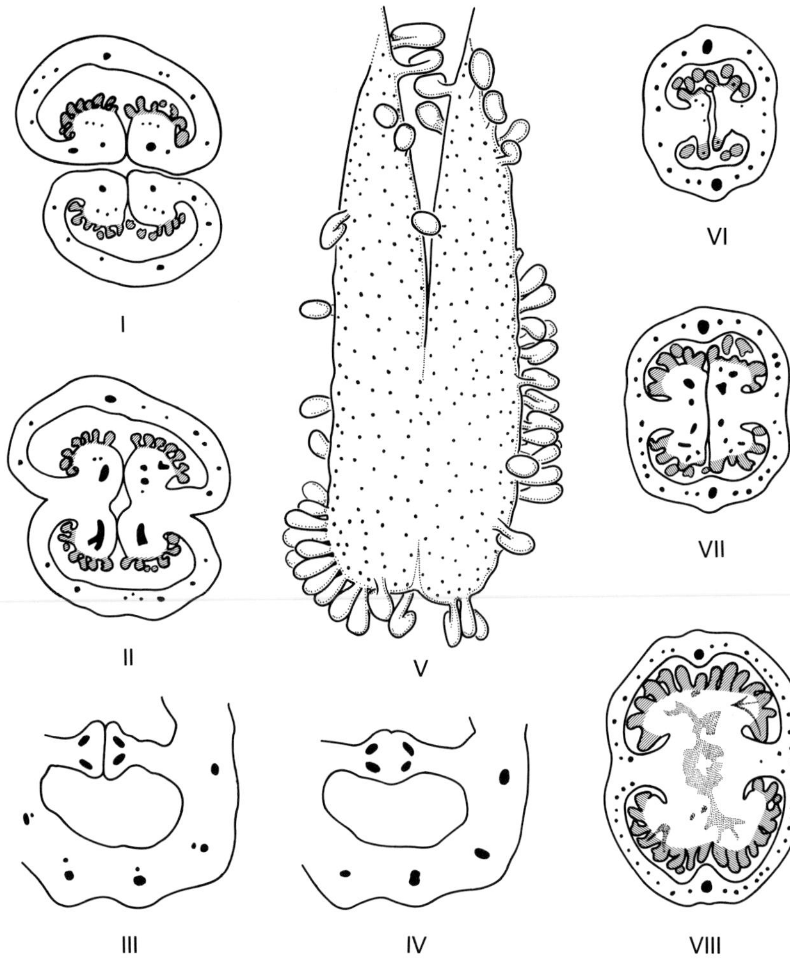

Abb. 82. Querschnittserie durch das Gynoeceum von *Bergenia cordifolia* (I–IV) und *Digitalis lutea* (VI–VIII), V die kräftige U-förmige Placenta in Aufsicht. Weitere Erläuterungen im Text. Nach Leinfellner.

kontinuierliches Übergehen der völlig geschlossenen Karpellränder in die von Troll und anderen als parakarp bezeichnete Ausbildungsweise beobachten.

Es handelt sich bei dem vollständigen oder unvollständigen Zusammenschließen der Karpellränder zu einem vollständig oder unvollständig gefächerten Fruchtknoten also gar nicht um zwei grundsätzlich voneinander zu unterscheidende Formen, sondern um Variationen in der Ausbildungsweise ein und derselben Zone, des symplikaten Abschnittes.

Leinfellner unterscheidet diese Formen als **holoseptal** – völlig gekammert – und als **aseptal** bzw. **hemiseptal.** Vielfach wird daher heute der Terminus parakarp ganz allgemein auf den symplikaten Abschnitt angewandt, während Troll damit anfänglich nur die aseptale oder hemiseptale Ausbildungsweise dieses Abschnittes charakterisiert.

Von den 4 Zonen, der synascidiaten, symplikaten, hemisymplikaten und der asymplikaten, kann grundsätzlich jede fertil sein, wenn auch die Ausbildung von Samenanlagen sich weithin auf die synascidiate und symplikate Zone beschränkt. Als Beispiel für die Fertilität aller 4 genannten Zonen mag das holocoenokarpe Gynoeceum von *Boykinia tellimoides (Saxifragaceae)* dienen. Es besteht aus zwei Karpellen, die an ihrer Basis mit einem Achsenbecher vereinigt sind, was für unsere Betrachtungen jedoch unwichtig ist.

Die von der Spitze zur Basis des Gynoeceums reichende Querschnittserie in (Abb. 81 I bis VII) zeigt uns zunächst die freien Karpellenden in der Narbenregion (I), dann die beiden Karpelle in der asymplikaten Zone. Diese ist bereits im unteren Teil fertil, d. h. die ventralwärts eingerollten Karpellränder tragen auf ihrer Innenseite Placenten mit Samenanlagen (III). Darunter beginnt der hemisymplikate Abschnitt (IV), in welchem die Karpelle von dem äußeren Ende der sich berührenden Karpellflanken her fortschreitend kongenital miteinander verwachsen. Nur im Bereich des in der Mitte des Fruchtknotenquerschnittes erkennbaren Kanals ist noch keine Verwachsung erfolgt. Weiter abwärts schwindet auch dieser sogenannte Septalspalt, und es ist nur noch die von der postgenitalen Verwachsung der Ventralspalten herrührende Naht zu erkennen (V); dies ist also ein holoseptaler Abschnitt. Dem symplikaten Abschnitt geht weiter unten die synascidiate Zone voraus, die durch die Querschnitte VI und VII wiedergegeben ist. Allerdings reicht im Zentrum des Querschnittes VI der Ventralspalt noch etwas tiefer herab. Auch die synascidiate Zone ist noch fertil.

Bei *Bergenia cordifolia* (Abb. 82 I bis IV) haben wir dagegen ein Gynoeceum vor uns, das nur im asymplikaten und hemisymplikaten Abschnitt fertil ist, während die echt symplikate und synascidiate Zone steril bleiben. Von der sichtlich großen U-förmigen Placenta (I) bleibt also der basale Verbindungsbogen frei von Samenanlagen.

Den kontinuierlichen Übergang zwischen der hemiseptalen und der holoseptalen Zone des symplikaten Abschnittes soll uns das Gynoeceum von *Digitalis lutea* (Abb. 82 V bis VIII) vor Augen führen. Sowohl die hemiseptale (VI) als auch die holoseptale (VII) symplikate Zone tragen Samenanlagen, ebenso der synascidiate Abschnitt (VIII). Wir haben also eine vollständige in allen Teilen fertile U-förmige Placenta (V).

1.6.6 Zentrale Placenten

Stellen wir uns andererseits vor, daß in einem ausgedehnten, ursprünglich symplikaten Abschnitt die Karpellflanken völlig zurückbleiben und allein die miteinander verbundenen Querzonen fertil sind und eine kräftige gemeinsame Placenta ausbilden, so ergibt sich das Bild eines primär aseptalen Gynoeceums mit einer Zentralplacenta, wie wir sie bereits bei den *Primulaceae* kennengelernt haben (Abb. 83 I). Eine solche Zentralplacenta ist somit schon bei ihrer Anlegung gänzlich frei, gewissermaßen durch „congenitalen Schwund" der Septen (Hartl 1956b). Für die *Lentibulariaceae,* die eine ähnliche freie Zentralplacenta besitzen wie die Primulaceen, konnte Hartl (1956a) diesen kongenitalen Schwund der Septen an Hand des Ovarbaues, insbesondere der Placentationsverhältnisse bei den eng verwandten *Scrophulariaceae* über eindeutige Zwischenformen nachweisen, wobei die Scrophulariaceengattung *Limosella* (der sich noch weitere verwandte Gattungen anschließen dürften) die

„letzte Kluft zwischen Scrophulariaceen und Lentibulariaceen überbrückt." Die Zentralplacenta der *Lentibulariaceae* weist übrigens ebenso wie die der Primulaceen (Abb. 83 I) am Scheitel einen sterilen Zapfen auf, der in den Griffelkanal hineinragt und (als „Obturator") offensichtlich der Leitung der Pollenschläuche dient. Er wurde als steriles Ende der Blütenachse (z.B. SCHAEPPI 1937a) oder auch nur als bloße Emergenz (SCHLAGORSKY 1949) aufgefaßt. PANKOW (1959) meinte sogar, auf Grund der von ihm beobachteten histologischen Ähnlichkeiten zwischen der Entwicklungsweise der Placenta und der Anlegung von Achselknospen, die Zentralplacenta der *Primulaceae* insgesamt als Achsenorgan deuten zu müssen.

Die mit der Bildung der Zentralplacenta gegebene Entstehung eines einheitlichen Ovarlumens ist ebenso wie bei der Parakarpie (vgl. Seite 153) als „Zeichen besonderer Synorganisation" (HARTL 1956b) zu werten und findet sich dementsprechend bei abgeleiteten Familien.

Die Ausbildung einer „freien Zentralplacenta" (PAX und HOFFMANN 1934) kann bei zentralwinkelständiger Placentation durch früheres oder späteres Schwinden oder Zerreißen anfänglich noch vorhandener Septen vorgetäuscht werden. Dies und die in einfächerigen Gynoeceen von vornherein basale Stellung einzelner Samenanlagen („basiläre Placentation") hat bekanntlich zur Benennung einer ganzen Ordnung als *Centrospermae* (EICHLER 1878) geführt, darüber hinaus aber auch zu der Deutung, daß hier und in anderen, ähnlichen Fällen (z.B. *Piperaceae, Polygonaceae, Urticaceae*) die „Zentralplacenta" ein Achsengebilde und die Samenanlagen, vor allem grundständige Samenanlagen „achsenbürtig" seien (HAGERUP 1936). Auf diese Anschauung gründet sich auch die bereits auf Seite 17 erwähnte Unterscheidung zwischen Stachyosporie und Phyllosporie (LAM 1948 ff.), der vor allem ECKARDT (1954, 1955, 1957) mit umfassenden neuen Untersuchungen entgegengetreten ist. Namentlich innerhalb der Centrospermen finden sich alle Übergänge zwischen zentralwinkelständiger Stellung zahlreicher Samenanlagen über eine Verringerung der Anzahl der Samenanlagen und späteres Zerreißen oder frühzeitige Auflösung der Septen (LISTER 1883) bis zu einfächerigen Gynoeceen mit nur einer basalen Samenanlage (ECKARDT 1955, ROHWEDER 1965, 1967, 1970, ROHWEDER und KÖNIG 1971, ROHWEDER und HUBER 1974, ROHWEDER und URMI-KÖNIG 1975, ROHWEDER und URMI 1978 u.a.). Der Schwund der Septen in anfänglich noch vollkommen gefächerten Ovarien läßt sich bei den Caryophyllaceen in der Gynoeceumsentwicklung von Silenoideen, Alsinoideen und Polycarpeen gut beobachten. Zur Erläuterung mögen Querschnitte durch ein junges (Abb. 83 III, IV) und ein kurz vor der Anthese stehendes (V) Gynoeceum von *Agrostemma githago* dienen. Die beiden ersten lassen zugleich erkennen, daß sich das Ovar auch hier in einen oberen coeno-parakarpen und einen unteren coenokarp-synkarpen Abschnitt gliedert. Die zahlreichen zentralwinkelständigen Samenanlagen sind in jedem Fruchtfach deutlich zweizeilig angeordnet, was auch nach dem Schwund der Septen noch sichtbar ist. Dieser wird kurz vor der Anthese – bei *Vaccaria hispanica (= V. pyramidata)* nach den Angaben ROHWEDERS (1967, Seite 144) während der Entwicklung des Transmissionsgewebes (vgl. Seite 202) – mit der Ausbildung auffallend großer, inhaltsarmer Zellen im Mesophyll der Septen eingeleitet. „Wenig später sieht man an den betreffenden Stellen große Lücken im Mesophyll, und schließlich zerreißt auch die Epidermis, so daß die Verbindung zwischen der Placentarsäule bzw. den Septumrändern und der Ovarwand unterbrochen ist. Es scheint danach, als ob das Mesophyll wenigstens teilweise aktiv aufgelöst würde, wogegen die Epidermis offenbar infolge der auftretenden Spannungen me-

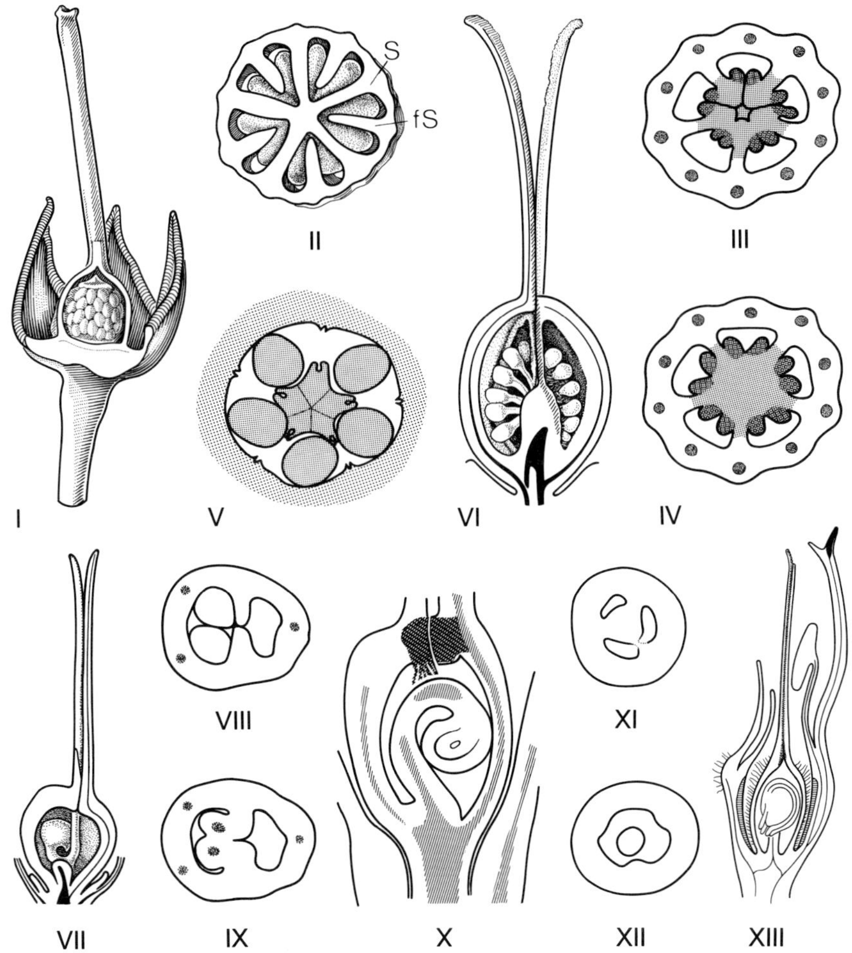

Abb. 83. I *Lysimachia vulgaris*, junge Frucht, die Ovarwand wurde teilweise abgetragen, um die Zentralplacenta zu zeigen. II *Linum* spec., Ovar, quer durchschnitten, S echte, fS falsche Scheidewände. III–V *Agrostemma githago*, Querschnitte durch ein junges Ovar im symplikaten (III) und synascidiaten (IV) Abschnitt, V durch ein kurz vor der Anthese stehendes Ovar, der äußere Teil der Fruchtwand weggelassen. VI *Cucubalus baccifer*, median durchschnittenes Gynoeceum zur Zeit der Anthese. VII–IX *Drypis spinosa*, VII median durchschnittenes Gynoeceum zur Zeit der Anthese, VIII, IX junges Gynoeceum in der Ansatzzone der Samenanlagen (IX) und darüber (VIII) quergeschnitten. X–XII *Uebelinia kiwuensis*, Medianschnitt durch ein anthetisches (X) und Querschnitte durch ein sehr junges (XI, XII) Gynoeceum, nach Fotos von ROHWEDER, schematisiert (E. URMI), XIII *Paronychia przewalskii*, Längsschnitt durch das Gynoeceum. III–V nach ROHWEDER, VI–IX nach ROHWEDER und URMI, XIII nach URMI-KÖNIG.

chanisch zerrissen wird" (vgl. auch Hartl 1956b, Seite 472). Die Abtrennung der Septen beginnt unter dem Dach des Ovars und schreitet von hier bis zu den Karpellsohlen fort, während der Raum zwischen der Placentarsäule und der Ovarwand weiter vergrößert wird. Nur an der Basis und unter dem Dach des Ovars kann die so entstandene „freie Zentralplacenta" noch durch schmale Septumränder (sog. „Leitfäden") mit der Außenwand verbunden bleiben (Abb. 83 VI), auch in Querschnitten durch das Ovar kann man die Abrißstellen der Septen noch erkennen (V). In manchen Fällen – so bei *Telephium imperati* – bleiben die Scheidewände des synascidiaten Abschnittes erhalten, so daß die untere Ovarhälfte auch zur Blütezeit noch gefächert bleibt (vgl. Rohweder 1970). Im Unterschied zum „kongenitalen Schwund" der Septen wie bei den Primulaceen, Lentibulariaceen und der Scrophulariaceengattung *Limosella,* bei denen wir nach dem Vorschlag Hartls auch von einer „kongenitalen Lysikarpie" sprechen können, haben wir es hier also mit einer „postgenitalen Lysikarpie" zu tun.

Bei *Drypis spinosa* (Abb. 83 VII bis IX) haben wir bereits ein Ovar vor uns, das starke Züge der Reduktion zeigt. Das aus drei Karpellen bestehende Ovar besitzt zwar noch drei Griffeläste, aber nur noch zwei Septen und zwei Samenanlagen, die den beiden adaxialen Karpellen zugerechnet werden müssen (VIII). Nur das dritte, abaxial stehende (in den Fig. VII bis IX das rechte) Karpell weist noch einen deutlich ascidiaten Abschnitt auf. Auch hier schwinden die Septen im oberen Teil des Ovars, in den die beiden, der kurzen Placentarsäule aufsitzenden Samenanlagen hineinragen (VIII). – Noch stärker ist die Reduktion bei *Uebelinia kiwuensis* (Abb. 83 X bis XII). Hier finden wir nämlich nur noch eine einzige zentralwinkelständige Samenanlage, welche von dem nur sehr kurzen synascidiaten Basalteil des Ovars (XI) in den erst später und nur unvollständig gefächerten langen symplikaten Ovarabschnitt (XII) hineinragt, so daß der Eindruck der Grundständigkeit entsteht (X). Auch hier werden die – erst spät gebildeten und unvollständigen – Septen durch teilweise Gewebeauflösung von der Ovarwand abgelöst und bilden als sogenannte „Leitstränge" nach Entwicklung zahlreicher langer Haare ein Leitungsgewebe (**Transmissionsgewebe,** vgl. Seite 202) für den Pollenschlauch. Nahe dem Ende dieser Reduktionsreihe stehen Beispiele wie *Paronychia przewalskii* (Abb. 83 XIII), bei der die einzige Samenanlage dem noch eben angedeuteten synascidiaten Teil am Grunde des Ovars entspringt, dessen (stärker entwickelter) symplikater Abschnitt unseptiert ist und nur eine schwache septumartige Vorwölbung an der Grenze zwischen dem medianen abaxialen und einem der beiden schräg nach hinten liegenden Karpelle erkennen läßt (Rohweder und Urmi-König 1975).

Auch bei vielen anderen Paronychioideen und Chenopodiaceen, für die grundständige Samenanlagen angegeben werden, ist am Grunde des Ovars zumindest die Andeutung von Scheidewänden eines synascidiaten Abschnittes zu erkennen. Den Endpunkt der Reduktionsreihe bilden Fälle wie der von *Spinacia turkestanica,* bei welchen der synascidiate Ovarabschnitt auch nicht mehr andeutungsweise durch Septen in Erscheinung tritt (Urmi-König mdl.) – was natürlich nicht besagt, daß auch die Karpellsohlen fehlen. Im Gegenteil: die hier geschilderten, durch zahlreiche Beispiele zu belegenden Reduktionsreihen zeigen eindeutig, daß von einer Achsenbürtigkeit der Samenanlagen auch in den extrem reduzierten Fällen nicht die Rede sein kann (zur Leitbündelanatomie vgl. Bocquet 1959). Andererseits wird auch von Rohweder (1967) nicht ausgeschlossen, daß etwa am Aufbau der Placentarsäule bei den Silenoideen nicht auch ein Kern von Achsengewebe beteiligt sein könnte. Eine derartige Beteiligung der Achse am Aufbau eines Ovars wäre nichts ungewöhnliches. Wir sind ihr bereits bei *Asphodelus albus* (Seite 164) begegnet. KLOPFER (1971) konnte auch bei *Philadelphus* feststellen, daß die lateral untereinander verbundenen Karpelle in der peltaten Zone im Zentrum durch einen Achsenzapfen miteinander vereinigt sind (vgl. auch MORF 1950).

TROLL (1931) gibt entsprechendes für *Parnassia palustris* an, worauf KLOPFER (1972) jedoch nicht eingeht, wenngleich er andererseits für *Francoa sonchifolia* feststellt, daß der nach Ausgliederung der Karpelle verbleibende Rest des Blütenscheitels zu einem am Grunde des Gynoeceums zwischen den eingeschlagenen Karpellrändern erkennbaren wenigzelligen Achsenzapfen auswächst.

1.6.7 Falsche Scheidewände

Andererseits kann der einheitliche Innenraum eines aseptalen Gynoeceums auch durch sogenannte **falsche Scheidewände** unterteilt sein, welche nicht den Karpellflanken entsprechen. Als bekanntestes Beispiel dafür gilt das Gynoeceum der Cruciferen (Abb. 99 VII). Entgegen der bisherigen Ansicht, wonach die Scheidewand eine „Placentarwucherung" darstellt, soll aber nach HARTL (briefl. Mitteilung) der Kontakt der angeblichen Placenten bereits in sehr frühen Stadien der Ontogenie erfolgen. Die Scheidewand käme demnach nicht durch „nachträgliches Wuchern" der Placenten zustande, sondern wäre eine echte Scheidewand, in deren Mittellinie die Ventralnaht zu suchen wäre. Das Verbleiben der Samenanlage in parietaler Stellung könnte als Ergebnis einer interkalaren Streckung der Karpellflanken zwischen dem äußersten Karpellrand und den submarginalen Placenten gedeutet werden. – Bei Mohn *(Papaver)* und anderen *Papaveraceae* wird das oft aus vielen Karpellen gebildete einfächerige Ovar durch die weit nach innen vorspringenden Placenten unterteilt.

In (holo)-septal oder hemiseptal gekammerten Ovarien ist das Auftreten falscher Scheidewände keine Seltenheit. So werden z. B. die 5 Fächer des Ovars von *Linum* (Abb. 83 II) durch falsche Scheidewände unterteilt, welche über dem Medianus jedes Karpells von der Ovarwand her so weit in das jeweilige Fruchtfach hineinragen, daß dieses fast halbiert wird. – Auch der Steinkern der als Walnuß bezeichneten Steinfrucht von *Juglans regia* (Abb. 84 II) wird durch echte und falsche Septen unterteilt, die hier sogar holzige Beschaffenheit annehmen. Die untere Hälfte des aus zwei median orientierten Karpellen gebildeten Ovars entspricht dem synascidiaten Abschnitt und weist dementsprechend eine vollständige transversal verlaufende echte Scheidewand auf (Abb. 84 III), während die obere Hälfte des Ovars hemiseptal gebaut ist. Die Karpellränder treten hier nur von den Seiten her kulissenartig in die Ovarhöhle vor. Der synascidiate Basalteil wird zusätzlich noch von falschen Septen (IV) unterteilt, welche von der Mediane (!) der beiden Karpelle senkrecht auf das echte Septum zulaufen und mit diesem fest verbunden sind. Ihre Ansatzlinien an den beiden Karpellen entsprechen den außen am Steinkern erkennbaren von wulstigen Rändern eingefaßten „Nahtlinien", in deren Bereich sich der Steinkern zwar leicht spalten läßt, die aber keineswegs den „Verwachsungsnähten" der beiden Karpelle entsprechen (vgl. das Blütendiagramm in Abb. 84 I), sondern senkrecht zu deren Verbindungsebene verlaufen.

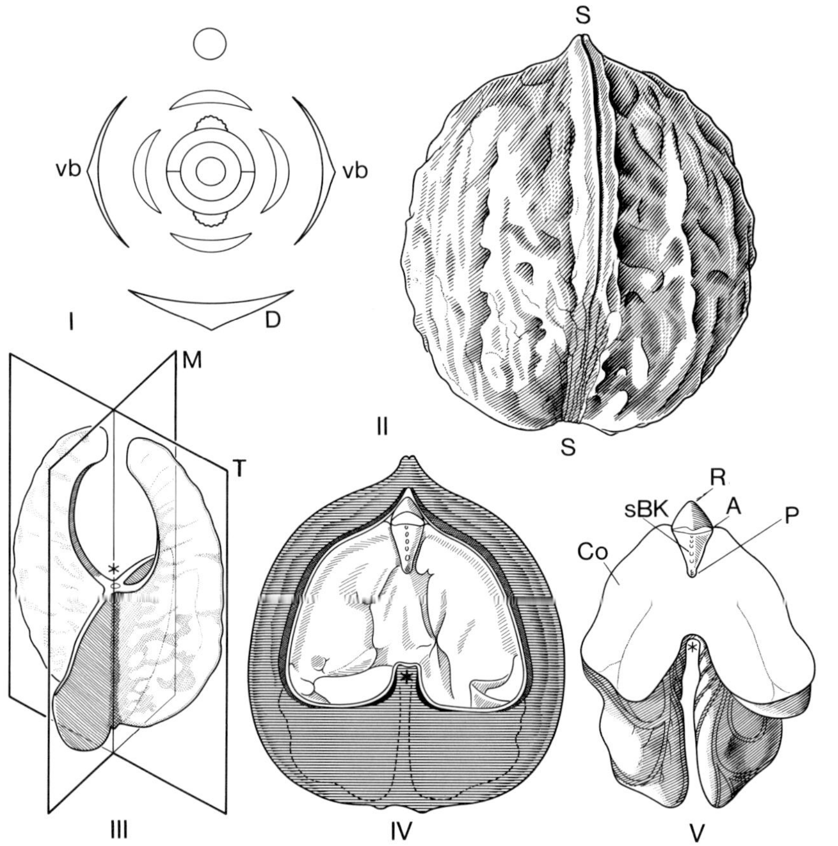

Abb. 84. *Juglans regia.* I Diagramm der weiblichen Blüte, vb Vorblätter, D Tragblatt, II Steinkern nach Ablösung des Exokarps, das in der Sutur S–S verlaufende Leitbündel entspricht dem Karpellmedianus, III Orientierung des Septensystems der Frucht M Median-, T Transversalebene,* Lage des Hilums der einzigen Samenanlage. IV Steinkern median (also in der Ebene der Suturen in II) gespalten,* Ansatzstelle des Samens, V Same (bzw. von der häutigen Samenschale umhüllter Embryo) in Flächenansicht nach Entfernung des dem Beschauer zugewendeten Kotyledos (Ansatzstelle bei A), R Radicula, Co Kotyledo, P Plumula des Embryos, sBK seriale Beiknospen. II Orig., übrige nach TROLL.

1.6.8 Anakrostylie, Basistylie

Einer anderen Form der Bildung falscher Septen liegt die keineswegs seltene Erscheinung der **Anakrostylie** oder gar **Basistylie** (Basigynie, Gynobasie) zugrunde, die wir hier zunächst erläutern wollen. Unter **Anakrostylie** versteht man, daß Griffel und Narbe nicht, wie etwa in Abb. 75 I und VI oder Abb. 83 I und VI die spitzenwärtige Fortsetzung des Ovars darstellen (Acrostylie), sondern ihre Ansatzstelle der Ovarbasis genähert erscheint, wie es die Abb. 85 I bei *Alchemilla alpina* zeigt, deren mittelständiges Pistill nur aus einem einzigen Karpell besteht. Wir sind derselben Erschei-

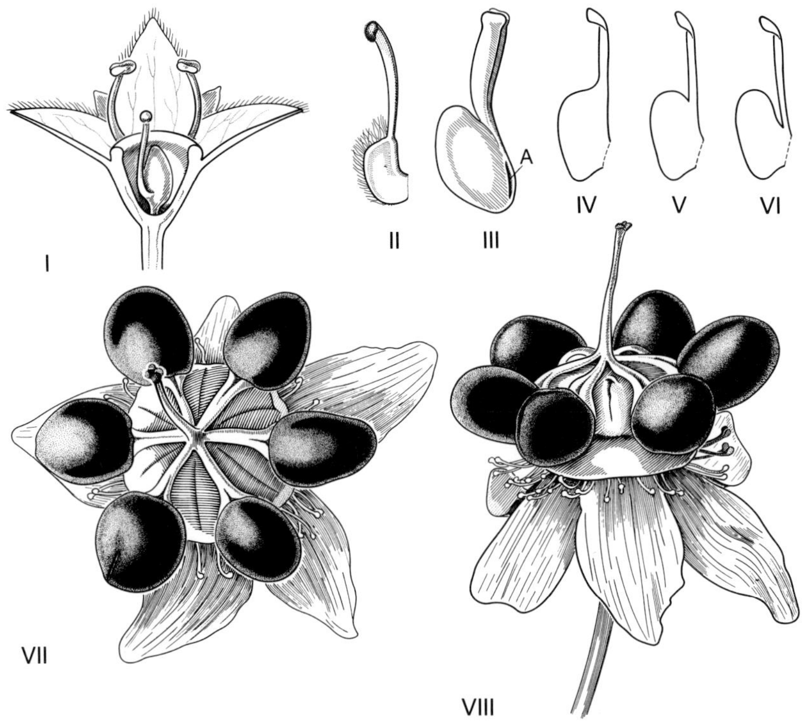

Abb. 85. I *Alchemilla alpina,* Längsschnitt durch die Blüte. II, III einzelne Karpelle von *Rubus* spec. (II) und *Fragaria vesca* (III). IV–VI schematische Figuren zur Ableitung der Basistylie. VII, VIII *Ochna multiflora,* junge Frucht von oben (VII) und in Seitenansicht. I nach ENGLER, II–VI nach TROLL, VII, VIII Orig.

nung auch schon bei der Chrysobalancee *Hirtella butayei* (Abb. 20 VI) begegnet. Sie erklärt sich daraus, daß die Ventralseite des Karpells im Wachstum hinter der Dorsalseite zurückbleibt, so daß der Griffelansatz an den Grund des Karpells herangerückt erscheint. Diese Proportionsunterschiede mögen die schematischen Figuren in Abb. 85 IV bis VI erläutern, von denen Fig. IV dem Karpellumriß von *Rubus* (II), Fig. VI dagegen dem Karpellumriß von *Fragaria vesca,* der Walderdbeere (III), entspricht.

Die Anakrostylie ist nun keineswegs auf die isolierten Karpelle chorikarper Gynoeceen beschränkt, sondern findet sich häufig auch bei coenokarpen Ovarien. Als Beispiel soll zunächst das von BAUM (1951) eingehend untersuchte Gynoeceum von *Ochna multiflora* dienen. Abb. 86 III und IV zeigt uns ein postanthetisches und ein junges Ovar in Gesamtansicht (III), ohne den distalen Teil des Griffels, und im Axialschnitt (IV). Daran fällt sofort auf, daß der allen Karpellen gemeinsame Griffel tief im Zentrum des Ovars zwischen den emporgewölbten Karpellen inseriert ist. Wir haben es also auch hier mit „basistylen" Karpellen (bzw. mit einem „gynobasischen" Griffel) zu tun. Die Karpelle erscheinen durch tiefe Längsfurchen voneinander getrennt, ja auf den ersten Blick völlig frei voneinander, also chorikarp. Die Quer-

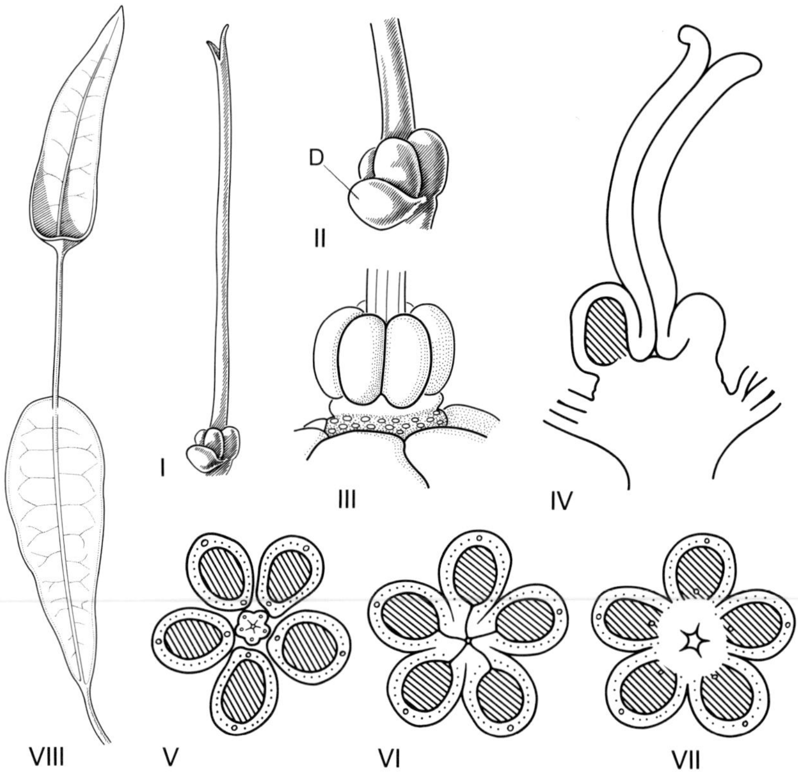

Abb. 86. I, II *Ajuga reptans*, Gynoeceum im Stadium der Anthese, II dessen Ovar stärker vergrößert, D als Nektarium fungierende Diskusbildung. III–VII *Ochna multiflora*, III postflorales Ovar in Gesamtansicht (oberster Griffelabschnitt weggelassen) und IV im schematisierten Längsschnitt; V–VII Querschnitte durch ein junges Ovar in Höhe der aufgewölbten Karpellrücken (V), des hemisymplikaten Abschnittes (VI) und beim Übergang in den hemisynascidiaten Abschnitt (VII). VIII *Codiaeum variegatum* var. *pictum* f. *appendiculatum*, Laubblatt mit intralaminarer Peltation. III–VII nach BAUM, VIII nach TROLL.

schnittserie in Abb. 86 V bis VII lehrt jedoch, daß sie weiter unten,und zwar im plikaten und ascidiaten Abschnitt durchaus mit den Karpellflanken untereinander verbunden sind (VI, VII), ja ein noch tiefer geführter Schnitt in Höhe der Karpellsohlen läßt sogar eine noch weitergehende Vereinigung der Karpellflanken erkennen. Die „freien" Karpellabschnitte im oberen Bereich des Ovars stellen dagegen nichts anderes dar als die aufgewölbten Karpellrücken. Dies wird im Querschnitt daran erkennbar, daß die Karpelle völlig geschlossen erscheinen (V) und der die gesamte Rückwand durchziehende Dorsalmedianus zweimal, nämlich auf der Außenseite und auf der Innenseite der Aufwölbung getroffen wurde.

Der Eindruck der Chorikarpie wird bei der Fruchtreife noch dadurch verstärkt, daß durch die Erweiterung des Blütenbodens und allseitiges Wachstum der untereinander vereinigten sterilen Karpellbasen die jeweils eine Samenanlage umschließenden

Karpellrücken noch weiter auseinandergedrängt werden, wobei auch die Griffelbasis sternförmig auseinandergezogen wird (Abb. 85 VII, VIII). Der Ansatzbereich der aufgewölbten Karpellrücken bleibt dabei so dünn, daß sich diese immer deutlicher von der Ovarbasis absetzen, was noch durch die stark kontrastierenden Farben betont wird: die fertilen Auswölbungen sind im reifen Zustand schwarz, das übrige Ovar rot gefärbt – zweifellos eine Anpassung der „ökologisch apokarpen“ Frucht an ornithochore Verbreitung.

Eine ähnliche Struktur tritt uns auch bei den aus zwei Karpellen bestehenden Ovarien der *Boraginaceae* und *Labiatae* entgegen, nur mit dem Unterschied, daß jedes der beiden je zwei Samenanlagen umschließenden Karpelle sich auch noch von der Mediane her derart einfaltet, daß jede Samenanlage für sich eng vom Karpell umschlossen wird und eine sogenannte „Klause“ bildet, welche sich getrennt von den anderen emporwölbt und als nußartige Teilfrucht ablöst. Das Gynoeceum ist daher von oben her tief viergeteilt. Man vergleiche dazu den Axialschnitt durch eine Blüte von *Symphytum* in Abb. 42 X und das in Abb. 86 I, II wiedergegebene Ovar des Kriechenden Günsels *(Ajuga reptans).*

1.6.9 Das Apikalseptum

Stellen wir uns nun vor, daß bei einem basistyl gebauten Gynoeceum der Griffel nicht frei in einer zwischen den Karpellen verlaufenden mehr oder minder tiefen Rinne inseriert ist, wie es der schematisierte Längsschnitt und Querschnitt in Abb. 87 I und I a zeigen, sondern die einander zugekehrten Seiten der aufgewölbten Karpellrücken untereinander und mit dem Griffel kongenital vereinigt sind, wie es die Fig. II, II a und für einen weiter fortgeschrittenen Zustand die Fig. III und III a veranschaulichen, so ergibt sich eine von oben her in das Ovar hineinragende einheitliche Scheidewand, das von Hartl (1962) entdeckte **Apikalseptum.** Dieses von Hartl bei vielen Scrophulariaceen, Solanaceen, Convolvulaceen, Verbenaceen, Labiaten, Boraginaceen, Ericaceen und Myrtaceen, aber auch bei den Musaceen *(Heliconia)* aufgefundene Septum stellt somit eine kongenital entstandene Scheidewand dar, die das Ovar oberhalb der parakarpen Zone(!) derart unterteilt, daß Querschnitte durch diese Zone den Eindruck vermitteln, man habe den synascidiaten Ovarabschnitt vor sich. Man vergleiche dazu nur die Querschnittserie durch das aus vier Karpellen gebildete Ovar der Myrtacee *Orthostemon sellowianus* in Abb. 87 V bis VIII. Oberhalb des fertilen holoseptal- und hemiseptal-symplikaten Abschnittes (VI, VII) liegt hier ein durch 4 Septen geteilter Ovarabschnitt (V), der abgesehen von dem im Zentrum sichtbaren Kanal des eingeschmolzenen Griffels kaum einen Unterschied gegenüber dem synascidiaten Bereich (VIII) erkennen läßt. Basalwärts gehen die Apikalsepten seitlich ohne Grenze in die von den Karpellflanken gebildeten Septen des parakarpen Abschnittes über.

Es kann keinem Zweifel unterliegen, daß das Apikalseptum eine kongenitale, in ihrer Gewebestruktur völlig einheitliche Bildung darstellt. Das zeigt ein Blick auf den in Abb. 87 IV wiedergegebenen Querschnitt durch das Apikalseptum eines praefloralen Ovars von *Kickxia elatine (Scrophulariaceae),* das keinerlei Spuren einer postgenitalen Verwachsung erkennen läßt. Auch hier bleibt im Zentrum die den Griffelkanal fortsetzende Höhlung ausgespart.

Die für basistyle Ovarien charakteristische Insertionsweise des Griffels in einer Rinne oder Grube zwischen den Karpellen ist gemäß dem Schema in Abb. 87 III, III a

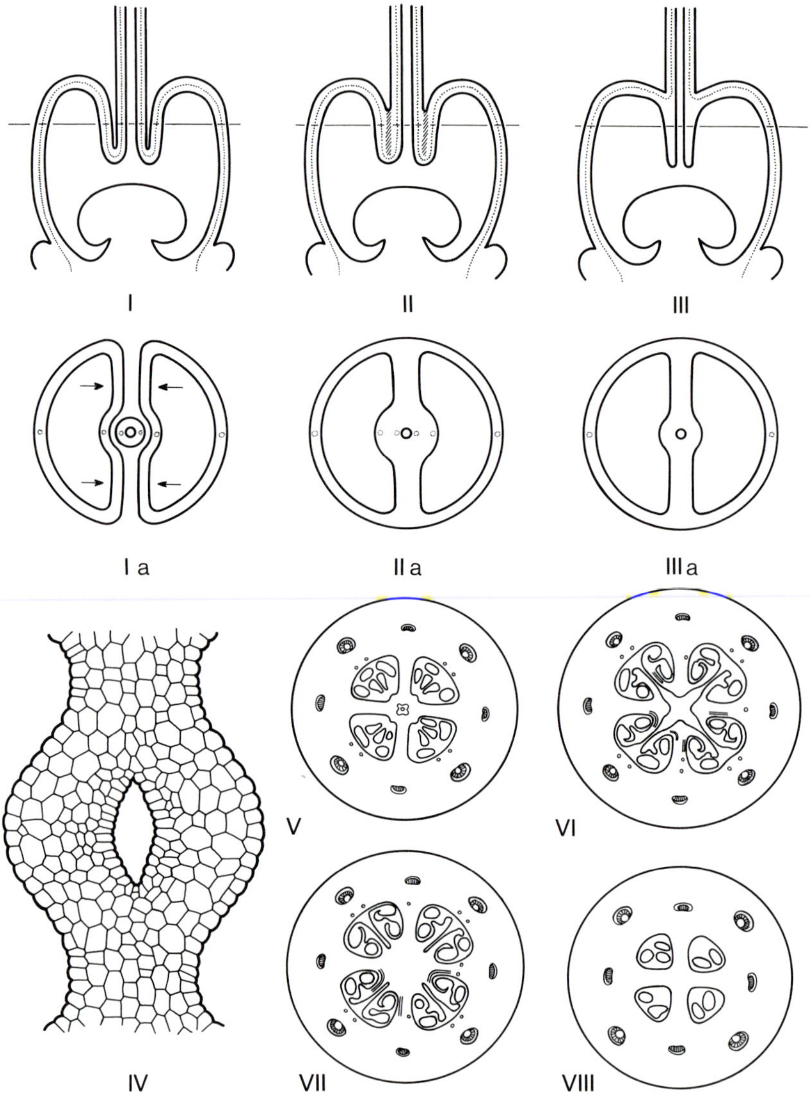

Abb. 87. I–III Schema zur Erläuterung des Zustandekommens eines Apikalseptums; Axialschnitte (I–III) und zugehörige Querschnitte (Ia–IIIa) durch den apikalen Bereich (waagerechte Linie) verschieden gestalteter bikarpellater coenokarper Ovarien: I, Ia anakrostyles (basistyles) Ovar, II, IIa basistyles Ovar mit basaler kongenitaler Vereinigung von Ovar- und Griffelrücken, III, IIIa Ovar mit Apikalseptum. IV *Kickxia elatine*, Querschnitt durch das Apikalseptum im Bereich des Pollenschlauchleitkanals bei einem praefloralen Ovar. V–VIII *Orthostemon sellowianus*, Querschnittserie durch ein kurz vor der Anthese stehendes Gynoeceum. V Scheitelwandbereich, VI parakarpe Zone, VII fertiler und VIII steriler Bereich der synkarpen Zone. Sämtlich nach HARTL (V–VIII graphisch verändert).

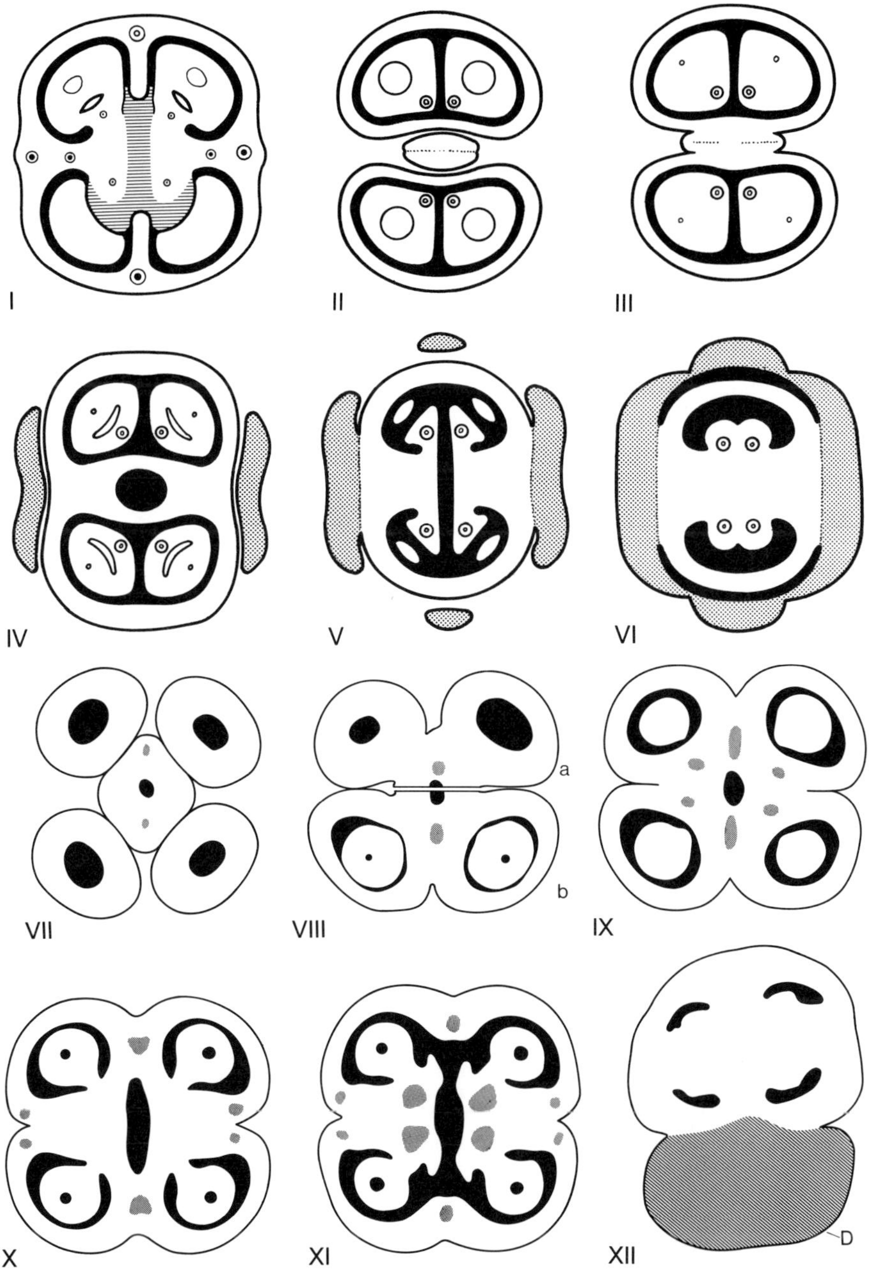

Abb. 88. I *Mina lobata.* Querschnitt durch die parakarpe Zone des Ovars; in der Figur sind zwei in verschiedener Höhe geführte Schnitte kombiniert dargestellt: die obere Hälfte in Höhe der Insertion der Samenanlagen, die untere etwas tiefer; schraffiert: Pollenschlauchleitgewebe, das den Ventralschlitz ausgefüllt und (im tiefer gelegenen Niveau) um die Kante des Falschen Septums herum gewuchert ist. II–VI *Dichondra repens,* Querschnittserie durch das Ovar; VII–XII desgl. von *Ajuga reptans,* D ventrale Diskusbildung. I–VI nach HARTL.

bei Ausbildung von Apikalsepten nicht mehr unbedingt zu erwarten. Vielmehr sitzt der Griffel in solchen Fällen oft in einer nur flachen Rinne oder Mulde zwischen den Karpellen oder setzt sich zumindest scharf vom Ovar ab. Auch bei Ausbildung eines Apikalseptums können aber Ovar und Griffel trotz basistyler Grundstruktur sogar kontinuierlich ineinander übergehen. Das zeigen z.B. die *Convolvulaceae.* Das Gegenteil, nämlich stark aufgewölbte Karpellrücken und einen zwischen diesen in einer tiefen Rinne sitzenden Griffel findet man bei den *Convolvulaceae-Dichondroideae.* Auch hier kommt es aber zur Ausbildung eines Apikalseptums. Betrachten wir dazu eine Querschnittserie durch das tief zweigeteilte Ovar von *Dichondra repens!* In Abb. 88 II ist der Bereich der frei aufgewölbten Karpellrücken getroffen, der an einem kurz vor der Anthese stehenden Ovar fast die Hälfte der Gesamthöhe einnimmt. Man sieht die beiden voneinander und von dem dazwischenliegenden Griffel freien Karpellrükken. Die beiden im Spitzenabschnitt freien Griffeläste sind hier postgenital miteinander verwachsen. Weiter abwärts (III) sind sie zu einem coenokarpen Griffel vereinigt und ihre Dorsalseiten mit den angrenzenden Partien der aufgewölbten Karpellrücken verbunden, im übrigen bleiben die beiden Karpellrücken jedoch voneinander getrennt, so daß auch die seitlichen Partien des Griffels frei bleiben. Erst in einer tiefer gelegenen Zone sind die einander zugewandten Partien der Karpellrücken unter Einschluß des Griffels zu einem einheitlichen Septum verschmolzen, in dessen Zentrum der Griffelkanal erkennbar ist (IV). Darunter erst werden in der fertilen hemiseptal-symplikaten Zone die Ränder der Karpelle sichtbar (V). Der abwärts anschließende synascidiate Abschnitt bleibt steril (VI); er läßt, abgesehen vom Fehlen des Griffelkanals, die gleiche Septierung erkennen wie der vom Apikalseptum unterteilte Ovarabschnitt in IV. – Für einige Gesneriaceen konnte Weber (1971) die Ausbildung eines Apikalseptums nachweisen.

1.6.10 Klausenbildung

Schon bei einer Reihe von Convolvulaceen, z.B. bei den Gattungen *Calonyction* und *Mina*, wird nun die Struktur des Ovars noch weiter kompliziert durch eine Kombination des Apikalseptums mit der Bildung falscher Septen in der Mediane der Karpelle. Bei *Mina lobata* wird der ganze obere, quer vom Apikalseptum durchzogene Bereich des Ovars durch diese „congenital entstandene Gewebebrücke zwischen Ovarrükkenwand und Apicalseptum“ (Hartl 1962, Seite 282) in vier Kammern geteilt, die den Fächern eines tetrameren Ovars täuschend ähnlich sind. Sie ragen auch unterhalb des Apikalseptums noch weit in die Loculamente hinein. Dies zeigt Abb. 88 I, in der ein Querschnitt durch das Ovar in Höhe der Insertion der Samenanlagen (obere Hälfte) mit einem Querschnitt durch eine etwas tiefer gelegene Zone kombiniert ist, in welche die Samenanlagen von oben her hineinragen (untere Hälfte). Der sonst in diesem parakarpen Bereich in Erscheinung tretende Schlitz (Ventralschlitz) zwischen den auseinandertretenden Karpellrändern ist hier durch das meristematische Pollenschlauchleitgewebe der Karpellränder verschlossen, das sogar noch über den Schlitz herausgewuchert ist und die Kante des Falschen Septums fest umgibt (es liegt auch den Mikropylen der Samenanlagen an!). Da die Kante des Falschen Septums im synascidiaten Ovarbereich kongenitial mit der Querzone der beiden Karpelle verbunden ist, wird das gesamte Ovar von oben bis unten in 4 Fächer unterteilt, die jeweils eine Samenanlage umschließen und den schon erwähnten Klausen der *Boraginaceae* und *Labiatae* entsprechen. Äußerlich gibt sich hier bei *Mina lobata* wie auch bei *Calo-*

nyction weder die Falsche Scheidewand noch das Apikalseptum (etwa durch die anakrostyle Insertion des Griffels) zu erkennen, wenn auch bei *Mina lobata* der Griffel schärfer vom Ovar abgesetzt ist, als sonst bei den *Convolvulaceae-Convolvuloideae* üblich. Darin besteht somit ein wichtiger Unterschied gegenüber den bereits erwähnten (Seite 175) in 4 Klausen gegliederten Ovarien der meisten Boraginaceen und Labiaten, deren Gliederung gerade durch die äußerlich erkennbare anakrostyle bis basistyle Griffelinsertion und die sichtbare, zur Bildung der Falschen Scheidewand führende von oben und von der Seite her erfolgende mediane Einfaltung der Karpelle bedingt ist. Dies bedeutet andererseits, daß ein gemäß Schema Abb. 87 I bis III durch kongenitale Vereinigung des Griffels und der Karpellrücken gebildetes Apikalseptum hier allenfalls andeutungsweise auftreten kann, so bei dem bereits in Abb. 86 I, II wiedergegebenen Ovar des Kriechenden Günsels, von dem wir eine Querschnittserie angefertigt haben (Abb. 88 VII bis XII). In Fig. VII sind die während der Anthese noch wenig aufgewölbten Rücken der Karpellhälften leicht angeschnitten, die Höhlungen der Karpellhälften erscheinen ziemlich klein, weil der Schnitt ziemlich flach durch die aufgewölbten Wände verläuft, die infolgedessen sehr dick erscheinen. Die vier Karpellhälften und der anakrostyle Griffel sind hier noch völlig voneinander getrennt. In Fig. VIII sind zwei in verschiedener Höhe geführte Schnitte kombiniert, welche die Verschmelzung des Griffels mit den Wänden der aufgewölbten Karpellhälften und die zunehmende Verbindung der zusammengehörigen Karpellhälften sowie der beiden Karpelle untereinander anzeigen. Der untere der beiden Querschnitte (untere Hälfte b) läßt ebenso wie der Querschnitt in IX in seinem Umriß noch deutlich die Vierteiligkeit erkennen: die mediane Einfaltung der Falschen Septen und die tief reichenden Spalten in der Transversalen, welche die Grenze zwischen den beiden Karpellen bezeichnen. Der Griffelkanal erweitert sich schon hier, mehr aber noch zwischen den weiter unterhalb im Ansatzbereich der Samenanlagen (X) stärker auseinanderweichenden Karpellrändern zum median verlaufenden Ventralschlitz. Die Karpellränder bleiben jedoch mit der hier „gabelkerbigen Falschen Scheidewand“ (HARTL) kongenital (!) verbunden, so daß das Ovar vierfächerig bleibt. Erst in der tiefer gelegenen Zone wird die parakarpe Struktur des fertilen Ovarbereichs durch das gänzliche Auseinanderweichen der Karpellränder und das Zurücktreten der Falschen Septen deutlich sichtbar (X). In dem nur kurzen und steril bleibenden synascidiaten Ovarabschnitt (XII) hingegen werden die beiden durch die Querzone voneinander geschiedenen Ovarflächen wieder median geteilt. Ob man dies als ein Wiederhervortreten der Falschen Septen oder als eine durch verhältnismäßig ungeordnetes Hervorwuchern medianer Wandpartien zustande kommende Unterteilung der ohnedies hier sehr schmalen Fächer ansehen will, mag dahingestellt bleiben. Der Querschnitt in XII zeigt zugleich auch das horizontal durchschnittene Nektarium (D) an der Ventralseite des Gynoeceums. (Vgl. auch JUNELL 1934.)

Aus dem Vergleich der hier behandelten Ovarstrukturen wird deutlich, daß die median orientierten Falschen Septen in entsprechender Weise auf die Verwachsung medianer Karpelleinfaltungen zurückzuführen sind, wie das Apikalseptum auf die kongenitale Vereinigung der bei anakrostyler Grundstruktur einander zugewandten Teile der Karpellrücken. Überraschend erscheint jedoch, daß die an sich mögliche postgenitale Verwachsung der Falschen Septen mit den im parakarpen Bereich der Definition nach freien Karpellrändern bereits durch kongenitale Prozesse vorweggenommen wird. Diese Abkürzung der zu erwartenden Formbildungsprozesse ist nach HARTL (1962) und VOGEL (1959) so zu verstehen, daß das durch „mehr additiven

Aufbau der vegetativen Region" gekennzeichnete Wachstum der Pflanze mit der Ausbildung der Blüte seinen Abschluß erreicht, und sich die offene Gestalt der Pflanze in der Blüte durch fast oder ganz gleichzeitige Bildung der Primordien und vielfältige kongenital verlaufende Umbildungsprozesse dem Entwicklungsprinzip der geschlossenen Gestalt des Tierkörpers annähert.

1.6.11 Kongenitale und postgenitale Karpellvereinigung

Bereits im Zusammenhang mit der Ableitung des coenokarpen Baues des Gynoeceums vom chorikarpen Bau (Seite 152) und bei der Erörterung der vertikalen Zonierung des coenokarpen Gynoeceums (Seite 163) wurde deutlich, daß beide Bautypen durch Zwischenformen miteinander verbunden sind. Ein Nebeneinander von chorikarpen und coenokarpen Gynoeceen sowie sehr unterschiedliche Grade des Zusammenschlusses beobachten wir innerhalb verschiedenster Verwandschaftskreise. Dabei tritt immer wieder unabhängig vom Grade der postgenitalen oder kongenitalen Vereinigung die Übereinstimmung der Gynoeceen in ihren homologen Karpellabschnitten mit bemerkenswerter Konstanz hervor. Dies ist vor allem deshalb bedeutsam, weil die kongenitale Vereinigung von Organen zugleich mit der Ausgliederung gegeben und demgemäß nicht „als Vorgang" nachweisbar, sondern nur durch sorgfältigen Vergleich aufeinander zu beziehender Organabschnitte – im vorliegenden Falle der einzelnen Karpellzonen bei verschiedenen Gynoeceen – zu erschließen ist.

Für den unterschiedlichen Grad postgenitaler und kongenitaler Karpellvereinigung innerhalb eines engen Verwandtschaftskreises hat Baum (1948) eine eindrucksvolle Liste von Beispielen aus der Unterfamilie der *Rosaceae-Spiraeoideae* zusammengestellt: Bei *Exochorda* sind die fünf fertilen Karpellabschnitte durch einen zentralen Achsenkegel verbunden (ähnlich bei *Sibiraea*); die Karpelle von *Vauquelinia corymbosa* sind ursprünglich nur an ihrer Basis in sehr geringem Ausmaß durch die Achse verbunden und neigen erst im Laufe der Ontogenese über dem frei und deutlich sichtbar bleibenden Achsenende zusammen und verwachsen mit Ausnahme einer kleinen Aussparung über diesem Achsenende postgenital; bei *Sorbaria*-Arten „treten im unteren Fruchtknotenabschnitt... die Karpelle an der Peripherie schon von vornherein verwachsen auf, ohne daß die Gestalt der schwach peltaten Einzelkarpelle dadurch makroskopisch oder mikroskopisch wesentlich verändert würde!" Bei *Physocarpus opulifolius* reicht die „primär synkarpe Fruchtknotenbasis" sogar bis zur halben Höhe des Gynoeceums. Im zwei- bis vierzähligen Gynoeceum von *Neillia rubiflora* sind nur die Karpellstiele miteinander verwachsen. Ähnliche Reihen lassen sich bei den *Saxifragaceae*, ja allein schon innerhalb der Gattung *Saxifraga* aufzeigen.

Die Art und Weise des Zustandekommens postgenitaler Verbindungen kann recht verschieden sein. Am Beginn ähnelt sie nicht selten den Verzahnungen von Epidermiszellen oder der Ausbildung ineinandergreifender Papillen, wie wir sie schon bei den Kontaktverschlüssen von Kelchblättern (Seite 56) und bei der Bildung pseudosympetaler Corollen (Seite 81) kennengelernt haben. Nach Hartl (1956a) wird z.B. bei Convolvulaceen die postgenitale Verbindung zwischen den symplikaten Karpellrändern vermittels eines mehr oder minder homogenen Verwachsungsgewebes hergestellt, das durch Teilungen der subepidermalen und epidermalen Schichten entsteht. Sie beginnt kurz nach der Differenzierung der Samenanlagen im oberen Bereich der symplikaten Zone damit, daß sich die Epidermiszellen der einander gegenüberliegenden Karpellränder miteinander verzahnen und sich anschließend periklin teilen. Als weiteres Beispiel mag hier *Verbascum thapsiforme* gelten, bei dem das Verwachsungsgewebe freilich vergleichsweise spärlich ist (Abb. 89 I). Auch die subepidermalen Zellschichten zeigen Periklinalteilungen, „so daß die Epidermen etwas aus ihrem Niveau heraus- und aneinandergepreßt werden." Während dieser Vorgang basalwärts fortschreitet, kommt es an der Spitze durch weitere Teilungen zur Ausbildung eines Verwachsungsgewebes. Entsprechende Vorgänge schildert

Baum (1948b) für die Verwachsung von Karpellrändern in chorikarpen Gynoeceen zahlreicher Familien, sie treten aber auch bei der postgenitalen Verwachsung von Karpellflanken bei hemisymplikaten Gynoeceen auf (Hartl, Baum 1948c, Leinfellner 1951b). Der Zusammenschluß der postgenital miteinander verwachsenen Regionen kann aber auch ohne Verzahnung der Epidermiszellen allein durch Epidermisaufspaltung in den Kontaktzonen erfolgen, wobei offensichtlich eine Veränderung der Wandstrukturen (repolymerisation of wall constituents etc.) stattfindet (Walker 1975a, b, c).

Neben dieser Verwachsung durch **Verzahnung** der Epidermiszellen und **Epidermisaufspaltung** beschreibt Hartl für die *Scrophulariaceae* einen Zusammenschluß von Karpellrändern durch **Papillenbildung,** zB. bei *Rhinanthus* (Abb. 89 II, III) und *Sutera coerulea,* wobei die schlauchförmigen Epidermiszellen sich plektenchymartig verflechten können (Abb. 89 IV).

Bei *Linaria vulgaris, Clandestina purpurea* und anderen wird zwar die Papillenbildung unterdrückt, doch hat die Epidermis im Bereich der Kontaktflächen den Charakter eines Drüsenepithels, das ein viskoses, eine **Verklebung** der Karpellränder bewirkendes Sekret absondert (Abb. 89 V).

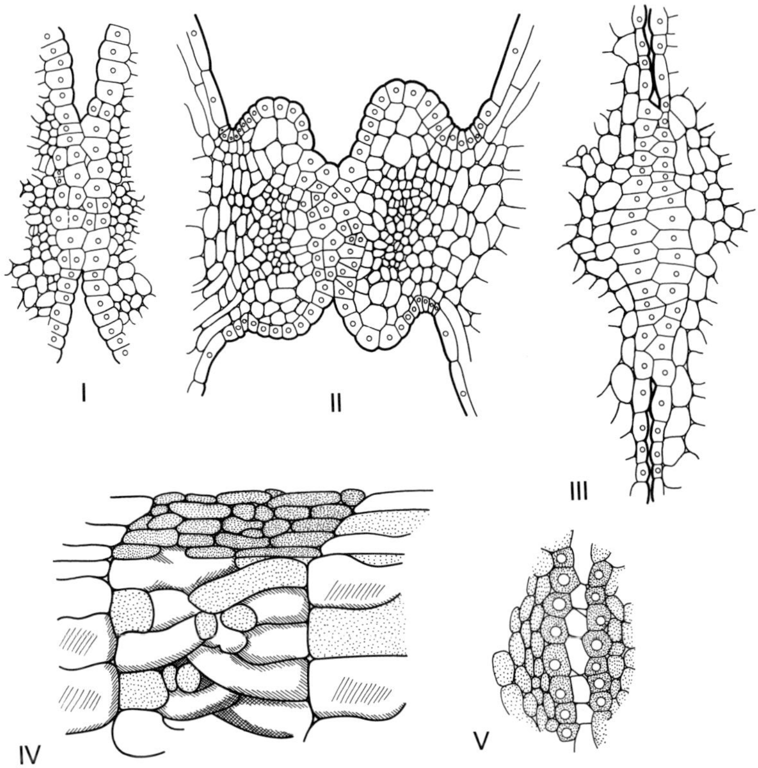

Abb. 89 Postgenitale Verwachsung von Karpellrändern. I *Verbascum thapsiforme,* symplikate Zone, Beginn der Verwachsung; II, III *Rhinanthus alectorolophus,* Beginn der postgenitalen Verwachsung im sterilen (II) und fertilen (III) Bereich der symplikaten Zone; *Sutera coerulea,* Blockdiagramm aus dem Bereich der postgenitalen Verwachsung, Bildung eines „Plektenchyms" aus schlauchförmig entwickelten Epidermiszellen; V *Clandestina purpurea,* Sekretfäden zwischen den Epidermiszellen im Bereich der symplikaten Zone. Sämtlich nach Hartl.

In der reifenden Frucht werden postgenitale Verwachsungen bisweilen wieder gelöst.

Durch eine postgenitale Verwachsung kommt auch die Verbindung der beiden im übrigen freien Karpelle im Bereich des Narbenkopfes zustande, welche für die Asclepiadaceen typisch ist (Boke 1949, Walker 1975a).

Durch das „Unterbleiben" der postgenitalen Verwachsung zwischen den jeweils zusammengehörigen Karpellrändern im chorikarpen (apokarpen) Abschnitt eines Gynoeceums erklärt sich nach Baum (1949) das Zustandekommen „offener Angiospermengynoeceen", wie man sie bei *Reseda* (vgl. dazu die Querschnittserien bei Schaeppi 1937c) oder noch zur Blütezeit bei der Zwergpalme *Chamerops humilis* (Juhnke und Winkler 1938) finden kann. Bei *Reseda* tritt das Auseinanderklaffen der Karpellränder im Fruchtzustand noch stärker in Erscheinung, so daß die Samen im Innern des fast gänzlich aseptal-coenoparakarpen Ovars sichtbar werden ähnlich auch bei *Houttuynia cordata (Saururaceae)* und *Datisca cannabina (Datiscaceae).*

1.6.12 Das unterständige Ovar

Mit Recht hat Hartl (1962) betont, daß die kongenitale Vereinigung der Karpelle zu einem coenokarpen Gynoeceum nicht mit Hilfe des „Prinzips der variablen Proportionen" zu erklären sei. Vielmehr besteht das Wesen der kongenitalen Vereinigung gerade darin, daß die miteinander verbundenen Organe in ihren Proportionen gegenüber solchen, die selbständig bleiben, in keiner Weise (oder allenfalls unwesentlich) verändert werden. Hartl veranschaulicht diesen Hinweis mit der Feststellung, daß die kongenitale Vereinigung Zonen ergreift, die auch durch einen postgenitalen Vorgang verwachsen könnten. In solchen Fällen wird der Nachweis der Bauplanähnlichkeit sogar dadurch geführt, daß sich kongenital vereinigte Organe in all ihren Teilen einwandfrei auf solche (bei einer verwandten Pflanze) beziehen lassen, die unvereinigt geblieben sind.

Diese Feststellungen gelten auch für die Unterständigkeit des Ovars! Nach der heute weithin vertretenen Auffassung, der wir uns auf Seite 29 bereits angeschlossen haben, kommt die Unterständigkeit des Gynoeceums dadurch zustande, daß die Blütenachse sich unter kongenitaler Vereinigung mit den Dorsalseiten der Karpelle ringsum über den Bereich der Karpellansätze erhebt und das gesamte Ovar in einen urnenförmigen Achsenkörper einschließt, der nur noch die Karpellspitzen bzw. den Griffel frei läßt und auf seinem oberen Rande die Kelch-, Kron- und Staubblätter trägt (Abb. 10 III).

Auch hier gilt, daß die kongenitale Vereinigung zwischen der Blütenachse und den Karpellrücken nicht „als Vorgang" nachweisbar ist. Auch hier ist jedoch immer wieder festzustellen, daß bei Verwandtschaftskreisen, innerhalb deren Übergänge von der Oberständigkeit über verschiedene Formen der Halbunterständigkeit bis zur Unterständigkeit auftreten – z. B. bei den *Liliineae* –, die charakteristische Karpellstruktur und -zonierung über alle Grade der Einsenkung in die Blütenachse erhalten bleibt. Das zeigen bereits Querschnittserien (vgl. z. B. nur Leinfellner 1941, 1950). Demgegenüber ließ sich die Frage, ob und wie weitgehend bei unterständigen Gynoeceen Achsengewebe und Karpellgewebe etwa an Hand histologischer Kriterien gegeneinander abgegrenzt werden könnten, bisher nicht eindeutig beantworten. Zwar sind gelegentlich gewisse Unterschiede zwischen den peripheren und den inneren Gewebepartien erkennbar, bei Onagraceen z. B. eine stärkere Streckung und geringere Anfärbbarkeit der Zellen in den äußeren Gewebepartien (vgl. Pankow 1966, Bunniger und Weberling 1968), ähnlich bei Myrtaceen (Hartl 1962) und manchen Saxifragaceen (vgl. Klopfer 1968, Abb. 9, b. *Tellima;* 1972, Abb. 6, b. *Francoa,* Übergang zur Unterständigkeit). KLOPFER deutet diese Abbildungen nicht in dem hier angedeuteten Sinne, spricht aber andererseits von „einer Differenzierung von äußeren Rindenschichten" im unterständigen Teil des Ovars von *Tellima*, oder bei *Astilbe* davon, daß „die z. T. noch freien Karpelle durch Achsengewebe berindet" werden. Hier hebt sich umgekehrt zu den anderen Beispielen die Karpellwand durch „ihre geringere Färbbarkeit... deutlich von dem Achsenbecher ab" (1970).

Diese Unterschiede können jedoch auch anders bedingt sein, und sind daher nicht eindeutig als Hinweis auf die Achsennatur der peripheren Gewebepartien zu werten.

Im Gegensatz zu der oben gegebenen Deutung, wonach die Unterständigkeit des Ovars durch kongenitale Vereinigung von Gynoeceum und Blütenachse zu erklären

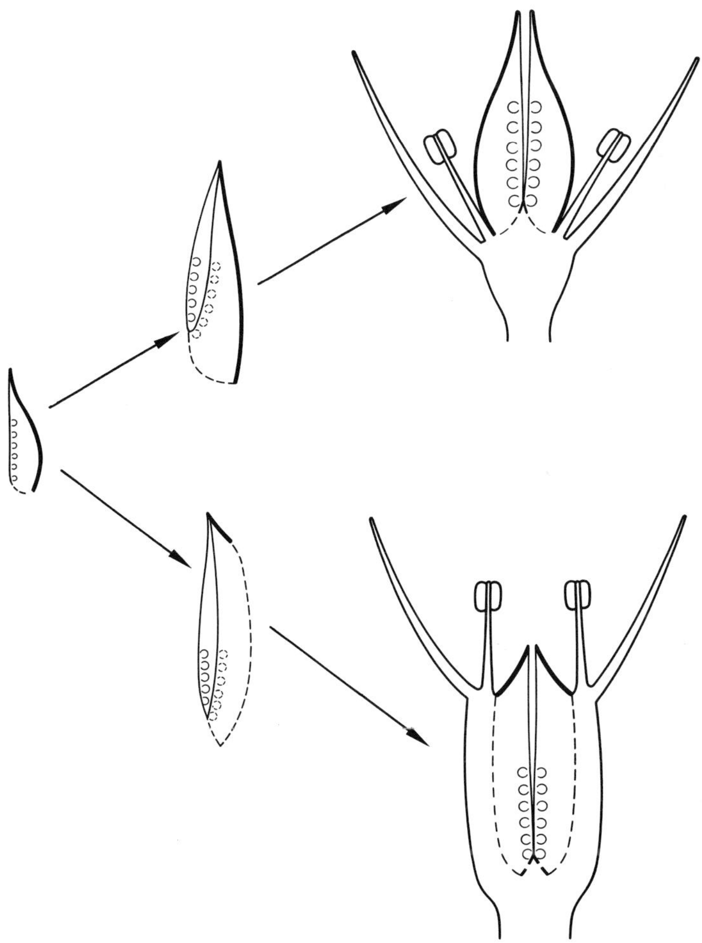

Abb. 90. Ableitung des unterständigen Ovars durch interkalares Wachstum der Blütenachse und der Karpellbasen im Ansatzbereich der Karpelle (gestrichelte Linie) nach LEINS. Karpellrücken: dick ausgezogene Linien. Nach LEINS, stark verändert.

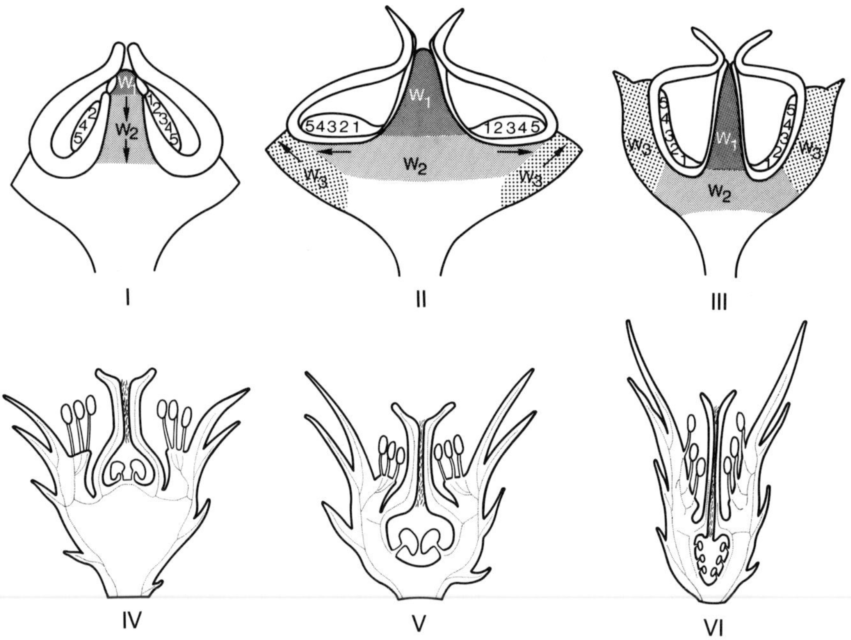

Abb. 91. I–III Schemata (Axialschnitte) zur Erläuterung des Wachstums der Blütenachse und der Verlagerung der Placenten an die Außenwand des Gynoeceums bei *Aizoaceae;* W_1–W_3 Wachstumszonen der Blütenachse; Ziffern 1–5: Entstehungsfolge der Samenanlagen. I entspricht etwa den Verhältnissen bei den *Aptenioideae,* die mit II und III wiedergegebenen Formen treten bei den *Ruschioideae* auf. IV–VI Schemata (Axialschnitte) zur Erläuterung der allmählichen Einsenkung des Gynoeceums in die Blütenachse bei *Cactaceae,* IV entspricht den Verhältnissen bei *Pereskia aculeata,* V bei *Pereskia* subgen. *Rhodocactus,* VI den Verhältnissen bei höher entwickelten *Cactaceae.* Sämtlich nach Buxbaum, teilw. graphisch verändert.

ist, hat Leins (1972) den Versuch unternommen, dieses Verhalten mit Hilfe des „Prinzips der variablen Proportionen" zu interpretieren. Er nimmt gemäß Abb. 90 ein gemeinsames interkalares Wachstum der Blütenachse und der Karpellbasen im Insertionsbereich der Karpelle an. „Bei Unterständigkeit ist" demnach „die Dorsalseite des Einzelkarpells verkürzt, die Insertion (Karpellbasis) dagegen verlängert." Die Wandung von Griffel und Narbe eines unterständigen Ovars, und nur diese, entspräche dann der gesamten Wand eines oberständigen Ovars. Interkalare Wachstumsvorgänge, die unter *Erweiterung* der Karpellinsertion und Verlagerung der Placenten aus primär zentralwinkelständiger Position bis in eine parietale Stellung zur Halbunterständigkeit und Unterständigkeit des Gynoeceums führen, sind freilich von den *Aizoaceae* und *Cactaceae* (Abb. 16 VI, 91) her bekannt (vgl. Buxbaum 1937, 1948 u.a.). Es erscheint uns durchaus als möglich, daß auch die Überlegungen von Leins in manchen Fällen zutreffen. Ihrer Verallgemeinerung stehen jedoch die oben erörterten grundlegenden Befunde entgegen. Das vorausgesetzte interkalare Wachstum der Blütenachse und Karpellbasen im Insertionsbereich der Karpelle müßte zu Veränderungen in der Struktur unterständiger Gynoeceen gegenüber oberständigen führen,

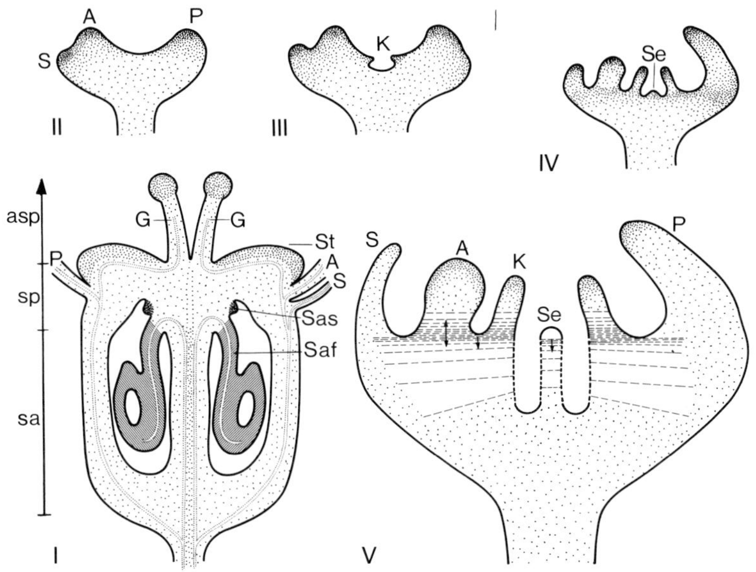

Abb. 92. I Schematischer Medianschnitt durch eine Umbelliferenblüte. II–V Ontogenie der Umbelliferenblüte, dargestellt anhand von (teilweise schematisierten) Medianschnitten. S Sepalen, P Petalen, A Staubblätter, K Karpelle bzw. deren Anlagen; Sas sterile, Saf fertile Samenanlage, Se Septum des Ovars, G Griffelast, St Stylopodium (Griffelpolster). Sämtlich nach MAGIN.

die wir nicht beobachten und die mit der beobachteten Konstanz der Form des Einzelkarpells bei ober- und unterständigen Gynoeceen nicht im Einklang stehen. Man stelle sich nur einmal vor, wie sich ein unterständiges bikarpellat-parakarpes Gynoeceum unter diesen Voraussetzungen verhalten müßte! Die ontogenetischen Befunde lehren zudem, daß die Karpellanlagen bei halbunterständigen oder unterständigen Gynoeceen gewöhnlich an der Innenseite einer mehr oder minder stark vertieften Scheitelgrube entstehen und ihre Dorsalseiten von vornherein mit der Innenwand dieser Scheitelgrube verbunden sind, wie es der Auffassung von der kongenitalen Vereinigung mit der Blütenachse entspricht. Der hier gewissermaßen schon „en miniature" vorgefertigte Blütenbecher braucht also nur noch entsprechend zu wachsen (vgl. z. B. LEINFELLNER 1941, BUNNIGER 1972, KLOPFER 1968, 1969, 1970 u. a.). Ein gutes Beispiel für die Entwicklungsweise eines unterständigen Ovars bietet auch die Umbelliferenblüte (Abb. 92 I), deren Ontogenie bereits von LEINFELLNER (1941) und neuerdings von MAGIN (1977) untersucht wurde. Auch diese zeigt die beschriebene Ausgliederungsweise der Karpelle und das interkalare Wachstum des mit den Rücken der beiden Karpelle vereinigten Blütenbechers (Abb. 92 II bis V), nicht aber ein interkalares Wachstum im Bereich der Karpellinsertionen.

Gegenüber der von uns zugrunde gelegten, auf ČELAKOVSKÝ (1874) und GOEBEL (1884) zurückgehenden Auffassung vom unterständigen Gynoeceum als einem Produkt kongenitaler Vereinigung von Karpellen und Achsenbecher wird seit DE CANDOLLE (1828) und VAN TIEGHEM (1868, 1875) auch die Anschauung vertreten, der

Einschluß des unterständigen Gynoeceums und vor allem auch die Entwicklung eines darüber hinausragenden Bechers – eines Hypanthiums – komme durch die – kongenitale – Vereinigung der Kelch-, Kron- und Staubblattbasen zustande, die Wandung des unterständigen Gynoeceums sei also ein Verwachsungsprodukt aus allen Blattorganen der Blüte, d. h. „appendiculärer Herkunft" (Appendix-Theorie).* Grundsätzlich läßt sich diese Möglichkeit keineswegs ausschließen. Wir haben bereits erwähnt (Seite 40), daß der für die Lythraceenblüte typische röhrige Abschnitt nach MAYR (1969) als „Perianthröhre", d. h. als Verwachsungsprodukt der Kelch- und Kronblätter aufzufassen ist. Auch die Berindung des Achsenbechers durch Kelchblattbasen darf in manchen Fällen als wahrscheinlich angenommen werden, so bei *Rosa* (vgl. Seite 37) und bei *Eryngium* (LEINFELLNER 1941).

1.6.13 „Pseudocoenokarpie"

Daß die Blütenachse auch am Aufbau des oberständigen Ovars Anteil nehmen kann, haben wir bereits am Beispiel von *Nelumbo* (Abb. 14 III) und *Nuphar* (Seite 35) kurz erörtert. Bei *Nelumbo* modifiziert die Blütenachse nach TROLL (1934) die Ausbildung des chorikarpen Gynoeceums dadurch, daß „sie sich in der Umgebung der Fruchtblätter erhebt, sie umwallt und in den bekannten obkonischen Körper einschließt, der sich im Zentrum der Blüte erhebt." In ähnlicher Weise sind nach TROLL auch die zyklisch gestellten freien Karpelle von *Nuphar* durch die Achse verbunden, und zwar in der Weise, daß diese „die Karpelle nicht nur umwallt, sondern das Wachstum der Karpelle und der Achse gemeinsam erfolgt"; sogar das „zwischen den Narbenleisten gelegene Gewebe der Narbenplatte" gehört „der Achse an, in die die Karpelle hier allerdings vollständig eingewachsen sind". Auch bei den unterständigen bzw. halbunterständigen Gynoeceen von *Nymphaea, Victoria* und *Euryale* sind die Karpelle nach TROLL seitlich und im Zentrum durch Achsengewebe verbunden. Die im Grunde chorikarpe Natur des Gynoeceums gibt sich aber auch hier unter anderem noch dadurch zu erkennen, daß bei *Nymphaea stellata* und verwandten Arten die Karpellflanken (durch „interkarpellare Spalten", Abb. 93 IV) voneinander getrennt bleiben (angedeutet ist dieses Verhalten auch bei *Victoria amazonica* und *Euryale ferox*. In allen Fällen liegt somit eine „Pseudocoenokarpie" vor, die bei dem oberständigen Gynoeceum von *Nuphar* allerdings bei der Fruchtreife durch völlige Ablösung des berindenden Achsenmantels und der seitlich und innen die Karpelle umgebenden Achsengewebe wieder aufgegeben wird (Abb. 93 V).

Die Angaben TROLLS über die pseudocoenokarpe Struktur der Nymphoideen-Gynoeceen sind, namentlich was die seitliche und zentrale Verbindung der Karpelle

---

* Auch SARKANY und KOVACS (1971) interpretieren die Ergebnisse ihrer histogenetischen Untersuchungen über die Entwicklung des Umbelliferen-Ovars anders als MAGIN (1977) im Sinne der Appendix-Theorie.

Die von HAGERUP (1934 u. a.) und THOMSON (1934) vertretene Hypothese, wonach das unterständige Ovar ein Achsengebilde und nur die freien Griffel- und Narbenteile Karpelle seien, brauchen wir hier nicht näher zu erörtern, ebensowenig die verschiedenen von anderen Autoren aufgestellten Kombinationen der genannten Anschauungen. Zusammenfassende Darstellungen dazu geben WILSON und JUST (1939), DOUGLAS (1944, 1957) und PURI (1951, 1952). Die Vertreter der zuletzt genannten Auffassungen argumentieren weithin mit leitbündelanatomischen Befunden (vgl. dazu Seite 17).

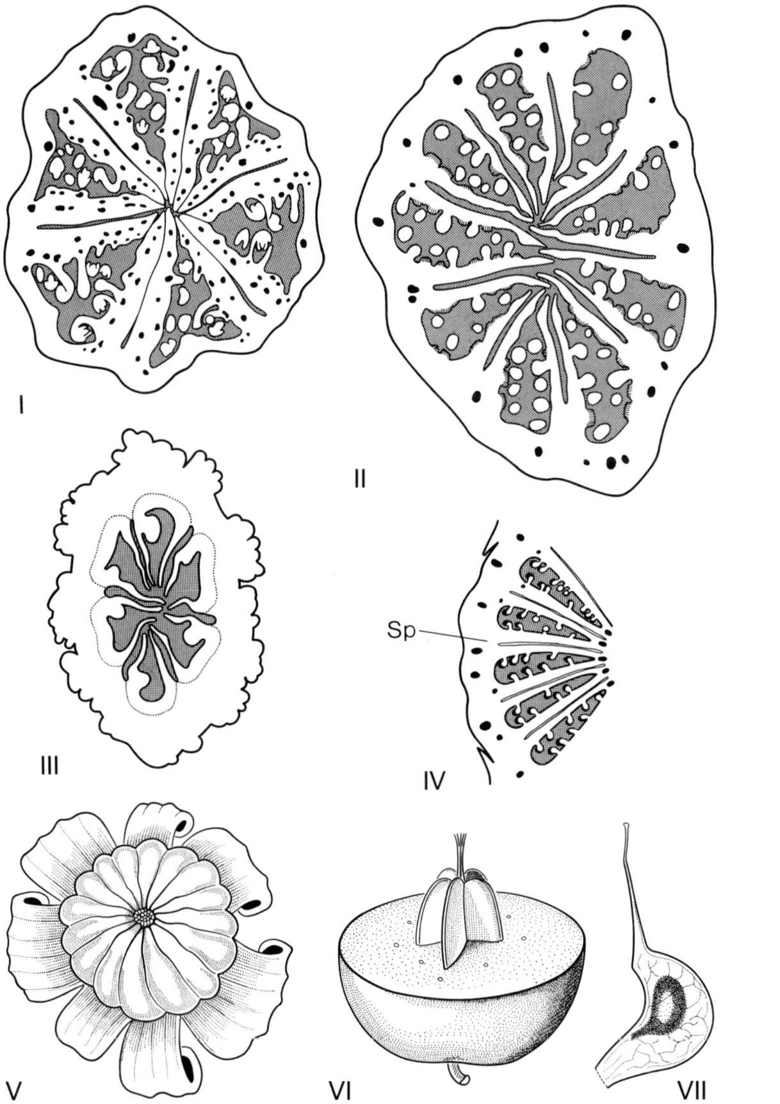

Abb. 93. „Pseudocoenokarpie“. I *Butomus umbellatus,* Querschnitt durch den basalen Bereich des Gynoeceums, die 6 Karpelle sind in der Peripherie miteinander vereinigt. II, III *Hydrocharitaceae,* Querschnitte durch das (unterständige) Gynoeceum von *Ottelia* spec. (II) und *Enhalus acoroides* (junges Gynoeceum, III). IV *Nymphaea stellata,* Gynoeceum quer, Ausschnitt, Sp interkarpellare Spalten. V *Nuphar lutea,* Freilegung der chorikarpen Karpelle durch Ablösen des Achsenmantels bei der Fruchtreife. VI, VII Apfelfrucht nach Freilegung der oberen Teile der Karpelle und freipräpariertes Einzelkarpell (VII). III nach EBER, I, II, IV, V, VII nach TROLL, VI nach RAUH.

durch Achsengewebe angeht, nicht unwidersprochen geblieben (WINKLER 1941, MOSELEY 1972). Zur endgültigen Klärung dürften weitere Untersuchungen erforderlich sein.

Eine zentrale und seitliche Verbindung der Anlage nach freier Karpelle durch Achsengewebe bedingt nach TROLL (1934b) auch das Auftreten der synkarp erscheinenden Zonen an der Basis der Gynoeceen von *Helleborus* und *Aquilegia* und die bei manchen Arten bis an die Narben heranreichende Vereinigung der Karpelle bei *Nigella*. Inzwischen darf es vor allem auf Grund der Untersuchungen von ROHWEDER (1967) wie auch von KAUSSMANN (1972) als erwiesen gelten, daß die Gynoeceen von *Helleborus* und *Aquilegia*, ferner wohl auch die von *Caltha* und *Trollius* (vgl. SCHAEPPI 1972) einen kurzen coenokarpen Abschnitt besitzen und daß bei *Nigella* echte Coenokarpie herrscht. Die Beteiligung der Achse am Aufbau dieser Gynoeceen ist damit nicht ausgeschlossen. Bei *Nigella* ist nach KAUSSMANN sogar nachzuweisen, daß zwischen den Karpellprimordien „ein in Aufsicht sternförmiges Restmeristem erhalten" bleibt, welches ein „steriles Füllgewebe" liefert, „das mit den Karpellen in die Höhe wächst" (vgl. hierzu jedoch LANG 1977).

Pseudocoenokarpie tritt auch im Verwandtschaftskreis der *Helobiae* auf, nämlich bei Butomaceen und Hydrocharitaceen. Bei *Butomus* ist sie nur schwach ausgeprägt. Von den beiden 3zähligen Karpellwirteln entsteht der innere etwas später als der äußere. Die Karpelle bleiben unter sich frei, sind aber – wie der Querschnitt in Abb. 93 I zeigt – basal an der Peripherie durch einen ringförmig sich erhebenden Achsenmantel miteinander verbunden (vgl. auch SINGH und SATTLER 1970). Diese Zone bleibt jedoch kurz, sie liegt unterhalb der Ebene des in Abb. 78 XV wiedergegebenen Querschnittes. Auch das halbierte Gynoeceum in Abb. 78 XIV läßt in der hier gegebenen Ansicht nichts davon erkennen, wohl aber meint man hier die Angabe TROLLS bestätigt zu finden, daß ein zentraler Achsenkegel am Aufbau des Gynoeceums beteiligt sei. Dies berichtet TROLL (1932) auch für *Limnocharis flava*. Das Gynoeceum der *Hydrocharitaceae* ist unterständig. Die vom Achsenbecher umschlossenen Karpelle sind bei *Stratiotes, Boottia, Ottelia* und *Enhalus* (Abb. 93 II, III) lediglich über ihre Dorsalseiten mit dem Achsenbecher verbunden, bleiben untereinander aber völlig frei. Da zudem der ventrale Verschluß der Karpellränder unterbleibt, ragen die Karpellspreiten frei ins Innere der Ovarhöhlung. Dabei sind die einander zugekehrten Hälften benachbarter Karpelle paarig gestellt. Entsprechend der bei den Hydrocharitaceen herrschenden laminalen Placentation tragen diese nach innen ragenden Teile der Karpellspreiten auf ihren Innenflächen Samenanlagen in größerer *(Ottelia, Stratiotes, Boottia)* oder (einzeilig angeordnet?) in geringerer Zahl *(Enhalus)* – kein Wunder also, daß man sie für „gespaltene Placenten" eines parakarpen Ovars hielt! Bei *Vallisneria* und *Halophila* springen die Karpellspreiten nur wenig nach innen vor, bei *Hydrocharis morsus-ranae* sind die benachbarten Karpellspreiten miteinander verbunden (vgl. TROLL 1931, EBER 1933, KAUL 1969).

Als das bekannteste Beispiel für Pseudocoenokarpie gilt das halbunterständige Gynoeceum des Apfels *(Malus sylvestris)*, bei welchem die Karpelle zumindest weitgehend untereinander frei, jedoch auf der Dorsalseite mit der Blütenachse vereinigt sind,

---

* Bei dem in Abb. 93 II dargestellten Ovarquerschnitt von *Ottelia* kann man zwischen den Samenanlagen sitzende scheibenförmige Schleimdrüsen erkennen. Diese sondern eine schleimige Masse ab, von der die ganze Ovarhöhlung erfüllt wird. Bei anderen Hydrocharitaceen wird dieser Schleim von der ganzen drüsig ausgebildeten Innenwand der Karpelle sezerniert,

welche so weit über die Karpelle hinauswächst und über diesen zusammenschließt, daß nur noch die gleichfalls freien, aber untereinander verklebten Griffel hervorragen. Offenbar kommt es aber beim Apfel – ebenso auch bei *Stratiotes* – doch zu einer lokal begrenzten schwachen Verwachsung von Karpellflanken (Hemicoenokarpie). Aus dem Achsengewebe geht auch das Fruchtfleisch hervor, das die pergamentartigen balgähnlichen Karpelle umgibt (Abb. 93 VI, VII).

1.6.14 Pseudomonomerie

Als Reduktionserscheinungen im Bereich des Gynoeceums haben wir bereits die Verringerung der Karpellzahl eines chorikarpen Gynoeceums bis auf 1 und die Rückbildung der Samenanlagen kennengelernt, die sowohl in den einzelnen Karpellen eines chorikarpen Gynoeceums als auch in einem coenokarpen Ovar bis zur Ausbildung nur einer fertilen Samenanlage fortschreiten kann. Auch bei coenokarpen Gynoeceen können die Karpelle bis auf eins in ihrer Entwicklung so stark zurückbleiben, daß ein scheinbar monomeres Gynoeceum entsteht. Nicht selten wurden solche **pseudomonomeren** Gynoeceen als echt monomer beschrieben, weil die in ihrer Entwicklung mehr oder minder gehemmten Karpelle sich zwar in verschiedenem Maße am Aufbau des Ovars beteiligen können, dies oft aber nur durch ontogenetische und vergleichende Untersuchungen nachzuweisen ist. Einige der zahlreichen von ECKARDT (1937) untersuchten Beispiele mögen dies verdeutlichen.

In der Ordnung der *Urticales* galten die *Urticaceae* früher als die einzige Familie, bei der die Blüten abweichend von den übrigen mit zweizähligen Ovarien ausgestatteten Familien nur ein einziges Fruchtblatt besitzen (EICHLER 1878, WARMING 1911 und später noch LAWRENCE 1962, PORTER 1967).

Schon in seiner äußeren Gestalt gibt das Urticaceen-Gynoeceum gelegentlich Hinweise auf das Vorhandensein eines zweiten Karpells: das normalerweise auch bei *Girardinia zylanica* mit einem einfachen Griffel ausgestattete Ovar (Abb. 94 VI) trägt bisweilen zwei (selten drei) Griffeläste. Darüber hinaus liefert eine vergleichende Betrachtung von Gynoeceen bei den Familien der *Urticales* unter Einschluß ontogenetischer Studien das Ergebnis, daß die Urticaceen das Endglied einer Progressionsreihe darstellen, in welcher das zweite Fruchtblatt schrittweise rückgebildet wird. Es ist aber auch bei den Urticaceen noch nachzuweisen. Bereits bei den Ulmaceen zeigt sich, daß nur eins der beiden Karpelle fertil ist und eine einzige, der Querzone ansitzende, Samenanlage ausgliedert. Das zweite Karpell ist schon hier etwas kleiner. Das zeigt bereits das in Abb. 94 I dargestellte Ovar von *Ulmus glabra* und in noch stärkerem Maße das Ovar von *Celtis australis* in Abb. 94 II. In beiden Abbildungen wie auch bei den weiteren, die Reihe fortsetzenden Ovarien sind auch die Leitbündel der Karpelle wiedergegeben, die sich in ihrer Ausbildung bei den verschiedenen Ovarien sehr gut aufeinander beziehen lassen und daher in den Vergleich einbezogen werden können. Damit hat ECKARDT zugleich ein gutes Beispiel für eine kritische Bewertung leitbündelanatomischer Befunde gegeben. Wir wollen hier jedoch auf die von ECKARDT gegebene eingehende und sorgfältige Erörterung dieser Befunde verzichten und uns mit der Feststellung begnügen, daß das geminderte Karpell bei *Celtis* nur noch über den Dorsalmedianus verfügt, in seiner Leitbündelversorgung somit stärker rückgebildet ist als bei *Ulmus*; es nimmt auch geringeren Anteil am Aufbau des synkarpen Ovarabschnittes. Die Entwicklungsgeschichte des Gynoeceums ist bei beiden Vertretern im wesentlichen gleich: die Samenanlage wird sehr früh angelegt und sitzt fast basilär (Abb. 94 X); „sie gelangt dadurch in den Gipfel des Fruchtknotenfaches, daß das Wachstum hauptsächlich in dem unter der Samenanlage befindlichen Abschnitt stattfindet. Die jüngsten Stadien von *Celtis* ähneln sehr denjenigen junger Urticaceen-Fruchtknoten" (Abb. 94 XI).

Bei *Dorstenia psilurus* (Abb. 94 III), einem Vertreter der Moraceen, ist die Reduktion des geminderten Karpells noch weiter fortgeschritten. Sein Dorsalmedianus tritt nicht mehr als selbständiges Bündel in das Ovar ein, sondern ist ein Stück weit mit dem Ventralmedianus des fertilen Karpells verbunden, der hier die Samenanlage versorgt. Einen ähnlichen Bau zeigt das Ovar von *Morus*, besonders das von *Morus alba*, dem Weißen Maulbeerbaum, doch sind die beiden Griffeläste bei *Dorstenia psilurus* weitgehend miteinander vereinigt. Beim Ovar von *Ficus carica*, dem echten Feigenbaum, kann der zweite Griffelast ganz rückgebildet sein, zugleich der auch sonst nur schwach ausgebildete Dorsalmedianus (IV, V). Schon hier liegt also Pseudomonomerie vor; gemäß der Zahl der Griffeläste findet man denn auch für *Ficus carica* ein oder zwei Karpelle angegeben. Von hier ist es nur ein kleiner Schritt bis zum pseudomonomeren Gynoeceum der Urticaceen, bei denen – würde man sie für sich allein betrachten – die Pseudomonomerie nur schwer nachzuweisen wäre. Die von Eckardt noch durch viele weitere Beispiele belegte Formenreihe wie auch der Vergleich der Ontogenie der Ovarien zeigen jedoch, daß auch am Aufbau des Urticaceen-Gynoeceums ein zweites Karpell beteiligt ist, das sich allerdings äußerlich nicht mehr zu erkennen gibt (vgl. dazu die Ableitungsreihe in Abb. 94 VII bis IX).

Als pseudomonomer wurde von Eckardt auch das Ovar der *Thymelaeaceae Thymelaeoideae* erkannt, das früher (und zum Teil auch heute noch) gewöhnlich als echt monomer bezeichnet wurde. Äußerlich erweckt das Ovar, so z. B. das des Seidelbastes (*Daphne mezereum*, Abb. 94 XII) freilich den Eindruck, als würde es nur von einem einzigen Fruchtblatt gebildet. Es ließ sich jedoch nachweisen, daß ein zweites Karpell am Aufbau des Ovars beteiligt ist, das freilich nur den im Diagramm (XIII) schraffierten Teil des Ovars ausmacht. Auch für die *Globulariaceae, Phrymaceae, Sparganiaceae,* eine Reihe von *Araceae* und in vielen Fällen einzelne Gattungen anderer Familien konnte Eckardt Pseudomonomerie nachweisen. Als echt monomer haben sich inzwischen die *Lauraceae* (Endress 1972) und die *Berberidaceae* erwiesen. Bei der Verbenacee *Bouchea* bildet nach Eckardt das sterile Karpell zusammen mit den Placentapartien des fertilen Karpells einen Karpophor, bei *Broussonetia* bildet es den 1 cm langen, dicht mit Narbenpapillen besetzten Scheingriffel aus. Fälle von Pseudomonomerie wurden von Junell (1938) auch bei den Boraginaceen-Gattungen *Rochelia* und *Harpagonella* gefunden, bei denen das hintere Fruchtblatt verkümmert. – Nach Weber (1971) kann das Gynoeceum der Gesneriaceengattung *Hemiboea* „fast als pseudomonomer bezeichnet werden."

Abb. 94. Pseudomonomerie. I–VI Medianschnitte durch das Gynoeceum von *Ulmus glabra* (I), *Celtis australis* (II), *Dorstenia psilurus* (III) und *Ficus carica* (zwei jüngere Entwicklungsstadien IV, V). VI *Girardinia zeylanica*, normales Ovar im jungen Stadium. VII–IX Ableitung des *Urtica*-Gynoeceums (IX) aus *Celtis* (VII) und *Laportea, Parietaria* (VIII) an Hand schematisierter Längsschnitte. X, XI Anlegung des Gynoeceums von *Girardinia zeylanica* (X) und *Celtis tournefortii* (XI). XII, XIII Ovar (XII) und Blütendiagramm (XIII) von *Daphne laureola* bzw. *D. mezereum*. Sämtlich nach Eckardt, XIII verändert.

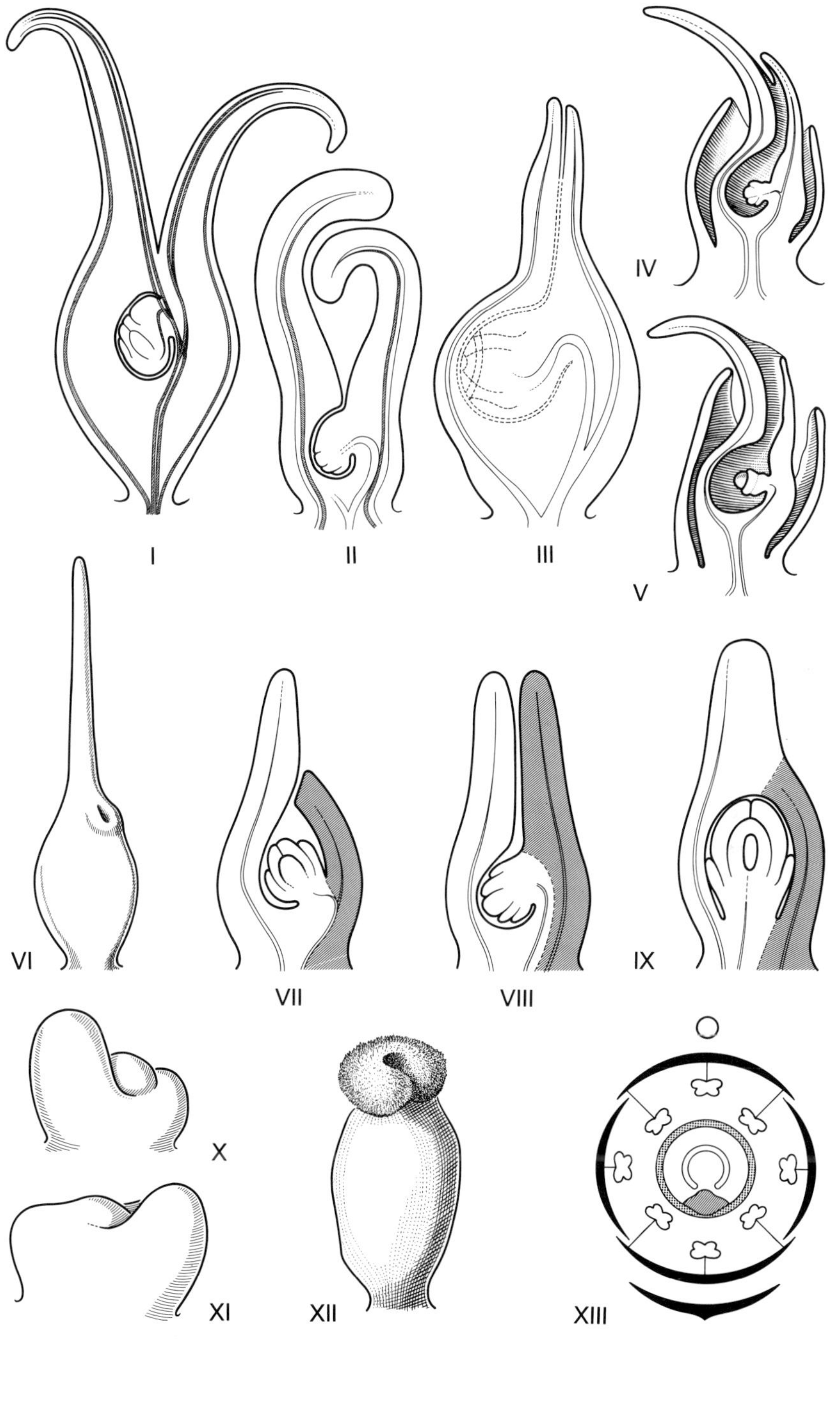
I
II
III
IV
V
VI
VII
VIII
IX
X
XI
XII
XIII

1.6.15 Polymere Gynoeceen

Der Reduktion der Karpellzahl in chorikarpen und der Pseudomonomerie in coenokarpen Gynoeceen steht die Vermehrung der Karpellzahl durch Ausbildung polymerer Karpellwirtel gegenüber, die in Einzahl oder Mehrzahl auftreten können. – Chorikarp-polymere Gynoeceen finden sich besonders häufig im Bereich der *Rosaceae-Rosoideae*. Nach den Untersuchungen von KANIA (1973) ist ihre Entstehung mit einer mehr oder minder starken Aufwölbung am Grunde des Blütenbechers verbunden, die zur Bildung eines „Fruchtblattträgers" führt. An der Basis dieses Fruchtblattträgers erheben sich in der Regel 10, 15, 20 oder mehr Karpellprimordien jeweils gleichzeitig auf gleicher Höhe. „Dann folgen nach oben weitere Primordienringe, deren Gliederzahl aus räumlichen Gründen allmählich abnimmt. Im unteren Bereich des „Fruchtblattträgers" alternieren diese meist miteinander", während sie „im oberen Bereich keine Alternanz erkennen lassen." Die schraubige Stellung der Karpelle, die wir von *Magnolia* oder zahlreichen Ranunculaceen mit vielzähligem Gynoeceum her kennen, ist nach KANIA hier nicht zu beobachten.

Bei den Malvaceen finden wir in der Tribus der *Malveae* eine oft sehr große Anzahl von Karpellen in kreisförmiger Anordnung. Bei den *Malopeae (Malope, Kitaibelia, Palaua)* wächst die Zahl der in diesem Kreis angelegten Karpelle auf mehr als 45 an. Diese Vielzahl von Karpellen wird dadurch auf dem engeren Raum des halbkugelig gewölbten Blütenbodens „untergebracht", daß sich der Karpellkranz in den Radien über den Kelchblättern schleifenförmig aufwölbt, so daß schließlich 10 Reihen quer übereinanderstehender Karpelle gebildet werden (Abb. 95 I, II). Nach alten Angaben (DUCHARTRE, PAYER) geht diese Vielzahl der Karpelle aus 5 Primärwülsten hervor, die sich in einzelne Karpelle aufgliedern. Auch SATTLER (1973) berichtet für *Malva neglecta*, daß die 15 Karpelle aus 5 Primärhöckern entstehen, die jeweils 3 sekundäre Primordien bilden. Das beigefügte Foto läßt jedoch auch andere Deutungen zu. Dabei ist vor allem auf die Untersuchungen von VAN HEEL (1978) über das Gynoeceum der *Malvaceae-Ureneae* hinzuweisen. Die Gynoeceen dieser Tribus besitzen nämlich doppelt so viele Griffeläste wie Karpelle. Dies liegt daran, daß von den ursprünglich 2 nacheinander angelegten 5zähligen Karpellkreisen der innere in seiner Entwicklung gehemmt wird und steril bleibt, während seine Griffelabschnitte zu voller Ausbildung gelangen. Nach den beigefügten Fotos können die beiden aufeinanderfolgenden Karpellkreise in jungen Entwicklungsstadien ein ähnliches Bild liefern, wie das von SATTLER für *Malva neglecta* gegebene.

In diesem Zusammenhang wollen wir noch die 3 weiteren bisher bekannten Fälle erwähnen, in denen ein coenokarpes Ovar von 2 aufeinanderfolgenden Karpellwirteln gebildet wird. Es sind dies: die bekannte Navel-Orange, *(Citrus sinensis)*, bei der auf den normalen Karpellkreis noch ein zweiter kleinerer, oft unvollkommen ausgebildeter Kreis von Karpellen folgt, der nach der Fruchtreife der Orange an der Spitze wie eine kirsch- oder pflaumengroße Zweitfrucht eingebettet ist, ferner die Celastraceengattung *Siphonodon* und der Granatapfel, *Punica granatum (Punicaceae)*. Das vollkommen unterständige* Ovar (Abb. 18 V) besteht aus einem äußeren 6zähligen und einem inneren 3zähligen Karpellkreis, von denen jedoch der äußere höher im Ovar liegt als der innere und zudem seine Placenten an der Außenwand trägt, während beim inneren Kreis eine normale zentralwinkelständige Placentation herrscht.

---

* (halbunterständig bei *P. protopunica*)

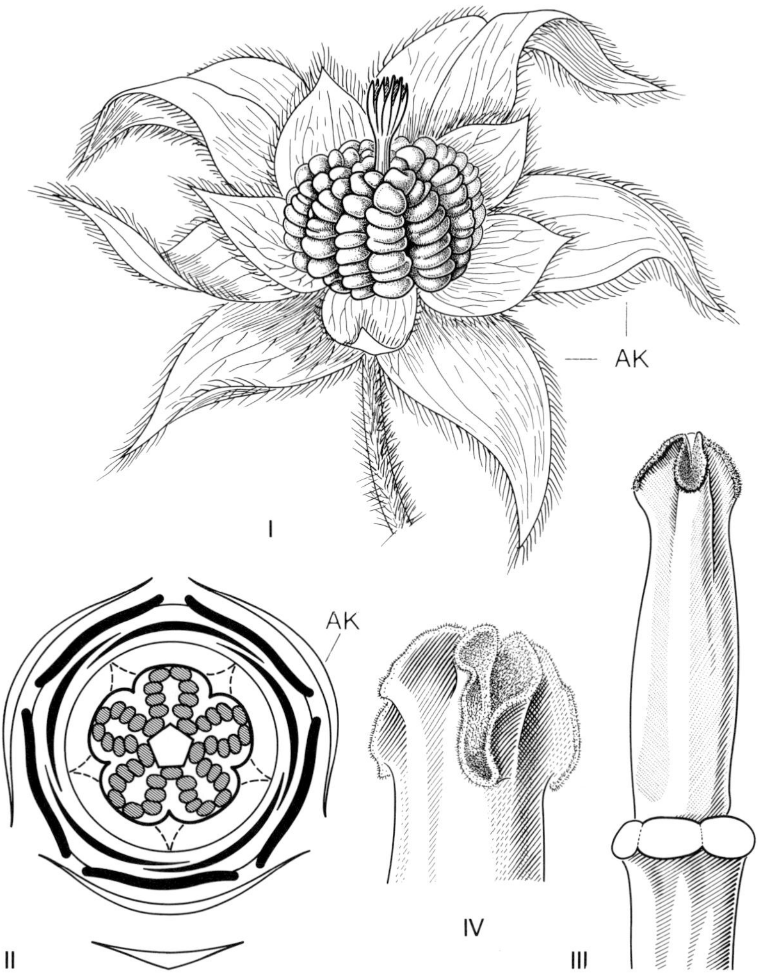

Abb. 95. I *Kitaibelia vitifolia,* Blüte. II *Malope trifida,* Blütendiagramm, AK Außenkelch. III *Tulipa* spec., Gynoeceum, IV dessen distaler Abschnitt mit Narben stärker vergrößert. I nach GÜRKE, II nach EICHLER.

Die Ursache für das Emporrücken des äußeren Karpellkreises über den inneren und für die eigentümlichen Placentationsverhältnisse wurde von PAYER (1857) erkannt. Die eigenartige Stellung rührt nach EICHLER (1878) „von demselben Processe her, den wir schon bei *Mesembryanthemum* kennengelernt haben, nämlich von einem vorwiegend in der Peripherie des Ovars stattfindenden Längenwachsthum, wodurch das Ovar gleichsam umgestürzt und das, was ursprünglich unten und innen war, nach oben und außen gerückt wird." Zuweilen tritt noch ein dritter, innerster, Karpellkreis hinzu, „durch welchen dann auch der zweite nach oben gedrängt und mit seinen Placenten" mehr oder weniger „in die Peripherie gedreht wird."

1.6.16 Griffel und Narbe

Wir müssen uns nun noch mit den distalen, steril bleibenden Enden der einzelnen Karpelle bzw. des coenokarpen Ovars befassen, welche der Aufnahme der Pollenkörner und der Leitung der wachsenden Pollenschläuche dienen, nämlich der Narbe und dem Griffel. Dabei gilt es zu beachten, daß die für diese beiden Organabschnitte gebräuchliche Terminologie keineswegs einheitlich ist.

Als **Griffel** bezeichnen wir in Anlehnung an BAUM (1948e) „die mehr oder weniger deutlich vom fertilen Fruchtknotenabschnitt abgesetzten freien oder miteinander verwachsenen sterilen Enden der Karpelle". Sie tragen an ihrer Spitze die zur Aufnahme des durch Wind oder Tiere herangebrachten Pollens eingerichtete **Narbe.**

Zur näheren Kennzeichnung unterscheiden wir den nur von einem Karpell gebildeten Griffel (Pseudostylus nach HANF 1935) als **einkarpellig** (monomer) von dem aus mehreren Karpellen sich zusammensetzenden, als **mehrkarpellig** (di-, tri-, polymer) bezeichneten Griffel (der „Griffelsäule" nach JUHNKE und WINKLER 1938).

Auch in coenokarpen Gynoeceen können demnach, sofern die Vereinigung der Karpelle sich nur über eine gewisse Länge, vielleicht nur über die Basen der fertilen Abschnitte erstreckt, die sterilen Karpellspitzen völlig frei bleiben, d.h. es können ebensoviele monomere Griffel auftreten, wie Karpelle am Aufbau des Ovars beteiligt sind. Bei vollständiger kongenitaler oder postgenitaler Vereinigung der Karpelle kommt dagegen ein mehrkarpelliger, vollkommen einheitlich gestalteter Griffel zustande. Andererseits können die sterilen Karpellenden auch im unteren Abschnitt zu einem pleiomeren Griffel vereinigt sein, während ihre Spitzen frei bleiben; man kann dann auch von **Griffelästen** (**Stylodien**, TROLL, HANF) sprechen oder sofern nur die Narbenregion betroffen ist, von **Narbenästen.** Die vollkommenste Ausbildung dürfen wir wohl im einheitlichen Griffel mit kopfiger Narbe erblicken, wie wir ihn z.B. bei vielen *Myrtales*-Familien finden. In der von der Chorikarpie zur Coenokarpie fortschreitenden Höherentwicklung sind somit weitere Stufen zu verfolgen: „Vereinigung der Fruchtknoten, dann der Griffel, endlich der Narben" (WETTSTEIN 1935).

Bei den mehrkarpelligen Griffeln schließen die Ränder der einzelnen Karpelle gewöhnlich nicht zusammen. Die Griffel sind also „parakarp", sie können aber auch „synkarp" sein, so daß sich die einzelnen Fruchtfächer auch in den Griffelkanal fortsetzen *(Veltheimia, Geranium).*

Die ursprünglichste Form der Narbe dürfte nach JUHNKE und WINKLER (1938, Seite 308) die sein, „bei der der ganze Rand des Fruchtblattes, soweit er keine Samenanlagen hervorbringt, sich zur Narbe umgestaltet". Dies trifft für die als ursprünglich geltenden Karpelle von *Drimys winteri* oder *Degeneria vitiensis* (Abb. 78 I, VI, VII) zu: sie besitzen weder einen Griffel noch eine Narbe im üblichen Sinne. Die Funktion der Narbe wird vielmehr von sogenannten „Narbenkämmen" („stigmatic crests") übernommen, d.h. von dicht mit Papillen besetzten Zonen des Karpellrandes. Insoweit entsprechen diese Karpelle auch den Vorstellungen HALLIERS (1912) über die Entstehung der Narbe (vgl. dazu auch SCHAEPPI 1975).

Darüber hinaus können wir sowohl bei den monomeren Griffeln der Karpelle eines chorikarpen Gynoeceums als auch an den Griffelästen eines coenokarpen Ovars als einfachste Form der Narbe die **Follikelnarbe** ansprechen. Diese wollen wir zunächst am Einzelkarpell eines chorikarpen Gynoeceums, nämlich dem von *Trollius europaeus* (Abb. 96 I, II) betrachten. Die im fertilen Bereich des Karpells und dem hier nur angedeuteten Griffelabschnitt ventral zusammenschließenden und postgenital

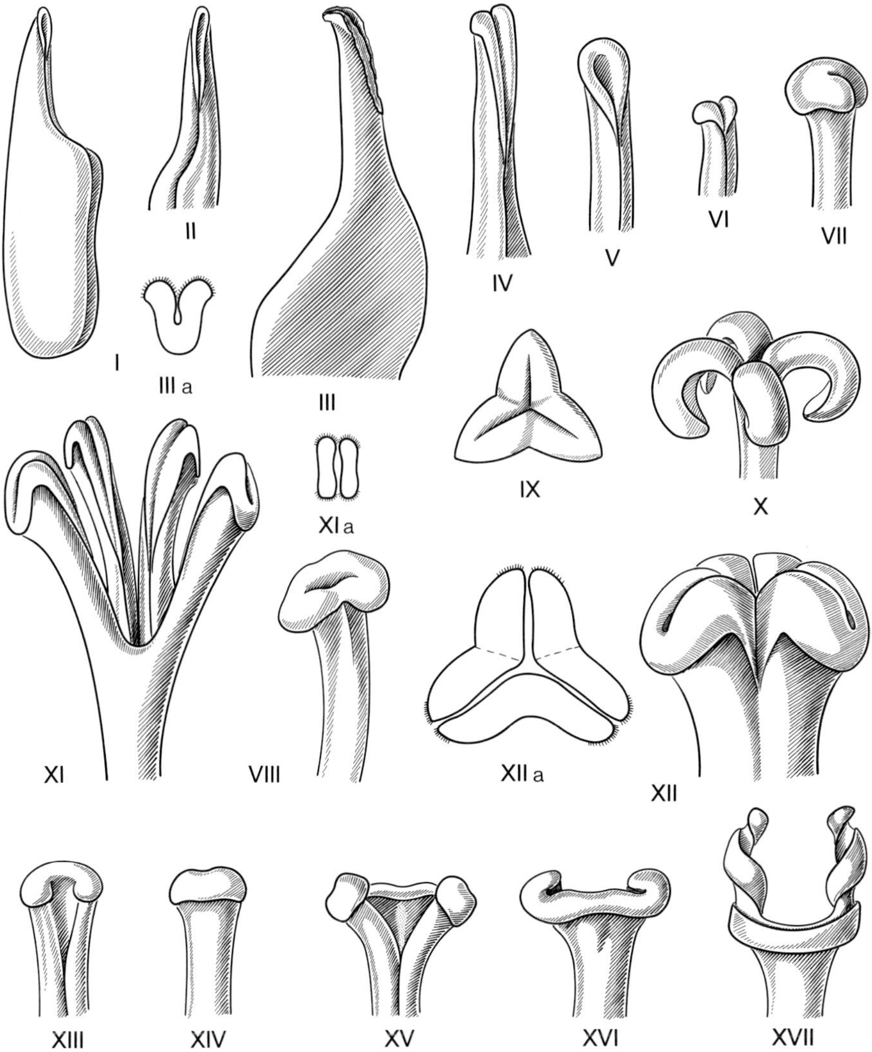

Abb. 96. Narbenformen. I, II *Trollius europaeus*, I Balg von der Seite gesehen, II oberer Teil und Follikelnarbe von vorn; III *Butomus umbellatus*, Balg in Seitenansicht, IIIa schematischer Querschnitt durch den Narbenbereich; IV–VII Narben von *Buxus balearica* (IV), *Helleborus niger* (V), *Fragaria vesca* (VI), *Prunus spinosa* (VII) und *P. avium* (VIII). IX–XVII Griffelenden mit Narben von *Eucharis grandiflora* (IX), *Epilobium dodonaei* (X), *Philadelphus pubescens* (XI, XIa schemat. Querschnitt durch die Narbe), *Lilium regale* (XII, XIIa Querschnitt durch die Narbe), *Bergenia cordifolia*, von vorn (XIII) und hinten (XIV), *Begonia longipila*, desgl. (XV, XVI) und *Begonia hybrida* (XVII). III Orig., VIII nach Troll, übrige nach Juhnke und Winkler.

miteinander verwachsenen Karpellränder treten im Bereich der Narbe seitwärts auseinander. Sie bleiben hier jedoch noch eingefaltet. Ihre Randzonen sind dicht mit Papillen besetzt. Es resultieren somit 2 Narbenstreifen, die median von einer tiefen „Bauchrinne" getrennt, an der Spitze aber durch einen Bogen miteinander verbunden sind. Für gewöhnlich sind die Ränder im Narbenbereich breiter entfaltet und lassen die Karpelloberseite frei zutage treten. Die randnahen Zonen können in die Narbenbildung einbezogen werden, so daß sich beiderseits der Bauchrinne breite Papillenstreifen entlangziehen. Dies ist z.B. bei *Butomus umbellatus* der Fall (Abb. 96 III). Zugleich kann von unten her eine Verkürzung der Narbenflächen einsetzen. Das Ergebnis sind Narbenformen wie bei *Helleborus* und *Fragaria* (V, VI); als vermittelnde Form ist hier eine Narbe aus dem coenokarpen Gynoeceum von *Buxus* (IV) eingefügt. Andererseits ist eine Verbreiterung der Griffelspitze zu einer nierenförmigen Narbe (VII) möglich oder schließlich beim Übergreifen der Narbenfläche über die Griffeloberseite hinweg die Bildung einer pilzhutförmigen Narbe, wie wir sie schon bei der Japanischen Zierkirsche (Abb. 75 VI) kennengelernt haben (Abb. 96 VIII).

Die gleichen Narbenformen finden wir nicht allein bei Griffelästen coenokarper Ovarien wieder (Abb. 96 XI), sie treten uns auch bei den bis in den Narbenbereich verwachsenen Griffeln entgegen. Die Verwachsungsnähte der Narben können dabei weitgehend oder gar völlig verschwinden, die Bauchrinnen aber erhalten bleiben. Das Ergebnis sind mehr oder minder einheitliche Narben, die an ihrer strahligen Umrißform und der Zahl der rinnenförmigen Vertiefungen noch die Anzahl der beteiligten Karpelle erkennen lassen (Abb. 96 IX).

Nicht selten sind die Narbenzipfel an ihrer Spitze mehr oder minder tief buchtig ausgerandet. Dies begegnete uns schon bei *Butomus* (Abb. 78 XIV), wo das papillöse Narbengewebe sogar über das Griffelende hinweg auf die Griffelunterseite übergreift. Entsprechendes gilt auch für die Narben an den Griffelästen von *Philadelphus pubescens* (Abb. 96 XI) oder für die Narbenlappen der Tulpe (Abb. 95 IV), die infolge der völligen Unterdrückung des Griffels dem Ovar unmittelbar aufsitzen (III). Darüber hinaus läßt sich allgemein feststellen, daß die Bildung von Narbenpapillen nicht auf die Karpelloberseiten beschränkt ist.

Die bei den bisher betrachteten Narben oder Narbenlappen meist tief eingeprägte Bauchrinne kann gänzlich schwinden, so daß die beiden Narbenstreifen auf einer ebenen Fläche liegen, die nicht selten auch ganz von papillösem Narbengewebe eingenommen wird. Diese Fläche kann sich sogar aufwölben. Es kommen dann zungenförmige oder bei etwas verbreitertem Ende löffelförmige Narben oder Narbenlappen zustande; ein Beispiel dafür ist die, entsprechend der Anzahl der Karpelle, vierteilige Narbe von *Epilobium dodonaei* (Abb. 96 X).

Diesen Narbenformen stehen nach BAUM und LEINFELLNER (1953) **unifaziale** (monomere) Griffel und Narben gegenüber, die ebenso wie etwa unifaziale Vorläuferspitzen an anderen Blattorganen durch eine völlige Unterdrückung der Blattoberseite zustande kommen. Hierher rechnet BAUM und LEINFELLNER die langen schwanzförmigen Narben der Grasnelke, *Armeria* (Abb. 98 IX), und die Narben von *Coriaria japonica* (Abb. 98 V), die beide allseitig dicht mit Narbenpapillen besetzt sind. In der Karpellentwicklung zeigt sich, daß sie „aus der von Anfang an soliden rundlichen und einheitlichen Spitze des Karpells" hervorgehen (Abb. 98 VI, VII bis VIII), so daß auch von der Ontogenie her an ihrem unifazialen Bau kein Zweifel bestehen kann. Die starke Verlängerung dieser soliden Karpellspitzen insbesondere bei den schwanzförmigen Narben von *Armeria* beruht selbstverständlich auf einem zusätzlichen Längenwachstum.

Demgegenüber beruhen flächige Verbreiterungen von Griffelästen keineswegs immer auf einem Wachstum der Karpellränder, sondern kommen durch flügelartige Auswüchse der Blattunterseite zustande. Dies läßt sich nach LEINFELLNER (1952c) eindeutig anhand ontogenetischer und vergleichender Studien feststellen. Besonders auffällig ist diese Erscheinung bei den petaloid gestalteten Griffelästen von *Iris*, die wir in anderem Zusammenhang (Seite 100) bereits erwähnt haben. Schon GOEBEL (1933, Seite 1922ff.) hat zur Erläuterung des Formzusammenhanges die Griffeläste von *Iris germanica* mit denen von *Crocus sativus* verglichen, es gelang jedoch erst TROLL (1957, Seite 139ff.) den Formzusammenhang klar zu erkennen.

Der lange Griffel der Krokusblüte trägt drei stark zerteilte Griffeläste, von denen einer in Abb. 97 I wiedergegeben ist. Als Narbe funktioniert daran einzig der stark zerschlitzte Randbereich. Insgesamt stellt der Griffelast eine spitzenwärts trichterartig erweiterte, nach oben offene Rinne dar. Diese Rinne ist allerdings nur im oberen, erweiterten Teil des abgebildeten Griffelastes zu erkennen, weil ihre Ränder weiter unten übereinandergreifen. Dies zeigt einen Querschnitt durch den unteren Teil des Griffelastes (Abb. 97 II), in dem zugleich auch die in Fig. I mit F bezeichneten flügelartigen Verbreiterungen getroffen sind, die sich durch ihre Lage als Auswüchse der Unterseite des Griffelastes, d.h. der Karpellunterseite zu erkennen geben.

Vergleichen wir damit nun einen Griffelast von *Iris*, der in Abb. 97 III von der Oberseite und in IV von der Unterseite gesehen wiedergegeben ist! Auf der Unterseite erkennt man die Narbe als einen unterhalb der beiden Endzipfel quer über das Organ verlaufenden Hautlappen. Dieser trägt, wie schon auf Seite 100 erwähnt, das die Pollenkörner aufnehmende Narbengewebe auf der den beiden Endzipfeln zugewandten Seite. Der auf der Oberseite etwas hervortretende Längsstreifen erweist sich im Querschnitt (V) als eine dorsale Rinne, deren Ränder auch hier übereinandergreifen. Der Vergleich dieses Querschnittes mit dem Querschnitt durch den Griffelast von *Crocus* lehrt, daß die Verbreiterung des Griffelastes auch hier durch flügelartige Auswüchse der Griffelunterseite zustande kommt, was durch das Studium der Ontogenie, (LEINFELLNER 1952c) bestätigt wird. Die Formbeziehung zwischen den Griffelästen von *Crocus* und *Iris* sollen durch die Schemata in Abb. 97 VI bis VIII verdeutlicht werden. In VI ist der Bau des Griffelastes von *Crocus* vereinfacht wiedergegeben. Die Flügel reichen hier nur bis etwa zur Mitte des Griffelastes hinauf. Wird das Wachstum im medianen Bereich des Griffelastes gehemmt, so erhält man ein Organ der in VII wiedergegebenen Form, bei dem die Spitze an der mit x bezeichneten Stelle liegt und die randlichen Teile als freie Zipfel weit nach vorn ragen. Zur Form der Griffeläste von *Iris* (VIII) gelangt man nun durch die Annahme einer stärkeren Verbreiterung der Flügel unter Einbeziehung der beiden Endzipfel, wobei die mediane Randzone rechts und links im Ansatzbereich der Flügel zu einer breiten Falte – der Narbe – ausgezogen wird.

Auch die tellerförmigen zweilappigen Narben von *Tecoma radicans* (Abb. 98 I bis IV) und *Incarvillea (Bignoniaceae)* kommen nach LEINFELLNER nicht durch ein verstärktes Wachstum der Karpellränder, sondern durch eine sehr frühzeitig von der Karpellunterseite ausgehende Flügelbildung zustande. Dasselbe gilt für *Martynia proboscidea (Martyniaceae)* und eine Reihe von Scrophulariaceen, darunter auch die Gauklerblume *(Mimulus)*, deren Narben ebenso wie die von *Incarvillea, Catalpa* und *Torenia* bei Berührung der Innenseite zusammenklappen.

In entsprechender Weise wie die Griffeläste von *Iris* ist vielleicht auch die Entstehung des schirmförmigen Griffels von *Sarracenia* (Abb. 100 I) zu deuten. HANF hat diese Griffelform unter die „Pollensammelapparate" eingereiht. Da die Blüten nach

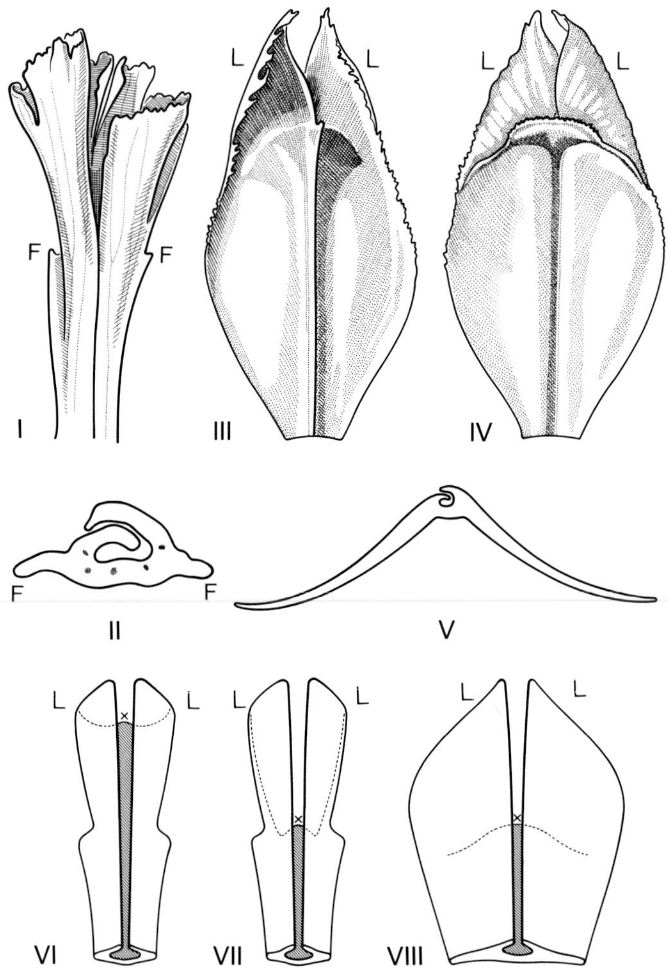

Abb. 97. Flächige Verbreiterung von Griffelästen bei Iridaceen. I, II *Crocus albiflorus*, Griffelast in Oberansicht (I) und im Querschnitt. III–V *Iris germanica*, Griffelast in Ober- und Unteransicht (III, IV) und im Querschnitt (V). VI–VII Schematische Figuren zur Ableitung der Form der Griffeläste bei *Iris* (Oberansichten). F flügelartige Säume, L Endzipfel. Sämtlich nach TROLL.

unten hängen, werden die aus den Antheren der eigenen Blüte herabfallenden Pollenkörner tatsächlich im Inneren des Schirmes gesammelt und vor dem Herabfallen bewahrt. Empfängnisfähige Narbenabschnitte finden sich jedoch nur auf der Oberseite kleiner Zipfel, welche unmittelbar unterhalb der 5 tief ausgerandeten Spitzen der Innenseite des Schirmes, d.h. der Dorsalseite des Griffels ansitzen. Die Position der Narbenzipfel und die Ausrandung der Spitzen des flächig erweiterten Griffelendes legen die Vermutung nahe, daß die Verbreiterung der hier miteinander vereinigten

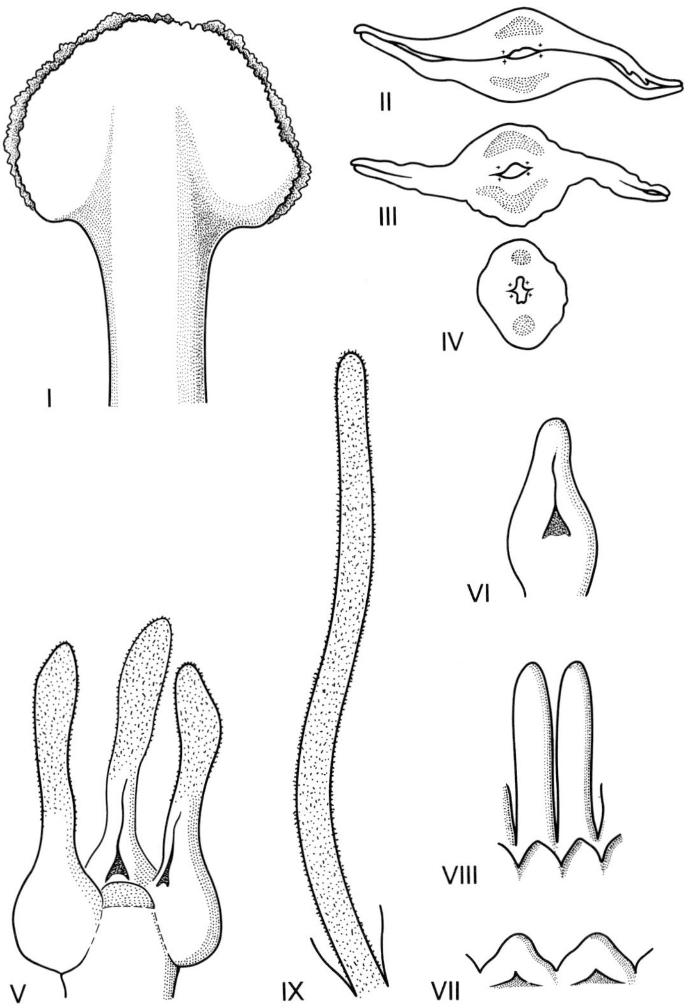

Abb. 98. I–IV *Campsis radicans (Tecoma radicans)*, Narbe (I) und Querschnittserie durch Narbenäste (II, III) und den oberen Griffelabschnitt (IV); bei + + Lage des morphologischen Karpellrandes. V, VI *Coriaria japonica*, V junges Gynoeceum, VI einzelnes Karpell in einem noch jüngeren Stadium. VII–IX *Armeria juniperifolia*. Stadien aus der Entwicklung der Griffel (VII, VIII) und ausgewachsener Griffel. Nach LEINFELLNER sowie BAUM-LEINFELLNER.

Griffeläste in ähnlicher, wenn auch durch kongenitale Prozesse stark abgewandelter Weise zustande kommen könnte, wie zuvor für *Iris* u.a. beschrieben. Leider geben die ontogenetischen Untersuchungen HANFs nur den Hinweis, daß während der Entwicklung in der Mitte jedes Stylodiums „zunächst noch eine Rinne vorhanden" sei, „die den Medianen der Karpelle entspricht".

Die Ausrandung der Narbenenden, auf die wir bereits bei *Butomus* (Abb. 96 III) hinwiesen, kann soweit gehen, daß die Narbenenden durch die Bauchrinne regelrecht zweigeteilt werden, wie dies an einem Querschnitt durch das Ende der Griffeläste von *Philadelphus pubescens* (Abb. 96 XIa) zu sehen ist. Die beiden Narbenhälften können sich dadurch weitgehend voneinander trennen, sich andererseits aber mit der danebenliegenden Narbenhälfte des benachbarten Karpells vereinigen, wie es die dreizählige Narbe von *Eucharis grandiflora* in Gesamtansicht (Abb. 96 XII) und im Querschnitt (XIIa) zeigt. Auf diese Weise entstehen Narbenlappen, die aus 2 nicht zusammengehörenden Narbenhälften bestehen und über der 2 benachbarte Karpelle verbindenden Kommissur liegen. Man nennt sie daher **Kommissuralnarben**, im Unterschied zu den über den Fächern, also in „normaler" Position sitzenden **Carinalnarben**. Die Ausbildung von Kommissuralnarben ist für verschiedene Verwandtschaftskreise, so z. B. für die Papaveraceen (Abb. 99 VIII) oder für die Cruciferen besonders charakteristisch. Bei den Cruciferen können wir alle Übergänge zwischen Carinalnarben und Kommissuralnarben finden.

Carinalnarben finden wir unter den Cruciferen z. B. noch bei *Hesperis* (Abb. 99 I, II). Hier liegen die Narben der beiden Karpelle also noch „normal" über den Fächern der Karpelle; beide werden von einer Bauchrinne durchzogen, welche als enger Spalt die beiden papillös aufgewulsteten Narbenränder voneinander trennt. Bei *Matthiola incana* (Abb. 99 III, IV) ist die Trennung der beiden Karpelle im Narbenbereich

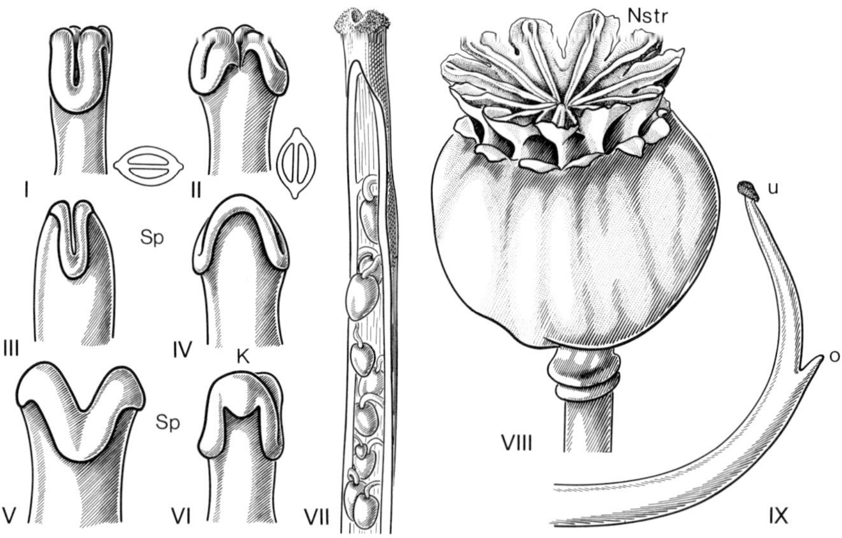

Abb. 99. I–VI, VII Entstehung der Kommissuralnarbe aus der Carinalnarbe. I–VI Spitze des Gynoeceums von *Hesperis matronalis* in Seitenansicht (I) und von vorn (II), die Querschnitte geben die Orientierung der Karpelle an, III, IV von *Matthiola incana*, V, VI *Cheiranthus cheiri*, desgleichen. VII junge Frucht von *Erucastrum gallicum*, aufgeschnitten, mit Blick auf die falsche Scheidewand. VIII *Papaver rhoeas*, reife Frucht (Porenkapsel), die Öffnung der Poren erfolgt durch das Zurückkrümmen distaler, zwischen den Placenten und unterhalb der tief ausgerandeten Narben gelegener Wandstücke der einzelnen Karpelle, Nstr aus zwei Narbenhälften benachbarter Karpelle bestehender Narbenstrahl. IX *Phlomis fruticosa*, ungleiche Ausbildung des oberen (o) und unteren (u) Griffelastes. I–VI nach JUHNKE und WINKLER, VII, VIII Orig., IX nach GOEBEL.

schon nicht mehr ohne weiteres zu erkennen, die vom papillösen Narbengewebe gebildeten Schleifen liegen aber noch über den Fruchtfächern. Anders bei *Cheiranthus cheiri* (Abb. 99 V, VI): hier erweitern sich die Bauchrinnen am Grunde, so daß die wulstigen Narbenränder von oben her auseinanderweichen. Zugleich weitet sich die kommissurale Übergangsstelle zwischen den Narben der beiden Karpelle bogig nach unten aus. Gegenüber den ursprünglichen Narbenlappen treten diese Ausweitungen sehr viel stärker hervor: Sie stellen die Kommissuralnarben dar. Diese sind bei vielen anderen Cruciferen noch weit stärker ausgeprägt. Als weiteres Beispiel mag *Erucastrum gallicum* (Abb. 99 VII) dienen. Ähnliche Kommissuralnarben wie bei den Cruciferen findet man auch bei bikarpellaten Papaveraceen.

Demgegenüber nimmt die Entstehung einiger anderer Narbenformen ihren Ausgang von einer starken, aber lokal begrenzten Verbreiterung der Griffelspitze. Stellen wir uns vor, daß die Schenkel der in Abb. 96 VII dargestellten nierenförmigen Narbe von *Prunus spinosa* durch eine distale Verbreiterung der Bauchrinne auseinandergedrückt werden, so erhalten wir die Form der Narben von *Bergenia cordifolia* (Abb. 96 XIII, XIV). An diese können wir durch Annahme eines stärkeren Breitenwachstums die Narbenformen von *Begonia longipila* (Abb. 96 XV, XVI) anschließen. Bei Verlängerung und schraubiger Aufwindung der freien Narbenenden entsteht aus dieser Form die Narbenform von *Begonia hybrida* (XVII) und anderer *Begonia*-Arten. Damit ist zugleich schon eine der Möglichkeiten aufgezeigt, die Narbenfläche durch mehr oder minder starke Verzweigung zu vergrößern, was oft durch wiederholte Gabelung von Narbenästen geschieht. „Hirschgeweihartige Stylodien kommen" nach HANF (1935) „durch starke seitliche basipetale Verzweigungen zustande" (Abb. 100 III, IV). Es liegt auf der Hand, daß eine derartige starke Verzweigung oder Fiederung von Griffelästen bzw. Narben oder deren federige Ausbildung durch dichten Besatz mit langen einfachen oder verzweigten Papillen, wie bei den Gräsern, vor allem im Zusammenhang mit der Windbestäubung von Bedeutung ist.

Wie GOEBEL (1933, Seite 1931) betont hat, erstreckt sich die zygomorphe Gestaltung von Blüten oft auch auf die Ausbildung von Narbe und Griffel. Im einfachsten Falle handelt es sich um Größenunterschiede bei den Griffel- oder Narbenästen. Bei *Salvia heerii* ist der nach oben gekehrte Griffelast schwächer und steril, dazu kommt noch eine unterschiedliche Färbung der beiden Griffeläste: der obere weiß, der untere rot. Stärker ausgeprägt ist der Unterschied bei *Phlomis fruticosa* (Abb. 99 IX). Weitere Beispiele liefern die *Acanthaceae*, ferner die *Polygalaceae, Proteaceae, Violaceae, Goodeniaceae* und *Marantaceae*, bei denen oft sehr kompliziert gebaute Narbenformen auftreten, wie z.B. „Röhrennarben" bei *Viola*-Arten (vgl. hierzu LANGE 1913) oder die sogenannten „Pollenbecher" bei der Goodeniaceen-Gattung *Scaevola*, auf deren Darstellung wir hier verzichten müssen (vgl. dazu GOEBEL 1933, Seite 1928 bis 1939; siehe auch Abb. 100 II).

Infolge ihrer Oberflächenstruktur, oft auch durch die Absonderung klebriger Sekrete ist die Narbe geeignet, die Pollenkörner nicht nur aufzufangen, sondern auch festzuhalten. Eine Übersicht über Oberflächenformen sezernierender und nicht sezernierender Narben geben HESLOP-HARRISON und SHIVANNA (1977). Narbe und Griffel sollen vor allem aber auch die Keimung der Pollenkörner und das Wachstum des Pollenschlauches von der Narbe zu den Samenanlagen ermöglichen. Die Möglichkeit der Ernährung des Pollenschlauches durch die Narbe ist meist schon dadurch gegeben, daß das von ihren plasmareichen Epidermiszellen abgegebene Sekret gewöhnlich zuckerhaltig ist. Man betrachtet die Narbe daher auch als ein Nektarium. Auch im Griffel sind besondere Gewebe ausgebildet, die das Vordringen des Pollenschlauches erleichtern

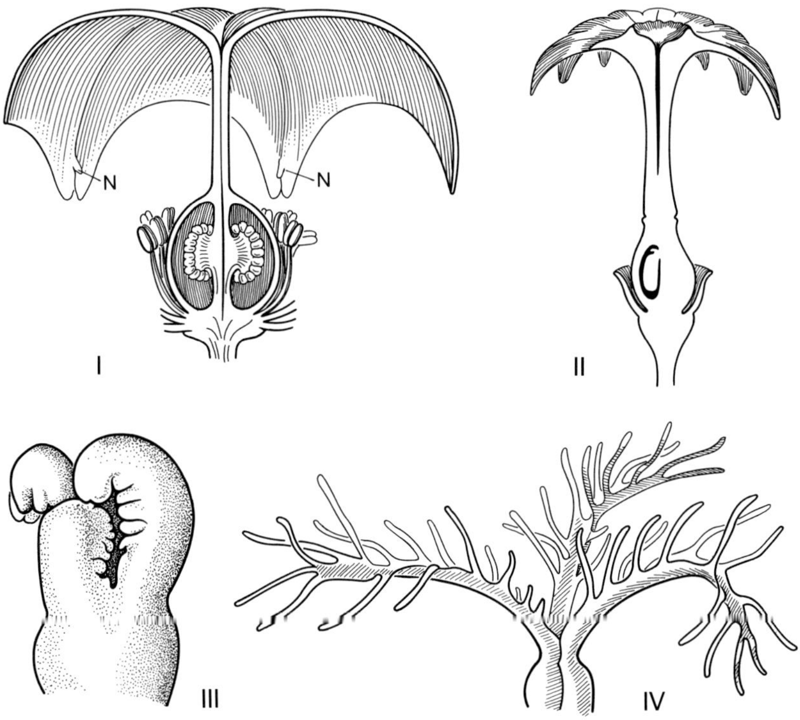

Abb. 100. I *Sarracenia purpurea*, Längsschnitt durch das aus fünf Karpellen gebildete Gynoeceum mit schirmförmig sich verbreiterndem Griffel, unter dessen Ecken sich die Narben N befinden. II *Hura crepitans*, weibliche Blüte, die Narbe befindet sich am Scheitel in der Mitte des schirmförmig verbreiterten Griffels (nach ENGLER). III, IV *Acalypha obovata*, junges (III) und älteres (IV) Gynoeceum mit „hirschgeweihartigen" Narbenästen (mit basipetaler Gliederungsfolge), nach HANF.

und ihn mit Nährstoffen versorgen können (vgl. SASSEN 1973). Man bezeichnet diese Verbindungsgewebe zwischen der Narbe und dem Inneren des Ovars als **Transmissionsgewebe** oder auch **Leitungsgewebe** (der irreführende Ausdruck „Leitgewebe" sollte nicht verwendet werden).

In der Ausbildung des Transmissionsgewebes sind 2 Formen zu unterscheiden:

Soweit ein Griffelkanal vorhanden ist, wird dieser mit Drüsengewebe ausgekleidet, das papillös und durch perikline Teilungen vielschichtig sein kann. Dieses **ektotrophe Transmissionsgewebe** kann die ganze Wand des Griffelkanals bedecken oder auf ein oder mehrere längsverlaufende Streifen beschränkt sein (so bei manchen Caryophyllaceen vgl. Seite 170). Auch die Placenten sind von diesem Gewebe bekleidet, das sich bei manchen Pflanzen in Form eines als **Obturator** bezeichneten Höckers dicht an die Mikropyle heranschiebt. Die Cuticula der drüsigen Epidermiszellen wird vor der Bestäubung häufig dadurch abgehoben, daß die darunterliegende Wandschicht zu einer schleimigen Masse (Pektinschleime?) verquillt, die oft den gesamten Griffelkanal erfüllt. In solchen Fällen kann der Pollenschlauch das den Griffelkanal auskleidende Gewebe durchdringen und zwischen den Zellen vordringen. Gewöhnlich wächst er an der Oberfläche des Transmissionsgewebes.

Die meisten Angiospermen besitzen keinen Griffelkanal, sondern einen kompakten Griffel, was als abgeleiteter Zustand gilt (COULTER und CHAMBERLAIN 1912). In diesem Fall ist das Innere des Griffels von einem **endotrophen Transmissionsgewebe** aus langgestreckten Zellen erfüllt, deren Wände verquellen und deren Plasma sich mit Cytoplasmafarbstoffen stark färbt. Bei polymeren Griffeln treten gewöhnlich mehrere solcher Stränge auf. Der Zellverband dieses Gewebes wird vor dem Eindringen des Pollenschlauches oder während seines Vordringens teilweise gelockert. Ob der Pollenschlauch dabei chemotaktisch oder durch Struktur und Verlauf des Transmissionsgewebes zu den Samenanlagen geleitet wird, wird noch diskutiert. In manchen coenokarpen Gynoeceen sind Poren, Schlitze oder kanalförmige Öffnungen in den Septen ausgebildet, durch welche die Pollenschläuche unabhängig von ihrem Keimungsort auf der Narbe zu den verschiedenen Teilen des Ovars vordringen können (eine solche Öffnung nennt man **Compitum**).

Bei (gametophytischer) Selbstinkompatibilität (vgl. Seite 326) kann das Pollenschlauchwachstum durch Sekrete des Transmissionsgewebes gehemmt werden (Heslop-Harrison und Shivanna 1977, vgl. auch die dort zitierte Literatur!). – Über die Feinstruktur des Narben- und des Transmissionsgewebes geben verschiedene neuere Untersuchungen Auskunft (z.B. J. und Y. Heslop-Harrison 1975, Rosen und Thomas 1970, Dashek, Thomas und Rosen 1971, Johnson, Wilcoxson und Frosheiser 1975, Bell und Hicks 1976).

1.7 Nektarien

1.7.1 Definition und histologische Strukturen

Drüsengewebe, welche zuckerhaltige Sekrete, also Nektar, abscheiden, kommen im Bereich der Blüte an sehr verschiedenen Stellen vor. Man unterscheidet solche Drüsen als **florale Nektarien** von den extrafloralen, die an Organen außerhalb der Blüte, am Stengel, an Blattstielen, Stipeln, Spreitenrändern usw. auftreten.

Nicht allen floralen Nektarien kommt jedoch eine bestäubungsbiologische Funktion zu. Als Beispiel können die Nektarien auf der Coroll-Rückseite zahlreicher Bignoniaceen und auf der Außenseite des Perigons einer Reihe von *Iris*-Arten gelten (Vogel 1977). Dagegen spielen z.B. die (als Interfoliarstipeln gedeuteten) Drüsen am Cyathium der *Euphorbia*-Arten durchaus eine wichtige Rolle für die Anlockung der Bestäuber. Sie sind zwar extrafloral, können aber mit einem von Delpino geprägten Begriff als nuptiale Nektarien bezeichnet werden, d.h. als solche, „die bei der Pflanzenhochzeit mitwirken", während dies für die Nektarien an der Außenseite der Blütenhülle von *Iris*-Arten oder Bignoniaceen nicht gilt: sie sind zwar florale Nektarien, aber **extranuptial.**

Den extranuptialen Nektarien dicht benachbart liegen bei *Iris* im Tubus-Inneren auch nuptiale Nektarien, die z.B. bei der rot blühenden ornithophilen *Iris fulva* im Unterschied zu den extranuptialen zusätzlich noch Rohrzucker abscheiden (Vogel 1967). Es gibt auch Beispiele für einen Wechsel von nuptialer zu extranuptialer Nektarienfunktion im Laufe von Anthese und Fruchtreife (vgl. Sperlich 1939, van der Pijl 1955, Vogel 1977).

Extrafloral, aber nuptial sind auch die Nektarien der kannenförmig gestalteten (ascidiaten) Deckblätter in den Blütenständen der Marcgraviaceen (Abb. 175 I bis II). Bei der Pedaliaceengattung *Harpagophytum* entwickeln sich bestimmte Blütenprimordien nicht zu normalen Blüten, sondern vergrößern sich unter Wahrung ihrer embryonalen Gestalt und bilden allein den Nektar-produzierenden Diskus zu einem funktionsfähigen Organ aus (Abb. 175 IV, vgl. Ihlenfeldt und Hartmann 1970).

Nach histologischen Merkmalen unterscheidet VOGEL (1977) zwischen **mesophyllären, epithelialen** und **trichomatischen** Nektarien. Bei den mesophyllären Nektarien ist das Mesophyll (oder tiefer liegendes Achsengewebe) drüsig ausgebildet, die Nektarabscheidung erfolgt durch sog. **Saftspalten**, d. h. mehr oder minder verschlußunfähig gewordene Stomata (ZANDONELLA 1967). Bei den Epithelnektarien wird das Drüsengewebe von den palisadenartigen, plasmareichen, mit großen Kernen ausgestatteten Zellen der Epidermis, dazu aber oft noch von weiteren subepidermalen Schichten drüsig differenzierter Zellen gebildet (Abb. 102 IV). Als Beispiel für **Trichomnektarien** mögen die bei vielen *Malvales* auf der Oberseite der Kelchblätter, bei *Gossypium* sogar auf den Blättern des Außenkelchs (VOGEL 1977), sitzenden Nektarien dienen. Der in Abb. 102 III wiedergegebene Ausschnitt aus dem Sekretionsgewebe von *Abutilon striatum* veranschaulicht zugleich die allgemeine Feststellung, daß die Nektarien selbst keine Leitbündel besitzen, wohl aber feine Verästelungen des Leitbündelsystems dicht an sie heranführen. AGTHE (1951) beschreibt dies für *Abutilon striatum*: „Im unteren Teil des Kelches verlaufen stark entwickelte, phloemreiche Leitbündel. Sie ziehen tief unter dem Sekretionsgewebe durch und enden schließlich in den Kelchzipfeln. Auf der ganzen Strecke, auf der diese Leitbündel unter dem Sekretionsgewebe durchlaufen, zweigen von ihnen in Richtung des Drüsengewebes sehr zahlreiche Leitbündel ab. Diese weisen nur im ersten Abschnitt nach ihrer Abzweigung Xylemelemente auf, um schließlich als Phloemparenchymstränge zirka zwei bis drei Zellschichten unter den Sekretionshaaren zu enden" (vgl. auch FREI 1955). Weitere Beispiele für Trichomnektarien liefern die *Caprifoliaceae (Diervilla, Linnaea, Lonicera), Adoxaceae* und *Valerianaceae* (*Valeriana, Fedia, Nardostachys*; vgl. WEBERLING 1977).

Abgesehen von diesen Nektarienformen kommen auch zu Nektarien umgewandelte **Hydathoden** vor, ja, wie FREY-WYSSLING und AGTHE (1950) hervorheben, gibt es zwischen Hydathoden und Nektarien alle Übergänge (*Fritillaria, Ranunculus*, AGTHE 1951), und KNOLL (1921, Seite 15) betonte bereits, daß Nektarien „nur einen Sonderfall des allgemeinen Typs der Hydathoden darstellen".

Hier wie allgemein bei den Nektarien ließ sich feststellen, daß die Zuckerkonzentration im ausgeschiedenen Sekret mit steigendem Xylemanteil der an die Sekretionsorgane herantretende Leitungsbahnen absinkt (FREY-WYSSLING und AGTHE 1950, AGTHE 1951, FREI 1955). Der Gehalt des Nektars an Zuckern (Saccharose, Maltose, Raffinose, Fructose, Glucose, Arabinose, vgl. GOTTSBERGER, SCHRAUWEN und LINSKENS 1973) schwankt etwa zwischen 8 und 76% *(Origanum vulgare)*, seine Zusammensetzung ist daher sehr unterschiedlich, auch Proteine bzw. Aminosäuren (H. und I. BAKER 1973) und andere organische Substanzen können im Nektar enthalten sein.

Die Abscheidung des Nektars erfolgt gewöhnlich durch die cuticularisierte Außenwand der drüsigen Epidermiszellen bzw. Haarzellen, und zwar durch sehr feine Sekretionskanäle; die Cuticula wird dabei abgehoben und zerreißt (FREY-WYSSLING 1935).

Die schon auf Seite 62 (Abb. 28 IV bis VI) besprochenen Kelchblattdrüsen der Malpighiaceen sind bei den neuweltlichen Gattungen in ölabscheidende Drüsen, sog. **Elaiophoren** umgewandelt, deren Sekret – fettes Öl – von bestimmten Bienen für ihre Brut gesammelt wird (VOGEL 1974). Enge anatomische Beziehungen konnte VOGEL auch zwischen den ölproduzierenden Haaren von *Cypella* sowie *Diascia* und *Calceolaria* und den Trichomnektarien anderer Iridaceen bzw. Scrophulariaceen nachweisen. Eine gegenseitige Umwandlung wird daher angenommen. Beim Gilbweiderich *(Lysimachia vulgaris)*, beim Pfennigkraut *(L. nummularia)* und anderen Arten der Untergattung *Eulysimachia* sowie der Untergattung *Seleucia* produzieren die Trichomnektarien an der Filamentröhre gleichfalls Öl (VOGEL 1976).

In diesem Zusammenhang müssen auch die „Futterhaare“ und „Futtergewebe“ genannt werden. Bei ersteren handelt es sich um dichtstehende, einzellige schlauch- oder keulenförmige Haare, die reich an Fett und Eiweiß sind (so auf dem Labellum von *Maxillaria*-Arten) oder auch um einzellreihige zuckerreiche Haare (z. B. *Sterculia javanica*, CAMMERLOHER 1931), die angeblich von blütenbesuchenden Insekten „abgeweidet“ werden sollen. Ähnlich die „Futtergewebe“: „Quergestellte, gefranste Schuppen“, „reich an Eiweiß, Fett und Zucker“, die am Labellum von *Vanilla*-Arten sitzen (vgl. KUGLER 1970), oder z. B. vielzellige, eiweiß- und ölreiche Futterkörper an der Spitze von Staubblättern und Staminodien (Abb. 103 V, VI, DAUMANN 1930b). Der Nachweis, daß derartige Haarpolster oder andere Bildungen tatsächlich regelmäßig der Beköstigung von Bestäubern dienen, steht jedoch noch aus. Außerdem wäre zu klären, ob es sich nicht zumindest bei manchen „Futterhaaren“ um die zuvor besprochenen Elaiophoren handelt (im übrigen vergleiche man die Arbeiten von PORSCH 1905, 1906).

1.7.2 Achsennektarien

Florale Nektarien sind uns bereits an den verschiedensten Blütenorganen in sehr verschiedener Form entgegengetreten. Als Ausgliederungen der **Blütenachse** fanden wir sie vor allem in Form der als **Diskus** bezeichneten, das Gynoeceum an der Basis umgebenden scheiben- oder schüsselförmigen Gebilde (Abb. 11 V) entwickelt, als faden-, schuppen- oder köpfchenförmige oder handförmig geteilte Drüsen (Abb. 11 VII) oder – wie z. B. bei den Rutaceen (Abb. 11 II, III) – als mehr oder minder dick angeschwollenes Drüsenpolster. Bei Unterständigkeit des Ovars kann ein solches Griffelpolster auch nur die Griffel an ihrer Basis umschließen, wie es beim „Stylopodium“ vieler Umbelliferen der Fall ist (Abb. 37 IV, V, 92 I). Wie ausführliche Untersuchungen von MAGIN (1979 briefl.) gezeigt haben, können Lage und Form dieser Nektarien recht verschieden sein, so kann – um zwei Extreme zu nennen – das nektarogene Gewebe auf der Dorsalseite der Griffeläste liegen, aber auch auf die Innenseite der Kelchblattbasen verlagert sein. Bei den Onagraceen, bei denen die Blütenachse über das unterständige Ovar hinaus oft zu einem becher- oder lang röhrenförmigen Hypanthium verlängert ist, wird dessen Innenwand am Grunde zu einer ringförmigen Drüse verdickt (Abb. 19 III, VI). Als diskusartiger Ring unterhalb des Ovars treten Nektarien unter anderem auch bei Theaceen, Ericaceen, Polemoniaceen und Labiaten auf; bei letzteren sahen wir bei *Ajuga reptans* (Abb. 86 I, II) das Nektarium jedoch als wulstiges Anhängsel auf der abaxialen Seite hervortreten. Überhaupt sind einseitig entwickelte drüsige Achsenbildungen, die sich der dorsiventralen Symmetrie der Blüte einfügen können, nicht selten. Als Beispiele können die Resedaceen und vor allem die Capparidaceen gelten. Bei letzteren finden wir meist zur adaxialen Seite weisende schuppenförmige, wulstige, napfförmige oder gar lang röhrenförmig entwickelte Nektarien (Abb. 13 I bis III). Auch die freien (*Tropaeolum*, Abb. 20 II, IIa) oder in die Achse „eingesenkten“ Achsensporne (*Pelargonium*, Abb. 20 III bis V, *Bauhinia*, vgl. FAHN 1952) bergen gewöhnlich Nektarien. Bei den *Rosaceae* kann das Drüsengewebe das gesamte Innere des Blütenbechers auskleiden oder aber auch auf bestimmte Bereiche begrenzt sein (Abb. 101 VII bis X), bei *Papilionaceae* kann es die Basis des Gynoeceums sogar scheidenartig umgeben (WADDLE und LERSTEN 1974).

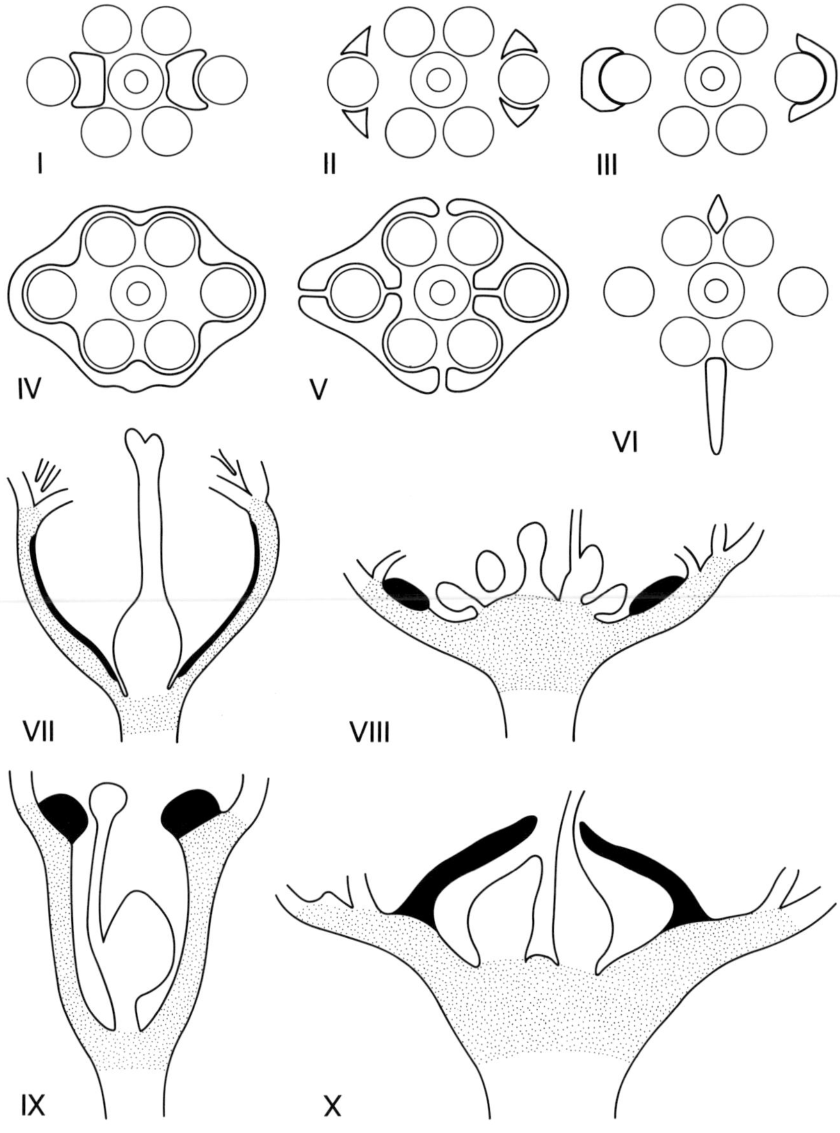

Abb. 101. I–VI Schemata für die Anordnung der Nektarien bei verschiedenen Cruciferen (aus GOEBEL). V–VIII Axialschnitte durch die Blüten von *Prunus padus* (V), *Potentilla sterilis* (VI), *Alchemilla vulgaris* (VII) und *Rhodotypos scandens (R. kerrioides)* (VII), Drüsengewebe schwarz markiert. Nach SCHAEPPI.

Achsenbildungen stellen nach heute wohl allgemein vertretener Auffassung die drüsigen Höcker und Schwielen dar, welche am Blütenboden der Cruciferen in verschiedenster Anordnung (Abb. 101 I bis VI) die Filamentansätze umgeben (vgl. ARBER 1931; NORRIS 1941, DVORAK 1968). Entsprechendes gilt wohl auch für die *Polygonaceae*.

Der Diskus der *Paeoniaceae* fungiert allerdings – anders als bisher angenommen – nicht als Nektarium. Der in den Blüten einiger *Paeonia*-Arten nachweisbare Nektar tritt vielmehr aus Leitbündeln hervor, welche ursprünglich der Versorgung einzelner Stamina dienten, deren Anlagen jedoch vom stark wuchernden Gewebe der Diskusbasis überwallt und erdrückt wurden (HIEPKO 1966).

1.7.3 Phyllomnektarien

Von den **Achsennektarien** haben wir die **Phyllomnektarien** als zweite morphologisch definierte Gruppe intrafloraler Nektarien zu unterscheiden. Wir können sie an allen Blattorganen der Blüte finden. Als Kelchblattnektarien haben wir sie bereits bei den *Malpighiaceae* (Abb. 30 IV bis VI) in teilweise bizarrer Gestalt und bei *Malvales* in Form der Trichomnektarien kennengelernt. Ferner sind die Kelchblattsporne der *Impatiens*-Arten (Abb. 31) zu nennen. Sie tragen am Grunde des hohlen Sporns ein Nektarium, das seinen Nektar in den Hohlraum des Spornes abgibt. Dieser dient hier somit zugleich als **Nektarium** und als **Nektarbehälter** – im Unterschied zu dem gespornten Kelchblatt des Rittersporns *(Delphinium)*, das nur als Nektarbehälter für das von zwei tief in den Sporn hineinragenden Nektarblättern abgesonderte Sekret dient (vgl. auch *Aconitum*, Abb. 47 II). Auch bei den Aussackungen oder Spornen des Tränenden Herzens (*Dicentra*, Abb. 5 XII, XVI, 38 I, III), des Erdrauchs (*Fumaria*, Abb. 103 XIII), des Lerchensporns (*Corydalis*, Abb. 38 IV bis VI) und anderen *Papaveraceae-Fumarioideae* müssen wir zwischen dem von der Aussackung oder dem Sporn gebildeten Nektarbehälter und dem in ihn hineinragenden von der Achse ausgegliederten Nektarium unterscheiden.

Im Bereich der Corolle finden wir Nektarien vor allem bei zygomorphen sympetalen Blüten der *Caprifoliaceae, Valerianaceae*, vieler *Verbenaceae, Lentibulariaceae* und mancher *Scrophulariaceae (Calceolaria)* und zwar in Form von Trichomnektarien. Auch diese sitzen gewöhnlich in den medianen Aussackungen oder Spornen der Corolle. Beim Löwenmäulchen (*Antirrhinum*, Abb. 43 I bis III) und beim Leinkraut (*Linaria*, Abb. 43 V, VI) dienen die ventrale Kronenaussackung oder der Sporn wiederum nur als Behälter für den von einem Achsennektarium sezernierten Nektar.

Als Beispiel für Nektarien, die auf der Fläche frei sich darbietender Kronzipfel sitzen, soll die Gentianacee *Frasera carolinensis* dienen. Jedem der langen, nur an der Basis über ein kurzes Stück miteinander vereinigten Kronzipfel sitzt etwa an der Grenze des unteren Drittels über dem Mittelnerven ein ovales am Rande gefranstes becherförmiges Nektarium von etwa 3 bis 4 mm Durchmesser auf (Abb. 103 VII, VIII). Das Drüsengewebe geht nach MCCOY (1940) aus der subepidermalen Zellschicht der Blattoberseite hervor. Fortgesetzte Periklinalteilungen liefern dabei bis zu 7 oder 8 Zellagen, die den Boden des Drüsenbechers bilden. Durch weitere Periklinalteilungen an der Peripherie entsteht die Wandung des Bechers, in dessen Randbereich Teilungen in verschiedenen Richtungen zur Ausgliederung der fransenartigen Fortsätze führen, welche den Becher überdecken. Diese werden übrigens später sklerifiziert und hart. Das sezernierende Gewebe beschränkt sich nach DAVIES (1952) auf

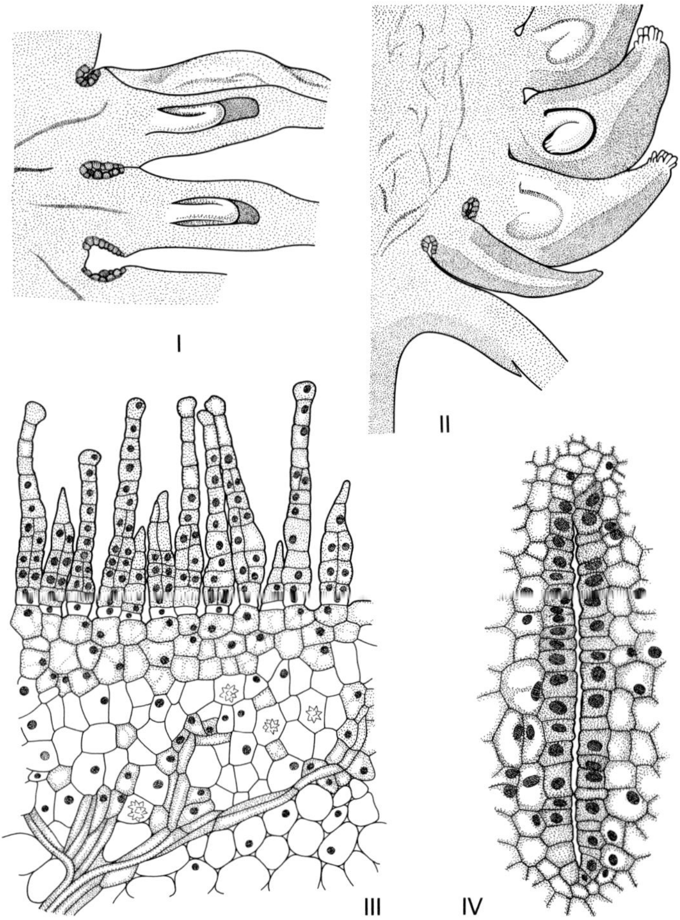

Abb. 102. I, II *Sagittaria sagittifolia.* Axialschnitte (Ausschnitte) durch das reduzierte Gynoeceum einer männlichen (I) und das Gynoeceum einer weiblichen (II) Blüte, die unterhalb der Karpelle liegenden Nektarien zeigend (nach BROWN). III *Abutilon striatum,* Trichomnektarium auf der Kelchinnenseite, Ausschnitt (nach AGTHE), I *Hosta* spec. Septalnektarium, Querschnitt (Orig.).

die epidermale und subepidermale Zellschicht des Becherbodens und der kompakten Wandung.

Nektardrüsen finden sich in verschiedener Form (scheiben-, köpfchen-, faden-, napf-, urnenförmig) oberseits und unterseits an den **Tepalen** von *Nepenthes* (DAUMANN 1930a). Im übrigen haben wir die Nektarien der Tepalen im Zusammenhang mit der Morphologie des Perigons bereits besprochen, ebenso die **Nektarblätter** (Seite 93) und die häufige Übernahme der Nektarienfunktion durch **Staminodien** (Seite 140). Erwähnt haben wir auch bereits die oft paarweise Ausbildung von Nektardrüsen an den Filamentbasen der Caryophyllaceen (Seite 139). Solche **paarigen Staminaldrüsen** treten auch bei *Lauraceae* regelmäßig an einzelnen Kreisen von Staubblättern oder Staminodien auf. Abb. 103 I zeigt ein fertiles Staubblatt von *Cinnamomum camphora*, Abb. 103 II, III ein fertiles Staubblatt (III) und ein Staminodium (II) von *Laurus nobilis*; beim letzteren ist die Anthere überhaupt nicht zur Ausbildung gelangt, wohl aber die paarigen Nektardrüsen. Bei den Staminodien von *Cinnamomum camphora* (IV) geht diese Reduktion noch weiter: das ganze Staminodium wird fast ausschließlich von den beiden Nektardrüsen gebildet. DAUMANN (1930a) berichtet über Nektarien an der Filamentröhre der männlichen *Nepenthes*-Blüten.

Bei *Viola* ragen kräftige, bisweilen spornartig entwickelte drüsige „Konnektivanhänge" (vgl. LEINFELLNER 1957a) der beiden vorderen Staubblätter in den vom medianen, ventral stehenden Kronblatt gebildeten Sporn hinein (vgl. Abb. 38 VII), in welchem der von ihnen sezernierte Nektar aufgefangen wird. Auch hier ist also wieder zwischen Nektarien und Nektarbehälter zu unterscheiden. Die Ausbildung einer derartigen Einrichtung bedarf natürlich stets einer genau aufeinander abgestimmten – koadaptiven – Entwicklung der verschiedenen Blütenorgane, im vorliegenden Falle der Nektarblätter und des getrennt von ihnen gebildeten Kronensporns. – Bei *Penstemon* finden sich Drüsenhaarfluren auf der Rückseite der Filamentbasen (HARTL briefl.).

Auch im Bereich des Gynoeceums treffen wir Nektarien an. Im einfachsten Falle – so bei *Magnolia denudata (M. yulan)* und *M.* × *soulangiana* – scheidet die gesamte freie Karpelloberfläche Nektar ab (DAUMANN 1930b). Ähnliches wird von MÜLLER (1873), KNUTH (1894) und anderen für den Flieder *(Syringa vulgaris)*, den Liguster *(Ligustrum vulgare)* und den Bocksdorn *(Lycium)* angegeben, ferner von SCHNIEWIND-THIES (1897) auch für *Tofieldia palustris*, während man bei *Tofieldia calyculata* nur Septalnektarien findet. Bei der Sumpfdotterblume *(Caltha palustris)* wird der Nektar von zwei flachen Vertiefungen an den Flanken der Karpelle abgegeben, beim Mauerpfeffer *(Sedum acre)* sitzen weit unten auf der Außenseite der Karpelle sogenannte „Nektarschüppchen" (vgl. KUGLER 1970, Abb. 63), die aber auch Achsenbildungen sein könnten. Letzteres gilt wohl auch für die Nektarien, die nach Angaben von BROWN (1938) in den männlichen Blüten von *Sagittaria latifolia* an der Basis der rudimentären Karpelle (Abb. 102 I, II), in den weiblichen aber auch zwischen den Basen der Petalen und der Staminodien sowie zwischen den Staminodien und den Karpellbasen ausgebildet sind.

Innerhalb der Monokotylen, vor allem bei den *Liliiflorae, Bromeliales, Palmae* und *Zingiberales* sind die sogenannten **Septalnektarien** weit verbreitet (vgl. GRASSMANN 1884, SCHNIEWIND-THIES 1897, DAUMANN 1970, SILBERBAUER-GOTTSBERGER 1973). Diese kommen dadurch zustande, daß die Septalspalten hemicoenokarper Gynoceen mit Drüsenepithel ausgekleidet sind. Zur Erläuterung dieses Verhaltens darf man wohl von dem bereits erwähnten Beispiel von *Tofieldia palustris* ausgehen, bei welcher die gesamte Karpellaußenfläche Nektar absondert. Bei nicht wenigen Monokotylen, z. B. *Polygonatum multiflorum, Scilla peruviana, Hyacinthus orientalis, Aloe barbadensis (A. vera), Yucca gloriosa* u. a., ergibt sich nach SCHNIEWIND-THIES mit der teilweisen Vereinigung der Karpellflanken eine „Teilung von deren sekretionsfähiger Wandfläche in einen inneren und einen äußeren Teil", so daß die Nektarabsonderung „in drei äußeren, in den Septen gelegenen Rinnen und in drei inneren, in der Verwachsungslinie der Carpiden gelegenen Spalten" stattfindet. Von den in den Spalten liegenden Septalnektarien führen stets Spalten oder Kanäle meist

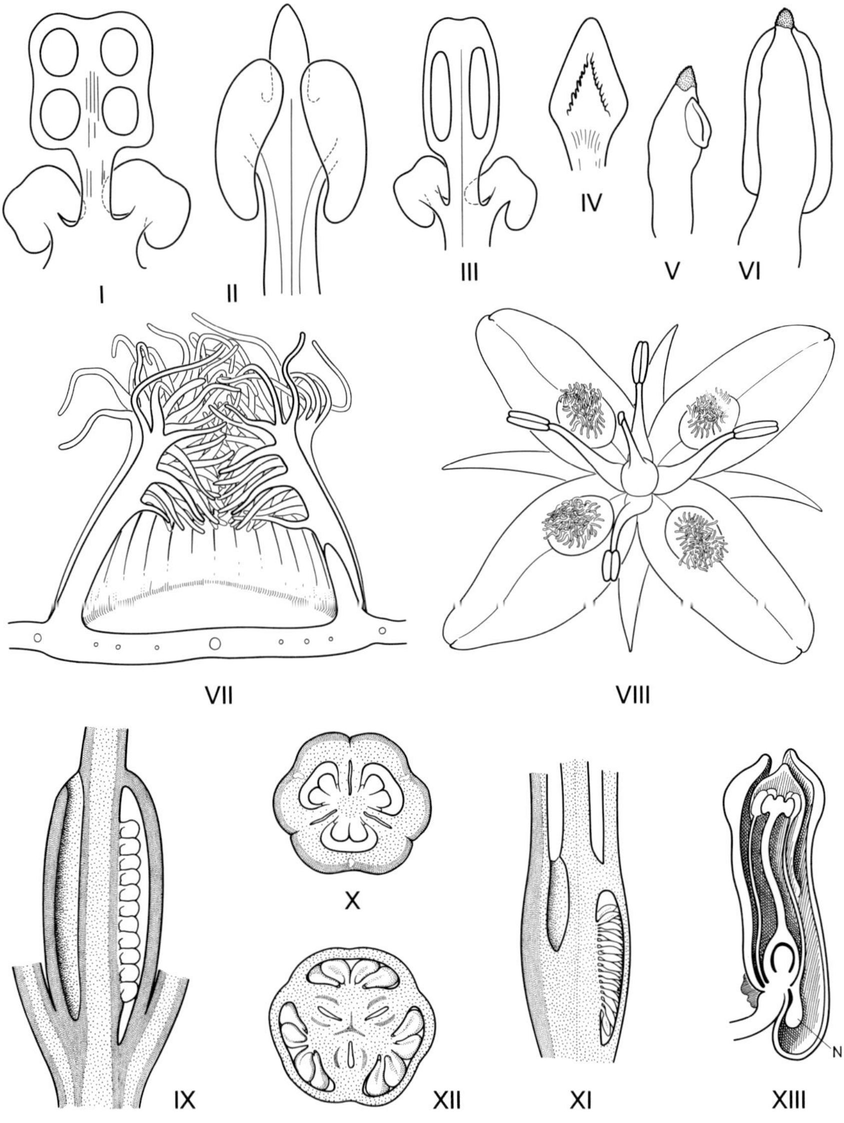

Abb. 103. I–IV Lauraceen-Staubblätter mit Nektarien. I, IV *Cinnamomum camphora*, Staubblatt mit zwei basalen Nektarien, IV Staminodium, das fast gänzlich in der Bildung der Nektarien aufgegangen ist; II, III *Laurus nobilis*, Staminodium (II) und fertiles Staubblatt (III), nach GOEBEL. V, VI *Calycanthus floridus*, Innenstaminodium (V) und fertiles Staubblatt mit Futterkörper (punktiert) nach DAUMANN. VII, VIII *Frasera carolinensis*, Blüte (VIII) und einzelnes Nektarium vom Kronblatt (nach DAVIES). IX–XII Septalnektarien, Axial- und Querschnitt durch das Gynoeceum von *Haworthia reinwardtii* (IX, X) und *Gladiolus* spec. (XI, XII) nach BROWN. XIII *Fumaria officinalis*, transversaler Längsschnitt durch die Blüte, N Nektarium (nach BAILLON).

aufwärts nach außen, durch welche der Nektar hervortreten kann. An der Mündung dieser Spalten können dann „inneres“ und „äußeres Nektarium“ ineinander übergehen. Oft jedoch kleidet das Drüsengewebe allein die Spalten aus, so daß reine Septalnektarien zustande kommen, die übrigens auch gewunden oder mehr oder minder stark verzweigt sein können (*Hemerocallis*-Arten, *Phormium tenax*). Schon mit der oben gegebenen Nennung der Ordnungsnamen ist gesagt, daß Septalnektarien sowohl bei oberständigen (Abb. 103 IX, X) als auch bei unterständigen Ovarien (Abb. 103 XI, XII) auftreten.*

Bei den Dikotylen konnten Septalnektarien bisher nicht nachgewiesen werden; die bisher gelegentlich angeführten Beispiele *Buxus sempervirens* und *Cneorum tricoccum* halten nach DAUMANN (1974) einer kritischen Prüfung nicht stand.

Zu erwähnen sind noch die „Scheinnektarien“ – „glänzende Gewebekörper, die auf uns den Eindruck machen, als ob sie von einer Flüssigkeit benetzt wären“ (KUGLER 1970). Wir haben sie bereits an den Staminodien von *Parnassia palustris* (Seite 142, Abb. 70 I bis III) gesehen, bei denen die Wimpern in je einem kugeligen glänzenden Köpfchen enden. Man nimmt (nicht unwidersprochen, vgl. z. B. DAUMANN 1960) an, daß sie durch Vortäuschen von Nektar Insekten herbeilocken, welche die Bestäubung vollziehen (vgl. KUGLER 1970, CAMMERLOHER 1931). „Klügere Insekten lassen sich hierdurch jedoch nicht täuschen, während dumme (Fliegen und Käfer) sich immer wieder herbeilocken lassen“... (so KNUTH 1894, Seite 59)!

* Zum Feinbau von Septalnektarien und ihrer Nektarsekretion vgl. BENNER und SCHNEPF (1975)

2 Morphologie der Blütenstände (Infloreszenzen)

Maximi autem momenti esse in plantarum vita distributionem florum, et optimos characteres eandem nobis offere e modo allatis exemplis videri jamquidem potest, adhuc magis tamen probabitur inflorescentiarum variarum descriptione. Inflorescentiam autem eam vocamus caulium vel ramorum (axium) partem, quae nullos alios profert axes (ramos) ac florigeros. ROEPER 1826

2.1 Definition, Deskriptive Terminologie und Einteilung der Blütenstände

2.1.1 Definition und Abgrenzung

Als Blütenstände (Infloreszenzen) bezeichnen wir mit TROLL (1964) „der Blütenbildung dienende und dementsprechend modifizierte Sproßsysteme". Die Formen der blütentragenden Verzweigungssysteme und ihre Stellung im Gesamtaufbau der Pflanze bestimmen nicht nur in hohem Maße das Erscheinungsbild der Blütenpflanzen, sondern stellen zugleich auch wichtige Verwandtschaftskriterien dar. Letzteres gilt freilich nur, wenn man sich bei der Betrachtung der blütentragenden Bereiche auf identische Strukturelemente bezieht. Man muß also ermitteln, welche Abschnitte im blühenden Sproßsystem ein und derselben Pflanze und welche Elemente bei verschiedenen Pflanzen einander entsprechen, bevor man eine Aussage darüber machen kann, durch welche Veränderungen sich etwa der Blütenstand einer Pflanze von dem einer anderen unterscheidet, oder worin Übereinstimmung herrscht. Die Grundlage für ein solches Vorgehen ist also die Erkenntnis allgemeiner Baugesetzmäßigkeiten, welche die Mannigfaltigkeit der Angiospermen-Blütenstände beherrschen. Erst auf dieser in den vergangenen Jahrzehnten von WILHELM TROLL und seiner Schule erarbeiteten Grundlage ist es möglich geworden, die in ihrer Erscheinungsform oft so verschiedenen Blütenstände kleinerer oder größerer Verwandtschaftskreise als Abwandlungen oft nur einer bestimmten Grundform zu erfassen und nicht selten auch Weiterentwicklungen in verschiedenen Richtungen zu erkennen, welche gewisse Rückschlüsse auf Entwicklungslinien innerhalb des betreffenden Verwandtschaftskreises erlauben. Ohne Anwendung einer solchen typologisch fundierten Methode wird man dagegen bei dem Vergleich von Blütenständen eines Verwandtschaftskreises leicht durch Blütenaggregationen abgelenkt, die sich rein äußerlich in irgendeiner Weise – sei es durch ihre andersartige Beblätterung, reichere Verzweigung oder durch Verlängerung bestimmter Achsenabschnitte – als „Einheiten" aus dem übrigen Sproßverband herausheben und dann (freilich oft ohne nennenswerten Erfolg) als „Blütenstände" miteinander verglichen werden.

Sehr häufig wird die Abgrenzung der Blütenstände gegenüber dem „vegetativen Bereich" anhand der andersartigen Beblätterung vorgenommen, so etwa durch GOE-

BEL (1931, Seite 1): „die blütentragenden Teile werden von den vegetativen verschieden, die Deckblätter der Blüten sind, statt als Laubblätter, als Hochblätter ausgebildet oder fehlen ganz und gar. Dann wenden wir für den vom vegetativen verschiedenen blütentragenden Teil der Pflanze die Bezeichnung ‚Blütenstand' oder ‚Infloreszenz' an.“ Demgegenüber spricht GOEBEL dort, wo die blütentragenden Abschnitte infolge ihrer laubigen Beblätterung nicht scharf vom vegetativen Bereich gesondert sind, von „blühenden Sprossen“. Eine derartige Unterscheidung ist jedoch künstlich. Man braucht sich dazu nur etwa die Blütenstände verschiedener *Veronica*-Arten anzusehen: Trauben, bei denen die Deckblätter der Blüten hochblattartig (brakteos), aber auch laubig (frondos) sein können; daneben gibt es Arten, bei denen die Beblätterung innerhalb der Trauben von laubigen zu brakteosen Blattorganen übergeht (frondo-brakteose Beblätterung). Die für das Bestimmen von *Veronica*-Arten gebräuchliche Unterscheidung: „Blüten einzeln in den Blattachseln oder in endständigen Trauben“, kann man daher bei der Abfassung von Bestimmungsschlüsseln als zweckmäßig ansehen. Eine **typologische** Unterscheidung verschiedener Infloreszenzen läßt sich jedoch aufgrund von Unterschieden in der Ausbildung der Blattorgane nicht vornehmen. Dasselbe gilt für die Abgrenzung der Infloreszenz gegenüber dem vegetativen Bereich. Vielmehr kann man zwischen brakteosen, frondo-brakteosen und frondosen Infloreszenzen alle Übergänge finden (Abb. 104). Die sogenannten „blühenden Sprosse“ sind somit als frondose Infloreszenzen aufzufassen. Dies um so mehr als TROLL (1950) nachweisen konnte, daß „die Tragblätter der Blüten auch dort, wo sie sich in laubblattartiger Gestalt darbieten, weithin Merkmale von Hochblättern“ aufweisen („frondose Hochblätter“, TROLL 1964, Seite 6). Nicht selten (z. B. bei vielen Holzgewächsen) bieten sich die Blattorgane im Infloreszenzbereich als „bloße Diminutivformen der Laubblätter an“ dar (frondulose Beblätterung).

Einen Überblick über die zur Beschreibung von Infloreszenzen unerläßliche deskriptive Terminologie und die Verwendung der Begriffe in der einschlägigen Literatur geben die Arbeiten von RICKETT (1944, 1955).

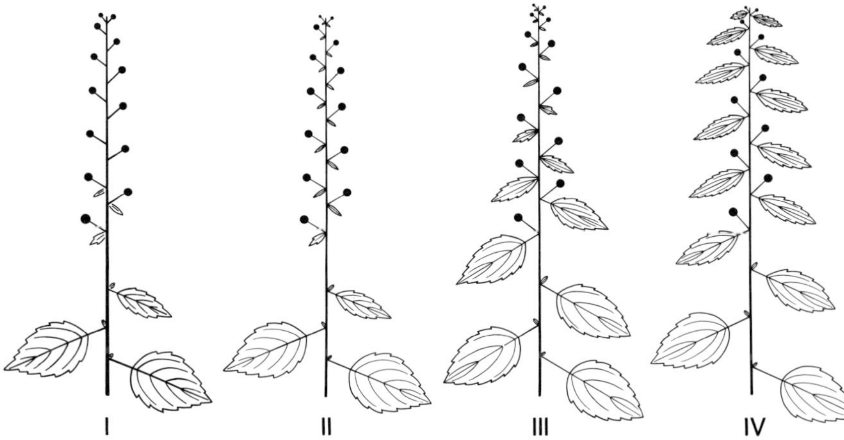

Abb. 104. Unterschiedliche Ausbildung der Deckblätter bei traubigen Infloreszenzen. I, II brakteose bzw. zum größeren Teil (distalwärts) deckblattlose I Traube, III frondo-brakteose, IV frondos beblätterte Traube. Nach TROLL.

2.1.2 Offene und geschlossene Infloreszenzen, Unterscheidung nach Verzweigungsformen

Als wichtig hat sich hingegen die auf ROEPER (1826) zurückgehende Unterscheidung zwischen geschlossenen und offenen Infloreszenzen erwiesen.

Endet die Hauptachse eines Blütenstandes in einer Blüte (Terminalblüte, Endblüte, Abb. 117 I, 122 II), so spricht man von einer **geschlossenen** Infloreszenz. In diesem Falle wandelt sich der Achsenscheitel der Infloreszenz mit der Anlegung der Terminalblüte in einen Blütenscheitel um, der anstelle von Brakteen und blütentragenden Seitenachsen nunmehr die Blütenorgane der Terminalblüte ausgliedert. Dies findet seinen Ausdruck nicht selten darin, daß die Terminalblüte in ihrer Organstellung an die Stellung der vorausgehenden brakteosen Blattorgane anschließt (vgl. dazu auch die bei TROLL 1964, Seite 9, zitierten Angaben WYDLERS und der Gebrüder BRAVAIS). **Offen** heißt demgegenüber ein Blütenstand, dessen Achsenscheitel allein seitliche Blüten oder Teilblütenstände ausgliedert*, deren letzte ihre Entwicklung oft gar nicht mehr abschließen (Abb. 107 I). Gelangen die angelegten Blüten sämtlich zu voller Entwicklung, so endet die Blütenstandsachse blind zwischen den obersten Teilblütenständen (Abb. 105 I) oder Seitenblüten (Abb. 164 V). Dabei kann sich die zu oberst stehende Seitenblüte oder der oberste Teilblütenstand aufrichten und sich derart in Richtung der Hauptachse stellen, daß die Infloreszenzachse scheinbar fortgesetzt und das Vorhandensein einer Terminalblüte vorgetäuscht wird. Die ursprünglich seitliche Stellung dieser Blüte oder dieses Teilblütenstandes ist aber gewöhnlich auch dann noch am Vorhandensein des betreffenden Deckblattes (bzw. auch der Vorblätter) und häufig auch an Hand des oft noch als kleiner Höcker in Erscheinung tretenden rudimentären Achsenendes erkennbar (Abb. 105 II, III). Von solchen **subterminalen** Blüten, deren seitlicher Ursprung deutlich sichtbar oder zumindest entwicklungsgeschichtlich nachweisbar ist, unterscheidet TROLL (1964, Seite 25) die **pseudoterminalen** Blüten, für deren seitliche Entstehung auch „die Entwicklungsgeschichte keine Anhaltspunkte liefert, obwohl ihnen aus vergleichenden Gründen keineswegs der Rang einer Terminalblüte zugesprochen werden kann". Der Besitz oder das Fehlen einer Terminalblüte ist vielfach sogar für größere Verwandtschaftskreise charakteristisch und – wie wir sehen werden – von großer Bedeutung für die Typologie der Blütenstände.

In starkem Maße zieht man die Verzweigungsweise der Blütenstände zu ihrer Charakterisierung und Klassifikation heran. Dabei kann man zwischen **einfachen** und **zusammengesetzten** Infloreszenzen unterscheiden, wobei wir mit TROLL als **einfach** solche Blütenstände bezeichnen, deren „Verzweigung nicht über den ersten Grad hinaus gelangt". Ihrer Verzweigungsweise nach kann man die Blütenstände daher wie folgt unterscheiden:

I einfache Infloreszenzen: Traube, Ähre, Kolben, Dolde, Köpfchen;

II zusammengesetzte Infloreszenzen: Doppeltraube, Doppelähre, Doppeldolde, Rispe, Thyrsus.

Diese in Abb. 106 und 109 wiedergegebenen Verzweigungsformen wollen wir noch etwas genauer kennzeichnen.

---

* Hier schließen somit erst die Achsen zweiter oder höherer Ordnung mit der Bildung von Blüten ab. Nach der Anzahl der Achsen, die gebildet werden, ehe Achsen mit Blüten abschließen, hat man schon früh zwischen ein- und mehrachsigen Systemen unterschieden (SAINT-HILAIRE 1840, BRAUN 1842, WYDLER 1844).

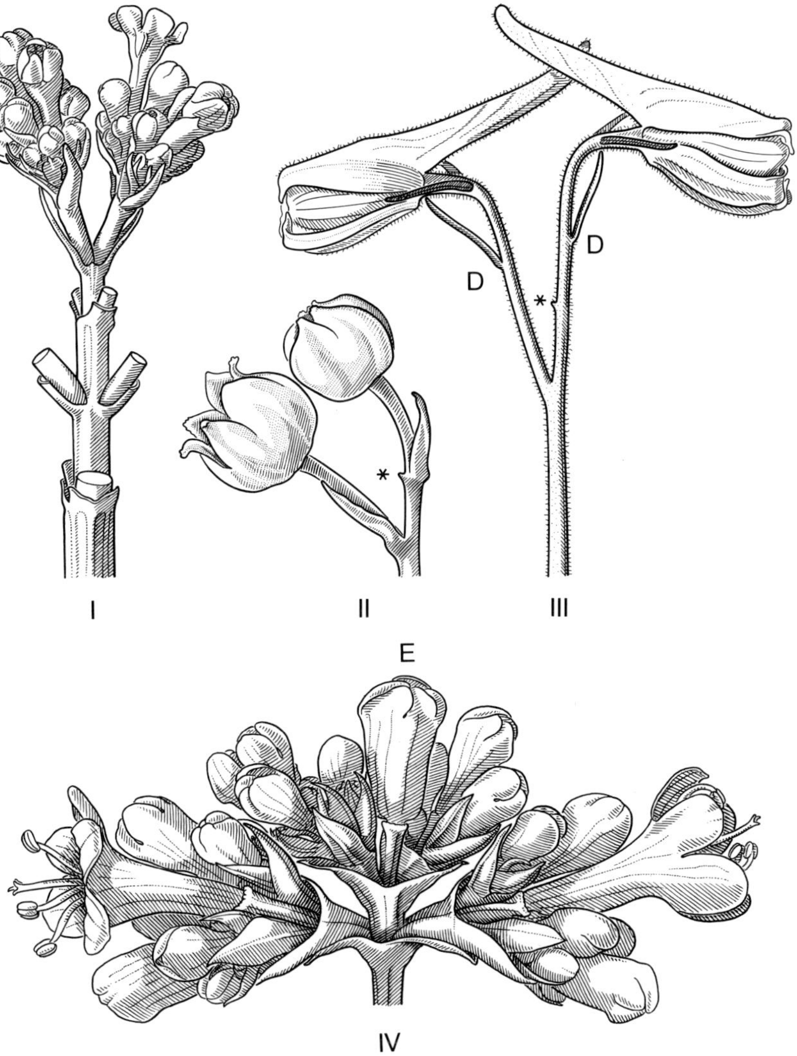

Abb. 105. I, IV *Valeriana officinalis,* Infloreszenzende ohne (I) und mit anormaler, mit zwei kurzen Spornen ausgestatteter Terminalblüte E (Orig.). II *Convallaria majalis,* Infloreszenzende mit Spitzenrudiment bei *, III *Delphinium elatum,* desgl., die Deckblätter (D) der beiden oberen Seitenblüten rekauleszent an den Blütenstielen emporgerückt. II, III nach TROLL.

2.1.3 Einfache Infloreszenzen

Die **Traube** (Botrys, Abb. 106 I) ist dadurch charakterisiert, daß die Internodien ihrer Hauptachse deutlich entwickelt und alle Blüten gestielt sind. Sie schließt nicht mit einer Terminalblüte ab, ihr Scheitel bleibt also offen. Die Stellung der Blätter an der Infloreszenzachse und damit auch die Anordnung der blütentragenden Seitenachsen kann hier wie bei allen im folgenden abzuhandelnden Verzweigungsformen dispergiert oder auch gegenständig sein. Die Entfaltungsfolge der Blüten (Aufblühfolge) beginnt hier gewöhnlich entsprechend der Ausgliederungsfolge bei den untersten Blüten und schreitet spitzenwärts fort. Weithin sind die Blütenstiele mit ein oder zwei Vorblättern ausgestattet, deren Stellungsverhältnisse wir bereits auf Seite 22 erörtert haben. Nicht selten ist aber auch eine schrittweise Reduktion der ohnedies meist unscheinbaren Vorblätter zu beobachten, so etwa bei den höher an der Traubenachse inserierten Blüten oder aber auch vor allem bei den basalen Blüten. Entsprechendes gilt für Ähre und Dolde.

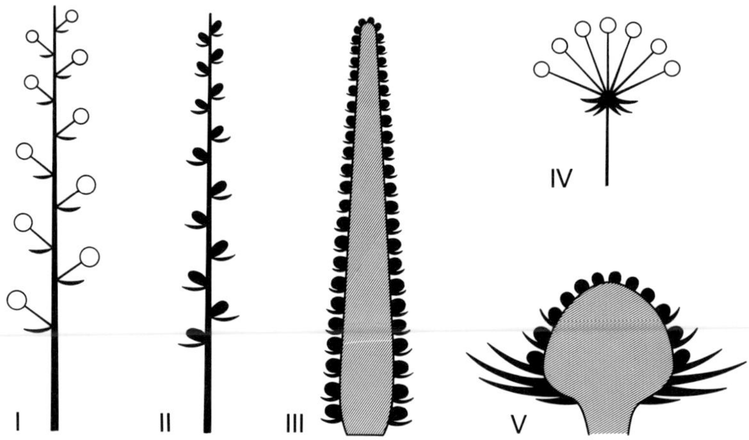

Abb. 106. Verzweigungsweise von Blütenständen, einfache Infloreszenzen. I Traube, II Ähre, III Kolben, IV Dolde, V Köpfchen (Körbchen).

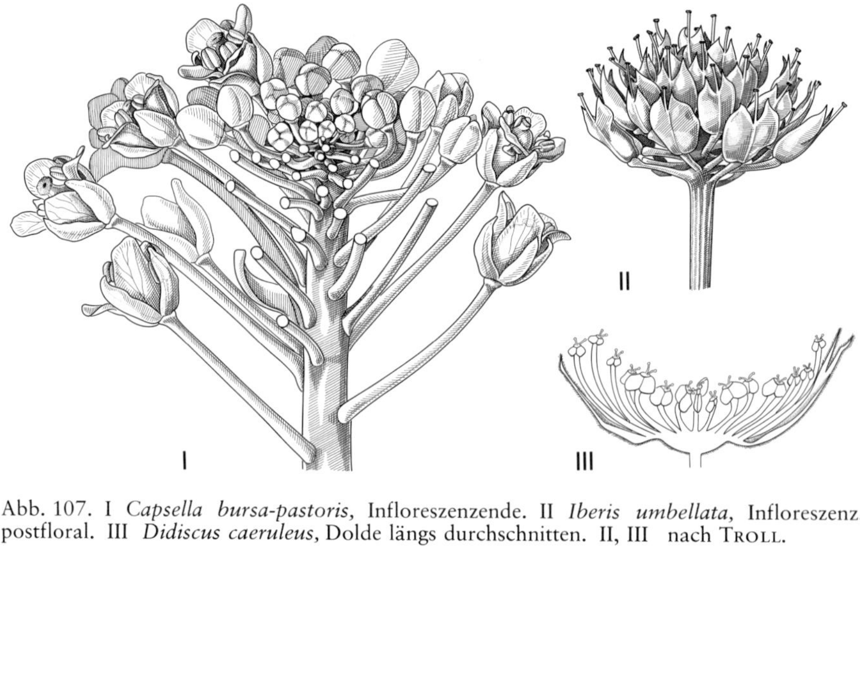

Abb. 107. I *Capsella bursa-pastoris*, Infloreszenzende. II *Iberis umbellata*, Infloreszenz, postfloral. III *Didiscus caeruleus*, Dolde längs durchschnitten. II, III nach Troll.

Auch die **Ähre** (Spica, Abb. 106 II) schließt nicht mit einer Endblüte ab. Von der Traube unterscheidet sie sich durch die ungestielten, in den Achseln der Brakteen sitzenden Blüten. Dabei kommt es verschiedentlich vor, daß die unteren Blüten eines ährigen Blütenstandes mehr oder minder deutlich entwickelte Stiele aufweisen, so nach IRMISCH (1853) bei der Orchidee *Spiranthes*. Es gibt also Übergangsformen zwischen Traube und Ähre.

Die **Dolde** (Umbella, auch Sciadium) unterscheidet sich von der Traube durch die Stauchung der Blütenstandsachse (Abb. 106 IV), die hier dadurch kompensiert wird, daß die Stiele der von einem Ansatzpunkt ausstrahlenden Blüten stark verlängert sind. Dicht gedrängt am Ansatzpunkt der Doldenblüten finden sich auch deren Deckblätter. Ihre Zahl ist freilich oft geringer als die der Blüten. Auch aus diesem Grunde ist nicht immer ohne weiteres festzustellen, ob der Doldenscheitel ebenso wie bei der Traube offen oder ob eine Terminalblüte vorhanden ist. Im letzten Falle hätte man es nicht mit einer „gestauchten Traube", sondern mit einem gestauchten Botryoid – vielleicht sogar mit einem Pseudosciadium, einem „zusammengezogenen Cymoid", wie bei der Doldigen Spurre *(Holosteum umbellatum)* – zu tun. Die gestaltlichen Beziehungen zwischen Dolde und Traube treten an den Blütenständen der Cruciferen-Gattung *Iberis* (Schleifenblume) deutlich in Erscheinung. Die Internodien der traubigen Blütenstände bleiben hier nämlich bis nach der Anthese der Blüten sehr kurz, während die Blütenstiele schon frühzeitig so stark gestreckt sind, daß die Blüten im

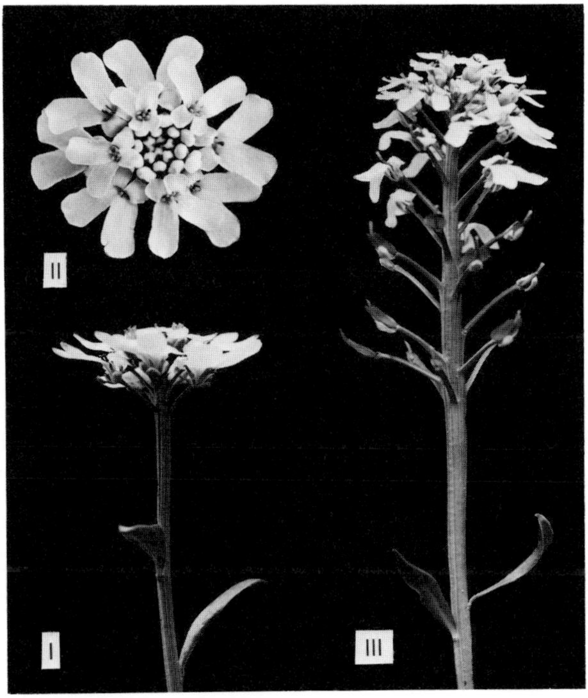

Abb. 108. I–III *Iberis sempervirens*. I und II junge Infloreszenz in Seiten- (I) und Oberansicht (II). III fortgeschrittenes Stadium der Infloreszenzentwicklung; nach TROLL.

Zeitpunkt ihrer Entfaltung auf die gleiche Höhe wie die achsenaufwärts inserierten vor der Entfaltung stehenden Blütenknospen emporgehoben werden und den Traubenscheitel sogar etwas überragen (Abb. 108 I). Die Schauwirkung des somit doldenähnlichen Blütenstandes wird noch dadurch erhöht, daß die beiden nach unten bzw. zur Peripherie des Blütenstandes weisenden Kronblätter jeder Blüte weit größer und vor allem länger sind, als die beiden oberen zum Zentrum des Blütenstandes hin ausgerichteten (Abb. 108 II). Die Streckung der auf die einzelnen Blüten folgenden Internodien der Traubenachse setzt jeweils erst nach dem Abblühen ein, so daß der Blütenstand verspätet doch noch die Gestalt einer Traube annimmt (Abb. 108 III). Unterbleibt die Achsenstreckung, so bleibt auch die doldenähnliche Form des Blütenstandes bis zur Fruchtreife erhalten, was z.B. bei *Iberis umbellata* der Fall ist (Abb. 107 II).

Bei dem der Ähre ähnlichen **Kolben** (Spadix, Abb. 106 III) ist die Infloreszenzachse stark verdickt, beim **Köpfchen** (Capitulum, Cephalium, Abb. 106 V) ist sie zugleich auch verkürzt, oft breit kegelförmig gestaltet oder gar scheibenförmig verbreitert. In vielen Fällen – so bei den Compositen oder etwa bei den Dipsacaceen – trägt das Köpfchen an seiner Basis einen Hüllkelch (Involucrum) aus zahlreichen rosettig angeordneten sterilen Hochblättern (Involucralblättern), die nicht mit den Deckblättern der Blüten innerhalb des Köpfchens zu verwechseln sind. Solche mit einem Involucrum ausgestattete Köpfchen pflegt man zumindest bei den Compositen auch als **Körbchen** (Calathidium) zu bezeichnen. Eine köpfchenartige Gestalt können Blütenstände freilich auch allein durch eine Zusammendrängung der Blüten infolge mangelnder Längenentwicklung der Infloreszenzachse annehmen, ohne daß dabei eine Achsenverdickung auftritt. Einer solchen Zusammendrängung der Blüten verdanken z.B. die an sich traubenartig verzweigten Blütenstände des Klees *(Trifolium)* oder vieler *Acacia*-Arten ihre Köpfchenform. Auch bei zusammengesetzten Infloreszenzen können die Blüten köpfchenartig zusammengezogen sein, was zu Beginn der Anthese ohnedies häufig auftritt, oft aber auch bis zur Fruchtreife erhalten bleiben kann. Andererseits kann es auch bei doldigen Blütenständen zu einer Verdickung der Infloreszenzachse im Ansatzbereich der Blüten kommen, so z.B. bei der Umbellifere *Didiscus caeruleus,* deren Dolden somit eine gewisse Ähnlichkeit mit Compositen-Köpfchen aufweisen (Abb. 107 III).

2.1.4 Zusammengesetzte Infloreszenzen

Ersetzt man bei den einfachen Infloreszenzen Traube, Ähre, Dolde und Köpfchen die einzelnen Blüten durch ganze Blütenstände derselben Verzweigungsform, so erhält man von den Formen der zusammengesetzten Infloreszenzen die **Doppeltraube** (Dibotryum, Abb. 109 I, IV), **Doppelähre, Doppeldolde** (Abb. 109 II) und das **Doppelköpfchen**. Dieser Verzweigungsmodus kann sich mehrfach wiederholen, so daß Tribotryen und schließlich Pleiobotryen usw. resultieren. In jedem Falle haben wir es bei den zusammengesetzten Infloreszenzen mit mehrachsigen Verzweigungssystemen zu tun. Die einzelnen traubenförmig, ährenförmig usw. verzweigten Elemente der zusammengesetzten Infloreszenzen bezeichnen wir ebenso wie etwa die cymös verzweigten Äste eines Thyrsus (s. unten) auch als **Teilblütenstände (Partialinfloreszenzen)**.

Doppeltrauben nach dem Muster der Abb. 109 I treffen wir bei vielen Papilionaceen an, für welche der echte Steinklee *(Melilotus officinalis)* und der Gelbe Acker-

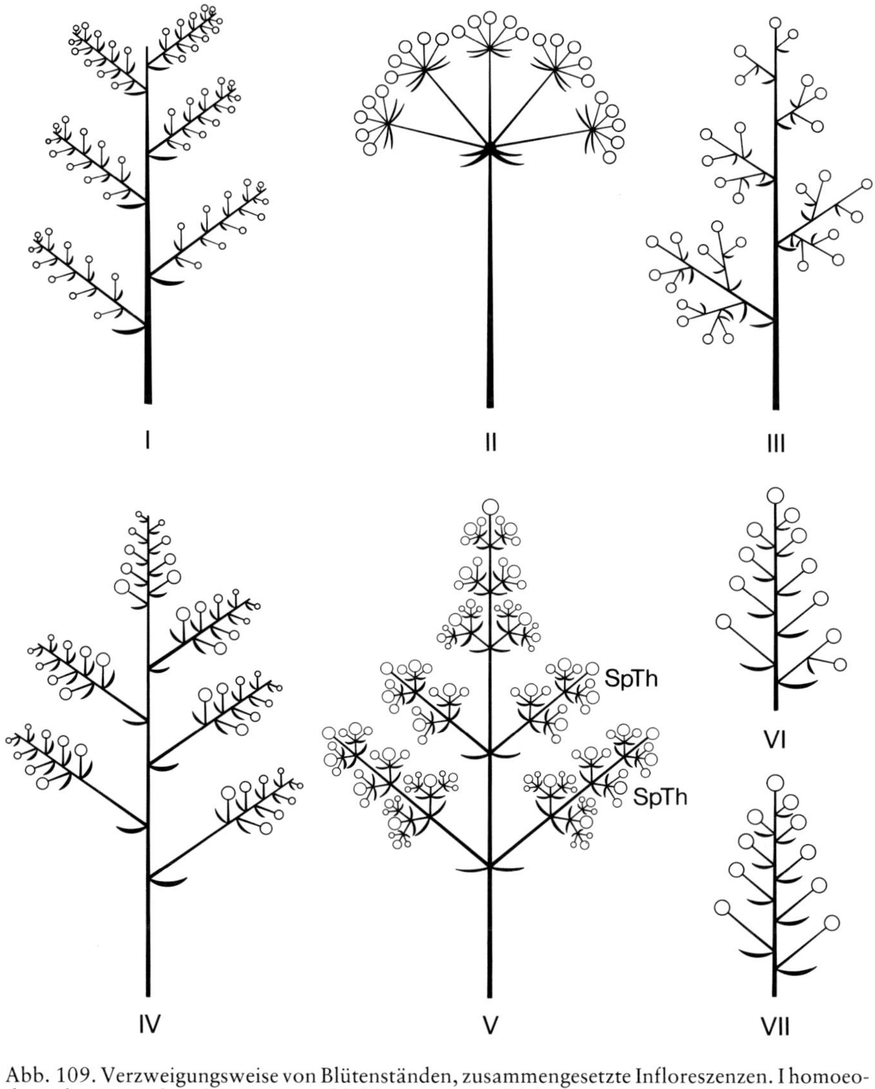

Abb. 109. Verzweigungsweise von Blütenständen, zusammengesetzte Infloreszenzen. I homoeothetische Doppeltraube, II Doppeldolde mit 5 „Döldchen", III Rispe, IV heterothetische Doppeltraube, V geschlossener Thyrsus (Doppelthyrsus), SpTh Spezialthyrsen, VI, VII stark verarmte Rispenformen, VII Botryoid. In Anlehnung an TROLL.

klee *(Trifolium campestre)* als Beispiele dienen mögen. Bei *Trifolium campestre* (Abb. 110 II) ist die seitliche Position der langgestielten köpfchenartig zusammengezogenen Trauben in den Achseln laubiger Hochblätter gut zu erkennen. Offensichtlich erschöpft sich der Achsenscheitel des Dibotryums hier in der Ausgliederung seitlicher Trauben und ihrer Deckblätter, ohne selbst in einem traubigen Blütenstand zu endigen.

Bei vielen Klee-Arten wird freilich der Eindruck erweckt, als schließe die Blütenstandsachse mit einer terminalen, kopfig zusammengezogenen Traube ab, so z. B. beim Inkarnat-Klee *(Trifolium incarnatum,* Abb. 110 III). Dieser Eindruck kommt dadurch zustande, daß die gesamte Doppeltraube auf die Ausbildung einer einzigen Traube seitlichen Ursprungs beschränkt bleibt, de-

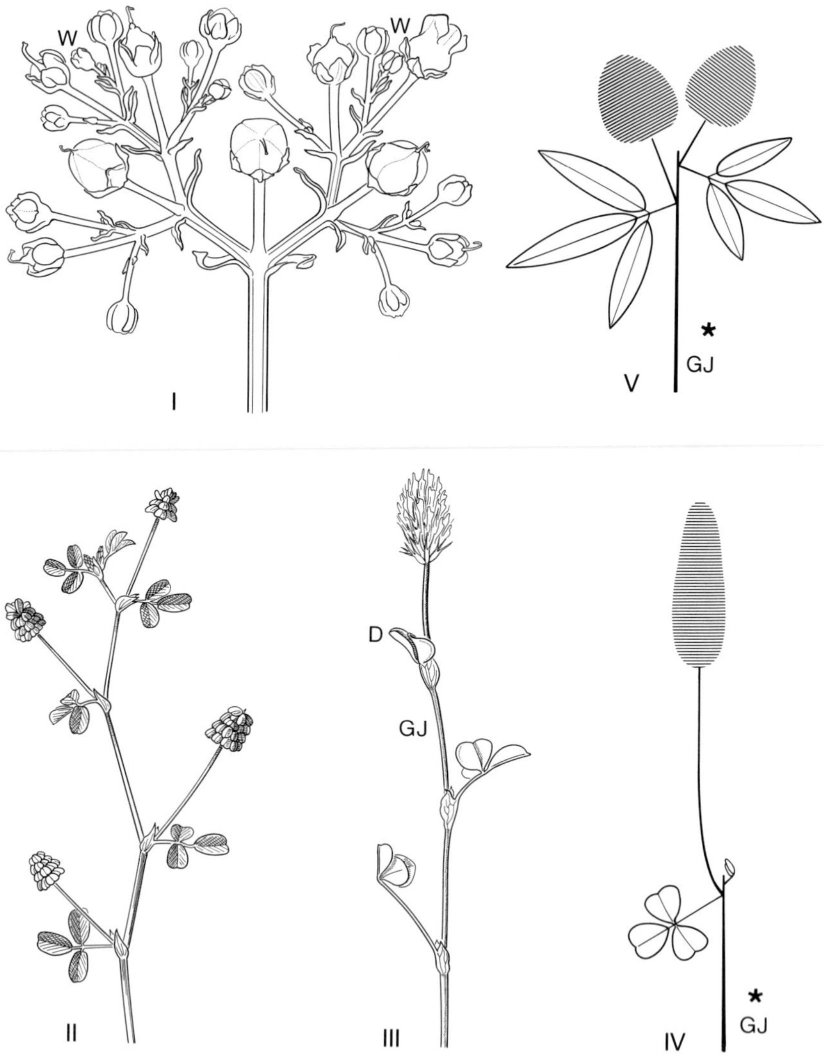

Abb. 110. I *Scrophularia umbrosa,* dichasialer Teilblütenstand, teilweise in Wickel ausgehend. II–V Infloreszenzen von *Trifolium*-Arten, IV u. V schematisch. II *Trifolium campestre,* Doppeltraube, III *T. incarnatum,* blühender Trieb mit traubigem Teilblütenstand, D dessen Deckblatt, GJ Grundinternodium, IV Verzweigungsschema dazu, V *T. pratense,* Verzweigungsschema eines doppeltraubigen Blütenstandes mit zwei einander genäherten traubigen Teilblütenständen. Nach Troll, V graphisch verändert.

ren Hypopodium sich derart aufrichtet, daß es die Hauptachse des Blütentriebes fortzusetzen scheint, während der Achsenscheitel auf die Seite gedrückt wird und verkümmert (IV). Bisweilen bestehen solche scheinbar terminalen Köpfchen auch aus zwei traubigen Teilblütenständen, welche infolge Stauchung ihrer Hypopodien und des zwischen ihren Ansätzen gelegenen Hauptachsen-Internodiums zusammengerückt sind. Dies ist z. B. regelmäßig bei den Blütenständen des Wiesen-Klees (*T. pratense*, V) der Fall; im einzelnen vergleiche man dazu die Ausführungen bei TROLL (1957, Seite 295 ff., 1964, Seite 43 ff.).

Die hier zunächst geschilderte, durch das Schema in Abb. 109 I und den Blütenstand von *Trifolium campestre* (Abb. 110 II) dargestellten Formen des Dibotryums oder Pleiobotryums sind dadurch gekennzeichnet, daß sie sich allein aus seitlichen Trauben bzw. Doppeltrauben zusammensetzen, ohne daß die Hauptachse des Blütenstandes selbst in einer Traube endet. Sie werden von TROLL als **homoeothetische** Formen solchen gegenübergestellt, die außer den seitlichen Trauben auch noch endständige tragen und daher als **heterothetische Pleiobotryen** bezeichnet werden (Abb. 109 IV). Beispiele dafür liefern Arten der Scrophulariaceen-Gattung *Hebe* (z. B. *H. hulkeana*) oder manche Cruciferen, wie z. B. *Isatis tinctoria* und *Crambe*-Arten. Die hier für die Pleiobotryen erwähnten Unterschiede zwischen homoeothetischen und heterothetischen Verzweigungssystemen findet man in entsprechender Abwandlung auch bei den nach Art der Doppelähre, Doppeltraube und Doppelköpfchen aufgebauten Blütenständen wieder.

Einer näheren Erläuterung bedürfen noch die Rispe und der Thyrsus. Die **Rispe** (Panicula, Abb. 109 III) ist dadurch gekennzeichnet, daß ihre Infloreszenzachse mit einer Terminalblüte abschließt, ebenso auch alle Seitenachsen, deren Verzweigungsgrad von der obersten, unter der Terminalblüte stehenden Einzelblüte abwärts mehr oder minder regelmäßig zunimmt, so daß der ganze Blütenstand wenigstens primär einen kegelförmigen Umriß hat. Als Beispiel dafür mag der Blütenstand von *Polemonium caeruleum* gelten (Abb. 134 I).

In einem rispigen oder von einer Rispe abgeleiteten Blütenstand nimmt – ebenso wie bei einem geschlossenen Thyrsus (s. unten) – die Terminalblüte eine dominierende Stellung ein. Dies kann unter anderem darin zum Ausdruck kommen, daß sie bei einer Verarmung oder Reduktion des Blütenstandes, sei diese nun arttypisch oder – wie bei Hungerformen (Seite 249) oder unzureichender Blühinduktion (Seite 251) – modifikatorisch bedingt, als einzige zur Ausbildung gelangen kann. Ferner ist festzustellen, daß sie sich oft als erste oder zumindest früher als die ihr benachbarten Seitenblüten entfaltet. Diese „präkursive" Entfaltung der Terminalblüte erklärt sich zumindest zum Teil aus der Tatsache, daß die Terminalblüte in ihrer Entwicklung den benachbarten Seitenblüten vorauseilt. Wir haben bereits auf Seite 214 festgestellt, daß sich der Achsenscheitel der Infloreszenz mit der Anlegung der Terminalbüte in einen Blütenscheitel umwandelt, der nun ummittelbar die Anlagen der Blütenorgane hervorbringt, die zuvor, bei den Seitenblüten, erst an den Vegetationspunkten in den Achseln der vom selben Scheitel ausgegliederten Brakteen zur Entwicklung gelangten. Ontogenetisch weist die Terminalblüte somit einen Vorsprung gegenüber den oberen Seitenblüten auf.

Auch in ihrer Form kann die Terminalblüte von den Seitenblüten abweichen, und zwar vor allem hinsichtlich der Organzahl. Es sei nur an das bekannte Beispiel von *Ruta graveolens* mit 5zähliger Gipfelblüte und 4zähligen Seitenblüten (Abb. 11 II, III) erinnert. Der Fieberklee, *Menyanthes trifoliata*, besitzt eine 6zählige Terminalblüte und 5zählige Seitenblüten.

Gemäß der dispergierten oder dekussierten Stellung der Deckblätter und der dementsprechenden Anordnung der Rispenäste kann man zwischen dispersen und dekussierten Rispen unterscheiden. Die auf ihre Endblüte beschränkten Rispenäste unterhalb der Endblüte bezeichnet man oft als **Monaden**, die zwei- und die dreiblütigen Äste als **Dyaden** und **Triaden**, bei den viele Glieder umfassenden, selbst wieder rispenartig verzweigten Ästen kann man auch von **Spezialrispen** sprechen.

Die kegelförmige Umrißform der Rispe kann dadurch abgewandelt werden, daß alle Blüten infolge entsprechender Verlängerung der Seitenachsen verschiedenster Ordnung annähernd oder ganz bis zur Höhe der Terminalblüte emporreichen und in ihrer Gesamtheit eine schirmartig gewölbte Fläche oder eine Ebene bilden (**Schirmrispe, Ebenstrauß**, Corymbus, Abb. 111 I). Beispiele dafür liefern etwa die Blütenstände der Eberesche *(Sorbus aucuparia)* oder vieler Schneeball-Arten *(Viburnum)*. Durch eine starke Förderung gerade der untersten und äußersten Blütenstandsäste, welche sämtlich die Terminalblüten ihrer Mutterachsen „übergipfeln", kann die Rispe sogar völlig „umgestülpt" werden (Abb. 111 II) so z.B. bei Mädesüß *(Filipendula)*. Dies kommt auch in der Bezeichnung eines solchen Blütenstandes als Trichterrispe (RADLKOFER) oder als **Spirre** (Anagramm von riSpe, F. K. MERTENS) zum Ausdruck (lat. Anthela).

Als in ihrer Verzweigung verarmte Rispen sind die mit Terminalblüten ausgestatteten sog. „geschlossenen Trauben" (Abb. 109 VII) aufzufassen, die demnach besser als **„Botryoide"** (bei ährenartiger Gestalt als Stachyoide) bezeichnet werden. Ihre Ri-

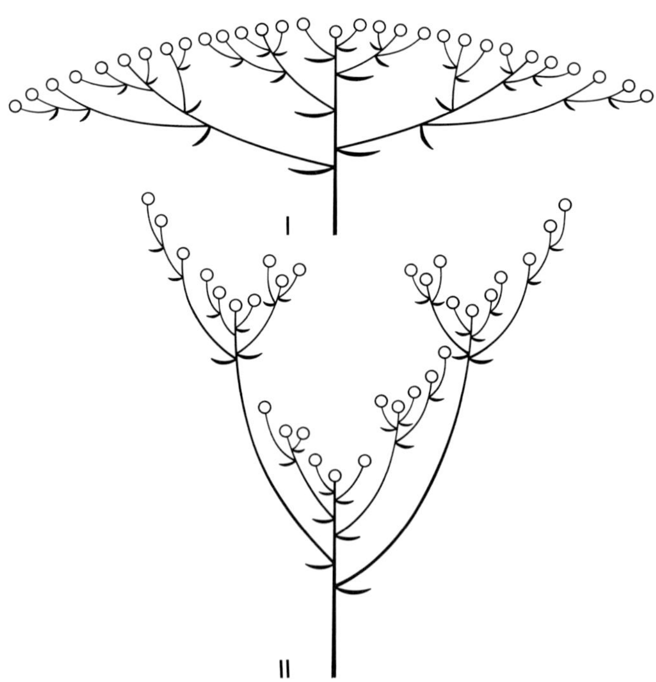

Abb. 111. Schirmrispe (I) und Spirre (II) im schematisierten Aufriß (nach TROLL).

spennatur kann dadurch hervortreten, daß die untersten Äste gelegentlich statt einer zwei oder drei Blüten tragen (so z.B. beim Fieberklee, *Menyanthes trifoliata*, oder der Felsenbirne, *Amelanchier alnifolia*, vgl. Abb. 109 VI).

Der **Thyrsus** (Abb. 112) ist gegenüber der Rispe als Blütenstand „mit cymös verzweigten Teilblütenständen" – oder kurz: „mit cymösen Partialinfloreszenzen" – definiert. Unter **„cymöser Verzweigung"** hat man dabei eine alleinige Verzweigung aus den Achseln der Vorblätter zu verstehen, die jeweils als einzige Blattorgane unterhalb der Blüte ausgegliedert werden und bei den Dikotylen (auch manchen Monokotylen) gewöhnlich in Zweizahl und mehr oder minder transversaler Stellung (gegen- oder wechselständig) auftreten. Der Verzweigungstyp des Thyrsus tritt sowohl in Form geschlossener, also mit Terminalblüte ausgestatteter Infloreszenzen (**geschlossene Thyrsen**, Abb. 109 V, 112 I) als auch in Form offener Infloreszenzen (**offene Thyrsen**, Abb. 112 II) in Erscheinung.

Die Endblüte des cymös verzweigten Teilblütenstandes pflegt man als seine **Primanblüte** (P in Abb. 113 I) zu bezeichnen, die aus seinen Vorblattachseln entspringenden Blüten als **Sekundanblüten** (S).

Abb. 112. Thyrsus schematisch, I geschlossener Thyrsus mit dekussierter, II offener Thyrsus mit dispergierter Blattstellung. E Terminalblüte, vb Vorblätter, h Hypopodium, e Epipodium, P Primanblüte, S Sekundanblüte. Nach Troll, verändert.

Im einzelnen muß man bei der cymösen Verzweigung eine Anzahl sehr charakteristischer Formen unterscheiden. Erfolgt die Verzweigung regelmäßig aus den Achseln beider Vorblätter, so ergibt sich ein **Dichasium** (Abb. 113 I, II), dessen Vorblattäste sich fortgesetzt in zwei die jeweilige Mutterachse übergipfelnde Seitenäste weiterverzweigen.

Statt der dichasialen Verzweigung ergibt sich früher oder später häufig eine **monochasiale,** d. h. die Verzweigung wird nur noch aus der Achsel jeweils eines der beiden zusammengehörenden Vorblätter forgesetzt, wie es etwa bei dem in Abb. 110 I dargestellten Teilblütenstand von *Scrophularia umbrosa* zu erkennen ist. Kommen dabei an den auseinander hervorgehenden Ästen abwechselnd die Anlagen in den linken und rechten Vorblattachseln zur Entwicklung, so entsteht eine **Wickel** (Cincinnus, Abb. 113 III), wird die Verzweigung stets nur aus der Achsel des linken oder des rechten Vorblattes (jeweils bezogen auf die durch das zugehörige Deckblatt und die Abstammungsachse verlaufende Mediane) fortgesetzt, so resultiert eine **Schraubel** (Bostryx, Abb. 113 IV). Geschieht Entsprechendes an den beiden Ästen eines anfänglich dichasial verzweigten Teilblütenstandes, so spricht man von einer **Doppelwickel** (so etwa bei den Labiatae) oder einer **Doppelschraubel** *(Hypericum perforatum).*

Sofern – wie bei vielen Monokotylen, aber auch bei manchen Dicotylen – nur ein einziges sogenanntes **„adossiertes“ Vorblatt** auftritt, das auf der dem Deckblatt abgewandten Seite des Achselsprosses, also zwischen Abstammungsachse und Seiten-

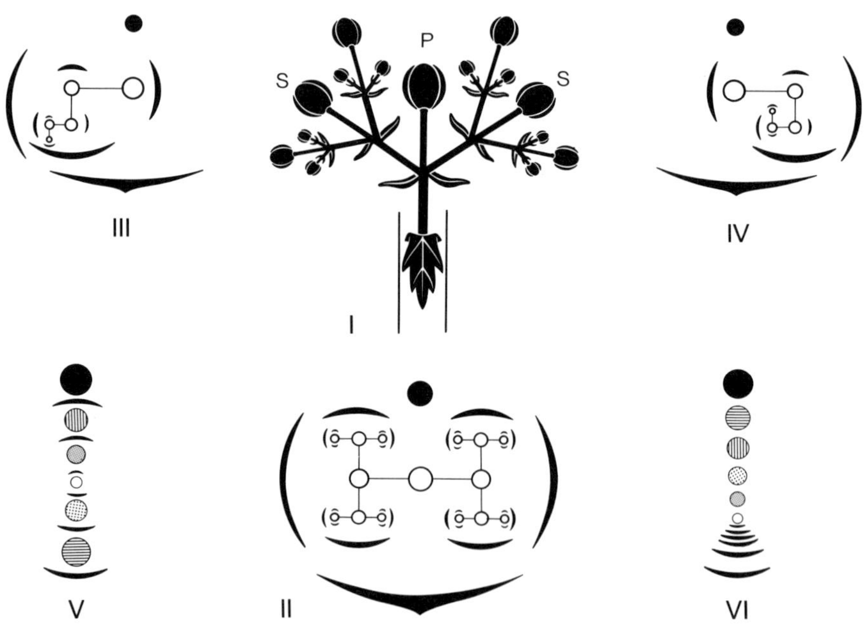

Abb. 113. Formen cymöser Verzweigung. I, II Dichasium, total (I) und im Diagramm (II). III, IV Wickel und Schraubel. V, VI Fächel und Sichel, für die äußersten Verzweigungen (Blüten) ist hier jeweils noch das Tragblatt, jedoch ohne Achselprodukt, angegeben. In Anlehnung an TROLL.

achse steht (vgl. Seite 22), so resultiert aus einer der wickeligen entsprechenden Verzweigungsweise die z.B. bei *Iris*-Arten auftretende, als **Fächel** (Rhipidium, Abb. 113 V, 114 I) bezeichnete Form eines cymösen Teilblütenstandes. Dessen Achsen sind demnach sämtlich der durch das zugehörige Tragblatt und die Blütenstandsachse verlaufenden Medianebene einzuordnen. Letzteres gilt auch für die bei den Binsen *(Juncus)* vorkommende **Sichel** (Drepanium, Abb. 113 VI, 114 II), bei welcher die

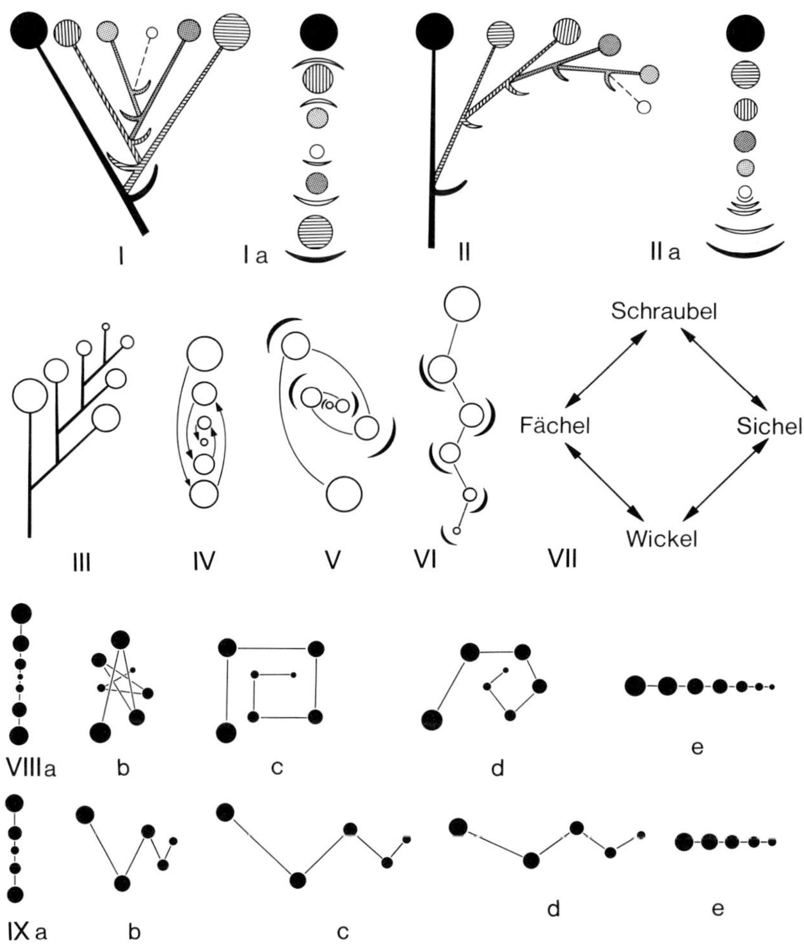

Abb. 114. Monochasiale Verzweigung im Infloreszenzbereich, I, Ia Fächel und II, IIa Sichel im Aufriß und Grundriß. III Aufrißzeichnung für eine Wickel, bei der die zickzackförmige Verzweigung durch Einbringen der Grundrißkonfiguration berücksichtigt ist, dadurch zugleich Aufrißzeichnung für die Fächel. IV Grundriß der Fächel, V Schraubel im Übergang zur Fächel, VI Wickel im Übergang zur Sichel (IV–VI nach Eichler). VII Schema der geometrischen Beziehungen zwischen den vier Typen des Monochasiums. VIII a–e Reihe von der Fächel (a) zur Sichel (e) über die Schraubel (c, d). IX a–e Reihe von der Fächel (a) zur Sichel (e) über die Wickel (b–d); VII–IX nach Müller-Doblies, teilw. graphisch verändert.

in Blüten endenden Fortsetzungssprosse aber jeweils aus der Achsel eines zweiten, dem adossierten Vorblatt gegenüberstehenden (nicht eingezeichneten!) Blattes hervorgehen, so daß alle Achsen auf der dem Tragblatt zugewandten Seite stehen.

Will man den Unterschied zwischen Wickel und Schraubel zeichnerisch in der Papierebene zur Darstellung bringen, so muß man sich – wie in Abb. 113 III, IV geschehen – des Verzweigungsdiagramms bedienen, um die verschiedene räumliche Anordnungsweise der konsekutiven Achsen wiederzugeben. Bei einer einfachen Aufrißzeichnung treten dagegen weder die Unterschiede zwischen diesen beiden Verzweigungsformen zutage, noch ist – läßt man die Zahl der Blätter unberücksichtigt – ein Unterschied gegenüber der Sichel erkennbar. Man kann zwar versuchen, die zickzackförmige Verzweigung der Wickel durch Einbringen der Grundrißkonfiguration in den Aufriß darzustellen (Abb. 114 III), doch erhält man dann wieder Konfigurationen, welche der Fächel entsprechen.

Schon bei derartigen Darstellungsversuchen deuten sich Beziehungen zwischen den verschiedenen cymösen Verzweigungsformen an, die zum Teil schon von BUCHENAU (1865) erkannt wurden, von dem auch die Begriffe Fächel und Sichel herrühren. Während BUCHENAU die Fächel mit der Wickel und die Sichel mit der Schraubel verglich, sah EICHLER (1875, Seite 39) die durch Abb. 114 IV bis VI veranschaulichten Beziehungen zwischen Fächel und Schraubel einerseits und Wickel und Sichel andererseits.

Rein geometrisch läßt sich nach MÜLLER-DOBLIES (1977) jedoch nicht allein die von EICHLER erwogene Möglichkeit eines allmählichen Überganges von der Wickel zur Sichel – durch Dehnung wie in Abb. 114 VI – aufzeigen, sondern andererseits auch – durch Stauchung der Wickel, wie in Abb. 114 IXc bis a – ein Übergang zur Fächel. Da man von der Fächel wiederum über eine ganz steile Schraubel zur normalen Schraubel gelangen kann (Abb. 114 VIIIa bis c), lassen sich die vier Verzweigungstypen sämtlich in der durch das Schema Abb. 114 VII dargestellten Weise zueinander in Beziehung setzen.

Einzelne Schritte des Überganges von der Schraubel zur Sichel sind nach MÜLLER-DOBLIES bei den monochasialen Teilblütenständen einiger Amaryllidaceen-Gattungen zu erkennen (zunehmende „Öffnung" der Schraubel gemäß Abb. 114 VIIIc bis d bei *Crinum*-Arten). Andererseits bildet *Clivia* flache Wickel aus (Abb. 114 IXb). Entsprechende Übergänge von der Fächel zur Wickel kann man unter den Amaryllidaceen in der Verzweigung des Blütenstandes von *Leucojum autumnale* beobachten, bei der jeder Blütentrieb (Bereicherungsschaft mit Cofloreszenz, vgl. Seite 235) aus der Achsel des einzigen Vorblattes des vorangehenden Schaftes hervorgeht. Diese Vorblätter sind „jeweils derart aus der normalen adossierten Stellung herausgerückt, daß eine flache Wickel entsteht" (MÜLLER-DOBLIES 1977, Seite 358; vgl. auch 1972, Seite 678, Abb. 9); entsprechend wird auch die Verzweigung bei der Restionacee *Elegia capensis* gedeutet. Flache Schraubeln finden sich nach MÜLLER-DOBLIES auch bei *Allium*.

Beispiele für den Übergang von der Fächel zur Schraubel fand MÜLLER-DOBLIES bei den blühreifen Zwiebeln der Scilloideen-Gattungen *Ledebouria* und *Drimiopsis* und der Knolle von *Hypoxis (Hypoxidaceae)*, ferner auch in der Verzweigung verschiedener *Scilla*-Arten.

Abgesehen von derartigen Übergängen zwischen den cymösen Verzweigungsformen gibt es aber auch Beispiele für sog. „gemischte Sympodien" (WAGNER 1901), so etwa, „daß sich ein Blütenstand nach wickeligem Beginn in eine Schraubel verwandelt, um allenfalls erneut Wickelform anzunehmen" (TROLL 1964, Seite 32). Solche Fälle einer Kombination von Wickeln mit Schraubeln kennt man von *Phlox paniculata* (WAGNER), *Allium* (WEBER 1929, Seite 5), *Leucojum aestivum* (LUYTEN und VAN WAVEREN 1938, Seite 26), *Hippeastrum hybridum* (BLAAUW 1931, Seite 80), *Linum*-Arten (SCHUMANN 1889, Seite 573), eine Kombination von Sicheln mit Fächeln von *Saruma henryi* (WAGNER).

Hinsichtlich der Anordnungsweise der cymösen Partialinfloreszenzen an der Thyrsusachse bestehen entsprechend der Blattstellung wiederum die beiden Möglichkeiten der dekussierten und dispergierten Anordnung (Abb. 112 I, II). Bei Dekussation kommt es im distalen Bereich des Thyrsus nicht selten zu einem Auseinanderrücken der beiden Wirteläste (Wirtelauflösung) und sogar zu einem Übergang zu dispergierter Stellung (auf dem Wege über die sog. Spirodekussation). Abgesehen davon tritt spitzenwärts meist eine fortschreitende Verarmung der cymösen Partialinfloreszenzen ein, d.h. ein Rückgang ihrer Verzweigung und infolgedessen eine Verringerung ihrer Blütenzahl (Abb. 112 I, II). Andererseits gehen den cymösen Partialinfloreszenzen im proximalen Bereich eines Blütenstandes oft Seitentriebe voraus, die selbst wieder thyrsisch gebaut sind und (in Entsprechung zu den Spezialrispen, Seite 222) **Spezialthyrsen** genannt werden. Dadurch kommen Doppelthyrsen (Dithyrsen wie in Abb. 109 V) und bei mehrfacher Wiederholung dieser Gliederung schließlich Pleiothyrsen zustande. TROLL unterscheidet Thyrsen dieser Art als **heterokladische Thyrsen** von den (einfachen) homoeokladischen Thyrsen, bei denen die Ausbildung von Spezialthyrsen unterbleibt (Abb. 112, 115 I).

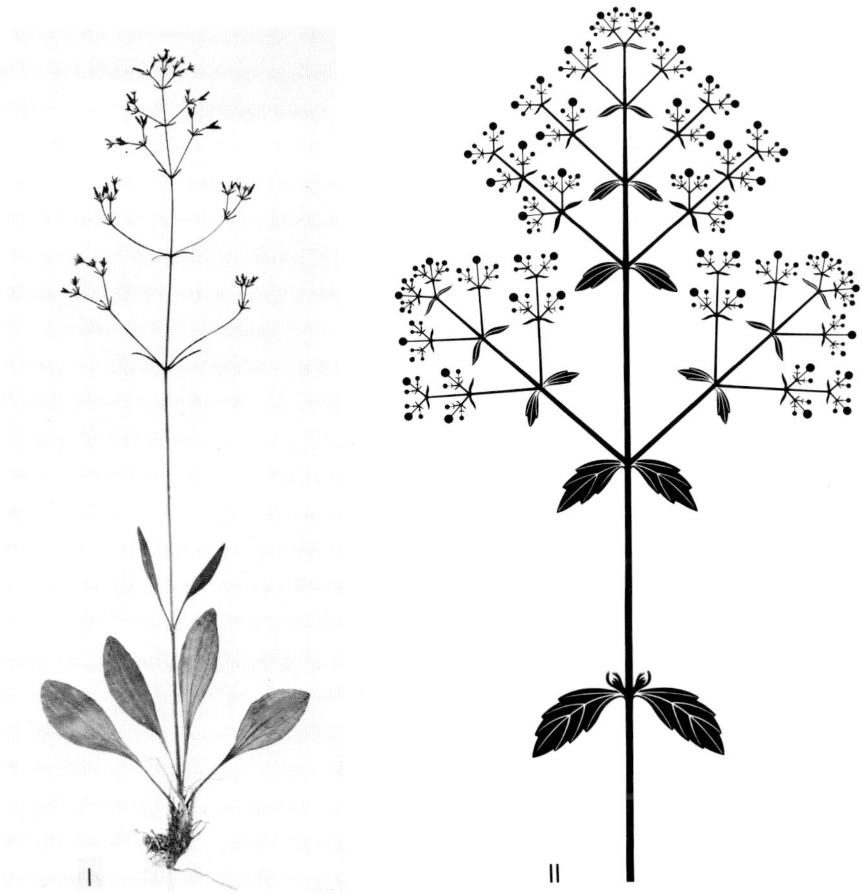

Abb. 115. Blühende Pflanze von *Valeriana saxatilis* als Beispiel für einen monothyrsisch verzweigten Blütenstand ohne Terminalblüte; II Schema der bei vielen Valerianaceen *(Valeriana officinalis)* ausgebildeten Form des Pleiothyrsus ohne Terminalblüten (nach WEBERLING 1961).

Bei geschlossenen Thyrsen heterokladischen Baues können die Spezialthyrsen im proximalen Bereich des Blütenstandes durch kontinuierliche Abnahme ihrer Knotenzahl und damit ihrer Verzweigung zu den rein cymös verzweigten Partialinfloreszenzen des distalen Infloreszenzabschnittes überleiten (Abb. 115 II). Solche Formen heterokladischer Thyrsen kann man als **konjunkt-heterokladisch** von den **disjunkt-heterokladischen** Thyrsen unterscheiden, bei denen dieser Wechsel abrupt erfolgt (Abb. 109 V).

Bei Stauchung der Thyrsusachse und aller konsekutiven Achsenglieder an den Partialinfloreszenzen mit Ausnahme der Blütenstiele resultieren doldenähnliche Blütenstände, wie man sie etwa bei *Allium* oder z. B. auch bei *Agapanthus umbellatus* findet. Unter anderem lehrt jedoch die Aufblühfolge, daß es sich bei solchen Blütenständen um „zusammengezogene" Thyrsen handelt.

2.1.5 Metatopien

Nicht selten werden die blütentragenden Verzweigungen zusätzlich durch sog. **Metatopien**, d. h. Organverschiebungen und -verwachsungen verändert, deren Zustandekommen in starkem Maße durch kongenitale Prozesse bedingt sein kann. Aus einfachen Proportionsverschiebungen bei der axillären Verzweigung ergeben sich die Konkauleszenz, Rekauleszenz und die Anaphyse, zu deren Erläuterung das Schema in Abb. 116 dienen soll. Sofern ein Achselsproß bei seiner Anlegung etwas aus der Blattachsel heraus auf die Abstammungsachse verlagert ist, kann er mit dem betreffenden Internodium der Abstammungsachse eine Strecke weit gemeinsam emporwachsen und über den Ansatz seines Deckblattes hinausgehoben werden. Bei dieser **konkauleszenten Verlagerung** scheinen somit die Seitenachsen „extraaxillär" aus der Mutterachse zu entspringen (Abb. 116 II). Zahlreiche Beispiele dafür findet man bei den Blütenständen der *Boraginaceae, Hydrophyllaceae, Solanaceae* und *Polemoniaceae* (vgl. Abb. 140 II, III, 157 I). Bei der **Rekauleszenz** ist die Achselknospe etwas auf das Tragblatt verschoben, welches nach Streckung der beiden Organe gemeinsamen Basalzone dem Achselsproß mehr oder minder weit oberhalb seiner Insertion ansitzt (Abb. 116 I). Ein bekanntes Lehrbuchbeispiel dafür sind die Blütenstände vieler *Thesium*-Arten, bei denen der Grad der Rekauleszenz (entsprechend der frühzeitigen Anlegung der Achselknospen) achsenaufwärts eine Steigerung erfährt (progressive Rekauleszenz; regressive Rekauleszenz bei *Samolus valerandi*). Von **Anaphyse** sprechen wir, wenn eine Achselknospe samt dem zugehörigen Tragblatt „über das ihr genetisch folgende Blatt verschoben wird" (Troll 1964, Seite 132, vgl. Abb. 116 III), was nicht selten bei Cruciferen-Blütenständen im Übergangsbereich zwischen vegetativer Region und Infloreszenz (Abb. 116 IV) und stets an den Teilblütenständen der Linden *(Tilia)* zu beobachten ist.

2.1.6 Epiphylle Infloreszenzen

Einer rekauleszenten Verlagerung dürften auch die sog. **„epiphyllen Infloreszenzen"** ihre eigenartige Stellung verdanken. Die an sich achselständigen Infloreszenzen bzw. Partialinfloreszenzen sitzen in diesen Fällen der Mitte ihrer meist laubigen Tragblätter auf. Man kann diese eigenartige Erscheinung, mit der sich schon de Candolle (1890) eingehend befaßt hat, unter anderem bei manchen Flacourtiaceen (*Phylloclinium paradoxum, Moquerysia multiflora,* Gilg 1925, Fig. 196, 197, Seite 432; *Phyllobotryum soyauxianum,* Keaj 1954, Fig. 69, Seite 163) Meliaceen (*Chisocheton pohlianus,* Harms 1917, dort eine Aufstellung aller bis zu diesem Zeitpunkt bekannten Fälle epiphyller Infloreszenzen), Dichapetalaceen (*Chailletia, Dichapetalum, Tapura, Gonypetalum,* vgl. Stork 1956, Fig. 1), Celastraceen *(Polycardia phyllanthoides),* Cornaceen *(Helwingia)* und Saxifragaceen *(Phyllonoma)* antreffen. Bei *Chisocheton pohlianus* treten epiphylle Infloreszenzen als „kleine Blütenbüschel auf der Oberseite der Spindel der Fiederblätter..." „zwischen den gegenständigen Fiederblättern" auf. Andererseits kommen die Blüten-

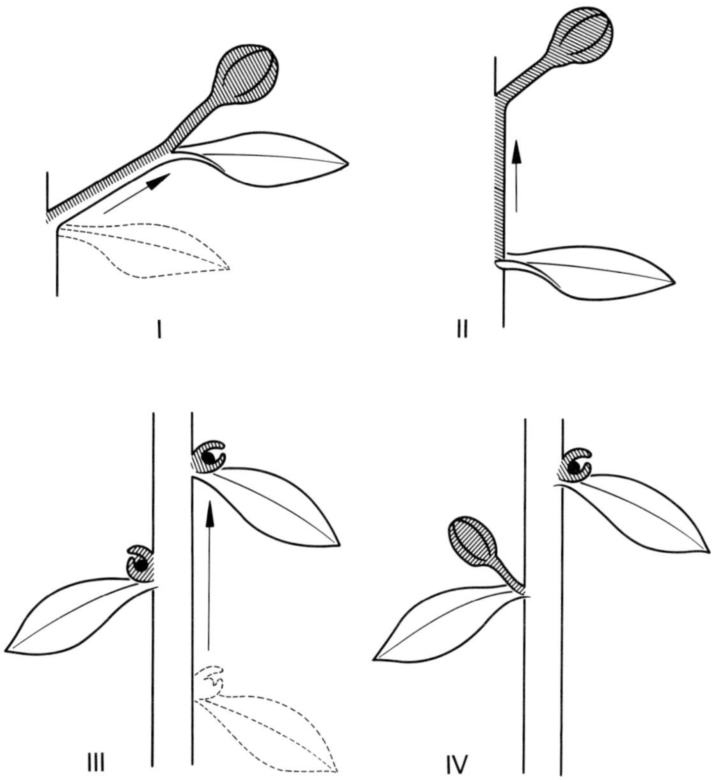

Abb. 116. Schema zur Erläuterung der Rekauleszenz (I), der Konkauleszenz (II) und der Anaphyse (III); infolge einer Anaphyse ist es möglich, daß noch im floralen Bereich vegetative Knospen auftreten (IV). Nach TROLL.

stände aber auch in Form von „achselständigen dünnen schmalen langgestreckten Rispen" vor (HARMS). Da bei *Helwingia* und *Phyllonoma* die Tragblätter der Partialinfloreszenzen Stipeln besitzen, die beiderseits des Blattansatzes inseriert sind, darf man annehmen, daß sich die Rekauleszenz auf den medianen Bereich des Tragblattes beschränkt (WEBERLING in TROLL 1961, Seite 116). STORK (1956) wie auch DICKINSON und SATTLER (1974) vertreten allerdings ebenso wie früher schon DE CANDOLLE die Auffassung, daß die Anlage der Partialinfloreszenz bei *Phyllonoma ruscifolia* und *P. integerrima* (sowie *Helwingia japonica*) aus dem Blattmeristem hervorgeht, „and that there is no coalescence between a floral axis and the leaf" (STORK), doch lassen die von DICKINSON und SATTLER abgebildeten Photos von Medianschnitten der Anlagen durchaus eine Deutung im Sinne der oben gegebenen Erläuterung der Rekauleszenz zu.

Eine weitere Form der Metatopien, die **Syndesmie** wollen wir erst im Anschluß an die Darstellung der Infloreszenztypologie behandeln.

2.1.7 Beiknospen

Besonders häufig gelangen im Infloreszenzbereich Beiknospen zur Ausbildung. Gemäß ihrer Anlegungsfolge stehen diese akzessorischen Knospen bei den Dikotylen bekanntlich in einer

Reihe über oder unter der ersten Achselknospe, d. h. serial, auf- oder absteigend, bei den Monokotylen stets seitlich – kollateral – neben der ersten Knospe (im übrigen vergleiche man dazu die ausführliche Abhandlung von SANDT 1925). Diese Beiknospen können gleichfalls Blüten tragen, aber auch rein vegetativ bleiben. Soweit sie im Verlaufe der Blütezeit einer Infloreszenz zur Blüte gelangen, können sie das Aussehen eines Blütenstandes in starkem Maße verändern (vgl. dazu die Abb. 140, 141).

2.1.8 „Razemöse" und „cymöse" Infloreszenzen

Seit HOFMEISTER (1868) pflegt man die Blütenstände in **racemöse** und **cymöse Infloreszenzen** einzuteilen. Als **racemöse** Blütenstände bezeichnet man solche, die durch den Besitz einer einheitlichen Hauptachse charakterisiert sind. Den cymösen Infloreszenzen fehlt demgegenüber „eine *einheitliche,* den Seitenzweigen übergeordnete Hauptachse" (FITTING in STRASBURGER 1942), da diese ihre Entwicklung mit einer Endblüte abschließt, während die Seitenachsen das Verzweigungssystem fortsetzen. Ihr Verzweigungssystem baut sich somit aus einer Folge jeweils mit einer Blüte abschließender Sproßglieder auf („zentrifugale Infloreszenzen"). Setzen dabei mehr als zwei distale, unterhalb der Endblüte inserierte Seitenachsen die Verzweigung fort, so spricht man von einem Pleiochasium (*Sedum*-Arten, Abb. 117 III; *Sempervivum*), sind es nur zwei, meist gegenständig inserierte Äste, so bezeichnet man das Verzwei-

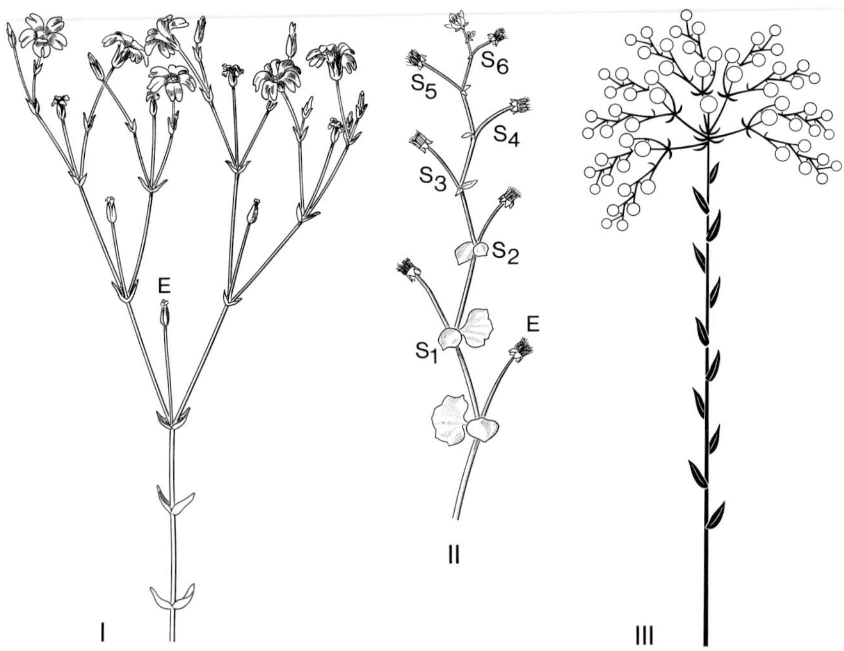

Abb. 117. I Cymoid des dichasialen Typs am Beispiel von *Cerastium arvense*; II wickeliges Cymoid von *Saxifraga cymbalaria* (Monochasium), E dessen Endblüte, S_1, S_2, S_3, usw. die auseinander hervorgehenden, jeweils mit Vorblattpaar und Endblüte ausgestatteten „Sympodialglieder" des cymös verzweigten Teilblütenstandes (nach TROLL, I verändert). III Verzweigungsschema des Blütenstandes von *Sedum glaucum* als Beispiel für ein „Pleiochasium" (Orig.).

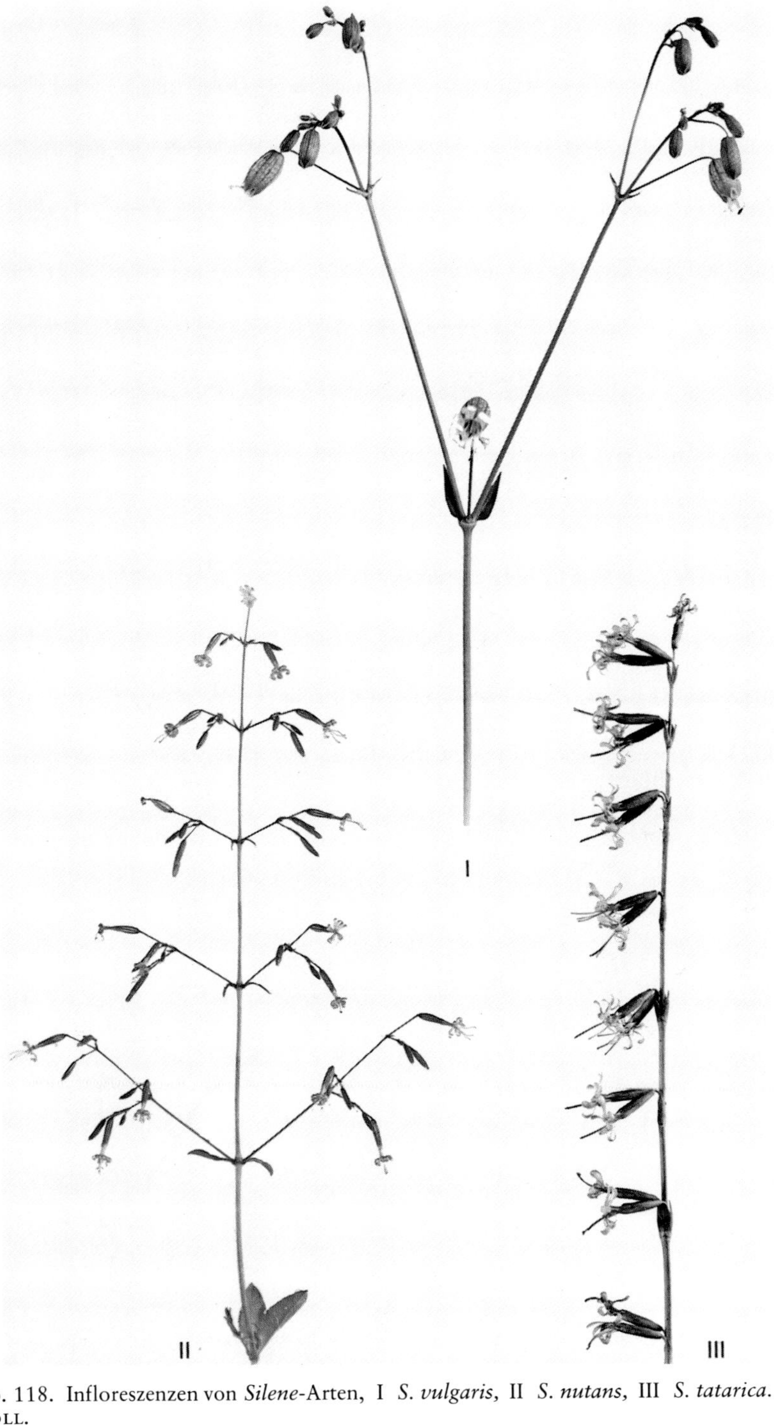

Abb. 118. Infloreszenzen von *Silene*-Arten, I *S. vulgaris,* II *S. nutans,* III *S. tatarica.* Nach Troll.

gungssystem als Dichasium (Abb. 117 I), ist es nur einer, von einem **Mono**chasium (Abb. 117 II). In diesem letztgenannten Falle stellen sich die konsekutiven Äste häufig mehr oder weniger in die Richtung der Mutterachse, wobei sie die jeweilige Endblüte beiseite drängen, so daß man den Eindruck gewinnt, es handele sich um axilläre Einzelblüten.

Die Streckung eines solchen Sympodiums, durch welche eine einheitliche Hauptachse vorgetäuscht werden kann, stellt sich hier erst sekundär nach der Ausgliederung der einzelnen, jeweils eine Blüte samt ihren Vorblättern umfassenden Wickelgliedern ein, erfolgt also postgenital. Sie kann aber auch schon von vornherein mit der Ausgliederung der einzelnen Blüten, ja sogar dieser fast vorauseilend erfolgen, so daß der Eindruck monopodialer Struktur schon im Jugendstadium gegeben ist. Bei dieser **„homaxonen"** oder **„kongenitalen Wickelbildung"** (Troll) tritt somit eine Abkürzung des Entwicklungsganges ein, wobei die Blüten freilich noch in der für Wickeln typischen Anordnung auftreten. Da diese Form der Wickelbildung weithin für die Infloreszenzen der Boraginaceen charakteristisch ist, hat man dafür die Bezeichnung **Boragoid** geprägt.

Eine derartige Unterscheidung zwischen racemösen und cymösen Infloreszenzen stellt jedoch keine den natürlichen Verhältnissen entsprechende Gliederung dar. Nach dieser Einteilung wäre der Blütenstand von *Silene vulgaris* (Abb. 118 I) als Dichasium den cymösen Infloreszenzen zuzuordnen, der Blütenstand von *S. tatarica* (III) als „geschlossene Traube" (Botryoid) und von *S. nutans* (II) als kegelförmiger Dithyrsus den racemösen Infloreszenzen.

Nicht genug damit, daß hier die Blütenstände von Vertretern derselben Gattung verschiedenen Infloreszenztypen zugeordnet werden müssen! Der „dichasiale" Blütenstand mancher Caryophyllaceen oder etwa der Gattung *Valerianella* (Abb. 119 II) wandelt sich in einen Thyrsus (bzw. Dithyrsus) – also einen racemösen Blütenstand – sobald außer den beiden Dichasienästen auch die Achseltriebe der nächstunteren Blattwirtel zur Blüte gelangen (Abb. 119 I, 120). Tatsächlich haben wir es bei der Verschiedenheit der Blütenstände von *Silene nutans* und *Silene vulgaris* mit dem Ergebnis einer unterschiedlichen Förderungstendenz in der Ausbildung der Verzweigung eines Thyrsus zu tun: bei *Silene nutans* mit einer basimesotonen Förderung, bei *Silene vulgaris* mit einer extremen akrotonen Förderung, durch welche allein die bei-

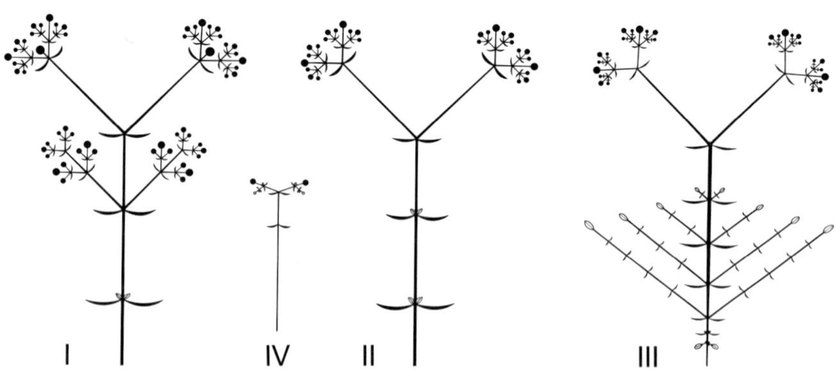

Abb. 119. *Valerianella.* I Infloreszenz bei Entfaltung des zweitobersten Astwirtels, II bei alleiniger Ausbildung des distalen Astwirtels, III Förderung der Seitentriebe bei einer reich verzweigten Pflanze, IV Infloreszenz einer Hungerform von *V. locusta.*

Abb. 120. I *Valerianella discoidea,* reich verzweigte blühende Pflanze. II–IV *Valerianella tuberculata,* fruchtende Pflanzen verschiedenen Verzweigungsgrades, IV Kümmerform.

den obersten Thyrsusäste zur Entwicklung und zu starker Verzweigung gelangen. (Bei der „geschlossenen Traube" von *Silene tatarica* bleiben hingegen die cymösen Teilblütenstände auf die Entwicklung ihrer Endblüte [Primanblüte] beschränkt. Es handelt sich also um eine „Verarmung" des Blütenstandes).

Zu Recht hat daher TROLL betont: „Es gibt demnach im Infloreszenzbereich **wohl eine cymose Verzweigungsform, nicht aber** gibt es **cymose Infloreszenzen**" (1964, Seite 33). Für die hier durch *Silene vulgaris* repräsentierte Blütenstandsform hat er daher die Bezeichnung **Cymoid** vorgeschlagen.

Durch Stauchung der Hypopodien an allen aufeinanderfolgenden Verzweigungen der cymösen Partialinfloreszenzen können auch Cymoide eine doldenähnliche Gestalt annehmen, so z. B. bei der schon auf Seite 217 erwähnten Doldenspurre (*Holosteum umbellatum*, vgl. TROLL 1957, Seite 392ff.) oder auch bei der Zimmerlinde (*Sparmannia africana*, vgl. TROLL 1957, Seite 395ff., 1964, Seite 123; siehe auch Abb. 172 III).

Zweifellos stellt die Verzweigungsweise der blütentragenden Sproßabschnitte ein wichtiges Merkmal dar, das für die deskriptive Kennzeichnung der einzelnen Pflanzensippen durch die Phytographie unbedingt zu berücksichtigen ist. Wir können dabei keineswegs auf die im vorausgehenden erläuterten Unterscheidungen und Begriffe verzichten, die sich als brauchbar und für die deskriptive Kennzeichnung als ausreichend erwiesen haben. Die Feststellung der verschiedenen Verzweigungsformen kann jedoch keine alleinige Grundlage für die Ermittlung der Baupläne und der homologen oder nichthomologen Strukturelemente sein.

2.2 Typologie der Infloreszenzen

Faßt man allein die Verzweigungsweise ins Auge, so können die „langgestielten Blütenpaare", welche bei der Heckenkirsche *(Lonicera xylosteum)*, oder bei *Lonicera tatarica* (Abb. 121 II) in den Achseln laubiger Deckblätter stehen, und die ebenfalls zweiblütigen Blütenstände von *Linnaea borealis* (Abb. 121 III) gleichermaßen als „zweiblütige Infloreszenzen" gelten. Beide nehmen jedoch im Gesamtaufbau der Pflanze eine völlig verschiedene Position ein. Andererseits dürfte es kaum möglich sein, zwischen den äußerlich so verschiedenen Blütenstandsformen der *Caprifoliaceae* – man denke nur an *Sambucus nigra* (Abb. 161 I), *Symphoricarpos rivularis* (Abb. 121 IV), *Lonicera periclymenum* (Abb. 121 I) und *Linnaea borealis* – allein an Hand der Verzweigungsformen einen gestaltlichen Zusammenhang zu erkennen. Dies ist nur durch einen umfassenden Vergleich möglich, der auch die Stellung der blütentragenden Verzweigungssysteme im Aufbau des Vegetationskörpers berücksichtigt. Es hat mehrfach beachtenswerte Ansätze gegeben, über die rein beschreibende Darstellung hinaus zu einer solchen vergleichend-morphologischen Erfassung der Blütenstände vorzudringen (vgl. ČELAKOVSKÝ 1893, PARKIN 1914, PILGER 1921, 1922, 1933u. a.), doch blieb ihre empirische Basis zu schmal. Erst TROLL gelang die Erkenntnis einer allgemeinen Typologie der Infloreszenzen, die den zuvor genannten Ansprüchen genügt. Dabei ergab sich, daß man dem Bauplan nach zwischen Blütenständen des **monotelen** und des **polytelen** Typs unterscheiden muß.

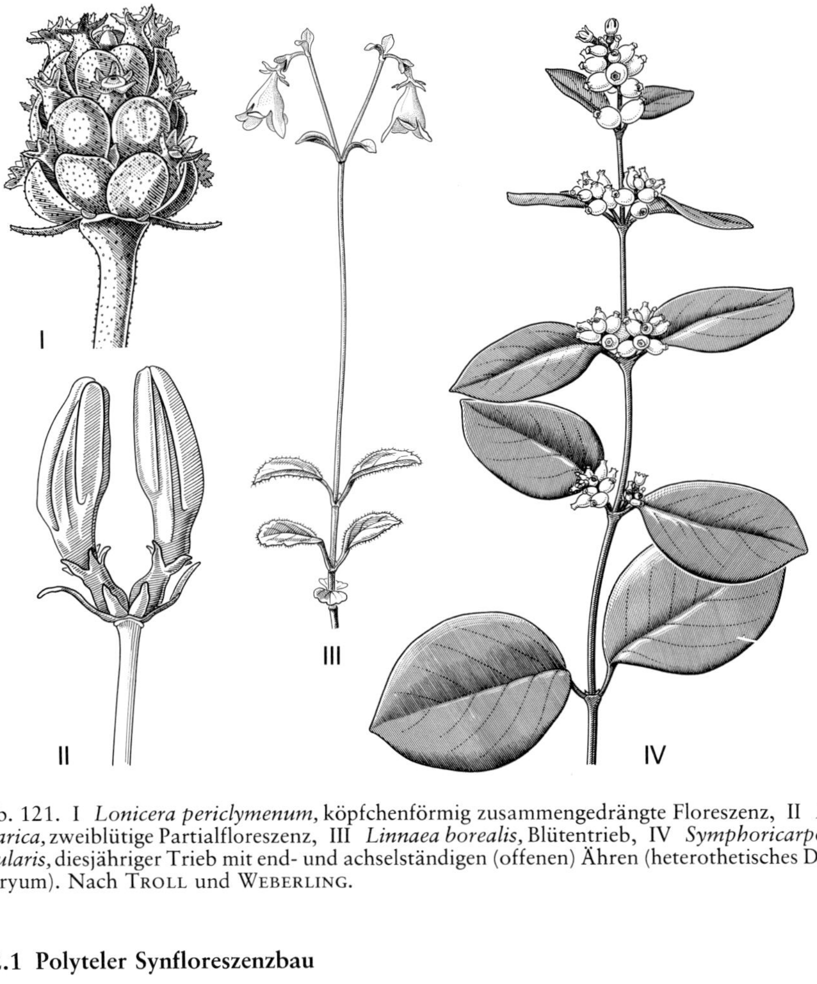

Abb. 121. I *Lonicera periclymenum,* köpfchenförmig zusammengedrängte Floreszenz, II *L. tatarica,* zweiblütige Partialfloreszenz, III *Linnaea borealis,* Blütentrieb, IV *Symphoricarpos rivularis,* diesjähriger Trieb mit end- und achselständigen (offenen) Ähren (heterothetisches Dibotryum). Nach TROLL und WEBERLING.

2.2.1 Polyteler Synfloreszenzbau

Wir wollen zuerst den Bauplan der **polytelen Infloreszenzen** erläutern und bedienen uns dazu des Schemas in Abb. 122 I. In diesem komplexen Blütenstand nimmt die die Hauptachse abschließende Blütenaggregation eine Sonderstellung ein. Sie wird daher auch mit einem eigenen Terminus als **Floreszenz** bezeichnet. Hervorzuheben ist, daß die Hauptachse hier nicht in einer Terminalblüte endet. Der Floreszenzscheitel bleibt somit offen, es werden ausschließlich seitliche Blüten gebildet.

Auch die unterhalb dieser Floreszenz aus der Hauptachse hervorgehenden Seitenachsen enden in Floreszenzen gleichen Baues, die ebenfalls nicht durch eine Terminalblüte abgeschlossen sind. Wir unterscheiden sie als **Cofloreszenzen** von der die Hauptachse beschließenden **Hauptfloreszenz**. Die in Cofloreszenzen endenden Seitentriebe wiederholen gewissermaßen den Bau des Hauptsprosses, und werden daher als **Parakladien** (Wiederholungstriebe, BRAUN) bezeichnet. Sie wiederholen das Verhalten des Hauptsprosses auch darin, daß sie unterhalb der Cofloreszenz selbst wieder Parakladien zweiter Ordnung (Pc′) hervorbringen können; die Verzweigung kann auch noch weiter fortschreiten.

Die gesamte blühende Region stellt hier somit ein System von Floreszenzen dar: eine **Synfloreszenz**, in der die Hauptfloreszenz eine beherrschende Stellung einnimmt. Sie wird in ihrer Blütenbildung in wechselndem Maße durch die Floreszenzen der Parakladien bereichert. Schon ALEXANDER BRAUN (1851, Seite 41) hatte die Wiederholungstriebe (Parakladien) daher auch **Bereicherungstriebe** genannt. TROLL hat diesen Begriff mit der Einschränkung übernommen, daß er nur „auf die voll entfalteten und zur Blüte gelangenden" Parakladien anzuwenden ist (1964, Seite 231), nicht also auf ganz oder zeitweise steril bleibende Parakladien. Die gesamte Zone des Hauptsprosses, in der Bereicherungstriebe voll ausgebildet werden, bezeichnet TROLL als **Bereicherungszone.** Die Synfloreszenz gliedert sich somit in die Hauptfloreszenz und die Bereicherungszone. Die Grenze zwischen beiden Regionen bildet das der Hauptfloreszenz vorausgehende Internodium, das **Grundinternodium.** Dieses ist häufig beträchtlich verlängert, unter Umständen sogar schaftartig entwickelt.

Einfache Beispiele für derartige Synfloreszenzen finden wir beim Senf *(Sinapis)* oder beim Hirtentäschelkraut *(Capsella bursa-pastoris)*, von dem in Abb. 127 I eine

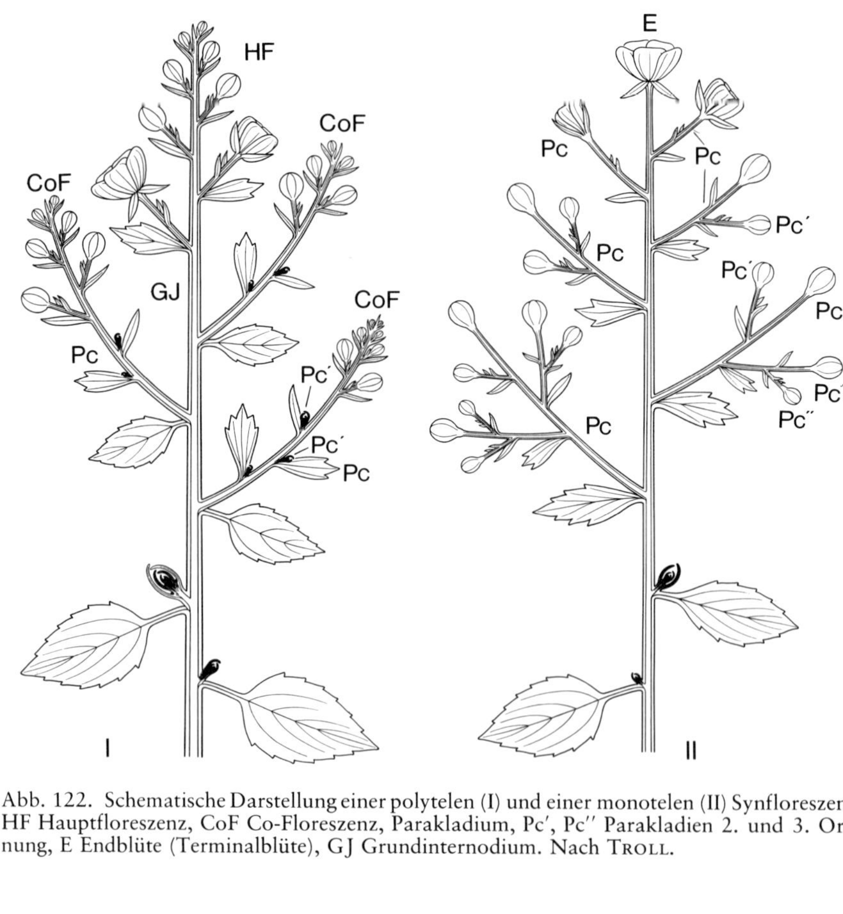

Abb. 122. Schematische Darstellung einer polytelen (I) und einer monotelen (II) Synfloreszenz. HF Hauptfloreszenz, CoF Co-Floreszenz, Parakladium, Pc′, Pc″ Parakladien 2. und 3. Ordnung, E Endblüte (Terminalblüte), GJ Grundinternodium. Nach TROLL.

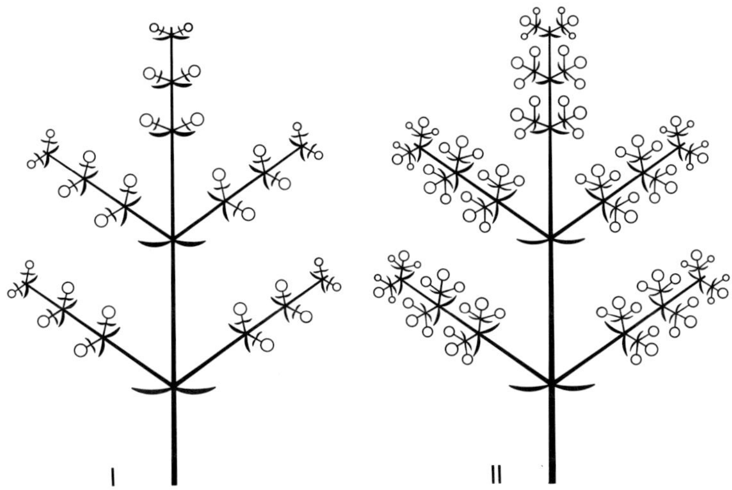

Abb. 123. Typologische Übereinstimmung zwischen traubigen (heterothetisch-dibotryschen, I) und offenen thyrsischen (dithyrsischen, II) Synfloreszenzen. Nach TROLL, graphisch verändert.

blühende Pflanze dargestellt ist. Sie weist eine ausgedehnte traubige Hauptfloreszenz auf, deren Grundinternodium nicht sonderlich hervortritt. Unterhalb der Hauptfloreszenz sind in der Bereicherungszone 5 Parakladien zur Entfaltung gelangt, die in traubigen Co-Floreszenzen enden. Diese setzen sich ebenso wie die Hauptfloreszenz deutlich von dem vorausgehenden laubig beblätterten Abschnitt ab, weil sie wie bei den meisten Cruciferen deckblattlos sind.

Da die Blütenstiele der Cruciferen niemals Vorblätter aufweisen, finden wir hier stets nur traubige Floreszenzen. Sofern die Blüten aber, wie in dem Schema in Abb. 123 I, über Vorblätter verfügen, können auch aus deren Achseln wieder Blüten oder weiter sympodial verzweigte Blütensysteme hervorgehen. Es treten dann an die Stelle der Einzelblüten in Abb. 122 I und 123 I sogenannte Partialfloreszenzen* (Abb. 123 II). Ein gutes Beispiel dafür bieten die Floreszenzen der Labiaten, die sich zumeist als offene Thyrsen darbieten. Gerade innerhalb dieser Familie finden sich aber auch bei Arten derselben Gattung Thyrsen mit reich verzweigten Cymen und verarmte, daher traubige Floreszenzen, deren cymöse Partialfloreszenzen auf ihre Primanblüte beschränkt bleiben. Man vergleiche dazu nur die quirlblütige Salbei, *Salvia verticillata* (Abb. 124 I) mit *Salvia patens* (Abb. 124 II). – Beispiele für dispergiert beblätterte thyrsische Floreszenzen liefern demgegenüber die Braunwurz, *Scrophularia nodosa,* und viele andere Scrophulariaceen.

* Anders als bei dem Begriff der **Partialinfloreszenz**, der nur irgendeinen weder dem Verzweigungsmodus noch seiner morphologischen Stellung nach definierten Teilblütenstand bezeichnen soll, ist der Begriff **Partialfloreszenz** morphologisch definiert und bezeichnet ein cymös verzweigtes Element einer Floreszenz.

2.2.2 Monoteler Synfloreszenzbau

Bei dem zweiten, keineswegs weniger verbreiteten Typ der Angiospermen-Infloreszenz, für den hier die Rispe in Abb. 122 II als Beispiel dienen mag, schließen Haupt- und Seitenachsen mit Terminalblüten ab. Wir haben es demnach mit einer **geschlossenen** Infloreszenz zu tun. Statt einer vielblütigen („polytelen") Floreszenz, gipfelt die Infloreszenzachse hier also in einer einzigen Blüte, weshalb wir Blütenstände dieses Typs als **monotele Infloreszenzen** den polytelen Infloreszenzen gegenüberstellen. Die unterhalb der Endblüte aus der Hauptachse hervorgehenden blütentragenden Seitenachsen sind – ob verzweigt oder unverzweigt – in einem solchen System sämtlich als einander gleichwertige, homologe Elemente aufzufassen. Sie werden, da sie auch hier das Verhalten des Hauptsprosses in gewisser Weise wiederholen, alle gleichermaßen als **Parakladien** bezeichnet, entsprechend auch ihrer Verzweigungen 1ter bis nter Ordnung (Pc′, Pc″, Pc‴ etc.). Dabei ist hervorzuheben, daß mit dem Begriff Parakladium, d.h. Wiederholungstrieb (!), jeweils nur die einander gleichwertigen Elemente des einen oder des anderen Infloreszenztyps erfaßt werden dürfen. Auch die Parakladien des monotelen Typs kann man – soweit sie zur Blüte gelangen

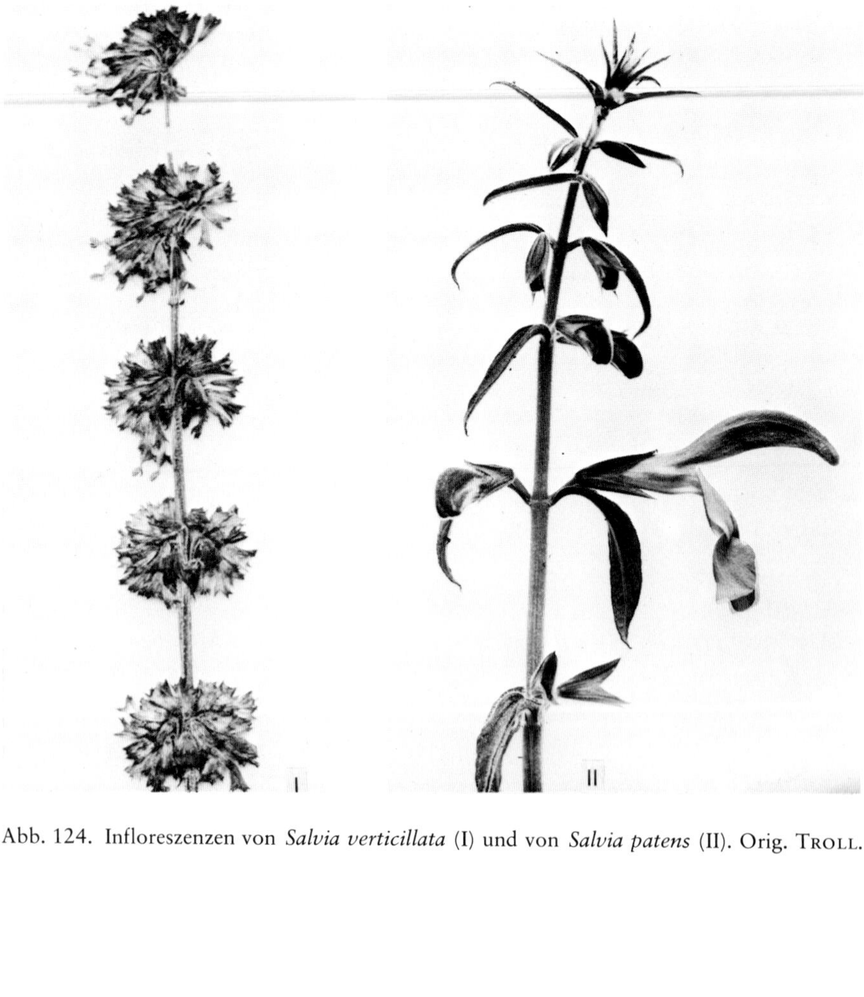

Abb. 124. Infloreszenzen von *Salvia verticillata* (I) und von *Salvia patens* (II). Orig. TROLL.

(vgl. Seite 240) – als Bereicherungstriebe bezeichnen und dementsprechend den gesamten Parakladien-tragenden Abschnitt eines Blütenstandes als Bereicherungszone. Das bei den Infloreszenzen des monotelen Typs der Endblüte vorausgehende Internodium wird hier – in Analogie zum „Grundinternodium" der polytelen Floreszenz – als **Endinternodium** bezeichnet. Die gesamte blühende Region besteht hier also aus der die Infloreszenzachse abschließenden Endblüte, dem ihm vorausgehenden Endinternodium und der die monotelen Parakladien umfassenden **Bereicherungszone**.

2.2.3 Allgemeine Zonierung im Aufbau blühender Pflanzen

Bei den Infloreszenzen des monotelen wie des polytelen Typs geht der **Bereicherungszone** gewöhnlich ein Abschnitt voraus, in welchem die Parakladien nur noch verzögert (Abb. 122 I) oder gar nicht mehr zur Entfaltung gelangen (Abb. 125). Troll (1964, Seite 231) schreibt dies der „Auswirkung eines inhibierenden Faktors" zu, „dessen Einfluß mit wachsender Entfernung von der floralen Region zunimmt und

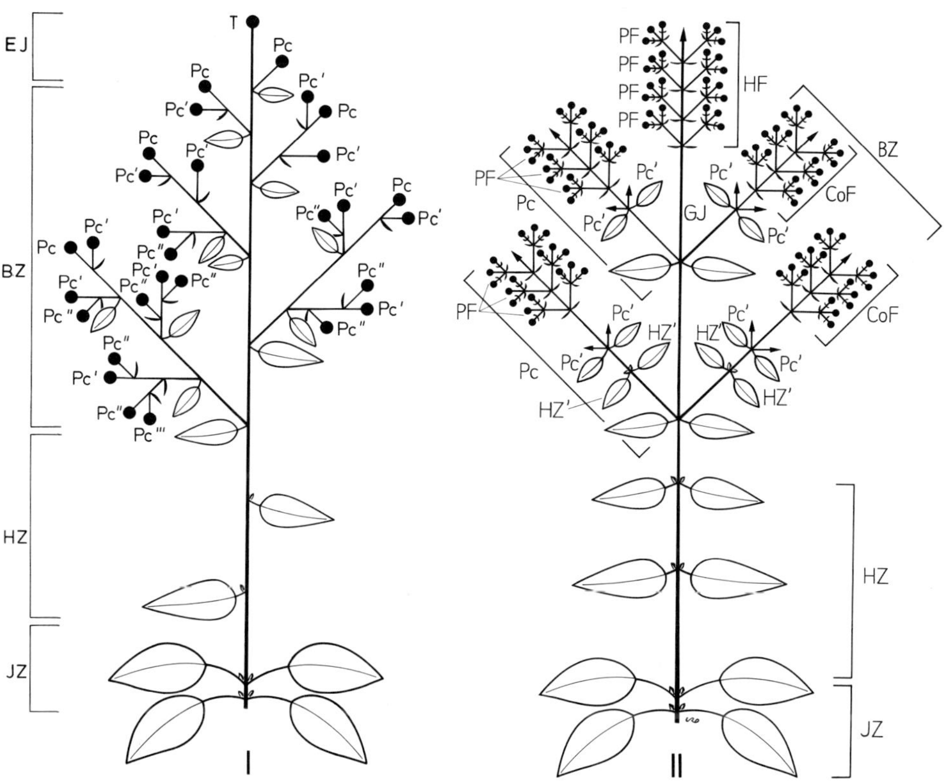

Abb. 125. Zonierung eines Blütentriebes bei monotelem (I) und polytelem (II, Thyrsus) Synfloreszenzaufbau. T Terminalblüte, EJ Endinternodium, Pc, Pc', Pc'', Pc''' Parakladien 1ter bis nter Ordnung, BZ Bereicherungszone, HZ Hemmungszone, JZ Innovationszone, HF Hauptfloreszenz, CoF Cofloreszenz, PF Partialfloreszenz, GJ Grundinternodium.

sich schließlich zu einer ausgesprochenen Entfaltungshemmung steigert", er bezeichnet diesen Bereich daher als **Hemmungszone** (HZ). Die Hemmung in der Entwicklung der in basipetaler Richtung sich entfaltenden Parakladien kann schrittweise in Erscheinung treten, so daß die Bereicherungszone allmählich in die Hemmungszone übergeht, sie kann auch so plötzlich eintreten, daß zwischen Bereicherungszone und Hemmungszone eine scharfe Grenze entsteht. Eine schrittweise Hemmung äußert sich zuweilen darin, daß in der Übergangsregion Parakladien verdornen, dies ist nach TROLL (1954, Seite 232) z.B. bei *Hydrolea spinosa (Hydrophyllaceae)* der Fall.

Durch Aufhebung des hemmenden Einflusses etwa durch frühzeitige Resektion des Hauptsprosses unterhalb der Bereicherungszone oder (spontan) verspätet zur Zeit der Fruchtreife („Nachblüte") können auch die in der Hemmungszone gelegenen Knospen zum Teil oder sämtlich zum Austreiben gelangen.

Dabei ist zu bemerken, daß keineswegs alle austreibenden Parakladien auch zur Blüte kommen müssen. Vielmehr gibt es – vor allem bei Monotelen – nicht wenige Beispiele für eine fakultative oder obligatorische Sterilität von Parakladien („ananthische" Parakladien). Diese stellen somit keine Bereicherungstriebe dar, sondern bleiben – zumindest im Fall obligatorischer „Ananthie" – rein vegetativ und dienen ausschließlich als Assimilationstriebe. Ihr Vorkommen erstreckt sich offenbar nur auf staudenartige Gewächse. Als Beispiele nennt TROLL (1964, Seite 203 ff.) Arten von *Adonis (A. vernalis!), Ranunculus, Caltha, Drosera, Euphorbia (E. cyparissias!), Ruta* und *Linum (L. perenne!).*

Bei perennierenden Gewächsen geht der Hemmungszone ein Abschnitt an der Basis des Hauptsprosses voraus, dessen Achselknospen als **Innovationsknospen** fungieren und erst in der folgenden Vegetationsperiode zu Innovationstrieben (Erneuerungstrieben) auswachsen, welche bei staudenartigen Gewächsen gewöhnlich die Erneuerung des gesamten oberirdischen Verzweigungssystems besorgen. Bereicherungszone, Hemmungszone und – bei mehrjährigen Gewächsen – die **Innovationszone**

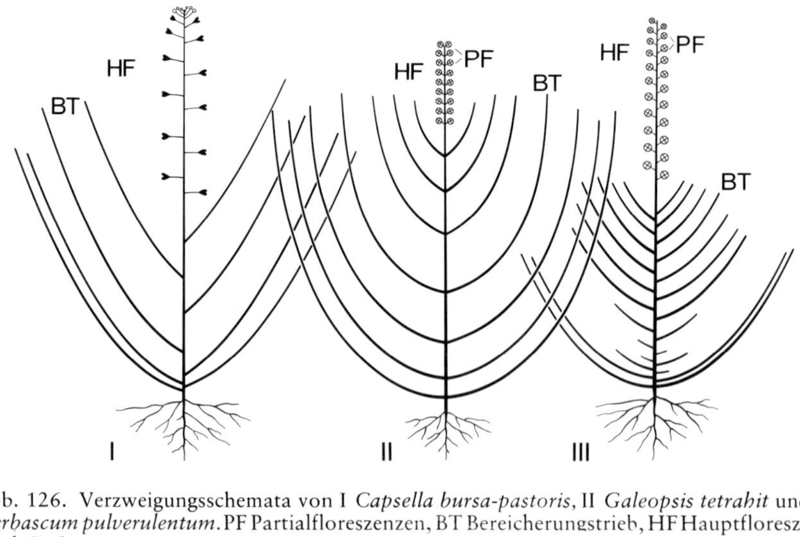

Abb. 126. Verzweigungsschemata von I *Capsella bursa-pastoris*, II *Galeopsis tetrahit* und III *Verbascum pulverulentum*. PF Partialfloreszenzen, BT Bereicherungstrieb, HF Hauptfloreszenz. Nach R. SCHROEDER.

(Abb. 125 JZ) bilden zusammen den sogenannten **Unterbau**, der somit den gesamten mehr oder minder vegetativ geprägten Teil des Hauptsprosses umfaßt.

Bei sehr kräftigen annuellen Pflanzen kann freilich die Entfaltung der Bereicherungstriebe bis zur Basis der Pflanzen hin fortschreiten, mit dem Ergebnis, daß die aus dem basalen Bereich der Hauptachse entspringenden Seitentriebe die längsten sind. Ihrer Stellung gemäß weisen sie auch die größte Anzahl von Blattorganen auf. Beispiele für ein solches Verhalten kann man unter den Halbrosettenpflanzen schon beim Hirtentäschelkraut finden, bei dem nach Angaben von R. SCHROEDER (Diss. Mainz 1950, unveröff.) gelegentlich alle Achselknospen, bis auf die der Kotyledonen und der Primärblätter zum Austreiben gelangen (Abb. 126 I). Entsprechendes kann man auch bei nicht mit einer Rosette ausgestatteten – erosulaten – Annuellen antreffen, so (nach SCHROEDER) beim Gemeinen Hohlzahn (*Galeopsis tetrahit*, Abb. 126 II).

Bei vielen hapaxanthen* Halbrosettenpflanzen gelangen die aus den Achseln der Rosettenblätter an der Basis des blühenden Primärsprosses entspringenden Parakladien sogar bevorzugt zur Entwicklung. Da diese **Rosettentriebe** aus jenem Bereich hervorgehen, in welchem das Erstarkungswachstum des Primärsprosses gewöhnlich sein Maximum erreicht, ist es nicht verwunderlich, daß diese Seitentriebe nicht nur die längsten sind, sondern auch die kräftigsten. Bei voller Entwicklung stehen sie auch hinsichtlich ihrer Blütenbildung dem Hauptsproß nur um weniges nach (Abb. 126 I). Da gewöhnlich auch unterhalb der Hauptfloreszenz bzw. der Terminalblüte des Haupttriebes Bereicherungstriebe in basipetaler Folge zur Entfaltung und zur Blüte gelangen, ergibt sich zwischen dieser Zone der **Stengeltriebe** und den basalen Rosettentrieben meist eine auffällige, durch die Einschaltung der Hemmungszone bedingte Lücke in der Verzweigung des Haupttriebes (Abb. 126 III).

Entsprechendes kann, wie Abb. 142 II lehrt, auch bei subrosulaten, d.h. nur eine rosettenähnliche Annäherung der Grundblätter, nicht aber eine deutliche Rosette aufweisenden, hapaxanthen Gewächsen vorkommen. TROLL (1950, 1964, Seite 251) bezeichnet die hier auftretenden basalen Bereicherungstriebe im Unterschied zu den Rosettentrieben der Halbrosettenpflanzen als **Basal-** oder **Grundtriebe**.

Unter den Basaltrieben nehmen die aus den Achseln der Kotyledonen hervorgehenden Kotyledonartriebe insofern eine Sonderstellung ein, als sie nicht selten allein zur Entfaltung gelangen und sich zu kräftigen Trieben entwickeln (vgl. Abb. 155 I). Die Ausbildung kräftiger Kotyledonartriebe kann man unter den einheimischen Pflanzen bei annuellen Wolfsmilcharten sehr ausgeprägt finden, so bei der Sonnenwendigen Wolfsmilch (*Euphorbia helioscopia*, Abb. 179 I), bei der sie ebenso wie der Primärsproß in einem pleiochasial verzweigten (monotel-pleiothyrsischen) Blütenstand enden. Dies alles, obgleich in ihrem Insertionsbereich von einem Erstarkungswachstum des Primärsprosses noch keine Rede sein kann. Die starke Förderung der Kotyledonartriebe kann also nicht mit der allgemeinen, auch für die Entwicklung der Rosettentriebe geltenden Regel erklärt werden, wonach die Ausbildung der Seitenorgane in starkem Maße vom Erstarkungswachstum des Hauptsprosses abhängt. Ähnliches gilt für die oft beträchtliche Stärke der Grundtriebe bei subrosulaten Gewächsen, die weithin nicht dem Erstarkungszustand des Haupttriebes in ihrem Insertionsbereich entspricht. TROLL (1964, Seite 255) vermutet hier einen „modifizierten Einfluß der früh einsetzenden und bevorzugt an der Basis des Primärsprosses vonstatten gehenden Sekundärverdickung."

2.2.4 Holzgewächse

Von den staudenartigen Gewächsen unterscheiden sich die Holzgewächse durch das umfangreiche ausdauernde vegetative Grundgerüst, das sich im Gegensatz zu dem im Boden sich aus-

---

* **hapaxanthe** Gewächse – ein- oder mehrjährige Gewächse, die nur einmal blühen, im Unterschied zu den pollakanthen – mehrfach blühenden – Gewächsen.

breitenden **Kryptokorm** der Stauden mehr oder minder weit über den Boden erhebt, und daher als **Phanerokorm** (TROLL 1964, Seite 282) bezeichnet wird.

Den Erneuerungstrieben der staudenartigen Gewächse entsprechen hier die Jahrestriebe*. Während aber bei den Stauden die Erneuerungstriebe in der Regel auch zur Blüte gelangen, bleiben sie bei den Holzgewächsen teilweise vegetativ. Den Blütentrieben der Stauden sind somit allein die fertilen Erneuerungstriebe vergleichbar. Von besonderem Interesse ist dabei natürlich die Stellung dieser blütentragenden Triebe im gesamten Verzweigungssystem. Nach TROLL (1960, Seite 87) kommen hier hauptsächlich zwei Möglichkeiten in Betracht: „entweder gelangt der jeweilige Endtrieb zur Blüte oder aber es erfolgt die Blütenbildung an seitlichen, gewöhnlich dem vorjährigen Langtrieb entstammenden Kurztrieben."

Wenn auch die Ausbildung der Infloreszenzen selbst je nach dem Verwandtschaftskreis dem Muster der Monotelie oder der Polytelie folgt und insoweit keine wesentlichen Abänderungen stattfinden (wenn man von der bei Holzgewächsen häufigen Prolifikation – vgl. Seite 268 absieht), so erweisen sich die Infloreszenztriebe als solche nicht selten als stark abgeleitet. Schon bei manchen staudenartigen Gewächsen finden wir ja bekanntlich ausgeprägte Unterschiede zwischen den Blütensprossen und den vegetativen Trieben – man denke nur an die durch rein brakteose Beblätterung und ihr frühzeitiges Austreiben ausgezeichneten Blütentriebe des Huflattichs *(Tussilago farfara)* oder der Pestwurz-Arten *(Petasites)*. Ähnliches kann man nun bei zahlreichen Holzgewächsen beobachten. Ein einfaches Beispiel liefert nach TROLL (1958, Seite 134) die Moorheidelbeere *(Vaccinium uliginosum)* durch die Differenzierung ihrer Triebe in sterile Laubsprosse und unbelaubte, auf eine armblütige Traube reduzierte Blütentriebe. Dies Verhalten läßt sich in folgender Weise einordnen: Bei den Innovationstrieben der Stauden setzt die Beblätterung gewöhnlich mit Niederblättern ein, an deren Stelle aufwärts Laubblätter und in der blühenden Region Hochblätter treten. Dasselbe trifft grundsätzlich auch auf die Jahrestriebe der Holzgewächse zu. Bei den blühenden Kurztrieben fällt die Laubblattregion jedoch häufig aus, so daß sich in der Blattfolge die Hochblätter unmittelbar an die Niederblätter anschließen, mit dem Ergebnis, daß diese Infloreszenztriebe rein brakteos beblättert sind. Im Extremfall können dann bereits die Vorblätter fertil sein (TROLL 1960, Seite 87, 1965, Seite 116/117), so z. B. bei der Esche *(Fraxinus excelsior)*. Die Richtigkeit dieser Auffassung bestätigt sich nach TROLL durch Fälle, „in denen die Kurztriebe sich abnormerweise strecken, um über den Niederblättern erst Laubblätter zu erzeugen, ehe sie zur Blütenbildung schreiten", wie es beim Flieder *(Syringa vulgaris)* geschehen kann.

2.2.5 Kauliflorie

Auch bei der **Kauliflorie** (Stammblütigkeit), dem „Hervortreten der Blüten aus älteren Stammteilen", sind die Blütentriebe durchweg brakteos beblättert, was den eigentümlichen Eindruck dieser Erscheinung noch verstärkt. Kauliflorie ist vor allem vom Kakaobaum *(Theobroma cacao)* her bekannt, aber auch für zahlreiche andere tropische Holzgewächse charakteristisch, so für Vertreter der Bignoniaceen (*Crescentia,* Kalebassenbaum, *Parmentiera,* Candle Tree), Lecythidaceen (*Couroupita,* Kanonenkugelbaum), Moraceen (*Artocarpus*-Arten, *Ficus*-Arten), Meliaceen *(Dysoxylum)*, Papilionaceen *(Mucuna)*, viele Menispermaceen u. a. Bedingt ist sie durch die verzögerte Entwicklung der Infloreszenzen, derzufolge sie „aus dem alten Holze" hervorbrechen. Zu diesem stark abgeleiteten Verhalten gibt es jedoch Übergänge: „Bei manchen Pflanzen treten die Blütenstände teilweise aus den Achseln vorhandener Blätter hervor, teilweise aus denen abgefallener Blätter; in extremen Fällen" ... „können zwischen dem Abfallen des Tragblattes und der Entfaltung der Infloreszenz eine Reihe von Jahren vergehen, in denen das sekundäre Dickenwachstum sich geltend macht. So findet man dann aus dem dicken Stamme hervorbrechend die Blüten" (WAGNER in LINSBAUER 1917). Zur Ableitung der Kauliflorie weist

---

* Auf die Schwierigkeiten, die sich hinsichtlich der Abgrenzung von Jahrestrieben bei manchen tropischen Holzgewächsen ergeben können, hat besonders PILGER (1922) hingewiesen.

TROLL (1967, Seite 93) auf das Verhalten von *Cercis siliquastrum* (Judasbaum) hin, bei der die Entfaltung der stets brakteosen (kurztriebartigen) Blütentriebe sich über längere Zeit erstreckt, so daß diese auch auf älteren Zweigen und schließlich teilweise sogar auf dem Stamm zu stehen kommen. Es kann an ihnen sogar „Verzweigung eintreten, für die wohl der Trieb von Innovationsknospen verantwortlich zu machen ist." Auch bei anderen kaulifloren Gewächsen wie etwa *Couroupita* oder *Theobroma* ist der Bezug der Infloreszenzbildung zur ursprünglichen Beblätterung der sie tragenden Achsen oft noch deutlich erkennbar.

Für die typische Form der Kauliflorie ist jedoch die große, oft über 20 m betragende Entfernung zwischen Laubtrieben und Blütentrieben charakteristisch. Die bei den Holzgewächsen der gemäßigten Breiten meist recht enge Beziehung zwischen der Blütenbildung und den Phasen des Laubwechsels ist hier also nicht gegeben. Vielleicht ist dies ein Grund dafür, daß manche Kauliflore das ganze Jahr hindurch blühen. Andererseits kann ein periodisch auftretendes plötzliches Blühen seine Ursache in einer Entwicklungsstockung haben, bei der sich Blütenknospen gleichen Entwicklungsstadiums anhäufen, dabei eventuell sogar unter einer dünnen Borkenschicht stekken bleiben, bis sie durch einen geringfügigen Reiz (etwa eine plötzliche Temperaturänderung um 2 bis 3 °C) alle zugleich aufblühen (BÜNNING 1953).

Die räumliche Trennung zwischen blatttragenden und blütentragenden Ästen kann nach KOORDERS (1902) bei *Ficus ribes* sogar noch weiter gehen. Nach seinen Beobachtungen sind die Blütenstände („Receptacula") tragenden Zweige „dort, wo sie aus der Stammbasis hervorgehen, fast bis 2½ Meter lang und zum Theil der Erde angeschmiegt, zum Theil unter der Erdoberfläche versteckt, und im letzteren Fall theilweise mit kurzen, normalen Wurzeln versehen. Sowohl die Zahl wie die Länge derjenigen ‚Frucht'-Zweige, die aus dem Stammfuß strahlenartig hervorgehen, übertrifft die Zahl und Länge derjenigen receptacula-tragenden Zweige, die oberhalb der Stammbasis an dem Stamm und an den Ästen sitzen." Ähnliches beobachtete er bei *Ficus geocarpa* (Früchte „zum Theil unter der Erde, an schiffstauähnlichen, horizontalen blattlosen Aesten") sowie bei *Cyrtandra geocarpa* und *C. hypogaea (Gesneriaceae), Saurauia callithrix (Saurauiaceae), Sageraea cauliflora (Annonaceae)* und *Diospyros cauliflora (Ebenaceae)*. Man vergleiche dazu auch die Angaben BUREAUS (1888). Auch die Arten der Flacourtiaceengattung *Paraphydanthe,* kleine Regenwaldbäume Westafrikas, blühen aus viele Meter langen unterirdischen Infloreszenzen, aus denen sich allein die Blüten über den Erdboden erheben (vgl. LETOUZEY 1971).

Andererseits bestehen aber auch gewisse Beziehungen zwischen der Kauliflorie und manchen Formen der **Flagelliflorie** („Geißelblütigkeit"), bei der die Blüten bzw. Blütenstände an langen seilförmigen Ästen aus der Baumkrone herabhängen und dadurch in eine exponierte Stellung gebracht werden, die den Blütenbesuch durch Fledermäuse ermöglicht. Neben dem bekanntesten Beispiel *Kigelia africana*, „Leberwurstbaum", *Bignoniaceae,* gibt es zahlreiche weitere aus den verschiedensten Familien, so etwa bei den *Annonaceae (Polyalthia), Chrysobalanaceae (Couepia), Mimosaceae (Parkia), Caesalpiniaceae (Hymenaea, Eperua falcata, Elisabetha), Papilionaceae (Mucuna), Sonneratiaceae (Sonneratia), Sterculiaceae (Dombeya), Solanaceae (Markea, Trianaea);* vgl. dazu im übrigen VAN DER PIJL 1930, 1949, VOGEL 1958, 1968/69.

2.2.6 Formen polyteler Synfloreszenzen

Nach den bisher gewonnenen Erfahrungen, die sich auf ein umfangreiches Material stützen und sich auf Vertreter fast aller Angiospermen-Familien erstrecken, kann man die Infloreszenzen aller Blütenpflanzen auf die beiden geschilderten Grundformen, den monotelen und den polytelen Typ, zurückführen. Die erstaunliche Vielfalt, welche uns in der Gestalt der Blütenstände entgegentritt, ist allein dadurch bedingt, daß die Ausbildung der einzelnen Bauelemente nach dem Prinzip der variablen Proportionen mannigfache Veränderungen quantitativer Art erfahren kann. Wir wollen zunächst an Hand einiger weniger Vertreter der Cruciferen einige dieser Variationsmöglichkeiten im Bau polyteler Infloreszenzen mit heterothetisch-dibotryscher

Verzweigung kennenlernen, wobei wir auf Untersuchungen Trolls (1960 mdl.; 1964) zurückgreifen.

Die wichtigsten Grundzüge im Aufbau des Blütenstandes der Cruciferen haben wir bereits am Beispiel des Hirtentäschelkrautes erörtert (Abb. 127 I). Im Vergleich dazu ist der Blütenstand von *Isatis tinctoria* (Färberwaid) weitaus umfangreicher und stärker verzweigt (Abb. 127 II). Dies beruht darauf, daß in der Bereicherungszone zahlreiche Parakladien zur Entwicklung gelangen. Demgegenüber tritt die den Hauptsproß abschließende Hauptfloreszenz in ihrer Größe und Blütenzahl stark zurück. Dies wird deutlich, wenn man alle Parakladien abschneidet, wie es bei dem in Abb. 128 I, II wiedergegebenen Blütenstand geschehen ist. Dann erkennt man auch, daß das Grundinternodium hier sehr kurz bleibt. Während die unteren Parakladien vor allem in ihrem distalen Bereich stark verzweigt sind und hier Parakladien zweiter bis vierter Ordnung tragen, bleibt eine größere Anzahl der im distalen Bereich des Blütenstandes inserierten Parakladien auf ihre Floreszenz beschränkt, sie tragen auch keine der Floreszenz vorausgehenden Blattorgane. Die Ausbildung des Unterbaus wird bei diesen Parakladien somit unterdrückt (Suppression des Unterbaus). Dasselbe

Abb. 127. I *Capsella bursa-pastoris* und II *Isatis tinctoria*, blühende Pflanzen. Orig. Troll.

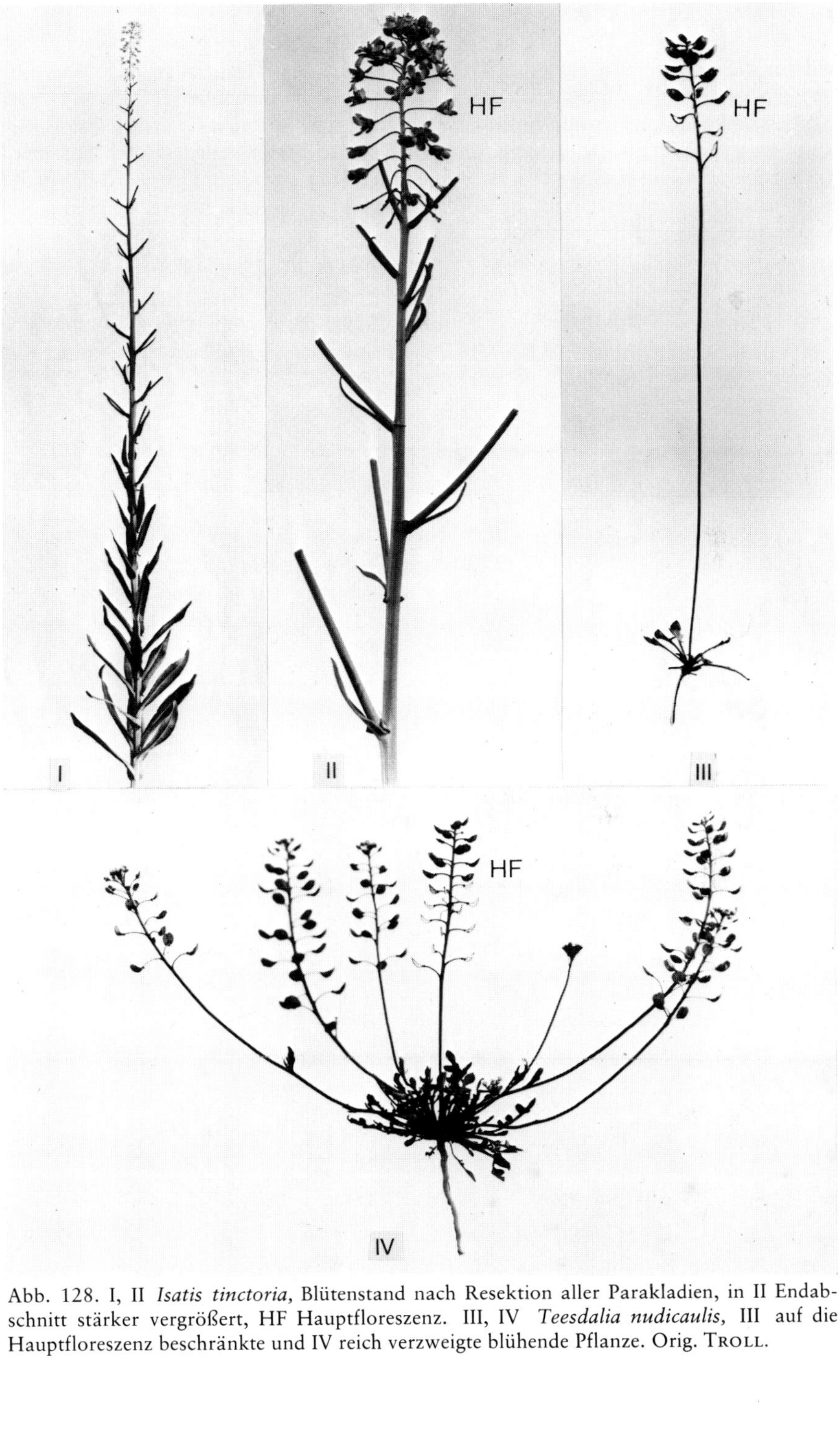

Abb. 128. I, II *Isatis tinctoria*, Blütenstand nach Resektion aller Parakladien, in II Endabschnitt stärker vergrößert, HF Hauptfloreszenz. III, IV *Teesdalia nudicaulis*, III auf die Hauptfloreszenz beschränkte und IV reich verzweigte blühende Pflanze. Orig. TROLL.

gilt für die distalen Abschnitte der stärker verzweigten Parakladien, bei denen im übrigen auch die Deckblätter der Parakladien zweiter oder höherer Ordnung klein bleiben und allenfalls **frondulos** ausgebildet sind. Erst an den untersten Parakladien kann man einige größere laubige Blattorgane finden. Der ausgedehnten Bereicherungszone geht bei *Isatis* gewöhnlich eine lange Hemmungszone (und an der Basis eine Innovationszone) voraus, in welcher distalwärts eine deutliche Abnahme der Laubblattgröße zu beobachten ist.

Zur Betrachtung einiger anderer Abwandlungen des Bauplans wollen wir wiederum von den Verhältnissen beim Hirtentäschelkraut ausgehen, für das in Abb. 129 I ein Verzweigungsschema wiedergegeben ist. Die Verzweigung kann hier übri-

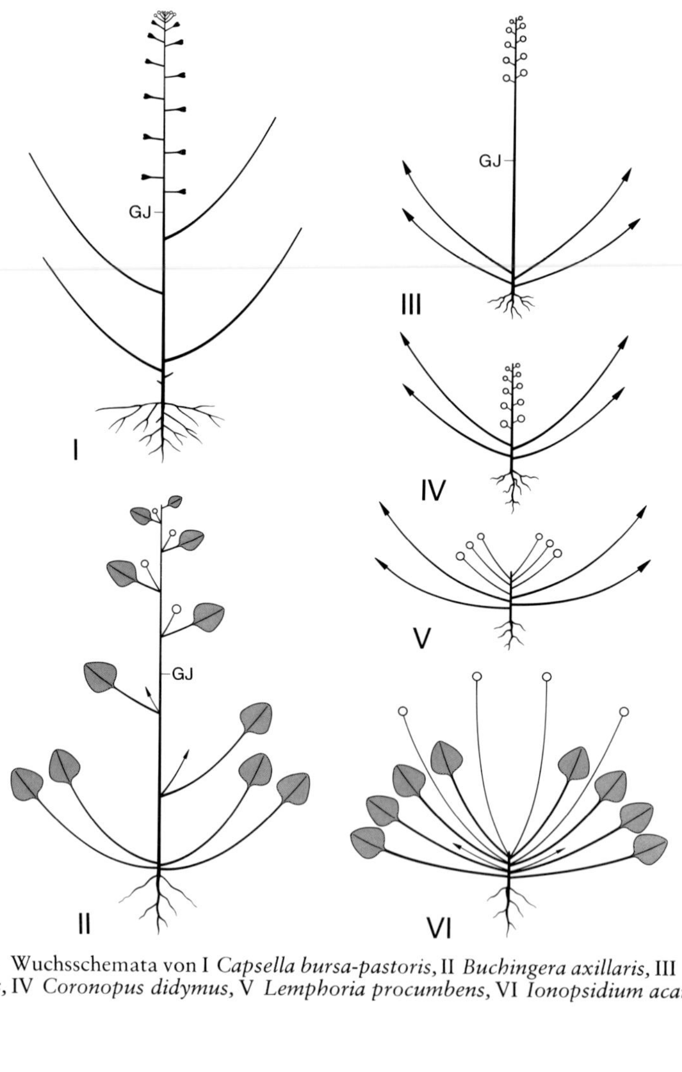

Abb. 129. Wuchsschemata von I *Capsella bursa-pastoris*, II *Buchingera axillaris*, III *Teesdalia nudicaulis*, IV *Coronopus didymus*, V *Lemphoria procumbens*, VI *Ionopsidium acaule*. Nach TROLL.

gens in der Weise abgewandelt sein, daß der gesamte Unterbau gestaucht bleibt, so daß erst das Grundinternodium der Hauptfloreszenz als erstes mäßig gestrecktes Internodium in Erscheinung tritt und alle Bereicherungstriebe aus der basalen Blattrosette hervorgehen.

In dieser Hinsicht herrscht Ähnlichkeit mit *Teesdalia nudicaulis* (Abb. 129 III), mit dem Unterschied, daß hier das Grundinternodium zu einem langen Schaft verlängert ist. Dadurch entsteht der Eindruck eines nackten, das heißt unbeblätterten Stengels, welcher der Pflanze ihren Artnamen eingetragen hat. Zumeist treten aus der rosettig gestauchten Bereicherungszone mehrere Parakladien hervor, deren Floreszenzen gleichfalls auf einem langen Schaft stehen. Der Unterbau dieser Parakladien kann jedoch mehr oder minder gestreckt sein und zudem Parakladien zweiter Ordnung zur Entfaltung und zur Blüte bringen. Die den Hauptsproß beschließende Hauptfloreszenz tritt dann nicht selten gegenüber den Parakladien und der Vielzahl der kräftigeren Cofloreszenzen stark zurück (Abb. 128 IV). Noch mehr ist dies bei *Coronopus didymus* der Fall (Abb. 129 IV, 130), bei dem auch noch das Grundinternodium der ohnedies nicht sehr kräftigen Hauptfloreszenz unentwickelt bleibt, während sich die Internodien im Unterbau der kräftigen Parakladien stark strecken. Auch die Cofloreszenzen, deren Grundinternodium wiederum gestaucht bleibt, werden von den Parakladien zweiter Ordnung übergipfelt.

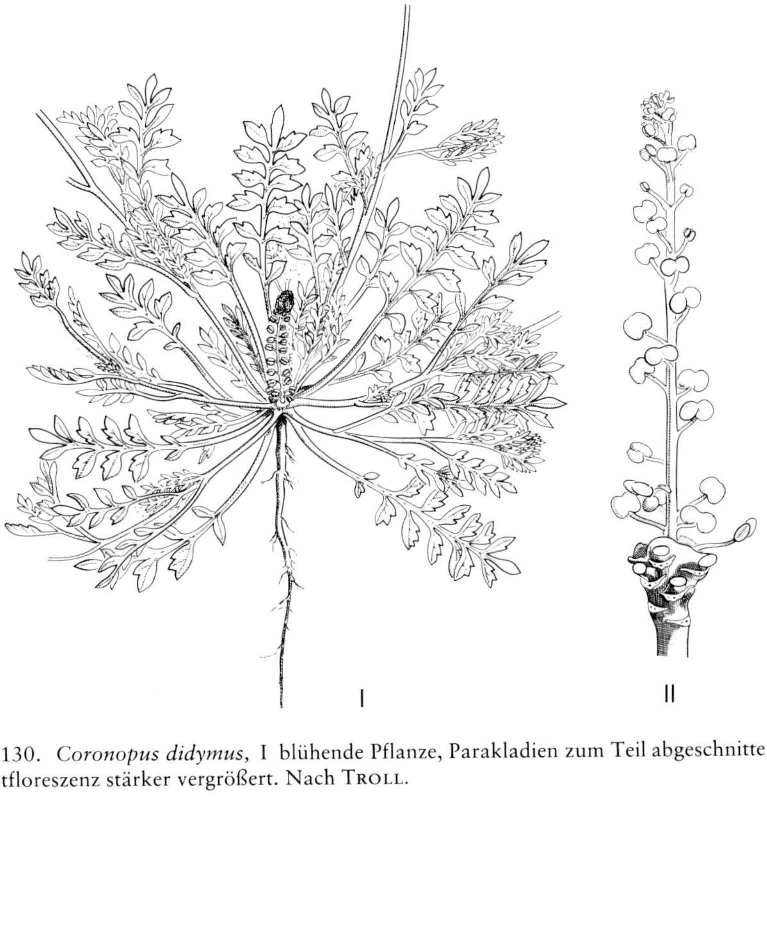

Abb. 130. *Coronopus didymus*, I blühende Pflanze, Parakladien zum Teil abgeschnitten, II Hauptfloreszenz stärker vergrößert. Nach Troll.

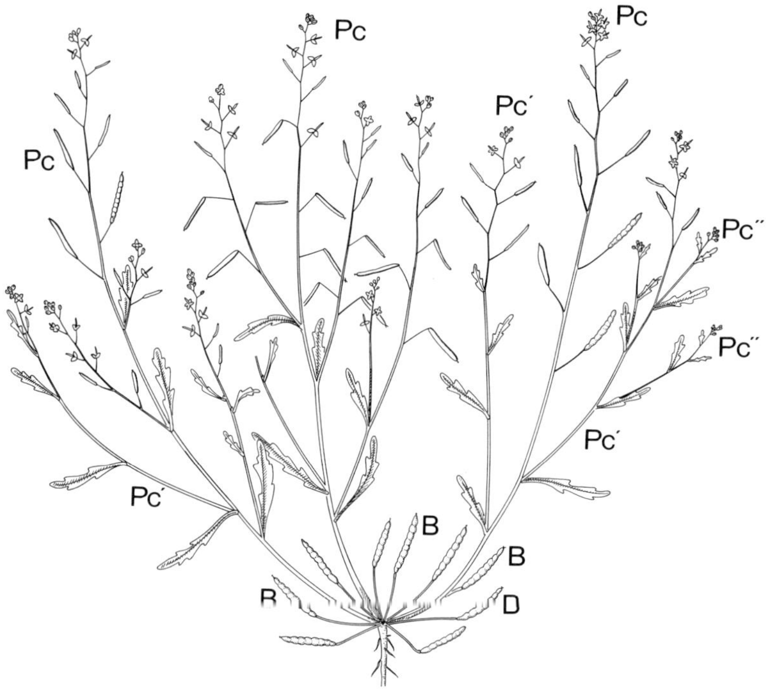

Abb. 131. *Lemphoria procumbens*, Habitus. Rosettenblätter bereits abgestorben, B Blüten der Hauptfloreszenz, bereits zu Früchten herangereift. Pc, Pc', Pc'' Parakladien verschiedener Ordnung. Aus TROLL, nach SCHULZ vereinfacht.

Bei *Lemphoria procumbens* bleibt entsprechend dem Schema in Abb. 129 V die gesamte Achse der Hauptfloreszenz gestaucht. Dies wird freilich durch eine entsprechende Länge der Blütenstiele kompensiert, so daß der völlig gestauchte Haupttrieb der Pflanze unmittelbar über dem Bodenniveau mit einem doldenähnlichen Blütenstand abschließt (Abb. 131). Dieser wird weit überragt von den verlängerten, laubig beblätterten und stark verzweigten Parakladien, deren Floreszenzen sämtlich traubig gestaltet sind.

Einige Vertreter der Cruciferen sind dadurch ausgezeichnet, daß sie auch im Bereich der Floreszenzen laubig beblättert sind. Dazu gehört *Buchingera axillaris*, deren Verzweigungsschema in Abb. 129 II im übrigen dem des Hirtentäschelkrautes entspricht. Nimmt man nun an, daß bei laubiger Beblätterung auch im Bereich der Hauptfloreszenz ähnlich wie bei *Lemphoria procumbens* die gesamte Hauptachse mit Einschluß des Bereiches der Hauptfloreszenz gestaucht bleibt, so erhält man das Verzweigungsschema in Abb. 129 VI, das den Verhältnissen bei *Ionopsidium acaule* (Abb. 132 I) entspricht. Auch hier wird die Stauchung der Blütenstandsachse durch eine starke Verlängerung der Blütenstiele kompensiert, welche im entfalteten Zustand über die langgestielten laubigen Blätter hinausragen. Daß auch bei *Ionopsidium acaule* eine Bereicherungszone ausgebildet ist, zeigt das in Abb. 132 II wiedergegebene Präparat, an welchem die Parakladien der Übersichtlichkeit halber abgeschnitten wurden.

Abb. 132. *Ionopsidium acaule*, I Habitus einer blühenden Pflanze (nach O. E. SCHULZ), II blühende Pflanze nach Resektion der Parakladien Pc (nach TROLL).

2.2.7 Hungerformen

Extreme Varianten des Bauplanes kommen bei den sogenannten Hungerformen zustande. Diese treten in erster Linie bei Hapaxanthen, vor allem bei annuellen Gewächsen auf, welche gegenüber schlechten Ernährungsbedingungen besonders empfindlich reagieren. Im Gegensatz zu den mehrjährigen Pflanzen verfügen sie nämlich nur über geringe Reserven, die allein zur Versorgung der Jugendstadien ausreichen.

Dies erklärt die Tendenz, unter ungünstigen Ernährungsbedingungen die Entwicklung binnen kurzer Zeit mit der Fruchtreife zum Abschluß zu bringen. Dies ist auch die Erklärung für den Namen des Frühlings-Hungerblümchens *(Erophila verna)*. Es handelt sich dabei um eine Rosettenpflanze, an der sich ähnlich wie bei *Teesdalia* nur das Grundinternodium schaftartig verlängert. Unter günstigen Umständen gelangen außer der Hauptfloreszenz auch noch Parakladien zur Blüte, welche aus der rosettig gestauchten Bereicherungszone hervorgehen (Abb. 133 I). Der Unterbau der Parakladien, in dem nur zwei laubige Vorblätter oder noch ein oder zwei weitere Laubblätter zur Entwicklung gelangen, bleibt gestaucht, kann aber unter günstigen Bedingungen noch Parakladien zweiter Ordnung zur Entfaltung bringen. Auf diese Weise können aus der Blattrosette zahlreiche traubige Floreszenzen hervorgehen. Häufig tritt die Pflanze als sogenannte Frühjahrsephemere an besonders flachgründigen Standorten, zum Beispiel auf Felsköpfen oder Mauern auf. An solchen Standorten ist die Pflanze genötigt, ihre Entwicklung rasch, nämlich vor dem Austrocknen der dünnen Bodenschichten abzuschließen, was nur unter Reduktion ihrer Gesamtentwicklung möglich ist. Die Entwicklung des rosettigen Unterbaues beschränkt sich dann auf wenige Blattorgane, die Entfaltung von Parakladien unterbleibt und in der Hauptfloreszenz werden nur wenige Blüten voll entwickelt und entfaltet, nicht selten sogar nur eine, nämlich die unterste Blüte, welche der akropetalen Entfaltungsfolge gemäß als erste aufblüht. Diese richtet sich dann häufig auf und täuscht, das verküm-

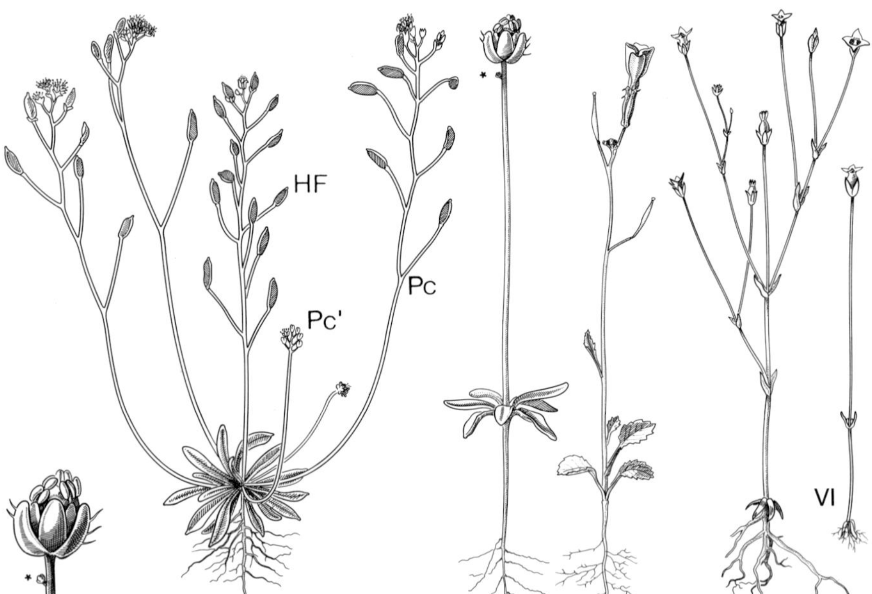

Abb. 133. I–III *Erophila verna,* I kräftige Pflanze mit Hauptfloreszenz (HF) und den Floreszenzen (Cofloreszenzen) von Parakladien erster (Pc) und zweiter (Pc') Ordnung, II Hungerform, III deren distaler Abschnitt stärker vergrößert, das beiseitegedrängte Rudiment des Infloreszenzscheitels mit * bezeichnet. IV *Raphanus raphanistrum,* Hungerform. V, VI *Microcala filiformis,* normal entwickelte Pflanze (V) und Hungerform (VI). Sämtlich nach TROLL.

mernde Infloreszenzende beiseitedrängend, eine Terminalblüte vor (Abb. 133 II). Bei näherer Betrachtung (Abb. 133 III) wie auch anhand der Ontogenie läßt sich die ursprünglich seitliche Position dieser Blüte jedoch ohne weiteres erkennen. Etwas weniger reduziert ist die Hungerform von *Raphanus raphanistrum* in Abb. 133 IV, bei der immerhin drei Blüten zur Entfaltung, beziehungsweise sogar bis zur Fruchtreife gelangt sind; gegenüber der normalen Ausbildung der Pflanze erweist sich freilich auch diese Form als sehr stark reduziert. Selbst unter extremen Entwicklungsbedingungen bleibt jedoch überall der Grundplan des polytelen Synfloreszenzaufbaues gewahrt. Entsprechendes gilt für die Ausbildung von Hungerformen bei Pflanzen mit monotelen Synfloreszenzen. Als Beispiel dafür mögen zunächst die in Abb. 133 V, VI wiedergegebenen Pflanzen der Gentianacee *Microcala filiformis* genügen. Auch die eigenartige, durch das konstante Fehlen der Terminalblüten gekennzeichnete Struktur der Valerianaceeninfloreszenzen, von der später noch ausführlicher die Rede sein wird, bleibt selbst bei extremen Kümmerformen von *Valerianella* erhalten (Abb. 119 IV, 120 IV).

Die charakteristischen Unterschiede zwischen monotelen und polytelen Infloreszenzen treten auch in ihrem Verhalten gegenüber photoperiodischer Beeinflussung hervor (vgl. dazu die Ausführungen bei Troll 1964).

2.2.8 Formen monoteler Synfloreszenzen

Auch bei den monotelen Synfloreszenzen begegnen wir oft schon innerhalb ein und derselben Familie einer Fülle verschiedener Abwandlungen des Bauplanes. Eine Reihe von Beispielen, die wir fast alle aus der Familie der *Polemoniaceae* herausgreifen, mag dies veranschaulichen.

Den Blütenstand von *Polemonium caeruleum* (Abb. 134 I) hatten wir bereits als Musterbeispiel für eine Rispe mit basalwärts regelmäßig zunehmender Verzweigung der Seitenachsen und zumindest primär kegelförmigem Umriß erwähnt (vgl. Seite 221). Die untersten Rispenäste weisen hier nicht nur die reichste Verzweigung auf, sie sind auch die kräftigsten. Insgesamt ist die Ausbildung des Verzweigungssystems somit von einem basi-mesotonen Förderungssinn geprägt. Dabei schreitet die Entfaltung der Parakladien in basipetaler Richtung bis zu Hemmungszone fort. Die Aufblühfolge beginnt hier mit der Hauptachse beschließenden Terminalblüte und setzt sich über die ihr benachbarten Seitenblüten basalwärts fort, wobei sie sich in den stärker verzweigten Parakladien in entsprechender Weise wiederholt. Mit fortschreitender Entfaltung weiterer Parakladien kann die Anzahl der Blüten in einer solchen Rispe das Mehrfache der Blütenzahl des hier abgebildeten Blütenstandes erreichen. Demgegenüber sind die Rispen anderer *Polemonium*-Arten durch eine starke Verarmung gekennzeichnet. Dies gilt zum Beispiel für die in Abb. 135 II und 155 II dargestellte Infloreszenz von *Polemonium pauciflorum*. Bei *Polemonium viscosum* (Abb. 135 I) ist die Rispe zu einem Botryoid verarmt, dessen Blüten fast doldenartig zusammengedrängt, von wenigen verlängerten Internodien des Hauptsprosses emporgehoben werden.

In Form einer breit kegelförmigen Rispe bietet sich zu Anfang der Anthese auch die Infloreszenz von *Polemonium carneum* dar. Sehr bald jedoch wird die Terminalblüte von den mittleren und unteren Parakladien übergipfelt (Abb. 134 II), und die Rispe durch eine gesteigerte Längenentwicklung der Parakladien, die an den untersten Parakladien das größte Ausmaß erreicht, zu einer Spirre umgestülpt. Eine ausgesprochen akrotone Förderung findet man bei dem in Abb. 136 wiedergegebenen *Polemonium micranthum (Polemoniella micrantha)*. Sie ist mehrfach innerhalb verschiedener Gattungen der Polemoniaceen zu beobachten, so zum Beispiel bei dem dekussiert beblätterten *Linanthus bolanderi* (Abb. 137 I). Bei *Linanthus liniflorus* kann die Entwicklung der geförderten distalen Seitenäste die Meristeme des Infloreszenzscheitels derart in Anspruch nehmen, daß die Terminalblüte des Hauptsprosses nicht mehr zu voller Ausbildung gelangt (Abb. 137 II).

Einer ausgeprägten **Akrotonie** verdankt auch *Bonplandia geminiflora* (und ebenso *B. linearis*) die dem Augenschein nach von allen anderen Polemoniaceen abweichende Gestalt ihres Blütenstandes (Abb. 138). Es hat den Anschein, als ob man es hier mit einer offenen Infloreszenz zu tun hätte, in der die Blüten zu zweit aus den Achseln laubiger Deckblätter hervorgingen. In Wirklichkeit liegt hier eine monotelthyrsische Synfloreszenz vor, deren Aufbau das Schema in Abb. 139 erläutern soll. Man muß dabei in Rechnung stellen, daß sich die konsekutiven Seitenachsen des stark

Abb. 134. I *Polemonium caeruleum*, II *P. carneum*, Synfloreszenz. Orig. TROLL und WEBERLING.

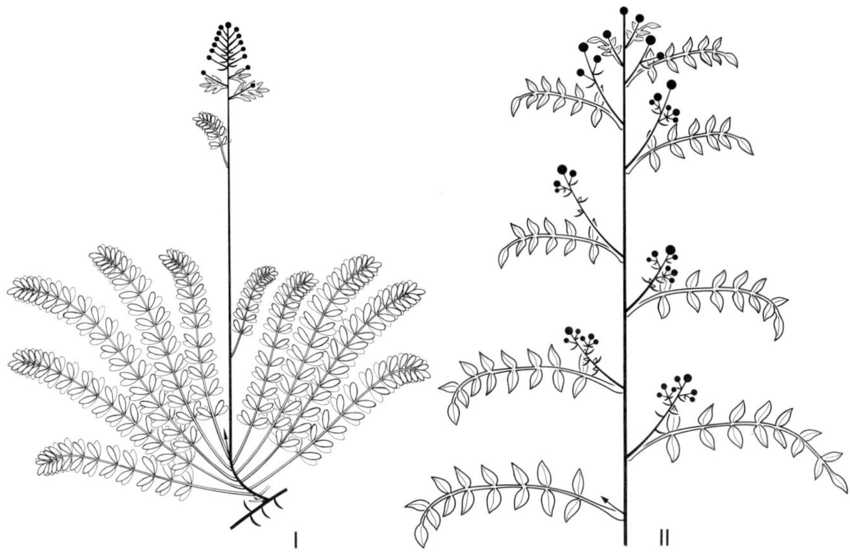

Abb. 135. I *Polemonium viscosum,* II *P. pauciflorum,* Verzweigung der Infloreszenzen; maßstabgerecht.

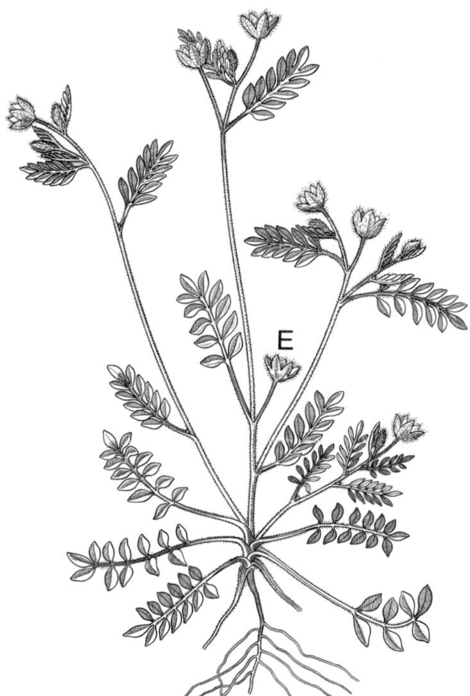

Abb. 136. *Polemonium micranthum,* Habitusbild. E Terminalblüte.

cymös verzweigten distalen Parakladiums sämtlich in die Richtung der Hauptachse stellen und dabei ihre jeweiligen Endblüten samt der aus der Achsel des ß-Vorblattes entspringenden Blüte beiseitedrängen, so daß beide axilläre Blüten vortäuschen (vgl. WEBERLING 1957).

Im Blütenstand von *Bonplandia geminiflora* beobachten wir auch das Auftreten serialer Beiknospen, die hier stets in Begleitung der stärker verzweigten Parakladien anzutreffen sind (und die Übersicht über die Verzweigungsverhältnisse erschweren können). Derartige seriale Beiknospen treten in den Blütenständen der Polemoniaceen häufig auf und können bei ihrer Entfaltung das Aussehen einer Infloreszenz stark verändern. Als Beispiel dafür soll der Blütenstand von *Ipomopsis rubra* dienen. Die-

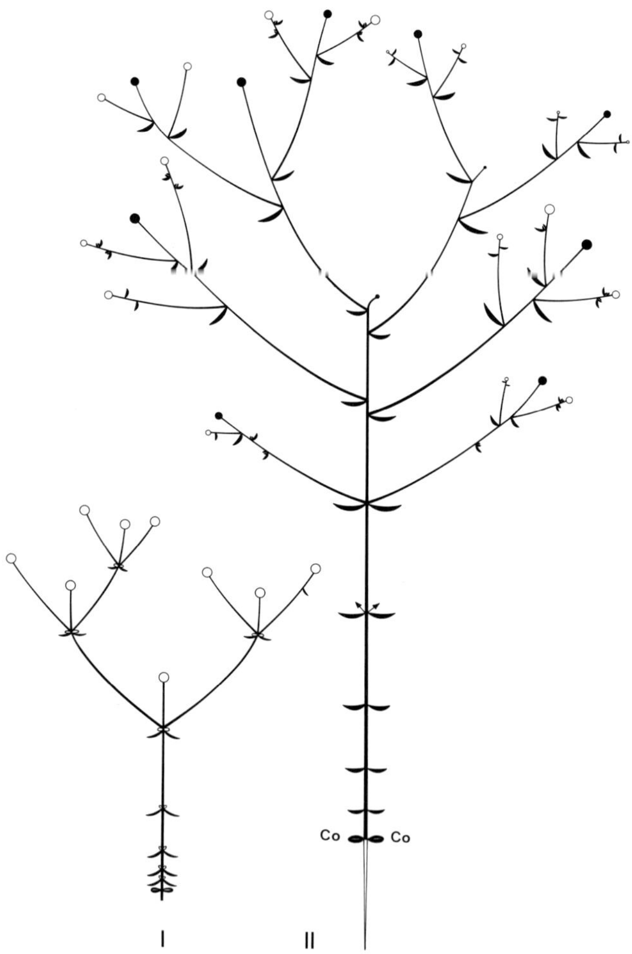

Abb. 137. Verzweigungsschemata blühender Pflanzen von *Linanthus bolanderi* (I) und *L. liniflorus* (II).

Abb. 138. *Bonplandia geminiflora*, Habitusbild. Der oberste, normalerweise einblütige Bereicherungstrieb (*) unterhalb der Endblüte des Hauptsprosses (in Abb. 139 mit 1 bezeichnet) ist hier ausnahmsweise zweiblütig. Nach BRAND.

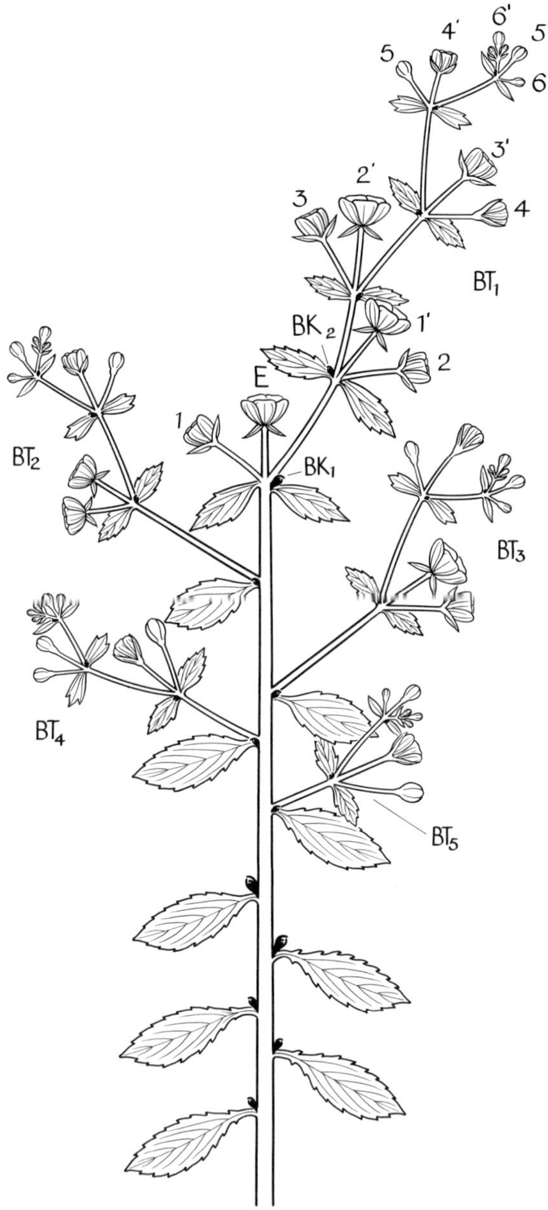

Abb. 139. *Bonplandia geminiflora*, Schema des Synfloreszenzaufbaues. BT_1–BT_5 Bereicherungstriebe in absteigender Reihenfolge; die der Terminalblüte benachbarte Seitenblüte 1 (= einblütiges Pc) ist dabei nicht eingerechnet. 1′ Terminalblüte (Primanblüte) des Bereicherungstriebes (Parakladiums) BT_1, 2′ die Terminalblüte von dessen Fortsetzungstrieb, in der Achsel des anderen Vorblattes von 1′ die Blüte 2 usw. BK_1, BK_2 usw. Beiknospen.

Abb. 140. *Ipomopsis rubra,* I Endabschnitt der Synfloreszenz mit Terminalblüte E, II Endblüte E mit drei postfloralen monadischen Parakladien zur Zeit der Anthese der Beisprosse (Bs_1–Bs_3), III postflorales monadisches Parakladium (Endblüte mit E' bezeichnet) mit blühendem Beisproß, EBs dessen Endblüte. Orig. TROLL und WEBERLING.

ser bietet sich zu Beginn der Anthese in der durch die Abb. 140 I wiedergegebenen Form dar, deren Aufbau das Verzweigungsschema in Abb. 141 I erläutert. Bemerkenswert daran ist der verhältnismäßig lange botryoide Endabschnitt der Rispe sowie die rekauleszente Verlagerung der Deckblätter an den distalen Seitenblüten. Schon in diesem Stadium ist in den Achseln aller Deckblätter der Parakladien erster Ordnung eine zwischen Parakladium und Deckblatt inserierte (phylloskope) Beiknospe zu beobachten. Die Beiknospen gelangen während der weiteren Anthese im distalen Bereich der Rispe sämtlich zur Entfaltung und zur Blüte („akzessorische Parakladien"), wobei erkennbar wird, daß sie weitaus mehr Blattorgane tragen als die primä-

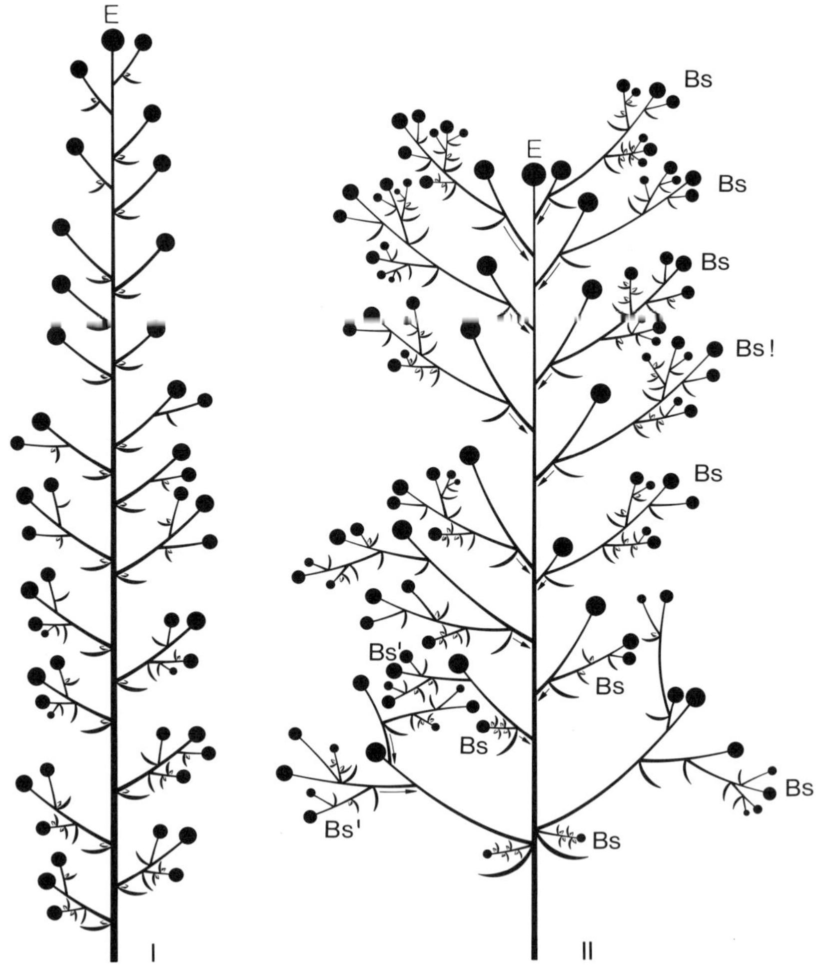

Abb. 141. *Ipomopsis rubra*, I Endabschnitt der Synfloreszenz zu Beginn der Anthese, Beisprosse noch unentwickelt, II nach Entwicklung der Beisprosse. Bs (Bs' Beisprosse von Pc zweiter Ordnung) E Terminalblüte. Die Pfeile geben die normale Position der rekauleszent verlagerten Brakteen an. Orig.

ren Parakladien (Abb. 140 II, III). Von den zahlreichen an diesen Beisprossen angelegten Blüten werden im distalen Bereich der Rispe zumindest die Terminalblüten entfaltet. Registriert man im fortgeschrittenen Stadium der Anthese den Entwicklungszustand der einzelnen Beisprosse, so kann man dabei von den distalen Parakladien der Rispe abwärts fortschreitend zunächst eine Zunahme der Entfaltung und Verzweigung (Bs!), dann etwa beginnend bei den dyadischen Parakladien eine immer stärker werdende Entfaltungshemmung beobachten, bis schließlich die Beiknospen im Knospenzustand verharren. Statt dessen gelangen an den dyadischen und triadischen Parakladien Beisprosse zur Entwicklung, welche den Parakladien zweiter Ordnung zuzuordnen sind (Abb. 141 II). – Auch im Infloreszenzbereich können Beisprosse übrigens auch gänzlich vegetativ ausgebildet sein (z.B. *Caryopteris incana* = *C. tangutica*, *Verbenaceae*, vgl. TROLL 1972, Seite 108).

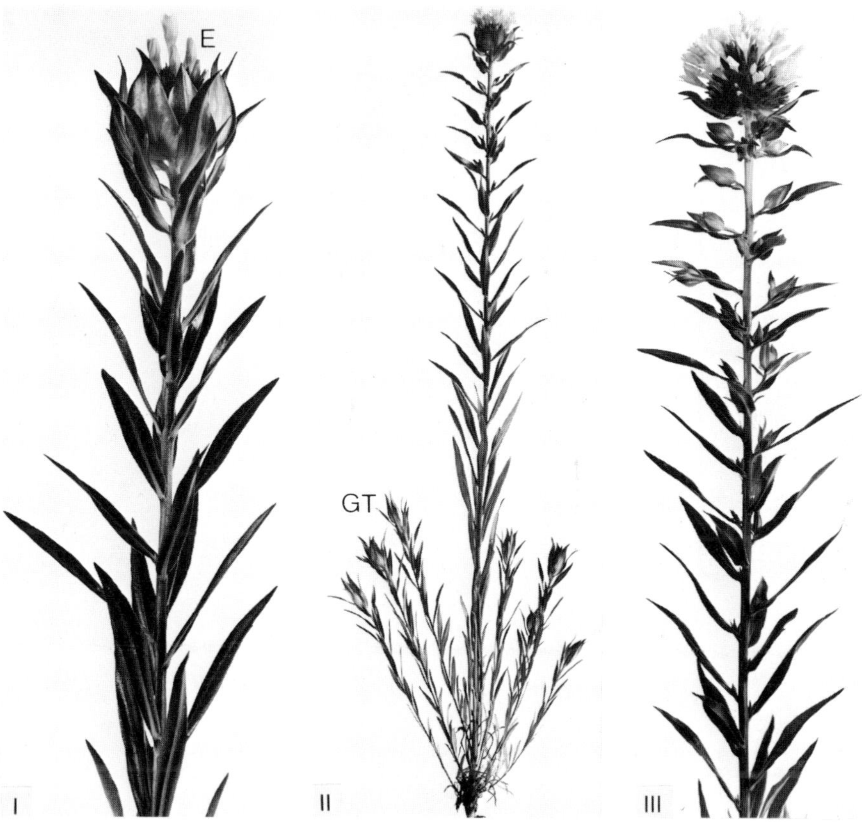

Abb. 142. *Collomia grandiflora*. I, III oberer Teil einer blühenden Pflanze mit kopfig gedrängtem Endabschnitt der Synfloreszenz, I zu Beginn der Anthese, die Terminalblüte E kurz vor dem Aufblühen, III kopfiger Endabschnitt in voller Blüte, die tiefer stehenden seitlichen Köpfchen bereits weit entwickelt, II ganze Pflanze mit Grundtrieben GT, die an ihren distalen Enden bereits die Anlagen der Blütenköpfchen zeigen. Orig. TROLL und WEBERLING.

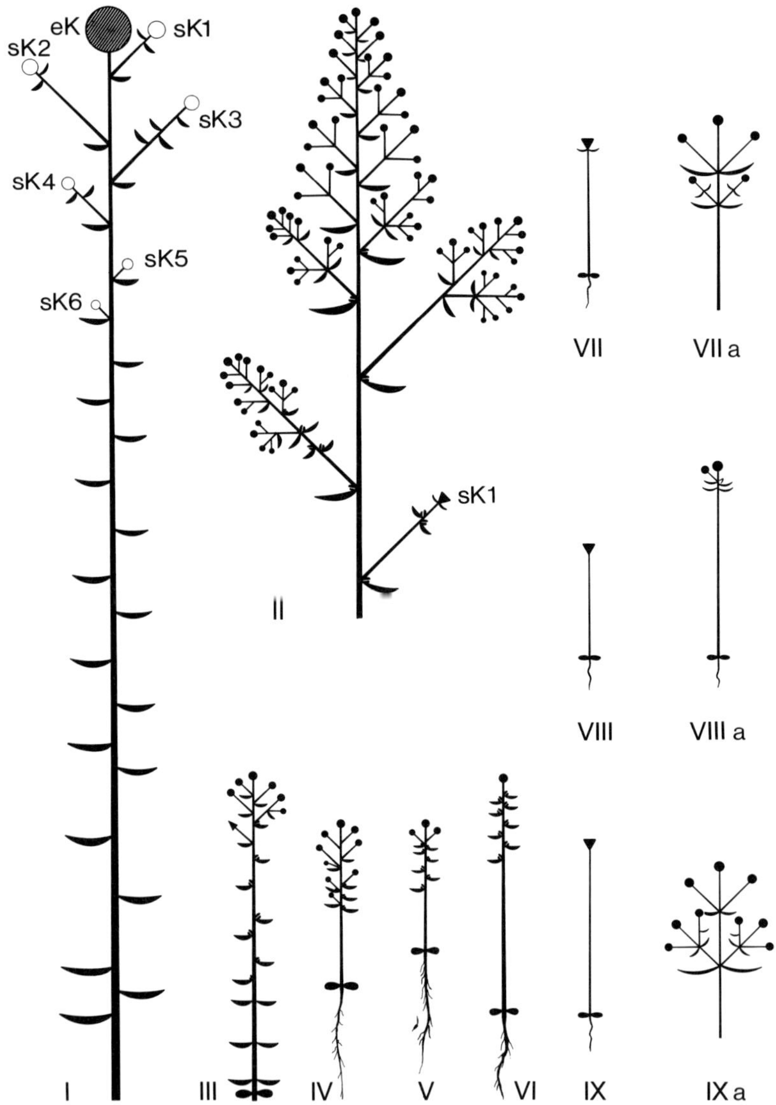

Abb. 143. I IV *Collomia linearis,* I schematischer Aufriß einer blühenden Pflanze mit endständigem (eK) und seitenständigen (sK_{1-6}) Blütenköpfchen, II Verzweigungsschema des endständigen Köpfchens in I. III, IV Kümmerformen. V, VI Kümmerformen von *Collomia grandiflora.* VII–IX *Gymnosteris nudicaulis,* Aufrißschemata (im gleichen Größenverhältnis) blühender Pflanzen und VIIa–IXa Verzweigungsschemata der endständigen Köpfchen.

Sehr häufig tritt bei den Polemoniaceenblütenständen eine kopfige Zusammendrängung aller oder eines Teiles der Parakladien ein, so daß die Blütentriebe in ihrer Spitze und oft auch noch am Ende kräftiger Seitentriebe köpfchenartige Blütenaggregate (Cephaloide, TROLL 1964, Seite 53) tragen. Dies trifft unter anderem für viele Arten der Gattung *Collomia* zu. Unter diesen weist *Collomia grandiflora* (Abb. 142) wohl die am stärksten verzweigten Blütenköpfchen auf, über deren Verzweigungsverhältnisse das Aufrißschema in Abb. 157 III Auskunft gibt. Bemerkenswert daran ist der ausgedehnte botryoide Endabschnitt sowie die in Begleitung der kräftigeren Parakladien in serial-absteigender Folge auftretenden Beiknospen, in deren Entfaltung auch hier entlang der Infloreszenzachse verschiedene Maxima festzustellen sind. Trotz der hohen Blütenzahl im botryoiden Endabschnitt der Rispe beginnt die Aufblühfolge auch hier mit der den gesamten Blütenstand abschließenden Terminalblüte (Abb. 142 I). Die in Abb. 142 I, II wiedergegebene Pflanze kann später außer dem großen terminalen Köpfchen noch zahlreiche gleichfalls in Blütenköpfchen endende Seitenachsen zur Entfaltung bringen, von denen die unterhalb des terminalen Köpfchens bereits erkennbaren sich freilich nur zu kleineren Köpfchen entwickeln, während die tiefer am Hauptsproß inserierten, entsprechend dem basimesotonen Förderungssinn länger und kräftiger werdenden Seitenachsen in umfangreichen Blütenaggregaten enden können.

Abb. 144. I *Argostemma concinnum*, II *Gymnosteris nudicaulis*. I nach HOOKER (Icon. pl.), II nach BRAND (ENGLERS Pflanzenreich).

Bei anderen köpfchenbildenden *Collomia*-Arten, wie zum Beispiel *Collomia linearis*, ist die Blütenzahl in den Köpfchen geringer (Abb. 143 I, II). Verschieden stark reduzierte Hungerformen, die man bei *Collomia linearis, C. biflora, C. grandiflora* und anderen, normalerweise Köpfchen bildenden Arten finden kann, leiten schließlich bis zu Formen über, bei denen nur noch die Terminalblüte entwickelt wird (Abb. 143 III bis VI). Soweit jedoch bei Hungerformen mehrere Blüten ausgebildet werden, sind sie auch hier köpfchenartig zusammengedrängt.

Kann man bei den Kümmerformen von *Collomia* ebenso wie bei den auf Seite 250 geschilderten Hungerformen von „modifikatorischem Zwergwuchs" sprechen, der allein ungünstigen Lebensbedingungen zuzuschreiben ist, so handelt es sich bei der Gattung *Gymnosteris* eindeutig um konstitutiv bedingten Zwergwuchs. Die beiden Arten der Gattung, *Gymnosteris nudicaulis* und *G. parvula*, halten nämlich augen-

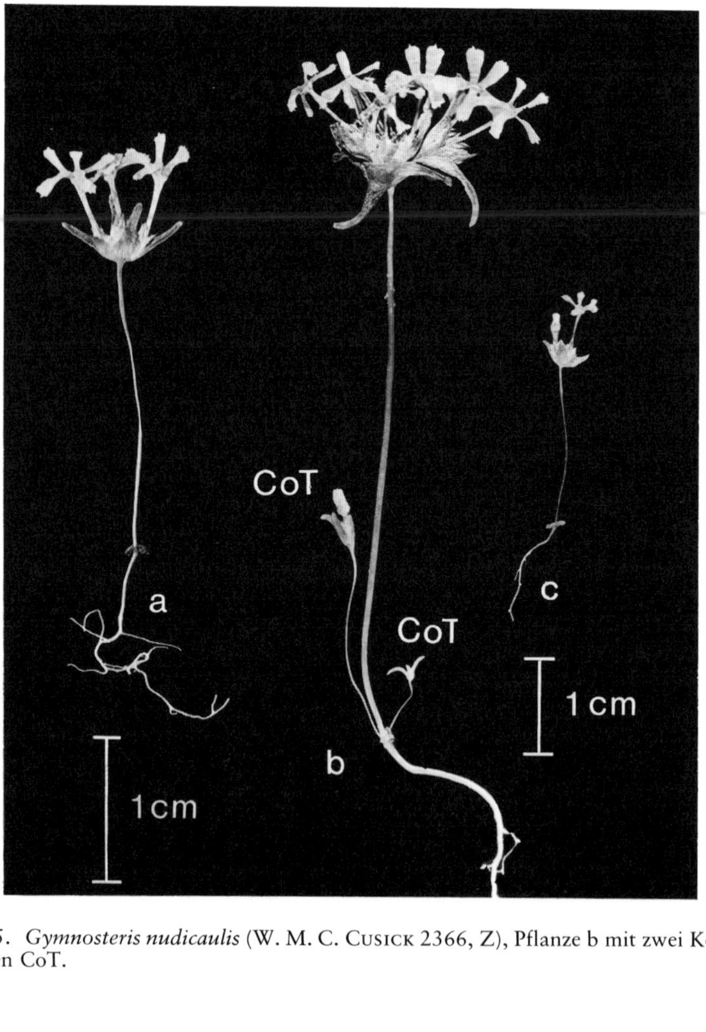

Abb. 145. *Gymnosteris nudicaulis* (W. M. C. Cusick 2366, Z), Pflanze b mit zwei Kotyledonartrieben CoT.

scheinlich stets an der in Abb. 144 II für *Gymnosteris nudicaulis* wiedergegebenen Wuchsform fest. Diese ist dadurch gekennzeichnet, daß nur zwei Internodien eine Längenentwicklung erfahren, nämlich das Hypokotyl und das schaftartig verlängerte Epikotyl. Außer den ziemlich kleinen Kotyledonen, die hier ebenso wie schon bei den beschriebenen Kümmerformen von *Collomia* persistieren, trägt die Hauptachse nur im Bereich des terminalen Blütenköpfchens einige etwas größere laubige Brakteen, welche zweifellos durch ihre Assimilationsleistung das Fehlen der Laubblätter kompensieren müssen. Die Gesamtentwicklung wird somit derart extrem abgekürzt, daß die Pflanzen bereits im ersten Jugendstadium ihrer Entwicklung zur Blühreife gelangen, was hier sicherlich endogenen Faktoren zuzuschreiben ist. Die Pflanzen erreichen nur eine Länge von wenigen Zentimetern, die Blütenköpfchen tragen nur wenige Blüten in der durch die Verzweigungsschemata in Abb. 143 VIIa bis IXa wiedergegebenen Anordnung. Bei der Pflanze c in Abb. 145 sind nur noch die Terminalblüte und eine Seitenblüte voll ausgebildet (Abb. 143 VIIIa). Bei der verhältnismäßig kräftigen Pflanze b hat sogar eine Verzweigung aus den Achseln der beiden Kotyledonen stattgefunden, doch erscheinen die beiden Kotyledonartriebe recht schwächlich entwikkelt. Die **modifikatorische Neotenie** läßt sich hier als Anpassung an eine sehr kurze Vegetationsperiode in dem durch lange Trockenzeiten gekennzeichneten Heimatgebiet der Pflanzen verstehen. Eine ähnliche **konstitutive Neotenie** tritt verbunden mit Einblütigkeit bei der Rubiacee *Argostemma concinnum* auf. Auch hier wird nur ein einziger laubiger Blattwirtel ausgebildet, allerdings gelangen hier drei Internodien zur Ausbildung, nämlich das Hypokotyl, das Epikotyl und das Endinternodium, das heißt, der Stiel der Terminalblüte, die hier als einzige Blüte ausgebildet wird (Abb. 144 I).

Einer starken Verarmung der Infloreszenzen begegnet man auch bei den polsterförmig wachsenden *Phlox*-Arten. Diese stehen damit im Gegensatz zu vielen aufrechtwachsenden „Stauden-Phlox"-Arten, besonders etwa *Phlox paniculata* und *P. maculata*, deren blütenreiche Thyrsen zahlreiche Cymen von gleichförmig sich wiederholendem Aufbau – nämlich mit ausschließlicher Fortsetzung der Verzweigung aus der Achsel des α-Vorblattes – tragen. Dagegen bestehen selbst die noch verhältnismäßig reichblütigen Infloreszenzen von *Phlox amoena* (Abb. 146 I) nur aus wenigen Wirteln ein- bis dreiblütiger Parakladien, die zusammen von zwei schaftartig verlängerten „Segregationsinternodien" der Infloreszenzachse über den durch Internodienstauchung geprägten vegetativen Abschnitt emporgehoben werden. Die Blütenzahl kann sich sogar noch weiter verringern, bei *Phlox amoena* bis fast zu einem Botryoid (Abb. 146 II), bei *Phlox subulata* (Abb. 146 IV, V) bis auf zwei oder drei Blüten oder sogar allein die Terminalblüte. Letzteres ist bei *Phlox bryoides* (Abb. 146 III) regelmäßig der Fall, hier geht der allein übriggebliebenen Terminalblüte auch kein gestrecktes Internodium voraus.

Die Innovation, oder in diesem Falle besser gesagt, die Fortsetzung des vegetativen Verzweigungssystems, erfolgt bei allen diesen Arten aus den Achseln der Laubblätter, die dem Infloreszenzabschnitt bzw. bei *P. bryoides* der Terminalblüte unmittelbar vorausgehen. Dabei ist gewöhnlich ein akrotoner Förderungssinn zu beobachten. Das Austreiben dieser Fortsetzungssprosse beginnt im selben Jahr, oft noch ehe der terminale Blütenstand abgeblüht ist, was TROLL (1964, Seite 304) als **Prolepsis** bezeichnet. Bei *Phlox subulata* gelangen die im Verzweigungsschema in Abb. 146 IV eingetragenen distalen Fortsetzungstriebe oft schon wenige Monate später selbst zur Blüte, sie zeigen also die Erscheinung der **Syllepsis** (TROLL 1964, Seite 306).

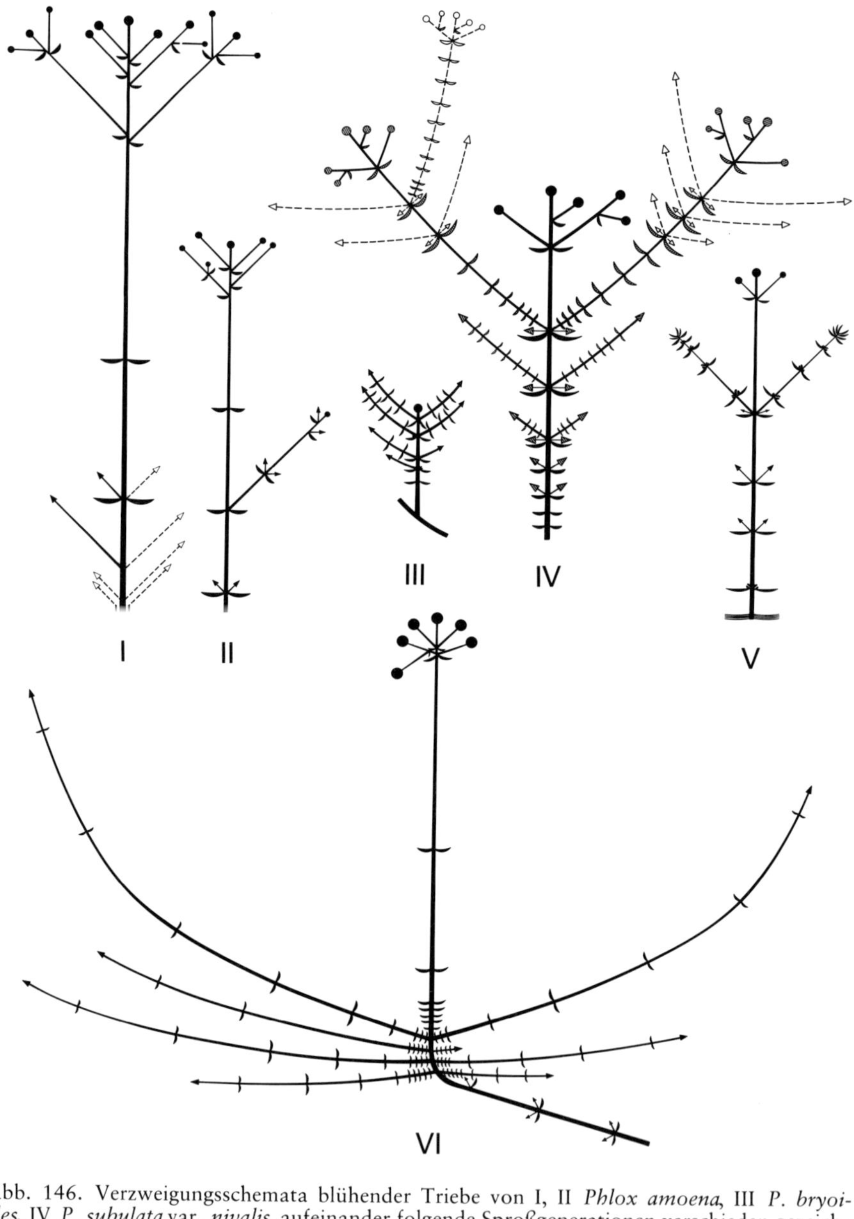

Abb. 146. Verzweigungsschemata blühender Triebe von I, II *Phlox amoena*, III *P. bryoides*, IV *P. subulata* var. *nivalis*, aufeinander folgende Sproßgenerationen verschieden gezeichnet, V *P. subulata*, VI *P. stolonifera*, Ausläufer, der am distalen Ende eine Rosette ausgebildet hat und bereits wieder zur Blüte und zur Entwicklung neuer Ausläufer gelangt ist.

Ein proleptisches Verhalten zeigen auch die ausläuferförmigen Fortsetzungstriebe, denen *Phlox stolonifera* (Abb. 146 VI, 147) ihren Namen verdankt. Der Blütenstand dieser Pflanzen ist infolge Verarmung der Parakladien und Stauchung der Internodien im floralen Bereich bei starker Streckung der vorausgehenden Internodien sogar doldenartig gestaltet. Die Verzweigung des unteren „Doldenastes" weist den Blütenstand aber eindeutig als verarmte und gestauchte Rispe (Sciadioid) aus.

Eine weitere Variation des monotelen Synfloreszenztyps besteht in der bevorzugten oder sogar alleinigen Streckung des Endinternodiums der Infloreszenzachse und der Parakladien. Wie stark der Habitus blühender Pflanzen dadurch beeinflußt wird, sieht man bei vielen Mohn-Arten, so etwa beim Klatschmohn (*Papaver rhoeas*, Abb. 148), in dessen Beschreibung es dann heißt: „Blüten einzeln endständig" (HEGI 1919, IV/1, Seite 29).

Auch hier liegt jedoch der Verzweigungsmodus einer Rispe zugrunde, der freilich nicht allein durch die beträchtliche Verlängerung der Endinternodien abgewandelt ist, sondern auch durch die oft auf das distale Glied beschränkte und stark verzögerte Entfaltung der Parakladien zweiter und höherer Ordnung, so daß die laubige Beblät-

Abb. 147. *Phlox stolonifera*, blühender Trieb mit Ausläufern in der Rosettenregion. Orig. TROLL und WEBERLING.

terung des Unterbaues der Parakladien stärker in Erscheinung tritt. Deutlicher ist der rispige Verzweigungsmodus bei *P. caucasicum* zu erkennen, bei dem die Endinternodien weniger stark gestreckt sind und die Entfaltung der Parakladien gleichmäßiger erfolgt (Abb. 148 II). Andererseits bleibt bei den Alpenmohn-Arten, z.B. *P. rhaeticum*, der gesamte Unterbau des Primärsprosses rosettig gestaucht; das gleiche gilt in starkem Maße für den Unterbau der Parakladien. Allein die Endinternodien der Hauptachse und der Parakladien sind schaftartig gestreckt, und heben die Blüten weit über den gestauchten vegetativen Bereich empor – ein Verhalten, das unter den polytelen Synfloreszenzen bei *Teesdalia nudicaulis* sein analoges Gegenstück findet. – Mit dem Türkischen Mohn *(P. orientale)* haben wir demgegenüber eine halbrosettig wachsende Art vor uns, bei der die Parakladien sämtlich im unentwickelten Zustand verharren und allein die Terminalblüte zur Entwicklung gelangt. Anders als bei den Hungerformen monoteler Pflanzen, bei denen die Einblütigkeit modifikatorisch bedingt ist (vgl. Seite 250), haben wir es hier mit obligatorischer Uniflorie zu tun, die uns innerhalb vieler monoteler Verwandtschaftskreise als arttypisches oder sogar als gattungstypisches (z.B. *Dryas*) Merkmal entgegentritt.

Abb. 148. I *Papaver rhoeas*, II *Papaver caucasicum*, blühende Pflanzen. Orig. TROLL.

In diesem Zusammenhang haben wir noch die Verarmung eines rispigen Blütenstandes auf die Terminalblüten des Hauptsprosses und der Parakladien zu betrachten. Ein Beispiel dafür gibt der Blütenstand der Polemoniacee *Cantua buxifolia* (Abb. 149 I), an dessen sämtlichen Parakladien erster Ordnung allein die Terminalblüten zur Entfaltung gelangen. In den Achseln der Blattorgane, welche diesen Blüten vorausgehen, werden zwar weitere Blütenknospen angelegt, sie verkümmern jedoch frü-

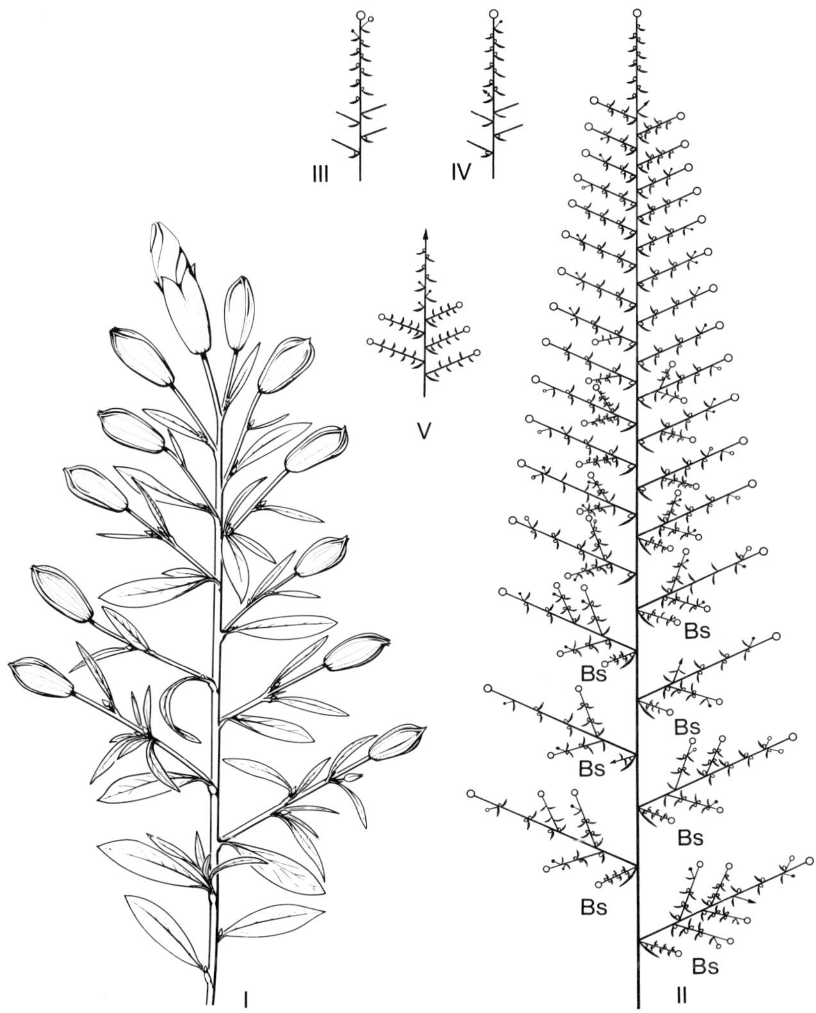

Abb. 149. I *Cantua buxifolia,* Infloreszenz. II–V *Loeselia mexicana,* II Verzweigungsschema einer Infloreszenz II, IV Spitzenabschnitte stärkerer Parakladien mit Terminalblüten und zahlreichen Zwischenblättern, vor denen die distalen zum Teil noch rudimentierte Blüten in ihren Achseln tragen; V Schema eines Infloreszenzendes bei Ausbleiben der Terminalblütenbildung. Bs Beisprosse.

her oder später (ausgenommen vielleicht die oberste Seitenblüte des untersten Parakladiums). Vielleicht kann man dieses Verhalten mit einer ausgeprägten Dominanz der Terminalblüten an den Parakladien erklären. Wir haben bereits auf Seite 221 erörtert, daß die Terminalblüte in ihrer Entwicklung einen Vorsprung gegenüber den benachbarten Seitenblüten aufweist. „Die verspätete Anlegung der oberen Seitenblüten äußert sich" nun nach TROLL (1964, Seite 14) „zuweilen darin, daß sie auf dem Knospenstadium stehen bleiben" und verkümmern. Die Verzögerung, welche die Bildung der Achselprodukte hier erfährt, kann sogar bis zur Unterdrückung gesteigert sein, mit dem Ergebnis, daß die Achseln der Brakteen, welche der Endblüte vorausgehen, leer bleiben (Abb. 149 II). Derartige, der Terminalblüte vorausgehende „sterile" Blattorgane hat NORDHAGEN (1937, Seite 12) als **Zwischenblätter** bezeichnet. Sie können brakteos oder laubig ausgebildet sein. Das letztere findet man etwa bei *Nigella damascena* oder *Trollius europaeus*, deren Infloreszenzen eher das Bild eines Systems von laubig beblätterten, nur eine terminale Blüte tragenden Blütentrieben, als den Eindruck eines Blütenstandes vermitteln. Nach HOLTHUSEN (1940, Seite 619) sind in den Achseln der Zwischenblätter oft keinerlei meristematische Zellkomplexe nachzuweisen.

2.2.9 Prolifikationserscheinungen

Von weitreichender Bedeutung für das Verständnis vieler Infloreszenzen sowohl des monotelen als auch des polytelen Typs ist die Möglichkeit, daß der Infloreszenzscheitel unter Rückkehr zu vegetativer Ausbildung durchzuwachsen vermag, was man als **Prolifikation** (Proliferation) bezeichnet. Gemeint sind hier weniger die Fälle einer gelegentlichen Durchwachsung von Blütenständen, wie man sie bei vielen Pflanzen, z. B. *Lupinus polyphyllus, Cheiranthus cheiri* (vgl. HEGI 1919, IV/1, Seite 445) oder *Matthiola incana* (WEBER 1860) beobachten kann, sondern die für nicht wenige Pflanzensippen typische **habituelle** Prolifikation. TROLL (1964: Komm. Ber. 1963, Seite 116) hat dabei zwischen **Früh- und Spätprolifikation** unterschieden.

Spätprolifikation ist auf polytele Synfloreszenzen beschränkt, „bei denen sie in der Rückkehr des Scheitels der Hauptfloreszenz zu vegetativem Verhalten besteht." Eine wichtige Voraussetzung dafür ist dann gegeben, wenn die Tragblätter der Einzelblüten oder Partialfloreszenzen laubig beschaffen sind – ein Grund, weshalb man eine Prolifikation der Hauptfloreszenz bei Cruciferen nur selten als typisches Merkmal antrifft (so bei der korsischen Rosettenpflanze *Morisia monantha* = *M. hypogaea*). Zahlreiche Beispiele findet man demgegenüber bei den *Onagraceae,* von denen hier nur die Gattung *Fuchsia* genannt sein mag, ferner bei den *Primulaceae.* Aus dieser Familie ist *Lysimachia punctata,* eine bekannte Gartenstaude, anzuführen, deren reichblütige, mit laubigen Tragblättern ausgestattete Trauben regelmäßig gegen Ende der Blütezeit an ihrer Spitze wieder zu vegetativem Wachstum übergehen. Auch das Pfennigkraut *(Lysimachia nummularia),* dessen laubig beblätterte Hauptfloreszenz ebenso wie der gesamte Sproß im kriechenden Wuchs verharrt, proliferiert regelmäßig. Dabei gelangt das Profilerat wiederum nach kurzer Zeit zur Blüte und bringt sogar aus dem Abschnitt unterhalb der blühenden Region Parakladien hervor, die gleichfalls zum Blühen kommen können. Man findet somit an den gleichmäßig laubig beblätterten Kriechsprossen oft mehrfach im Wechsel hintereinander blütentragende traubige Abschnitte und vegetative Abschnitte, deren Achselknospen sich zu Parakladien entfalten können (Abb. 150 II). Während *Lysimachia ephemerum*(Abb.

151 I) und die anderen Arten der Sect. Ephemerum eine traubige brakteos beblätterte Hauptfloreszenz und ebensolche Cofloreszenzen aufweisen, findet man bei *L. thyrsiflora* ausschließlich seitliche Blütentrauben, welche an der Hauptachse aus den Achseln laubiger Tragblätter entspringen, während die Hauptachse selbst vegetativ bleibt (Abb. 151 II, III). Dieses abweichende Verhalten läßt sich damit erklären, daß der Synfloreszenzscheitel schon vor Anlegen der Hauptfloreszenz zur Prolifikation übergeht. Es liegt somit das von TROLL als **Frühprolifikation** bezeichnete

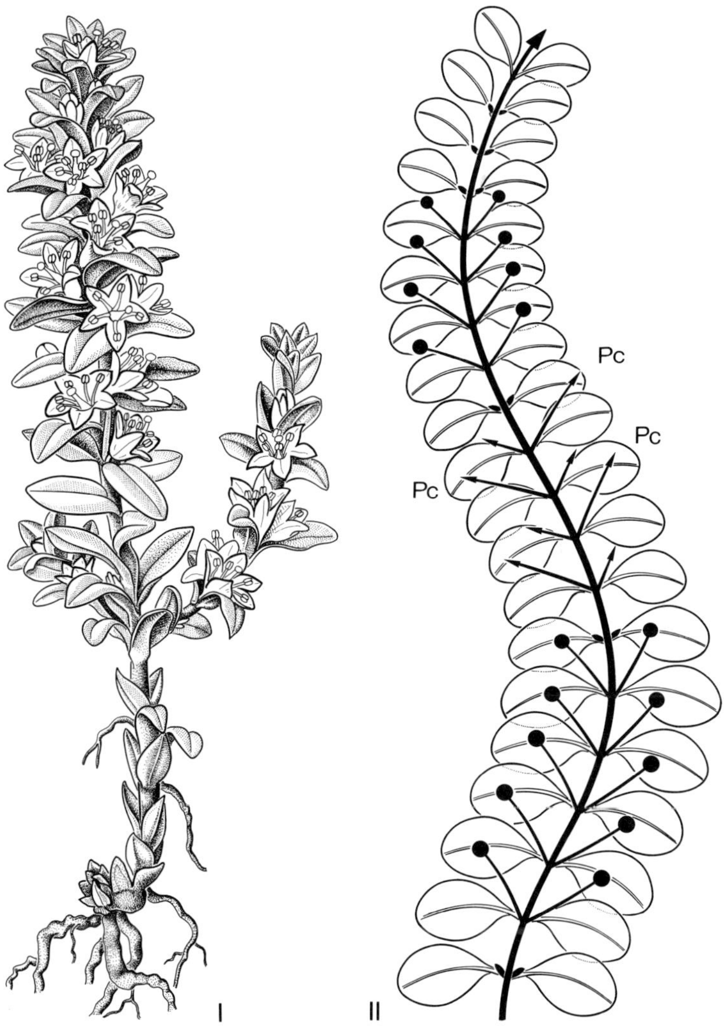

Abb. 150. I *Glaux maritima*, blühende Pflanze (nach GARCKE verändert), II *Lysimachia nummularia*, Sproß mit mehrfacher Prolifikation der traubigen Hauptfloreszenz, Pc im Austreiben befindliche Parakladien.

Verhalten vor, deren Wesen darin besteht, daß von den Synfloreszenzen – gleich, ob monotelen oder polytelen Baues – stets nur die Bereicherungszone zur Entwicklung gelangt.

Bei *Lysimachia thyrsiflora* kann der proliferierende Abschnitt sich sogar verzweigen. „Doch tritt an ihm niemals Blütenbildung ein" (TROLL 1971, Seite 113).

Obligatorische (Spät-)Prolifikation gibt auch den Blütentrieben von *Glaux maritima* ihr charakteristisches Aussehen (Abb. 150 I). Das auch hier steril bleibende Proliferat kann in seinem proximalen Abschnitt Parakladien bilden.

Spätprolifikation ist namentlich auch im Bereich der **Monokotylen** häufig anzutreffen. TROLL (1962) hat sie eingehend für *Chlorophytum comosum* beschrieben, bei dem die thyrsischen Floreszenzen der Blütentriebe am Ende regelmäßig Laubrosetten bilden, welche durch das Überhängen der Blütentriebe mit dem Boden in Berührung kommen, sich bewurzeln und auf diese Weise eine vegetative Vermehrung der Pflanze bewirken. Der kräftige Floreszenzscheitel wahrt „im Verlauf der Synfloreszenzentwicklung, statt fortschreitend verbraucht zu werden, seinen Umfang, was

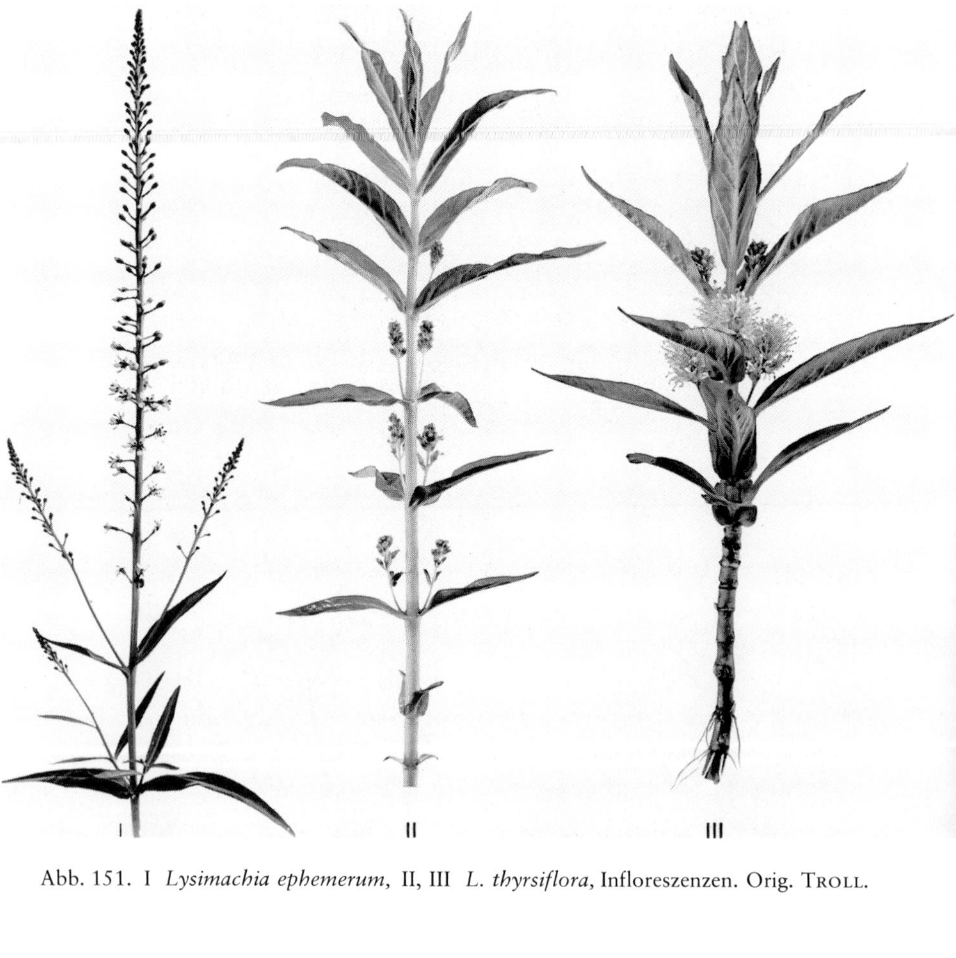

Abb. 151. I *Lysimachia ephemerum*, II, III *L. thyrsiflora*, Infloreszenzen. Orig. TROLL.

Abb. 152. *Eucomis punctata,* I Infloreszenzende in Scheitelansicht, II Endabschnitt einer noch nicht voll erblühten Infloreszenz, III voll erblühte Infloreszenz. Orig. TROLL.

wohl die Voraussetzung dafür ist, daß er endlich ziemlich unvermittelt zu vegetativem Wachstum überzugehen vermag". Die Brakteen der Floreszenz gehen dabei über Zwischenformen zu immer größeren Laubblättern über, was durch eine Erstarkung des Achsenkörpers ermöglicht wird, der schließlich zur Bildung eines Rhizoms schreitet. Abgesehen von dieser „Scheitelprolifikation" vermögen (vorzugsweise im Bereich der Hauptfloreszenz) auch die Partialfloreszenzen zu prolifikativem Wachstum überzugehen. Dies erfolgt in der Weise, daß innerhalb einer Schraubel die Blütenbildung vorzeitig unterbrochen wird, „indem an Stelle eines Blütenprimordiums eine vegetative Knospe entsteht."

Angedeutet findet sich prolifikatives Wachstum auch an der Spitze der traubigen Hauptfloreszenz von *Eucomis punctata* (Abb. 152), wo sich die Brakteen in laubige Blattorgane verwandeln, so daß der Blütenstand von einem Schopf grüner Blätter gekrönt wird. Dies erinnert zugleich an das bekannte Bild des Fruchtstandes von *Ananas comosus*, das ebenfalls durch Spätprolifikation zustande kommt. Die Proliferate können hier als Stecklinge benutzt werden. Bei *Tillandsia latifolia* erfolgt gleichfalls eine Spätprolifikation, während der sich die immer mehr überhängende Blütenstandsachse mit der Spitze dem Substrat nähert, so daß das Proliferat mit seinen Wurzeln darin Fuß fassen kann.

Abb. 153. *Melaleuca genistifolia*, Blütenstand vor (I) und während (II) der Anthese. Orig. TROLL.

Abb. 1P4. *Callistemon coccineus* (I) und *C. rigidus* (II), blühende Triebe. Orig. TROLL.

Frühprolifikation, d.h. Prolifikation des Scheitels, ehe es zur Ausbildung einer Hauptfloreszenz kommt, findet man unter den Liliaceen, z.B. bei der Gattung *Polygonatum* (besonders ausgeprägt bei *P. verticillatum*, aber auch bei anderen Vertretern). Ausführlich hat TROLL (1961) die Frühprolifikation für einen anderen monokotylen Verwandtschaftskreis, nämlich einige Gattungen der *Commelinaceae*, beschrieben.

Während die Mehrzahl der Commelinaceen Synfloreszenzen besitzt, die in einer Hauptfloreszenz enden und **insofern „geschlossene Synfloreszenzen“** darstellen, bleibt bei *Cochliostema odoratissimum* der Sproßscheitel der Hauptachse vegetativ, die Blütenbildung bleibt auf thyrsische Bereicherungstriebe beschränkt, die aus den Achseln der laubigen Blätter des rosettig wachsenden Haupttriebes hervorgehen. *Insofern* haben wir es hier also mit einer **„offenen Synfloreszenz“** (vgl. TROLL 1958, Seite 133) zu tun.* Ähnliches gilt für *Rhoeo* und *Coleotrype*,

* Die Begriffe „offene“ und „geschlossene Synfloreszenz“ sind also nicht deckungsgleich mit den Begriffen „polytel“ (nicht mit einer Terminalblüte, sondern in einer vielblütigen offenen Floreszenz endend) und monotel (mit einer Terminalblüte abschließend)!

mit dem Unterschied, daß die Hauptachse nicht gestaucht ist. Auch *Campelia zanonia* läßt sich nach späteren Angaben TROLLS (1961, Seite 116) mit *Cochliostema* vergleichen.

Als Ergebnis der Prolifikation folgt demnach an ein und derselben Achse auf einen blühenden Abschnitt ein vegetativer, und dieser Wechsel kann sich mehrfach wiederholen. Dies gilt namentlich für manche Holzgewächse, so z.B. für eine Reihe von Myrtaceen. Unter diesen sind vor allem die Gattungen *Melaleuca* und *Callistemon* zu nennen, ferner auch *Calothamnus*. Der in Abb. 153 I, II wiedergegebene Blütenstand von *Melaleuca genistifolia* bietet sich vor dem Aufblühen noch als endständige Ähre dar (I), schon zu Beginn der Anthese jedoch kehrt der Infloreszenzscheitel zu vegetativem Wachstum zurück (II). Noch auffälliger ist dieser Wechsel von blütentragender und vegetativer Region bei *Callistemon coccineus* (Abb. 154 I), bei dem das vegetative Durchwachsen der Infloreszenzachse schon zu einem früheren Zeitpunkt erfolgt. Der in Abb. 154 II dargestellte Trieb von *Callistemon rigidus* wächst bereits nach zweimaligem Wechsel zwischen vegetativer und blütentragender Region wieder vegetativ weiter. Es hat dann immer wieder den Anschein, als seien die blütentragenden Abschnitte hier gewissermaßen in das vegetative Sproßsystem „eingeschaltet", was PARKIN (1914) wohl zu der Klassifizierung als „intercalary inflorescences" veranlaßt hat. Tatsächlich handelt es sich bei dieser uns zunächst ungewöhnlich erscheinenden Anordnungsweise der Blüten jedoch um das Ergebnis einer frühzeitigen Prolifikation.

2.2.10 Rumpfsynfloreszenzen (Trunkate Synfloreszenzen)

a) monotele Rumpfsynfloreszenzen

Es gibt nun allerdings auch nicht-proliferierende Myrtaceen-Infloreszenzen, denen eine Terminalblüte fehlt. Sie geben sich aber dadurch als monotele Systeme zu erkennen, daß entweder der Ausfall der Terminalblüte nur fakultativ erfolgt – wie z.B. nach TROLL (1969, Seite 258) bei *Syzygium jambos (= Eugenia jambos, Jambosa vulgaris)* –, oder daß zumindest die rispig, botryoid oder stachyoid verzweigten Parakladien Terminalblüten aufweisen. TROLL (1961, Seite 116) hat solche Blütenstände daher als **„monotele Rumpfsynfloreszenzen"** bezeichnet. Weitere Einzelbeispiele für dieses Verhalten werden von TROLL (1969, Seite 255), teilweise unter Hinweis auf andere Autoren genannt, so etwa der Blütenstand der Roßkastanie *(Aesculus hippocastanum)*, die Blütenstände von *Cimicifuga*-Arten, *Ligustrum, Schinus molle* u.a.m.

Monotele Rumpfsynfloreszenzen können aber auch dadurch zustande kommen, daß nicht allein die Terminalblüte rudimentiert, sondern dazu auch die zuletzt ausgegliederten Seitenblüten, kurz: durch ein „*Rudimentieren des Synfloreszenzendes*" (TROLL). Als Beispiel dafür mag zunächst *Macleaya cordata (Bocconia cordata)* dienen, ein Vertreter der *Papaveraceae-Papaveroideae* mit rispigen Infloreszenzen. Nach Untersuchungen TROLLS (1961, Seite 118) bleibt der Synfloreszenzscheitel meist unentwickelt; „an schwächeren Trieben entfaltet er sich aber häufig vollständig, um dann nach allgemeiner Papaveroideenart mit einer Terminalblüte abzuschließen."

Aus der monotelen Familie der *Polemoniaceae* sind hier die *Loeselia*-Arten aus der Sect. *Loeselia* zu nennen, zu welchen neben der in Abb. 155 wiedergegebenen

Loeselia coerulea auch *L. mexicana* gehört, deren Blütenstandsaufbau durch die Verzweigungsschemata in Abb. 149 II bis V dargestellt ist. Für alle Arten dieser Sektion ist charakteristisch, daß den Terminalblüten sowohl an der Hauptachse als auch an den Parakladien zahlreiche sterile Hochblätter vorausgehen. Diese Zwischenblätter sind vermutlich ein Zeichen für ein Schwächerwerden des Infloreszenzscheitels, der zuvor zahlreiche Seitenachsen ausgegliedert hat. Damit stünde in Einklang, daß es bei sehr langen Infloreszenzen bisweilen nicht mehr zur Ausbildung einer Terminalblüte kommt (Abb. 149 V). Da zuvor schon die Ausgliederung der obersten Seitenblüten gehemmt wurde, kann man auch hier von einer Rudimentation des Synfloreszenzscheitels sprechen. Bei *Loeselia coerulea* und bei *L. pumila* scheint ein solches Verhalten die Regel zu sein. In allen diesen Fällen verfügen aber die Parakladien stets noch über Terminalblüten und zeigen damit die monotele Natur dieser Blütenstände an (Weberling 1963). – Ein Rudimentieren des Synfloreszenzendes kommt auch bei den *Rubiaceae* vor, die zumeist monotele Synfloreszenzen aufweisen

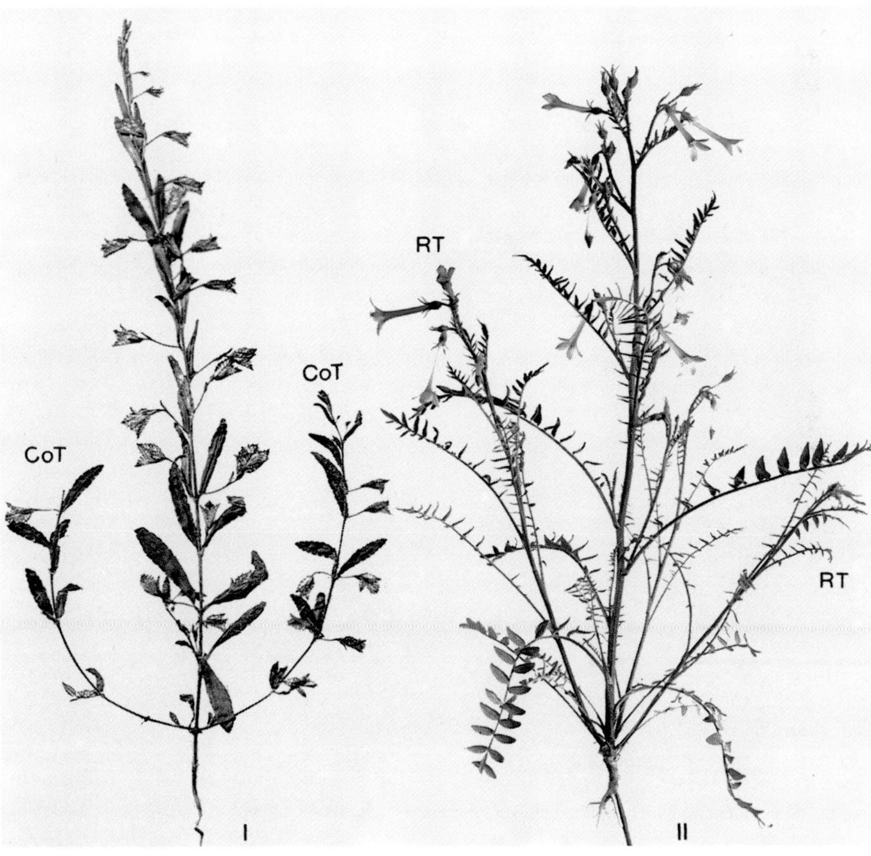

Abb. 155. *Loeselia coerulea* (Schaffner, Mexico; Goet), Rudimentieren des Infloreszenzendes. CoT Kotyledonartriebe. II *Polemonium pauciflorum,* blühende Pflanze, RT Rosettentriebe.

(WEBERLING 1977); als Beispiele mögen hier *Petunga racemosa* und *Gonzalagunia spicata* genannt sein (Abb. 156).

Durch den konstanten Ausfall der Terminalblüte sind die Blütenstände der *Valerianaceae* gekennzeichnet (WEBERLING 1961). Nur in einem einzigen Fall fand sich unter mehreren tausend Pflanzen von *Valeriana officinalis* ein Blütenstand mit einer Terminalblüte, die freilich abnorm ausgebildet, nämlich zweispornig und insoweit disymmetrisch ausgebildet war (Abb. 105 IV); ein ähnlicher Einzelfall wurde bei *Valeriana pauciflora* beobachtet (vgl. auch CEJP 1926, Seite 113; über abnorme und mehrspornige Terminalblüten bei *Valeriana* und *Centranthus*). Normalerweise wird

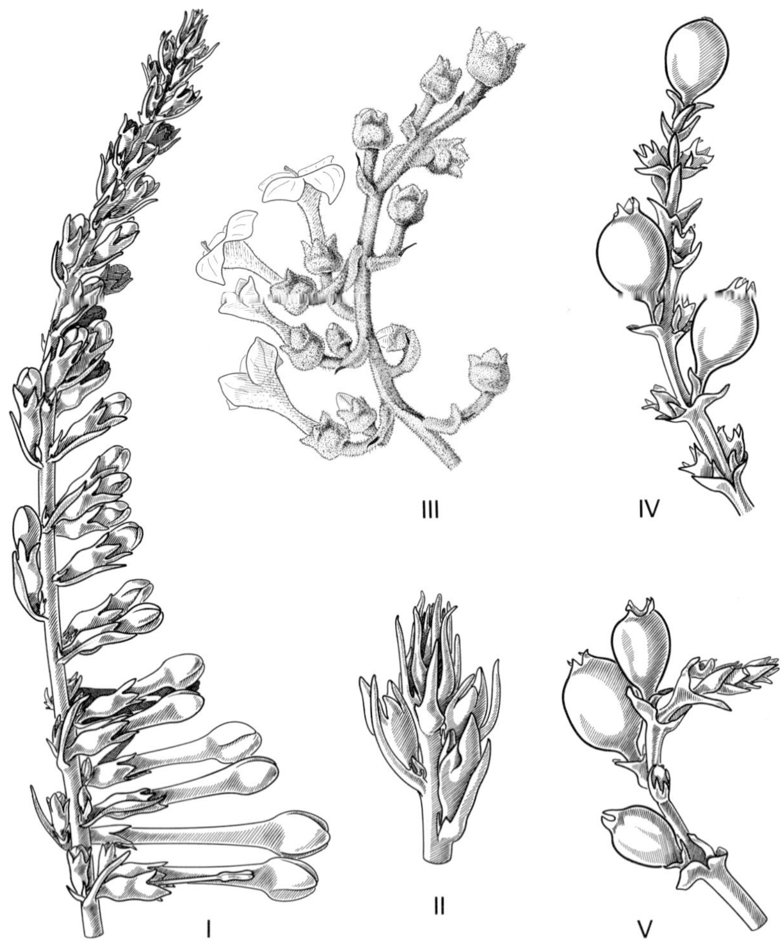

Abb. 156. Rudimentieren des Synfloreszenzendes bei Rubiaceen. I, II *Gonzalagunia spicata*, terminaler Thyrsus (I) und dessen Spitzenbereich stärker vergrößert (II). III *Gonzalagunia dependens*, thyrsische Infloreszenz mit Endblüte (SCHIMPFF 660, Ecuador, M). IV, V *Petunga racemosa*, axilläre botryoide Infloreszenz (IV), V ohne Terminalblüte.

der terminale Infloreszenzabschluß bei den Valerianaceen durch eine „Gabel" dargestellt, welche von den beiden obersten, dichasial verzweigten Parakladien gebildet wird. (Abb. 105 I).

Das Zustandekommen dieses Verhaltens wird hier an Hand der Entwicklungsweise der Blütenstände deutlich. Bei der seitlichen Ausgliederung der Parakladien aus dem Infloreszenzscheitel ist nämlich zu beobachten, daß die Anlagen der Parakladien im Verhältnis zu ihren Tragblättern immer früher in Erscheinung treten. Dabei werden sie stengelaufwärts zwar allmählich schwächer, halten darin aber allem Anschein nach nicht mit der Größenabnahme der Hauptachse bzw. des Infloreszenzscheitels Schritt. Schließlich erlangen daher die Anlagen der obersten Parakladien ein solches Übergewicht, daß sie bei ihrer sehr frühzeitigen Anlegung den noch nicht wieder völlig regenerierten Infloreszenzscheitel zu ihrer Bildung gänzlich in Anspruch nehmen. Dies geht auch aus anatomischen Untersuchungen PHILIPSONS (1947, Seite 413) hervor: „Indeed, the buds come more and more to dominate their bracts" ... „eventually they arise so early and involve so much of the apical meristem that no residuum of the apex remains between them to continue the main axis."

Hinweise auf die Richtigkeit dieser Deutung liefert das unterschiedliche Auftreten der Primanblüten innerhalb der cymösen Partialinfloreszenzen bei den akroton verzweigten Blütenständen von *Valerianella, Fedia* und manchen *Valeriana*-Arten *(V. alliariifolia)*. Sie fehlen hier oft an den Verzweigungen niederer Ordnung und treten um so später in Erscheinung, je mehr sich die akrotone Förderung der Partialinfloreszenzen in der Stärke der Seitenachsen und deren vielfacher Verzweigung geltend macht, während umgekehrt bei den Hungerformen oft schon die Seitenachsen erster Ordnung mit Primanblüten abschließen (Abb. 119/120).

b) polytele Rumpfsynfloreszenzen

Dem Verlust der Terminalblüte bei den monotelen Rumpfsynfloreszenzen entspricht bei den polytelen Rumpfsynfloreszenzen der Verlust der Hauptfloreszenz. In beiden Fällen führt die von TROLL (1969, Seite 255) als „Verrumpfung" oder „Trunkation" bezeichnete Abwandlung des Bauplanes dazu, daß allein die Bereicherungszone des Blütenstandes zur Ausbildung gelangt.

Polytele Rumpfsynfloreszenzen kann man nach TROLL (1963, Seite 120; 1964, Seite 100ff.; 1966, Seite 125/126, 130; 1967, Seite 100) unter anderem bei Balsaminaceen, Scrophulariaceen, Papilionaceen und Acanthaceen (SELL 1969) finden, welch letztere sich hinsichtlich der Ableitung der Rumpfsynfloreszenz von der Vollsynfloreszenz als sehr aufschlußreich erweisen.

Bei der überwiegenden Mehrzahl der Papilionaceen endet der Haupttrieb in einer Doppeltraube homoeothetischen Baues, wie wir sie bereits am Beispiel von *Melilotus officinalis* und *Trifolium campestre* (Abb. 110 II) dargestellt haben (vgl. Seite 218 sowie Abb. 109 I). Bei den *Sophoreae, Podalyrieae, Genisteae* und einigen Gattungen der *Galegeae-Psoraleinae* (z.B. *Amorpha*) schließt der Haupttrieb dagegen mit einer einfachen Traube ab, als bekanntes Beispiel ist hier die Lupine zu nennen. „Einheitlichkeit ergibt sich, wenn man unterstellt, daß bei Formen, deren Blütentriebe in einer Doppeltraube" (homoeothetischer Verzweigung, Verf.) „enden, die Hauptfloreszenz unterdrückt wird, was gleichbedeutend ist mit der Aussage, daß Rumpfsynfloreszenzen vorliegen" (TROLL 1963, Seite 120). Tatsächlich kann nach Angaben TROLLS in manchen solcher Fälle die Hauptfloreszenz zuweilen in Gestalt einer einfachen Traube zur Ausbildung gelangen, so bei Arten von *Astragalus* und *Glycyrrhiza*

(Galegeae) sowie bei Arten von *Trifolium, Melilotus* und *Medicago,* besonders bei *Medicago lupulina,* bei der diese Erscheinung so häufig auftreten soll, „daß es mancherorts schwerfällt, Exemplare mit Rumpfsynfloreszenzen zu finden."

Bei den mit polytelen Rumpfsynfloreszenzen ausgestatteten Pflanzen gliedert sich der hier allein ausgebildete Unterbau in zwei Regionen: einen distalen Abschnitt, in welchem die Parakladien auf die Cofloreszenz reduziert sind, und einen von TROLL „als **Spezialunterbau** bezeichneten proximalen Bereich, in dem die Parakladien über einen Unterbau verfügen."

Die Ausbildung von Rumpfsynfloreszenzen kann allgemein als abgeleitetes Merkmal betrachtet werden. Auch dies läßt sich an Hand der Papilionaceen deutlich machen: Die mit Hauptfloreszenzen ausgestatteten Sophoreen, Podalyrieen und Genisteen erweisen sich nach ENGLERS Auffassung auf Grund ihrer blüten- und fruchtmorphologischen Merkmale als verhältnismäßig primitive Glieder der Familie.

2.2.11 Systematische Bedeutung des Synfloreszenzaufbaues, Übergang von der Monotelie zur Polytelie

Es ist wohl schon deutlich geworden, daß die Berücksichtigung des Infloreszenzbaues in hohem Maße zur Charakterisierung natürlicher Verwandtschaftskreise dienlich sein kann, sofern man dabei nach der von TROLL aufgezeigten Typologie der Blütenstände verfährt. Auch größere Verwandtschaftskreise verhalten sich im Auftreten des monotelen oder des polytelen Typs der Infloreszenzbildung weithin einheitlich. Oft gilt dies auch für die spezifische Ausprägung des einen oder anderen Typus, oft lassen sich aber auch bestimmte Entwicklungslinien in der Abwandlung der einzelnen Elemente aufzeigen. Da die Feststellung der typologischen Zusammenhänge gewöhnlich eine Analyse der gesamten Wuchsform voraussetzt, wird zudem auch jener sonst oft nur unscharf zu bestimmende Merkmalskomplex exakter erfaßt, der das bedingt, was man gemeinhin als „Habitus" einer Pflanze bezeichnet.

Durch konstant monotele Synfloreszenzen sind unter anderem die *Caryophyllaceae, Geraniaceae, Melastomataceae, Oleaceae, Gentianaceae, Hydrophyllaceae* und *Boraginaceae* gekennzeichnet. Polyteler Synfloreszenzbau herrscht demgegenüber z. B. bei sämtlichen Vertretern der *Cruciferae, Resedaceae, Leguminosae* (Ausnahme: *Gleditschia*), *Malvaceae, Primulaceae, Labiatae, Scrophulariaceae, Gesneriaceae, Compositae* und – sieht man von wenigen Ausnahmen, namentlich bei den *Alismataceae, Scheuchzeriaceae, Juncaginaceae* und *Burmanniaceae,* vielleicht auch vereinzelt den *Gramineae-Bambusoideae* ab – auch bei allen *Monocotyledoneae.* Es gibt aber auch nicht wenige monotele Familien, innerhalb derer neben Sippen mit proliferierenden oder trunkaten Synfloreszenzen auch Verwandtschaftsgruppen mit polytelem Synfloreszenzbau auftreten; gute Beispiele dafür sind etwa die *Papaveraceae* mit den fast ausnahmslos polytelen *Fumarioideae* oder die *Campanulaceae* mit den polytelen *Lobelioideae.*

Obschon die monotelen Rumpfsynfloreszenzen sich trotz des Ablastes der Terminalblüte zumeist eindeutig dem Typ der monotelen Synfloreszenz zuordnen lassen, liegt daher die Frage nahe, ob monotele und polytele Blütenstände nicht durch Übergänge miteinander verbunden sind. Schon aus allgemein-systematischen und phylogenetischen Erwägungen heraus ist sogar zu postulieren, daß die beiden Infloreszenztypen im System nicht völlig voneinander isoliert stehen können.

Vergleichen wir die beiden Typen auf Grund der vorausgegangenen Erörterungen nochmals an Hand der Schemata in Abb. 122 I, II und Abb. 125 I, II, so bleibt festzustellen, daß sich die polytelen Synfloreszenzen nicht allein durch das Fehlen der Terminalblüte, sondern auch in der Ausbildung der blütentragenden Seitentriebe wesentlich von den monotelen Synfloreszenzen unterscheiden. Gegenüber dem Bauplan der monotelen Synfloreszenz, bei der die Seitenachsen sämtlich morphologisch gleichwertige Elemente, nämlich Parakladien, darstellen, ist bei der polytelen Synfloreszenz eine Differenzierung der Seitentriebe eingetreten: In dem als Hauptfloreszenz definierten Endabschnitt stehen Einzelblüten bzw. cymöse Partialfloreszenzen, in der Region unterhalb der Hauptfloreszenz Seitentriebe, die das Verhalten des Hauptsprosses wiederholend in einer Floreszenz (Co-Floreszenz) enden und nicht durch eine Terminalblüte begrenzt sind, folglich Parakladien dieses Systems darstellen.

Um diesen, schon in seinem Grundaufbau stärker differenzierten Typ der polytelen Synfloreszenz von dem weniger differenzierten Bauplan der monotelen Synfloreszenz abzuleiten, braucht man nur zwei Schritte anzunehmen: 1. den **Verlust der Terminalblüte** und 2. eine **Spezialisierung** der Seitentriebe in solche, die als Einzelblüten oder Parakladien Elemente der Hauptfloreszenz bilden, und Parakladien, die im Verzweigungsmodus von den Seitenachsen der Hauptfloreszenz abweichen, statt dessen aber insgesamt dem Hauptsproß darin gleichen, daß sie selbst in einer Floreszenz enden und gegebenenfalls in ihrem proximalen Abschnitt Parakladien nächsthöherer Ordnung hervorbringen können. Organverlust und Spezialisierung ursprünglich gleichwertiger Bauelemente sind Prozesse, die uns in der Evolution der Organismen immer wieder entgegentreten. Es ist daher nicht weiter erstaunlich, daß man tatsächlich entsprechende Übergänge zwischen den beiden Infloreszenztypen nachweisen kann. Der Übergang zwischen den beiden Typen hat sich offenbar innerhalb verschiedener Verwandtschaftskreise mehrfach unabhängig voneinander vollzogen, was es erlaubt, innerhalb einer Familie oder auch eines kleineren oder größeren Verwandtschaftskreises zwischen – in dieser Hinsicht – primitiveren und weiter fortgeschrittenen Sippen zu unterscheiden.

Die für polytele Synfloreszenzen charakteristische Spezialisierung der blütentragenden Seitenachsen findet man nicht selten schon bei der Rispe oder dem geschlossenen Thyrsus vorgeprägt in Form einer disjunkt-heterokladischen Ausbildung der Gesamtverzweigung. Beim geschlossenen Thyrsus haben wir diese bereits an Hand der Abb. 109 V kennengelernt. Sie ergibt sich hier mit der gleichförmigen Ausbildung zahlreicher cymös verzweigter Parakladien im Endabschnitt des Blütenstandes und der Wiederholung dieses homoeokladisch-thyrsischen Aufbaues in der Verzweigung der proximalen Parakladien. Bei der Rispe besteht die Homogenisierung der Parakladien im distalen Bereich darin, daß sie auf ihre Endblüte beschränkt bleiben, so daß mehr oder minder ausgedehnte botryoide Endabschnitte zustande kommen, wie wir sie unter anderem bei *Collomia*-Arten (Abb. 143, 157 III) sahen. Zwischen den monadischen Parakladien des Endabschnittes und den botryoiden oder rispigen proximalen Parakladien vermitteln hier allerdings noch dyadische oder triadische Rispenäste, so daß der Wechsel in der Verzweigung nicht derart abrupt erfolgt wie bei dem disjunkt-heterokladischen Thyrsus in Abb. 109 V. Beim Blütenstand von *Gilia capitata* (Abb. 157 I, II), dessen Rispenäste sämtlich in terminalen oder seitlichen Köpfchen (Cephaloiden) zusammengedrängt sind, sind die botryoiden Endabschnitte der Hauptachse und Spezialrispen noch ausgedehnter, die vermittelnden Dyaden und Triaden weniger zahlreich. Man kann sich sehr gut vorstellen, daß auch diese weni-

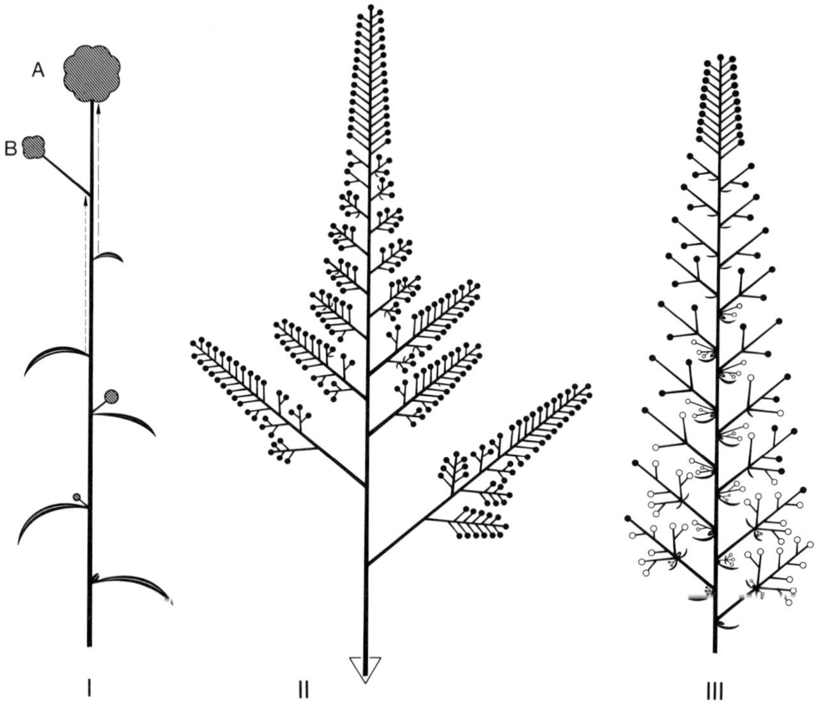

Abb. 157. I, II *Gilia capitata*, I Blütentrieb im Aufrißschema, köpfchenförmige Blütenaggregate schraffiert, die Pfeile geben konkauleszente Verlagerungen von Achseltrieben an; II Verzweigungsschema des terminalen Köpfchens A in I; der unterste Ast ist durch konkauleszente Verlagerung in das Köpfchen einbezogen. III *Collomia grandiflora*, Verzweigungsschema eines terminalen Blütenköpfchens.

gen, vermittelnden Zwischenglieder noch wegfallen, so daß die Disjunktion zwischen botryoidem Endabschnitt und den proximalen botryoiden Parakladien vollkommen wird. Es brauchen dann nur noch die Terminalblüten der Reduktion anheimzufallen, damit der Übergang zur polytelen Synfloreszenz erreicht ist.

In dieser Hinsicht ist das schon von Wydler (1843, Seite 183; 1860, Seite 156) sowie von Braun (1853, Seite 52) beobachtete Verhalten von *Agrimonia eupatoria*, des Odermennigs, bemerkenswert. Der monotele, ausgeprägte disjunkt-heterokladische Blütenstand dieser Pflanze endet in einem mehrere Dezimeter langen stachyoiden bis botryoiden Abschnitt, der weit über 100 jeweils mit 2 Vorblättern ausgestattete Blüten umfassen kann. Ihm gehen an der Hauptachse ein oder mehrere kräftige Äste voraus, die je nach ihrer Insertionshöhe in ihrem proximalen Bereich noch laubige Blattorgane tragen können, dann aber gleichfalls in einem langen Botryoid enden (Abb. 158). Namentlich an kräftigen Exemplaren gelangt nun die Terminalblüte der Hauptachse oft nicht mehr zur Ausbildung, während dies bei schwächeren Exemplaren oder an den botryoiden Parakladien der Fall ist. Sofern die Terminalblüte zur Entfaltung kommt, geht ihr oft eine Anzahl steriler Brakteen voraus. Im anderen Falle verkümmert das Infloreszenzende mit der Terminalblüte und den Anlagen der zu-

Abb. 158. *Agrimonia eupatoria*, Blütenstand. Orig. Troll.

oberst stehenden Seitenblüten. – Ähnlich schließen auch bei *Campanula rapunculoides* armblütige Infloreszenzen gewöhnlich nicht mit einer Terminalblüte ab, während bei kräftigen Exemplaren das Ende des langen botryoiden Abschnittes verkümmert. Man gewinnt dabei den Eindruck, daß sich der Infloreszenzscheitel in der fortwährenden Ausgliederung von Seitenblüten schließlich erschöpft (vgl. Braun 1853; Troll 1964, Seite 22). Sofern die Terminalblüte voll ausgebildet wird, geschieht dies gewöhnlich auf Kosten der obersten Seitenblüten, so daß der Terminalblüte einige Zwischenblätter vorausgehen. Bei *Campanula rapunculoides* treten im Gegensatz zu *Agrimonia eupatoria* unterhalb des botryoiden Endabschnittes der Infloreszenz einige triadische oder noch stärker verzweigte Parakladien auf, welche zu den proximalen Parakladien vermitteln, die den Bau des distalen Abschnittes wiederholen. Bei *Agrimonia eupatoria* aber bedürfte es nur des Wegfalls der Terminalblüten nicht nur an der Hauptachse, sondern auch an den botryoiden Parakladien, um den Status einer polytelen pleiobotryschen Synfloreszenz zu erreichen.

Sehr gut läßt sich der Übergang von der Monotelie zur Polytelie an Hand einiger von Troll (1964, Seite 9 ff.; 1969, Seite 293 ff.) untersuchter Vertreter der *Papavera-*

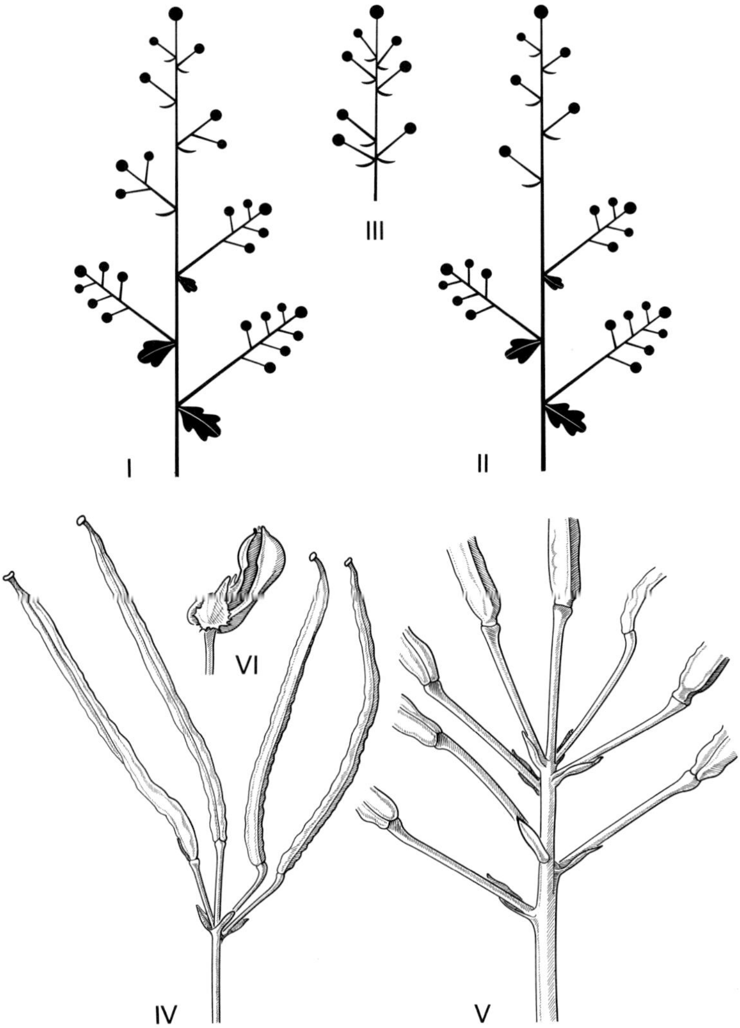

Abb. 159. *Corydalis glauca,* I, II Synfloreszenzen in schematisiertem Aufriß, III botryoider Endabschnitt einer weiteren Synfloreszenz; IV, V vierblütige und achtblütige Synfloreszenz im Fruchtzustand; VI Endblüte im Knospenzustand. Sämtlich nach TROLL.

ceae-Fumarioideae erläutern, nämlich Arten der Gattungen *Dicentra* und *Corydalis*. Während die Infloreszenzen der *Papaveroideae* durchweg monotel gebaut sind – die Rumpfsynfloreszenzen von *Macleaya* hatten wir bereits auf Seite 274 erwähnt –, besitzen die schon durch ihre disymmetrischen bzw. sogar transversal-zygomorphen Blüten (Seite 78) als stärker abgeleitet erscheinenden *Fumarioideae* fast alle polytele Infloreszenzen mit heterothetisch-traubiger Verzweigung. Eine Ausnahme bildet *Co-*

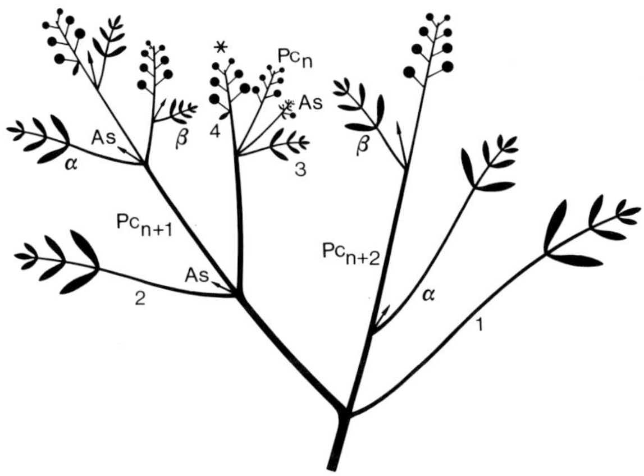

Abb. 160. *Corydalis lutea*. Endabschnitt des Primärsprosses,* der terminale Blütenstand. Den Achseln der Blattorgane 1 bis 3 gehören die Parakladien Pc_{n+2}, Pc_{n+1} und Pc_n samt ihren Beisprossen (As) an. Der Beisproß von Pc_n ist wie Pc_n selbst auf den Blütenstand beschränkt, der aber nur die proximale Blüte ausgebildet hat und im übrigen rudimentiert ist. Die Parakladien Pc_{n+2} und Pc_{n+1} haben jeweils den Hauptsproß beiseite gedrängt und sich in Richtung der Hauptachse eingeordnet. Nach TROLL.

rydalis glauca, deren mit Terminalblüten abschließende Infloreszenzen meist rispig verzweigt sind (Abb. 159 I). Bemerkenswerterweise zeigt ihre Terminalblüte den gleichen transversal-zygomorphen Bau wie die Seitenblüten (Abb. 159 VI). Der Übergang zur Polytelie wird hier nun gewissermaßen in der Weise vorbereitet, daß der Terminalblüte oft ein mehr oder minder ausgedehnter botryoider Abschnitt vorausgeht (Abb. 159 II, III). Da dasselbe auch an den dieser Region vorausgehenden, stärker verzweigten Parakladien eintreten kann, ergibt sich in der Bereicherungszone eine auffällige Disjunktion, mit der sich die bei den übrigen Arten der Gattung und der Mehrzahl der übrigen Gattungen dieser Unterfamilie vollzogene Differenzierung der Seitenachsen in Einzelblüten als Elemente der traubigen Hauptfloreszenz einerseits und der traubigen Floreszenzen der Parakladien andererseits schon andeutet. Mit der Reduktion der Terminalblüten wird diese Differenzierung und der Übergang zur Polytelie vollständig. Ein Beispiel dafür zeigt der Blütenstand von *Corydalis lutea* in Abb. 160. – Unter den *Dicentra*-Arten, die zumeist monotel-thyrsische (bzw. dithyrsische) Synfloreszenzen besitzen (so z.B. *D. eximia*), sind *Dicentra spectabilis* und *D. cucullaria* sowie *D. canadensis* dadurch ausgezeichnet, daß ihre Infloreszenzen zumindest in den Endabschnitten auf eine traubige Verzweigung reduziert sind und die Spitzenregion verkümmert; auch hier ist also der Übergang zur Polytelie vollzogen.

Mit der **‚Homogenisation‘**, d. h. der zunehmend gleichförmigen Ausbildung der als Einzelblüten oder Cymen in Erscheinung tretenden Seitentriebe der floreszenzartigen Abschnitte, und der **‚Trunkation‘** (troncature), d. h. dem Ablast der Terminalblüte(n), geht nach den umfangreichen Untersuchungen von MARESQUELLE (1970 u. a.) und SELL (1969, 1976 u. a.) gewöhnlich die als **„Razemisation“** (racémisation) bezeichnete Umkehr der Aufblühfolge zu einer spitzenwärts fortschreitenden einher.

Wir haben auf Seite 279 bereits festgestellt, daß sich der Übergang vom monotelen zum polytelen Infloreszenzaufbau mehrfach unabhängig innerhalb verschiedener Verwandtschaftskreise eingestellt haben muß. Weitere Beispiele dafür kann man unter den *Rubiaceae* finden, bei denen die Gattung *Perama* aus der Tribus der *Spermacoceae,* ferner die Rubieen-Gattungen *Crucianella* und *Relbunium* sowie die Gattungsgruppe *Cruciata-Valantia-Meionandra* durch polytele Synfloreszenzen gekennzeichnet sind (Weberling 1979). Dasselbe gilt für die *Ranunculaceae,* bei denen wohl allein die beiden Delphiniieen-Gattungen *Delphinium* und *Aconitum,* die auch durch ihre stark abgewandelten zygomorphen Blüten eine Sonderstellung einnehmen, durch polytelen Infloreszenzbau ausgezeichnet sind, während *Cimicifuga*-Arten, *Isopyrum*-Arten und *Thalictrum alpinum* mit der Ausbildung monoteler Rumpfsynfloreszenzen eine vermittelnde Stellung einnehmen. – Unter den *Rosaceae* darf man wohl die Infloreszenzen einiger Vertreter der *Spiraeoideae* als polytel ansprechen, so z.B. von *Sibiraea altaiensis (= S. laevigata), Holodiscus discolor* und *Aruncus dioicus (= A. sylvestris)*; vielleicht darf man diesen auch noch die Blütenstände von *Spiraea douglasii* hinzurechnen, wenngleich die Abgrenzung monoteler Rumpfsynfloreszenzen gegenüber polytelen Synfloreszenzen hier nicht immer deutlich wahrzunehmen ist. Die Infloreszenzen anderer *Spiraea*-Arten, wie z.B. *Spiraea japonica* bieten sich fakultativ als monotele Rumpfsynfloreszenzen dar (vgl. dazu Troll 1969, Seite 320ff., ferner Schaeppi 1970).

2.2.12 Die Blütenstände der Caprifoliaceen

Verschiedene Stufen des Übergangs von der Monotelie zur Polytelie findet man auch bei den Blütenständen der *Caprifoliaceae,* die wir schon eingangs (Seite 234) erwähnt hatten, weil sie ihrer Verzweigung und dem äußeren Eindruck nach keineswegs sehr einheitlich erscheinen. So etwa stehen den reich verzweigten Schirmrispen unseres Holunders (*Sambucus nigra,* Abb. 161 I) und Schneeball-Arten (*Viburnum opulus* und *V. lantana,* Abb. 162) die zweiblütigen Infloreszenzen von *Linnaea borealis* (Abb. 121 III) oder die „langgestielten Blütenpaare“ der Heckenkirsche (*Lonicera tatarica,* Abb. 121 II) gegenüber und letzteren wieder die Blütenköpfchen von *Lonicera periclymenum* (Abb. 121 I, 161 II) oder die Blütenquirle von *Lonicera caprifolium* (Abb. 168 IV), die tellerartigen Hochblattquirlen aufzusitzen scheinen. Der Zusammenhang zwischen diesen verschiedenartig erscheinenden Blütenstandsformen wird jedoch erkennbar, sobald man sich nicht durch die auf den ersten Blick als Einheiten erscheinenden Blütenaggregationen – wie etwa die „Blütenpaare“ von *Lonicera xylosteum* – von der Betrachtung des gesamten Sproßverbandes ablenken läßt. Bei einem breit angelegten Vergleich, den wir hier nicht in allen Teilen wiederholen wollen, ergibt sich, daß man bei der Einordnung der verschiedenen Blütenstandsformen von einem rispigen Blütenstand bzw. einem Thyrsus als Grundform auszugehen hat.

Rispig verzweigte, monotele Blütenstände weisen innerhalb der *Caprifoliaceae* nur noch die Gattungen *Sambucus* und *Viburnum* auf. Dabei sind die Arten der Sect. *Botryosambucus,* zu denen auch der Traubenholunder *(Sambucus racemosa)* gehört, durch dekussierte kegelförmige Rispen ausgezeichnet, deren Verzweigung nach dem Muster der Abb. 163 I basalwärts schrittweise zunimmt. Dasselbe gilt für die meisten Vertreter der Sect. *Thyrsosma,* der primitivsten Sektion der Gattung *Viburnum.* (Hinsichtlich ihrer Stellung müssen die Infloreszenzen von *Sambucus racemosa* frei-

Abb. 161. Blütenstände von *Sambucus nigra* (I) und *Lonicera periclymenum* (II). I aus TROLL und WEBERLING, II Aufn. TH. ARZT.

Abb. 162. I *Viburnum opulus,* II *V. lantana,* corymbische Infloreszenzen in Aufsicht, III *V. opulus,* Spezialrispe in Oberansicht, die Randblüten der Übersichtlichkeit halber zurückgebogen, die Parakladien bis auf die beiden proximalen abgeschnitten, F′ Endblüte der Spezialrispe, E″ der mit I, II bezeichneten Äste. I, III aus Troll und Weberling, II Orig. Troll.

lich wohl als abgeleitet gelten: sie bilden den Abschluß axillärer Kurztriebe, welche an vorjährigen [oder älteren] Langtrieben stehen, während die Blütenstände bei der Sect. *Sambucus* den Abschluß von Langtrieben bilden.)

Die vorherrschende Infloreszenzform in der Gattung *Sambucus* wie auch in der Gattung *Viburnum* ist allerdings die Schirmrispe, die sich grundsätzlich in der schon auf Seite 222 geschilderten Weise von der kegelförmigen Rispe ableiten läßt. Im einzelnen freilich ist die Ausbildung der Verzweigung in den Schirmrispen von *Sambucus nigra* und verwandten Arten höchst kompliziert. Es rücken nämlich die beiden untersten und die beiden folgenden Parakladien 1. Ordnung jeweils zu Scheinwirteln zusammen. Außerdem sind namentlich an den unteren dieser Rispenäste die den Vorblattachseln entspringenden, etwa zur Unterseite hin ausgerichteten Parakladien 2. Ordnung stark gefördert, die folgenden, schwächeren Parakladien 2. Ordnung dispergiert angeordnet (im einzelnen vgl. dazu TROLL und WEBERLING 1966). Weitgehend ähnlich sind die Schirmrispen vor allem bei *Viburnum opulus* gebaut. Dazu kommt hier wie bei vielen anderen *Viburnum*-Arten noch eine weitere Modifikation, nämlich 1. eine Vermehrung der Parakladien 1. Ordnung durch echte Pleiomerie in den proximalen (und mittleren) Astwirteln, die bei *Viburnum opulus* zur Sechszahl der proximalen Parakladien führt, und 2. bei vielen Arten die schon auf Seite 93 besprochene Vergrößerung der Corolle bei den peripheren Blüten der Schirmrispe. In ihrer speziellen Ausbildung sind diese Schirmrispen daher als hochgradig abgeleitet zu betrachten.

Die Infloreszenzen der übrigen Caprifoliaceen-Gattungen stellen in mehr oder minder starkem Maße abgewandelte Thyrsen dar. Der Zusammenhang mit der rispenartigen (bzw. rispig-thyrsischen) Ausbildung des in Abb. 163 I dargestellten Blütenstandes wird leicht erkennbar, wenn man sich vorstellt, daß die Verzweigung an den Parakladien 1. bis n-ter Ordnung ausschließlich aus den Achseln der Vorblätter fortgesetzt wird.

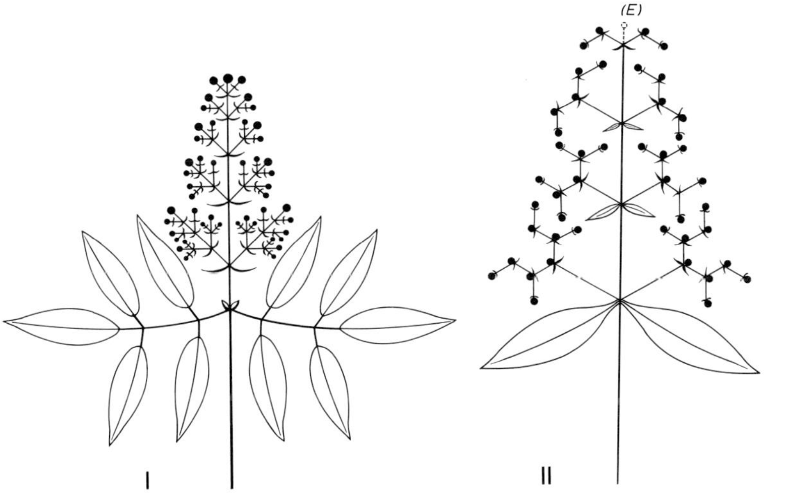

Abb. 163. I Schema einer rispig-thyrsisch verzweigten Caprifoliaceen-Synfloreszenz. II *Diervilla sessilifolia*, Verzweigungsschema des Blütenstandes, E die gelegentlich auftretende Endblüte.

Bei der Gattung *Diervilla* sind die Infloreszenzen homoeokladische Thyrsen mit spitzenwärts rasch fortschreitender Verarmung der cymösen Partialinfloreszenzen. Die Gipfelblüte kann hier noch in völlig normaler Gestalt vorhanden sein (Abb. 164 III, IV) oder aber auch fehlen (164 V). Wir haben es also mit der fakultativen Ausbildung einer monotelen Rumpfsynfloreszenz zu tun (Abb. 163 II).

Bei der eng verwandten, gleichfalls durch zygomorphe Blüten und bikarpellate vielsamige Kapselfrüchte charakterisierten Gattung *Weigela* fehlt die Terminalblüte stets. Ein blühender Zweig etwa von *Weigela floribunda* (Abb. 165) vermag sogar den Eindruck eines disjunkt-heterokladischen Thyrsus polyteler Natur zu erwecken. Wir dürfen hier jedoch nicht übersehen, daß sowohl der terminale als auch die (verarmten) seitlichen Thyrsen den Abschluß von Kurztrieben bilden, die aus der Endknospe und den Achselknospen eines vorjährigen Langtriebes hervorgegangen sind, was sich leicht an der großen Zahl der an ihrer Basis sitzenden Knospenschuppen erkennen läßt. Wir sind daher allenfalls berechtigt, von homoeokladisch-thyrsisch ver-

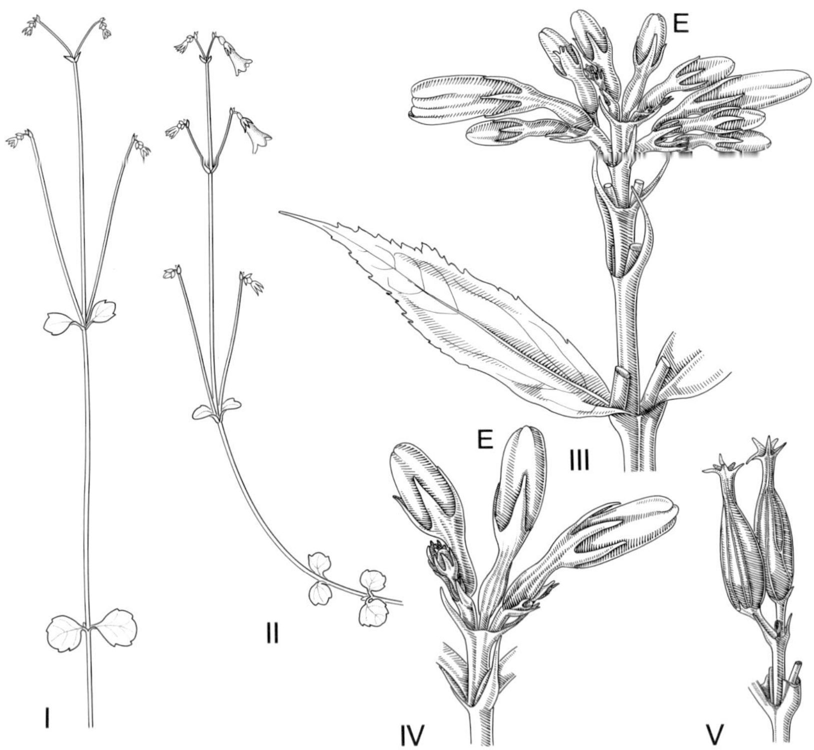

Abb. 164. I, II *Linnaea borealis*, Blütentriebe, bei denen ausnahmsweise 4 bzw. 6 Blüten zur Ausbildung gelangten (nach WITTROCK). III–V *Diervilla sessilifolia*, III thyrsische Infloreszenz mit Terminalblüte (E), die unteren Parakladien der Übersichtlichkeit halber abgeschnitten, IV distaler Abschnitt von III stärker vergrößert, V distaler Abschnitt einer anderen Infloreszenz mit verkümmerter Terminalknospe, in wieder anderen Fällen endet die Infloreszenzachse völlig blind zwischen den beiden obersten Parakladien. Aus TROLL und WEBERLING.

zweigten, monotelen Rumpfsynfloreszenzen zu sprechen, nicht von einem dithyrsischen, polytelen Blütenstand.

Die Blütenstände von *Symphoricarpos* stellen gleichfalls monotele Rumpfsynfloreszenzen dar, bei denen aber im Unterschied zu *Weigela* nicht nur die Terminalblüte, sondern das ganze Synfloreszenzende rudimentiert. Da im Unterschied zu *Weigela* und vor allem *Diervilla* aus den Vorblattachseln der Partialinfloreszenzen der thyrsischen Abschnitte nur äußerst selten weitere Blüten hervorgehen, kommen hier ähren- (bis trauben-)artige Infloreszenzen zustande.

Bei den Blütentrieben vieler *Abelia*-Arten scheint auf den ersten Blick gesehen derselbe Verzweigungsmodus zu herrschen, wie bei *Weigela floribunda;* man vergleiche

I

II

Abb. 165. *Weigela floribunda,*I Langtrieb mit blühenden Kurztrieben, II Verzweigungsschema des dargestellten Langtriebes mit blühenden Kurztrieben, die in gestrichelten Umrissen wiedergegebenen Tragblätter der Kurztriebe sind bereits abgefallen.

dazu nur das in Abb. 166 II wiedergegebene Verzweigungsschema von *Abelia engleriana*. Bei näherem Zusehen bemerkt man jedoch, daß jede der mit einer Blüte abschließenden Seitenachsen außer den beiden Vorblättern noch zwei weitere Brakteenwirtel trägt, die am Grunde der Blüte zu einem vierzähligen außenkelchartigen Kranz vereinigt sind. Dasselbe gilt für den Blütentrieb von *A. rupestris* (Abb. 167 I), bei dem Haupt- und Seitentriebe demselben Jahrgang angehören. Diese gewissermaßen „überzähligen" Brakteen treten nicht nur bei den meisten *Abelia*-Arten auf, sondern sind für die gesamte Tribus der *Linnaeeae*, also auch für die Gattungen *Dipelta*, *Kolkwitzia* und *Linnaea* (Abb. 121 III, 167 III) charakteristisch. Gewöhnlich gehen aus den Achseln dieser Brakteen keine weiteren blütentragenden Äste hervor, gelegentlich kann dies jedoch der Fall sein. Bei *A. aschersoniana* (Abb. 166 I) tritt sogar

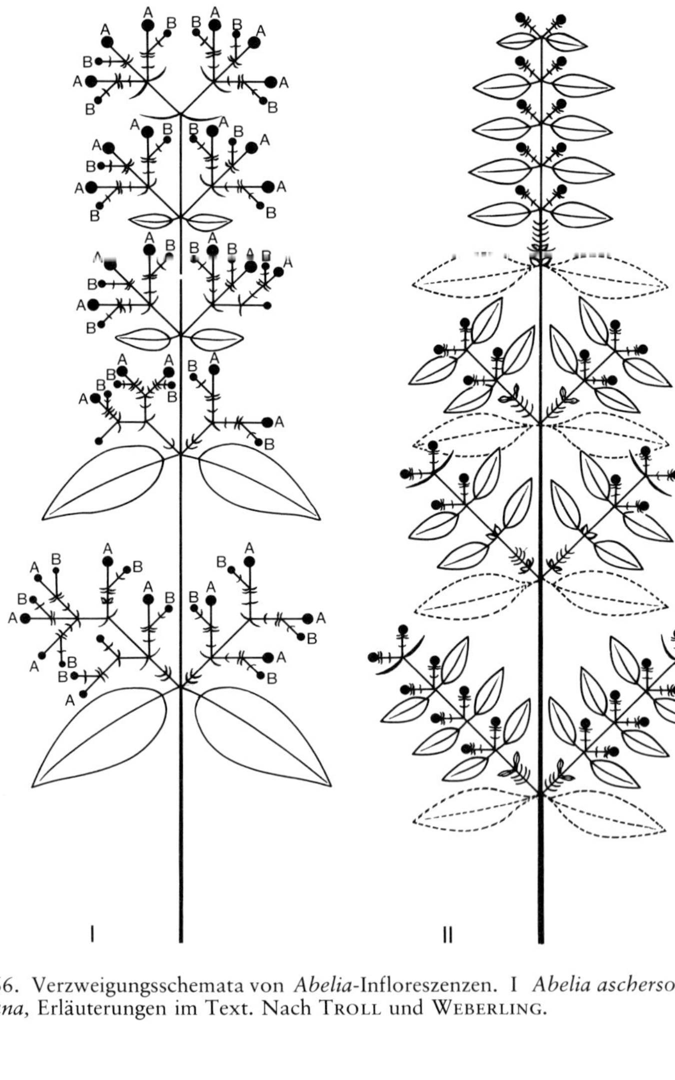

Abb. 166. Verzweigungsschemata von *Abelia*-Infloreszenzen. I *Abelia aschersoniana*, II *A. engleriana*, Erläuterungen im Text. Nach TROLL und WEBERLING.

regelmäßig in einer der beiden Achseln des distalen Brakteenwirtels unterhalb der mit A bezeichneten Blüten eine mit zwei Vorblättern ausgestattete Seitenblüte B auf, ähnlich bei *Kolkwitzia amabilis*. Die sterilen Brakteenwirtel stellen hier somit keineswegs nur akzessorische Elemente dar, die für die Beurteilung der Verzweigungsverhältnisse unwesentlich sind. Sie zeigen vielmehr an, daß wir es bei den zunächst cymös erscheinenden Partialinfloreszenzen nicht mit Cymen, sondern mit mehr oder minder stark reduzierten Thyrsen zu tun haben, und zwar Thyrsen, die noch mit einer Endblüte abschließen! In dieser Hinsicht ist die Verzweigung der beiden unteren Astwirtel des im Verzweigungsschema Abb. 166 I wiedergegebenen Blütentriebes von *A. aschersoniana* bemerkenswert: Bei diesen Partialinfloreszenzen ist die Terminalblüte verlorengegangen; die beiden proximalen zeigen eine thyrsische Verzweigung, die beiden darüber stehenden erscheinen cymös verzweigt, tragen aber ebenso wie die

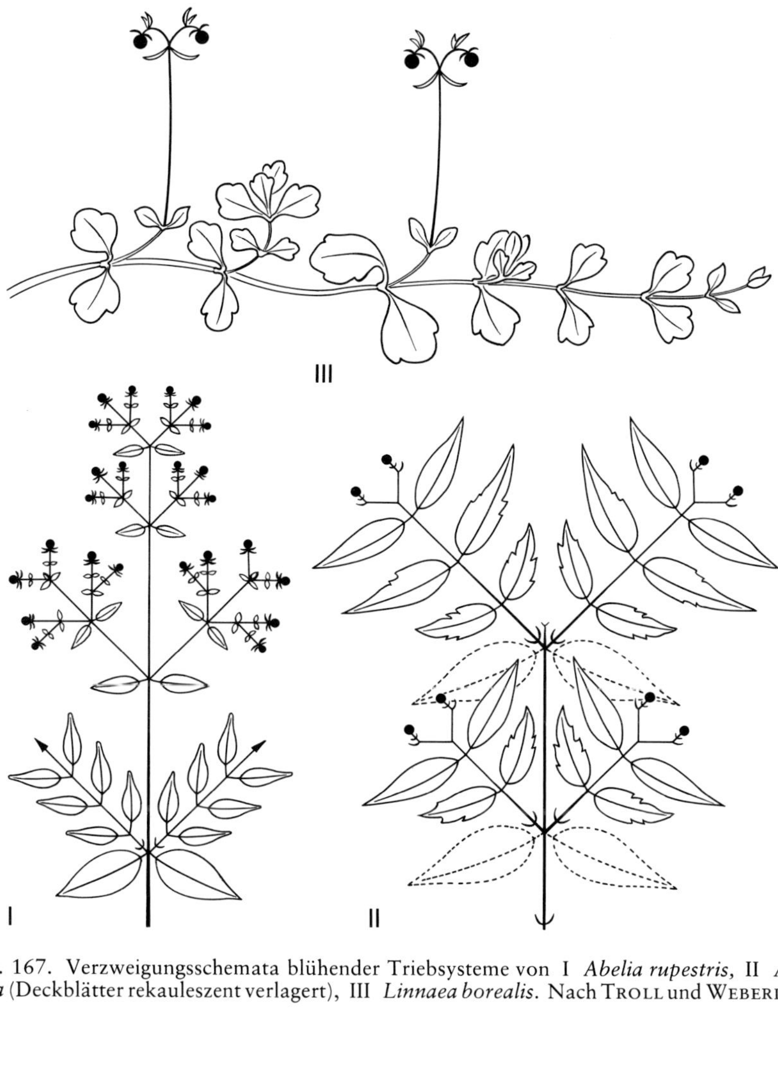

Abb. 167. Verzweigungsschemata blühender Triebsysteme von I *Abelia rupestris*, II *A. biflora* (Deckblätter rekauleszent verlagert), III *Linnaea borealis*. Nach TROLL und WEBERLING.

proximalen Partialinfloreszenzen an ihrer Hauptachse ein oder zwei Wirtel schuppenförmiger Blattorgane, die der verzweigten Region vorausgehen.

Die im Auftreten der sterilen Brakteenwirtel deutlich werdende Tendenz zur Verringerung der Blütenzahl hat sich bei der zur Sect. *Uniflorae* gerechneten *Abelia engleriana* (Abb. 166 II) offenbar bis zur Einblütigkeit aller Partialinfloreszenzen gesteigert. Darüber hinaus kann eine Verarmung der Blütentriebe auch dadurch eintreten, daß die Zahl der blütentragenden Blattwirtel in den seitlichen Kurztrieben bis auf einen distalen Wirtel verringert wird. Dies ist innerhalb der Gattung *Abelia* bei den Subsect. *Serratae* und *Biflorae* zu beobachten, zu welch letzterer die im Verzweigungsschema in Abb. 167 II dargestellte *A. biflora* gehört. Abgesehen davon, daß hier keine „überzähligen" Brakteenwirtel auftreten, ist das Verzweigungssystem dieser Art geeignet, uns zu einem Verständnis des Sproßaufbaues von *Linnaea borealis* hinzuführen.

Das Verzweigungssystem von *Linnaea borealis* ist in kriechende, über mehrere Vegetationsperioden sich fortsetzende, rein vegetativ bleibende Langtriebe und sterile oder fertile Kurztriebe gegliedert (Abb. 167 III). Ähnlich wie bei *Abelia biflora* und verwandten Arten ist die Blütenbildung auch hier gewöhnlich auf zwei einblütige Partialinfloreszenzen beschränkt, die aus den Achseln eines einzigen distalen Brakteenwirtels der fertilen Kurztriebe hervorgehen. Das dem Tragblattwirtel vorausgehende Internodium ist hier allerdings zu einem lang schaftartig gestreckten Segregationsinternodium gestreckt (vgl. Abb. 121 III). Jeder der beiden nickenden Blüten gehen außer dem frondulosen Vorblattwirtel noch zwei Wirtel steriler Brakteen voraus, die mehr oder minder weit mit dem unterständigen Ovar verwachsend einen 4zähligen persistierenden Außenkelch bilden, der wegen seiner klebrigen Drüsenhaare für die epizoochore Verbreitung der Früchte von Bedeutung ist. – Für die Richtigkeit unserer Ableitung spricht, daß man gelegentlich Blütentriebe finden kann, in denen 4 oder 6 Blüten in zwei bzw. drei Stockwerken übereinander stehen (Abb. 164 I, II).

Etwas ganz anderes als bei den zweiblütigen fertilen Kurztrieben von *Linnaea borealis* liegt dagegen bei den „Blütenpaaren" der Heckenkirsche, *Lonicera tatarica* (Abb. 121 II) und der ihr verwandten *Lonicera*-Arten vor. Dem Typ nach stellen die Blütenstände aller *Lonicera*-Arten polytele Synfloreszenzen mit thyrsischen Floreszenzen dar. Dies ist sehr deutlich bei den Arten der Untergattung *Caprifolium* zu erkennen, zu denen auch *Lonicera etrusca* gehört (Abb. 168 I). Die Partialfloreszenzen sind hier wie bei allen Arten dieser Untergattung gewöhnlich dreiblütig, sie können aber auch 7blütig sein und geben sich dann deutlich als Cymen zu erkennen. Ihre Tragblätter wie auch die Vorblätter sind brakteos, die Internodien zwischen den einzelnen Cymenwirteln kaum entwickelt, so daß alle Partialfloreszenzen einer Floreszenz kopfig zusammengedrängt stehen. Auf dieselbe Weise kommt auch die Köpfchenform der Blütenstände von *Lonicera periclymenum* (Abb. 121 I) zustande. Bei anderen Arten hingegen sind die Internodien der Floreszenzachse deutlich verlängert, so daß der Eindruck einer „Scheinähre" entsteht, wie bei *Lonicera sempervirens*. Stellt man sich dann die Tragblattwirtel der Partialfloreszenzen als nahezu kreisrunde laubige Hochblatt-Teller entwickelt vor, so resultieren die von *Lonicera caprifolium*, dem Jelängerjelieber, her bekannten Verhältnisse (Abb. 168 IV).

Die Arten der Untergattung *Lonicera*, zu denen auch die Heckenkirsche *Lonicera xylosteum*, gehört, weichen nun hinsichtlich der Ausbildung ihrer Infloreszenzen von der Untergattung *Caprifolium* dadurch ab, daß die Primärblüten der Partialflores-

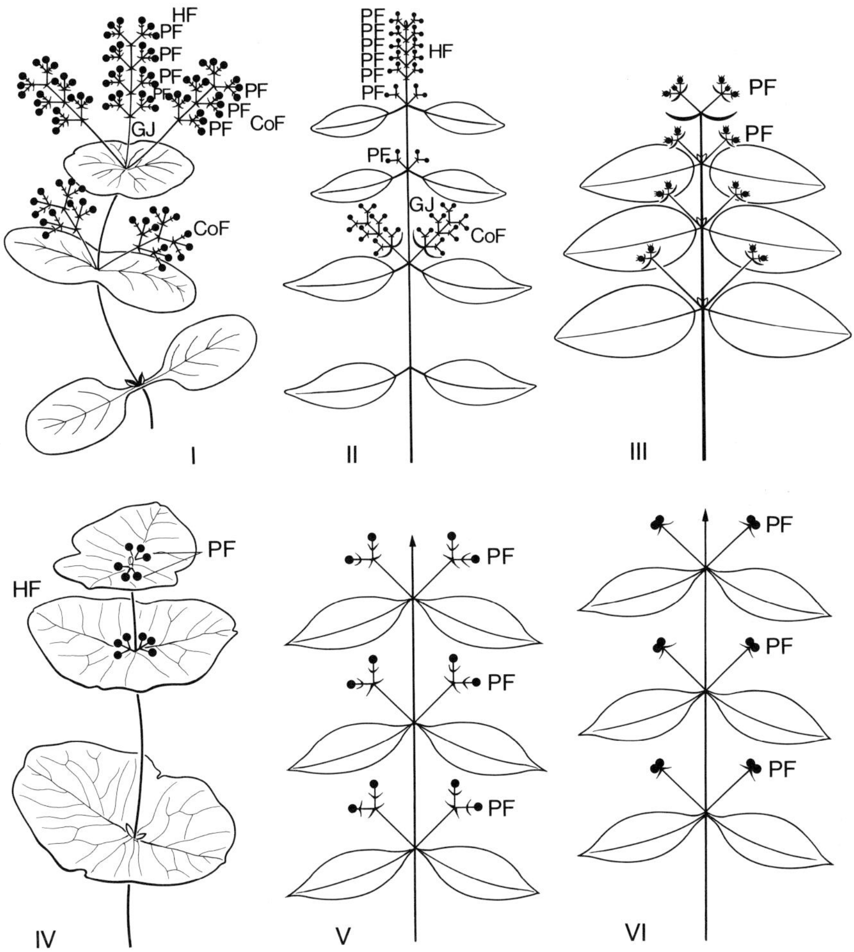

Abb. 168. Verzweigungsschemata verschiedener *Lonicera*-Infloreszenzen. HF Hauptfloreszenz, CoF Cofloreszenzen. I *L. etrusca*, II *L. affinis* (Material: J. M. Dalziel, Thai-Yong, 1901; E); III *L. tatarica*, anormal ausgebildete Floreszenz, bei der die distalen Partialfloreszenzen in den Achseln brakteoser Blattorgane stehen und eine mehr oder minder verkümmerte Primanblüte besitzen, Partialfloreszenzen (PF) teilweise mit akroskopen Beiknospen, IV *L. caprifolium*, V *L. tatarica*, VI *L. alpigena*. Aus Troll und Weberling.

zenzen fehlen (Abb. 168 II, V). Gelegentlich findet man allerdings auch Sträucher, bei denen einzelne Partialfloreszenzen noch verkümmerte oder sogar völlig ausgebildete Primanblüten aufweisen (Abb. 168 III). Bei den meisten Arten stehen die zweiblütigen Partialfloreszenzen dann in den Achseln laubiger Blattwirtel, die nicht selten weit auseinander gerückt sind, so daß der geschlossene Eindruck einer Floreszenz, wie er etwa bei dem in Abb. 168 II dargestellten Blütenstand von *L. affinis* noch gegeben ist, verlorengeht (Abb. 168 V), um so mehr, wenn die Partialfloreszenzen durch die starke Verlängerung ihres Hypopodiums langgestielt erscheinen, wie dies bei *Lonicera xylosteum* der Fall ist. Die „langgestielten Blütenpaare“ der Heckenkirsche stellen somit Partialfloreszenzen eines thyrsischen polytelen Blütenstandes dar, während es sich bei den gleichfalls zweiblütigen Infloreszenzen von *Linnaea borealis* um reduzierte Thyrsen, und zwar um monotele Rumpfsynfloreszenzen handelt, welche den Abschluß von Kurztrieben bilden. Beide lassen sich jedoch ohne weiteres in das Gesamtbild der Caprifoliaceen-Infloreszenzen einordnen.

Mit der Ausbildung zweiblütiger Partialfloreszenzen ist die Vielfalt der Abwandlungen bei den *Lonicera*-Infloreszenzen noch keineswegs erschöpft: Die Vorblätter erster wie auch zweiter Ordnung können miteinander vereinigt und in mannigfacher Weise abgewandelt sein, die Reduktion der Blüten kann auch noch eine der beiden Sekundanblüten erfassen, so daß – bei *L. gracilipes* – einblütige Partialfloreszenzen zustande kommen. Schließlich kommt es andererseits bei vielen Sippen zu einer kongenitalen Vereinigung der Ovarien der beiden Sekundanblüten (Abb. 168 VI). Dies ist auch bei *L. xylosteum* in geringem Maße der Fall, stärker bei *Lonicera alpigena*, bei der diese Synanthie, oder genauer gesagt: Syngynie, noch deutlicher im Fruchtzustand durch die Ausbildung sog. Doppelbeeren in Erscheinung tritt. Syngynie findet sich übrigens auch bei *Kolkwitzia amabilis*, hier aber zwischen der Terminalblüte einer Partialinfloreszenz und der zunächststehenden Seitenblüte. – Erwähnt sein mag noch, daß auch die Blütenstände von *Leycesteria* und *Triosteum* polytele Synfloreszenzen sind, deren Floreszenzen Thyrsen oder zu Scheinähren reduzierte Thyrsen darstellen.

2.3 Sonderformen der Infloreszenzbildung

2.3.1 Anthokladien

Begriff des Anthokladiums, Anthokladien bei Monotelen

Eine besondere Beachtung haben vielfach die von Goebel (1931, Seite 2 ff.) als Anthokladien bezeichneten Blütenstandsformen gefunden. Ihre Ausbildung ist nach Troll (1964, Seite 157 ff.), der den Begriff Anthokladium noch etwas präzisiert hat, bei den Monotelen auf thyrsische Infloreszenzen mit akrotoner Förderung der Verzweigung beschränkt. Bei den distalen Parakladien solcher Infloreszenzen gehen der Endblüte zwar gewöhnlich nur die beiden Vorblätter (oder auch nur eins) voraus, dennoch können sie – wie wir bereits gesehen haben – eine ausgeprägte Förderung erfahren, die sich in einer reichen sympodialen Verzweigung äußert. Wenn solche Parakladien laubig beblättert sind und auch im Fortgang ihrer Verzweigung an der laubigen Ausbildung der Blattorgane festhalten, kommen „abwechselnd Laubblätter und Endblüten bildende Sproßsysteme“ zustande (Goebel), die man als Anthokladien bezeichnet. Der Begriff beschränkt sich jedoch nicht auf die distalen Parakladien, die sich unmittelbar sympodial verzweigen, sondern ist auch auf die vorausgehenden Parakladien mit mehr oder minder ausgedehntem Unterbau anzuwenden, sofern diese in ihrem apikalen Abschnitt zum gleichen Verzweigungsmuster gelangen, was bei der akrotonen Förderung des Gesamtsystems allerdings seltener der Fall ist.

Beispiele für Anthokladienbildung bei monotelen Blütenständen findet man in recht verschiedenen Familien, so unter anderem bei Caryophyllaceen, Gentianaceen

(Exacum affine), Hydrophyllaceen *(Nemophila)*, Boraginaceen u. a., man vergleiche dazu die ausführliche Darstellung bei TROLL (1969). Besonders häufig und in recht verschiedener Ausprägung findet man sie aber bei den Solanaceen (*Atropa, Petunia, Hyoscyamus, Scopolia* u. a., vgl. DANERT 1958 sowie TROLL 1969). Namentlich die Tollkirsche *(Atropa bella-donna)* wird gerne als Lehrbuchbeispiel gewählt, vor allem weil sie ein vorzügliches Übungsstück für die Analyse komplizierter Verzweigungsverhältnisse darstellt.

Ein kräftiger Blütentrieb der staudig wachsenden Pflanze ist in Abb. 169 dargestellt. Seine Gestalt ist durch die starke Förderung der distalen Parakladien bestimmt, die meist zu fünft auftreten und auf Grund der scheinwirteligen Anordnung ihrer Deckblätter dicht aufeinander folgen. Die Terminalblüte des Hauptsprosses ist hier bereits abgefallen. Die Verzweigung der geförderten Parakladien ist oft von vorneherein monochasial, kann aber auch zunächst dichasial oder – bei Vorhandensein dreier Blattorgane – auch trichasial sein. Den Aufbau eines solchen sympodial verzweigten laubig beblätterten Parakladiums – also eines Anthokladiums – zeigt Abb. 170 I.

Abb. 169. *Atropa bella-donna*, blühende Pflanze. Orig. TROLL.

An den einzelnen Gliedern des Anthokladiums tritt stets ein α-Vorblatt mit einem größeren ß-Vorblatt gepaart auf. Es fällt jedoch auf, daß diese beiden Blattorgane nicht einander gegenüberstehen, wie man es bei einem Vorblattwirtel erwarten sollte, sondern stark nach einer Seite zusammenneigen. Sie gehören auch nicht demselben Sympodialglied, sondern zwei aufeinander folgenden Ästen an: das größere Blatt ist jeweils das ß-Vorblatt des vorausgehenden Gliedes, das mit seinem Achselsproß rekauleszent verbunden ist. Diese, schon von EICHLER (1875) vertretene Deutung soll durch das Aufrißdiagramm in Abb. 170 II veranschaulicht werden.

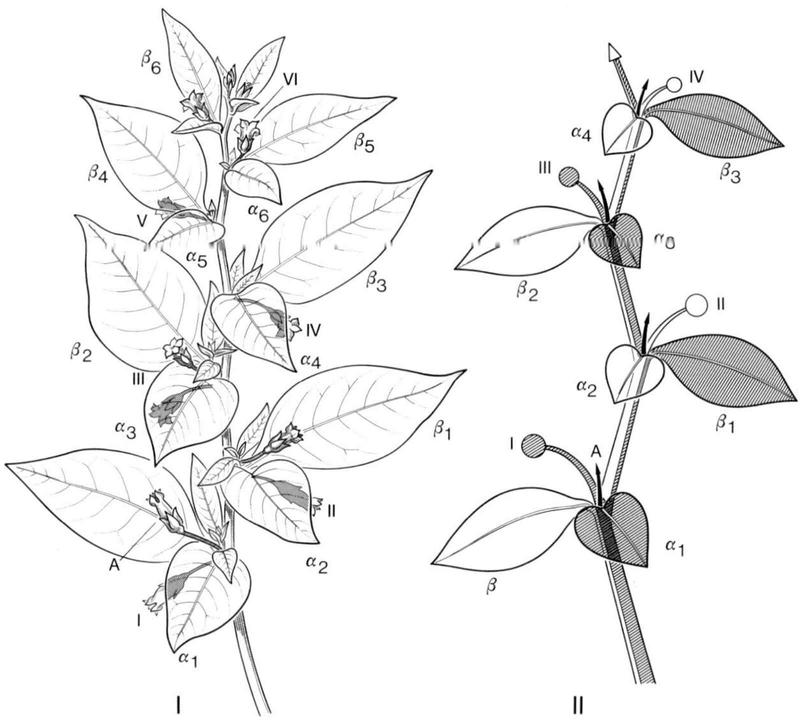

Abb. 170. *Atropa bella-donna,* I Anthokladium, II Schema zur Erläuterung der Verzweigungsweise und der Anordnung der Blattorgane; β ist das Deckblatt des mit der Blüte I abschließenden Zweiges mit den Vorblättern α_1 und β_1. Aus der Achsel von α_1 ist der mit der Blüte A abschließende, im Schema II durch einen Pfeil wiedergegebene Seitenzweig hervorgegangen (der sich zu weiterer Verzweigung aus der Achsel seines β-Vorblattes anschickt). Das Vorblatt β_1 ist mit seinem mit der Blüte II abschließenden Achselsproß rekauleszent verbunden, was im Schema durch entsprechende Schraffur angedeutet ist. Der mit Blüte II abschließende Ast trägt die Vorblätter α_2 und β_2, die sich ebenso verhalten wie α_1 und β_1. Die aufeinander folgenden Verzweigungen sind durch entsprechende Schraffur hervorgehoben. Zur Verdeutlichung der Verzweigung sind die Blattorgane α_2, α_3 und α_4 im Schema II gegenüber I auf die andere Seite des Sproßverbandes hinübergeklappt. I nach TROLL.

Verselbständigung der Anthokladien

Vermöge ihrer laubigen Beblätterung sind die Anthokladien imstande, ihren Bedarf an Assimilaten weitgehend selbst zu decken. Sie können sich auf Grund dessen sogar „verselbständigen", sofern sie über die Fähigkeit zu sproßbürtiger Bewurzelung verfügen und der Unterbau der betreffenden Pflanze kurz und unbedeutend bleibt. Die dem Boden aufliegenden und darin Wurzeln schlagenden Anthokladien vermögen sich dann vom Unterbau der Mutterpflanze zu lösen und kriechend weiterzuwachsen. Die Mutterpflanze ist in solchen Fällen somit nur noch für das Jugendstadium von Bedeutung. Beispiele für dieses Verhalten sind nach TROLL (1969, Seite 238 ff.) vermutlich zahlreicher, als bisher bekannt ist; eingehend geschildert werden von ihm nur *Glottiphyllum (Aizoaceae), Bulliardia (Crassulaceae)* und einige *Solanaceae*, besonders das von DANERT (1958) näher untersuchte *Solanum violifolium*.

Anthokladien bei Polytelen

Nach TROLL (1963, Seite 123) kommen Anthokladien auch bei Polytelen vor, so bei *Peperomia*-Arten. Namentlich erwähnt er *P. crispa*, bei der das Achsensystem „bis auf das Grundinternodium der einzelnen Glieder des Anthokladiums, die in schraubiger Verkettung aufeinanderfolgen, gestaucht bleibt."

2.3.2 Syndesmien

Die Erscheinung der Syndesmie haben wir bereits bei der Erörterung der Metatopien (Seite 228) erwähnt, ihre nähere Besprechung jedoch zurückgestellt. Zu ihrer Erklärung können nämlich Konkauleszenz und Rekauleszenz nur in beschränktem Maße herangezogen werden, weil es sich im Grunde um eine Stauchung und Verschmelzung eines hochgradig verzweigten Achsensystems handelt.

Man kann diese Erscheinung bei geschlossenen, thyrsisch verzweigten Blütenständen finden, insbesondere bei Cymoiden. Die Bezeichnung „Syndesmie" soll zum Ausdruck bringen, daß die Partialinfloreszenzen „nicht frei entwickelt, sondern *samt allen Verzweigungen* in die Hauptachse einbezogen, sozusagen an sie gefesselt (‚Syndesmie')" sind (TROLL 1964, Seite 133). Dabei unterscheidet TROLL zwischen konkauleszent- und rekauleszent-syndesmischen Cymoiden. Für letztere führt er die im folgenden noch zu besprechenden Blütenstände von *Elatostema* und *Procris* als Beispiele an. Als konkauleszent-syndesmische Cymoide schildert er die schon von BAILLON (1862/63) und MEZ (1890, Seite 569) untersuchten, eigenartig gestalteten Blütenstände, die bei einer Reihe von Arten der Boraginaceengattung *Cordia* anzutreffen sind (Abb. 172 I, II). Zur Ableitung dieser Blütenstandsformen vom üblichen Bau der Boraginaceeninfloreszenzen bedient er sich der drei in Abb. 171 I bis III dargestellten Schemata. Den Ausgangspunkt (I) bilden die von *Myosotis* her bekannten Formen, bei denen die wickeligen Partialinfloreszenzen durch Konkauleszenz weit über die Achseln ihrer Tragblätter emporgehoben sind. Mit Hilfe eines „Zwischenschemas" (II) versucht TROLL nun ein „Hinunterklappen" der boragoiden Partialinfloreszenzen und ihre kongenitale Vereinigung mit der Infloreszenzachse – also gewissermaßen eine „Retrokauleszenz" – zu veranschaulichen. Das Ergebnis ist eine Infloreszenz, wie man sie bei *Cordia brevispicata* antreffen kann (III). Bei der Mehrzahl der durch Syndesmie ausgezeichneten *Cordia*-Arten, so auch den beiden in Abb. 172 I, II dargestellten, ist die Anzahl der beteiligten Partialinfloreszenzen freilich vermehrt, sie sind zudem meist als Doppelwickel – oder besser: als Doppelboragoide – ausgebildet und entbehren der Tragblätter.

Die geschilderte Ableitung der syndesmischen *Cordia*-Blütenstände kann freilich nur dazu dienen, das Verständnis dieser abweichenden Blütenstandsformen zu erschließen. Sie kann aber kein Bild der zu ihrer Entstehung führenden Wachstumsprozesse vermitteln, da es sich – wie schon TROLL vermutete – um kongenitale Vereinigungen handelt, wobei „die für das Folgestadium charakteristischen Verhältnisse schon bei der Anlegung der PI am Vegetationspunkt sich einstellen" (PI = Partialinfloreszenzen). Ähnlich wie schon in einfacherer Form bei der Ausbildung homaxoner Wickel (Seite 232) wird hier der gesamte Entwicklungsvorgang in der Weise abgekürzt, daß das gesamte Achsensystem in einem Zuge angelegt wird. Für einen solchen „nur scheinbar einheitlichen Achsenkörper" hat TROLL den Begriff **Coenosom** geprägt. Tatsächlich tritt an dem zapfenförmig aufgewölbten Infloreszenzscheitel von *Cordia verbenacea* zunächst ein einheitlicher Meristemmantel auf (UHLARZ und WEBERLING 1977). Durch die Ausgliederung der ersten Blütenanlagen der einzelnen als einfache oder Doppelboragoide vorliegenden Partialinfloreszenzen erfährt dieser Meristemmantel eine erste Aufgliederung. Dabei eilt die Terminalblüte der gesamten thyrsischen Infloreszenz den Anlagen der übrigen Blüten deutlich voraus. Die weitere Blütenausgliederung in den proximal wie distal etwa gleichzeitig angelegten Boragoiden verläuft – insoweit der Ableitung nach dem Schema Abb. 171 I bis III entsprechend – entgegen der ursprünglichen Polarität des Sproßvegetationspunktes basipetal in wickeliger Anordnung. Man findet daher in den verschiedenen Regionen des jungen Coenosoms Blütenanlagen verschiedensten Alters oft in nächster Nachbarschaft. Auch die die Blüten versorgenden Leitbündel werden wiederum in jeder Wickel für sich in basipetaler Form angelegt und differenziert. Allein in der Anordnungsweise der Blüten und der damit zusammenhängenden anatomischen Strukturen gibt sich somit der komplexe Aufbau des Coenosoms noch zu erkennen. In dieser Hinsicht weist die junge Infloreszenz der *Cordia*-Arten, abgesehen von der hier fehlenden

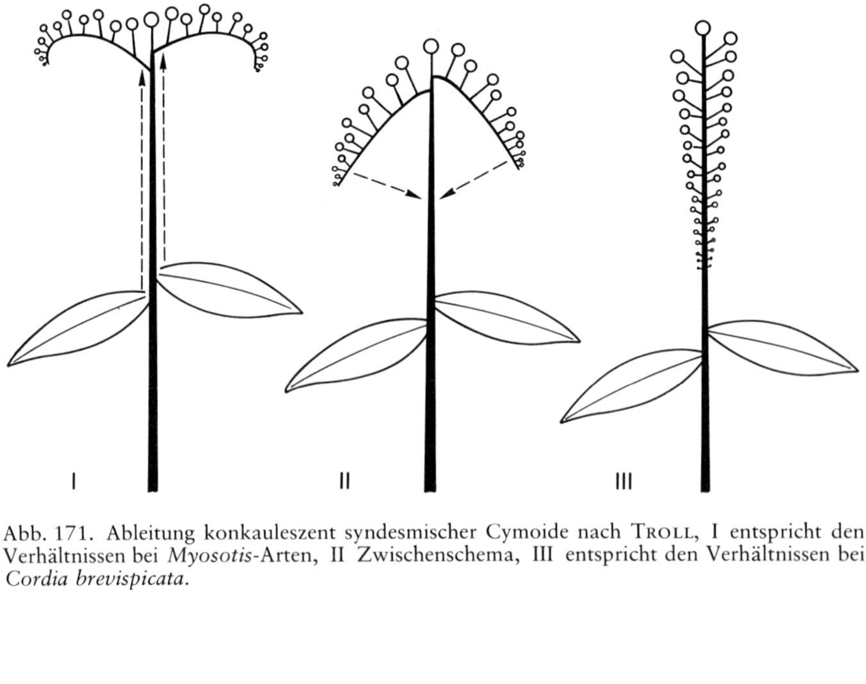

Abb. 171. Ableitung konkauleszent syndesmischer Cymoide nach TROLL, I entspricht den Verhältnissen bei *Myosotis*-Arten, II Zwischenschema, III entspricht den Verhältnissen bei *Cordia brevispicata*.

Streckung der Blütenstiele, Ähnlichkeit mit den cymoiden, jedoch doldenförmig zusammengezogenen Infloreszenzen der Zimmerlinde *(Sparmannia)* auf, was bei *Sparmannia* nach dem Abfall der Blüten von dem kopfig verdickten Ende der Infloreszenzachse deutlich hervortritt (Abb. 172 III). Darauf hat schon TROLL (1964, Seite 14) und später auch HAGEMANN (1975) hingewiesen.

Es handelt sich somit – wie eingangs schon betont – bei den *Cordia*-Blütenständen primär um eine Stauchung des gesamten Achsensystems der Infloreszenz. Diese

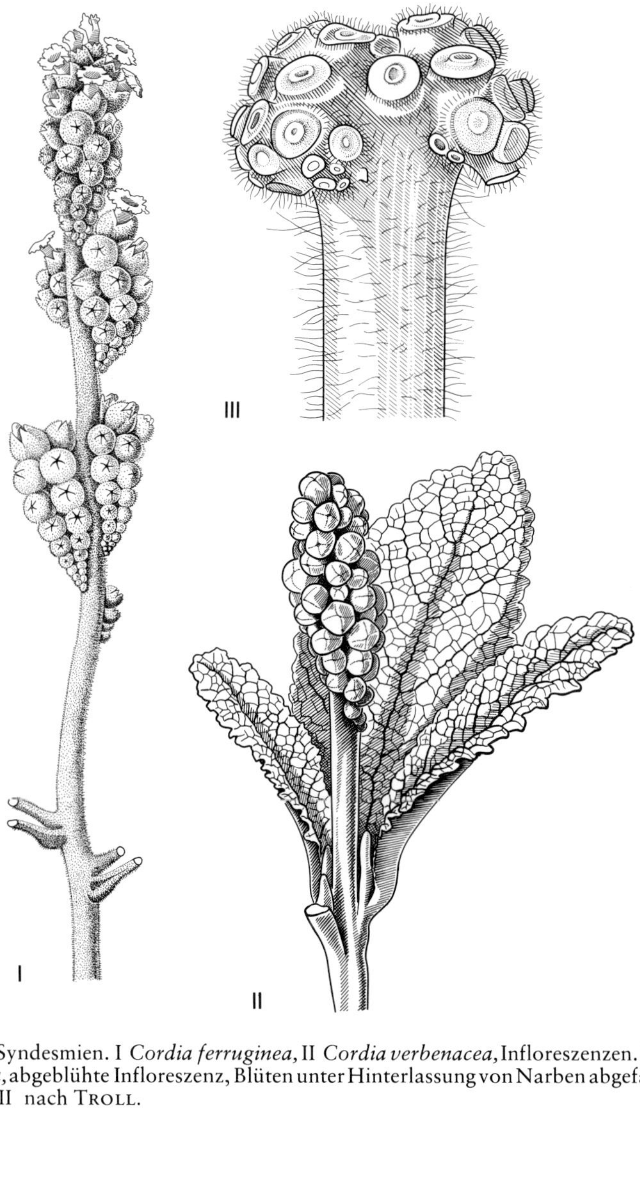

Abb. 172. Syndesmien. I *Cordia ferruginea*, II *Cordia verbenacea*, Infloreszenzen. III *Sparmannia africana*, abgeblühte Infloreszenz, Blüten unter Hinterlassung von Narben abgefallen, I nach BAILLON, III nach TROLL.

müßte eigentlch zur Köpfchenform des Blütenstandes führen. Tatsächlich gibt es derartige Köpfchen bei einer ganzen Reihe von *Cordia*-Arten, so z. B. bei *C. globosa* und *C. calocephala*, denen von TROLL allerdings eine gewisse Sonderstellung eingeräumt wird. Bei den verlängerten Coenosomen, zumindest bei der hinsichtlich ihrer Organogenese und Histogenese untersuchten *Cordia verbenacea*, kommt es zu einer an die geschilderten Vorgänge sich anschließenden frühzeitigen Streckung der Infloreszenzanlage. Bei diesem Prozeß werden auch die jungen Markzellen wieder teilungsfähig. Ihre Teilungsfähigkeit erlischt dann in basipetaler Folge, so daß das interkalare Meristem an der Infloreszenzbasis am längsten aktiv bleibt und schließlich die Streckung des Infloreszenz„stieles" besorgt.

Bei den thyrsischen Blütenständen mancher Urticaceen und Moraceen ist das Achsensystem der streng dichasial verzweigten Partialinfloreszenzen zu einem scheibenförmigen Gebilde zusammengezogen. Die dichasiale Grundstruktur solcher Coenosome tritt oft noch in der Ontogenese deutlich zutage und gibt sich oft auch später noch durch die Anordnung der am Rande oder in der Nähe des Randes auf der Unterseite stehenden Vorblätter verschiedener Ordnung zu erkennen (Abb. 173 I, II). We-

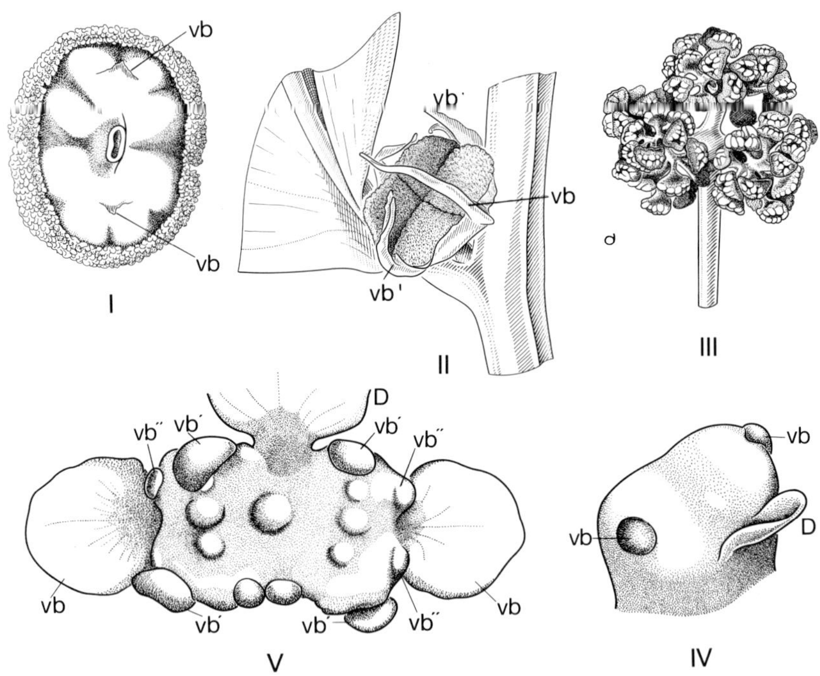

Abb. 173. I *Procris frutescens*, weibl. Partialfloreszenz von unten. II *Procris acuminata*, junge weibliche Partialfloreszenz. III *P. laevigata*, männliche Partialfloreszenz. IV, V *Dorstenia contrajerva*, junge (IV) und ältere (V) Anlage einer Partialfloreszenz, in IV ist die Scheidung der beiden, den Achseln der beiden Vorblätter vb zuzurechnenden Komplexe bereits sichtbar, D Deckblatt der Partialfloreszenz, in V sind bereits Primanblüte, Sekundan- und Tertianblüten in ihren Anlagen sichtbar, desgleichen die zugehörigen Vorblätter vb, vb', vb''. II, III Orig., übrige nach BERNBECK.

gen dieser Position der Vorblätter hat TROLL solche Coenosome als rekauleszent-syndesmische Cymoide bezeichnet.

Nach den eingehenden Untersuchungen GOEBELS (1931) und seines Schülers BERNBECK (1932) über die Infloreszenzen der Urticaceen und Moraceen handelt es sich bei diesen Coenosomen um eine kongenitale Verschmelzung aller konsekutiven Achsen der Partialfloreszenzen, die als solche gar nicht mehr in Erscheinung treten. Zwischenformen finden sich bei den Urticaceengattungen *Elatostema* und *Procris*, und zwar insofern, als die konsekutiven Achsen bei den männlichen Partialfloreszenzen noch frei entwickelt zu sein pflegen und bei manchen *Elatostema*-Arten auch die weiblichen Partialfloreszenzen noch weniger kontrahiert sind.

Die in Abb. 173 III wiedergegebene männliche Partialfloreszenz von *Procris laevigata* läßt die konsekutiven Verzweigungen noch gut erkennen, bei der weiblichen Partialfloreszenz (von *Procris frutescens*, Abb. 173 I) hingegen sitzen alle Blüten auf einem flachen fleischigen Gewebepolster. (Dieser „Blütenkuchen" strömt im Fruchtzustand einen feinen Duft aus, die Fruchtstände werden von Tieren gefressen und die Früchte endozoochor verbreitet.) Die dichasiale Verzweigung gibt sich während der Ontogenese durch die Aufgliederung der bereits polsterförmig verbreiterten Anlage zu erkennen. Die den ersten Verzweigungen entsprechenden Anteile grenzen sich nämlich durch Furchen gegeneinander ab, die auch bei den jungen Partialfloreszenzen von *Procris acuminata* (Abb. 173 II) noch gut sichtbar sind. Die Primanblüte und die Sekundanblüten des Dichasiums kommen hier nicht zur Ausbildung, wohl aber deren Vorblätter (vb, vb′), die schon lange vor der Ausgliederung der Blüten in Erscheinung treten. Sie stehen ebenso wie der größte Teil der Vorblätter 3. und 4. Ordnung an der Peripherie der scheibenförmigen Partialfloreszenz.

Bemerkenswert ist die von GOEBEL beobachtete Narbenbildung von *Procris frutescens* und *P. laevigata*. Jede einzelne Narbe besteht aus einem Büschel langer einzellreihiger Haare, die teilweise miteinander verfilzt sind und dem Auffangen der Pollenkörner dienen. Im späteren Zustand sind die einzelnen Narben einer Partialfloreszenz „nicht mehr voneinander unterscheidbar". „Sie treten zu einer ‚Genossenschaftsnarbe' in Gestalt eines Haarfilzes zusammen. Dieser fängt den Blütenstaub für den ganzen Blütenstand *gemeinsam* auf, die Pollenschläuche wachsen dann in dem Filz weiter und erreichen eine weibliche Blüte."

Auch in der Entwicklung der gleichfalls zu kompakten Gewebekörpern („receptacula") verschmolzenen Partialfloreszenzen der *Dorstenia*-Arten ist die der dichasialen Verzweigung entsprechende Anordnung und Ausgliederungsfolge der Vorblätter und Blüten oft erkennbar (Abb. 173 IV, V). Die Formenmannigfaltigkeit dieser stets männliche und weibliche Blüten tragenden Infloreszenzen ist beträchtlich. Die in Abb. 173 IV, V in jungen Entwicklungsstadien dargestellte Partialfloreszenz von *Dorstenia contrajerva* bildet im ausgewachsenen Zustand eine in vier Zipfel ausgezogene Scheibe, an deren unregelmäßig gewelltem Rand zahlreiche nach innen gebogene kleine Schuppen stehen (Abb. 174 III) – die schon für *Procris* erwähnten Vorblätter verschiedenster Ordnung. Einige größere Schuppen sitzen auch nahe dem Rand auf der Unterseite der Scheibe.

Bei *Dorstenia multiradiata* (Abb. 174 II) ist der Blütenstand von einem Kranz verschieden langer, von einem gemeinsamen verbreiterten Saum ausgehender Strahlen umgeben, die den Vorblättern verschiedener Ordnung entsprechen.

Andererseits kommt dadurch, daß sich die beiden den Achsen 2. Ordnung und ihren weiteren Verzweigungen entsprechenden Abschnitte aufrichten, bei *D. plume-*

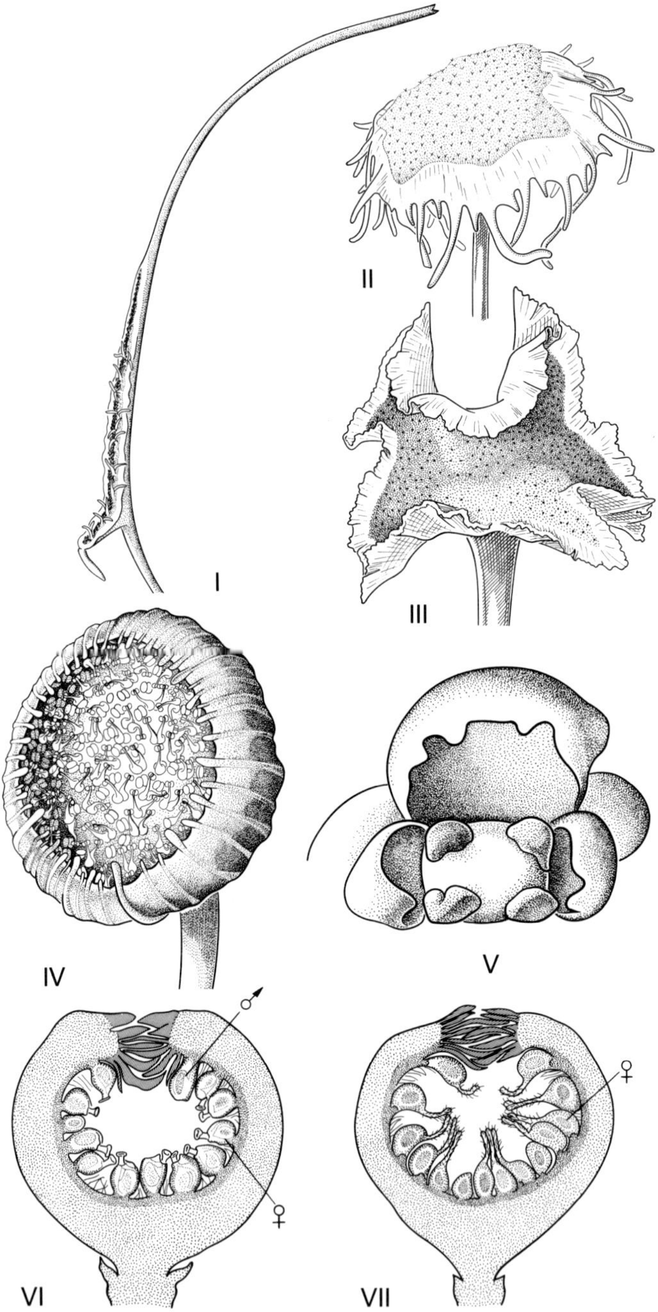

Abb. 174. I–IV Partialfloreszenzen von *Dorstenia psilurus*, *D. multiradiata* (II), *D. contrajerva* (III) und *D. urceolata* (IV). V *Ficus carica*, Anlage einer Partialfloreszenz (eines später urnenförmigen Receptaculums), die noch konvex gewölbst ist. VI, VII *Ficus ribes*, Längsschnitt durch eine Partialfloreszenz mit (kurzgriffeligen) „Gallenblüten" und männlichen Blüten (VI) und eine weibliche Partialforeszenz (Blüten langgriffelig) (VII). V nach BERNBECK, VI, VII nach GOEBEL.

riaefolia die Form einer zusammengefalteten Scheibe zustande. Noch stärker abgewandelt ist die Form der Partialfloreszenzen bei *D. arifolia* und einigen anderen Arten, bei denen die gleichfalls zusammengefalteten Coenosome gabelartig in zwei Arme ausgezogen sind. Nach BERNBECK beruht dies auf einer einseitigen, mit der Anlegung der Achsen dritten Grades auftretenden Förderung. Die frühzeitig sich durchsetzende Wickeltendenz der Verzweigung machen „die von der oberhalb des Infloreszenzstieles befindlichen Primanblüte nach beiden Seiten hin in Zickzackreihenfolge zur Anlage gelangenden Blütenhöcker" deutlich. – Ähnlich gilt für die Coenosome von *D. psilurus*, nur daß die Förderung der Verzweigung hier nach „oben" und „unten" hin gerichtet ist (Abb. 174 I).

Schon aus diesen wenigen Beispielen kann man ersehen, daß die coenosomatische Ausbildung von Blütenständen bei den Moraceen sogleich wieder einen Ausgangspunkt für die Entwicklung einer Vielfalt neuer Formen darstellt. Die am weitesten abgeleiteten Moraceen-Infloreszenzen stellen zweifellos die urnenförmigen Blütenstände der Feigen *(Ficus)* dar, zu deren Form die kreisrunden, nach oben hin konkav eingekrümmten Blütenscheiben von *Dorstenia urceolata* (Abb. 174 IV) überleiten. Man muß sich dazu nur vorstellen, daß die Vertiefung des bei *Dorstenia urceolata* noch schüsselförmigen (bei *Castilloa* becherartigen) „Receptaculums" durch „interkalares" Wachstum der Schüsselwandung noch weiter gesteigert wird, wobei die zahlreichen bei *Dorstenia urceolata* am Schüsselrand stehenden schuppenförmigen Vorblätter je nach Wachstumsverteilung verschieden hoch an der Außenwand emporgerückt werden und nicht selten die eng bleibende Mündung verschließen.

In ihrer Entwicklungsweise schließen sich die Rezeptakeln der *Ficus*-Arten tatsächlich eng an das Verhalten der *Dorstenia*-Arten an, wie die in Abb. 174 V wiedergegebene junge Anlage eines Receptaculums von *Ficus carica* zeigt, bei welcher der Infloreszenzscheitel noch konvex geformt ist. Im Inneren dieser Infloreszenz treten die Blütenanlagen nach Angaben BERNBECKS erst recht spät in Erscheinung.

Bekanntlich bilden die *Ficus*-Arten in ihren Blütenständen verschiedene Blütenformen aus. Bei der seit alters in Kultur befindlichen Eßfeige, *Ficus carica*, sind dies: 1. männliche Blüten, 2. weibliche „Gallenblüten" mit kurzem Griffel, ohne Narbenpapillen, und 3. weibliche „Samenblüten" mit langem Griffel und gut entwickelten Narbenpapillen. Diese Blüten sind in verschiedener Weise auf verschiedene Blütenstände verteilt, die bei den Wildformen auf derselben Pflanze vorkommen, bei den Kulturformen jedoch gewöhnlich nicht. Bei den Kulturformen findet man 1. Pflanzen mit „echten Feigen", die meist Samenblüten enthalten (vgl. Abb. 174 VII), und 2. die „Bocksfeigen"bäume (Caprifichi), deren Blütenstände nacheinander in 2 Formen auftreten, nämlich den „Mammae" („Mutterfeigen"), die nur Gallenblüten enthalten, und den „Profichi" („Vorfeigen"), die in den unteren ²/₃ des Receptaculums Gallenblüten, in der Umgebung der Öffnung aber männliche Blüten tragen (vgl. Abb. 174 VI). Die Bestäubung erfolgt bei *Ficus carica* durch eine Gallwespe, *Ceratosolen arabicus (Blastophaga psenes)*, die ihre Eier in den Fruchtknoten ablegt, mit ihrer Legeröhre jedoch nur die Fruchtknoten der kurzgriffeligen Gallenblüten erreicht. Eier werden daher nur in den Gallenblüten der Profichi und der Mammae abgelegt. In den Mammae können die Puppen der Gallwespe überwintern. Die aus den Profichi hervorschlüpfenden Gallwespen müssen sich an den um die Mündung stehenden männlichen Blüten vorbeidrängen und beladen sich dabei mit Pollen. Sie vermögen daher die „echten Feigen" zu bestäuben, weshalb man schon im Altertum Caprifichi-Zweige mit Vorfeigen in die Bäume mit „echten Feigen" hängte („Kaprifikation"). Heute gibt es freilich auch parthenogene Kulturformen.

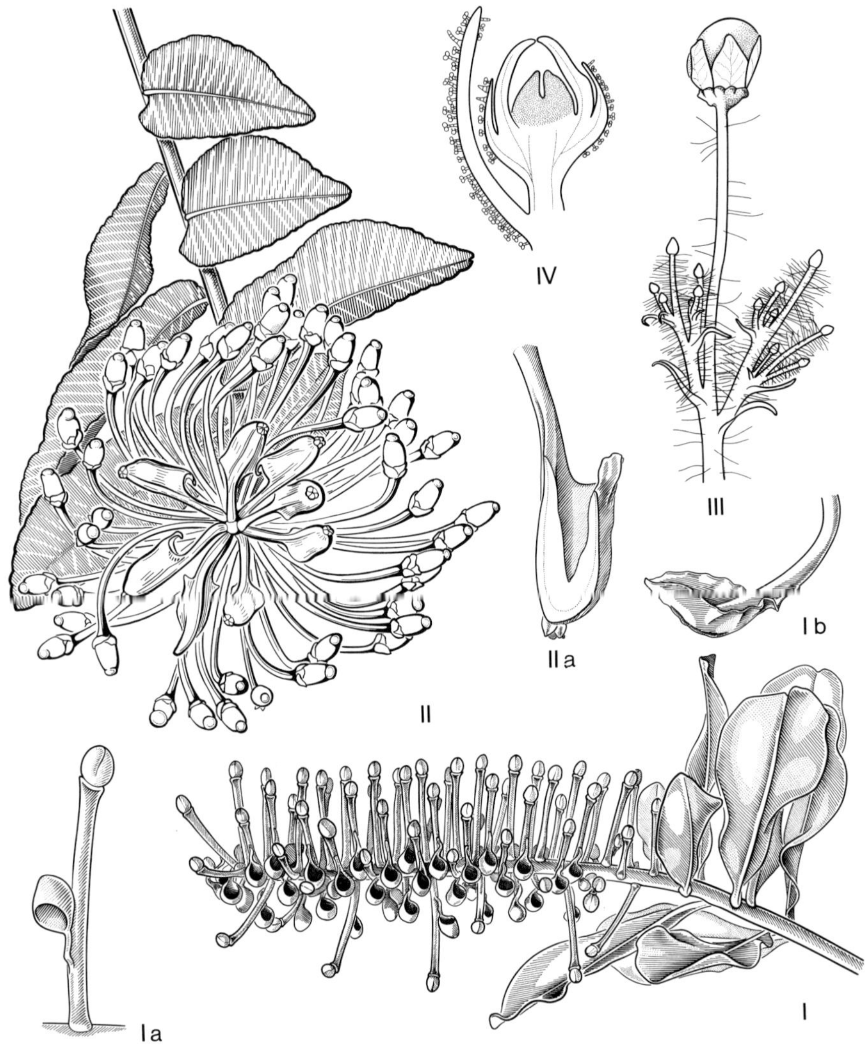

Abb. 175. *Norantea brasiliensis,* Blütenstand mit kannenförmigen Brakteen, Ia eine mit der kannenförmigen Braktee rekauleszent verwachsene Blüte, Ib Braktee mit nur schwach von unten her eingestülpter Spreite. II, IIa *Marcgravia umbellata,* Zweig mit terminalem Blütenstand mit kannenförmigen Brakteen (im Zentrum), die mit rudimentären Blüten kongenital vereinigt sind, IIa eine solche Kanne im Sagittalschnitt, am unteren Ende sitzt die rudimentierte Blüte. III *Cotinus coggygria,* cymöser Teilblütenstand, bei dem nur die Primanblüte voll entwickelt ist (nach TROLL), IV *Harpagophytum procumbens,* Partialfloreszenz mit zu Nektarien umgewandelter Blütenknospe im Schnitt. IV nach IHLENFELDT und HARTMANN.

Die Receptacula der *Ficus*-Arten stellen somit Partialfloreszenzen dar, bei denen die einzelnen Blüten zu einer Einheit höherer Ordnung verbunden sind, die in blütenbiologischer und verbreitungsbiologischer Hinsicht die Funktion einer Einzelblüte erfüllt. Mit gewissen Einschränkungen gilt dies auch für die weiblichen Blütenstände der *Procris*-Arten und die Blütenstände der *Dorstenia*-Arten, welch letztere auch dem äußeren Eindruck nach eine gewisse Ähnlichkeit mit einer Einzelblüte aufweisen können, so z.B. bei *Dorstenia multiradiata* (Abb. 174 II). Auch auf diese Blütenstände können wir daher den im folgenden noch näher zu erörternden Begriff des **Pseudanthiums** beziehen.

2.3.3 Pseudanthien

Vorbemerkung

Pseudanthien könnte man kurz definieren als „Blütenstände, die eine Einzelblüte nachahmen". Damit wären jedoch die meisten jener Blütenstände nicht einbezogen, deren Blüten zwar ihre völlige Selbständigkeit bewahren, jedoch infolge einer mehr oder minder ausgeprägten Arbeitsteilung etwa hinsichtlich der Ausbildung von Schauorganen oder Nektarien doch Elemente eines Gefüges höherer Ordnung darstellen.

Dies gilt z.B. schon für das Auftreten vergrößerter, corollinisch gefärbter Kelchzipfel in den Blütenständen verschiedener Rubiaceen. Von dieser zweifellos der optischen Anlockung von Bestäubern dienenden speziellen Ausbildung werden, wie bereits auf Seite 61 erwähnt, stets nur einzelne nach außen gewandte Kelchblätter peripher stehender (Priman-)Blüten betroffen. Sie erfolgt also nicht in regelloser Verteilung, sondern ist auf die Symmetrie des gesamten Blütenstandes bezogen, dessen optische Wirkung verstärkt wird (Weber 1955, Leppik 1977). Übrigens kann schon der regelmäßige Farbwechsel der zu einem köpfchenartigen Blütenstand zusammengedrängten Blüten, wie man ihn z.B. bei Formen von *Lantana camara (Verbenaceae)* findet, ein über den ganzen Blütenstand hinweggreifendes – hier kokardenartiges – Farbmuster verursachen.

Ähnlich wirkt die Ausbildung auffälliger Hochblätter im Infloreszenzbereich, wie wir sie etwa beim Schwedischen Hartriegel *(Cornus suecica)* finden, oder die Vergrößerung der Corolle bzw. die corollinische Ausbildung des Kelches peripherer Blüten in den Schirmrispen vieler Schneeballarten (Seite 93) oder der Hortensie (Seite 61).

Eine Arbeitsteilung der Art, daß bestimmte Blütenprimordien eines Blütenstandes sich nicht zu normalen Blüten entwickeln, sondern allein den Nektar-produzierenden Diskus zu einem funktionsfähigen Organ ausbilden, haben wir schon auf Seite 203 für die Teilblütenstände von *Harpagophytum* erwähnt. Durch Abb. 175 IV mag dieses Verhalten hier noch veranschaulicht sein. Es handelt sich dabei um die Sekundan- und allenfalls auch um die Tertianblüten der cymösen Partialfloreszenzen.*

* Auch in den dithyrsischen Blütenständen des Perückenstrauches *(Cotinus coggygria)* gelangen außer den Terminalblüten der thyrsischen Abschnitte allein die Primanblüten der dichasial verzweigten Partialinfloreszenzen (bei kräftigen Partialinfloreszenzen allenfalls noch die Sekundanblüten) zu voller Ausbildung und zur Fruchtreife. Alle übrigen Blüten verkümmern im Knospenzustand (Abb. 175 III). Ihre Stiele strecken sich jedoch ebenso wie der Stiel der fertilen Blüte während der Fruchtreife. Außerdem wachsen an den Stielen der verkümmerten Blüten zahlreiche lange Haare heran, so daß die Infloreszenz im Fruchtzustand in zahlreiche Federgrannen-artige Zweige verästelt ist, die den Anlaß zu dem Namen „Perückenstrauch" gegeben haben. Ob es gerechtfertigt ist, diese Ausbildungsweise als Anpassung an Anemochorie (vgl. Seite 355) zu deuten, wird in Zweifel gezogen.

Noch eigentümlicher ist die Ausbildung kannenförmiger Nektar-produzierender Brakteen in den Blütenständen der Marcgraviaceen, die wir an Hand zweier Beispiele betrachten wollen.

Norantea brasiliensis besitzt bis über 30 cm lange, traubige Blütenstände, welche den Abschluß plagiotrop wachsender Äste bilden, und daher mehr oder minder waagerecht orientiert sind (Abb. 175 I). Die langröhrigen Blüten weisen alle fast senkrecht nach oben, während ihre Deckblätter nach unten hängen. Diese sind in einen langen schmalen Stiel und eine tief napfförmig ausgebildete Spreite gegliedert (Ia). Die Aussackung der Spreite kommt dadurch zustande, daß die Spreitenfläche sich während der Blattentwicklung von der Unterseite her einwölbt (PLANCHON und TRIANA 1863, GOEBEL 1933, Seite 1590). Da die Mündung infolge der hängenden Orientierung der Brakteen stets nach oben zeigt, können die Brakteen als Behälter für den Nektar dienen, der von zwei großen, nach innen mündenden, mesophyllären Nektarien sezerniert wird (über deren anatomische Struktur vgl. WEBER 1956).

Blüten, Blütenstandsachse und Brakteen sind leuchtend rot gefärbt, so daß alle Voraussetzungen für die Anlockung und Beköstigung von Kolibris gegeben sind.

Bei *Marcgravia umbellata* ist die Einstülpung der Brakteenunterseite so nachhaltig, daß die Brakteen kannenähnliche Gestalt annehmen (Abb. 175 II). Der Blütenstand ist – wie der Name schon besagt – zu einer Dolde komprimiert. Die kannenförmigen Brakteen treten aber nur im Spitzenbereich dieser Dolde auf, wo sie rekauleszent mit den Stielen der aus ihren Achseln hervorgehenden Blüten vereinigt sind, während die Blüten selbst verkümmern und als Rudimente den etwas verdickten Enden der Kannen ansitzen (Abb. 175 IIa). Die weit auseinandergespreizten fertilen Blüten im unteren Teil der Dolde besitzen dagegen keine Deckblätter. Ebenso wie bei *Norantea* sind aber auch hier zwei transversal gestellte schuppenförmige Vorblätter ausgebildet, die dicht an den Kelch herangerückt sind. Die Petalen sind miteinander zu einer Kalyptra verbunden, die bei der Anthese als Ganzes abgeworfen wird. Auch hier erzeugen die lebhaft gefärbten Brakteen reichlich Nektar. Der für unsere Betrachtung wesentliche Unterschied gegenüber *Norantea* besteht jedoch in der strahligen Ausbildung des gesamten Blütenstandes, der sich in einen zentralen sterilen, aber nektarbergenden Bereich und den peripheren Kranz der darüber hinausragenden Blüten gliedert und eine gewisse Ähnlichkeit mit einer strahligen Einzelblüte zeigt.

Aus der Fülle der Beispiele weiter fortgeschrittener Pseudanthien (wie wir sie z.B. bei *Saururaceae* (ROHWEDER und TREU-KOENE 1971), *Dipsacaceae, Calyceraceae, Xyridaceae, Rapateaceae, Eriocaulaceae, Cyperaceae* (SCHULTZE-MOTEL 1959), *Centrolepidaceae* (vgl. HAMANN 1962) und bei den *Araceae* finden) wollen wir im folgenden nur verschiedene Pseudanthienbildungen bei Umbelliferen, das Cyathium der *Euphorbiaceae-Euphorbieae* und die Cephalien und Syncephalien der *Compositae* herausgreifen.

Pseudanthienbildung bei Umbelliferen

Wir haben auf Seite 76 bereits erwähnt, daß bei vielen Umbelliferen die peripheren Blüten der Döldchen und sog. Dolden (= Doppeldolden!) oft vergrößerte Corollen

Abb. 176. I *Astrantia major*, Blütentrieb. II, III *Sanicula europaea;* Gesamtfloreszenz, präfloral (II) und einzelne Dolde (III) postfloral. IV *Heracleum austriacum* und V *Orlaya grandiflora*, Doppeldolde von oben. I, V nach TROLL, II, III nach FROEBE, IV Aufn. TH. STÜTZEL.

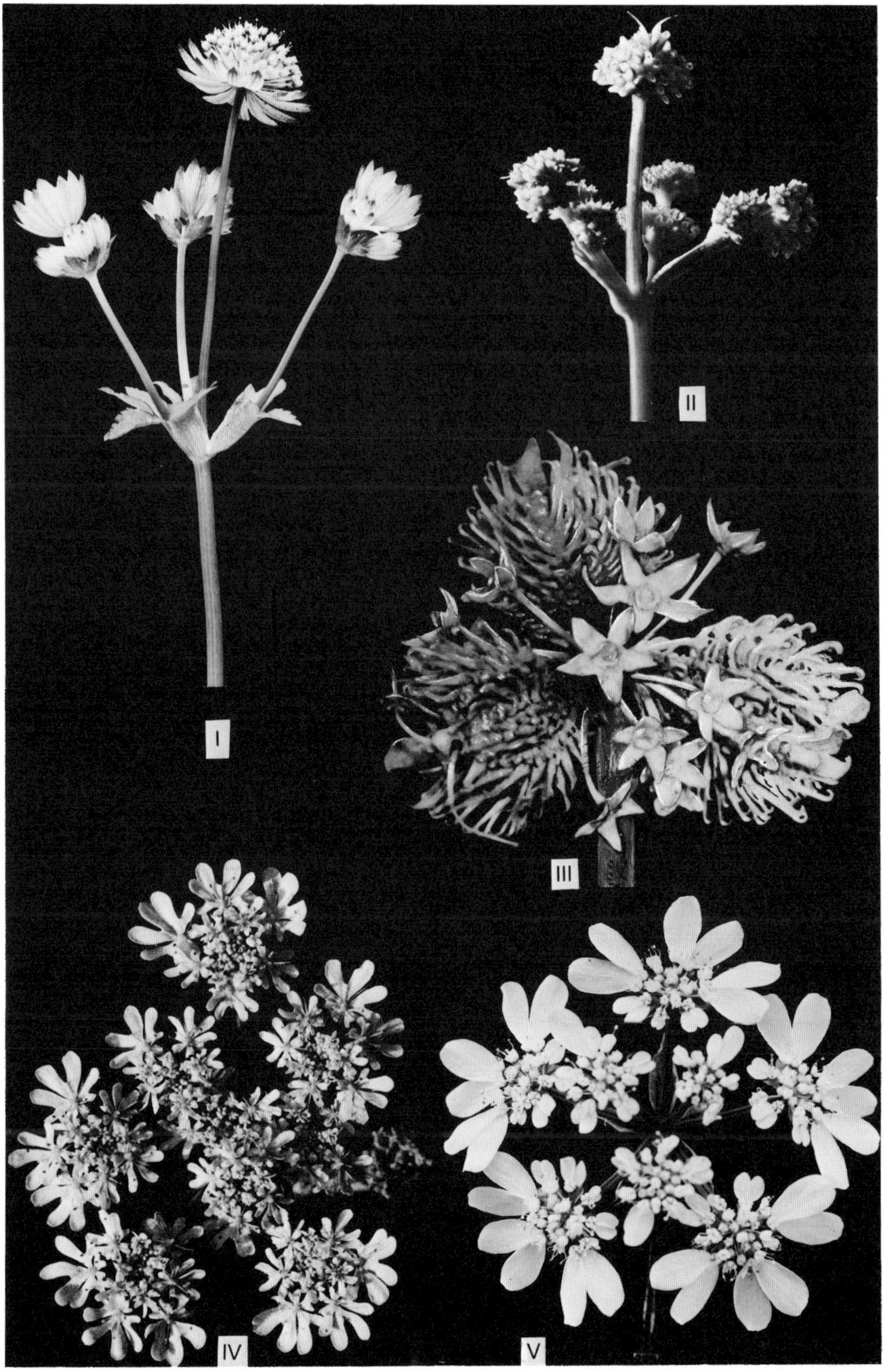

I
II
III
IV
V

aufweisen. Die Vergrößerung der Corolle erfolgt in der Form, daß die zur Peripherie des Döldchens oder der Dolde weisenden Petalen oft wesentlich stärker gefördert sind als die übrigen, ja entsprechend ihrer Lage zum Außenrand können sogar die beiden Lappen der tief zweigeteilten Petalen ungleich gefördert sein, so daß solche Petalen asymmetrisch sind (Abb. 37 IV). Als Beispiele für eine solche Ausbildung „strahlender Randblüten" mögen die Doppeldolden von *Heracleum austriacum* und *Orlaya grandiflora* in Abb. 176 IV, V dienen, von denen *Heracleum* eine oft asymmetrische Form der Petalen zeigt, während die weitaus stärkere Förderung der nach außen gerichteten Petalen bei *Orlaya* stets gleichmäßig erfolgt.

Auch wenn die Förderung der Petalen hier deutlich in Beziehung zur Form des gesamten Blütenstandes steht, wird man derartige Beispiele nur als Vorstufen einer Pseudanthienbildung werten können. Zugleich ist festzustellen, daß die Einbeziehung der Einzelblüten in das komplexere Gefüge eines Pseudanthiums auf dem Wege der ungleichen Ausbildung der Corollen kaum wesentlich über die hier dargestellten Vorstufen hinausführt.

Ein ganz anderer Weg der Pseudanthienbildung zeichnet sich bei den Blütenständen von *Astrantia, Hacquetia epipactis* und vielen *Bupleurum*-Arten ab. Wir greifen bei unserer Darstellung in erster Linie auf die umfassenden und gründlichen Untersuchungen Froebes (1964, 1971 a, b, 1979, 1980) zurück, die unter anderem auch das überraschende Ergebnis brachten, daß die Infloreszenzen der als primitiv anzusehenden *Hydrocotyloideae* sich keineswegs aus der Stauchung traubiger polyteler Floreszenzen, sondern von monotelen Thyrsen herleiten (1971 b).

Bei den *Astrantia*-Arten, z. B. *A. major* (Abb. 176 I) und *Hacquetia epipactis* (Abb. 177 I) beruht die Auffälligkeit der Blütenstände auf der fast perianthartigen Ausbildung und grünweißen oder gelbgrünen Färbung des den Blütenstand umgebenden Involucrums. Bei *Bupleurum ranunculoides* (Abb. 177 III) und verwandten Arten ist es dagegen die perianthartige Gestalt und fast gelbe Färbung des Involucellums, welche die verblüffende Ähnlichkeit mit den Blüten mancher *Ranunculus*-Arten hervorruft.

Betrachtet man die doldenförmigen Blütenstandsabschnitte von *Astrantia major* genauer, so erkennt man, daß sie sich aus langgestielten männlichen Blüten mit nur rudimentärem Gynoeceum und kurz gestielten Zwitterblüten mit kräftig entwickeltem Ovar zusammensetzen. In der Geschlechtsverteilung herrscht dabei eine gewisse Gesetzmäßigkeit: „Der schmale periphere Blütenkranz ist männlich, die mittlere Zone zwittrig und der apikale Blütenschopf wieder rein männlich" (Froebe 1964, Seite 357). Dies gilt für die den Hauptsproß abschließende Blütendolde (Primandolde); bei den seitlichen Dolden (Sekundan- und Tertiandolden) werden die Zwitterblüten mehr und mehr zugunsten der zentralen Zone männlicher Blüten zurückgedrängt. Aus der Anordnungsweise der Zwitterblüten in bezug auf die Involucralblätter und die peripheren männlichen Blüten und vor allem aus der Anlegungsfolge der Blüte während der Blütenstandsentwicklung ergibt sich, daß wir es mit einer verkappten Doppeldolde zu tun haben. Dabei lassen sich bei einer Primandolde etwa 8 jeweils in der Achsel eines Involucralblattes stehende, stark reduzierte Döldchen unterscheiden, von denen jedes eine Zwitterblüte und drei männliche Blüten umfaßt. Den einwärts folgenden Zwitterblüten, die man ebenfalls jeweils der Achsel eines Involucralblattes zuordnen kann, sind jeweils nur noch ein oder zwei männliche Blüten beigesellt. Zum Scheitel bzw. zum Zentrum des somit doppeldoldigen Blütenstandes hin „vermännlichen die einblütigen Döldchen" (S. 361). Dabei treten nicht selten

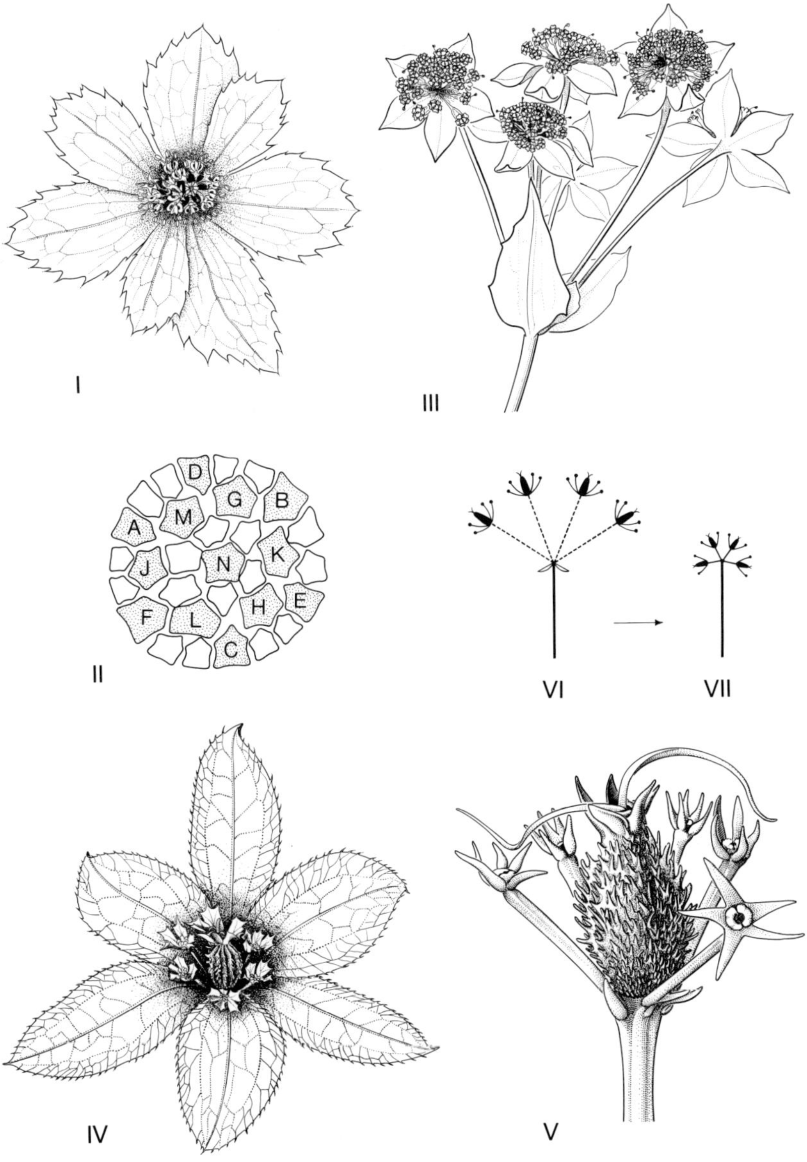

Abb. 177. I, II *Hacquetia epipactis*, Dolde in Aufsicht (I) und im Diagramm (II), die mit Großbuchstaben gekennzeichneten Blüten sind Zwitterblüten. III *Bupleurum ranunculoides*, Dolde. IV *Actinolema eryngioides*, Dolde in Aufsicht. V *Sanicula coerulescens*, Döldchen, bestehend aus einer zentralen Zwitterblüte und fünf männlichen Blüten. VI–VII schematische Darstellung des Reduktionsvorganges, der von der Dolde von *S. coerulescens* (VI) zur Dolde von *S. europaea* führt (VII). II, IV–VII nach FROEBE.

Übergangsformen zwischen Zwitterblüten mit kräftig ausgebildetem Ovar und männlichen Blüten auf (vgl. TROLL 1957, Abb. 273).

Die Pseudanthien kommen hier also durch die perianthähnliche Ausbildung des Involucrums und die starke „Zusammenziehung" einer Doppeldolde zustande, wobei die Döldchen„stiele" gar nicht mehr in Erscheinung treten und die Döldchen selbst stark reduziert sind. Im peripheren Bereich der Doppeldolde sind sie noch vielblütig und weisen „neben der Zwitterblüte noch 3 bis 1 männliche Blüten auf. Nach dem Doldenzentrum hin werden die Döldchen dann schwächer: zunächst einblütig-zwittrig und dann einblütig männlich" (FROEBE 1964, Seite 361).

Noch klarer ist der Aufbau des Pseudanthiums bei *Hacquetia epipactis* zu erkennen, obgleich hier nicht allein die Döldchenachsen reduziert sind, sondern auch die Blütenstiele sehr kurz bleiben, so daß die Blüten kopfig zusammengedrängt stehen. Der Blütenstand entspricht „morphologisch einer Doppeldolde mit zentral geförderten Döldchen" (FROEBE 1964, Seite 356). Die Zwitterblüten stellen hier die geförderten Mittelblüten von Döldchen dar. Allein die Zwitterblüte N des zentralen Döldchens in Abb. 177 II ist jedoch noch ringsum von männlichen Blüten umgeben. Die in den Achseln der Involucralblätter stehenden Döldchen mit den Zwitterblüten A bis F sind dagegen auf die Zwitterblüte und zwei männliche Blüten reduziert. Die Zwitterblüten G bis M sind die Mittelblüten von Döldchen, bei denen männliche Blüten gänzlich fehlen.

Eine Steigerung dieses Verhaltens findet man bei *Actinolema eryngioides*. Bei der in Abb. 177 IV dargestellten kräftigen Dolde steht in der Achsel eines jeden der 6 Involucralblätter eine männliche Blüte, die einem reduzierten Döldchen entsprechen dürfte. Entsprechend darf man die zentrale Zwitterblüte wohl als allein übriggebliebene Mittelblüte des terminalen Döldchens auffassen. Das Ganze macht auf den ersten Blick den Eindruck einer zwitterigen Einzelblüte.

Bei den eigenartig gestalteten Blütenständen des Sanikel (*Sanicula europaea*, Abb. 176 II) treten die Involucralblätter stark zurück. Auch hier haben wie es aber mit stark reduzierten und kontrahierten Doppeldolden zu tun. Die Bezeichnung Doppeldolde bezieht sich dabei nicht etwa auf die gesamte in Abb. 176 II dargestellte Infloreszenz. Diese setzt sich vielmehr ähnlich wie bei der Gesamtinfloreszenz von *Astrantia* in Abb. 176 I bereits aus einer terminalen und mehreren seitlichen, lang „gestielten" Doppeldolden zusammen, von denen eine in Abb. 176 III wiedergegeben ist. Ihre 4 Zwitterblüten entsprechen den geförderten zentralen Blüten von 4 Döldchen, die außerdem noch 2 bis 4 periphere männliche Blüten tragen. Dies folgt aus der Anordnung der Blüten im Verhältnis zu den Involucralblättern wie auch aus der Entwicklungsgeschichte des Blütenstandes. Ein einzelnes Döldchen – allerdings von *Sanicula coerulescens*, wo die Zwitterblüte sogar von 5 männlichen Blüten umgeben ist – zeigt Abb. 177 V.

Bekanntlich gibt es unter den Umbelliferen aber auch köpfchenförmige oder kolbenförmige Blütenstände, die ähnlich wie bei den Compositen nicht allein durch ein Zusammendrängen der Blüten, sondern vor allem durch ein starkes (primäres) Dickenwachstum der Infloreszenzachse zustande kommen. Dies ist bei den Köpfchen der *Eryngium*-Arten (Abb. 178) der Fall, bei denen auf der Oberfläche des kolbigen oder kopfigen Receptaculums dicht zusammengedrängt zahlreiche einzelne Blüten sitzen. Aus der Tatsache, daß manche dieser Blüten neben ihrem Tragblatt noch ein überzähliges Blättchen aufweisen und aus der Beobachtung, daß die Blüten im apikalen Bereich der Köpfchen sogar ein Involucellum aus bis zu 5 Blättern tragen können

Abb. 178. I *Eryngium bromeliifolium,* distaler Abschnitt einer Infloreszenz. II *E. giganteum,* Axialschnitt durch ein Köpfchen. Orig. TROLL.

(TROLL und HEIDENHAIN 1952, Seite 155) ist zu schließen, daß jedes Köpfchen einer Doppeldolde entspricht, deren Doldenstrahlen reduziert und deren Döldchen bis auf jeweils eine einzige Blüte verarmt sind. Da die Involucralblätter hier sehr kräftig entwickelt sind, kommt bei den *Eryngium*-Arten trotz der oft beträchtlichen Größe der Köpfchen noch ein ähnliches Erscheinungsbild wie bei einer Einzelblüte zustande. Dazu kommt noch die oft abweichende, bei der Stranddistel, *Eryngium maritimum*, der Alpendistel, *E. alpinum*, oder bei *E. amethystinum* amethystblaue Färbung dieser Involucralblätter.

Für das Zustandekommen der Pseudanthien bei Umbelliferen sind dem vorausgegangenen zufolge vor allem folgende Faktoren maßgebend: 1. die „Entindividualisierung der Einzelblüten bzw. Infloreszenzuntereinheiten", wie wir sie etwa bei *Hacquetia, Actinolema* oder in anderer Weise bei *Eryngium* verwirklicht finden, 2. die „Delegation der Schaufunktion" auf periphere Blattorgane, z.B. die peripheren Petalen der Döldchen und Dolden, die Involucellarblätter bei *Bupleurum ranunculoides* oder der Involucralblätter bei *Astrantia, Hacquetia* und *Actinolema*, 3. die „Musterbildung der ‚Petaloide' im Sinne eines Corollarersatzes" (Pseudocorolle) (FROEBE und ULRICH 1979). Dazu rechnet FROEBE noch 4. die „Dominanz der Pseudocorolle über die Scheibe" und 5. den „Kontrast zur Umgebung". Bemerkenswert bleibt, daß der bei den Compositen so erfolgreiche Weg der Pseudanthienbildung über eine Vergrößerung randlicher Kronblätter oder der Corolle randlicher Blüten bei den Umbelliferen über Vorstufen kaum hinausführt.

Das Cyathium der Euphorbiaceae-Euphorbieae

Eine hochgradige Integration extrem rückgebildeter Blüten zu einem blütenartigen Organgefüge stellt das Cyathium (der Blütenbecher) der *Euphorbieae* dar.

Cyathien sind es, welche etwa bei unserer Sonnenwendigen Wolfsmilch (*Euphorbia helioscopia*, Abb. 179 I) am Ende der Hauptachse und an den Astenden des 5strahligen Blütenstandes wie Blüten erscheinen. Die äußere Ähnlichkeit mit einer Blüte wird vor allem dadurch hervorgerufen, daß jeweils 5 Brakteen zu einer becherförmigen Hülle vereinigt sind, wie dies Abb. 179 IV für die Cypressen-Wolfsmilch (*E. cyparissias*) zeigt. Vielleicht kann man das kelchartige Involucrum der *Pereae* oder das petaloid gefärbte Involucrum bei *Dalechampia* als Vorstufen dazu ansehen. Zwischen den Enden der fünf Brakteen des *Euphorbia*-Cyathiums sitzen am Becherrand 5 bzw. 4 ovale oder – bei der Cypressen-Wolfsmilch – halbmondförmige Nektarien, welche man als Stipeläquivalente der Brakteen deutet. Jede dieser Brakteen trägt in ihrer Achsel einen wickeligen männlichen Blütenstand (Abb. 179 VI), dessen Blüten jedoch jeweils auf ein einziges Staubblatt reduziert sind. In der Mitte des Bechers entspringt der Stiel der einzigen, ebenfalls perianthlosen weiblichen Blüte, die über den Rand des Bechers herabhängt. An dieser Stelle fehlt gewöhnlich das zwischen den Brakteen sitzende Nektarium (außer bei dem terminalen Cyathium des Blütenstandes). Daß es sich bei den einzelnen Staubblättern wie auch bei dem langgestielten Fruchtknoten tatsächlich um perianthlose reduzierte Blüten und nicht um die Elemente einer Einzelblüte handelt, geht schon daraus hervor, daß die Staubblüten eine deutliche Einschnürung aufweisen, welche das Filament gegen den Blütenstiel abgrenzt (Abb. 179 V, Str). An dieser Stelle ist bei der gleichfalls cyathienbildenden Euphorbieen-Gattung *Anthostema* noch ein deutliches Perianth vorhanden (Abb. 179 II), das übrigens auch bei der weiblichen Blüte des Cyathiums noch ausgebildet ist (Abb. 179 III). Bei der gleichfalls verwandten Gattung *Actinostemon* besitzen kräftige männliche Blüten mit bis zu 9 Staubblättern noch ein rudimentäres 3zähliges Perigon, bei schwächeren fehlt dieses und die Staubblattzahl kann bis auf 1 verringert sein. Im übrigen unterscheiden sich Blütenstiel und Filament der reduzierten männlichen *Euphorbia*-Blüten nicht selten dadurch, daß der Blütenstiel behaart, derb und braun gefärbt, das Filament dagegen kahl, zart und blaß ist. Auch die Deckblätter der jeweils auf ein einziges Staubblatt reduzierten männlichen Blüten treten oft noch als kleine pfriemliche Zipfel in Erscheinung. Die weibliche Blüte hängt während der Blütezeit herab, richtet sich dann jedoch wieder auf – ein Verhalten, das wohl von geotropischen Umstimmungen bei Blüten bekannt ist, nicht aber von einem Fruchtknoten innerhalb einer Blüte. Übrigens tritt auch bei manchen *Euphorbia*-Arten noch ein perigonartiges Gebilde am Grunde der weiblichen Blüte auf, bei *Euphorbia paucifolia* soll es sogar aus zwei alternierenden 3zähligen Wirteln bestehen. In anderen Fällen ist das Perigon noch durch einen schwachen Saum angedeutet.

Der Innenraum des Cyathiums wird von unten her durch 5 Septen, die vor den Drüsen herablaufen und am Rande meist stark zerfranst sind, mehr oder minder tief gekammert. Nicht selten kann man zwischen den randlichen Zipfeln eine längsver-

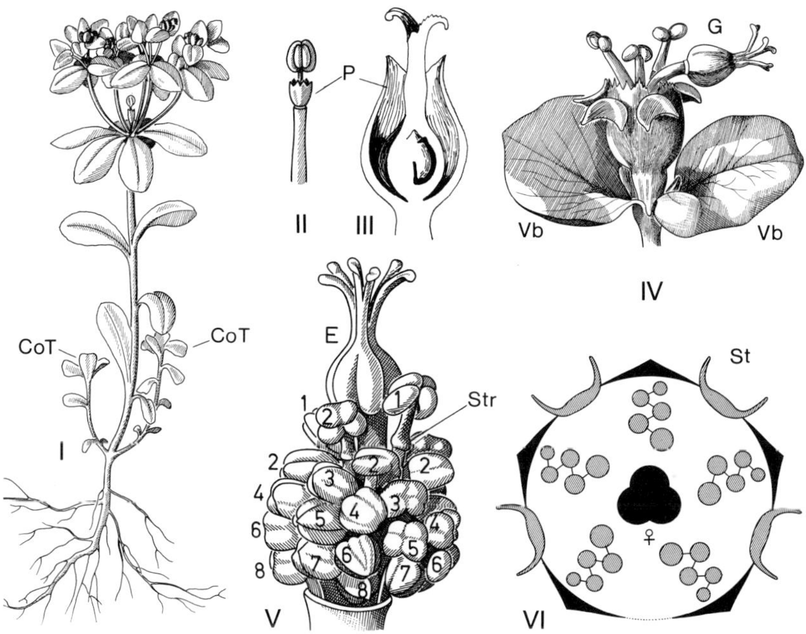

Abb. 179. I *Euphorbia helioscopia*, blühende Pflanze, CoT Kotyledonartriebe, II, III *Anthostema senegalense*, männliche (II) und weibliche (III, Längsschnitt) Blüte, P Perigon. IV *Euphorbia cyparissias*, Cyathium mit Vorblättern (Vb), V *E. lathyris*, Cyathium nach Entfernung der becherartigen Hülle, die arabischen Ziffern bezeichnen die Entstehungsfolge der aus je einem Staubblatt bestehenden männlichen Blüten, Str Striktur zwischen Filament und Blütenstiel. E (bzw. G in IV) die weibliche Terminalblüte. VI *E. peplus*, Diagramm eines Cyathiums. Nach SCHMEIL (I), BAILLON (II, III) und TROLL (IV–VI).

laufende Furche erkennen. Man nimmt an, daß die Septen durch Verschmelzung der „Rücken an Rücken" liegenden Vorblätter der einander benachbarten männlichen Teilblütenstände entstehen. Dafür spricht, daß diese Teilblütenstände bei manchen *Euphorbia*-Arten von zwei noch weitgehend getrennten Vorblättern umgeben sind (J. HOPPE, unveröff.).

Die Behauptung, es handele sich bei den 5 jeweils vor einem Blattorgan des Blütenbechers stehenden „Staubblattgruppen" um wickelige männliche Partialinfloreszenzen, bestätigt sich auch in der Ontogenie durch die nach außen zickzackförmig fortschreitende Ausgliederung sowie durch die Verstäubungsfolge, d.h. die Reihenfolge, in der sich die Antheren der einzelnen Staubblätter öffnen.

In einem Verwandtschaftskreis, der sonst weithin durch eingeschlechtige Blüten ausgezeichnet ist, sind hier also nach einer bis zum äußersten fortgeschrittenen Reduktion der Einzelblüten – nur ein Staubblatt bzw. ein dreifächeriger Fruchtknoten – Organgefüge höherer Ordnung entstanden, die ganz an die Zwitterblüten anderer Blütenpflanzen erinnern und von Insekten (vor allem Dipteren) oder – wie beim Weihnachtsstern (s. u.) – von Vögeln bestäubt werden. Damit aber noch nicht genug! Auch das Cyathium kann weitere Umgestaltungen erfahren. So sind z.B. bei der im Blumenhandel erhältlichen *Euphorbia fulgens* die als Stipeläquivalente gedeuteten Zipfel zwischen den 5 Brakteen des Cyathiums zu flächigen, petalenartigen, rechtwinklig abstehenden Gebilden entwickelt, die lebhaft rot gefärbt sind und an ihrem Grunde oberseits ein Nektarium tragen (Abb. 180 I, II). Die äußere Ähnlichkeit solcher Cyathien mit einer sympetalen Zwitterblüte darf man als vollkommen bezeichnen.

Bei der südamerikanischen Gattung *Pedilanthus* erfahren die gleichfalls lebhaft rot gefärbten Cyathien sogar noch eine zygomorphe Abwandlung (Abb. 180 III bis VI). Diese kommt dadurch zustande, daß zwei der 5 den Blütenbecher bildenden Blattorgane so stark vergrößert sind, daß sie nicht nur die Unterseite des zygomorphen Cyathiums einnehmen, sondern noch weit an den Flanken emporreichen (Abb. 180 VI). Das Nektarium zwischen diesen beiden Blattorganen fehlt. Die drei anderen Brakteen sind auf der Oberseite des Cyathiums eng zusammengedrückt, ebenso die vier erhalten gebliebenen Nektarien, die etwas zur Außenseite hin verschoben sind. Sie werden außen von einer „Drüsentasche" umhüllt, die spornartig nach hinten ausgesackt ist und einem Verwachsungsprodukt aus 4 der bei *Euphorbia fulgens* petaloid entwikkelten Drüsenanhänge entsprechen könnte. Die zygomorphe Ausbildung des Cyathiums äußert sich aber auch in der Stellung der weiblichen Blüte, die etwas aus dem Zentrum herausgerückt ist, und in der Förderung der drei hinteren Wickel männlicher Blüten, die nicht nur kräftiger ausgebildet sind (Abb. 180 III), sondern auch mehr Blüten (Staubblätter) umfassen, als die beiden vorderen. Das Cyathium verhält sich wie eine protogyne Blüte: zuerst streckt sich der Griffel der weiblichen Blüte gerade aus der schnabelförmigen Spitze des Cyathiums hervor und krümmt seine Spitze mit den entfalteten Narbenlappen etwas nach oben (III), dann treten die Staubblätter der männlichen Blüten hervor, während der Griffel der weiblichen Blüte nach unten gebogen wird (IV, V). Die Bestäubung der reichlich Nektar erzeugenden Cyathien erfolgt in der Heimat der Gattung *Pedilanthus* durch Kolibris (vgl. PORSCH 1923).

Zygomorph sind auch die in Wickeln angeordneten Cyathien von *Euphorbia (Poinsettia) pulcherrima*. Sie besitzen nämlich nur ein sehr großes becherförmiges Nektarium, das dem Cyathium auf der dem Deckblatt abgewandten Seite ansitzt. Da an dieser Stelle bei den Cyathien anderer Arten zwei der insgesamt vier Nektarien

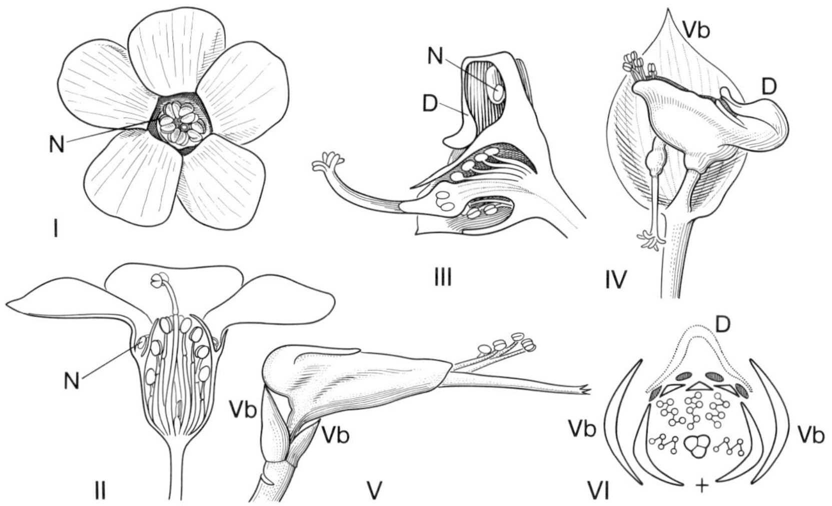

Abb. 180. I, II *Euphorbia fulgens*, Cyathium in Aufsicht (I) und im Axialschnitt (II). III, IV *Pedilanthus bracteatus*, dorsiventral gestaltetes Cyathium im Medianschnitt (III) und nach Abtragen eines der beiden Hochblätter (Vorblätter). V *Pedilanthus tithymaloides*, Cyathium im männlichen Zustand von der Seite. V Diagramm des Cyathiums von *Pedilanthus*. N Nektarium, D Drüsentasche, Vb Vorblatt. II nach TROLL, III–V nach PORSCH, VI nach GOEBEL; verändert.

zu stehen pflegen, nimmt GOEBEL (1931) an, „daß diese bei Euphorbia pulcherrima zu der großen Becherdrüse verschmolzen" sind, um so mehr als an derselben Stelle gelegentlich zwei, entsprechend kleinere Drüsen, auftreten. Die leuchtend gelb gefärbten Drüsen stehen in lebhaftem Farbkontrast zu den leuchtend roten Hochblättern, welche den Cyathienstand wie ein roter Stern umrahmen und der Pflanze den Namen „Weihnachtsstern" eingetragen haben. Bei kräftigen Blütenständen sind sie scheinbar in Form eines Doppelkranzes angeordnet, wobei die Blätter des äußeren Kranzes bis doppelt so lang wie die inneren sind. Morphologisch gesehen handelt es sich darum, daß von den beiden Vorblättern der in Wickeln angeordneten Cyathien jeweils eins zu einem großen, der Form nach fast laubblattähnlichen Hochblatt ausgebildet wird, während das andere (sterile) klein bleibt. Der rote Farbstoff findet sich nach PORSCH (1923) allein im Zellsaft der beiderseitigen Epidermen. Da das gesamte Mesophyll der Hochblätter von einem außerordentlich interzellularenreichen chlorophyllarmen Schwammparenchym gebildet wird, kommt hier die schon auf Seite 70 erläuterte „Tapetumwirkung" zustande. Fehlt der Farbstoff, so sind die großen Hochblätter weiß, was bei einer Form dieser Pflanze beständig der Fall ist. Die Nektardrüsen erzeugen – wie man leicht an Zimmerpflanzen beobachten kann – soviel Nektar, daß die Becher überfließen. In ihrer Heimat Mexico und Zentralamerika werden die Cyathien von Kolibris bestäubt.

Beim Christusdorn, *Euphorbia milii (E. splendens)*, sind die beiden, breit eiförmigen Vorblätter eines jeden Cyathiums feuerrot gefärbt und geben dem Cyathium das blütenartige Aussehen. Auf die große Zahl der weiteren Abwandlungen in Form und Farbe des Euphorbiaceen-Cyathiums können wir hier nicht eingehen.

Die Cephalien und Syncephalien der Compositae

Die Blütenstände der Compositen stellen Synfloreszenzen des polytelen Typus dar, deren von Trauben abzuleitende Floreszenzen infolge Stauchung und Verdickung der Infloreszenzachse köpfchenförmig entwickelt sind. Diese Compositenköpfchen dürfen als hochentwickelte Pseudanthien gelten. Im besonderen Maße trifft dies für alle jene Vertreter der *Asteroideae* zu, deren Köpfchen außer zentralen Röhrenblüten auch randliche Strahlblüten tragen (Seite 90), es gilt aber auch für die *Cichorioideae,* die – wie bereits erörtert (Seite 92) – stets nur Zungenblüten aufweisen. Die Ähnlichkeit eines solchen Köpfchens mit einer Einzelblüte ist um so größer, als es an seiner Basis von einem Hüllkelch (Involucrum) aus meist zahlreichen rosettig angeordneten Hochblättern (Involucralblättern) umgeben ist, die nur in seltenen Ausnahmefällen Blüten in ihren Achseln tragen. Dieses Involucrums wegen bezeichnet man die köpfchenförmigen Blütenstände der Compositen auch als Körbchen (Calathidium).

Das Involucrum vertritt bei diesen Pseudanthien gewissermaßen den Kelch, während die Strahlblüten (oder auch die zungenförmigen Corollen der Cichorioideenkörbchen) die Rolle der Blütenkrone übernehmen, was auch in der Ausbildung übergreifender Farbmuster zum Ausdruck kommt. Man denke nur an die konzentrischen Farbringe, welche etwa bei der „Kokardenblume“ *(Gaillardia)* über alle Glieder der „Pseudocorolle“ hinweggreifen. Bei *Chrysanthemum carinatum (C. tricolor)* sind diese Ringe sogar drei- oder mehrfarbig! Der Strahlenkranz der Compositenkörbchen weist also Farbmuster auf, wie man sie von der Corolle einer radiären Einzelblüte her kennt. Auch hier wird der Eindruck einer Einzelblüte nicht selten durch die Fünfzahl der Strahlblüten verstärkt. Das Körbchen imitiert aber nicht nur in seinem äußeren Erscheinungsbild eine Einzelblüte, sondern stellt auch in funktioneller Hinsicht eine Einheit dar. Die Strahlblüten – oder bei den *Cichorioideae* die äußersten Zungenblüten – verwelken nämlich erst, wenn die letzte der in zentripetaler Richtung aufblühenden Röhrenblüten – bzw. zentralen Zungenblüten – ihre Anthese abgeschlossen hat.

Diese Körbchen bilden nun gewissermaßen die Grundeinheit, die in der Verzweigung der Compositenblütenstände die gleiche Position einnimmt, wie die Einzelblüte bei den Infloreszenzen anderer Familien. Es können also aus Körbchen zusammengesetzte rispenartige, botryoidartige oder thyrsoide, durch wickelige oder schraubelige Verzweigung ihrer Äste charakterisierte Blütenstände gebildet werden, die man mit Troll (1967, Seite 93/94) als Paniculodium, Botryodium usw. bezeichnen kann. Man darf daher fast erwarten, daß auch ein Zusammenschluß von Körbchen oder Köpfchen zu köpfchenartigen Aggregaten 2. Ordnung, sog. **Cephalodien** bzw. **Syncephalien,** erfolgen kann. Bevor wir jedoch diese Möglichkeit näher erörtern, wollen wir unseren Blick noch auf eine besondere Ausbildungsform des Compositenköpfchens lenken.

In Abb. 182 I ist ein Köpfchen von *Helipterum roseum* in Oberansicht wiedergegeben. Es gleicht auf den ersten Blick einem mit zentralen Röhrenblüten und peripheren Strahlblüten ausgestatteten Asteroideenkörbchen. Bei näherer Betrachtung werden wir allerdings eines Besseren belehrt. Wie der Axialschnitt in Abb. 181 I zeigt, weist dieses Köpfchen nämlich keineswegs Röhrenblüten und Strahlblüten auf, wie das darunterstehende Köpfchen von *Achillea millefolium* (Abb. 181 II), sondern allein Röhrenblüten. Die vermeintlichen Strahlblüten sind in Wirklichkeit Involucralblätter, die von spreuartiger Beschaffenheit und corollinisch gefärbt sind. Abgesehen von den schuppenartig-ovalen, untersten Gliedern des Hüllkelches lassen alle Involucralblätter eine Gliederung in eine kürzere, etwas schmalere Basis und einen langelliptischen Endabschnitt erkennen (Abb. 182 II–IV). Zwischen beiden befindet sich eine Gelenkzone, mit deren Hilfe der distale, petaloide Abschnitt hygroskopische Bewegungen ausführt: beim Austrocknen schrumpft die Gelenkunterseite stärker als die Oberseite, so daß der petaloide Abschnitt mehr oder minder rechtwinklig von dem in seiner Stellung verharrenden Basalabschnitt abgespreizt wird. Wird dagegen die Unterseite des Gelenks mit Wasser benetzt oder erfolgt eine Erhöhung der Luftfeuchtigkeit, so werden die petaloiden Abschnitte nach innen gebogen, und das Köpfchen schließt sich. Das Involucrum erfüllt somit in ausgezeichneter Weise beide Funktionen eines Perianths: es erzeugt eine Schauwirkung und übt zugleich noch eine Hüllfunktion aus. Da die spreuartigen Involucralblätter zur Blütezeit des Köpfchens zwar schon abgestorben sind, aber nicht welken, bleibt die äußere Form der Blütenköpfchen auch nach dem Abblühen und Absterben erhalten. Die Köpfchen erscheinen sogar infolge der hygroskopischen Bewegungen der Involucralblätter noch stets lebend, was zu der Bezeichnung „Immortellen“ für diese und andere „Strohblumen“ (z.B. auch *Helichrysum*) geführt hat. Sie werden oft für Trockensträuße verwendet. – Das Öffnen der Köpfchen bei sonnigem, trockenem und das Schließen bei feuchtem Wetter hat auch der Wetterdistel *(Carlina acaulis)* ihren Namen eingetragen; auch hier hat das Involucrum die Schaufunktion der Strahlblüten übernommen und führt außerdem hygroskopische Bewegungen aus.

Von der Schafgarbe *(Achillea millefolium)* her kennen wir die Erscheinung, daß die Körbchen stark verkleinert und an Blüten verarmt erst in einem ebenstraußartigen Blütenstand wieder eine auffällige Wirkung erzielen. Diese Entwicklungstendenz ist bei der Kugeldistel (*Echinops sphaerocephalus,* Abb. 183 III, IV) so weit fortgeschritten, daß ein kugeliger Blütenstand aus lauter einblütigen Körbchen gebildet wird, die ihrerseits alle mit einem wohlentwickelten Involucrum versehen sind (Abb. 182 VI, VII).*

Demgegenüber erscheint das in Abb. 183 I, II in Seitenansicht und in Aufsicht dargestellte Köpfchen von *Syncephalantha decipiens* wie ein „normales“, mit Strahlblüten und Involucrum ausgestattetes Compositenköpfchen. Der schematisierte Axialschnitt in Abb. 181 III zeigt indessen, daß es sich um ein **Syncephalium** handelt, in welchem mehrere Körbchen zu einer neuen, gestaltlichen Einheit zusammengetreten sind, die wiederum einem Körbchen sehr ähnlich sieht. Das Syncephalium besteht gewöhnlich aus einem zentralen, die Hauptachse des Syncephaliums abschließenden und 5 seitlichen Köpfchen. Allein diese peripheren Köpfchen bilden Strahlenblüten aus, und zwar jeweils nur an der zur Peripherie des gesamten Syncephaliums hingewandten Seite, so daß sich das gleiche Bild ergibt, wie bei einem mit Strahlenblüten ausgestatteten Einzelkörbchen. Die Deckblätter der seitlichen Köpfchen täuschen dabei das Involucrum vor. Freilich ist die Hauptachse des Syncephaliums nicht kopfig verdickt, und die in den einzelnen Körbchen endenden Achsen sind zwar kurz, aber noch deutlich erkennbar. Troll (1928), auf dessen Ausführungen wir hier im wesentlichen zurückgreifen, hat diese Verhältnisse mit dem Jugendstadium eines vielköpfigen Blütenstandes einer Pestwurz (*Petasites paradoxus,* Abb. 182 V) verglichen. Auch hier schließt ein terminales Köpfchen (t) den Blütenstand ab. In den Achseln der obersten Brakteen (b) stehen weitere Köpfchen, die alle einan-

* Die Infloreszenzentwicklung von *Echinops exaltatus* wurde von Leins und Gemmeke (1979) untersucht.

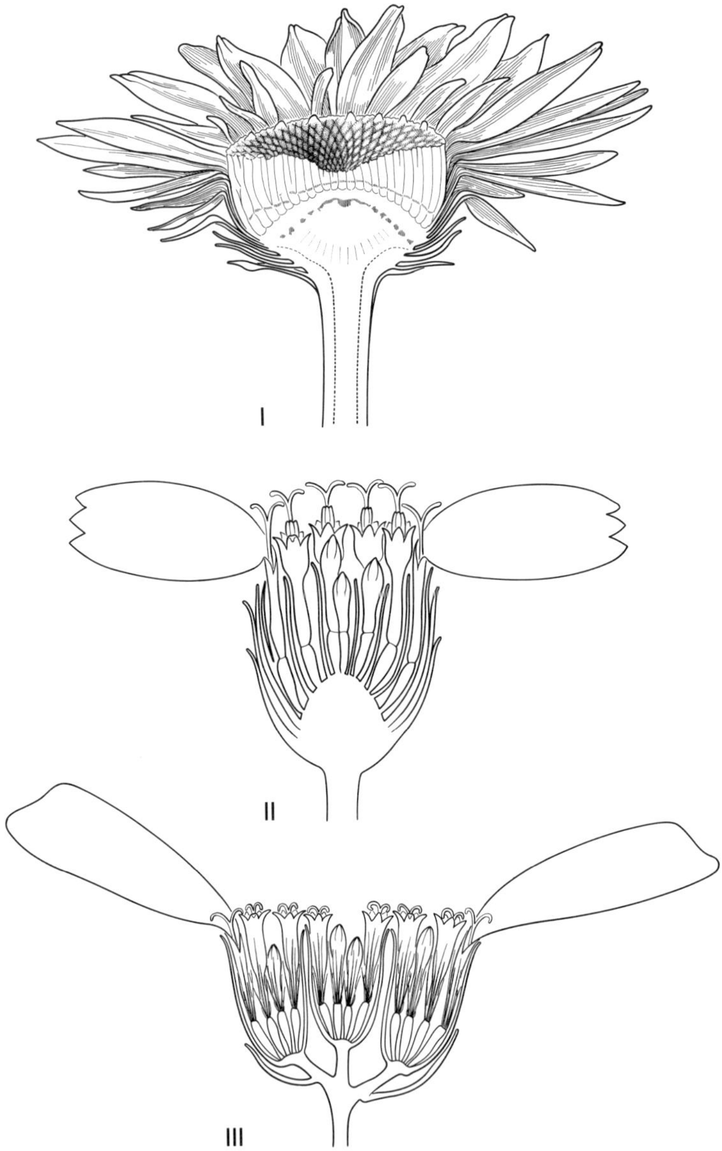

Abb. 181. I *Helipterum roseum*, präflorales Köpfchen im Schnitt. II *Achillea millefolium*, Längsschnitt durch ein Köpfchen, schematisiert. III *Syncephalantha decipiens*, Pseudocephalium im Längsschnitt, das terminale Köpfchen besitzt keine Strahlblüten, die peripheren tragen Strahlblüten nur an der Außenseite. II nach Warming verändert, aus Troll, I, III nach Troll.

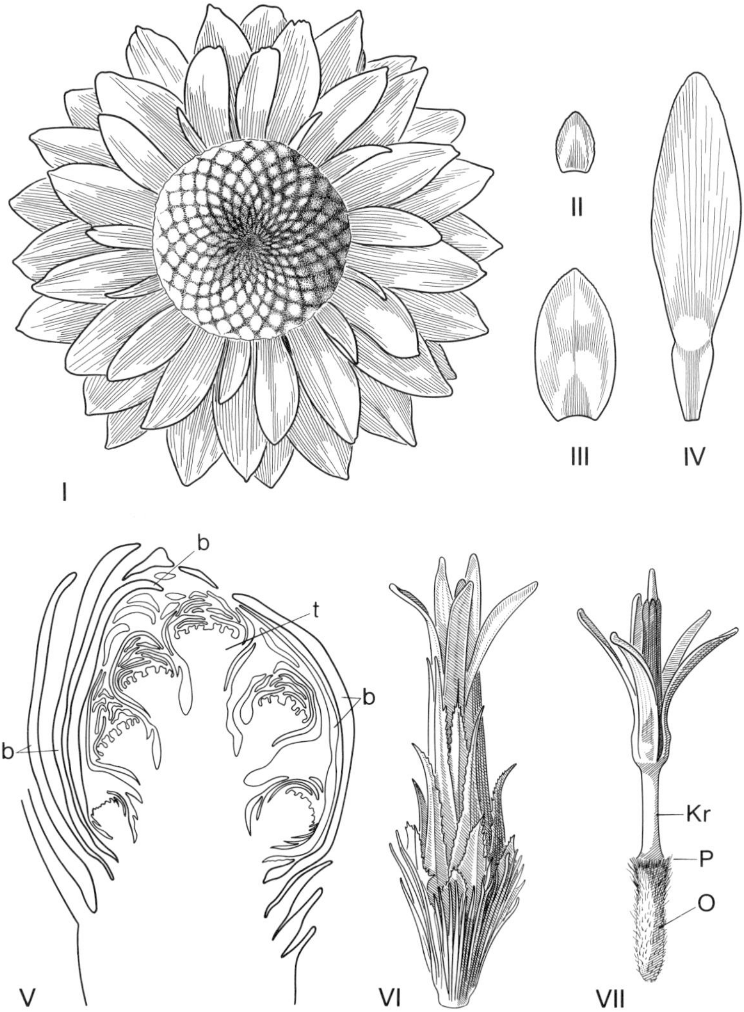

Abb. 182. I–IV *Helipterium roseum*, erblühtes Köpfchen von oben (I), II–IV äußeres, mittleres und inneres Involucralblatt. V *Petasites paradoxus*, Längsschnitt durch eine junge Infloreszenz. VI, VII *Echinops sphaerocephalus*, einzelnes Köpfchen total (VI) und nach Entfernung des Involucrums (VII). O Ovar der einzigen Blüte, P ihr sog. Pappus, Kr Kronröhre. Sämtlich nach TROLL.

I
II
III
IV

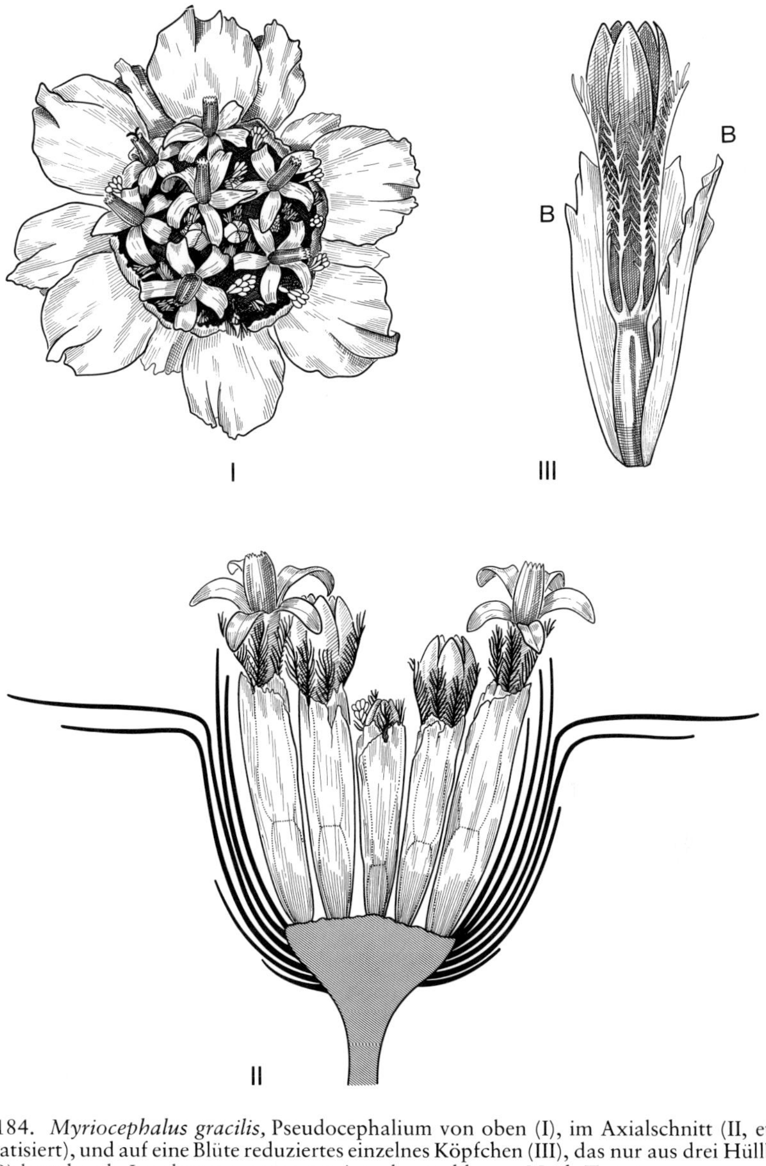

Abb. 184. *Myriocephalus gracilis*, Pseudocephalium von oben (I), im Axialschnitt (II, etwas schematisiert), und auf eine Blüte reduziertes einzelnes Köpfchen (III), das nur aus drei Hüllblättern (B) bestehende Involucrum etwas auseinandergeschlagen. Nach TROLL.

Abb. 183. I, II *Syncephalantha decipiens;* I Blütentrieb mit Pseudocephalium, II Pseudocephalium von oben. III, IV *Echinops sphaerocephalus,* Infloreszenz zu Beginn der Blütezeit (III) und voll erblüht (IV). Orig. TROLL.

der deutlich genähert sind, weil sich die Infloreszenzachse noch nicht gestreckt hat. „Stellen wir uns nun vor, daß die Infloreszenzachse dauernd gehemmt und deshalb ganz kurz bleibt, somit die Köpfchen dicht aufeinanderrücken" .. „so bekommen wir ein Pseudozephalium oder Scheinköpfchen, wie es *Syncephalanthus decipiens* BARTL., besitzt".

Weniger weit fortgeschritten ist die Integration der Einzelkörbchen bei den Edelweißarten *(Leontopodium)*. Infolge von Internodienstauchungen sind auch hier zahlreiche Einzelköpfchen zu einem fast kopfigen Ebenstrauß zusammengerückt, der von den weißfilzigen Deckblättern der Körbchen sternartig umgeben wird.

Über die geschilderten Integrationsstufen hinaus werden bei den Compositen noch Syncephalien höherer Ordnung gebildet, wenn auch nicht in der Weise, daß sie strahlige Randblüten ausbilden und damit den Habitus von Einzelblüten nachahmen. Wohl aber weisen sie gewöhnlich ein Gesamtinvolucrum und ein gemeinsames Receptaculum auf, so daß man von Cephalodien sprechen kann. Die Einzelköpfchen sind dabei oft stark reduziert, so z.B. bei *Flaveria repanda*, deren hochkompliziert aufgebaute Köpfchenaggregate von den Tragblättern der unteren in das Aggregat eingegliederten Parakladien involucrumartig umgeben werden. Nach KUNZE (1969), der diese und andere komplexe Compositen-Infloreszenzen eingehend untersucht hat, kommen Köpfchenaggregate höherer Ordnung bei den Asteroideen-Tribus der *Vernonieae*, *Heliantheae*, *Helenieae*, *Inuleae*, *Cardueae* und *Mutisieae* vor.

Unter den cephaloiden Compositen-Blütenständen gibt es auch „Strohblumen zweiter Ordnung" (TROLL), nämlich bei *Myriocephalus* und *Angianthus*, zwei Gattungen der *Inuleae-Angianthinae*. In vollkommenster Ausbildung liegen sie nach TROLL (1928) bei *Myriocephalus gracilis* vor. In Aufsicht gleichen die Köpfchen-Aggregate wiederum einem einfachen Compositen-Köpfchen (Abb. 184 I). Ein Axialschnitt durch die Infloreszenz (II) zeigt jedoch, daß hier zahlreiche Köpfchen einer scheibenförmig verbreiterten Infloreszenzachse aufsitzen und von einem gemeinsamen Involucrum umhüllt werden. Die Involucralblätter sind auch hier von spreuartiger Konsistenz, und die mittleren Glieder des Involucrums weisen auch hier eine Gliederung in einen dem Köpfchen eng anliegenden Basalteil und einen rechtwinklig davon abgespreizten, verbreiterten, sattgelb gefärbten, petaloiden Endabschnitt auf. Die Einzelköpfchen sind bei *Myriocephalus gracilis* meist einblütig (bei anderen Arten wenigblütig) und von einem Involucrum aus wenigen häutigen Hüllblättern umgeben. Ein terminales Köpfchen fehlt hier, so daß wir den gesamten Blütenstand ähnlich wie etwa bei *Ligularia przewalskii* als polytele Rumpfsynfloreszenz anzusprechen haben. Im Gegensatz zu *Echinops sphaerocephalus* (Abb. 184 III) entfalten sich die Einzelköpfchen in akropetaler Folge. Auf der Stufe der Köpfchen 2. Ordnung wiederholt sich also das gleiche Verhalten wie bei den Strohblumen von *Helipterum*. – Die Compositenköpfchen liefern somit ein eindrucksvolles Beispiel für bestimmte unabhängig von äußeren Lebensbedingungen immer wieder sich durchsetzende Gestaltungstendenzen!

3 Die Blüte als gestaltliche und funktionelle Einheit – bestäubungs- und verbreitungsbiologische Aspekte

3.1 Allgemeines

Mit der Besprechung der Nektarien sowie der Strukturen und der Funktion der Narbe und des Pollenschlauchleitgewebes hatten wir bereits jenes Gebiet betreten, das man als **Blütenbiologie** oder **Blütenökologie** bezeichnet.

Es würde jedoch den Rahmen dieses Buches sprengen, wollten wir auch nur versuchen, einigermaßen vollständig die zahlreichen Einrichtungen zu besprechen, welche dazu dienen, die Bestäubung der Narbe und Befruchtung der Samenanlagen zu erreichen, Selbstbestäubung zu verhindern oder aber gerade zu erzielen, und schließlich auch eine zweckmäßige Verbreitung der Samen oder Früchte zu gewährleisten. Sowohl über dieses zuletzt erwähnte Gebiet der Verbreitungsbiologie (**Karpobiologie**) als auch für die Blütenbiologie gibt es zusammenfassende Darstellungen, von denen hier nur die Werke von CAMMERLOHER (1931), FAEGRI und VAN DER PIJL (1966), KNOLL (1956), KNUTH (1898 bis 1905), KUGLER (1970), MÜLLER (1873), PERCIVAL (1965), VOGEL (1954 und weitere zitierte Arbeiten), WERTH (1956) sowie von MÜLLER (1955), VAN DER PIJL (1972) und ULBRICH (1926) genannt sein mögen.*

Wir können hier nur einen Blick auf die vielfältigen Funktionsweisen und das Zusammenspiel der im vorhergehenden vergleichend-morphologisch und -anatomisch betrachteten Blütenstrukturen werfen. Dabei ist hervorzuheben, daß all die verschiedenen Anpassungen an bestimmte Bestäubungsweisen, besonders die oft weitgehenden Spezialisierungen auf bestimmte tierische Bestäuber wie auch die Festlegung auf bestimmte Formen der Frucht- oder Samenverbreitung sich gewöhnlich nicht auf Einzelmerkmale erstrecken, sondern die Gesamtheit der Blütenorgane, ihre Stellung und Form, ihre Farben, ihren Duft, ihre Beköstigungseinrichtungen, Blühzeit und -dauer, Verstäubungsfolge der Antheren (vgl. Abb. 70 II), die Morphologie und Anatomie des Gynoeceums usw. wie auch die Anordnung der Blüten selbst und ihre Stellung an der Pflanze betreffen. Dies alles in oft weitgehender Ko-Adaptation zur Gestalt und Verhaltensweise der tierischen Partner. Dennoch sind die mannigfachen Wege der Gestaltbildung bei Blüten und Blütenständen nicht allein unter dem Blickwinkel der Anpassung an Bestäuber oder an bestimmte Formen der Fruchtverbreitung zu erfassen. Gerade die aufeinander abgestimmte Entwicklung des Blütensporns und der nektarsezernierenden Staubblattanhänge bei *Viola* (Seite 209), die einander entsprechende Ausbildung von Organen oder Organteilen ganz verschiedener Zugehörigkeit bei den Cyathien von *Pedilanthus* oder anderen Pseudanthien oder

* Als Begründer der Blütenökologie gilt CHRISTIAN KONRAD SPRENGEL (1750–1816, „Das entdeckte Geheimniß der Natur im Bau und in der Befruchtung der Blumen", 1793), die Entdekkung der pflanzlichen Sexualität wird jedoch schon RUDOLPH JACOB CAMERARIUS (1665–1721, „De sexu plantarum epistula", 1694) zugeschrieben.

die Ausbildung zweilippiger „Sekundärblüten“ bei Zingiberaceen (Seite 147) lehren, daß die Gestaltbildung eigenen Gesetzen unterliegt. Welche „Notwendigkeit“ bestünde für die Blüten der Gesneriaceengattung *Ornithoboea*, die Gestalt einer Orchideenblüte „nachzuahmen“? (WEBER 1979). Es zeigt sich immer wieder, *‚daß die Mannigfaltigkeit der Gestaltungsverhältnisse eine größere ist als die der Lebensbedingungen‘* (GOEBEL 1933, Seite 1832).

Ein vorzügliches Beispiel für die Eigengesetzlichkeit der Blütengestaltung bieten die von VOGEL (1969) untersuchten Blütensporne einer Reihe von Orchideen, die auf sehr verschiedenartige Weise durch Synorganisation heterogener Perigonteile zustande kommen. Bei einigen *Rodriguezia*-Arten wird der nektarführende Sporn „aus den verwachsenen und mit ihren freien Längsrändern scheidenförmig zusammenneigenden seitlichen Sepalen“ gebildet, die einen sezernierenden Labellumfortsatz umschließen. „Bei *Batemania, Cochleanthes* und *Chondrorhyncha* formt sich jedes der seitlichen Sepalen getrennt durch Längsfaltung zu je einem Scheinsporn“; das durch Eigensekretion nektarführende oder mit Safthaaren ausgekleidete Spornpaar steht mit dem Blüteninnern in Verbindung. *Comparettia* und *Neokoehleria* bilden einen Nektarapparat „durch Koaptation eines aus dem Sepalenpaar gebildeten echten Sporns und nectarogenen Anhängen des Labellums“. Der Sporn von *Cryptocentrum* ist sogar „als kongenitale, einseitige Verwachsung eines Lippensporns mit der Innenwand eines aus den seitlichen Sepalen zusammengesetzten Sporns aufzufassen“. Mit Recht stellt VOGEL die Frage: „Was mag die hier zur Rede stehenden Orchidaceen veranlaßt haben, vom bewährten Prinzip des normalen, nektarsezernierenden und -bergenden Labellumspornes abzugehen und statt dessen zwar funktionstuchtige, aber doch weit umständlichere Ersatzlösungen in Form koaptativer Spornbildungen zu finden?“ Eine Erklärung könnte nach VOGEL darin bestehen, daß die betreffenden Subtriben überwiegend nektarlose Parfümblumen (vgl. Seite 339) besitzen und die genannten Vertreter sekundär zur Bildung von Nektarblumen zurückgekehrt sein könnten. Gleich wie die Antwort auf die gestellte Frage lautet, es wird auch hier deutlich, daß – wie VOGEL (1955, Seite 501) es bei der Erörterung ähnlicher Beispiele bei kapländischen Ophrydeen ausgedrückt hat – „der Pflanzenorganismus und auch die Blüte ein weithin autonomes Selbstgefüge ist, das nicht allein durch die natürliche Zuchtwahl aus richtungslosen Mutationen ‚zusammengebettelt‘ worden sein kann“.

Selbstbestäubung und Fremdbestäubung

Zunächst ist festzustellen, daß nicht nur bei niederen Pflanzen, sondern auch bei vielen Arten der Blütenpflanzen sich ein bestimmtes Gleichgewicht zwischen sexueller Fortpflanzung und ungeschlechtlicher Vermehrung eingespielt hat, wobei die ungeschlechtliche Vermehrung sowohl aus der vegetativen Region durch Ausläufer, Brutknospen und andere Organe der „vegetativen“ Vermehrung als auch aus dem Bereich der Blüte durch ungeschlechtliche Entwicklung von Samen (Agamospermie) erfolgen kann. Dadurch ist einerseits eine genetische Stabilität gewährleistet, die einer Population das Ausharren in einem bestimmten Areal ermöglicht, andererseits aber auch ein gewisses Maß an genetischer Plastizität, durch vielfältige Rekombinationsmöglichkeiten alter und neuer Merkmale bei der sexuellen Fortpflanzung Anpassungsfähigkeit gegenüber Veränderungen der Umweltbedingungen zu behalten. Entsprechendes gilt nun auch für das Verhältnis zwischen Selbstbestäubung (Autogamie), d.h. der bei Zwitterblüten möglichen Bestäubung der Narbe mit Pollen aus den Antheren derselben Blüten oder auch anderer Blüten derselben Pflanze (Idiogamie, Geitonogamie), und Fremdbestäubung (Allogamie), d.h. die Bestäubung mit Pollen einer anderen Pflanze.

3.2 Einrichtungen zur Selbstbestäubung

Zwar führt Fremdbestäubung zur Steigerung der Rekombinationsrate, Selbstbestäubung hingegen als Inzucht zu eingeschränkter Variationsbreite der Populationen, doch kann es für einjährige Ackerunkräuter oder Ruderalpflanzen an nur für kurze Zeit zu besiedelnden Standorten durchaus von Vorteil sein, wenn Einzelpflanzen durch Autogamie rasch große Polulationen aufbauen können. Die immer wieder erfolgreiche Ausbreitung nicht auszurottender Unkräuter wie des Hirtentäschelkrautes oder des Gemeinen Kreuzkrautes *(Senecio vulgaris)* zeugt davon ebenso wie z.B. die amphitropischen Areale einiger annueller autogamer Polemoniaceen in Nord- und Südamerika. Diese an offenen semiariden Standorten in Kalifornien verbreiteten Arten – einige *Gilia*-Arten und das in Abb. 136 wiedergegebene *Polemonium micranthum* – sind vermutlich, begünstigt durch ihre beim Benetzen mit Wasser klebrig werdenden Samenschalen, durch Küstenvögel an ähnliche Standorte in den Küstengebieten Perus, Chiles und Patagoniens verbracht worden, wo sie infolge ihrer Autogamie neue Populationen begründen konnten. (In einer solchen, von einem einzigen Individuum abstammenden Population sind natürlich die Bedingungen für eine Verschiebung des Genbestandes gegenüber der Stammpopulation besonders günstig.)

In Lebensräumen, die wegen ihrer ungünstigen Klimabedingungen arm an Bestäubern sind, ist **Autogamie** oft die einzige Möglichkeit geschlechtlicher Fortpflanzung, so in hochalpinen oder arktischen Gebieten und Wüsten (Hagerup 1932, 1951).

Soweit es sich um obligate Selbstbestäuber handelt, benötigen sie keine Anlokkungsorgane und Beköstigungsmöglichkeiten für Bestäuber. Oft sind die Blüten daher unscheinbar, Duft und Nektar fehlen häufig. Nicht selten sind die Antheren so gelagert, daß die Pollenkörner bei Erschütterung durch Wind auf die Narbe der eigenen Blüte herabrieseln (so bei den hängenden Glockenblüten von Ericaceen, vgl. z.B. Amberg 1912 über *Arctostaphylos alpinus*). Oft kommen die Antheren bei Entfaltungs- und anderen Krümmungsbewegungen der Filamente mit der Narbe in Berührung. Bei den dicht stehenden Blüten der Umbelliferen ist die Bestäubung einer Narbe durch die Antheren einer Nachbarblüte möglich (**Geitonogamie**). Bei *Potentilla erecta, Erica cinerea, Galium harcynicum, Euphrasia borealis, Rhinanthus minor* und anderen Pflanzen kann in arktischen Gebieten die Bestäubung bereits im Knospenstadium, kurz vor Entfaltung der Kelch- und Kronblätter erfolgen (Hagerup 1951).

Das letztgenannte Verhalten leitet über zur sog. **Kleistogamie**, bei der die Bestäubung *stets* innerhalb der geschlossen bleibenden Blüte erfolgt. Dieses Verhalten ist schon seit Dillenius von *Viola*-Arten her bekannt, bei denen kleistogame Blüten neben sich öffnenden, **chasmogamen**, auftreten. Meist werden die kleistogamen Blüten später als die chasmogamen und an jüngeren Stengelabschnitten gebildet: bei *Viola mirabilis* an den verlängerten Stengelabschnitten (die chasmogamen „grundständig"), bei *Viola odorata* an den Ausläufern. Sie sind meist nur kurz gestielt, ihre Krone ist stark verkümmert oder fehlt ganz. Die Zahl der zu voller Ausbildung gelangenden Staubblätter ist oft verringert, auch können die beiden hinteren Pollensäcke oder sogar drei Pollensäcke fehlen. Die kleistogamen Blüten stellen somit deutlich Hemmungsbildungen dar, die photoperiodisch (aber auch durch andere Faktoren, vgl. Uphof 1938) bedingt sein können (Goebel, 1904, Borgström 1939, Holdsworth 1966). Und doch sind es oft diese Blüten allein, welche Früchte hervorbringen! Sie unterscheiden sich nämlich „von den gewöhnlichen, bei Blüten sehr häufigen

Hemmungsbildungen, dadurch, daß zwar die Entwicklung der Blüte auf einem früheren oder späteren Entwicklungsstadium eine Hemmung erfährt, die Reife der Sexualorgane aber trotzdem eintritt" (GOEBEL 1904, Seite 786). Die Bestäubung erfolgt in den geschlossen bleibenden Blüten entweder dadurch, daß die Antheren aufreißen und die Pollenkörner auf die unmittelbar vor ihnen befindlichen Narben entleeren, oder die Antheren öffnen sich nicht. Dann keimen die Pollenkörner im Innern der Anthere und treiben ihre Pollenschläuche durch die Antherenwand hindurch in die Narbe hinein. – Andere bekannte Beispiele für Kleistogamie sind die spät im Sommer gebildeten Blüten von *Oxalis acetosella*, eine Reihe von Gräsern (HACKEL 1906), *Asarum europaeum* (WERTH 1952), *Juncus bufonius* und *Lamium amplexicaule*. Beim letzteren werden oft zu Anfang und gegen Ende der Blütezeit kleistogame Blüten gebildet, die oft besseren Fruchtansatz haben als die chasmogamen. Einige *Commelina*-Arten bilden an den oberirdischen Sprossen Blütenstände mit chasmogamen und an den unterirdischen Rhizomen Blütenstände mit kleistogamen Blüten oder auf einzelne kleistogame Blüten reduzierte Wickel aus (vgl. UPHOF 1934). – Kleistogamie kann (nach Untersuchungen von STOMPS (1948) an *Oenothera*-Arten) ein mendelndes Merkmal sein. Durch Krümmungsbewegungen von Filamenten oder Narbenästen wird nicht selten nachträglich eine Selbstbestäubung herbeigeführt, wenn eine Fremdbestäubung ausgeblieben ist, so z. B. bei vielen Compositen (s. u.); bei *Hibiscus trionum* wird die Narbe sogar schon wenige Stunden nach der Öffnung der Blüte durch Griffelbiegung mit den Antheren in Berührung gebracht (BUTTEROSE, GRANT und LOTT 1977). Außerdem kann natürlich auch bei Insektenbesuch Selbstbestäubung eintreten. Voraussetzung für den Erfolg einer Selbstbestäubung ist freilich, daß keine Unverträglichkeit zwischen Pollenkörnern und Narbe besteht (s. u.).

3.3 Einrichtungen zur Herbeiführung der Fremdbestäubung

3.3.1 Selbstinkompatibilität, Herkogamie, Dichogamie

Vielfach unterbleibt die Entwicklung keimfähiger Samen, wenn die Narbe mit Pollenkörnern aus derselben Blüte oder – was physiologisch auf dasselbe hinausläuft – mit Pollenkörnern einer anderen Blüte derselben Pflanze (Idiogamie) bestäubt wurde. Dies beruht gewöhnlich auf einer Hemmung der Pollenkeimung oder des Pollenschlauchwachstums durch die Narbe und das sonst der Pollenschlauchleitung dienende Gewebe des Griffelkanals, denen somit eine gewisse „Filterwirkung" zukommen kann. Diese Unverträglichkeit oder **Selbstinkompatibilität** ist durch sog. **Selbststerilitätsgene** bedingt, die ihre Wirkung oft durch multiple Allele additiv entfalten.

Schon durch diese genetische Inkompatibilität wird eine Selbstbefruchtung weithin verhindert. Darüber hinaus gibt es jedoch zahlreiche Einrichtungen, durch welche die Fremdbestäubung gefördert oder sogar gezielt erreicht wird. Hier ist als erstes die **Dichogamie**, die zeitlich verschiedene Reifung der Antheren und der Narbe, zu nennen. Dabei kann man zwischen der verhältnismäßig seltenen **Protogynie** (Vorweiblichkeit; z. B. beim Wegerich, *Plantago*) und der **Proterandrie** (Vormännlichkeit) unterscheiden.* Letztere, also die Reifung und Öffnung der Antheren, bevor die Empfängnisfähigkeit der Narbe eintritt, kann man recht gut bei den Compositen beobachten. Wie bereits erläutert (Seite 130), wird der Griffel hier von den zu einer Röhre verklebten einwärts gewendeten Antheren der 5 Staubblätter umschlossen. Er trägt an seiner Außenseite Fegehaare, mit denen er während seiner Streckung (bisweilen auch bei der Verkürzung der auf einen Berührungsreiz hin sich zusammenziehenden Filamente: *Centaurea*) die Pollenkörner aus der Röhre herausschiebt. Erst dann spreizen sich die beiden Narbenlappen und setzen die empfängnisfähigen Innenseiten der Bestäubung aus. Erfolgt keine Fremdbestäubung (oder Idiogamie), so kann später eine Selbstbestäubung dadurch zustande kommen, daß die nach rückwärts sich aufrollenden Narbenlappen (Abb. 44 V) Pollenkorner von der Griffelaußenseite aufnehmen.

Eine weitere Möglichkeit zur Förderung der Fremdbestäubung besteht in der räumlichen Trennung von Staubblättern und Narben: **Herkogamie**. Schulbeispiele dafür bieten die Fälle von dimorpher und trimorpher **Heterostylie**, wie sie etwa für Primeln oder den Blutweiderich *(Lythrum salicaria)* bekannt sind. Bei *Primula praenitens (P. sinensis)* oder *P. elatior* (Abb. 185 I, II) gibt es langgriffelige Pflanzen mit tief in der Kronröhre sitzenden Antheren und kurzgriffelige mit hoch über der Narbe am Eingang der Kronröhre sitzenden Antheren. Da die (konstanten) Blütenbesucher stets gleich tief in die Blütenröhre vordringen, wird der Pollen der hochsitzenden Antheren normalerweise auf die hochstehenden Narben, der Pollen der tiefsitzenden Antheren auf die tiefstehenden Narben gebracht. Seit DARWIN weiß man, daß der Fruchtansatz bei dieser „legitimen" Bestäubung am größten und die Keimfähigkeit der Samen am höchsten ist. Bei den beiden genannten Arten sind übrigens bei der langgriffeligen Form die Narbenpapillen länger (bzw. größer) und die Pollenkörner kleiner als bei der kurzgriffeligen Form (über die damit verbundenen Kompatibilitätsprobleme vgl. ERNST 1953).

Beim Blutweiderich (Abb. 185 III–V) besteht sogar trimorphe Heterostylie mit lang-, mittel- und kurzgriffeligen Blüten und Staubblättern von entsprechend verschiedener Länge. Die Vererbung der Heterostylie selbst beruht auf MENDELscher Faktorenkombination (vgl. VON UBISCH 1925). Eine Übersicht über heterostyle Pflanzen findet man bei KNUTH (1898, Seite 61; vgl. auch VOGEL 1955).

Ähnlich wie die Heterostylie soll sich die als **Enantiostylie** (**Enantiomorphie**) beschriebene Eigenart mancher Blüten auswirken, bei denen Griffel und alle oder nur ein Teil der Staubblätter nach entgegengesetzten Seiten aus der Blüte herausgebogen sind (vgl. KNUTH 1898/1905). Beispiele dafür liefern *Cassia*-Arten (MÜLLER 1883), *Solanum*-Arten *(S. rostratum*, vgl. BOWERS 1975) sowie nach ORNDUFF und DULBERGER (1978) Gattungen der *Haemodoraceae*, *(Wachendorffia* u.a.) und *Tecophilaeaceae (Cyanella)*, bei denen innerhalb eines Blütenstandes stets nur „rechtsgriffelige" oder „linksgriffelige" Blüten ausgebildet und stets nur wenige Blüten gleichzeitig geöffnet sind.

Eine räumliche Trennung von Staubblättern und Ovarien ist naturgemäß mit der Ausbildung eingeschlechtiger Blüten gegeben. Hierbei unterscheidet man bekanntlich zwischen

Monözie (Einhäusigkeit): männliche und weibliche Blüten auf derselben Pflanze,

* Dabei spielen häufig Griffel- und Staubblattbewegungen eine wesentliche Rolle.

Diözie (Zweihäusigkeit): männliche und weibliche Blüten auf verschiedenen Pflanzen,

Polygamie: eingeschlechtige und Zwitterblüten in verschiedener Verteilung.

Dabei unterscheidet man: 1. **Andromonözie**, d.h. Zwitter- und männliche Blüten auf derselben Pflanze (*Filipendula ulmaria* u.a.); 2. **Gynomonözie**, d.h. Zwitter- und weibliche Blüten auf derselben Pflanze (viele Compositen); 3. **Trimonözie**, d.h. Zwitter-, männliche und weibliche Blüten auf derselben Pflanze *(Aesculus hippocastanum)*; 4. **Androdiözie**, d.h. Zwitter- und männliche Blüten auf verschiedenen Pflanzen *(Polygonum bistorta)*; 5. **Gynodiözie**, d.h. Zwitter- und weibliche Blüten auf verschiedenen Pflanzen (viele *Valeriana*-Arten, Abb. 45 IV–VI); 6. **Triözie**, d.h. Zwitter-, männliche und weibliche Blüten auf verschiedenen Pflanzen (Esche, Abb. 50). Bei manchen Arten kommen auch verschiedene Verteilungsformen vor.

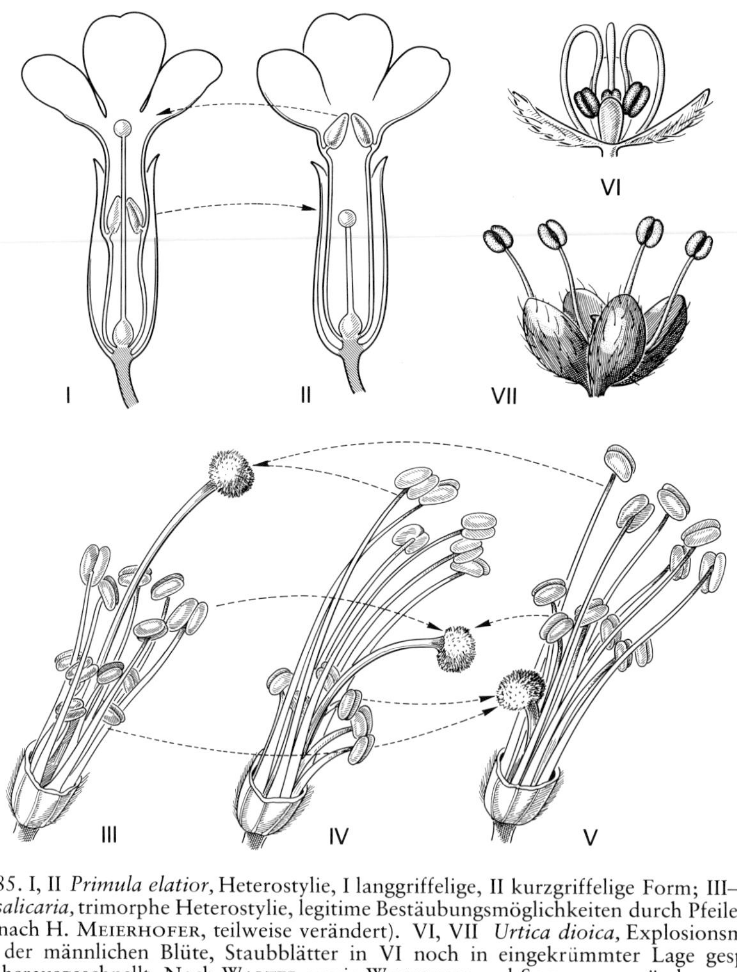

Abb. 185. I, II *Primula elatior*, Heterostylie, I langgriffelige, II kurzgriffelige Form; III–V *Lythrum salicaria*, trimorphe Heterostylie, legitime Bestäubungsmöglichkeiten durch Pfeile angegeben (nach H. Meierhofer, teilweise verändert). VI, VII *Urtica dioica*, Explosionsmechanismus der männlichen Blüte, Staubblätter in VI noch in eingekrümmter Lage gespannt, in VII herausgeschnellt. Nach Walter sowie Wettstein und Schnarf, verändert.

Die Übertragung der Pollenkörner kann bei Fremdbestäubung durch Wind (**Anemogamie,** Anemophilie), Wasser (**Hydrogamie,** Hydrophilie) oder durch tierische Bestäuber (**Zoogamie,** Zoophilie) erfolgen.

3.3.2 Windblütigkeit (Anemogamie)

Anemogame Pflanzen sind gewöhnlich durch das Zurücktreten der sonst tierische Blütenbesucher anziehenden Lock- und Beköstigungsmittel und vor allem auch des Schauapparates ausgezeichnet. Große auffällige Kelch- und Kronblätter könnten sich für das Ausstreuen und den freien Zutritt der Pollenkörner zu den Narben ja allenfalls hinderlich auswirken. Dagegen werden gewöhnlich große Mengen an Pollenkörnern produziert. Die meist kleinen Pollenkörner sollen sich möglichst frei und rasch in der Luft verteilen (daher kein Pollenkitt). Sie werden dazu von den oft an langen Filamenten aus den Blüten heraushängenden Antheren regelrecht „ausgebeutelt", auch die Blütenstiele können beweglich sein (Hanf). Die Anzahl der Staubblätter ist nicht selten vermehrt. Die Narben sind zum Auffangen der durch den Wind herangetragenen Pollenkörner oft recht groß und federig ausgebildet und möglichst frei zugänglich. Bei vielen unserer anemogamen Kätzchenblütler (Hasel, Erlen, Birken) sind es nicht die einzelnen Staubblätter, sondern die hängenden und pendelnden männlichen Blütenstände (Kätzchen), welche die Pollenkörner ausstreuen; auch die Blütezeit dieser Holzgewächse vor dem Laubaustrieb ist für die Verteilung der Pollenkörner im Luftraum und das Heranwehen an die Narben von Vorteil.

Die Verteilung der Pollenkörner in der Luft kann aber auch durch sog. **Explosionsmechanismen** bewirkt werden, wie sie von vielen Urticaceen oder dem einjährigen Bingelkraut *(Mercurialis annua)* her bekannt sind. Bei den Urticaceen, z.B. bei der Großen Brennessel *(Urtica dioica)* sind die Staubblätter in der Knospenlage durch ein starkes Wachstum der Filamentunterseite nach innen eingekrümmt (Abb. 185 VI). Infolge der zunehmenden Turgorwirkung der Zellen auf der Filamentinnenseite sind sie mehr und mehr gespannt, ihre Antheren jedoch sind gegen das rudimentäre Ovar im Zentrum der Blüte gedrückt. Wenn sich die Antheren aber bei sonnigem trockenem Wetter öffnen, schnellen die Filamente elastisch zurück und stäuben die Pollenkörner aus (Abb. 185 VII). Beim Bingelkraut krümmen sich die drei Tepalen vermittels eines Schwellgewebes am Grund ihrer Oberseite so weit zurück, daß die Blüten von ihren kurzen Stielen abgerissen und fortgeschnellt werden, wobei die Antheren aufplatzen und die Pollenkörner verstäuben.

3.3.3 Wasserblütigkeit (Hydrogamie)

Nur bei wenigen Pflanzen wird die Bestäubung durch Vermittlung des Wassers vollzogen. **Submers** erfolgt die Pollenübertragung bei den *Zosteraceae, Zannichelliaceae, Cymodoceaceae* und *Najadaceae* sowie den *Ceratophyllaceae,* die sämtlich als untergetauchte Wasserpflanzen leben, ferner bei einzelnen Callitrichaceen (*Callitriche hamulata,* submers-geitonogam; *C. hermaphroditica,* Pollenkörner ohne Exine!) und vielleicht bei ganz oder weitgehend submers lebenden Laichkräutern (*Potamogeton lucens* u. a.?) und der Hydrocharitacee *Halophila.* Das Perianth ist in solchen Fällen meist stark verkümmert.

Das klassische Beispiel einer submers bestäubten Blütenpflanze ist das Seegras *(Zostera marina).* Die zwitterigen Blüten stehen hier in Ähren, die von den Scheiden ihrer laubblattartigen bandförmigen Deckblätter umschlossen sind. Jede Blüte besteht aus einem Staubblatt und einem Ovar mit zwei langen, fadenförmigen Narbenästen; das bei *Potamogeton* noch vorhandene Perigon ist fast gänzlich verkümmert. Die Blüten sind protogyn. Zur Blütezeit klaffen die Ränder der die Ähre umschließenden Blattscheide auseinander, so daß die langen Narbenäste hervortreten können. Sie vermögen die herangeschwemmten Pollenkörner leichter aufzufangen, weil diese fadenförmig und über 2 mm lang sind und sich leicht um die Narbenäste herumlegen. Ähnliche Verhältnisse herrschen bei der diözischen Zosteraceengattung *Phyllospadix*, der Potamogetonaceengattung *Posidonia* (Zwitterblüten) und den diözischen Cymodoceaceen, die alle gleichfalls fadenförmige Pollenkörner ausbilden, die bei der letztgenannten Familie sogar eine Länge von über 6 mm erreichen und keine Sexine sowie keine Aperturen besitzen (DUCKER und KNOX 1976). Bei *Zannichellia* und *Najas* sind die Pollenkörner zwar kugelig bis elliptisch (und gleichfalls inaperturat), keimen aber schon in den geöffneten Antheren zu Schläuchen aus, so daß auch hier die Schwebfähigkeit erhöht und das Auffangen der Pollenkörner durch die Narben erleichtert wird, welch letztere bei den Zannichelliaceen groß und schüsselförmig gestaltet sind (Abb. 77 I, II). Bei der völlig submers lebenden Hydrocharitaceengattung *Halophila* werden Pollenketten aus linearen Tetraden gebildet.

Bei anderen, sonst submers lebenden Wasserpflanzen erfolgt die Bestäubung an der Wasseroberfläche. Bekannt ist das Beispiel der diözischen Hydrocharitacee *Vallisneria spiralis* (die „Sumpfschraube"), mit der andere Hydrocharitaceen in dieser Hinsicht weitgehend übereinstimmen. Die kleinen männlichen (ebenso wie die weiblichen Blüten noch mit einem heterochlamydeischen Perigon ausgestatteten) Blüten lösen sich unter Wasser ab und werden an die Wasseroberfläche emporgetrieben, wo sie sich öffnen. Die weiblichen Pflanzen bilden lange Blütenstiele aus, so daß die weiblichen Blüten ebenfalls an die Wasseroberfläche gelangen. Die männlichen Blüten können dann an die weiblichen herangetrieben werden, so daß eine Pollenübertragung möglich ist. Nach erfolgter Bestäubung werden die weiblichen Blüten durch schraubige Einrollung ihrer Stiele (Name: „Sumpfschraube"!) wieder unter die Wasseroberfläche zurückgezogen. Bei *Hydrilla lithuanica* ist dieses Verhalten mit einem Explosionsmechanismus verbunden, durch welchen die Pollenkörner im Umkreis von ca. 20 cm verteilt werden. Bei der Wasserpest *(Elodea canadensis)* werden auch die männlichen Blüten durch Verlängerung ihrer Stiele an die Wasseroberfläche gebracht. – In wieder anderen Fällen steigen die unter Wasser aus den Antheren entlassenen schwer benetzbaren Pollenkörner an die Wasseroberfläche empor und können hier zu den an langen Stielen bis zur Wasseroberfläche reichenden weiblichen Blüten herangeschwemmt werden *(Ruppia spiralis, Callitriche hermaphroditica)*.

Das spezifische Gewicht der gut benetzbaren Pollenkörner des Hornblattes *(Ceratophyllum)* entspricht annähernd dem des umgebenden Wassers, das bald nach der Entleerung der Antheren überall mit freischwebenden Pollenkörnern durchsetzt ist, so daß die Belegung der gleichfalls unter dem Wasserspiegel verbleibenden Narben gesichert erscheint (vgl. KNOLL 1956).

3.3.4 Tierblütigkeit (Zoogamie, Zoidiogamie)

Allgemeine Voraussetzungen
Weitaus die meisten Blütenpflanzen werden durch Tiere bestäubt, die überwiegende Mehrzahl durch Insekten. Dies ist freilich nur dadurch möglich, daß verschiedene Voraussetzungen zugleich erfüllt sind:

1. Die Tiere müssen durch **Reizmittel** – Farbe, Duft, Form der Blüten oder Blütenstände – und durch **Lockmittel** – Pollen, Nektar, Futterhaare usw. – veranlaßt werden, die Blüten regelmäßig aufzusuchen.
2. Die Blüten müssen der mechanischen Beanspruchung genügen und so gestaltet sein, daß Pollen und Narbe regelmäßig berührt werden können.
3. Der Pollen muß an bestimmten Stellen des Blütenbesuchers haften bleiben, was einerseits durch Pollenkitt oder an Pollinien sitzende Klebkörper, andererseits durch eine entsprechende Oberflächenbeschaffenheit des Blütenbesuchers gewährleistet sein kann.
4. Die Übertragung dieses Pollens auf die Narbe einer anderen Blüte muß durch die Körpergestalt und das Verhalten des Blütenbesuchers gesichert sein.

Dies erfordert, daß Blüten und Bestäuber in vielfältiger Weise aufeinander abgestimmt sind. Vielfach sind daraus im Laufe der Evolution in wechselseitiger Anpassung (**Ko-Adaptation**) enge Bindungen zwischen bestimmten Tieren oder Tiergruppen und bestimmten Sippen von Blütenpflanzen entstanden.

Aus der zunehmenden Spezialisierung auf die Anlockung bestimmter Bestäuber und aus der fortschreitenden Vervollkommnung der Vorrichtungen zur sicheren Pollenübertragung ergibt sich auch eine höhere Zuverlässigkeit der Bestäubung bei geringeren Pollenmengen. So beträgt das Zahlenverhältnis von Pollenkörnern zu befruchteten Samenanlagen bei Windblütlern oft ca. $10^6:1$, bei hochspezialisierten Insektenblütlern, wie etwa bestimmten Orchideen kann dagegen fast das Zahlenverhältnis 1 : 1 zustande kommen (vgl. Seite 149).

Nicht selten werden bestimmte Gestalttypen (Vogel 1954) von Blumen – Scheibenblumen, Napfblumen, Trichterblumen, Glockenblumen, Lippenblumen, Schmetterlingsblumen, Köpfchenblumen, Körbchenblumen, Kolbenblumen oder Pinsel- und Bürstenblumen – von bestimmten Bestäubergruppen bevorzugt. Sie sind jedoch fast nie auf eine einzige Bestäubergruppe spezialisiert. Als Bestäubergruppen kommen fast ausschließlich Insekten, Vögel und Fledermäuse in Betracht.

Die verschiedenen Reizmittel, wie etwa die Farbe und Zeichnung (Saftmale!) der Kronblätter (vgl. Seite 72) oder die Absonderung verschiedenster Duftstoffe, üben entsprechend der Sinnesphysiologie der den verschiedenen Tiergruppen angehörenden Bestäuber eine unterschiedliche und begrenzte Wirkung aus. Auch das Angebot bestimmter Lockmittel, die reichliche Produktion von Pollen oder die Ausbildung von Nektarien oder Fruchtkörpern ist naturgemäß auf bestimmte Bestäuber ausgerichtet. Die zumindest temporäre „Blumenstetigkeit“ vieler Bestäuber, sei es auf Grund einer „Dressur“ auf beständig sich wiederholende Reize (Farbe bestimmter Blüten) oder infolge gewisser Baueigentümlichkeiten von Blumen und Bestäubern, ist dabei ein wichtiger Faktor, der die regelmäßige Bestäubung gewährleistet (vgl. dazu auch Grant 1950).

Hinsichtlich der Ausbildung der Saftmale hat Osche (1979) die Vermutung geäußert, daß das primäre optische Signal der Blütenpflanzen zur Anlockung der Bestäuber der Pollen bzw. das diesen produzierende Androeceum gewesen sein könnte, wobei Form und Farbe entscheidend für die Signalwirkung wurden. Als Argument für diese Annahme wird angeführt, daß bei den als primitiv angesehenen Angiospermengruppen vor allem Pollen als Beköstigungsmittel angeboten wird (vgl. Seite 334). „Auch nach der Ausbildung von Nektar als zusätzlicher oder gar dominierender Lockspeise bleibt die primäre Signalfunktion des Androeceums erhalten." Die Wirkung dieser primären Signale soll dann bei Bergung der Antheren und der Beköstigungsmittel in tiefer gelegenen Teilen der Blüte oder gar einer mehr oder minder verschlossenen Blütenröhre durch die Ausbildung von Blütenmalen (Saftmalen) ersetzt worden sein. „Blütenmale sind daher sekundäre Signale und stellen *mimetische Signalkopien* (Androeceum-, Stamina- oder Pollen*attrappen*) dar."

Daß der Blütenduft vielfach von besonderen Duftdrüsen erzeugt wird, hatten wir bereits früher (Seite 72) erwähnt. Diese durch VOGEL (1962) eingehend untersuchten Organe, die **Osmophoren**, „stellen einen eigenen Typ pflanzlicher Drüsen dar". Sie „bestehen aus einem lokalen, vielzelligen, nach außen exponierten Epithel, das unter meist rapidem und augenfälligem Verbrauch von Reservestoffen während einer kurzen Periode flüchtige Sekrete verschiedenster Zusammensetzung als Lockstoff für Bestäuber produziert".

Sowohl im Hinblick auf die Histologie als auch hinsichtlich der Funktion kann man bei den Osmophoren eine Gliederung in eine „Emissionsschicht", die Epidermis, und eine „Produktionsschicht", mehrere Zellagen des darunterliegenden Gewebes, erkennen. Die Produktionsschicht kann noch mit einem parenchymatischen Speichergewebe verbunden sein. Dieses Speichergewebe oder auch die Produktionsschicht sind vor der Duftemission meist reichlich mit Reservestärkekörnern angefüllt, die während der Produktion und Emission der Duftstoffe oft in wenigen Stunden verbraucht werden.

Durch elektive Vitalfärbung mit Neutralrot gelang VOGEL der Nachweis, daß nicht wenige Blüten „nur mit gewissen *wohlumgrenzten morphologischen Elementen Duft emittieren*". Diese Duftfelder (Abb. 186) spielen somit eine ähnliche Rolle als olfaktorische Reize wie die Saftmale als optische Reize.

Auch die seismonastische Reizbarkeit mancher Staubblattfilamente (Zimmerlinde, *Sparmannia africana, Helianthemum apenninum* u. a.) könnte für die Pollenübertragung eine Rolle spielen. Als wahrscheinlich darf man dies für *Centaurea*-Arten, z. B. *C. montana,* annehmen, bei denen sich die Filamente auf einen Berührungsreiz hin kontrahieren, so daß der von der Antherenröhre umgebene Griffel plötzlich Pollenkörner aus dieser Röhre herausschiebt. Bei *Berberis* und *Mahonia* liegt die reizbare Oberseite der Filamentbasis in unmittelbarer Nähe der Nektarien, die sich am Grunde der Kronblätter befinden. – Demgegenüber handelt es sich bei der Pollen-Schleudervorrichtung der in Südamerika heimischen *Catasetum*-Arten nicht um eine Reizbewegung, sondern um einen mechanischen Vorgang. Die Blüten dieser Orchideengattung sind eingeschlechtig und monözisch oder diözisch verteilt. In den männlichen Blüten versperren zwei vom Fuße des Gynostemiums ausgehende hornartige Fortsätze („Antennen") den Besuchern (Prachtbienen, vgl. Seite 339) den Weg. Sobald sie diese Antennen berühren, wird ihnen mit starker Kraft das aus den beiden Pollinien (Seite 149) der beiden Theken bestehende mit Stielchen und Klebscheibe versehene Pollinarium entgegengeschleudert, das gewöhnlich am Kopf des Insekts kleben bleibt. „An der Basis der *Catasetum*-Hörner sind nämlich gespannte Gewebe mit vorgezeichneten Trennungslinien vorhanden. Schon die leiseste Berührung der Hörner reicht aus, um diese Gewebe etwas zu zerren und dadurch an den Trennungslinien zu zerreißen. Die vorhandenen starken Spannungen gleichen sich augenblicklich aus, der Stiel des Pollinariums löst sich ab und rollt sich ein, wobei er durch den Rückstoß samt den Pollenpaketen und der Klebscheibe von der Blüte weggeschleudert wird" (KNOLL 1956). Es handelt sich somit um einen Turgormechanismus, durch den die Pollinarien bis zu 80 cm weit geschleudert werden können.

Bisweilen suchen Insekten die Blüten nicht zur Nahrungsaufnahme auf, sondern um ihre Eier abzulegen, wobei dann auch die Bestäubung der Blüte zufällig oder sogar „gezielt" erfolgt. Ein bekanntes Beispiel dafür ist die Bestäubung von *Yucca*-Arten durch die Yucca-Motte, *Pronuba yuccasella*. Die Yucca-Motte ist ein Nachtfalter, dessen Weibchen nach der Begattung die nachts durch das weiß leuchtende Perigon

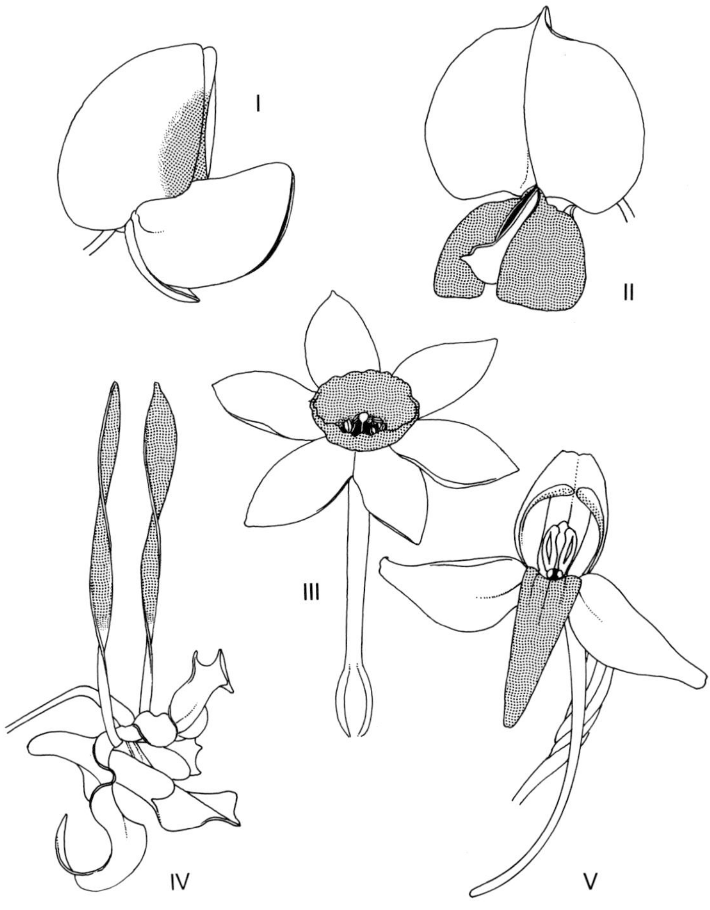

Abb. 186. Sichtbarmachung von Duftfeldern durch elektive Vitalfärbung mit Neutralrot. I *Lupinus cruckshanksii* (Vexillum, zugleich Saftmal), II *Spartium junceum* (Alae), III *Narcissus jonquilla* (Paracorolle), IV *Dendrobium minax* var. (seitl. Petalen), V *Platanthera bifolia* (Labellum und Vorderränder der seitl. Petalen). Nach ST. VOGEL (1962): Duftdrüsen im Dienste der Bestäubung, Abh. Akad. Wiss. Lit. Mainz, math.-naturwiss. Kl. Nr. 10.

und leichten Duft auffälligen *Yucca*-Blüten aufsucht. Dabei wird zunächst der klebrige Pollen von den Antheren abgeschabt und zu einem großen, bis mehrere Millimeter dicken Ballen geformt. Diesen schweren Ballen trägt das Weibchen fliegend zu einer anderen *Yucca*-Blüte, legt dort seine Eier in den Fruchtknoten ab und stopft den mitgebrachten Pollenballen auf die Narbe, so daß die Befruchtung der Samenanlagen gewährleistet ist. Die sich entwickelnden Larven des Schmetterlings nähren sich von den heranwachsenden Samen, doch bleiben genügend unversehrte Samen zur Erhaltung und Verbreitung der betreffenden *Yucca*-Art übrig. – Ein noch komplizierteres Beispiel für die Koppelung der Fortpflanzung eines Bestäubers mit der Bestäubung und Befruchtung einer Blütenpflanze haben wir bereits mit den *Ficus*-Arten kennengelernt (Seite 303).

Insektenbestäubung (Entomogamie)

Käferblumen (Coleopterophile, Cantharophile)

Unter den Insekten stellen die Käfer (Coleopteren) nicht nur eine alte Gruppe dar, sondern sind wohl auch die ältesten Bestäuber. Es ist daher bemerkenswert, daß Käferblumen innerhalb verschieden weit abgeleiteter Verwandtschaftskreise zu finden sind, vor allem aber auch ein vorherrschendes Merkmal vieler *Magnoliales*-Familien darstellen (Gottsberger 1977).

Da die Mundwerkzeuge bei den Coleopteren gewöhnlich in hängender Stellung zur Längsachse des Körpers (orthognath) orientiert sind, ist ihre Länge notwendigerweise begrenzt. Dies bedingt, daß Käfer nur offene Scheiben- oder Napfblumen aufsuchen, um dort Nahrung zu finden. Da sie mit ihren beißenden Mundwerkzeugen an allen Blütenteilen, Tepalen oder Petalen, Staubblättern und Fruchtblättern nagen, beschädigen sie diese Blüten oft erheblich. Vor allem dient freilich der meist reichlich angebotene Pollen als Nahrung (Pollenblumen), daneben aber gelegentlich auch frei zugänglicher Nektar oder Futterkörper (z. B. an den Staubblättern von *Calycanthus*, Seite 205). Die oft robusten Blüten verfügen gewöhnlich nur über geringe optische Reizmittel, sie sind weiß oder grünlich bis bräunlich gefärbt. Die Anlockung der Besucher erfolgt durch fruchtigen bzw. faulig-fruchtigen Blütenduft. Neben ursprünglichen Formen cantharophiler Blüten, wie wir sie heute noch bei der Winteraceengattung *Drimys* (allerdings mit süßem Blütenduft) finden können, gibt es auch bei den *Magnoliales*-Familien spezialisiertere Formen der Canthorophilie. Dies gilt z. B. für die Annonaceengattung *Guatteria*, bei der sich die Petalen während der Anthese gelblich färben und nach innen einschlagen. Die durch fruchtartigen Geruch angelockten Käfer, welche an den Blütenteilen fressen, benutzen die von den Petalen gebildete „Bestäubungskammer“ auch zur Kopulation und zur Eiablage, wobei gleichzeitig die Bestäubung der Blüte erfolgt (Gottsberger 1970, 1977). Auch bei vielen *Rosales, Dilleniales (Paeonia), Centrospermae* u. a. findet man Käferblütigkeit, wenn auch nicht als ausschließliche Bestäubungsform.

Bei manchen Pflanzen, so z. B. *Cassia*-Arten bringt nur noch ein Teil der Staubblätter einer Blüte fertilen Pollen hervor, in den Antheren der übrigen ist die Pollenentwicklung mehr oder minder gehemmt, sie dienen ihres hohen Nährstoffgehaltes wegen bevorzugt als Futter für die Bestäuber. Solche „Beköstigungsantheren“ gibt es unter anderem noch bei vielen Melastomataceen, Commelinaceen und Capparidaceen. (Eine ungleiche Ausbildung von Staubblättern – Heterantherie – ist ohnedies nicht selten, man denke etwa an *Verbascum*-Arten.)

Bienenblumen (Melittophile)

Sie können als eng- oder weitröhrige Blumen ausgebildet sein, vor allem aber sind viele dorsiventrale Blumen an die Bestäubung durch Wespen, Bienen oder Hummeln angepaßt. Das gilt besonders für viele Lippenblumen, Rachenblumen oder Schmetterlingsblüten mit Landeplatz für die Blütenbesucher und oft durch besondere Verschlußmechanismen – z. B. die Aufwölbung der Unterlippe beim Löwenmäulchen (Seite 88) – geschütztem Nektar. Charakteristisch sind gelbe, violette oder blaue Blütenfarben und Saftmale sowie süßer Blütenduft. Die Position der Narbe und der Antheren ist auf nototribe Bestäubung (vgl. Seite 87) eingestellt.

Bei den Bienenblumen finden sich auch zahlreiche verschiedene Bestäubungsmechanismen, wie der schon erläuterte Hebelmechanismus von *Salvia* (Seite 110), der unter den Monokotylen sein Gegenstück bei der Zingiberacee *Roscoea purpurea* findet. Sie wurde eingehend von TROLL (1929) untersucht, auf dessen Darstellung wir hier zurückgreifen (Abb. 187 I). „Vom Perianth ist der äußere Kreis ganz im Tragblatt der Blüte geborgen; aber auch der innere Kreis tritt nicht sehr auffällig in Erscheinung und überläßt die Gestaltbildung der Blüte fast vollständig den petaloiden Staminodien. Von diesen sind die beiden vorderen ebenso wie bei anderen Hedy-

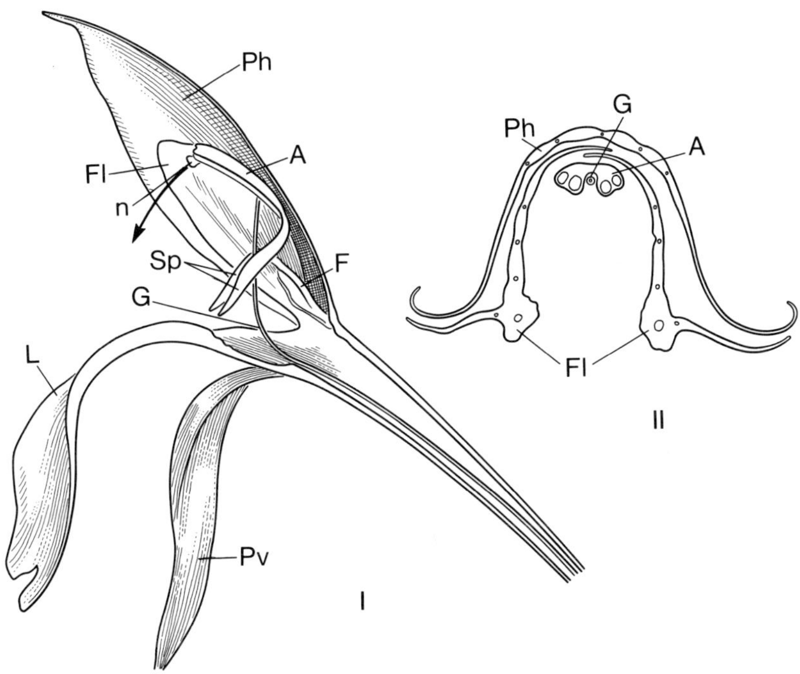

Abb.187. *Roscoea purpurea.* I Blüte im Längsschnitt, etwas seitlich der Mediane, so daß das fertile Staubblatt nicht angeschnitten ist, II Oberlippe im Querschnitt, etwas unterhalb des Antherenendes. Ph hinteres (medianes) Tepalum des inneren Perigonkreises, Pv eines der beiden vorderen (lateralen) Tepalen des inneren Perigonkreises; Fl laterale Staminodien des äußeren Staminalkreises („Flügel"), L Labellum, A Anthere des fertilen Staubblattes, Sp deren basale Sporne, F Filament, G Griffel, n Narbe. Nach TROLL.

chieen zu einem zungenförmigen, leicht doppelt ausgerandeten Labellum verwachsen, das weit aus der Blüte hervorragt und nach unten gebogen ist. Es bildet die *Unterlippe*". Ebenso wie bei der schon geschilderten Blüte von *Curcuma australasica* (Abb. 74 V) setzt sich die Oberlippe auch hier aus den Staminodien des äußeren Staubblattkreises und dem medianen Glied des inneren Tepalenwirtels (Ph) zusammen. Letzteres ist kahnförmig gewölbt und vereinigt die beiden seitlichen Staminodien unter seiner Wölbung. Diese sind, wie der Querschnitt in Abb. 187 II zeigt, stark asymmetrisch ausgebildet, d.h. ihre nach innen gewandten Hälften sind bedeutend größer als die äußeren und greifen über dem Rücken des fertilen Staubblattes übereinander, während die nach außen gewandten Hälften saumartig nach außen umgebogen sind.

Die Anthere des fertilen Staubblattes ist an einem dünnen, aber breiten Gelenk an der Filamentspitze versatil gelagert, so daß sie nicht wie bei versatilen Antheren mit fadenartigem Gelenk nach allen Seiten drehbar, sondern nur in Richtung der Mediane beweglich ist. Für den Bestäubungsvorgang ist dies sicherlich von Vorteil. Die beiden Theken sind in lange sterile Sporne ausgezogen, die noch kurz vor der Anthese dem Filament anliegen. Während des Auseinanderweichens der Perianthblätter und der petaloiden Staminodien wird die Anthere durch ein intensives Wachstum der Filamentoberseite im Bereich der Gelenkzone quer zum Filament gestellt, gleichzeitig biegt sich aber der obere fertile Antherenabschnitt nach innen. Das Ergebnis ist die in Abb. 187 I wiedergegebene Stellung. Der sehr zarte Griffel liegt mit seinem oberen Abschnitt in der ventralen Rinne zwischen den beiden Theken und wird während des Antherenwachstums von den beiden Theken „sozusagen umarmt" (Abb. 187II). „Er wird dadurch in seiner Lage fixiert und muß weiterhin alle Bewegungen, welche die Anthere ausführt, mitmachen." Seine – ähnlich wie bei *Viola* (vgl. Seite 201) als „Röhrennarbe" ausgebildete – Narbenregion ragt über die Anthere hinaus.

Infolge der Abkrümmung der Anthere vom Filament versperren die beiden Thekensporne den Zugang in das Innere der Blüte. Ein zum Nektar vordringendes Insekt muß daher ähnlich wie bei *Salvia* gegen diese Sperre stoßen. Da die Anthere jedoch in dem breiten Filamentgelenk nach unten drehbar ist, gibt sie dem Druck nach, wobei der fertile Antherenabschnitt samt der Öffnung der Röhrennarbe in Richtung des Pfeiles in Abb. 187 I gegen den Rücken des Insekts gedrückt und die Bestäubung vermittelt wird.

Während einerseits die Gestalt einer Lippenblume und die Ausbildung eines Hebelmechanismus bei *Salvia* und *Roscoea* auf sehr verschiedene Weise zustande kommen, finden wir andererseits innerhalb der Papilionaceen bei sehr gleichförmigem Blütendiagramm (Abb. 7 VI) oft sehr verschiedene Bestäubungsmechanismen ausgebildet. Den ausgeprägt zygomorphen Bau der Blütenkrone hatten wir bereits auf Seite 76 besprochen (Abb. 37 I, II). Die beiden zum „Schiffchen" miteinander verbundenen unteren Kronblätter schließen die Staubblätter und das einzige Fruchtblatt ein. Von den 10 (5 + 5) Staubblättern sind gewöhnlich 9 oder alle mit ihren Filamenten zu einer Röhre verwachsen, welche das Karpell umschließt und auf seiner Innenseite an der Basis den Nektar sezerniert. Das Schiffchen und die häufig damit durch einen Falz verbundenen Flügel dienen den blütenbesuchenden Insekten als Anflugfläche. Unter dem Gewicht eines genügend kräftigen Insekts (Bienen, Hummeln) weichen sie zurück und geben Narbe und Antheren – oder zunächst auch nur den Pollen – frei.

Beim Besenginster *(Sarothamnus scoparius)* werden die aufwärts sich krümmenden Staubblätter, vor allem die 5 längeren, und ebenso der lange Griffel von den miteinander verbundenen Schiffchenrändern wie eine gespannte Feder festgehalten (Abb. 188 III). Werden Flügel und Schiffchen von einem Insekt abwärts gedrückt, so trennen sich die oberen Schiffchenränder von der Basis zur Spitze fortschreitend voneinander. Dann schnellen zuerst die 5 kürzeren Staubblätter empor und stäuben das Insekt auf der Bauchseite ein, darauf schlagen die langen Staubblätter und der Griffel aus dem Schiffchen heraus und dem Insekt auf den Rücken, so daß dieses regelrecht in eine Staubwolke eingehüllt wird (**Explosionsmechanismus**). Ähnlich verhält sich unter anderen auch der mediterrane Binsenginster, *Spartium junceum.*

Die Blüten des Färberginsters, *Genista tinctoria,* funktionieren mit dem sog. **Klappmechanismus.** Schiffchen und Flügel, die (wie auch beim Binsenginster) durch korrespondierende Falten f, f′ miteinander verbunden sind (Abb. 188 VIII, IX), werden von einem Schwellgewebe an ihrer Basis nach unten gedrückt, an der Schiffchenspitze aber durch den Griffel festgehalten. Durch den Druck des Insekts werden die beiden Blätter des Schiffchens an der Spitze voneinander gelöst, so daß Schiffchen und Flügel nach unten klappen (Abb. 188 VIII).

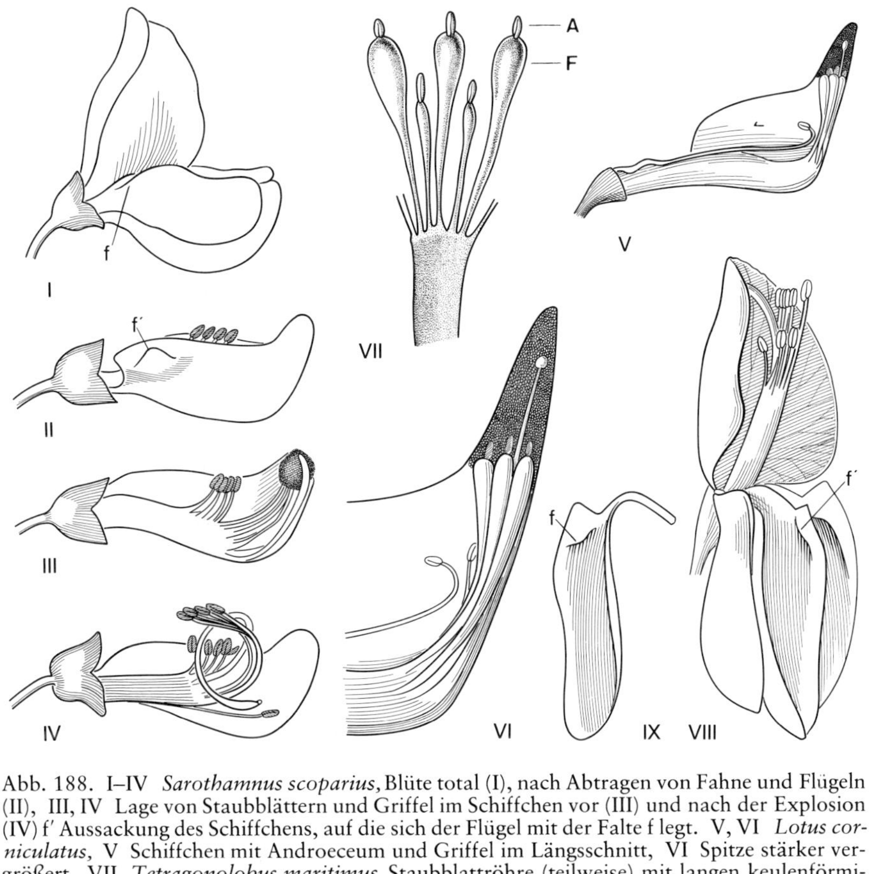

Abb. 188. I–IV *Sarothamnus scoparius,* Blüte total (I), nach Abtragen von Fahne und Flügeln (II), III, IV Lage von Staubblättern und Griffel im Schiffchen vor (III) und nach der Explosion (IV) f′ Aussackung des Schiffchens, auf die sich der Flügel mit der Falte f legt. V, VI *Lotus corniculatus,* V Schiffchen mit Androeceum und Griffel im Längsschnitt, VI Spitze stärker vergrößert, VII *Tetragonolobus maritimus,* Staubblattröhre (teilweise) mit langen keulenförmigen und kurzen Staubblättern, A Anthere, F Filament. VIII, IX *Genista tinctoria,* Blüte nach Herunterklappen von Flügeln und Schiffchen, IX Rechter Flügel von innen gesehen, f, f′ korrespondierende Falten an Flügeln und Schiffchen. VII nach KUGLER, übrige nach KNUTH.

Bei Lupinen *(Lupinus)*, Hornkleearten (z.B. *Lotus corniculatus*, Abb. 188 V, VI), dem Spargelklee *(Tetragonolobus maritimus)* und nicht wenigen anderen Schmetterlingsblütlern lassen die miteinander verbundenen oberen Ränder des Schiffchens nur an der schnabelförmig verlängerten Spitze einen kleinen Spalt frei. Von den Filamenten sind alle oder nur 5 (Abb. 188 VII) unterhalb der Antheren so dick keulenförmig angeschwollen, daß sie die Schiffchenspitze nach hinten dicht abschließen. Die Antheren entleeren den Pollen in die Schiffchenspitze. Drückt nun ein Insekt von oben auf die Flügel und das Schiffchen, die wiederum miteinander verbunden sind, so wirken die verdickten Staubblattfilamente wie ein Kolben und pressen eine entsprechende Menge Pollen aus der Öffnung des Schiffchens heraus (**„Nudelpumpe“**). Der Vorgang, bei welchem die Bauchseite der Insekten eingestäubt wird, kann sich mehrfach wiederholen; etwas später tritt aus der Schiffchenöffnung auch die Narbe hervor, so daß **sternotribe** Bestäubung erfolgen kann. – Bei den Wicken *(Vicia)* ist der Klappmechanismus noch mit der Ausbildung von „Griffelbürsten“ verbunden. Die Schmetterlingsblüten zeigen somit bei einheitlicher Grundkonstruktion viele blütenbiologische Anpassungen.

Anstelle der üblichen Beköstigungsmittel bienenbestäubter Blüten, nämlich Nektar und Pollen, wird bei einer größeren Anzahl von Pflanzensippen den Blütenbesuchern fettes Öl angeboten, das in der Blüte von besonderen Öldrüsen (Elaiophoren) produziert wird (vgl. Seite 204). Diese von Vogel (1971, 1973, 1974) entdeckten und eingehend untersuchten „Ölblumen“ wurden bisher für rund 1270 südamerikanische und südafrikanische Arten der *Scrophulariaceae* (insbesondere *Calceolaria*), *Malpighiaceae, Krameriaceae, Iridaceae* und *Orchidaceae* nachgewiesen. In den Blüten dieser Pflanzen sind die Öldrüsen meist paarig und transversal angeordnet. Als Bestäuber wurden in Südamerika drei Sippen solitär lebender Pelzbienen mit zusammen etwa 275 Arten ermittelt. Bei allen diesen „Ölbienen“ besitzen die Weibchen am ersten oder auch am zweiten Beinpaar besondere Ölsammelvorrichtungen (Saugquasten, Seihkämme oder Schabkanten). Das Öl wird zusammen mit Pollen in den Höschen der Hinterbeine eingetragen und dient als kalorienreiche Nahrung für die Brut. Für die Holarktis wurden Ölblumen erstmalig bei Vertretern der Primulaceengattung *Lysimachia* (Subgen. *Eulysimachia* und *Seleucia*) nachgewiesen, in deren Blüten das Öl von den dichtstehenden Drüsenhaaren an der Außenseite der Filamentröhre abgeschieden wird (Vogel 1976). Das Öl wird von weiblichen Schenkelbienen *(Macropis)* eingesammelt, die gleichfalls über besondere Sammelvorrichtungen, nämlich Saugpolster an den Innenflanken des I. und II. Beinpaares besitzen und sich ähnlich wie die genannten Pelzbienen verhalten.

Die als Ölblumen fungierenden Blüten von *Calceolaria* sind als „Pantoffelblumen“ ausgebildet, d. h. im Unterschied zum Löwenmäulchen (Seite 88, Abb. 43 I bis III) ist die Unterlippe der sympetalen Corolle nicht von unten, sondern von innen her aufgewölbt. Sie ist dabei so stark bauchig aufgeblasen, daß sie die Oberlippe um ein Mehrfaches an Ausdehnung übertrifft. Insoweit ähnelt die *Calceolaria*-Blüte der Blüte des Frauenschuhs (Abb. 189 I). Bei vielen *Calceolaria*-Arten, so auch bei der von Ritterbusch (1976) eingehend studierten *Calceolaria tripartita*, ist aber der Hohlraum der Unterlippe dadurch abgeschlossen, daß der Saum der Unterlippe weit nach innen eingeschlagen ist. Dasselbe gilt für die Oberlippe. Sie liegt mit der Oberfläche des eingeschlagenen Saumes dem Saum der Unterlippe in kompliziert gefalteter Form so an, daß „Schließkanten“ entstehen, die wie Nut und Falz ineinandergreifen. Der Saum der Oberlippe umgibt den Griffel in Gestalt eines ventral geöffneten Kegelmantels, aus dessen zur Röhre verengter Spitze die Narbe hervorragt. Sie bietet weiter unterhalb jedoch Raum für die an langen

Konnektivarmen hervorragenden sterilen Theken der beiden Staubblätter. Diese Konnektivarme wirken ähnlich wie bei *Salvia* (vgl. Seite 110) als Hebel, durch welche die fertilen Theken der auf kurzen Filamenten beweglich gelagerten Antheren rechts und links am Griffel vorbei aus der Umhüllung durch den Oberlippensaum hervorgekippt werden können. Da die Unterlippe beweglich mit der starren Oberlippe verbunden ist, können sich ölsammelnde Bienen in den Spalt zwischen Ober- und Unterlippensaum hineinzwängen und bis zu der am Rande des Unterlippensaumes befindlichen Öldrüse vordringen, den Hebelmechanismus betätigen und zugleich die Bestäubung ausführen. – Bei dieser kompliziert gebauten Blüte hat RITTERBUSCH an Hand des Vergleiches von Medianschnitten durch Blüten in verschiedenen Entwicklungsstadien eine geometrisch-quantitative Analyse der korrelierten Wachstumsvorgänge und des mit der Formbildung verbundenen Formwandels vorgenommen. Eine ähnliche Arbeit über *Pedicularis recutita* wurde von MEIER-WENIGER (1977) veröffentlicht.

Noch eigenartiger als die Darbietung fetten Öls und noch höher spezialisiert mutet das erst von VOGEL (1966a, b, 1967) in voller Bedeutung erkannte Anlockungsprinzip der **„Parfümblumen“** an.

Diese bisher bei neotropischen Orchideen der Subtribus *Catasetinae* und *Gongorinae* und einigen weiteren Sippen sowie der Gesneriacee *Gloxinia perennis* und einigen neotropischen Araceen gefundenen Blumen weisen nur rückgebildete Nektarien, statt dessen aber Osmophoren auf, „die Terpene auffallend gewürzhaften, aromatischen oder terpentinartigen Geruchs flüssig abscheiden“ (1966a). Diese Blüten bieten ihren Bestäubern, den Männchen solitär oder halbsozial lebender neotropischer Prachtbienen (Euglossinen), somit nur Duftöle an. Dennoch werden diese Tiere von weither angelockt und reiben „in starker Erregung die osmogenen Oberflächen mit den Vorderbeinen ab“. Dabei bedienen sie sich zweier auf Euglossinen-Männchen beschränkter Organe, die eindeutig der Duftstoffgewinnung dienen: saugfähiger Haarquasten an den vorderen Fußgliedern (Tarsalquasten) zum Aufsaugen und im leeren Zustand lufthaltiger schwammartiger Chitinblasen an den Hinterbeinen (Tibialorgane) zur Speicherung der Duftöle. Das von den Tarsalquasten aufgenommene Öl wird während des Fluges über die Mittelbeine zu den Hinterbeinen gebracht. „Das Duftöl wird von einer Pfanne aufgenommen, gefiltert und durch einen feinen Kanal vom Rezeptakel kapillar angesaugt. Von diesem führt ein dochtartiger Ductus auswärts in einen beschuppten Napf“ (1966b). Das Duftöl, von dem größere Prachtbienen bis zu 60 mm^3 speichern können, wird mit individuell und artweise verschiedenen Zusätzen vermischt, wahrscheinlich auf kompliziertem Wege durch passive Verdunstung in einem mit Flügelschwirren erzeugten Ventilationsstrom wieder abgegeben und dient vermutlich zur Markierung eines Balz-Territoriums.

Fliegenblumen (Myiophile)

Die Fliegenblumen stellen eine sehr heterogene Gruppe dar (vgl. KUGLER 1955), was sich schon aus der großen Verschiedenheit der von Dipteren bewohnten Lebensräume und aus den unterschiedlichen Lebensweisen der einzelnen Dipterengruppen ergibt.

Nicht wenige Dipteren fliegen bei ihrer Nahrungssuche mehr oder minder regelmäßig, oft auch nur nebenbei, Blüten oder Blütenstände an, um dort Nektar oder Pollen zu verzehren. Wie die meisten blütenbesuchenden Insekten bevorzugen solche Dipteren sonnige Standorte. Sie suchen hier vor allem Blüten mit frei zugänglichem Nektar auf, den sie auch mit ihrem oft nur kurzen Rüssel noch aufnehmen können. Unter anderem handelt es sich dabei um viele Umbelliferen, Arten von *Valeriana* und *Valerianella*, ferner *Mentha* und *Lycopus*, (also Labiaten mit kurzen offenen Kronröhren), sowie *Stellaria media* und andere Mieren mit ähnlich weit geöffneten flachen Blüten. Fast immer sind es Blumen, die außer von Fliegen auch noch von anderen Insekten besucht werden. Sie besitzen oft einen Honigduft, können aber auch aminoide Gerüche ausströmen.

Zu den bekanntesten Blütenbesuchern unter den Dipteren gehören die Schwebfliegen (Syrphiden), deren Rüssel bei der Schlammfliege *(Eristalomyia tenax)* im ausgestreckten Zustand immerhin 5 mm lang ist. Manche Blüten, so z.B. die von *Circaea* und *Veronica*, werden fast nur von Schwebfliegen aufgesucht. Kugler (1970) wertet die **Schwebfliegenblumen** daher als eigene blütenbiologische Gruppe. Häufige Blütenbesucher an freien Standorten sind auch die Hummelfliegen, zu denen die Wollschweber *(Bombylius)* mit teilweise recht langen (12 mm) Rüsseln gehören.

Eine von den Bewohnern offener, sonniger Standorte unterscheidbare Gruppe myiophiler Pflanzen sind nach Vogel (1978) jene, „die eher als Schattenpflanzen des Waldbodens gelten können und auf Dipteren ... spezialisiert ... sind.“ Zu diesen zählt er unter anderen Milzkraut *(Chrysosplenium oppositifolium)*, Moschusblümchen *(Adoxa moschatellina)* und andere Pflanzen mit gelben, grünlichen oder bräunlichen Blütenfarben und überwiegend moschusartigem oder aminoidem Geruch. Trübfarbige Fliegenblumen finden sich auch bei mitteleuropäischen *Euphorbia*-Arten, *Saxifraga*-Arten und bei *Tozzia alpina* (Kirchner 1911). Einen fauligen Amin-Duft strömen auch die spät im Herbst erscheinenden grünen Blüten des Efeus *(Hedera helix)* aus, die regelmäßig von Fliegen besucht werden. Der in großen Tropfen von dem als Nektardrüse fungierenden Diskus ausgeschiedene Nektar liegt hier frei zutage.

Blumen mit mehr oder minder freiliegendem Nektar, die für den Menschen unangenehm erscheinende Gerüche ausströmen, hat man auch als „Ekelblumen“ bezeichnet. Schon der Amin-Geruch der Traubenkirsche *(Prunus padus)* lockt offenbar in starkem Maße Dipteren an, ebenso der Fischgeruch (Trimethylamin) der Eberesche *(Sorbus aucuparia)*. Interessanter sind die **Aasfliegenblumen** (Sapromyiophile), welche durch faulige, harn- und aasartige Gerüche und häufig trübfarbige, oft grün-purpurn gefleckte oder purpurbraune, netzig gezeichnete Blütenhüllen Aasfliegen und Aaskäfer anlocken, denen sie ein zur Eiablage geeignetes Substrat vortäuschen. Hier sind als Beispiele vor allem zahlreiche Vertreter der *Asclepiadaceae-Ceropegieae (Stapelia, Hoodia, Huernia, Caralluma)* zu nennen, ferner die noch näher zu erörternden Kesselfallenblumen des Aronstabs *(Arum maculatum)* und anderer Araceen sowie die großen trübpurpurnen Blüten der auf Blütenpflanzen parasitierenden tropischen *Rafflesia*-Arten *(Rafflesiaceae)*, die mit bis zu 1 m Durchmesser die größten Blüten des Pflanzenreiches darstellen.

Ähnliches wie für die Aasfliegenblumen gilt für die von Vogel (1978) eingehend beschriebenen **Pilzmückenblumen**, Bewohner feuchtschattiger, kühler Biotope aller Kontinente. Sie locken größtenteils durch olfaktorische, teils aber auch durch optische Reize, in hochspezialisierten Fällen sogar durch „die plastischen Imitationen von Pilzfruchtkörpern oder deren Teilen“ Pilzmücken (Mycetophiliden) und Trauermücken (Sciariden) sowie einige andere Dipterengruppen an. Sie bieten den Besuchern keinerlei Nahrung, sondern täuschen zur Eiablage dienendes Brutsubstrat vor, nämlich Fruchtkörper von Pilzen, in denen die Larven normalerweise ihre Entwicklung durchmachen. Zu den von Vogel untersuchten Beispielen für diese blütenbiologische Kategorie gehören zahlreiche Arten von *Asarum* (z.B. *A. caudatum*, *A. shuttleworthii*), die Kesselfallenblumen von *Aristolochia arborea*, *Cypripedium de-*

bile, Arisaema- und *Arisarum-*Arten und sogar einige Arten der Orchideengattung *Masdevallia.*

Man könnte die zuletzt erwähnten blütenökologischen Gruppen auch zu den **Täuschblumen** zählen, und zwar deshalb, weil sie den Blütenbesuch ohne Gegengabe herbeiführen (vgl. dazu DAUMANN 1971, VOGEL 1975 sowie die von beiden Autoren zitierte Literatur). Dasselbe gilt für die **Sexualtäuschblumen**, wie sie vor allem von Arten der Orchidaceengattung *Ophrys* bekannt sind. Die Volksnamen Bienen-Ragwurz *(O. apifera),* Fliegen-Ragwurz *(O. insectifera)* usw. weisen schon darauf hin, daß die Blüten dieser Orchideen in ihrer Gestalt bestimmten Insekten sehr ähnlich sehen. Sie werden tatsächlich von den Männchen bestimmter Insektenarten für Weibchen gehalten und angeflogen, wobei sie die Bestäubung vollziehen. Die Anlokkung kommt dabei oft nicht allein durch die Attrappenwirkung der Blütenform, sondern auch durch den Blütenduft zustande, der arteigene Sexualstoffe der Weibchen (Pheromone) nachahmt. Für andere, tropische Orchideen kommt ähnliches in Betracht. So sollen z.B. die flexibel inserierten Lippen von *Drakea-*Arten und die „Schaukel-Labellen" vieler *Pleurothallis-*Arten Weibchen von Rollwespen oder Fliegen nachahmen. Für insektenähnliche, nektarlose Blüten von *Oncidium-*Arten nimmt man an, daß Männchen der Bienengattung *Centris* die schaukelnden Attrappen für „Eindringlinge" in ihr Balzrevier halten und deshalb angreifen. Man sieht daraus zugleich, daß Täuschblumen nicht auf Fliegenblumen beschränkt sind. Auch die zumeist durch Fliegen bestäubten **Kesselfallen-** (Gleitfallen-) und **Klemmfallen-Blumen** bieten den Bestäubern meistens keinerlei Nahrung.

Hier sind zunächst die **Labellum-Kesselfallen** der meisten *Cypripedium-*Arten (und wohl auch der verwandten Gattungen) zu nennen, die wir auch bei unserem einheimischen Frauenschuh *(Cypripedium calceolus)* finden. Sie können nach VOGEL (1978) als Bienen-Täuschblumen gelten. Das bauchig aufgewölbte, einem Holzschuh ähnliche Labellum unseres Frauenschuhs weist oben eine elliptische Öffnung auf, in welche von oben her das Gynostemium hineinragt (Abb. 189 I, II). Insekten (vor allem Erdbienen, *Andrena-*Arten, DAUMANN 1968), die auf der glatten glänzenden Außenwand dieses Kessels ausgleiten und in die Höhlung hineinfallen, können wegen der Steilheit und Glätte der Wandung nur durch die rechts und links hinter dem Gynostemium gelegene Öffnung hinausgelangen, zu der ein Haarstreifen führt, welcher das Erklettern der Wandung erleichtert. Wenn sie sich durch den engen Ausgang hindurchzwängen, stoßen sie gegen eine der beiden Antheren und ziehen dabei an dem Klebkörper ein Pollinium heraus, das dann beim „Besuch" der nächsten Blüte auf deren Narbe gebracht werden kann. Allerdings funktionieren die Kesselfallen nur unvollständig (vgl. DAUMANN 1969).

Bei der Osterluzei *(Aristolochia clematitis, Aristolochiaceae)* ist die ganze Blüte als Kesselfalle ausgebildet. Die Blüten stehen in wickeligen Partialfloreszenzen in den Achseln laubiger Deckblätter. Die lange Perigonröhre der epigynen Blüte erweitert sich über dem Ansatz zu einem Kessel, der nach oben hin ziemlich unvermittelt in eine enge Röhre übergeht. Diese ist im ersten, weiblichen Stadium (Abb. 189 III) mit abwärts gerichteten Haaren ausgekleidet. Zu diesem Zeitpunkt sind die Blüten aufgerichtet und locken mit ihrem süßlichen Duft kleine Dipteren an. Sobald diese auf die Innenseite der Perigonröhre gelangen, gleiten sie ab und fallen häufig in die Röhre hinein. Die Haare wirken dabei wie eine Reuse: da sie exzentrisch auf einer dünnwandigen Gelenkzelle sitzen, die beim Aufwärtsdrücken sofort an die Epidermis stößt, lassen sie sich zwar nach unten, aber kaum nach oben drücken, so daß den in den Kessel hineingefallenen Insekten der Rückweg versperrt ist. Dies ist freilich nur so lange der Fall, bis die Narben der Blüte durch mitgebrachten Pollen bestäubt werden oder die Blüte ohnedies ihr männliches Stadium erreicht. Dann öffnen sich die Antheren und stäuben die Besucher mit ihrem Pollen ein, die Reusenhaare welken (Abb. 189 IV), und die ganze Blüte neigt sich in die Waagerechte, so daß die Insekten die Falle wieder verlassen können. Anders als bei *Cypripedium* können sie während ihrer Gefangenschaft übrigens sogar Nektar aufnehmen, der an der Kesselinnenseite ausgeschieden wird (über weitere Einzelheiten vgl. Daumann 1971a). Die Kesselfallenblumen vieler anderer, großblütiger, tropischer *Aristolochia*-Arten sind nach Färbung und Geruch eindeutig als Aasfliegenblumen anzusehen.

Kesselfallenblumen finden sich in großer Vielfalt unter den Arten der Asclepiadaceengattung *Ceropegia* (Abb. 40). Die Bestäuber – sehr kleine Dipteren, und zwar weder Aas- noch Dungfliegen – werden vornehmlich durch Blütendüfte angelockt, die zwar nicht wohlriechend sind, aber auch keine reinen Aas- oder Fäkalgerüche darstellen. Sie werden von Osmophoren erzeugt, die gerade bei den *Ceropegia*-Arten sehr deutlich abgegrenzt und an den Enden der Perianthzipfel stark exponiert sind. Für eine optische Anlockung könnten bewegliche Wimpern eine Rolle spielen, die an den Osmophoren sitzen und bei jeder kaum merklichen Luftströmung schon in Bewegung geraten und den Eindruck eines fortwährenden Flimmerns erwecken. Diese von Vogel (1954, 1961) als **Flimmerkörper** beschriebenen Strukturen könnten die Gegenwart von Artgenossen vortäuschen und die Bestäuber dadurch zum Herbeifliegen veranlassen. Bei der Funktion der Kesselfalle wirken begehbare Lande- und zum Absturz führende Gleitflächen in verschiedenster Ausdehnung und Anordnung zusammen. Dabei kann auch die durch besondere „Pseudo-Saftmale" hervorgehobene Uvula (vgl. Seite 86) als „Gleitzapfen" einen „gezielten Absturz" bewirken. Durch die fensterartigen Öffnungen und vom Licht stark durchdrungene diaphane Zonen in der Corolle können noch Lichtfallen-Effekte hinzukommen. Im einzelnen vergleiche man darüber die Ausführungen bei Vogel 1961.

Die bekannteste Kesselfallenblume, die des Aronstabs *(Arum maculatum)* wird nicht von einer einzelnen Blüte gebildet, sondern ist ein ganzer Blütenstand, der von einem großen Hochblatt, einer Spatha, eingehüllt wird (Abb. 189 V). Diese entfaltet sich nur in ihrem oberen Abschnitt und gibt so das kolbenartig verdickte distale Ende der Blütenstandsachse, den Spadix, frei. Im übrigen bleibt das Hochblatt fest eingerollt und unmittelbar unterhalb des ausgebreiteten Endabschnittes sogar zu einer engen Taille eingeschnürt, die sich nach unten hin in einen bauchigen Kessel erweitert. Hier trägt die in dem Kolben endende Blütenstandsachse in von unten nach oben aufeinander folgenden Zonen fertile, weibliche Blüten, die nur aus einem pseudomonomeren Ovar bestehen, sterile, langgriffelige, weibliche Blüten, männliche Blüten, die aus 3 bis 4 Staubblättern bestehen, und nochmals einen breiteren Kranz steriler, langgriffeliger, weiblicher Blüten. Der nackte, meist violett gefärbte Kolben dient als Osmophor, der unter beträchtlicher Temperatursteigerung (bei *Arum italicum* bis zu + 17°!) einen harnartig-fauligen Geruch erzeugt (vgl. Vogel 1962). Die durch den Geruch angelockten kleinen Dipteren gleiten bei dem Versuch, sich auf der Innenfläche der Spatha niederzulassen, auf der von Öltröpfchen überzogenen Epidermis ab und fallen in den Kessel. Diesen können sie vorerst nicht verlassen, da die abwärts gerichteten langen Griffel der sterilen weiblichen Blüten eine dichte Reuse bilden (Hindernisblüten) und ebenso wie die Kesselwand mit Gleitflächen versehen sind. Erst wenn die Narben bestäubt sind und der Blütenstand in das männliche Stadium übergegangen ist, welkt und schrumpft die Kolbenepidermis, so daß die nunmehr mit neuem Pollen beladenen Insekten die Falle wieder verlassen können.

Sehr kompliziert sind die **Klemmfallenblüten** gebaut, die für die *Asclepiadaceae-Asclepioideae* charakteristisch sind, so auch für die bei uns heimische Schwalbenwurz *(Vincetoxicum hirundinaria, Cynanchum vincetoxicum)* und die Gattung *Asclepias* (Abb. 190). Die Blüten sind bis auf das dimere, chorikarpe Gynoeceum 5zählig. Die 5 Kelchblätter und die 5 Kronblätter sind bei der in Abb. 190 I dargestellten Blüte zurückgeschlagen, so daß die 5 Staubblätter hervortreten. Ihre auf kurzen Filamenten sitzenden Antheren tragen auf dem Rücken ein tütenförmiges Nektarium, aus dessen Innenfläche ein hornartig gekrümmter Fortsatz emporragt (Abb. 190 III). Das ganze als dorsaler Antherenanhang gedeutete Nektarium wird nach KUNZE (1979) viel später angelegt als die übrigen Teile der Anthere, bei manchen an-

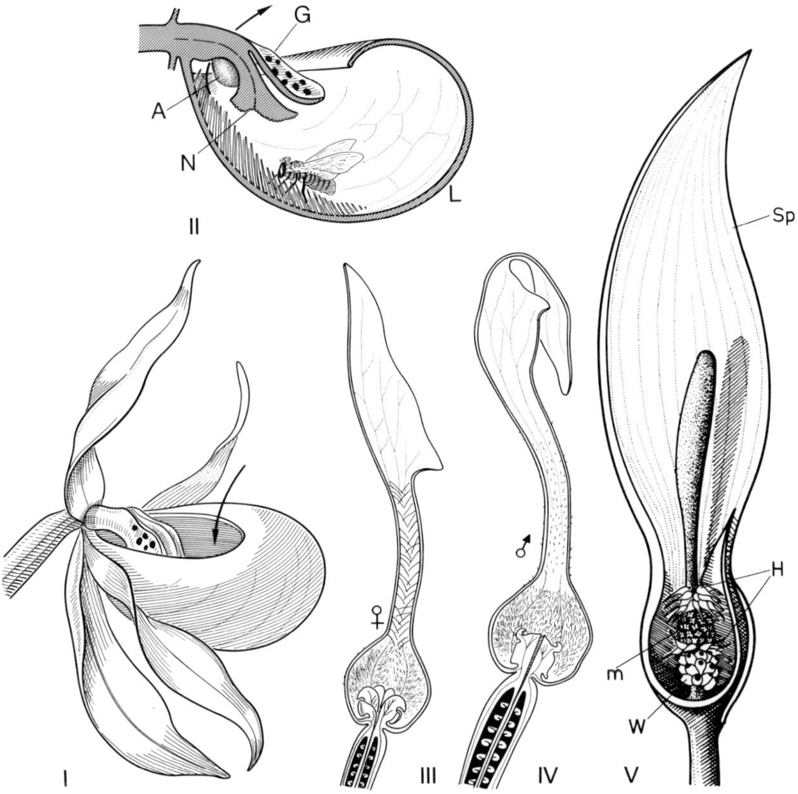

Abb. 189. Kesselfallenblumen. I, II *Cypripedium calceolus*; I Blüte, II deren Labellum (L) und Gynostemium (G) im Medianschnitt, um die Labellum-Kesselfalle zu zeigen; die Pfeile geben den Weg der Insekten durch die Eintritts- und Austrittsöffnung an, N Narbe, A Anthere (nach MEIERHOFER), III, IV *Aristolochia clematitis*, Kesselfallenblüten im weiblichen (III) und im männlichen Stadium (IV), median durchschnitten. V *Arum maculatum*, als Kesselfalle fungierender Blütenstand, Sp Spatha, H langgriffelige Hindernisblüten, W fertile weibliche, m männliche Blüten. III, IV nach V nach FIRBAS.

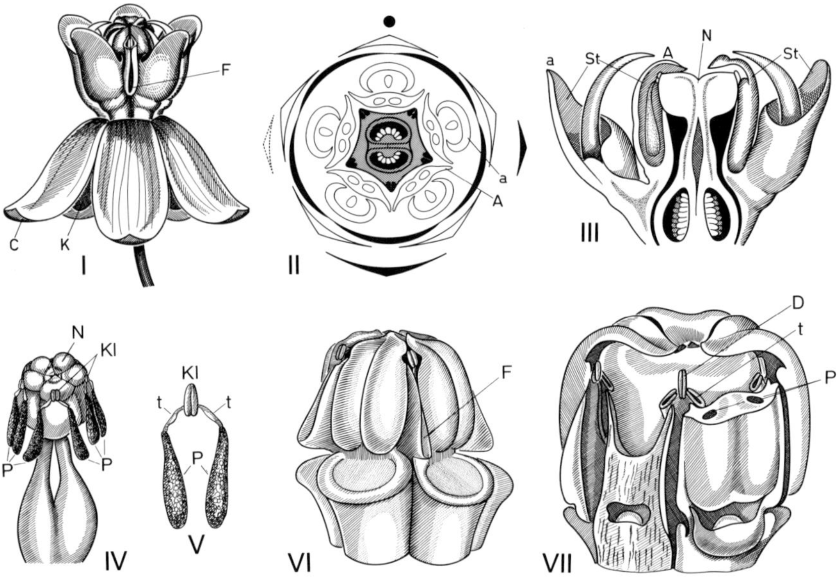

Abb. 190. *Asclepias syriaca.* I Blüte geöffnet, Kelch (K) und Krone (C) zurückgeschlagen, so daß die das Gynoeceum umgebenden Staubblätter hervortreten. II Blütendiagramm. III Medianschnitt durch Androeceum und Gynoeceum, N Narbenkopf, St Staubblätter mit Anthere (A) und dorsalem tütenförmigen Nekatarium (a). IV Gynoeceum mit den anhaftenden Pollinarien (P) freipräpariert. V Ein Klemmkörper (Kl) mit zwei Translatoren (t) und Pollinien. VI Androeceum nach Entfernung der als Nektarien dienenden tütenförmigen Dorsalanhänge, F Falte zwischen den flügelartig verbreiterten Rändern zweier benachbarter Antheren. In diesen Falten verfangen sich die Insekten mit ihren Tarsen und reißen beim Zurückziehen des Tarsus den Klemmkörper mit den daranhängenden Pollinien heraus. VII Androeceum im jungen Stadium; die Anthere vorn rechts ist quergeschnitten, die Anthere vorn links vom Rücken her fast völlig abgetragen, um die den Klemmkörper liefernde Drüse (D) und die zu den Pollensäcken verlaufenden Streifen von Drüsenepithel zu zeigen; das von diesen ausgeschiedene Sekret liefert später die Translatoren. Nach ENGLER (I, III, IV, V), EICHLER (II), MÜLLER (VI) und PAYER (VII).

deren *Asclepioideae*, z.B. bei *Tylophora* oder *Marsdenia*, steht an seiner Stelle nur ein einfaches Schüppchen. Die Nektarien der 5 Staubblätter bilden gemeinsam eine Art Paracorolla. In den Antheren werden nur die beiden vorderen Pollensäcke ausgebildet. Ähnlich wie bei den meisten Orchidaceen werden die Pollenkörner eines Pollensackes jeweils zu einem Pollinium verklebt. Die Antheren gehen in späteren Entwicklungsstadien eine sekundäre Verbindung mit dem Gynoeceum ein (VII). Die beiden Karpelle sind nämlich im Spitzenbereich postgenital miteinander vereinigt und bilden einen großen 5eckigen Narbenkopf (II). An dessen Kanten, die zwischen den schmal geflügelten Antheren liegen, wird frühzeitig je eine Drüse gebildet (VII). Von jeder dieser Drüsen verlaufen zwei divergierende Streifen von Drüsenepithel zu den beiden zunächst liegenden Pollensäcken. Das von der auf der Kante des Narbenkopfes sitzenden Drüse ausgeschiedene Sekret bildet nach seiner Erhärtung den sog. „Klemmkörper" (Kl). Das Sekret der beiden streifenförmigen Drüsenepithelien erhärtet zu den sog. „Caudiculae" oder „Translatoren" (t), welche nach dem Schwinden der Antherenwand über den Pollensäcken mit den zu einem Pollinium vereinigten Pollenkörnern des jeweiligen Pollensackes verklebt werden und die Pollinien zweier benachbarter Pollensäcke mit dem Klemmkörper verbinden. Das ganze Drüsensekret löst sich nunmehr leicht vom Narbenkopf ab (über weitere Einzelheiten vgl. SCHNEPF, WITZIG und SCHILL 1979). Die flügelartig verbreiterten Antherenränder der benachbarten Staubblätter bilden Falten, in denen sich nektarsaugende Insekten mit ihren Gliedmaßen verfangen. Sie ziehen dann mit den Gliedmaßen zugleich auch den Klemmkörper und die daran hängenden Pollinien aus der „Klemmfalle" heraus und können sie auf die Narben anderer Blüten übertragen. – Bei *Ceropegia* kann die Ausbildung dieser Klemmfallen mit dem Auftreten von Kesselfallenblüten kombiniert sein.

Falterblumen (Lepidopterophile)

Die Falterblumen sind weithin durch die Ausbildung langer, enger Kronröhren auf die Bestäubung durch Tagfalter oder Nachtfalter spezialisiert. Oft sind nur diese allein imstande, den tief in den Blüten geborgenen Nektar mit ihren langen Rüsseln aufzusaugen. Hier liegt die biologische Bedeutung auch solcher Einrichtungen wie der langen Hypanthien bei vielen *Oenothera*-Arten (vgl. Seite 37), z. B. *Oenothera biennis* oder *Oe. missouriensis* (Hypanthiumlänge 14 cm!), die beide nachts blühen. Oft handelt es sich bei den Blüten um sog. Stieltellerblumen, d.h. langröhrige Blüten mit weit ausgebreitetem Kronsaum, wie dies bei vielen *Oenothera*-Arten der Fall ist. Die Blüten sind oft waagerecht oder hängend orientiert. Die Anlockung der Bestäuber erfolgt durch Duft und bei den Tagfalterblumen (**Psychophilen**) durch gelbe, blaue, purpurne oder rote Farbtöne oder Weiß. Neben Tagfaltern kommen bei diesen auch langrüsselige Dipteren als Besucher vor. Bei den Nachtfalterblumen (Schwärmerblumen, **Sphingophile**, und Mottenblumen, **Phalaenophile**) herrschen naturgemäß weiße Blüten vor, die sich oft erst gegen Abend öffnen und dann oft einen betäubenden Duft ausströmen, wie wir es etwa vom Jelängerjelieber *(Lonicera caprifolium)* oder anderen Geißblattarten *(L. periclymenum)* her kennen. Die Bestäuber saugen den Nektar meist, während sie vor der Blüte schweben oder sich höchstens mit den Vordergliedmaßen anklammern. Die zum Erreichen des Nektars erforderliche Rüssellänge ist oft erstaunlich, bei den einheimischen Sphingiden erreicht sie 80 mm, bei dem südamerikanischen Schwärmer *Cocythius cluentius* 250 mm. Bekannt ist das Beispiel der madagassischen Orchidee *Angraecum sesquipedale (Macroplectrum sesquipedale)*, deren Sporn eine Länge von 32 cm aufweist. Für sie wurde ein Nachtschwärmer als Bestäuber vorausgesagt und gefunden: *Xanthopan morgani f. praedicta*, mit einer Rüssellänge von 225 mm.

Neben langröhrigen Blüten vom Stieltellertyp gibt es unter den von Nachtschwärmern bestäubten Blüten auch solche vom Typ der Pinselblumen, d.h. Blüten oder Blütenstände mit einer großen Zahl weit auseinandergespreizter langer, lebhaft gefärbter oder weißer Staubblätter, wie man sie bei *Capparis*-Arten findet (vgl. WERTH 1956). – Sphingophile Blüten welken oft schon am nächsten Morgen, so z.B. die von *Oenothera missouriensis* oder *Capparis spinosa*.

Vogelblütigkeit (Ornithogamie)

Die in tropischen und subtropischen Gebieten recht häufigen Vogelblumen lassen gegenüber den Insektenblumen eine Anzahl charakteristischer Eigenschaften erkennen:

1. Die für viele Insektenblumen typischen Landeplätze fehlen, da die blumenbesuchenden Vögel die Blumen entweder im Schwirrflug (Kolibris) oder auf benachbarten Zweigen sitzend ausbeuten.
2. Die Anlockung erfolgt durch lebhafte Farben und Farbkontraste, bei denen grelles Rot, Blau, Gelb, Orange und grün-gelbe Farbtöne eine besondere Rolle spielen (Papageienfarben). Als Beispiele seien nur *Abutilon, Fuchsia* oder die prächtigen mit roten oder gelb-roten Hochblättern und oft gelben, blauen oder grün-irisierenden Blüten ausgestatteten Blütenstände vieler Bromeliaceen genannt. Bei dem schlecht ausgebildeten Geruchssinn der Vögel ist der Blütenduft dagegen von geringer Bedeutung, er fehlt oft ganz.
3. Als Lockmittel wird meist dünnflüssiger Nektar in reichen Mengen angeboten. Dieser kann tief verborgen sein oder aber auch so reichlich sezerniert werden, daß Blüten oder Blütenstände davon regelrecht überfließen. Nicht selten dienen Blüten ornithogamer Pflanzen als Vogeltränke.
4 Die Blüten müssen entsprechend der Größe der Bestäuber eine gewisse Festigkeit aufweisen, um gegen Beschädigungen geschützt zu sein. Das Ovar ist häufig durch größere Entfernung vom Nektarspeicher oder durch andere Blütenorgane besonders gegen Verletzungen gesichert. Antheren und Narbe müssen so gestellt sein, daß die Bestäubung ermöglicht wird (vgl. z. B. Abb. 43 VII). Diese erfolgt meist durch den Schnabel oder den Kopf der blütenbesuchenden Vögel. Dabei können auch Explosionsmechanismen eine Rolle spielen, wie z.B. bei *Loranthus dregei (Loranthaceae).* Bei dieser halten die 5 vor ihrer Entfaltung röhrenartig zusammengeschlossenen Tepalen die 5 von ihnen eingeschlossenen Staubblätter gespannt. Bei der Anthese weichen sie zunächst in der Mitte auseinander. Dadurch entstehen 5 Spalten, durch welche die Blumenvögel mit ihrem Schnabel in die Blüte hineinzudringen versuchen. Wenn dies geschieht, trennen sich die Tepalen so plötzlich, daß die eingeschlossenen Staubblätter sich aufrollen und ihre distalen Abschnitte mit den Antheren an einer vorgebildeten Trennungsstelle ablösen und weggeschleudert werden. Auch *Protea kilimandscharica (Proteaceae)* und die Musacee *Ravenala madagascariensis* sollen Explosionsblüten besitzen (vgl. KUGLER 1970).

Als Blumentypen finden sich unter den vogelbestäubten Blüten sehr häufig Röhrenblumen, Glockenblumen und Pinsel- bzw. Bürstenblumen (*Eucalyptus*-Arten, *Callistemon,* vgl. Abb. 153 II, 154 II). Als Bestäuber kommen vor allem die neuweltlichen Kolibris *(Trochilidae)* und in der Alten Welt die Honigvögel *(Nectariniidae)* und Honigfresser (*Meliphagidae,* Australien, Neuguinea, Mikronesien, Polynesien) in Betracht, daneben aber auch verschiedene andere Vogelgruppen (z.B. von SO-Asien bis zu den Salomonen und nach Australien die Blumenpicker, *Dicaeidae,* ferner die Pinselzüngeler, *Trichoglossidae,* von Australien bis Neukaledonien, den Salomonen und den östlichen Sundainseln, die Kleidervögel, *Drepanididae,* auf Hawaii, die Zuckervögel, *Coerebidae,* in Mittel- und Südamerika, sowie Vögel aus anderen Gruppen, vgl. die Angaben bei KUGLER 1971; über die Bestäubung von *Bombax malabricum* durch Dschungelkrähen berichtet NEUBAUER 1964).

Fledermausblütigkeit (Chiropterogamie)
Die ersten zuverlässigen Beobachtungsangaben über blütenbesuchende Fledermäuse wurden gegen Ende des vorigen Jahrhunderts veröffentlicht (Beobachtungen von

Hart in Knuth 1897, zuvor schon wurden entsprechende Vermutungen von Beccari ca. 1886/90 geäußert). Inzwischen ist durch die Arbeiten von Porsch (1931, 1932, 1941), van der Pijl (1936, 1941, 1949, 1956, 1961 u.a.) und Vogel (1958, 1968/69) deutlich geworden, welch wichtige Rolle auch den Fledermäusen für die Bestäubung zahlreicher Pflanzen – meist Holzgewächsen oder Epiphyten – zukommt. Die blütenbesuchenden Fledermäuse – die rein neuweltlichen Langzungen-Vampire *(Glossophaginae)* aus der Gruppe der Kleinfledermäuse *(Microchiroptera)* und die altweltlichen Langzungen-Flughunde *(Macroglossinae)* aus der Gruppe der *Megachiroptera* – orientieren sich bei ihren nächtlichen Blütenbesuchen weitgehend nach dem Frucht- oder Gärungsgeruch, oft auch muffigen oder kohlartigen Geruch der Blüten. Im übrigen dürfte auch hier die bekannte Ultraschallotung der Fledermäuse benutzt werden. Damit fände die häufig exponierte Stellung der Blüten – etwa durch Emporheben über die Krone oder durch Flagelliflorie – ihre Erklärung, um so mehr, als die Blüten oft im Rüttelflug ausgebeutet werden. Oft klammern sich die Fledermäuse auch mit ihren Krallen an den Blüten fest. Die Klauen-Eindrücke können daher sogar als Hinweis auf Fledermausblütigkeit gewertet werden. Andererseits müssen Blüten. Im übrigen dürfte auch hier die bekannte Ultraschallotung der Fledermäuse gebaut sein. Sie sind gewöhnlich durch reiche Nektarsekretion in den Nachtstunden oder auch durch starke Pollenproduktion ausgezeichnet. Die Fledermäuse sind oft durch lange schmale Schnauzen und lange Zungen an den Blütenbesuch angepaßt.

Zu den zahlreichen chiropterophilen Pflanzen gehören neben den flagellifloren Holzgewächsen (Seite 243) unter anderen der Affenbrotbaum *(Adansonia)* und andere Bombacaceen, manche Gesneriaceen, Lobeliaceen, der Riesenkaktus *(Carnegiea)* und *Lemaireocereus* in Arizona, die „Glockenrebe“ *(Cobaea, Polemoniaceae)*, Arten von *Musa* und *Agave* sowie der epiphytischen Rubiaceengattung *Hillia*, ferner auch einzelne Bromeliaceen (*Vriesea*-Arten). Häufig handelt es sich um Rachen- oder Glockenblumen oder um Pinsel- und Bürstenblumen *(Syzygium jambos; Inga sessilis, Mimosaceae; Lafoensia pacari, Lythraceae)* oder um Kolbenblumen, d.h. kolbige Infloreszenzen *(Freycinetia insignis, Pandanaceae)*.

Aus der Gruppe der **Säugetiere** wirken einige **Flugbeutler** (*Phalangeridae: Acrobates pygmaeus*, Mausflugbeutler; *Petaurus breviceps*, Zwergflugbeutler u.a.) als Bestäuber.

3.4 Die Frucht (Blüte im Zustand der Samenreife), Fruchtstände

3.4.1 Fruchtsystematik

Nicht von ungefähr verwendet man im bildhaften Sprachgebrauch gern die Redewendung von der „Frucht aller Bemühungen“. Die Frucht stellt das biologische Ergebnis dar, das mit dem Zusammenspiel all der verschiedenen, hier besprochenen Einrichtungen der Blüte oder auch der Blütenstände erreicht wird. Schon aus diesem Grunde erscheint es geraten, abschließend wenigstens einen Überblick über die verschiedenen Möglichkeiten in der Ausbildungweise der Früchte zu geben. Dies um so mehr, als an der Fruchtbildung außer den Karpellen oft noch andere Blütenorgane in sehr unterschiedlichem Maße beteiligt sind. Es hat sich daher als zweckmäßig erwiesen, die **Frucht** als **Blüte im Zustand der Samenreife** zu definieren.*

Während der Fruchtentwicklung wandelt sich die Wandung des die Samen einschließenden Ovars zum **Perikarp** um, das häufig eine anatomische Differenzierung in ein oft nur einschichtiges äußeres **Exokarp** und inneres **Endokarp** und ein dazwischen liegendes mehrschichtiges **Mesokarp** erfährt.

Je nachdem, ob die Frucht aus einer Blüte mit freien Karpellen, also einem chorikarpen (apokarpen) Gynoeceum, oder aus einer Blüte mit coenokarpem Gynoeceum hervorgeht, kann man zwischen **Sammelfrüchten** und **Einzelfrüchten** unterscheiden. Weitere Merkmale für eine den natürlichen Zusammenhängen einigermaßen entsprechende Gliederung der Fruchttypen ergeben sich aus den verschiedenen Möglichkeiten, die Frucht zur Freigabe der Samen zu öffnen oder andersartige Verbreitungseinheiten (Disseminulen) auszubilden, sowie der damit im Zusammenhang stehenden unterschiedlichen anatomischen Differenzierung des Perikarps.

Einzelfrüchte (Abb. 191)
Nach der Reife werden die einzelnen Samen bei den Spring- und Streufrüchten durch Öffnung des Fruchtgehäuses freigegeben, während sie bei den Schließfrüchten von der Fruchtwand oder Teilen der Fruchtwand umschlossen bleiben und in dieser Form verbreitet werden.

a) **Spring- und Streufrüchte.** Die Öffnung des Samengehäuses erfolgt häufig auf Grund hygroskopischer Spannungen, die sich beim Austrocknen der Fruchtwand einstellen. Die wesentliche Voraussetzung für die verschiedenen Öffnungsweisen (Dehiszenzformen) solcher Früchte ist die verschiedene Verteilung und Ausbildung sklerenchymatischer Gewebepartien in der Fruchtwand und die unterschiedliche Orientierung der Mikrofibrillen in den Wänden aufeinanderfolgender Zellschichten, die sich daher beim Trocknen in verschiedenen Richtungen kontrahieren (STEINBRINCK 1873, vgl. dazu ferner z. B. HARTL 1957b, SCHNETTER, HILGER und RICHTER 1979). Die daraus resultierenden Spannungen führen in jeweils charakteristischer Weise zum Aufspringen (Dehiszenz) der Fruchtwand (Xerochasie). Bei nicht wenigen Pflanzen erfolgt dies so plötzlich und heftig, daß die Samen weit fortgeschleudert werden, so z. B. bei *Cardamine impatiens* bis 90 cm, weniger weit bei *C. hirsuta* (man nennt solche Pflanzen bzw. Früchte „Ballisten").** Im Gegensatz zur Xerochasie steht die **Hygrochasie.** Hygrochastische Früchte öffnen sich bei Befeuchtung und schließen sich beim Austrocknen wieder. Beispiele finden sich unter den Cruciferen bei *Lepidium*- und *Iberis*-Arten, unter den Labiaten bei *Prunella*- und *Salvia*-Arten, ferner auch in der Gattung *Plantago*. Verbreitet ist eine Öffnung der Früchte durch sog. Quelleisten bei den *Aizoaceae*. In allen Fällen beruht auch hier die Öffnung der Früchte im Grunde auf unterschiedlichen Spannungen toter Gewebe. Im Unterschied zu diesen **trockenen**

---

* Man vergleiche dazu aber auch die von WINKLER (1944) geäußerte Kritik.

** Besonders eigenartig ist die Öffnungsweise der Früchte bei der Lythraceengattung *Cuphaea*, wo sich die Placenta dorsalwärts aus der zerbrechenden Frucht herauskrümmt, nachdem sie durch frühzeitige Degeneration der Scheidewände des bikarpellaten dorsiventralen Gynoeceums weitgehende Selbständigkeit erlangt hat. „Die Bewegung wird durch eine Wachstumszone an der Ventralseite der Placenta bewirkt" (BAUM und LEINFELLNER 1951).

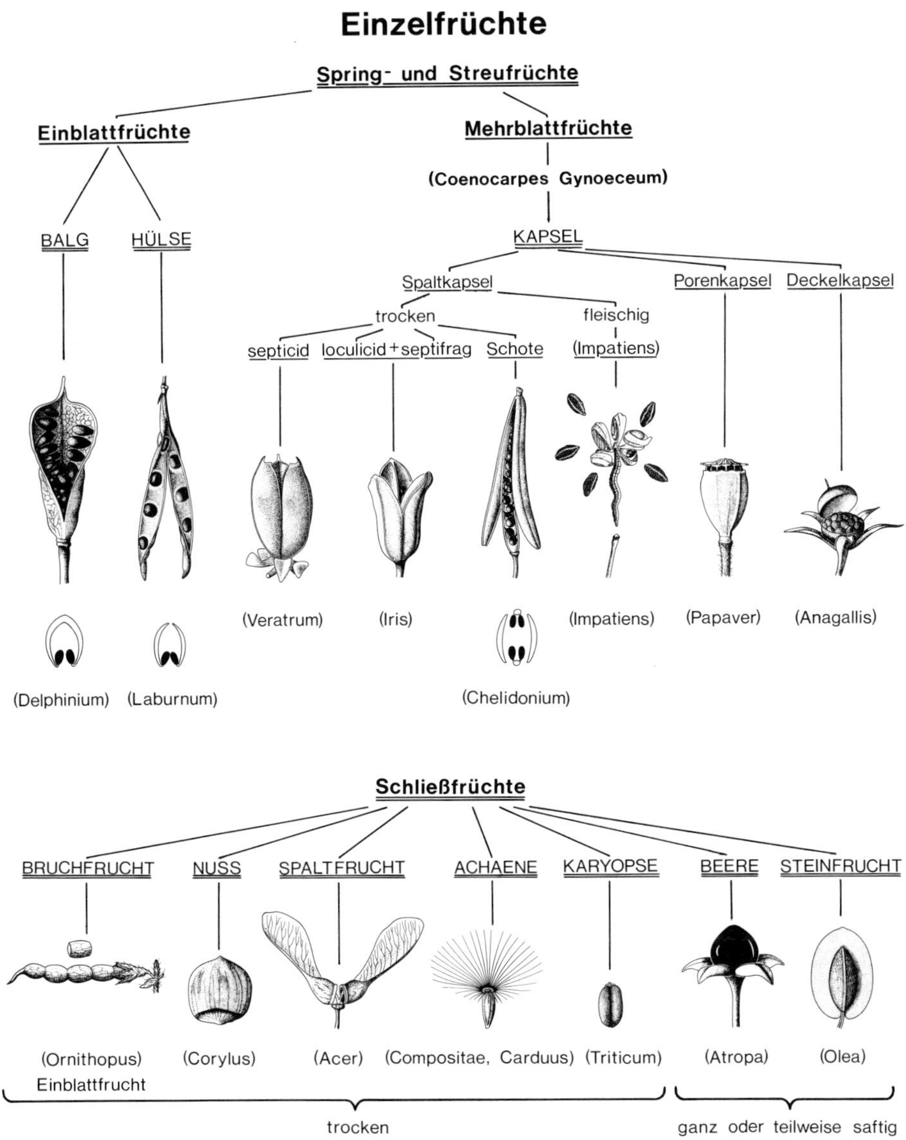

Abb. 191. Fruchtformen von Blüten mit coenokarpem Gynoeceum (nach TROLL, DUCHARTRE, FIRBAS, RAUH, BAILLON, SCHIMPER, WEBER, KNOBLAUCH sowie Orig.). Die Einblattfrüchte sind von chorikarpen Gynoeceen abzuleiten.

Springfrüchten gibt es auch solche, die bis zur Reife ihre saftige Beschaffenheit behalten und sich durch unterschiedlichen Turgor in den inneren und äußeren Schichten des Perikarps öffnen: **saftige Springfrüchte**. Beispiele sind die Springkräuter, insbesondere *Impatiens noli-tangere* und die „Explodiergurke", *Cyclanthera explodens*. Bei der aus 5 Karpellen gebildeten 5fächerigen Frucht des Springkrautes weisen die parenchymatischen Zellen im äußeren Bereich der Fruchtwand bei der Reife eine hohe Turgeszenz auf. Dem längsgerichteten Ausdehnungsbestreben dieses Gewebes wirken jedoch die gestreckten Faserzellen der innersten Fruchtwandschichten als Widerlager entgegen, bis sich der Verband der 5 Fruchtblätter lockert. Dann genügt ein kleiner Anstoß, um das explosionsartige Zusammenrollen der 5 Fruchtklappen herbeizuführen, wobei die Samen weit abgeschleudert werden (Abb. 193 I). Im Gegensatz dazu liegt bei der leicht eingekrümmten (zygomorphen) Frucht von *Cyclanthera explodens* das stärker turgeszente Gewebe auf der Innenseite der konvexen Wandung, die sich plötzlich nach hinten zurückschlägt (Abb. 193 III, IV).

Besteht die Frucht nur aus einem einzigen Karpell, so kann sich dieses entweder nur an der Bauchnaht öffnen (**Balg**, Abb. 191, *Delphinium*), oder die Öffnung erfolgt noch dazu entlang der Mittelrippe, der „Rückennaht" (**Hülse**, Abb. 191, *Laburnum*). Balg und Hülse lassen sich als **„Einblattfrüchte"** (ebenso wie die Steinfrucht der Kirsche und die Beeren des Christophskrautes, *Actaea*) als Reduktionsformen von Sammelfrüchten auffassen, bei denen die Karpellzahl auf 1 verringert ist.

Am Aufbau von Kapseln sind stets mehrere Fruchtblätter beteiligt. Das von diesen gebildete Gehäuse öffnet sich bei den **Spaltkapseln** teilweise oder vollständig durch Längsspalten entlang der Verwachsungslinien zwischen den Karpellen (scheidewandspaltig, **septicid.**,Abb. 191, *Veratrum*) oder entlang der Mittellinien der Karpelle (fachspaltig, **loculicid**), oft in Verbindung mit Brüchen an den Scheidewänden (scheidewandbrüchig, **septifrag**, Abb. 191, *Iris*). Eine Sonderform der Spaltkapsel ist die Schote, die aus zwei Karpellen besteht, deren Flächen sich von einem „Rahmen" (replum) aus den vereinigten Karpellrändern und ihren kräftigen Placenten ablösen (Abb. 191, *Chelidonium*).

Bei den **Porenkapseln** (Abb. 191, *Papaver*) bilden sich nur kleine Öffnungen in sehr verschiedener Zahl und Anordnung, bei den Deckelkapseln (Abb. 191, *Anagallis*) löst sich der gesamte Spitzenteil mittels einer quer durch alle Karpelle verlaufenden Zäsur ab. Bei *Genlisea hispidula (Lentibulariaceae)* kann sogar außer dem Deckel noch durch eine weitere Circumzäsur ein Perikarpring abgetrennt werden oder es kann eine schraubig verlaufende Zäsur auftreten (Stopp 1958).

b) **Schließfrüchte** treten uns je nach Ausbildung des Perikarps als **Beeren** mit fleischig-saftigem Perikarp (Abb. 191, *Atropa*), als **Nüsse** mit völlig sklerenchymatischem Perikarp (Abb. 191, *Corylus*) und als **Steinfrüchte** mit sklerenchymatischem Endokarp und fleischigem Mesokarp (Abb. 191, *Olea*) entgegen. Solche Steinfrüchte können entsprechend der Zahl der Karpelle durchaus mehrere Steine enthalten, die aber stets nur einen Samen umschließen (*Sambucus*, Holunder; *Arctostaphylos uva-ursi*, Bärentraube). Bei der Kokosfrucht *(Cocos nucifera)* ist das Mesokarp faserig. – Die gepanzerten Saftfrüchte oder kurz: **Panzerbeeren**, wie Kürbis *(Cucurbita pepo)*, Gurke *(Cucumis sativus)* oder Apfelsine *(Citrus sinensis)* usw. verfügen über ein verhältnismäßig festes Exokarp, dem einwärts ein weiches Mesokarp folgt. Das Endokarp ist als „Fruchtmus“ entwickelt, in das die Samen eingebettet sind.

Zu den Schließfrüchten gehören als Sonderformen die für die Compositen oder etwa die Valerianaceen typische **Achaene** (Abb. 191, *Carduus*) und die Grasfrucht, die **Karyopse** (Abb. 191, *Triticum*), bei denen die Schale des einzigen Samens bei der Reife mit dem Perikarp verwächst. Ferner sind hier noch die **Bruchfrüchte** und die **Spaltfrüchte** einzureihen. Diese sind zwar mehrsamig, zerbrechen aber bei der Gliederhülse (Abb. 191, *Ornithopus sativus*, Serradella) und der Gliederschote (Hederich, *Raphanus*) in einsamige, von Fruchtblattfragmenten umschlossene Bruchstücke oder werden durch septicide Spaltung in Teilfrüchtchen zerlegt, welche den einzelnen Fruchtblättern entsprechen (Abb. 191, *Acer*, Ahorn; Umbelliferenfrüchte; Malven: „Käsepappel“). Als Bruchfrüchte kann man auch die in vier einsamige „Klausen“ zerfallenden Früchte der Labiaten und Boraginaceen (vgl. Seite 175) bezeichnen. Auch unter den Früchten der Labiaten gibt es übrigens nicht wenige „Ballisten“, bei denen die Klausen einzeln abgeschleudert werden.

Sammelfrüchte (Abb. 192)

Die Sammelfrüchte kann man ebenfalls danach unterteilen, ob die einzelnen Karpelle mehrere oder nur einen reifen Samen einschließen. Im ersten Falle öffnen sich die Karpelle nach Art der Bälge: **Sammelbalgfrucht** (Abb. 192, *Trollius*). Im zweiten Fall kann jedes einzelne Fruchtblatt sich sklerenchymatisch entwickeln: **Sammelnußfrucht** (Abb. 192, *Geum*). Bei der Erdbeere (*Fragaria*, Abb. 192), die mit den Sammelnußfrüchte ausbildenden Fingerkräutern *(Potentilla)* eng verwandt ist, wird der Fruchtboden fleischig ausgebildet. Wenn sich dagegen die einzelnen Fruchtblätter

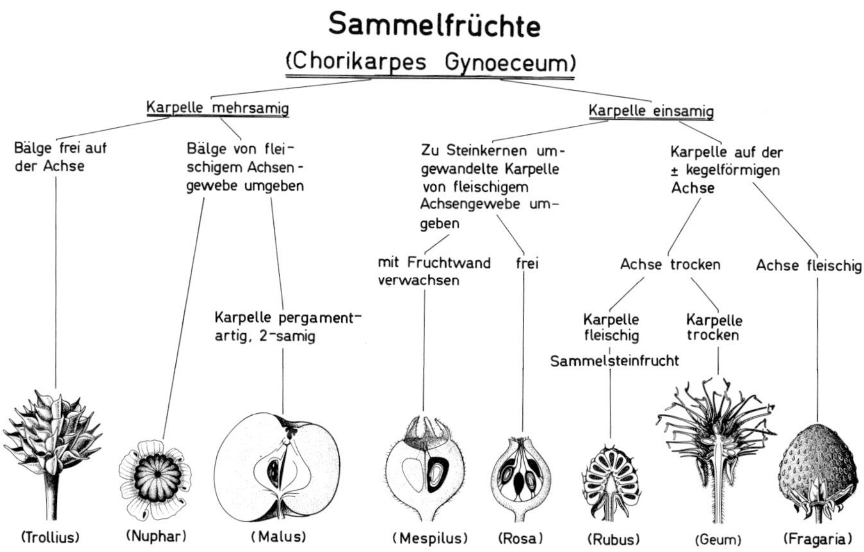

Abb. 192. Fruchtformen von Blüten mit chorikarpem Gynoeceum. Nach TROLL, DUCHARTRE, FIRBAS, RAUH.

steinfruchtartig entwickeln, ergibt dies eine **Sammelsteinfrucht** (Himbeere, Brombeere, Abb. 192, *Rubus*).

Die Karpelle einer Sammelsteinfrucht können auch zeitweilig oder beständig von Achsengewebe eingeschlossen werden. Das kann sowohl bei nüßchenartiger Ausbildung der Karpelle (Hagebutte von *Rosa*, Abb. 192; vgl. Seite 35), als auch bei steinfruchtartiger Entwicklung der Karpelle (Abb. 192, *Mespilus*, Mispel) oder bei Bälgen der Fall sein. Letzteres haben wir für die Frucht von *Nuphar*, wie auch für die Apfelfrucht bereits im Zusammenhang mit der Pseudocoenokarpie (Seite 186) ausführlicher besprochen.

Der Fruchtstiel kann während der Fruchtreife erhebliche anatomische Veränderungen erfahren. Insbesondere bei Pflanzen mit hängenden Früchten erfordert das zunehmende Gewicht der Früchte oft eine Vermehrung der sklerenchymatischen Elemente. Dem erhöhten Nährstoffbedarf der reifenden Frucht entspricht vielfach auch eine Vergrößerung der Phloem- und Xylemanteile (vgl. etwa Birne, Quitte). Darüber hinaus gibt es im Zusammenhang mit der Fruchtbildung aber auch eine fleischige Ausbildung von Fruchtstielen, auf die wir später noch zu sprechen kommen wollen.

Zu erwähnen ist schließlich noch, daß die Früchte bei ein und derselben Pflanze gewisse Verschiedenheiten aufweisen können. Eine solche **Heterokarpie** findet man z. B. zwischen den peripheren und den weiter innen stehenden Früchten in den Körbchen der Ringelblume *(Calendula)*. Die bei der Valerianaceengattung *Fedia* auftretende Heterokarpie hatten wir schon früher besprochen (Seite 68, Abb. 33 VIII bis X).

Die **Verbreitungseinheiten** (Disseminulen) können somit aus einzelnen Samen (Spring- und Streufrüchte), aus ganzen Früchten (Schließfrüchte) oder auch aus Bruchstücken von Früchten bzw. aus Teilfrüchten (Bruch- und Spaltfrüchte, Nüßchen der Sammelfrüchte) bestehen. Es können aber auch die Früchte eines ganzen Blütenstandes in einem **Fruchtstand** vereinigt bleiben, der als Ganzes verbreitet wird. Dies ist schon bei den Fruchtständen mancher Arten von *Valerianella* und *Fedia* (Abb. 33 VIII) oder nicht wenigen steppenbewohnenden Chenopodiaceen der Fall, bei denen die ganze Pflanze oder auch Teile davon im abgestorbenen, trockenen Zustand Kugelform annehmen und vom Wind über weite Flächen getrieben werden, wobei sie ihre Früchte verstreuen, bis sie – vielleicht in einer Bodensenke oder einem Trockentälchen – liegenbleiben, wo der Rest der Früchte unter Umständen günstige Keimungsbedingungen vorfindet. Die Früchte eines Fruchtstandes können aber auch miteinander verwachsen sein, wobei auch die Achse des Fruchtstandes und die Brakteen mit einbezogen werden können (*Ananas;* Jackfruchtbaum, *Artocarpus integer*, *Moraceae*). Maulbeere und Feige hatten wir schon früher erwähnt (Seite 73, 300 ff.).

3.4.2 Verbreitungsbiologische Aspekte

Samen, Teilfrüchte, Früchte und Fruchtstände sind in vielfältiger Weise an verschiedene Möglichkeiten der Verbreitung angepaßt. Abgesehen von der Möglichkeit, daß die Pflanze selbst aktiv die Verteilung der Verbreitungseinheiten in ihrer Umgebung besorgt, also der Selbstverbreitung oder Autochorie, sind auch hier Wasser (Hydrochorie), Wind (Anemochorie) und Tiere (Zoochorie) mit Einschluß des Menschen (Anthropochorie) die wirksamen Faktoren.

Als Beispiele für **Autochorie** sind außer den schon erwähnten „Ballisten“ noch die **Quetschschleudern** bei *Oxalis*- und *Viola*-Arten sowie bei *Dorstenia*-Arten zu nennen. Bei *Dorstenia* wird jeder der zahlreichen in einem Fruchtstand (vgl. Seite 301) zusammengefaßten Steinkerne von dem fleischigen Perikarp wie von einer Zange umfaßt (vgl. Abb. 94 III). Unterhalb des keilförmigen Steinkerns befindet sich ein Schwellgewebe, das infolge seines Ausdehnungsbestrebens die seitlich am Steinkern ansetzenden Backen der Zange zusammendrückt. Da das saftige Gewebe oberhalb des Steinkerns jedoch sehr dünn ist, reißt es unter dem starken Druck auf, so daß der Steinkern von den Zangenbacken mehrere Meter weit weggeschleudert wird. Auch bei *Oxalis* und *Viola* handelt es sich um **Turgormechanismen.** Das gilt in anderer Weise auch für die Spritzgurke, *Ecballium elaterium.* Hier weist das Fruchtmus-artige Endokarp einen hohen Turgor auf, durch den das umgebende Meso- und Exokarp stark gespannt wird. Am Ansatz des hakenförmig gebogenen Stieles ist ein Trennungsgewebe ausgebildet, das bei nur leiser Berührung der reifen Frucht zerreißt. Aus der sich ablösenden Frucht wird der saftige Inhalt mit den Samen durch die Kontraktion der bis dahin straff gespannten elastischen Fruchtwandung herausgespritzt, und die Frucht durch den Rückstoß nach vorn geschleudert. Bei den **Katapultschleudern** von *Geranium* (Abb. 193 II) liegt hingegen ähnlich wie bei *Cardamine* eine **hygroskopische Bewegung** infolge des Austrocknens von Perikarpzellen vor. Dabei lösen sich die Außenwände der 5 nur im basalen Teil fertilen Fruchtblätter von unten her bis auf den Spitzenteil von einer stehenbleibenden Mittelsäule ab und katapultieren den Samen weg. Beträchtliche hygroskopische Spannungen treten beim Austrocknen der stark verholzenden Früchte des Sandbüchsenbaumes *(Hura crepitans, Euphorbiaceae)* auf, die schließlich mit lautem Knall in zahlreiche, den einzelnen Karpellen entsprechende Teilfrüchte auseinanderbersten, wobei die Teilfrüchte bis 14 m weit fortgeschleudert werden (Explosionsfrucht).

Nicht wenige Pflanzen bringen ihre Früchte durch ein entsprechendes Wachstum der Fruchtstiele gleich selbst an einem zur Keimung geeigneten Ort unter. So etwa das Zymbelkraut *(Linaria cymbalaria)*, dessen Blütenstiele nach der Befruchtung der Blüte negativ phototropisch umgestimmt werden und die reifenden Früchte tief in Fels- oder Mauerritzen eindrücken. Die Erdnuß *(Arachis hypogaea)* und die Angola-Erbse *(Voandzeia subterranea)* bringen ihre Früchte ebenfalls erst zur Reife, nachdem diese durch die Blütenstiele tief in das Erdreich eingebohrt sind. Beim mediterranen *Trifolium subterraneum* dringt jeweils das ganze Blütenköpfchen in die Erde ein. Diesen **geokarpen** Pflanzen stehen die **amphikarpen** gegenüber, bei denen sowohl oberirdisch als auch unterirdisch Früchte entwickelt werden. Ein Beispiel dafür ist *Cardamine chenopodiifolia.* In ihrem Aufbau gleicht die Pflanze der in Abb. 131 wiedergegebenen *Lemphoria procumbens.* Die Blüten der Hauptfloreszenz werden hier aber schon im Knospenstadium durch eine entsprechende Krümmung der Blütenstiele unter die Erdoberfläche gebracht. Diese unterirdischen Blüten sind kleistogam und bringen sog. „Erdfrüchte" hervor, während die Blüten der Floreszenzen der Parakladien chasmogam sind und „Luftfrüchte" bilden. Die Samen der Erdfrüchte liefern hier übrigens größere Keimlinge als die der Luftfrüchte (Troll 1951). Beide Fruchtformen können sich auch in anderer Hinsicht unterscheiden. Der Zusammanhang zwischen Amphikarpie und der Ausbildung chasmogamer und kleistogamer Blüten tritt auch bei *Viola*-Arten deutlich hervor (vgl. Seite 325). Unter den Cruciferen gibt es noch weitere Beispiele für Geokarpie *(Geococcus pusillus, Morisia hypogaea)* und Amphikarpie, ebenso unter den Papilionaceen (*Vicia angustifolia* var. *amphicarpa, Trifolium polymorphum, Amphicarpaea* u.a.), den Scrophulariaceen und anderen Familien. Für weitere Angaben sowie Literaturhinweise siehe Huth 1890, Troll 1951, Stopp 1954, 1958.

Wasserverbreitung, **Hydrochorie**, ist nur möglich, wenn die Früchte schwimmfähig sind und die Samen einen längeren Aufenthalt im Wasser vertragen oder in der Frucht

Abb. 193. I *Impatiens noli-tangere,* fleischige Springfrucht bei der Öffnung. II *Geranium sanguineum,* Frucht, samenabschleudernd. III, IV *Cyclanthera explodens,* reife Frucht im Medianschnitt, vor (III) und nach (IV) der Öffnung. V *Harpagophytum procumbens,* Frucht („Trampelklette", leg. H. D. IHLENFELDT). I, III, IV nach TROLL, II nach FIRBAS.

gegen den Zutritt vor allem von Seewasser geschützt bleiben. Die erstgenannte Bedingung kann durch die Ausbildung interzellularenreicher und luftgefüllter oder spezifisch leichter Schwimmgewebe erfüllt sein z.B. schwammiges Mesokarp bei *Potamogeton*-Arten oder bei *Sparganium,* vgl. U. und D. MÜLLER-DOBLIES 1977; auch blasig aufgetriebene Fruchtkelche (*Hernandia ovigera,* vgl. Seite 65) können die Schwimmfähigkeit der Früchte erhöhen. Zum Schutz gegen schädliche Einwirkungen des (See-)Wassers können ein hartes, undurchlässiges Exokarp – so bei der Nipapalme *(Nipa fruticans)* – oder andere undurchlässige Gewebe dienen.

Als Anpassungen an **Windverbreitung, Anemochorie,** haben wir bereits bei der Besprechung der Kelchmorphologie die **Flugkelche** der Dipterocarpaceen (Abb. 32 VI), vieler Plumbaginaceen (Abb. 32 III), mancher Rubiaceen oder der Polygonaceengattung *Triplaris* erwähnt (Seite 66). Die Zahl dieser Beispiele ließe sich um ein Vielfaches vermehren. Hinzuzufügen sind noch Beispiele wie die mit einem Flügelsaum ausgestatteten flachen Nüsse der Ulmen („Scheibenflieger“) oder die mit mehreren Flügelkanten versehenen **Flügelnüssen** des Rhabarbers *(Rheum)* und anderer Polygonaceen, von *Combretum (Combretaceae)* u. a. Flügelfrüchte, die den Teilfrüchten von *Acer* (Abb. 190) entsprechen, bezeichnet man ihrer charakteristischen Flugbahn wegen als „Schraubenflieger“. Auf die als „Fallschirme“ wirkenden Haarkronen (Pappus) der Compositen und Valerianaceen (Abb. 33 I, IV, V) haben wir schon hingewiesen. Auch Samenhaare oder etwa die langen gefiederten Grannen der nüßchenartigen Teilfrüchte von *Clematis, Pulsatilla* oder *Dryas* dienen der Windverbreitung („Haarflieger“), desgleichen die aufgeblasenen Fruchtkelche von *Valerianella vesicaria* (Abb. 33 III) oder des Erdbeerklees *(Trifolium fragiferum)* („Blasenflieger“). Das Vertreiben ganzer Fruchtstände als „Steppenroller“ hatten wir schon erwähnt. Nach Pascher (1959) werden die geflügelten Kapseln von *Eucomis* und *Veltheimia* „sehr oft als Ganzes vom Winde abgenommen, wobei sie beim Treiben vor dem Winde allmählich die Samen verlieren“. Dies trifft jedoch entgegen einer verbreiteten Ansicht nicht für *Anastatica hierochuntica (Cruciferae)*, die „Rose von Jericho“, zu (vgl. Stopp 1958).

Bei der Verbreitung durch Tiere, der **Zoochorie,** müssen wir zwei Möglichkeiten unterscheiden: die **Epizoochorie** durch Anheftung von Samen oder Früchten an der Oberfläche (Haarkleid oder Gefieder) von Tieren und die **Endozoochorie**, welche durch Fressen und Wiederausscheiden von Früchten oder Samen erfolgt. Voraussetzung ist im letztgenannten Falle natürlich, daß zumindest ein Teil der Samen den Magen-Darm-Kanal der verbreitenden Tiere unzerstört passieren kann, was bei Beeren und mit saftigen Anhängseln *(Arillus, Elaiosomen)* versehenen Samen durchaus zutrifft. Oft dienen auch hier auffällige Farben von Samen mit fleischigen Anhängseln, die Färbung von Beeren und Steinfrüchten sowie lebhafte Farbkontraste solcher Früchte mit Hochblättern (*Lonicera involucrata*: Früchte schwarzglänzend, Vorblätter tiefrot) oder sogenannte „Schausamen“ (Mildbraed 1954 bei *Paeonia*) ebenso wie bestimmte Düfte der Anlockung der tierischen Verbreiter.

Auch auffällig gefärbte Fruchtkelche, wie etwa der von *Physalis alkekengi* (Abb. 32 IV, V) sind hier zu nennen. Dem Verzehr dienen keineswegs immer Samenanhängsel oder Teile des Perikarps: bei *Hoslundia decumbens* (Seite 65, Abb. 33 XI) sind es die fleischigen Kelchblätter, bei *Coriaria* (Seite 73, Abb. 37 III bis X) die bei der Fruchtreifung fleischig werdenden Kronblätter, beim Erdbeerspinat *(Blitum)* und beim Maulbeerbaum *(Morus)* das fleischig werdende Perigon, bei der Cashew-Nuß *(Anacardium occidentale, Anarcardiaceae)* ist es der birnenförmig angeschwollene fleischige Fruchtstiel und bei der Feige der fleischige Fruchtstand, die von Tieren gefressen werden. Bei der Rhamnacee *Hovenia dulcis* (Japanischer Rosinenbaum) nehmen alle Achsen des Fruchtstandes mit Ausnahme der aus dem Epipodium bestehenden Fruchtstiele fleischige Beschaffenheit an und strömen sogar Duft aus.

Als Anpassungen an Epizoochorie sind vor allem Kletteinrichtungen (Widerhaken an Samen, Früchten oder Fruchtständen) und Klebeinrichtungen (z. B. Drüsenhaare) zu werten. Hier kommt besonders der Ausbildung persistierender Fruchtkelche als Kletteinrichtungen (Abb. 33 II, VI, VII, X) oder Klebeinrichtungen (Abb. 32 I, II) eine besondere Bedeutung zu. Eine eigenartige Form der Klettfrüchte stellen die sog. **Trampelkletten** dar, die man bei Steppen- und Wüstenpflanzen vor allem aus den Familien der *Martyniaceae (Proboscidea)* und *Pedaliaceae*, hier besonders ausgeprägt bei *Harpagophytum* findet. Die Früchte von *Harpagophytum procumbens* (Abb. 193 V) sind harte, etwas zusammengedrückte holzige Kapseln, deren Kanten mit einer Doppelreihe mehrere Zentimeter langer kräftiger Fortsätze versehen sind, die jeweils mehrere scharfe krallenartige Widerhaken tragen. Oft wachsen die Pflanzen in der Umgebung von Wasserstellen, wo Säugetiere sich diese Kletten leicht in die Läufe treten können. Da die scharfen Krallen Verletzungen hervorrufen, versuchen diese Tiere sich der lästigen schmerzverursachenden Kletten dadurch zu entledigen, daß sie diese in den Boden hineintrampeln. Damit wird für die Pflanze erreicht, daß ihre Verbreitungseinheiten zwar nicht in unmittelbarer Nähe der Mutterpflanze, aber doch in der Umgebung, d.h. an einem günstigen, wasserführenden Standort zur Keimung gelangen. Diese Verbreitungsweise darf nach STOPP (1962) jedoch nicht als Regelfall gelten. Auch ohne die Mitwirkung von Tieren können sich derartige Früchte mit ihren Widerhaken gut im Boden verankern. Neben mannigfachen Verankerungsmechanismen können auch Basi-, Geo- und Amphikarpie und die zeitweilige Arretierung von Verbreitungseinheiten an der Mutterpflanze – etwa eines Teils der Samen in nur zögernd sich öffnenden Kapseln – als „verbreitungshemmende Einrichtungen" wirken (vgl. STOPP 1958, 1962 u. a.). Eine besondere Form der Zoochorie ist die **Myrmekochorie,** die Verbreitung durch Ameisen (SERNANDER 1906, UPHOF 1942, VAN DER PIJL 1955). Sie kommt dadurch zustande, daß an manchen Samen, Teilfrüchten oder Früchten fleischige nährstoffreiche Anhängsel, sog. **Elaiosomen,** auftreten, die von Ameisen gefressen werden, weshalb diese die Verbreitungseinheiten verschleppen. Bei den Elaiosomen handelt es sich um morphologisch sehr verschiedene Bildungen, z. B. Wucherungen des Integumentrandes der Samenanlagen (Caruncula bei Euphorbiaceen), Wucherungen am Funiculus *(Chelidonium)*, fleischige stielchenartige Ansatzzonen der Nüßchen bei *Anemone* usw.

Mit diesen wenigen Hinweisen können die Mannigfaltigkeit der Fruchtformen und die vielfältigen Möglichkeiten der Verbreitung der Disseminulen jedoch nur angedeutet werden. Zur weiteren Einführung in die Morphologie der Früchte seien außer den schon eingangs (Seite 323) genannten Abhandlungen von ULBRICH und VAN DER PIJL noch das Werk von BROUWER und STÄHLIN (1975) sowie die zitierten Arbeiten von WINKLER und STOPP (1950a, b, 1952 u.a.) empfohlen.

Literaturverzeichnis

Agthe, C.: Über die physiologische Herkunft des Pflanzennektars. Ber. Schweiz. Bot. Ges. **61**, 240–273, 1951.

Amberg, K.: Zur Blütenbiologie von *Arctostaphylos alpina* (L.) Sprengel. Ber. Dt. Bot. Ges. **30**, 692–703, 1912.

Arber, A.: Studies in floral morphology. I. On some structural features of the Cruciferous flower. New Phytol. **30**, 11–41, 1931 a.

– Studies in floral morphology III. On the Fumarioideae, with special reference to the androecium. New Phytol. **30**, 317–354, 1931 b.

– Studies in flower structure. I. On a peloria of *Digitalis purpurea* L. Ann. Bot. **46**, 929–939, 1932 a.

– Studies in floral morphology IV. On the Hypecoideae, with special reference to the androecium. New Phytol. **31**, 145–173, 1932 b.

– Floral anatomy and its morphological interpretation. New Phytol. **32**, 231–242, 1933.

– The interpretation of the flower: a study of some aspects of morphological thought. Biol. Rev. **12**, 157–184, 1937.

Artopoeus, A.: Über den Bau und die Öffnungsweise der Antheren und die Entwicklung der Samen der Erikaceen. Flora **92**, 309–345, 1903.

Baillon, H. E.: Organogénie florale des Cordiacées. Adansonia 3. Paris 1862/63.

Baker, H. G., und Baker, I.: Some anthecological aspects of the evolution of nectar-producing flowers, particularly amino acid production in nectar. In Heywood, V. H., ed.: Taxonomy and ecology, 243–264, London 1973.

Bancroft, H.: A review of researches concerning floral morphology. Bot. Rev. **1**, 77–99, 1935.

Barcianu, D. P. Untersuchungen über die Blüthenentwicklung der Onagraceen. Mitt. aus d. Gesamtgebiete d. Botanik (Hrsg. A. Schenk und G. Luerssen) **2**, 81–129, Taf. VII, Leipzig 1875.

– Ueber die Blüthenentwicklung der Cupheen. Ebenda **2**, 179–193, Taf. XI, Leipzig 1875.

Baum, H.: Postgenitale Verwachsung in und zwischen Karpell- und Staubblattkreisen. Sitz. ber. Österr. Akad. Wiss. Mathem.-nat. Kl., Abt. I, **157**, 17–38, 1948 a.

– Über postgenitale Verwachsung in Karpellen. Österr. Bot. Z. **95**, 86–94, 1948 b.

– Die Verbreitung der postgenitalen Verwachsung im Gynözeum und ihre Bedeutung für die typologische Betrachtung des coenokarpen Gynözeums. – Österr. Bot. Z. **95**, 124–128, 1948 c.

– Die Stellung der Samenanlagen am Karpell bei *Asclepias syriaca, Cynanchum vincetoxicum* und *Erythraea centaurium*. Österr. Bot. Z. **95**, 251–256, 1948 d.

– Ontogenetische Beobachtungen an einkarpelligen Griffeln und Griffelenden. Österr. Bot. Z. **95**, 362–372, 1948 e.

– Zur Frage des schrittweisen Überganges vom apokarpen zum coenokarpen Gynözeum. Österr. Bot. Z. **95**, 470–474, 1948 f.

– Der einheitliche Bauplan der Angiospermengynözeen und die Homologie ihrer fertilen Abschnitte. Österr. Bot. Z. **96**, 64–82, 1949 a.

– Das Zustandekommen „offener" Angiospermengynözeen. Österr. Bot. Z. **96**, 285–288, 1949 b.

– Beiträge zur Kenntnis der Schildform bei den Staubblättern. Österr. Bot. Z. **96**, 453–466, 1949 c.

– Unifaziale und subunifaziale Strukturen im Bereich der Blütenhülle und ihre Verwendbarkeit für die Homologisierung der Kelch- und Kronblätter. Österr. Bot. Z. **97**, 1–43, 1950.

– Vorläuferspitzen im Blütenbereich. Österr. Bot. Z. **98**, 280–291, 1951 a.

– Die Frucht von *Ochna multiflora*, ein Fall ökologischer Apokarpie. Österr. Bot. Z. **98**, 383–394, 1951 b.

– Die Bedeutung der diplophyllen Übergangsblätter für den Bau der Staubblätter. Österr. Bot. Z. **99**, 228–243, 1952 a.

– Die Peltation der Außenkelchblätter von *Hibiscus costatus*, Österr. Bot. Z. **99**, 370–375, 1952 b.

– Die Querzonenverhältnisse der Karpelle von *Hellborus foetidus* und ihre Bedeutung für die Beurteilung der epeltaten Karpelle. Österr. Bot. Z. **99**, 402–404, 1952 c.

– Normale und inverse Unifazialität an den Laubblättern von *Codiaeum variegatum*. Österr. Bot. Z. **99**, 421–451, 1952 d.

– Über die „primitivste" Karpellform. Österr. Bot. Z. **99**, 632–634, 1952 e.

– Die Unabhängigkeit der diplophyllen Gestalt der Staubblattspreite von ihrer Funktion als Träger der Pollensäcke. Österr. Bot. Z. **100**, 265–269, 1953 a.

– Die Karpelle von *Eranthis hiemalis* und *Cimicifuga americana* als weitere Verbindungsglieder zwischen peltaten und epeltaten Karpellen. Österr. Bot. Z. **100**, 353–357, 1953 b.

– Zur Peltationsnomenklatur der Karpelle. Österr. Bot. Z. **100**, 424–426, 1953 c.

BAUM, H.: Ergänzende Mitteilungen zum Problem der unifazialen Kelchblattspitzen. Österr. Bot. Z. 100, 593–600, 1953 d.

BAUM-LEINFELLNER, H.: Über unifaziale Griffel und Narben. Planta **42**, 452–460, 1953.

BAUM, H., und LEINFELLNER, W.: Die Plazenta des dorsiventralen *Cuphea*-Gynözeums. Österr. Bot. Z. **98**, 187–205, 1951.

– und LEINFELLNER, W.: Die ontogenetischen Abänderungen des diplophyllen Grundbaues der Staubblätter. Österr. Bot. Z. **100**, 91–135, 1953 a.

– und LEINFELLNER, W.: Bemerkungen zur Morphologie des Gynözeums der Amentiferen in Hinblick auf Phyllo- und Stachyosporie. Österr. Bot. Z. **100**, 276–291, 1953 b.

BAUMANN-BODENHEIM, M. G.: Ableitung und Bau bicarpellat-monospermer und pseudomonocarpellater Araliaceen- und Umbelliferen-Früchte. Ber. Schweiz. Bot. Ges. **65**, 481–510, 1955.

BECHTEL, A. R.: Floral anatomy of the Urticales. Amer. J. Bot. 8, 386–410, Pl. XV–XXII, 1921.

BEER, R.: On the development of the pollen grain and anther in some Onagraceae. Beih. Bot. Centralbl. **19**, 286–313, 1906.

BELL, J., und HICKS, G.: Transmitting tissue in the pistil of Tobacco: Light and electron microscopic observations. Panta **131**, 187–200, 1976.

BENNER, C.: Die morphologische Beurteilung der Staub- und Blumenblätter der Rhamnaceen. Bot. Jb. Syst. 77, 423–457, 1958.

BENNER, U., und SCHNEPF, E.: Die Morphologie der Nektarausscheidung bei Bromeliaceen: Beteiligung des Golgi-Apparates. Protoplasma **85**, 337–349, 1975.

BERNBECK, F.: Vergleichende Morphologie der Urticaceen- und Moraceen-Infloreszenzen. Botanische Abhandlungen (Hrsg. K. GOEBEL) **3**, 1932.

BHATTACHARJYA, S. S.: Ein Beitrag zur Morphologie des Andröceums von *Benincasa hispida* (Thunb.) Cong. Ber. Dt. Bot. Ges. **67**, 22–25, 1954.

BLAAUW, A. H.: Orgaanvorming en Periodiciteit van *Hippeastrum hybridum*. Verh. Kon. Akad. Wet. Amsterdam, Afd. Natuurk. Deel XXIX, Nr. **1**, 1931.

BOCQUET, G.: The structure of the placental column in the genus *Melandrium* (Caryophyllaceae). Phytomorph. **9** (3), 217–221, 1959.

– und BERSIER, J. D.: A propos de la vascularisation florale dans le genre *Silene* sect. *Gastrolychnis* (Fenzl) Chowdhuri. Actes Soc. Helvétique Sc. nat. d'Argovie, 113–114, 1960.

BOKE, N. H.: Development of the adult shoot apex and floral initiation in *Vinca rosea* L. Amer. J. Bot. **34**, 433–439, 1947.

– Development of the perianth in *Vinca rosea* L. Amer. J. Bot. **35**, 413–423, 1948.

– Development of the stamen und carpels in *Vinca rosea* L. Amer. J. Bot. **36**, 535–547, 1949.

BOLLE, F.: Über eine bemerkenswerte Mißbildung bei *Geum*. Notizbl. d. Bot. Gartens u. Museums Berlin, **113**, 349–354, 1935.

– Theorie der Blütenstände. Verh. Bot. Ver. Prov. Brandenbg. **80**, 53–81, 1940.

– Die Gesetze der Blütenstände. Ber. Dt. Bot. Ges. **66**, Gen. Vers. Heft., (12)–(14).1954.

– Über blühende Kräuter. Bot. Jb. Syst. **86**, 1–4, 1967.

BORGSTRÖM, G.: Formation of cleistogamic and chasmogamic flowers in wild violets as a photoperiodic response. Nature (London) **2**, 514–515, 1939.

BRAUN, A.: Betrachtungen über die Erscheinung der Verjüngung in der Natur. Leipzig 1851.

– Das Individuum der Pflanze. Berlin 1853.

BRAVAIS, L., und BRAVAIS, A.: Essai sur la disposition symétrique des inflorescences. Ann. sc. nat. 2. sér., Bot., 7, 193–221, 291–348, u. 8, 11–42, 1837.

– und BRAVAIS, A.: Mémoires sur la disposition géométrique des feuilles et des inflorescences. Paris 1838.

BRENNER, W.: Beiträge zur Blütenbiologie. Ber. d. Realschule Basel 1909/10, 1–42, 1910.

BROUWER, W., und STÄHLIN, A.: Handbuch der Samenkunde für Landwirtschaft, Gartenbau und Forstwirtschaft. Frankfurt/M. 1975.

BROWN, W.: The bearing of nectaries on the phylogeny of flowering plants. Proc. Am. Philosoph. Soc. Philadelphia **79**, 549–595, 1938.

BUCHENAU, F.: Der Blüthenstand der Juncaceen. Jb. wiss. Bot. **4**, 385–435, u. Taf. 28–30, 1865.

BUDELL, B.: Untersuchungen der Antherenentwicklung einiger Blütenpflanzen. Z. f. Bot. **52**, 1–28, 1964.

BÜNNING, E.: Stammblütigkeit. – Aus der Heimat, **61**, 188–193, Taf. 43 u. 44, 1953.

BUGNON, P.: Calicule des Rosacees et concrescence congenitale. Bull. Soc. Sci. Bretag. **6**, 9–20, 1929.

BUNNIGER, L.: Untersuchungen über die morphologische Natur des Hypanthiums bei Myrtales- und Thymelaeales-Familien II. Myrtaceae, III. Vergleich mit den Thymelaeaceae. Beitr. Biol. Pflanzen **48**, 79–156, 1972.

– und WEBERLING, F.: Untersuchungen über die morphologische Natur des Hypanthiums bei Myrtales-Familien I. Onagraceae. Beitr. Biol. Pflanzen **44**, 447–477, 1968.

BURCK, W.: Ueber Kleistogamie im weiteren Sinne und das Knight-Darwin'sche Gesetz (Dt.Übers. v. P. HERZSOHN). Ann. Jard. Bot. Buitenzorg **8**, 122–163, Taf. XX–XXIII, Leiden 1890.

BUREAU, E.: Sur un figuier a fruits souterrains. J. de Botanique **2**, 213–216, Taf. VII, 1888.

BUTTROSE, M. S., GRANT, W. J. R., und LOTT, J. N. A.: Reversible curvature of style branches of *Hibiscus trionum* L., a pollination mechanism. Aust. J. Bot. **25**, 567–570, 1977.

BUVAT, R.: Structure, évolution et fonctionnement du méristème apical de quelques Dicotylédones. Ann. Sc. Nat. Bot. **11**. sér. **13**, 199–300, 1952.

BUXBAUM, F.: Allgemeine Morphologie der Kakteen. Die Blüte. Jb. Dt. Kakteen-Ges. **1937**, Einleitender Sonderteil, Berlin 1937.

– Zur Klärung der phylogenetischen Stellung der Aizoaceae und Cactaceae im Pflanzenreich. Sukkulentenkunde, Jb. Schweiz. Kakt. Ges. **2**, 3–16, 1948.

BUXBAUM, F.: Vorläufige Untersuchungen über Umfang, systematische Stellung und Gliederung der Caryophyllales (Centrospermae). Beitr. Biol. Pflanzen **36**, 1–56. 1961.

CAMMERLOHER, H.: Blütenbiologie I. Wechselbeziehungen zwischen Blumen und Insekten. – Berlin 1931 (Sammlg. Borntraeger Bd. **15**).

DE CANDOLLE, A. P.: Théorie élémentaire de la botanique. Paris 1813.

– Considérations générales sur les fleurs doubles. Mém. Phys. Chim. de la Soc. d'Arcueil III, 385–404, 1817.

DE CANDOLLE, C.: Recherches sur les inflorescences épiphylles. Mém. Soc. Phys. Hist. nat. Genève, Suppl. **6**, 1–37, 1890.

CANRIGHT, J. E.: The comparative morphology and relationships of the Magnoliaceae. I. Trends of specialization in the stamens. Am J. Bot. **39**, 484–497, 1952.

CARNIEL, K.: Das Antherentapetum. Ein kritischer Überblick. Österr. Bot. Z. **110**, 145–176, 1963.

CASPARY, J.: De nectariis. Diss. Elberfeld 1848.

CEJP, K.: Die Terminalblüten. Beih. Bot. Cbl. **43**, Abt. I. 101–126. Taf. I, 1926.

ČELAKOVSKÝ, L. J.: Über die morphologische Bedeutung der Samenknospen. Flora **57**, 113–119, 129–137, 145–150, 161–173, 178–185, 201–208, 215–221, 225–238, 241–251, Taf. III, 1874.

– Über den „eingeschalteten" epipetalen Staubgefäßkreis. Flora **58**, 481–524, 1875.

– Vergleichende Darstellung der Placenten in den Fruchtknoten der Phanerogamen. Abh. Kgl. Böhm. Ges. Wiss., math.-naturw. Cl., VI. Folge, 8, 2–74, 1 Taf. Prag 1876.

– Teratologische Beiträge zur morphologischen Deutung des Staubgefäßes. Jb. Wiss. Bot. **11**, 124–174, 1878.

– Ueber die Blüthenwickel der Boraginaceen. Flora **63**, 355–369, 1880.

– Vergrünungsgeschichte der Eichen von *Aquilegia* als neuer Beleg zur Foliolartheorie. Bot. Centralbl. **10**, 331–342, 1 Taf., 1882.

– Über ideale oder congenitale Vorgänge der Phytomorphologie. Flora **67**, 435–460, 1884a.

– Neue Beiträge zur Foliolartheorie des Ovulums. Abh. Kgl. Böhm. Ges. Wiss., math.-naturw. Cl., VI. Folge, **12**, 1–42, Taf. I u. II, 1884b.

– Gedanken über eine zeitgemäße Reform der Theorie der Blütenstände. Bot. Jb. Syst. **16**, 32–51, 1893.

– Das Reductionsgesetz der Blüthen, das Dédoublement und die Obdiplostemonie. Sitz. Ber. königl. böhm. Ges. Wiss. math.-nat. Cl., 1894, 1–142, Taf. I–V, 1894.

– Über den phylogenetischen Entwicklungsgang der Blüthe und über den Ursprung der Blumenkrone. I. Theil. Sitz.-Ber. Kgl. Böhm. Ges., math.-Nat. Cl. **1896**, 1–91, 1896.

– Ueber den phylogenetischen Entwicklungsgang der Blüthe und über den Ursprung der Blumenkrone, II. Theil. Sitz.-Ber. Kgl. Böhm. Ges. math.-Nat. Cl. **1900**, 1–221, 1900.

CHAKRAVARTY, H. L.: Morphology of the staminate flowers in the Cucurbitaceae with special reference to the evolution of the stamen. Lloydia **21**, 49–87, 1958.

CHAPMAN, M.: Carpel anatomy of the Berberidaceae. Amer. J. Bot. **23**, 340–348, 1936.

CHATIN, A.: De l'anthère. Paris 1870.

CHROMETZKA, P.: Über die Entwicklung der Zellennaht zwischen den Kelchblättern von *Oenothera*. Österr. Bot. Z. 114, 46–50, 1967.

CLEMENTS, F. E., und F. L. LONG: Experimental pollination, an outline of the ecology of flowers and insects. Carnegie Inst., Publ. Nr. **336**, Washington 1923.

COHEN, L. I.: Development of the staminateflower in the Dwarf Mistletoe, Arceuthobium. Amer. J. Bot. 55, 187–193.1968.

CORNER, E. J. H.: Centrifugal stamens. J. Arn. Arboretum **27**, 423–437, 1946.

COULTER, J. M., und CHAMBERLAIN, C. J.: Morphology of Angiosperms. New York 1912.

CRONQUIST, A.: Outline of a new system of families and orders of Dicotyledons. Bull. Jard. Bot. Etat, Bruxelles **27**, 13–40, 1957.

CUSICK, F.: On phylogenetic and ontogenetic fusions. In CUTTER, E. ed., Trends in Plant Morphogenesis. 170–183, 1966.

DANERT, S.: Die Verzweigung der Solanaceen im reproduktiven Bereich. Abh. Akad. Wiss. Berlin, Kl. f. Chemie, Geolog. u. Biol., Jg. 1957, Nr. 6, Berlin 1958.

DASHEK, W. V., THOMAS, H. R., und ROSEN, W. G.: Secretory cells of lily pistils. II. Electron microscope cytochemistry of canal cells. Amer. J. Bot. 58, 909–920, 1971.

DAUMANN, E.: Das Blütennektarium von *Nepenthes*. Beiträge zur Kenntnis der Nektarien I. Beih. Bot. Centralbl. **47**, Abt. I., 1–14, 1930a.

– Das Blütennektarium von *Magnolia* und die Futterkörper in der Blüte von *Calycanthus*. Planta **11**, 108–116, 1930b.

– Über die „Scheinnektarien" von *Parnassia palustris* und anderer Blütenarten. Ein Beitrag zur experimentellen Blütenökologie. Jb. wiss. Bot. 77, 104–149, 1932.

– Die anbohrbaren Gewebe und rudimentären Nektarien in der Blütenregion. Beih. Bot. Centralbl. **61**, 11–82, 1942.

– Über die Bestäubungsökologie der *Parnassia*-Blüte. Ein weiterer Beitrag zur experimentellen Blütenökologie. Biologia plantarum (Praha) **2**, 113–125, 1960.

– Zur Bestäubungsökologie von *Cypripedium calceolus* L. Österr. Bot. Z. **115**, 434–446, 1968.

– Das Blütennektarium der Monokotyledonen unter besonderer Berücksichtigung seiner systematischen und phylogenetischen Bedeutung. FEDDE's Repert. **80**, 463–590, 1970.

– Zur Bestäubungsökologie von *Aristolochia clematitis* L. Preslia (Praha) **43**, 105–111, 1971a.

– Zum Problem der Täuschblumen. Preslia (Praha) **43**, 304–317, 1971b.

– Zur Frage nach dem Vorkommen eines Septalnektariums bei Dicotyledonen. Zugleich ein Beitrag zur Blütenmorphologie und Bestäubungsökologie von *Buxus* L. und *Cneorum* L. Preslia (Praha) **46**, 97–109, 1974.

DAVIES, P. A.: Structure and function of the mature glands of the petals of *Frasera carolinensis*. Transact. Kentucky Acad. Sci. **13**, 228–234, 1952.

DAVIS, G. L.: Systematic embryology of the Angiosperms. New York–London–Sydney 1966.

DELPINO, F.: Note ed osservazioni botaniche, dec. seconda. Malpighia **4**, 3–34, 1890.

DEMETER, K.: Vergleichende Asclepiadaceenstudien. Flora **115**, 130–176, 1922.

DENGLER, N. G.: Ontogeny of the vegetative and floral apex of *Calycanthus occidentalis*. Canad. J. Bot. **50**, 1349–1356, 1972.

DICKINSON, T. A., und SATTLER, R.: Development of the epiphyllous inflorescence of *Phyllonoma integerrima* (Turcz.) Loes.: implications for comparative morphology. Bot. J. Linn Soc. **69**, 1–13, 7 pl, 1974.

DIELS, L.: Käferblumen bei den Ranales und ihre Bedeutung für die Phylogenie der Angiospermen. Ber. Dt. Bot. Ges. **34**, 758–774, 1916,

DÖLL, J. CH.: Über die Verwandtschaft mehrerer phanerogamischer Familien. Flora **25**, 675–681, 1842.

DOMIN, K.: Morphologische Studien über den Außenkelch und den Blütenboden der Rosaceen nach Beobachtungen an vergrünten Blüten von *Potentilla aurea*. Bull. intern. Acad. des Scienc. Prague **19**, 1, 1914.

DRUDE, O.: Die systematische und geographische Anordnung der Phanerogamen. In SCHENK, Handb. d. Botanik III, 2, 175–496, Breslau 1887.

DOUGLAS, G. E.: The inferior ovary. Bot. Rev. **10**, 125–186, 1944.

– The inferior ovary II. Bot. Rev. **23**, 1–46, 1957.

DUCKER, S. C., und KNOX, R. B.: Submarine pollination in seagrasses. Nature (London), **263**, 705–706, 1976.

DUCKER, S, C., PETTITT, J. M. und KNOX R. B.: Biology of Australian seagrasses: pollen development and submarine pollination in *Amphibolis antarctica* and *Thalassodendron ciliatum* (Cymodoceaceae). Aust. J. Bot. **26**, 265–285, 1978.

DVORAK, F.: A contribution to the study of the variability of the nectaries. Preslia (Praha) **40**, 13–17, 1968.

DUPUY, P.: Contribution à l'étude de quelques problèmes de morphologie et de tératologie expérimentales chez les Angiospermes. Thèse Sc. nat. Poitiers, 1963.

EAMES, A. J.: The role of flower anatomy in the determination of angiosperm phylogeny. Proc. Int. Congr. Plant Sci. **1**, 423–427, 1929.

– The vascular anatomy of the flower with refutation of the theory of carpel polymorphism. Amer. J. Bot. **18**, 147–188, 1931.

– Again: ‚The New Morphology'. New Phytol. **50**, 17–35, 1951.

– Morphology of the Angiosperms. New York–Toronto–London 1961.

EBER, ERNA: Karpellbau und Plazentationsverhältnisse in der Reihe der Helobiae. Mit einem Anhang über die verwandtschaftlichen Beziehungen zwischen Ranales und Helobiae. Flora **127**, 277–330, 1933.

ECKARDT, TH.: Untersuchungen über Morphologie, Entwicklungsgeschichte und systematische Bedeutung des pseudomonomeren Gynoeceums. Nova Acta Leopold. N. F. **5**, 1–112, Taf. I–XXIII. 1937a.

– Über Blütenbau und Verwandtschaft des Strandlings, *Litorella lacustris* L. Hercynia **1**, 154–165, 1937b.

– Morphologische und systematische Auswertung der Placentation von Phytolaccaceen. – Ber. Dt. Bot. Ges. **67**, 113–128, Taf. III. 1954.

– Nachweis der Blattbürtigkeit („Phyllosporie") grundständiger Samenanlagen bei Centrospermen. Ber. Dt. Bot. Ges. **68**, 167–182, 1955.

– Das Verhältnis des Gynoeceums zur Blütenachse mit kritischen Ausblicken auf Formprobleme bei den Angiospermen. Ber. Dt. Bot. Ges. **68**, Gen. vers. H. (28), 1956.

– Zur systematischen Stellung von *Eucommia ulmoides*. Ber. Dt. Bot. Ges. **69**, 487–498, 1957a.

– Vergleichende Studie über die morphologischen Beziehungen zwischen Fruchtblatt, Samenanlage und Blütenachse bei einigen Angiospermen. Zugleich als kritische Beleuchtung der „New Morphology". N. H. Morphol. 3, 1–91, Taf. I–XI. Weimar 1957b.

– Zum Blütenbau der Angiospermen im Zusammenhang mit ihrer Systematik. Ber. Dt. Bot. Ges. **76**, 1. Gen. Vers. H., 38–49, 1963.

– Some observations on the morphology and embryology of *Eucommia ulmoides* Oliv. Maheshvari Comm. Vol., J. Indian bot. Soc. **42 A**, 27–34, pl. I, II, 1963.

– Vergleich von *Dysphania* mit *Chenopodium* und mit Illecebraceae. Bauhinia, Z. Basler Bot. Ges. **3**, 327–344, 1967a.

– Blütenbau und Blütenentwicklung von *Dysphania myriocephala* Benth. Bot. Jb. Syst. **86**, 20–37, 1967b.

– Zur Blütenmorphologie von *Dysphania plantaginella* F. v. M. Phytomorph. **17**, 165–172, 1968.

– Anlegung und Entwicklung der Blüten von *Gyrostemon ramulosus* Desf. Bot. Jb. Syst. **90**, 434–446, Taf. 16, 1971.

– Vom Blütenbau der Centrospermen-Gattung *Lophiocarpus* Turcz. Phyton (Austria) **16**, 13–27, 1974.

ECKERT, G.: Entwicklungsgeschichtliche und blütenanatomische Untersuchungen zum Problem der Obdiplostemonie. Bot. Jb. **85**, 523–604, Stuttgart 1966.

EICHLER, A. W.: Blüthendiagramme I. u. II. Leipzig 1875/78, Reprint Koeltz, Eppenhain 1954.

ENDRESS, P.: Gesichtspunkte zur systematischen Stellung der Eupteleaceen (Magnoliales). Ber. Schweiz. Bot. Ges. **79**, 229–278, Taf. I u. II, 1969.

– Bau der weiblichen Blüten von *Hedyosmum mexicanum* Cordemoy (Chloranthaceae). Bot. Jb. Syst. **91**, 39–60, 1971.

– Aspekte der Karpellontogenese. Verh. Schweiz. Naturf. Ges. **1972**, 126–130, 1972a.

ENDRESS, P.: Zur vergleichenden Entwicklungsmorphologie, Embryologie und Systematik der Laurales. Bot. Jb. Syst. **92,** 331–428, 1972b.
– „Arillen" bei holzigen Ranales und ihre phylogenetische Bedeutung. Verh. Schweiz. Naturf. Ges. **1973,** 89–90, 1973a.
– Arils and aril-like structures in woody Ranales. New Phytol. **72,** 1159–1171, 1973b.
– Aspects of carpel ontogeny and phylogeny. XII Int. Bot. Congr. Leningrad 1975, Abstracts: 213, 1975a.
– Nachbarliche Formbeziehungen mit Hüllfunktion im Infloreszenz- und Blütenbereich. Bot. Jb. Syst. **96,** 1–44, 1975b.
– Die Androeciumanlage bei polyandrischen Hamamelidaceen und ihre systematische Bedeutung. Bot. Jb. Syst. **97,** 436–457, 1976.
– Blütenmorphologie – Rückblick und aktuelle Probleme. Ber. Dt. Bot. Ges. **90,** 1–13, 1977a.
– Über Blütenbau und Verwandtschaft der Eupomatiaceae und Himantandraceae (Magnoliales). Ber. Dt. Bot. Ges. **90,** 83–103, 1977b.
– und VOSER, P.: Zur Androeciumanlage und Antherenentwicklung bei *Caloncoba echinata* (Flacourtiaceae). Plant Syst. Evol. **123,** 241–253, 1975.
ENGLER, A.: Beiträge zur Kenntnis der Antherenbildung der Metaspermen. Jb. wiss. Bot. **10,** 275–316, Taf. XX–XXIV, 1876.
– Angiospermae. Kurze Erläuterungen der Blüten- und Fortpflanzungsverhältnisse. In ENGLER, A., und PRANTL, K., Die Natürlichen Pflanzenfamilien. 2. Aufl. Bd. **14a.** Leipzig 1926.
– Syllabus der Pflanzenfamilien 12. Aufl., Bd. I u. II (Hrsg. H. MELCHIOR und E. WERDERMANN). Berlin 1954/1964.
ERNST, A.: Die Relation Antherenstellung/Pollenkorngröße bei Blütendimorphismus und das Kompatibilitätsproblem. Planta **42,** 81–128, 1953.
ESAU, K.: Pflanzenanatomie, 2. Aufl., Ins Deutsche übertragen von B. und W. ESCHRICH. Stuttgart 1969.
EYDE, R. H.: The Bases of Angiosperm Phylogeny: Floral Anatomy, Ann. Missouri Bot. Gard. **62,** 521–537, 1975.
FAEGRI, K. F., und PIJL, L. VAN DER: The principles of Pollination Ecology. 2. Aufl. Oxford–New York–Toronto–Sydney–Braunschweig 1971.
FAHN, A.: On the structure of floral nectaries. Bot. Gaz. **113,** 464–470, 1952.
FEDDE, F.: Papaveraceae, in ENGLER, A., PRANTL, K., und HARMS, H., Die natürlichen Pflanzenfamilien, 2. Aufl. Bd. 17b, 5–145. Berlin 1936/1960.
FELDHOFEN, E.: Beiträge zur physiologischen Anatomie der nuptialen Nektarien aus den Reihen der Dikotylen. Diss. München 1933.
FITTING, H.: Morphologie, in STRASBURGER, E., Lehrbuch der Botanik für Hochschulen, 21. Aufl. Jena 1942.
FRANCK, D. H.: The morphological interpretation of epiascidiate leaves – an historical perspective. Bot. Rev. **42,** 345–388, 1976.
FREI, EVA: Die Innervierung der floralen Nektarien dikotyler Pflanzenfamilien. Ber. Schweiz. Bot. Ges. **65,** 60–114, 1955.
FREY-WYSSLING, A.: Die Stoffausscheidung der höheren Pflanzen. Monographien aus dem Gesamtgebiet der Physiologie der Pflanzen und der Tiere Bd. **32.** Berlin 1935.
– und AGTHE, C.: Nektar ist ausgeschiedener Phloemsaft. Verh. Schweiz. Naturf. Ges. **130,** 175–176, 1950.
FROEBE, H. A.: Die Blütenstände der Saniculoideen (Umbelliferae) Beitr. Biol. Pflanzen **40,** 325–388, 1964.
– Wuchsform und Infloreszenzgestaltung bei *Sanicula, Hacquetia* und *Astrantia* (Umbelliferae). Bot. Jb. **91,** 1–38, 1971a.
– Inflorescence structure and evolution in Umbelliferae. In: The Biology and Chemistry of Umbelliferae (ed. by H. HEYWOOD). Suppl. I, Bot. J. Linn. Soc. **64,** 157–178, 1971b.
– Die Infloreszenzen der Hydrocotyloideen (Apiaceae). Reihe trop. u. subtrop. Pflanzenwelt **29,** Abh. Akad. Wiss. Lit. Mainz, math.-naturw. Kl. 1980.
– und ULRICH, G.: Pseudanthien bei Umbelliferen. Beitr. Biol. Pflanzen **54,** 175–206, 1979.
GAVAUDAN, P.: Sur la signification de quelques formes foliaires et la théorie des gradients de sexualisation chez les Angiospermes. Trav. Lab. Biol. végét. Fac. Sc. Poitiers **12,** 1–14, 1959.
GELIUS, L.: Studien zur Entwicklungsgeschichte an Blüten der *Saxifragales* sensu lato mit besonderer Berücksichtigung des Androeceums. – Bot. Jb. **87,** 253–303, 1967.
GERSTENBERGER, P., und LEINS, P .: Rasterelektronenmikroskopische Untersuchungen an Blütenknospen von *Physalis philadelphica* (Solanaceae) – Anwendung einer neuen Präparationsmethode. Ber. Dt. Bot. Ges. **91,** 381–387, 1978.
GILG, E.: Flacourtiaceae, in ENGLER, A., und PRANTL, K., Die natürlichen Pflanzenfamilien, 2. Aufl. Bd. **21,** 377–455, 1925.
GLÜCK, H.: Blatt- und blütenmorphologische Studien. Jena 1919.
GOEBEL, K. VON: Über die Anordnung der Staubblätter in einigen Blüten. Bot. Ztg. 22–25, 1882.
– Beiträge zur Kenntnis gefüllter Blüten. Jb. wiss. Bot. **17,** 207–296, 1886.
– Die kleistogamen Blüten und die Anpassungstheorien. Biol. Centralbl. **24,** 673–697, 737–787, 1904.
– Über gepaarte Blattanlagen. Flora N. F. **3,** 248–262, 1911.
– Organographie der Pflanzen, Bd. III. Jena 1923.
– Die Entfaltungsbewegungen der Pflanzen u. deren teleologische Deutung. 2. Aufl. (Ergänzungsbd. I zur Organographie der Pflanzen). Jena 1924.
– Organographie der Pflanzen. 1. u. 3. Teil. 3. Aufl., dazu 2. Ergänzungsband. Blütenbildung und Sproßgestaltung (1931), Jena 1928/33.
GOETHE, J. W. VON: Versuch die Metamorphose der Pflanzen zu erklären. Gotha 1790.
GOTTSBERGER, G.: Blütenbiologische Beobachtungen an brasilianischen Malvaceen. Österr. Bot. Z. **114,** 349–378, 1967.

GOTTSBERGER, G.: Beitr. z. Biologie von Annonaceenblüten. Österr. Bot. Z. **118**, 237–279, 1970.
– Colour change of petals in *Malvaviscus arboreus* flowers. Acta Bot. Neerl. **20**, 381–388, 1971.
– The structure and function of the primitive Angiosperm flower – a discussion. Acta Bot. Neerl. **23**, 461–471, 1974.
– Some aspects of beetle pollination in the evolution of flowering plants. Plant Syst. Evol. Suppl. **1**, 211–226, 1977.
– SCHRAUWEN, J., und LINSKENS, H. F.: Die Zukker-Bestandteile des Nektars einiger tropischer Blüten. Portugaliae Acta Biologica Serie A, **13**, 1–8, 1973.
GRACZA, P.: Comparative observations on the floral primordium of *Salvia nemorosa* L. and *Papaver somniferum* L. with regard to the initial conditions of pistil organization. Ann. Univ. scient. budapestinensis Sect. Biol. **12**, 123–132, 1970.
GRANT, V.: The flower constancy of bees. Bot. Rev. **16**, 379–398, 1950.
GRANT, K. A., und GRANT, V.: Hummingbirds and their flowers. New York–London 1968 (Columbia University Press).
GRASSMANN, P.: Die Septaldrüsen. Ihre Verbreitung, Entstehung und Verrichtung. Flora **67**, 113–144, Taf. I u. II, 1884.
GRÉGOIRE, V.: La valeur morphologique des carpelles dans les Angiospermes. Bull. Acad. roy. Belg. Cl. Sc. Sér. 5, **17**, 1286–1302, 1931.
– Sporophylles et organes floraux, tige et axe floral. Rec. trav. bot. néerl. **32**, 453–466, 1935.
– La morphogénèse et l'autonomie morphologique de l'appareil floral. I. Le carpelle. Cellule **47** (3), 287–452, 1938.
GUÉDÈS, M.: Sur l'interpretation morphologique du placenta des Solanacées. Bull. Soc. Bot. France **111**, 135–139, 1964.
– Remarques sur la notion de carpelle condupliqué Bull. Soc. Bot. France **112**, 54–68, 1965.
– Homologies du carpelle et de l'étamine chez *Tulipa gesneriana* L. Österr. Bot. Z. **113**, 47–83, 1966a.
– The Location of the Transmitting and Receptive Tissues in Teratological Carpels of *Nigella damascena* L. and its Bearing on the Interpretation of the So-Called Conduplicate Carpel. Flora Abt. B, **156**, 395–407, 1966b.
– Le carpelle du *Prunus paniculata* Thunb. (*P. serrulata* Lindl.) Ses modifications morphologiques dans les fleurs doubles et sa signification. Flora, Abt. B **156**, 464–499, 1966c.
– Réflexions sur la Notion de Carpelle Pelté. Beitr. Biol. Pflanzen **42**, 393–423, 1966d.
– Sépale, carpelle et feuille végétative chez *Trifolium repens* L. Flora, Abt. B. **157**, 190–228, 1967.
– Homologies de l'étamine et du carpelle chez *Papaver orientale* L. C. R. Acad. Sc. Paris **268**, Sér. D, 926–929, 1969.
– Stamen-carpel Homologies. Flora **161**, 184–208, 1972a.
– Contribution à la Morphologie du Phyllome. Mém. Mus. Hist. Nat. Paris Nouv. Sér., Sér. B, Botanique **21**, 1972b.
– Carpel morphology and axis-sharing in syncarpy in some Rutaceae, with further comments on „New Morphology". Bot. J. Linn. Soc. **66**, 55–74, 1973.
– und DUPUY, P.: Further remarks on the „Leaflet Theory" of the ovule. N. Phyt. **69**, 1081–1092, 1970.
– und SCHMID, R.: The Peltate (Ascidiate) Carpel theory and Carpel Peltation in *Actinidia chinensis* (Actinidiaceae). – Flora **167**, 525–543, 1978.
GUMPPENBERG, O. VON: Beiträge zur Entwicklungsgeschichte der Blumenblätter mit besonderer Berücksichtigung der Nervatur. Bot. Arch. **7**, 448–490, 1924.
GUT, B. J.: Beiträge zur Morphologie des Gynoeceums und der Blütenachse einiger Rutaceen. Bot. Jb. Syst. **85**, 151–247, 1966.
HACKEL, E.: Über Kleistogamie bei Gräsern. Österr. Bot. Z. **16**, 81–88, 143–154, 180–186, 1906.
HAGEMANN, W.: Eine mögliche Strategie der vergleichenden Morphologie zur phylogenetischen Rekonstruktion. Bot. Jb. **96**, 107–124, 1975.
HAGERUP, O.: On pollination in the extremely hot air at Timbuctu. Dansk Bot. Arch. **8**, 1–20, 1932.
– Zur Abstammung einiger Angiospermen durch Gnetales und Coniferae. II. Centrospermae. Kgl. Danske Vid. Selskab. Biol. Medd. **13** (6), 1–59, 1936.
– On the origin of some Angiosperms through the Gnetales and the Coniferae. IV. The Gynaecium of Personatae. Kgl. Danske Vid. Selskab. Biol. Medd. **15** (2) 1–48, 1939.
– Pollination in the Faroes-in spite of rain and poverty in insects. Dan. Biol. Medd. **18**, 1–48, 1951.
HALLIER, H.: L'origine et le système phylétique des Angiospermes. Arch. Néerl. Sc. s. III B **1**, 146–234, 1912.
– Zur morphologischen Deutung der Diskusgebilde in der Dikotylenblüthe. Meded. Rijks. Herb. Leiden **41**, 1–14, 1921.
HAMANN, U.: Beitrag zur Embryologie der Centrolepidaceae mit Bemerkungen über den Bau der Blüten und Blütenstände und die systematische Stellung der Familie. Ber. Dt. Bot. Ges. **75**, 153–171, 1962.
HANF, M.: Vergleichende und entwicklungsgeschichtliche Untersuchungen über Morphologie und Anatomie der Griffel und Griffeläste. Beih. Bot. Centralbl. **54**, A, 99–141, 1935.
HARBORNE, J. B.: Functions of Flavonoids in Plants. In GOODWIN, T. W., Chemistry and Biochemistry of Plant Pigments, 2nd Ed. Vol. 1, Chapter 16. London–New York–San Francisco 1976.
HARMS, H.: Über eine Meliacee mit blattbürtigen Blüten. Ber. Dt. Bot. Ges. **35**, 338–348, 1917.
HARTL, D.: Morphologische Studien am Pistill der Scrophulariaceen. Österr. Bot. Z. **103**, 185–242, 1956a.
– Die Beziehungen zwischen den Plazenten der Lentibulariaceen und Scrophulariaceen nebst einem Exkurs über die Spezialisationseinrichtungen der Plazentation. Beitr. Biol. Pflanzen **32**, 471–490, 1956b.
– Die Pseudosympetalie von *Correa speciosa* (Ru-

taceae) und *Oxalis tubiflora* (Oxalidaceae). Abh. Akad. Wiss. Lit. Mainz, math.-nat. Kl. Nr. **2**, 1957.
– Struktur und Herkunft des Endokarps bei den Rutaceen. Beitr. Biol. Pflanzen **34**, 35–49, 1957b.
– Die Übereinstimmungen des Endokarps der Simaroubaceen, Rutaceen und Leguminosen. Beitr. Biol. Pflanzen **34**, 453–455, 1958.
– Die Plazenta von *Phygelius capensis* E. Meyer (Scrophulariaceae) und ihre Beziehungen zur Bignoniaceen-Plazenta. Bot. Jb. Syst. **78**, 246–252, 1959.
– Die morphologische Natur und die Verbreitung des Apicalseptums. Analyse einer bisher unbekannten Gestaltungsmöglichkeit des Gynoeceums. Beitr. Biol. Pflanzen **37**, 241–330, 1962.
– Das Placentoid der Pollensäcke, ein Merkmal der Tubifloren. Ber. Dt. Bot. Ges. **76**, 70–72, 1963.
– *Scrophulariaceae,* in HEGI, G., Flora von Mitteleuropa Bd. VI/1, 2. Aufl., Liefg. 1. München 1965.
HEEL, W. A. VAN: Miscellaneous teratological notes with some general considerations. Proc. kon. nederl. Akad. Wetensch. Amsterdam Ser. C **65**, 392–406, 1962.
– Morphology of the androecium in Malvales. Blumea **13** (2), 177–394, 1966.
– The synangial nature of pollen sacs on the strenght of ‚congenital fusion' and ‚conservatism of the vascular bundle system', with special reference to some Malvales. – Proc. kon. nederl. Akad. Wetensch. Amsterdam Ser. C **72**, 172–206, 1969.
– On the morphology of the ovules in *Salacca* (Palmae) Blumea **23**, 371–375, 1977.
– Morphology of the pistil in Malvaceae-Ureneae. Blumea **24**, 123–127, 1978.
HEGI, G.: Illustrierte Flora von Mitteleuropa. I–VII (1908–1931). Bd. IV/1, München 1919.
HEIMLICH, L. F.: The development and anatomy of the staminate flower of the cucumber. Amer. J. Bot. **14**, 227–237, pl. 24–26, 1927.
HEINSBROEK, P. G., und HEEL, W. A. VAN: Note on the bearing of the pattern of vascular bundles on the morphology of the stamens of *Victoria amazonica* (Poepp.) Sowerby. Proc. Kon. Nederl. Akad. Wetensch. Amsterdam Ser. C, **72**, No. **4**, 431–444, 1969.
HENSLOW, G.: The origin of floral structures through insect and other agencies. London 1888.
HESLOP-HARRISON, J. und Y.: Fine structure of the stigmatic papillae of *Crocus*. Micron **6**, 45–52, 1975.
HESLOP-HARRISON, Y.: The pollen-stigma interaction: pollen-tube penetration in *Crocus*. Ann. Bot. **41**, 913–922, 1977.
– und SHIVANNA, K. R.: The receptive surface of the Angiosperm stigma. Ann. Bot. **41**, 1233–1258, 1977.
HIEPKO, P.: Vergleichend-morphologische und entwicklungsgeschichtliche Untersuchungen über das Perianth bei den Polycarpicae (I. u. II. Teil). Bot. Jb. **84**, 359–508, 1964.
– Das zentrifugale Androeceum der *Paeoniaceae*. Ber. Dt. Bot. Ges. **77**, 427–435, 1964.
– Zur Morphologie, Anatomie und Funktion des Diskus der *Paeoniaceae*. Ber. Dt. Bot. Ges. **79**, 233–245, 1966.
– Zur Blütenmorphologie von *Barneoudia* Gay (Ranunculaceae). Bot. Jb. Syst. **96**, 192–199, 1975.
HILLER, G. H.: Untersuchungen über die Epidermis der Blüthenblätter. Jb. wiss. Bot. (Hrsg. N. PRINGSHEIM) **15**, 411–451, Taf. XXII u. XXIII, 1884.
HILLMANN, A.: Vergleichend-anatomische Untersuchungen über das Rosaceenhypanth. Diss. Kiel 1910.
HOFMANN, U.: Die Stellung von *Stegnosperma* innerhalb der Centrospermen. Ber. Dt. Bot. Ges. **90**, 39–52, 1977.
HOFMEISTER, W.: Vergleichende Untersuchungen der Keimung, Entfaltung und Fruchtbildung höherer Kryptogamen und der Samenbildung der Coniferen. Leipzig 1851.
– Allgemeine Morphologie der Gewächse. Leipzig 1868.
HOLDSWORTH, M.: The cleistogamy of *Viola cunninghamii*. Trans. roy. Soc. New Zealand Bot. 3, 169–174, 1966.
HOLTHUSEN, K.: Untersuchungen über das Vorkommen und den Zustand der Achselknospen bei höheren Pflanzen. Planta **30**, 590–638, 1940.
HRUBY, K.: Zytologie und Anatomie der mitteleuropäischen Salbei-Arten. Beih. Bot. Centralbl. **52** Abt. A, 298–380, 1934.
HUNT, K. W.: A study of the style and stigma, with reference to the nature of the carpel. Amer. J. Bot. **24**, 288–295, 1937.
HUTH, E.: Ueber geokarpe, amphikarpe und heterokarpe Pflanzen. Berlin 1890.
IHLENFELDT, H.-D.: Entwicklungsgeschichtliche, morphologische und systematische Untersuchungen an Mesembryanthemen. FEDDE's Repert. **63**, 1–104, 1960.
– und HARTMANN, H.: Die Gattung *Harpagophytum* (Burch.) DC. ex Meissn. Mitt. Staatsinst. Allg. Bot. Hamburg **13**, 15–69, 1970.
IRMISCH, TH.: Beiträge zur Biologie und Morphologie der Orchideen. Leipzig 1853.
JÄGER, I.: Vergleichend-morphologische Untersuchungen des Gefäßbündelsystems peltater Nektar- und Kronblätter sowie verbildeter Staubblätter. Österr. Bot. Z. **108**, 433–504, 1961.
JANCHEN, E.: Die Herkunft der Angiospermen-Blüte und die systematische Stellung der Apetalen. Österr. Bot. Z. **97**, 129–167, 1950.
JOHNSON, L. A. S.: Evolution and classification in *Eucalyptus*. Proc. Linn. Soc. New South Wales **97**, 11–29, 1972.
JOHNSON, L. E. B., WILCOXSON, R. D., und FROSHEISER, F. I.: Transfer cells in tissue of the reproductive System of *alfalfa*. Canad. J. Bot. **53**, 952–956, 1975.
JONES, C. E., und BUCHMANN, ST. L.: Ultraviolett floral patterns as functional orientation cues in Hymenopterous pollination systems. – Anim. Behav. **22**, 481–485, 1974.
JOSHI, A. C.: Morphology of the stylar canal in An-

giosperms. Ann. Bot. **48**, 967–974, 1934.
– The morphology of the gynoecium. Proc, Ind. Sc. Congr. II, 1–18, 1947.

Joshi, B. M.: Studies in Boraginaceae: II. Morphology of gynoeceum with special reference to evolution of the parietal placentation. Geobios (Jodhpur) **3**, 76–78, 1976.
– und Rao, V. S.: Floral anatomy of *Rivina humilis* and the theory of carpel polymorphism. New Phytol. **32**, 359–363, 1933.

Juhnke, G., und Winkler, H.: Der Balg als Grundelement des Angiospermengynaeceums. Beitr. Biol. Pflanzen **25**, 291–324, 1938.

Junell, S.: Zur Gynäceummorphologie und Systematik der Verbenaceen und Labiaten nebst Bemerkungen über ihre Samenentwicklung. Symb. Bot. Upsalienses **4**, Uppsala 1934.
– Über den Fruchtknotenbau der Borraginazeen mit pseudomonomeren Gynäzeen. Svensk Botanisk Tidskr. **32**, 261–273, 1938.

Just, Th.: The typological approach to the nature of the flower, 115–131, in Wilson, C. L., und Just, Th.: The morphology of the flower. Bot. Rev. **5**, 97–131, 1939.

Kania, W.: Entwicklungsgeschichtliche Untersuchungen an Rosaceenblüten. Bot. Jb. Syst. **93**, 175–246, 1973.

Kaplan, D.: Floral morphology, organogenesis and interpretation of the inferior ovary in *Downingia bacigalupii* Amer. J. Bot. **54**, 1274–1290, 1967.
– On the value of comparative development in phylogenetic studies – a rejoinder. Phytomorph. **21**, 134–140, 1972

Kaul, R. B.: Development and vasculature of the flowers of *Lophotocarpus calycinus* and *Sagittaria latifolia* (Alismaceae). Amer. J. Bot. **54**, 914–920, 1967a.
– Ontogeny and anatomy of the flower of *Limnocharis flava* (Butomaceae). Amer. J. Bot. **54**, 1223–1230, 1967b.
– Floral development and vasculature in *Hydrocleis nymphoides* (Butomaceae). Amer. J. Bot. **55**, 236–242, 1968.
– Morphology and development of the flowers of *Boottia cordata, Ottelia alismoides,* and their synthetic hybrid (Hydrocharitaceae). Amer. J. Bot. **56**, 951–959, 1969.

Kaussmann, B.: Vergleichende Untersuchungen über die Blattnatur der Kelch-, Blumen- und Staubblätter. Bot. Archiv **42**, 503–572, 1941.
– Morphologische und anatomische Studien an *Schizocarpa plantaginea* Hance. Planta **39**, 91–104, 1951.
– Pflanzenanatomie, unter besonderer Berücksichtigung der Kultur- und Nutzpflanzen. Jena 1963.
– und Neitzel, H.: Ein Beitrag zur Morphologie des Gynoeceums von *Nigella damascena* L. aus histogenetischer Sicht. Flora **161**, 30–45, 1972.

Kirchner, O.: Blumen und Insekten. Leipzig 1911.

Keaj. R. W. J.: Flacourtiaceae, in Hutchinson, J. und Dalziel, J. M., Flora of West Tropical Africa. I/1, 185–191, London 1954.

Kisser, J., u. Hauer, A.: Blütenfärbung u. Ernährungszustand. Österr. Bot. Z. **102**, 572–593, 1955

Klopfer, K.: Beiträge zur floralen Morphogenese und Histogenese der Saxifragaceae. 1. Die Infloreszenz-Entwicklung von *Tellima grandiflora.* Flora, Abt. B., **157**, 461–476, 1968a.
– Beiträge… 2. Die Blütenentwicklung von *Tellima grandiflora.* Flora, Abt. B., **158**, 1–21, 1968b.
– Beiträge… 3. Die Blütenentwicklung einiger *Ribes*-Arten. Wiss. Z. Päd. Hochsch. Potsdam, **13**, 187–205, 1969a.
– Zur Ontogenese und Evolution des parakarpen Gynaeceums. Wiss. Z. Päd. Hochsch. Potsdam, **13**, 207–243, 1969b.
– Beiträge… 4. Die Blütenentwicklung einiger *Saxifraga*-Arten. Flora, **159**, 347–365, 1970a.
– Beiträge… 5. Die Blütenentwicklung der Gattungen *Astilbe, Rodgersia, Astilboides* und *Bergenia.* Wiss. Z. Päd. Hochsch. Potsdam, **14**, 327–350, 1970b.
– Beiträge… 6. Die Hydrangeoideen. Wiss. Z. Päd. Hochsch. Potsdam, **15**, 77–95, 1971.
– Beiträge… 7. *Parnassia palustris* und *Francoa sonchifolia.* Flora, **161**, 320–332, 1972a.
– Quantitative Untersuchungen zur Stellung des Gynaeceums bei verschiedenen *Saxifraga*-Arten. Wiss. Z. Päd. Hochsch. Potsdam, **16**, 45–49, 1972b.
– Florale Morphogenese und Taxonomie der Saxifragaceae sensu lato. Feddes Repert. 84, 475–516, 1973.
– und Ziesing, W.: Entwicklungsgeschichtliche Untersuchungen an zygomorphen Saxifragaceen-Blüten. Wiss. Z. Päd. Hochsch. Potsdam, **15**, 97–101, 1971.

Knoll, F.: Über die Lückenepidermis der *Arum-Spatha.* Österr. Bot. Z. **72**, 246–254, 1923.
– Insekten und Blumen I. Zeitgemäße Ziele und Methoden für das Studium der ökologischen Wechselbeziehungen. Abh. d. zoolog.-bot. Gesellsch. Wien **12**, 1–482, 1926.
– Die Biologie der Blüte. Berlin–Göttingen–Heidelberg 1956.

Knuth, P.: Grundriß der Blüten-Biologie. Kiel–Leipzig 1894.
– Handbuch der Blütenbiologie. Leipzig 1898–1905.

Koelle, W.: Vergleichende anatomische Untersuchungen der Liliaceen-Blumenblätter. Diss. Kiel 1913.

Koorders, S. H.: Ueber die Blüthenknospen-Hydathoden einiger tropischer Pflanzen. Leiden (Brill) 1897.
– Notizen mit Abbildungen einiger interessanter caulifiorer Pflanzen. Ann. Jard. Bot. Buitenzorg **18**, 82–91, 1902.

Kugler, H.: Die Ausnutzung der Saftmalsumfärbung bei den Roßkastanienblüten durch Bienen und Hummeln. Ber. Dt. Bot. Ges. **54**, 394–400, 1936.
– Die spontane Bevorzugung bestimmter Farbqualitäten durch blütenbesuchende Insekten. Festschr. z. Gedenkfeier an die vor 300 Jahren erfolgte Gründung der Akademie d. Naturforscher. Veröffentl. d. Histor. Ver. Schweinfurt **2**, 58–67, 1952.

KUGLER, H.: Zum Problem der Dipterenblumen. Österr. Bot. Z. **102**, 529–541, 1955.
– UV-Musterungen auf Blüten und ihr Zustandekommen. Planta **59**, 296–329, 1963.
– Blütenökologie. 2. Aufl. Stuttgart 1970.
KUIJT, J., und WEBERLING, F.: The flower of *Phthirusa pyrifolia* (Loranthaceae). Ber. Dt. Bot. Ges. **85**, 467–480, 1972.
KUNTZE, H.: Vergleichende morphologische Untersuchungen an komplexen Compositen-Blütenständen. Beitr. biol. Pflanzen **46**, 97–154, 1969.
– Typologie und Morphogenese des Angiospermen-Staubblattes. Beitr. Biol. Pflanzen **54**, 239–304, 1979.
LAM, H.: Classification and the new morphology. Acta Biotheoretica Vol. 8, Pars IV, Leiden 1948.
– A new system of the Cormophyta. Blumea **6**, 282–289, 1948.
– Stachyospory and Phyllospory as factors in the natural system of the Cormophyta. Svensk. Bot. Tidskr. **44**, 517–534, 1950.
LANG, B.: Vergleichend-morphologische und entwicklungsgeschichtliche Untersuchungen am Gynöcium einiger *Nigella*-Arten (Ranunculaceae). Bot. Jb. Syst. **98**, 289–335, 1977.
LANGE, R.: Über den lippenförmigen Anhang an der Narbenöffnung von *Viola tricolor*. Ber. Dt. Bot. Ges. **31**, 268–274, Taf. XII, 1913.
LEINFELLNER, W.: Das epidermale Randwachstum der Fruchtblätter. Bot. Archiv **41**, 507–515, 1940.
– Über den unterständigen Fruchtknoten und einige Bemerkungen über den Bauplan des verwachsenblättrigen Gynoeceums an sich. Bot. Arch. **42**, 1–43, 1941.
– Der Bauplan des synkarpen Gynözeums. Österr. Bot.Z. **97**, 403–436, 1950.
– Die U-förmige Plazenta als der Plazentationstypus der Angiospermen. Österr. Bot. Z. **98**, 338–358, 1951a.
– Die Nachahmung der durch kongenitale Verwachsung entstandenen Formen des Gynözeums durch postgenitale Verschmelzungsvorgänge. Österr. Bot. Z. **98**, 403–411, 1951b.
– Die Homologien zwischen den Kelch- und Laubblättern der Mesembryanthemeen. – Österr. Bot. Z. **99**, 295–317, 1952a.
– Zur Homologisierung der Querzonen an unifazialen Laub- und Kelchblättern. Österr. Bot. Z. **99**, 405–408, 1952b.
– Transversale Abflachungen im Spitzenbereich der Karpelle. Österr. Bot. Z. **99**, 455–468, 1952c.
– Die Kelchblätter auf unterständigen Fruchtknoten und Achsenbechern. Österr. Bot. Z. **101**, 315–327, 1954a.
– Die petaloiden Staubblätter und ihre Beziehungen zu den Kronblättern. Österr. Bot. Z. **101**, 373–406, 1954b.
– Beiträge zur Kronblattmorphologie. I. *Erythroxylon novogranatense*. Österr. Bot. Z. **101**, 428–434, 1954c.
– Beiträge zur Kronblattmorphologie. II. Die Formenmannigfaltigkeit der peltaten und diplophyllen Kronblätter von *Waldsteinia geoides*. Österr. Bot. Z. **101**, 558–565, 1954d.
– Beiträge zur Kronblattmorphologie. IV. Unifaziale Vorläuferspitzen an den Kronblättern einiger Crassulaceen, Passifloraceen, Balsaminaceen, Convolvulaceen und Cucurbitaceen. Österr. Bot. Z. **102**, 73–79, 1955a.
– Beiträge zur Kronblattmorphologie. V. Über den homologen Bau der Kronblattspreite und der Staubblattanthere bei *Koelreuteria paniculata*. Österr. Bot. Z. **102**, 89–98, 1955b.
– Beiträge zur Kronblattmorphologie. VI. Die Nektarblätter von *Berberis*. Österr. Bot. Z. **102**, 186–194, 1955c.
– Beiträge zur Kronblattmorphologie. VII. Die Kronblätter einiger Linaceen. Österr. Bot. Z. **102**, 322–338, 1955d.
– Medianstipulierte Staubblätter. Österr. Bot. Z. **103**, 24–43, 1956a.
– Die blattartig flachen Staubblätter und ihre gestaltlichen Beziehungen zum Bautypus des Angiospermen-Staubblattes. Österr. Bot. Z. **103**, 247–290, 1956b.
– Die Gefäßbündelversorgung des *Lilium*-Staubblattes. Österr. Bot. Z. **103**, 346–352, 1956c.
– Inwieweit kommt der peltat-diplophylle Bau des Angiospermen-Staubblattes in dessen Leitbündelanordnung zum Ausdruck? Österr. Bot. Z. **103**, 381–399, 1956d.
– Zur Morphologie des Gynözeums von *Berberis*. Österr. Bot. Z. **103**, 600–612, 1956e.
– Die augenfällige Diplophyllie der Violaceen-Anthere. Österr. Bot. Z. **104**, 209–227, 1957a.
– Der Bündelverlauf in der dorsifixen Anthere von *Trapa natans*. Beitr. Biol. Pflanzen **34**, 83–87, 1957b.
– Zur Morphologie des Melastomataceen-Staubblattes. Österr. Bot. Z. **105**, 44–70, 1958a.
– Beiträge zur Kronblattmorphologie. VIII. Der peltate Bau der Nektarblätter von *Ranunculus*, dargelegt an Hand von *Ranunculus pallasii* Schlecht. Österr. Bot. Z. **105**, 184–192, 1958b.
– Über die peltaten Kronblätter der Sapindaceen. Österr. Bot. Z. **105**, 443–514, 1958c.
– Über die röhrenförmige Nektarschuppe an den Nektarblättern verschiedener *Ranunculus*- und *Batrachium*-Arten. Österr. Bot. Z. **106**, 88–103, 1959a.
– Besitzt die Gattung *Phylica* L. (Rhamnaceae) echt revolutive Rollblätter? Österr. Bot. Z. **106**, 577–603, 1959b.
– Petaloid verbildete Staubblätter von *Narcissus* als ein weiteres Beispiel für die Umbildung diplophyller in sekundär schlauch- oder schildförmige Spreiten. Österr. Bot. Z. **107**, 39–44, 1960a.
– Zur Entwicklungsgeschichte der Kronblätter der Sterculiaceae-Buettnerieae. Österr. Bot. Z. 107, 153–176, 1960b.
– Zur Kenntnis des Monokotyledonen-Perigons. I. Die Perigonblätter von *Dipidax*. Österr. Bot. Z. **107**, 445–455, 1960c.
– Zur Kenntnis des Monokotyledonen-Perigons. II. Die Perigonblätter von *Ornithoglossum*. Österr. Bot. Z. **107**, 474–486, 1960d.
– Zur Kenntnis des Monokotyledonen-Perigons.

III. Die Perigonblätter einiger weiterer Melanthioideen *(Melanthium, Zygadenus, Anticlea, Toxicoscordion, Veratrum* und *Kreysigia).* Österr. Bot. Z. **108**, 194–210, 1961a.
– Zur Kenntnis des Monokotyledonen-Perigons. IV. Die Perigonblätter von *Oceanoros leimanthoides* (A. Gray) Small. Österr. Bot. Z. **108**, 300–303, 1961b.
– Staubblattverwachsungen bei *Yucca filamentosa.* Österr. Bot. Z. **108**, 368–378, 1961c.
– Über die Variabilität der Blüten von *Tofieldia calyculata.* I. Zu Karpellen verbildete Staubblätter. Österr. Bot. Z. **109**, 1–17, 1962a.
– Über die Variabilität der Blüten von *Tofieldia calyculata.* II. Der Ersatz von Perigonblättern durch Staubblätter. Österr. Bot. Z. **109**, 113–124, 1962b.
– Über die Variabilität der Blüten von *Tofieldia calyculata.* III. Zusammenfassende Übersicht der vorgefundenen Abweichungen. Österr. Bot. Z. **109**, 395–430, 1962c.
– Zum Blütenbau von *Lilium tigrinum* var. *flore pleno.* Österr. Bot. Z. **110**, 177–193, 1963a.
– Zur Kenntnis des Monokotyledonen-Perigons. V. Der Bau der Perigonblätter von *Lilium,* dargelegt an Hand jener von *Lilium tigrinum* var. *flore pleno.* Österr. Bot. Z. **110**, 349–370, 1963b.
– Über die Wiederherstellung der normalen Lage der überkippten *Rhododendron*-Anthere bei petaloider Verbildung. Österr. Bot. Z. **110**, 374–379, 1963c.
– Zur Kenntnis des Monokotyledonen-Perigons. VI. Ein Vergleich der Perigonblätter von *Lloydia* und *Fritillaria* mit den Nektarblättern von *Ranunculus.* Österr. Bot. Z. **110**, 401–409, 1963d.
– Das Perigon der Liliaceen ist staminaler Herkunft. Österr. Bot. Z. **110**, 448–467, 1963e.
– Zur Formenmannigfaltigkeit der Nektarschuppe von *Ranunculus glacialis.* Österr. Bot. Z. **111**, 78–83, 1964a.
– Über die falsche Sympetalie bei *Lonchostoma* und anderen Gattungen der Bruniaceen. Österr. Bot. Z. **111**, 345–353, 1964b.
– Sind die Kronblätter der Bruniaceen peltat gebaut? Österr. Bot. Z. **111**, 500–526, 1964c.
– Über die Kronblätter der Frankeniaceen. Österr. Bot. Z. **112**, 44–55, 1965a.
– Wie sind die Winteraceen-Karpelle tatsächlich gebaut? I. Die Karpelle von *Drimys,* Sektion *Tasmannia.* Österr. Bot. Z. **112**, 554–575, 1965b.
– Wie sind die Winteraceen-Karpelle tatsächlich gebaut? II. Über das Vorkommen einer ringförmigen Plazenta in den Karpellen von *Drimys,* Sektion *Wintera.* Österr. Bot. Z. **113**, 84–95, 1966.
– Wie sind die Winteraceen-Karpelle tatsächlich gebaut? III. Die Karpelle von *Bubbia, Belliolum, Pseudowintera, Exospermum* und *Zygogynum.* Österr. Bot. Z. **113**, 245–264, 1966a.
– Über die Karpelle verschiedener Magnoliales. I. *Illicium* (Illiciaceae). Österr. Bot. Z. **113**, 383–389, 1966b.
– Über die Karpelle verschiedener Magnoliales. II. *Xymalos, Hedycarya* und *Siparuna* (Monimiaceae). Österr. Bot. Z. **113**, 448–458, 1966c.
– Über die Karpelle verschiedener Magnoliales. III. *Schisandra* (Schisandraceae). Österr. Bot. Z. **113**, 563–569, 1966d.
– Über die Karpelle verschiedener Magnoliales. IV. *Magnolia* und *Michelia* (Magnoliaceae). Österr. Bot. Z. **114**, 73–83, 1967.
– Über die Karpelle verschiedener Magnoliales. VI. *Gomortega keule* (Gomortegaceae). Österr. Bot. Z. **115**, 113–119, 1968.
– Über die Karpelle verschiedener Magnoliales. VII. *Euptelea* (Eupteleaceae). Österr. Bot. Z. **116**, 159–166, 1969a.
– Über die Karpelle verschiedener Magnoliales. VIII. Überblick über alle Familien der Ordnung. Österr. Bot. Z. **117**, 107–127, 1969b.
– Über peltate Karpelle, deren Schlauchteil außen vom Ventralspalt unvollkommen aufgeschlitzt ist. Österr. Bot. Z. **117**, 276–283, 1969c.
– Zur Kenntnis der Karpelle der Leguminosen. I. Papilionaceae. Österr. Bot. Z. **117**, 332–347, 1969d.
– Zur Kenntnis der Karpelle der Leguminosen. II. Caesalpiniaceae und Mimosaceae. Österr. Bot. Z. **118**, 108–120, 1970a.
– Über die Karpelle der Connaraceen. Österr. Bot. Z. **118**, 542–559, 1970b.
– Das Gynözeum von *Krameria* und sein Vergleich mit jenem der Leguminosae und der Polygalaceae. Österr. Bot. Z. **119**, 102–117, 1971.
– Zur Morphologie des Gynözeums der Polygalaceen. Österr. Bot. Z. **120**, 51–76, 1972a.
– Das Gynözeum der Bignoniaceen. I. Über den Bau des Fruchtknotens von *Kigelia* (Crescentieae). Österr. Bot. Z. **120**, 269–277, 1972b.
– Das Gynözeum der Bignoniaceen. II. Die U-förmige Plazenta von *Schlegelia* (Crescentieae). Österr. Bot. Z. **121**, 13–22, 1973a.
– Zur Lage des wahren Karpellrandes. Österr. Bot. Z. **121**, 285–301, 1973b.
– Das Gynözeum der Bignoniaceen. III. Crescentieae *(Amphitecna, Colea, Rhodocolea, Ophiocolea, Phyllarthron, Phylloctenium, Parmentiera, Enallagma* und *Crescentia).* Österr. Bot. Z. **122**, 59–73, 1973c.
LEINS, P.: Entwicklungsgeschichtliche Studien an Ericales-Blüten. Bot. Jb. **83**, 57–88, 1964a.
– Das zentripetale und zentrifugale Androeceum. Ber. Dt. Bot. Ges. **77**, Heft, 22–26, 1964b.
– Die frühe Blütenentwicklung von *Hypericum hookerianum* Wight et Arn. und *H. aegypticum* L. Ber. Dt. Bot. Ges. **77**, 112–123, 1964c.
– Die Infloreszenz und frühe Blütenentwicklung von *Melaleuca nesophila* F. Muell. (Myrtaceae). Planta (Berlin) **65**, 195–204, 1965.
– Die frühe Blütenentwicklung von *Aegle marmelos* (Rutaceae). Ber. Dt. Bot. Ges. **80**, 320–325, 1967.
– Das Androeceum der Dikotylen. Ber. Dt. Bot. Ges. **84**, 191–193, 1971.
– Das Karpell im ober- und unterständigen Gynoeceum. Ber. Dt. Bot. Ges. **85**, 291–294, 1972a.
– Das zentrifugale Androeceum von *Couroupita guianensis* (Lecythidaceae). Beitr. Biol. Pflanzen **48**, 313–319, 1972b.
– Die Beziehungen zwischen multistaminaten und

einfachen Androeceen. Bot. Jb. Syst. **96**, 231–237, 1975.
– Der Übergang vom zentrifugalen komplexen zum einfachen. Androeceum Ber. Dt. Bot. Ges. **92**, 717–719, 1979.
– und GALLE, P.: Entwicklungsgeschichtliche Untersuchungen an Cucurbitaceen-Blüten. Österr. Bot. Z. **229**, 531–548, 1971.
– und BONNERY-BRACHTENDORF, R.: Entwicklungsgeschichtliche Untersuchungen an Blüten von *Datisca cannabina* (Datiscaceae). Beitr. Biol. Pflanzen **53**, 143–155, 1977.
– und GEMMEKE, V.: Infloreszenz- und Blütenentwicklung bei der Kugeldistel *Echinops exaltatus* (Asteraceae). Plant Syst. Evol. **132**, 189–204, 1979.
– MERXMÜLLER, H. und SATTLER, R.: Zur Terminologie interkalarer Becherbildungen in Blüten. Ber. Dt. Bot. Ges. **85**, 294, 1972.
– und METZENAUER, G.: Entwicklungsgeschichtliche Untersuchungen an *Capparis*-Blüten. Bot. Jb. Syst. **100**, 542–554, 1979.
– und ORTH, CHR.: Zur Entwicklungsgeschichte männlicher Blüten von *Humulus lupulus* (Cannabaceae). Bot. Jb. Syst. **100**, 372–378, 1979.
– und SOBICK, U.: Die Blütenentwicklung von *Reseda lutea*. Bot. Jb. Syst. **98**, 133–149, 1977.
– und STADLER, P.: Entwicklungsgeschichtliche Untersuchungen am Androeceum der Alismatales. Österr. Bot. Z. **121**, 51–63, 1973.
– und WINHARD, W.: Entwicklungsgeschichtliche Studien an Loasaceen-Blüten. Österr. Bot. Z. **122**, 145–165, 1973.
LEPPIK, E. E.: Morphogenetic classification of flower types. Phytomorph. **18**, 451–466, 1968.
– Calyx-borne semaphylls in tropical Rubiaceae. Phytomorph. **27**, 161–168, 1977.
LERSTEN, N.: A review of septate microsporangia in vascular plants. Iowa State J. Sci. **45**, 487–497, 1971.
– Morphology of discoid floral nectaries in Leguminosae, especially tribe Phaseoleae (Papilionoideae). Phytomorphology **23**, 152–161, 1974.
LETOUZEY, R.: Manuel de Botanique Forestière Afrique Tropicale. Vol. 2A (Flacourtiacées, p. 77–83), Nogent s/Marne 1970.
LINSBAUER, K.: C. K. SCHNEIDERS Illustriertes Handwörterbuch der Botanik. 2. Aufl. Leipzig 1917.
LISTER, G.: On the origin of the placentas in the tribe Alsineae in the order Caryophylleae. Linn. Soc. J. Bot. **20**, 423–429, 1883.
LÜKE, E.: Erzeugung von Muster- und Farbänderungen an den Blüten von Tagetes und anderen Objekten. Diss. Göttingen 1943.
LUND, S.: Le calice des composées. Bot. Tidskr. **2**. Sér. 2, 121–260, 1874.
LUYTEN, J., und WAVEREN, J. M. VAN: De Orgaanvorming van *Leucojum aestivum* L. Mededeel. Landbouwhoogeschool, Deel **42**, Verh. **1**, Wageningen 1938.
MAGIN, N.: Das Gynoeceum der Apiaceae – Modell und Ontogenie. Ber. Dt. Bot. Ges. **90**, 53–66, 1977.
MAIR, O.: Zur Entwicklungsgeschichte monosymmetrischer Dikotylen-Blüten. Dissertationes Botanicae **38**. CRAMER, Vaduz 1977.
MARESQUELLE, H. J.: Le thème évolutif des complexes d'inflorescences. Son aptitude à susciter des problèmes nouveaux. Bull. Soc. bot. Fr. **117**, 1–4, 1970.
MARKGRAF, F.: Blütenbau und Verwandtschaft bei den einfachsten Helobiae. Ber. Dt. Bot. Ges. **54**, 191–229, 1936.
– Beobachtungen über den Rosenkelch. Decheniana, Festschr., Bd. 101 AB, 100–107, 1942.
– Der Bauplan der Angiospermen-Blüte. Neujahrsblatt d. Naturforsch. Ges. Zürich **173**, Jg. 115 der Vierteljahresschrift d. Naturforsch. Ges. Zürich, 1970.
MASTERS, M. T.: Prolification des Blütenstandes. In Pflanzen-Teratologie, übers. von U. DAMMER, 123–137, Leipzig 1886.
MATILE, P.: Entwicklung einer Blüte. Neujahrsblatt d. Naturf. Gesellschaft in Zürich auf das Jahr 1978. (im Anschluß an d. Jg. 122 der Vierteljahrsschrift d. Naturf. Ges. Zürich. – 180. Stück).
MATTFELD, J.: Zur Morphologie und Systematik der Cyperaceae. Proc. Intern. Bot. Congr., Amsterdam, 330–332, 1935.
– Das morphologische Wesen und die phylogenetische Bedeutung der Blumenblätter. Ber. Dt. Bot. Ges. **56**, 86–116, 1938.
MAYR, B.: Ontogenetische Studien an Myrtales-Blüten. Bot. Jb. **89**, 210–271, Stuttgart 1969.
MC COY, R. W.: Floral organogenesis in Frasera carolinensis. Amer. J. Bot. **27**, 600–609, 1940.
MCLEAN, R. C., und IVIMEY-COOK, W. R.: Textbook of Theoretical Botany 1–4, LONGENCURS ab 1951 (1967) (1973).
MEEUSE, A. D. J.: Stachyospory, phyllospory and morphogenesis. Advancing Frontiers of Plant Sciences, 7, 115–156, New Delhi 1963.
– Fundamentals of phytomophology. New York 1966.
MEIER-WENIGER, EVA: Die Morphogenese der Blüte von *Pedicularis recutita* L. Ber. Dt. Bot. Ges. **90**, 67–75, 1977a.
– Untersuchungen zur Entwicklungsgeschichte der Blüten von *Pedicularis foliosa* L. und *P. recutita* L. (Scrophulariaceae). Diss. Basel 1977b.
MELVILLE, R.: A new theory of the Angiosperm flower. Nature **188**, 14–18, 1960.
– A new theory of the Angiosperm flower: I. The Gynoeceum. Kew Bull **16**, 1–50, 1962.
– A new theory of the Angiosperm flower: II. The Androeceum. Kew. Bull. **17**, 1–63, 1963.
MERXMÜLLER, H., und LEINS, P.: Zur Entwicklungsgeschichte männlicher Begonienblüten. Flora **160**, 333–339, 1971.
MEYER, V. G.: Flower abnormalities. Bot. Review **32**, 165–218, 1966.
MEZ, C.: Morphologische Studien über die Familie der Lauraceen. Verh. bot. Ver. Prov. Brandenburg **30**, (1888), 1–31, 1889.
– Morphologische und anatomische Studien über die Gruppe der Cordieae. Bot. Jb. **12**, 526–588, 1890.

MICHAELIS, P.: Blütenmorphologische Untersuchungen an der Euphorbiaceae. Bot. Abhandl. (Hrsg. K. GOEBEL) **3**, 1–50, 1924.

MILDBRAED, J.: Die Schausamen von *Paeonia corallina* Retz. Ber. Dt. Bot. Ges. **67**, 73–74, 1954.

MOELIONO, B. M.: Caulinary or carpellary placentation among Dicotyledons. Part I Text, Part II Plates. Assen (Niederl.) 1971.

MOLISCH, H.: Über den Wasserkelch der Blütenknospe von *Aconitum variegatum* L. Ber. Dt. Bot. Ges. **38**, 341–346, 1920.

MORF, E.: Vergleichend-morphologische Untersuchungen am Gynoeceum der Saxifragaceen. Ber. Schweiz. Bot. Ges. **60**, 516–590, 1950.

MOSELEY, M. F.: Morphological studies of Nymphaeaceae. VI. Development of flower of *Nuphar*. Phytomorph. **21**, 253–283, 1972.

– Some thoughts of a phylogenetic anatomist on the evolution of the flower I. Adv. Pl. Morph. **1972**, 394–407, 1972.

MÜLLER, F.: Two kinds of stamens with different functions in the same flower. Nature **27**, 364–365. 1883.

MÜLLER, H.: Die Befruchtung der Blumen durch Insekten und die gegenseitige Anpassung beider. Leipzig 1873.

MÜLLER, LUISE: Grundzüge einer vergleichenden Anatomie der Blumenblätter. Nova Acta Akad. Leop.-Carol., Halle, **59**, 3, 1893.

MÜLLER, LEOPOLDINE: Zur Biotechnik der Blüte von *Dicentra spectabilis*. Österr. Bot. Z. **101**, 221–235, 1954.

MÜLLER, P.: Verbreitungsbiologie der Blütenpflanzen. Veröff. Geobot. Inst. Rübel, Zürich, **30**, 1955.

MÜLLER-DOBLIES, D.: *Galanthus* ist doch sympodial gebaut! Ber. Dt. Bot. Ges. **84**, 665–682, 1972.

– Über den geometrischen Zusammenhang der monochasialen Verzweigungen am Beispiel einiger Liliifloren. Ber. Dt. Bot. Ges. **90**, 351–362, 1977.

MÜLLER-DOBLIES, U. und D.: Ordnung Typhales, in HEGI, G., Illustrierte Flora v. Mitteleuropa, 3. Aufl. II/1 (Liefg. 4), 1977.

MÜLLER-HOEFS, E.: Die Nervatur der Nieder- und Hochblätter. Bot. Arch. **45**, 1–92, 1944.

MURBECK, S.: Über staminale Pseudapetalie und deren Bedeutung für die Frage nach der Herkunft der Blütenkrone. Lunds Univ. Arsskr. N. F. Avd. 2, Bd. **14**, Nr. 25, 1918.

NAEGELI, C.: Mechanisch-physiologische Theorie der Abstammungslehre. München u. Leipzig 1884.

NAPP-ZINN, K.: Anatomische und morphologische Untersuchungen an den Involucral- und Spreublättern der Compositen. Österr. Bot. Z. **98**, 142–170, 1951.

– Beiträge zur Anatomie und Morphologie der Involucral- und Spreublätter der Compositen. Bot. Studien **6**, Jena 1956.

NARAYANA, L. L., und RAO, D.: Contributions to the floral anatomy of Humiriaceae 4. J. Jap. Bot. **51**, 12–15, 1976a.

– und RAO, D.: Contributions to the floral anatomy of Linaceae 6 J. Jap. Bot. **51**, 92–97, 1976b.

NĚMEJC, F.: On the problem of the origin and phylogenetic development of the Angiosperms. Acta Mus. Nat. Pragae **12**B, 65–144, 1956.

NEUBAUER, H. F.: Die Dschungelkrähe, *Corvus macrorhynchus* Wagler, als Bestäuber der Blüten von *Bombax malabricum* DC. Ber. Dt. Bot. Ges. **77**, 219–223, 1964.

NISHINO, E.: Developmental anatomy of foliage leaves, bracts, calyx and corolla in *Pharbitis nil*. Bot. Mag. Tokyo **89**, 191–209, 1976.

NORDHAGEN, R.: Studien über die monotypische Gattung *Calluna* Salisb. I. Bergens Museum Arbok 1937, Naturvid. Rekke Nr. **4**, 1937.

NORRIS, TH.: Torus anatomy and nectary characteristics as phylogenetic criteria in the Rhoeadales. Amer. J. Bot. **28**, 101–113, 1941.

ORNDUFF, R.: und DULBERGER, R.: Floral enantiomorphy and the reproductive system of *Wachendorfia paniculata* (Haemodoraceae). New Phytol. **80**, 427–434, 1978.

OSCHE, G.: Zur Evolution optischer Signale bei Blütenpflanzen. Biologie in unserer Zeit **9**, 161–170, 1979.

PANCHAKSHARAPPA, M. G., und RUDRAMUNIYAPPA, C. K.: Cytochemical studies of style, stigma, pollen and pollen tube in *Panicum miliaceum* Linn. J. Karnatak Univ.-Sciene **21**, 218–221, 1976. (Dharwar)

PANKOW, H.: Histogenetische Untersuchungen an der Plazenta der Primulaceen. Ber. Dt. Bot. Ges. **72**, 111–122, 1959.

– Histogenetische Studien an den Blüten einiger Phanerogamen. Bot. Studien **13**, Jena 1962.

– Histogenetische Untersuchungen an den Blüten einiger *Oenothera*-Arten. Flora, Abt. B. **156**, 122–132, 1966.

PARKIN, J.: The evolution of inflorescence J. Linn. Soc., Bot. **42**, 511–563, 1914.

– The protrusion of the connective beyond the anther and its bearing on the evolution of the stamen. Phytomorph. **1**, 1–8, 1951.

PASCHER, A.: Über einen Fall weitgehender, postnuptialer Kelchvergrößerung bei einer Solanacee. Flora **101**, 268–273, 1910a.

– Über Gitterkelche, einen neuen biologischen Kelchtypus der Nachtschattengewächse. Flora **101**, 273–278, Taf. III, 1910b.

– Zur Blütenbiologie einer aasblumigen Liliacee und zur Verbreitungsbiologie abfallender geflügelter Kapseln. Flora **148**, 153–178, 1959 (posthum).

– Über die Wasserkelche von *Datura* und *Anisodus* und über das Vorkommen freien Wassers in den Bälgen von *Paeonia*. Flora **148**, 517–528, 1960 (posthum).

PAUZE, F., und SATTLER, R.: L'androcée centripète d'*Ochna atropurpurea*. Canad. J. Bot. **56**, 2500–2511, 1978.

– und SATTLER, R.: La placentation axillaire chez *Ochna atropurpurea*. Canad. J. Bot. **57**, 100–107, 1979.

PAX, F.: Allgemeine Morphologie der Pflanzen mit besonderer Berücksichtigung der Blütenmorphologie. Stuttgart 1890.

PAYER, J. B.: Traité d'Organogénie comparée de la fleur. Paris 1857.

PAYNE, W. W., und SEAGO, J. L.: The open conduplicate carpel of *Akebia quinata* (Berberidales: Lardizabalaceae). Amer. J. Bot. **55**, 575–581, 1968.

PERCIVAL, M. S.: Floral Biology. Oxford–London – Edinburgh – New York – Paris – Frankfurt 1965.

PFEFFER, W.: Zur Blüthenentwicklung der Primulaceen und Ampelideen. Jb. wiss. Bot. (Hrsg. N. PRINGSHEIM) 8, 194–215, Taf. XIX–XXII, 1872.

PHILIPSON, W. R.: Studies in the development of the inflorescence. III. The thyrse of *Valeriana officinalis* L. Ann. Bot. **11**, 409–416, Taf. III, 1947.

PIJL, VAN DER, L.: Uit het leven van enkele gevoelige tropische bloemen, speciaal van de „horlogebloemen". De Tropische Natuur, 190–196, 1930.

– Fledermäuse und Blumen. Flora **131**, 1–40, 1936.

– Flagelliflory and cauliflory as adaptations to bats in *Mucuna* and other plants. Ann. Bot. Gard. Buitenzorg **51**, 83–93, 1941.

– The stamens of *Ricinus*. Phytomorph. **2**, 130–132, 1952.

– Some remarks on myrmecophytes. Phytomorph. **5**, 190–200, 1955.

– Remarks on pollination by bats in the genera *Freycinetia, Duabanga* and *Haplophragma*, and on chiropterophily in general. Acta Bot. Neerlandica **5**, 135–144, 1956.

– The dispersal of plants by bats *(Chiropterochory)*. Acta Bot. Neerlandica **6**, 291–315, 1957.

– Ecological aspects of flower evolution. I. Phyletic evolution. Evolution **14**, 403–416, 1960.

– Ecological aspects of flower evolution. II. Zoophilous flower classes. Evolution **15**, 44–59, 1961.

– Evolutionary action of tropical animals on the reproduction of plants. Biol. J. Linn. Soc. London **1**, 85–96, 1969.

– Principles of Dispersal in Higher Plants. 2. Ed. Berlin–Heidelberg–New York 1972.

PILGER, R.: Bemerkungen zur phylogenetischen Entwicklung der Blütenstände. Bericht d. Freien Vereinigung f. Pflanzengeographie und systemat. Botanik für das Jahr 1919, 69–77, Berlin 1921.

– Bemerkungen über Anthokladien und Infloreszenzen. Bot. Jb. **65**, 75–96, 1933.

– Ueber Verzweigung und Blütenstandsbildung bei den Holzgewächsen. Bibl. Bot. Heft, Stuttgart, **90**, 1922.

PLANCHON, J. E., und TRIANA, J.: Sur les bractees des Marcgraviées. Mém. Soc. imp. d. sci. natur. Cherbourg 9, 69–88, 1863.

PLANTEFOL, L.: L'ontogénie de la fleur. Ann. Sci. Nat., Bot. Sér. **11** (9), 33–186, 1948.

– L'ontogénie de la fleur. Fondements d'une théorie florale nouvelle. Paris 1949.

PORSCH, O.: Beiträge zur „histologischen Blütenbiologie". I. Über zwei neue Insektenanlockungsmittel der Orchideenblüte. Österr. Bot. Z. 55, 165–173, 227–235, 253–260, Taf. III u. IV, 1905.

– Beiträge zur „histologischen Blütenbiologie". II. Weitere Untersuchungen über Futterhaare. Österr. Bot. Z. **56**, 41–47, 88–95, 135–143, 176–180, Taf. III, 1906.

– Blütenstände als Vogelblumen. Österr. Bot. Z. **73**, 125–149, 1923.

– *Crescentia* – eine Fledermausblume. Österr. Bot. Z. **80**, 31–44, 1931.

– Das Problem Fledermausblume. Anz. Akad. Wiss. Wien, math. naturw. Kl. **3**, 27–28, 1932.

– Säugetiere als Blumenausbeuter und die Frage der Säugetierblume I–III. Biol. gen. **10**, 657–685, **11**, 171–188, **12**, 1–8, 1934–36.

– Das Bestäubungsleben der Kakteenblüte. I u. II. Cactaceae. Jahrbücher d. Deutschen Kakteengesellsch. **1938**, 1–94, **1939**, 95–142.

– Ein neuer Typus Fledermausblume. Biol. Gen. **15**, 283–294, 1941.

– Alte Insektentypen als Blumenausbeuter. Österr. Bot. Z. **104**, 115–164, 1957.

POSLUSZNY, U., und SATTLER, R.: Floral development of *Potamogeton densus*. Can. J. Bot. **51**, 647–656, 1973.

– und SATTLER, R.: Floral development of *Potamogeton richardsonii*. Amer. J. Bot. **61**, 209–216, 1974.

PRANTL, K.: Beiträge zur Morphologie und Systematik der Ranunculaceen. Bot. Jb. Syst. **9**, 225–273, 1887.

PROCTOR, M., und YEO, P.: The pollination of flowers. London 1973.

PRYOR, L. D., und KNOX, R. B.: Operculum development and evolution in eucalypts. Aust. J. Bot. **19**, 143–172, 1971.

PURI, V.: Studies in Floral Anatomy. Part I. Gynaeceum Constitution in the Cruciferae. Proc. Ind. Acad. Sci. Sect. B, **14**, 166–187, 1941.

– Studies in floral anatomy. IV. Vascular anatomy of the flower of certain species of the Passifloraceae. Amer. J. Bot. **34**, 562–573, 1947.

– Studies in Floral Anatomy. V. On the Structure and Nature of the Corona in certain Species of the Passifloraceae. J. Ind. Bot. Soc. **27**, 130–149, 1948.

– Studies in Floral Anatomy. VI. Vascular Anatomy of the Flower of *Crataeva religiosa* Forst., with Special Reference to the Nature of the Carpels in the Capparidaceae. Amer. J. Bot. **37**, 363–370, 1950.

– The role of floral anatomy in the solution of morphological problems. Bot. Rev. **17**, 471–553, 1951.

– Placentation in Angiosperms. Bot. Rev. **18**, 603–651, 1952a.

– Floral Anatomy and Inferior Ovary. – Phytomorph. **2**, 122–129, 1952b.

– Studies in Floral Anatomy. VII. On Placentation in the Cucurbitaceae. Phytomorph. **4**, 278–299, 1954.

– The classical concept of angiosperm carpel: a reassessment. – J. Ind. Bot. Soc. **40**, 511–524, 1961.

– Floral anatomy in relation to taxonomy. Bull. Bot. Surv. India **4**, 161–165, 1962.

– On the relation between ovule and carpel. J. Ind. Bot. Soc. **42 A**, 189–198, 1964.

– Studies in floral anatomy. VIII. Vascular anatomy

of the flower of certain species of the Asclepiadaceae with special reference to corona. Agra Univ. J. Res. (Sci.) **15**, II, 189–216, 1966.
– The origin and evolution of Angiosperms J. Ind. Bot. Soc. **46**, 1–14, 1967.
– The Angiosperm ovule. Proc. 57th Session of the Indian Science Congress, Kharagpur 1970. Part II: Presidental Address, Sect. VI: Botany, 1–36, 1971.
– Anther sacs and pollen grains: some aspects of their structure and function. J. Palynol. **6**, 1–17, 1970.
– On some peculiarities of Angiosperm carpel. Acta Bot. Ind. 6 (Suppl.), I–XIV, 1978.
– und Agarwal, R. M.: On accessory floral organs. J. Ind. Bot. Soc. **55**, 95–114, 1976.

Raciborski, M.: Die Schutzvorrichtung der Blütenknospen. Flora **81** (Ergänzungsband), 151–194, 1895.

Rauh, W.: Bromelien, 2 Bde. Stuttgart 1970 u. 1973.

Rauh, W., und Reznik, H.: Histogenetische Untersuchungen an Blüten- und Infloreszenzachsen I. Teil. Die Histogenese becherförmiger Blüten- und Infloreszenzachsen, sowie der Blütenachse einiger Rosoideen. Sitzungsber. Heidelberg. Akad. Wiss., Math.-nat. Kl. Nr. **3**, 1951.

Reiche, E.: Über nachträgliche Verbindungen frei angelegter Pflanzenorgane. Flora **74**, 435–444, 1891.

Reinsch, J.: Über die Entstehung der Ästivationsformen von Kelch und Blumenkrone dikotyler Pflanzen und über die Beziehungen der Deckungsweisen zur Gesamtsymmetrie der Blüte. Flora **21**, 78–124, 1927.

Reznik, H.: Untersuchungen über die physiologische Bedeutung der chymochromen Farbstoffe. Sitzber. Akad. Wiss. Heidelb., math.-naturw. Kl., Jg. 1956. **2**, 1956

Richter, S.: Über den Öffnungsmechanismus der Antheren bei einigen Vertretern der Angiospermen. Planta **8**, 154–184, 1929.

Rickett, H. W.: The classification of inflorescences. Bot. Rev. **10**, 187–231, 1944.
– Materials for a dictionary of botanical terms. III. Inflorescences. Bull. Torr. Bot. Club. **82**, 419–445, 1955.

Ritterbusch, A.: Das Phänomen der Morphogenese im Bereich der Blüte, dargestellt an der Entwicklung der Krone von *Calceolaria scabiosifolia* Sims. Diss. Basel 1971.
– Die Organopoiëse der Blüte von *Calceolaria tripartita* R. et P. (Scrophulariaceae). Bot. Jb. Syst. **95**, 267–320, 1976.

Roeper, J. A. Ch.: Observationes aliquot in florum inflorescentiarumque naturam. Linnaea **1**, 433–466, 1826.
– Über den Blütenstand einiger Ranunculaceen. Bot. Ztg. 7, 401–448, 1849.
– Botanische Thesen. Rostock 1872.

Rohweder, O.: Über verlaubte Blüten von *Barbaraea vulgaris* R. Br. und ihre morphologische Bedeutung. Flora **148**, 255–282, 1959.
– Anatomische und histogenetische Untersuchungen an Laubsprossen und Blüten der Commelinaceen. Bot. Jb. **88**, 1–99, Taf. I–XII, 1963.
– Centrospermen-Studien. 1. Der Blütenbau bei *Uebelinia kiwuensis* T. C. E. Fries (Caryophyllaceae). Bot. Jb. **83**, 406–418, 1965 a.
– Centrospermen-Studien. 2. Entwicklung und morphologische Deutung des Gynöciums bei *Phytolacca*. Bot. Jb. **84**, 509–526, 1965 b.
– Centrospermen-Studien. 3. Blütenentwicklung und Blütenbau bei Silenoideen. (Caryophyllaceae). Bot. Jb. **86**, 130–185, 1976 a.
– Karpellbau und Synkarpie bei Ranunculaceen. Ber. Schweiz. Bot. Ges. 77, 376–432, Taf. I–IV. 1967 b.
– Beiträge zur Blütenmorphologie und -anatomie der Commelinaceen mit Anmerkungen zur Begrenzung und Gliederung der Familie. Ber. Schweiz. Bot. Ges. **79**, 199–220, Taf. I u. II, 1969.
– Centrospermen-Studien. 4. Morphologie und Anatomie der Blüten, Früchte und Samen bei Alsinoideen und Paronychioideen s. lat. (Caryophyllaceae). Bot. Jb. **90**, 201–271, 1970.
– Das Andröcium der Malvales und der „Konservatismus" des Leitgewebes. Bot. Jb. Syst. **92**, 155–167, 1972.
– und Huber, K.: Centrospermen-Studien. 7. Beobachtungen und Anmerkungen zur Morphologie und Entwicklungsgeschichte einiger Nyctaginaceen. Bot. Jb. **94**, 327–359, 1974.
– und König, K.: Centrospermen-Studien. 5. Bau der Blüten, Früchte und Samen von *Pteranthus dichotomus* Forsk. (Caryophyllaceae). Bot. Jb. **90**, 447–468, 1971.
– und Treu-Koene, E.: Bau und morphologische Bedeutung der Infloreszenz von *Houttuynia cordata* Thunb. (Saururaceae). Vierteljahrsschrift d. Naturf. Ges. Zürich Jg. **116**, 195–212, 1971.
– und Urmi, E.: Centrospermen-Studien. 10. Untersuchungen über den Bau der Blüten und Früchte von *Cucubalus baccifer* L. und *Drypis spinosa* L. (Caryophyllaceae-Silenoideae). Bot. Jb. **100**, 1–25, 1978.
– und Urmi-König, K.: Centrospermen-Studien. 8. Beiträge zur Morphologie, Anatomie und systematischen Stellung von *Gymnocarpos* Forsk. und *Paronychia argentea* Lam. (Caryophyllaceae). Bot. Jb. **96**, 375–409, 1975.

Rosen, W. G., und Thomas, H. R.: Secretory cells of lily pistils. I. Fine structure and function. Amer. J. Bot. **57**, 1108–1114, 1970.

Roth, I.: Zur Histogenese der dorsalen „Ligula" von *Thalictrum*. Österr. Bot. Z. **104**, 165–172, 1957 a.
– Das Dorsalmeristem der Deckblätter von *Beta trigyna*. Flora **144**, 635–646, 1957 b.
– Histogenese und morphologische Deutung der Kronblätter von *Primula*. Bot. Jb. **79**, 1–16, 1959.
– Histogenese und morphologische Deutung der basilären Plazenta von *Armeria*. Österr. Bot. Z. **109**, 18–40, 1962 a.
– Histogenese und morphologische Deutung der basalen Plazenta von *Herniaria*. Flora **152**, 179–195, 1962 b.
– Fruits of Angiosperms. Stuttgart 1977.

SAHNI, B.: On the structure and affinities of *Acmopyle Pancheri* Pilger. Philos. Trans. B **CCX**, 253–310, 1921.

SAINT-HILAIRE, A. DE: Leçon de Botanique. Paris 1840.

SAMUELSSON, G.: Über die Pollenentwicklung von *Anona* und *Aristolochia* und ihre systematische Bedeutung. Svensk Bot. Tidskr. **8**, 181–189, 1914.

SANDT, W.: Zur Kenntnis der Beiknospen. Bot. Abh. (Hrsg. K. GOEBEL) 7, 1925.

SARKANY, S., und KOVACS, A.: Einzelheiten in der Organisierung des Gynoeceums bei einigen Umbelliferae. Acta Botan. Acad. Sci. Hungar. **17**, 419–437, 1971.

SASSEN, M. M. A.: Submikroskopische Morphologie des Griffelleitgewebes. – Acta Bot. Neerl. **22**, 254, 1973.

SATTLER, R.: Zur frühen Infloreszenz- und Blütenentwicklung der Primulales sensu lato mit besonderer Berücksichtigung der Stamen-Petalum-Entwicklung. Bot. Jb. **81**, 358–396, 1962.

– Perianth development of *Potamogeton richardsonii*. Amer. J. Bot. **52**, 35–41, 1965.

– Centrifugal primordial inception in floral development. In Adv. Pl. Morph. 1972, Professor Puri Commem. Vol., 170–178, Surita Prakashan. Meerut, India 1972.

– Organogenesis of flowers. Univ. of Toronto Press, Toronto 1973.

– A new approach to gynoecial morphology. Phytomorph. **24**, 22–34, 1974.

– Kronröhrenentstehung bei *Solanum dulcamara* L. und „kongenitale Verwachsung". Ber. Dt. Bot. Ges. **90**, 29–38, 1977.

– 'Fusion' and 'continuity' in floral morphology. Notes from the Royal Botanic Garden Edinburgh **36**, 397–405, 1978.

– und SINGH, V.: Floral development of *Hydrocleis nymphoides*. Canad. J. Bot. **51**, 2455–2458, 1973.

– und SINGH, V.: Floral organogenesis of *Limnocharis flava*. Canad. J. Bot. **55**, 1076–1086, 1977.

– und SINGH, V.: Floral organogenesis of *Echinodorus amazonicus* Rataj and floral construction of the Alismatales. Bot. J. Linn. Soc. **77**, 141–156, 1978.

SAUNDERS, E. R.: On carpel polymorphism. I.–III. Ann. Bot. **39**, 123–167, 1925; **41**, 569–627, 1927; **43**, 459–481, 1929.

– Comments on „floral anatomy and its morphological interpretation". New Phytol. **33**, 127–170, 1934.

SCHAEFER, H.: Die Hohlschuppen der Boraginaceen. Bot. Jb. **72**, 304–346, 1942.

SCHAEPPI, H.: Vergleichend-morphologische Untersuchungen am Gynoeceum der Primulaceen. Z. ges. Naturw. 7, 239–250 1937a.

– Zur Morphologie des Gynoeceums der Phytolaccaceen. Flora **131**, 41–59, 1937b.

– Vergleichend-morphologische Untersuchungen Am Gynoeceum der Resedaceen. Planta **26**, 470–490, 1937c.

– Vergleichend-morphologische Untersuchungen an den Staubblättern der Monocotyledonen. Nova Acta Leop. N. F. **6**, 389–447, 1939.

– Morphologische und entwicklungsgeschichtliche Untersuchungen an den Blüten von *Thesium*. Mitteil. Naturw. Ges. Winterthur **23**, 41–61, 1942.

– Morphologische Untersuchungen am Gynoeceum der Steinobstgewächse. Mitt. Naturwiss. Ges. Winterthur **26**, 27–53, 1951.

– Morphologische Untersuchungen an den Karpellen der Calycanthaceae. Phytomorph. **3**, 112–118, 1953a.

– Kelch und Außenkelch von *Rhodotypus kerrioides*. Kleiner Beitrag zur morphologischen Wertigkeit der Blütenblätter. Arbeiten aus d. Institut f. allgem. Botanik an d. Univ. Zürich Ser. A, Nr. **6**, 1953b.

– Untersuchungen über die Anzahl der Fruchtblätter bei den Spierstrauchgewächsen. Mitteil. Naturw. Ges. Winterthur **27**, 1–8, 1954.

– Blütenmorphologische Untersuchungen an *Callianthemum rutifolium* (Linné) C. A. Meyer. Phyton (Horn, N.-Ö.) 7, 228–240, 1957.

– Untersuchungen über die Anzahl der Blütenblätter bei einigen Liliaceen. Bot. Jb. **78**, 119–128, 1958.

– Vergleichend-morphologische Untersuchungen an der Blütenachse und am Gynoeceum einiger Spiraeoideen (Spierstrauchgewächse). Mitteil. Naturw. Ges. Winterthur **32**, 73–104, 1967.

– Untersuchungen über den Habitus von *Aruncus*, *Astilbe* und einiger ähnlicher Pflanzen. Beitr. Biol. Pflanzen **46**, 371–387, 1970.

– Zur Gestaltung des Gynoeceums von *Pittosporum tobira*. Ber. Schweiz. Bot. Ges. **81**, 40–51, 1971.

– Über die Gestaltung der Karpelle von *Caltha palustris* und *Trollius europaeus*. Vierteljahrsschrift Naturforsch. Ges. Zürich Jg. **117**, 101–113, 1972.

– Vergleichend-morphologische Untersuchungen am Gynoeceum einiger Juncaceen. Vierteljahrsschrift Naturforsch. Ges. Zürich Jg. **119**, 225–238, 1974.

– Über einfache Karpelle. Bot. Jb. Syst. **96**, 410–422, 1975.

– Über die männlichen Blüten einiger Menispermaceen. Beitr. Biol. Pflanzen **52**, 207–215, 1976.

– Über den „doppelten Fruchtknoten" von *Rhodotypos*. Beitr. Biol. Pflanzen **53**, 165–175, 1977.

– und FRANK, K.: Vergleichend-morphologische Untersuchungen über die Karpellgestaltung, insbesondere die Plazentation bei Anemoneen. Bot. Jb. **81**, 337–357, 1962.

SCHICK, B.: Untersuchungen über die Biotechnik der Apocynaceenblüte. I. Morphologie und Funktion des Narbenkopfes. Flora **170**, 394–432, 1980.

SCHILL, R., und JÄKEL, U.: Beitrag zur Kenntnis der Asclepiadaceen-Pollinarien. Reihe trop. u. subtrop. Pflanzenwelt **22**, Abh. Akad. Wiss. Lit. Mainz, math.-naturw. Kl., 1978.

SCHLAGORSKY, M.: Das Bauprinzip des Primulaceengynözeums bei der Gattung Cyclamen. Österr. Bot. Z. **96**, 361–368, 1949.

SCHLITTLER, J.: Sind die Luzuriagoideen wirkliche

Liliaceen oder haben die Ericales und Ternstroemiales organphylogenetisch und stammesgeschichtlich Beziehungen zu primitiven Liliifloren? Ber. Schweiz. Bot. Ges. **75**, 96–109, 1965.

Schmid, R.: Floral bundle fusion and vascular conservatism. Taxon **21**, 429–446, 1972.

– Two hundred years of pollination biology: an overview. The Biologist **57**, 26–35, 1975.

– Functional and ecological interpret. of floral and fruit anatomy. Bot. Rev. **43**, (in press since 1977).

Schnarf, K.: Embryologie der Angiospermen. Handb. d. Pflanzenanatomie (Hrsg. K. Linsbauer), Bd. X/2. Berlin 1929.

Schnepf, E., Witzig, F., und Schill, R.: Über Bildung und Feinstruktur des Translators der Pollinarien von *Asclepias curassavica* und *Gomphocarpus fruticosus*. Trop. u. subtrop. Pflanzenwelt **25**, Mainz 1979.

Schnetter, R., Hilger, H. H., und Richter, U.: Über den Bau des Perikarps der hygrochastischen Hülse von *Haematoxylum brasiletto* (Caesalpiniaceae, Fabales). Bot. Jb. Syst. **101**, 135–142, 1979.

Schniewind-Thies, I.: Beiträge zur Kenntnis der Septalnektarien. Jena 1897.

Schoute, J. C.: On corolla aestivation and phyllotaxis of floral phyllomes. Verhandl. Kon. Akad. Wetensch. Amsterdam, Afd. Naturkunde 2. Sect. Deel **34**, No. **4**, 1933.

Schröder, H.: Untersuchungen über die Beeinflussung des Blütenfarbmusters von *Petunia hybrida grandiflora* hort. Diss. Göttingen 1934.

Schultze-Motel, W.: Entwicklungsgeschichtliche und vergleichend-morphologische Untersuchungen im Blütenbereich der Cyperaceae. Bot. Jb. Syst. **78**, 129–170, 1959.

Schumann, K.: Beiträge zur Kenntnis der Monochasien. Sitz. Ber. Akad. Wiss. Berlin **30**, 555–584, 1889.

– Neue Untersuchungen über den Blütenanschluß. Leipzig 1890.

Sell, Y.: Les complexes inflorescentiels de quelques Acanthacées. Etude particulière des phénomènes de condensation, de racémisation, d'homogénéisation et de troncature. Ann. Sci. Nat., Bot. 12. Sér. **10**, 225–300, 1964.

– Tendances évolutives parmi les complexes inflorescentiels. Rev. gén. Bot. **83**, 247–267, 1976.

Sernander, R.: Entwurf einer Monographie der europäischen Myrmecochoren. Uppsala 1906.

Seybold, A.: Untersuchungen über den Farbwechsel von Blumenblättern, Früchten und Samenschalen. Sitzber. Akad. Wiss. Heidelberg, math.-naturw. Kl. Jg. 1953/54, **2**, 1954.

Sigmond, H.: Vergleichende Untersuchungen über die Anatomie und Morphologie von Blütenknospenverschlüssen. Beih. Bot. Centralbl. **46** 1. Abt., 1–67, 1930.

Silberbauer-Gottsberger, I.: Blüten- und Fruchtbiologie von *Butia leiospatha* (Arecaceae). Österr. Bot. Z. **121**, 171–185, 1973.

– und Gottsberger, G.: Über sphingophile Angiospermen Brasiliens. Plant Syst. Evol. **123**, 157–184, 1975.

Singh, V.: Floral development of *Butomus umbellatus*. Canad. J. Bot. **52**, 223–230, 1974.

– Placentation in Euphorbiaceae. Ann. Bot. **39**, 1137–1140, 1975.

– und Jain, D. K.: Floral Organogenesis in *Adenocalymna alliaceum* (Bignoniaceae). Beitr. Biol. Pflanzen **54**, 207–213, 1979.

– und Sattler, R.: Floral development of *Alisma triviale*. Canad. J. Bot. **50**, 619–627, 1972.

– und Sattler, R.: Nonspiral androecium and gynoecium of *Sagittaria latifolia*. Canad. J. Bot. **51**, 1093–1095, 1973.

Slavíková, Z.: Zur Morphologie der Blütenhülle von Ranunculaceen I. *Anemone nemorosa* L. Preslia (Praha) **40**, 1–12, 1968.

– Zur Morphologie... II. *Myosurus minimus* L. Preslia (Praha) **40**, 113–121, 1968.

– Zur Morphologie der Blütenhülle von *Nigella arvensis* L., *N. damascena* L. und *Ranunculus illyricus* L. Preslia (Praha) **46**, 110–117, 1974.

Soetiarto, S. R., und Ball, E.: Ontogenetical and experimental studies of the floral apex of *Portulaca grandiflora*. 1. Histology of transformation of the shoot apex into the floral apex. p. 133–140, pl. I–VIII; 2. Bisection of the meristem in successive stages. p. 1067–1076, pl. I–V. Canad. J. Bot. **47**, 1969.

Sperlich, A.: Excretionsgewebe in K. Linksbauer (Hrsg.), Handbuch d. Pflanzenanatomie **4**, Liefg. 38, Berlin 1939.

Sprotte, K.: Untersuchungen über Wachstum und Nervatur der Fruchtblätter. Bot. Archiv **40**, 463–506, 1940.

Stadler, S.: Beiträge zur Kenntnis der Nektarien und Biologie der Blüthen. Diss. Berlin 1886.

Staedler, G.: Über Reduktionserscheinungen im Bau der Antherenwand von Angiospermen-Blüten. Flora **116**, 85–108, Taf. II u. III, 1923.

Steinebrinck, C.: Untersuchungen über die anatomischen Ursachen des Aufspringens der Früchte. Diss. Bonn 1873.

Sterling, C.: Comparative morphology of the carpel in the Liliaceae: Neodregeae. Bot. J. Linn. Soc. **65**, 163–171, 1972.

– Comparative morphology in the carpel of the Liliaceae: tepallary and staminal vascularization in the Wurmbaeoideae. Bot. J. Linn. Soc. **74**, 63–69, 2 pl., 1977a.

– Comparative morphology of the carpel in the Liliaceae: Uvularieae. Bot. J. Linn. Soc. **74**, 345–354, 4 pl. 1977b.

Stomps, Th. J.: Kleistogamie als mendelndes Merkmal. Rec. trav. bot.néerl. **41**, 118–130, 1948.

Stopp, K.: Karpologische Studien I u. II. Abh. Akad. Wiss. Lit. Mainz, math.-nat. Kl. Nr. 7, 1950a.

– Karpologische Studien III. Abh. Akad. Wiss. Lit. Mainz, math.-nat. Kl. Nr. **17**, 1950b.

– Morphologische und verbreitungsbiologische Untersuchungen über persistierende Blütenkelche. Abh. Akad. Wiss. Lit. Mainz, math.-nat. Kl. Nr. **12**, 1952.

– Über die Wuchsform amphikarper *Phaseolus*- und *Amphicarpaea* Arten. Österr. Bot. Z. **101**, 592–600, 1954.

STOPP, K.: Die kongolesischen Arten der Labiaten-Gattung *Aeolanthus* mit zygomorph dehiszierenden Fruchtkelchen. Beitr. Biol. Planzen **34**, 395–399, 1958a.
– Notiz über die Dehiszenzweise der Kapselfrüchte von *Genlisea hispidula* Stapf. Beitr. Biol. Pflanzen **34**, 401–403, 1958b.
– Die verbreitungshemmenden Einrichtungen in der südafrikanischen Flora. Bot. Studien **8**, 1958c.
– Antitelechore Einrichtungen bei den Gattungen *Sesamum, Rogeria* und *Psilocaulon*. Beitr. Biol. Pflanzen 37, 63–76, 1962.
STORK, H. E.: Epiphyllous flowers. Bull. Torr. Bot. Club **83**, 338–341, 1956.
STROEBL, F.: Die Obdiplostemonie in den Blüten. Bot. Archiv 9, 210–224, 1925.
SUESSENGUTH, K.: Über den Farbwechsel von Blüten. – Ber. Dt. Bot. Ges. **64**, 409–417, 1936.
– Neue Ziele der Botanik. (Über das Vorkommen getrennter Kronblätter bei den Sympetalen, S. 32–36; Über den Farbwechsel von Blüten, S. 74–81). München–Berlin 1938.
SWAMY, B. G. L.: Further contributions to the morphology of the Degeneriaceae. J. Arn. Arbor. **30**, 10–38, pl. I–IV, 1949.
TAKHTAJAN, A.: Die Evolution der Angiospermen (dt. Übers. v. W. HÖPPNER). Jena 1959.
TEPFER, S. S.: Floral anatomy and ontogeny in *Aquilegia formosa* var. *truncata* and *Ranunculus repens*. Univ. Calif. Publ. Bot. **25**, 513–647, 1953.
THOMAS, H. H.: The early evolution of the Angiosperms. Ann. Bot. **45**, 647–672, 1931.
THOMPSON, J. M.: Studies in advancing sterility. IV. The legume. Publ. Hartley Bot. Lab. **6**, 1929.
– The state of flowering known as angiospermy. Publ. Hartley Bot. Lab. **12** (VIII), 1934.
TIEGHEM, P. VAN: Recherches sur la structure du pistill. Ann. Sci. Nat. Bot. Sér. V, **9**, 127–226, 1868.
– Eléments de Botanique. I Botanique générale. 5. Ed. Paris 1918.
TRAPP, A.: Staubblattbildung und Bestäubungsmechanismus von *Incairvillea mirabilis* Batalin. Österr. Bot. Z. **101**, 208–219, 1954.
– Entwicklungsgeschichtliche Untersuchungen über die Antherengestaltung sympetaler Blüten. Beitr. Biol. Pflanzen **32**, 279–312, 1956a.
– Zur Morphologie und Entwicklungsgeschichte der Staubblätter sympetaler Blüten. Bot. Studien 5, Jena 1956b.
TREUB, M.: Les bourgeons floraux du *Spathodea campanulata* Beauv. Ann. Jard. Bot. Buitenzorg **8**, 38–46, pl. XIII–XV, 1889.
TROLL, W.: Über Staubblatt- und Griffelbewegungen und ihre teleologische Deutung. Flora **115**, 191–250, 1922.
TROLL, W. (Hrsg.): Goethes Morphologische Schriften. E. Diederichs, Jena 1926a.
TROLL, W.: Über die Staubblattkrümmungen der Umbelliferen. Flora **20**, 227–242, 1926b.
– Zur Frage nach der Herkunft der Blumenblätter. Flora **122**, 57–75, 1927.
– Organisation und Gestalt im Bereich der Blüte. Monographien aus dem Gesamtgebiet der Botanik Bd. **1**, Berlin 1928a.
– Zwei merkwürdige Fälle von Saftmalbildung. Ber. Dt. Bot. Ges. **46**, 491–498, 1928b.
– Über *Spathicarpa sagittifolia* Schott. Mit einem Anhang über die Stellung der Spathicarpeen im System der Araceen, Flora **123**, 286–316, 1928c.
– Über Antherenbau, Pollen und Pollination von *Galanthus* L. Flora **123**, 321–343, 1928d.
– Zur Auffassung des parakarpen Gynaeceums und des coenokarpen Gynaeceums überhaupt. Planta **6**, 255–276, 1928e.
– *Roscoea purpurea* SM., eine Zingiberacee mit Hebelmechanismus in den Blüten. Mit Bemerkungen über die Entfaltungsbewegungen der fertilen Staubblätter von *Salvia*. Planta 7, 1–28, 1929.
– Beiträge zur Morphologie des Gynaeceums I. Über das Gynaeceum der Hydrocharitaceen. Planta **14**, 1–18, 1931.
– Über Diplophyllie und verwandte Erscheinungen in der Blattbildung. Planta **15**, 355–406, 1932a.
– Morphologie der schildförmigen Blätter. Teil I und II. Planta **17**, 153–314, 1932a.
– Beiträge zur Morphologie des Gynaeceums II. Über das Gynaeceum von *Limnocharis* Humb. et Bonpl. Planta **17**, 453–460, 1932c.
– Noch einmal über *Spathicarpa sagittifolia* Schott. Kurze Mitteilung. Planta **17**, 666–668, 1932d.
– Über Bau und Nervatur der Karpelle von *Ranunculus*. Ber. Dt. Bot. Ges. **52**, 214–220, 1934a.
– Beiträge zur Morphologie des Gynaeceums. III. Über das Gynaeceum von *Nigella* und einiger anderer Helleboreen. Planta **21**, 266–291, 1934b.
– Beiträge zur Morphologie des Gynaeceums. IV. Über das Gynaeceum der Nymphaeaceen. Planta **21**, 447–485, 1934c.
– II. Ästivationsstudien an Campanulaceenblüten, in: TROLL, W. und WEBER, H., Morphologische und anatomische Studien an höheren Pflanzen. Sitzber. Akad. Wiss. Heidelberg **6**, 31–51, 1949.
– Über den Infloreszenzbegriff und seine Anwendung auf die krautige Region blühender Pflanzen. Abh. Akad. Wiss. Lit. Mainz. math.-nat. Kl. Nr. **15**, 1950a.
– Botanische Notizen I. Abh. Akad. Wiss. Lit. Mainz, math.-nat. Kl. Nr. **13**, 1950b.
– Botanische Notizen II. Abh. Akad. Wiss. Lit. Mainz, math.-nat. Kl. Nr. **2**, 1951a.
– Botanische Notizen III. Abh. Akad. Wiss. Lit. Mainz, math.-nat. Kl. Nr. **3**, 1951b.
– Praktische Einführung in die Pflanzenmorphologie. Zweiter Teil: Die blühende Pflanze. VEB Fischer, Jena, 1957.
– Neue Beiträge zur Kenntnis der Blütenstände und Blüten von *Ceropegia*-Arten. Abh. Akad. Wiss. Lit. Mainz, math.-nat. Kl. Nr. 5, 1959.
– *Cochliostema odoratissimum* Lem. Organisation und Lebensweise, nebst vergleichenden Ausblikken auf andere Commelinaceen. Beitr. Biol. Pflanzen **36**, 325–389, 1961.
– Über die „Prolificität" von *Chlorophytum comosum*. Beitrag zur Kenntnis einer Goethe-Pflanze. Neue Hefte z. Morphologie, Weimar, **4**, 9–68, 1962.
– Die Infloreszenzen, Typologie und Stellung im

Aufbau des Vegetationskörpers, Bd. **I, II**. 1. Jena 1964/69.

– Kommission für biologische Forschung. Bericht. Akad. Wiss. Lit. Mainz, Jb. 1950, 31–36; 1951, 36–38; 1952, 39–43; 1953, 39–45; 1954, 38–44; 1955, 39–46; 1956, 36–42 (1957); 1957, 39–50 (1958); 1958, 127–144 (1959); 1959, 112–131 (1960); 1960, 81–96 (1961); 1961, 113–126 (1962); 1962, 86–104 (1963); 1963, 113–137 (1964); 1964, 93–111 (1965); 1965, 109–133 (1966); 1966, 115–132 (1967); 1967, 89–103 (1968); 1968, 88–109 (1969); 1969, 82–101 (1970); 1970, 109–123 (1971); 1971, 107–127 (1972); 1972, 98–109 (1973); 1973, 135–151 (1974); 1974, 128–142 (1975).

– und HEIDENHAIN, B.: Studien über die Infloreszenzen von *Euphorbia Cyparissias* L. Ber. Dt. Bot. Ges. **65**, 377–382, 1952.

– und WEBERLING, F.: Die Infloreszenzen der Caprifoliaceen und ihre systematische Bedeutung. Abh. Akad. Wiss. Lit. Mainz, math.-nat. Kl. Nr. **5**, 1966.

TSCHIRCH, A.: Sind die Antheren der Kompositen verwachsen oder verklebt? Flora **93**, 51–55, Taf. II, 1904.

TUCKER, S. C.: The role of ontogenetic evidence in floral morphology. Adv. Pl. Morph. **1972**, 359–369, 1974.

– Floral development in *Saururus cernuus* (Saururaceae). 2. Carpel initiation and floral vasculature. Amer. J. Bot. **63**, 289–301, 1976.

UBISCH, G. VON: Genetisch-physiologische Analyse der Heterostylie. Bibl. Genet. **2**, 287–342, 1925.

UHL, N. W.: Studies in the Floral Morphology and Anatomy of Certain Members of the Helobiae. Diss. Cornell Univ. 1947.

– Floral anatomy of *Juania, Ravenea* and *Ceroxylon* (Palmae-Arecoideae). Gentes Herbarium **10**, 394–411, 1969.

– und MOORE, H. E., JR.: Centrifugal stamen initiation in Phytelephantoid Palms. Amer. J. Bot. **64**, 1152–1161, 1977.

– Androecial development in six polyandrous genera representing five major groups of Palms. Ann. Bot. **45**, 57–75, 1980.

UHLARZ, H., und WEBERLING, F.: Ontogenetische Untersuchungen an *Cordia verbenacea* (Boraginaceae), ein Beitrag zur Kenntnis der Syndesmien. Ber. Dt. Bot. Ges. **90**, 127–134, 1977.

ULBRICH, E.: Biologie der Früchte und Samen (Karpobiologie). Berlin 1928.

UNRUH, M.: Die morphologische Bedeutung des Karpells. Beitr. Biol. Pflanzen **26**, 90–124, 1939.

– Blattnervatur und Karpellnervatur. Kleiner Beitrag zur morphologischen Deutung des Karpells. Beitr. Biol. Pflanzen **27**, 232–241, 1941.

UPHOF, J. C. TH.: Vergleichende blütenmorphologische und blütenbiologische Studien an *Commelina virginica* L. Ber. Dt. Bot. Ges. **52**, 173–180, 1934.

– Cleistogamic flowers. Bot. Rev. **4**, 21–49, 1938.

– Ecological relations of plants with ants and termites. Bot. Rev. **8**, 563–598, 1942.

VELENOVSKÝ, J.: Vergleichende Morphologie der Pflanzen, 4 Bde. 3. Teil: Die Morphologie der Blüte der Phanerogamen, 733–1211, 1910.

VERHOOG, H.: A contribution towards the developmental gynoecium morphology of *Engelhardia spicata* Lechen. ex Blume (Juglandaceae). Acta Bot. Neerl. **17**, 137–150, 1968.

VIJAYARAGHAVAN, M. R., und USHA DHAR: Structure of the carpel with special reference to lysigenous cavities in *Kadsura Roxburghiana*. Bot. Jb. Syst. **98**, 273–277, 1977.

VOGEL, ST.: Farbwechsel und Zeichnungsmuster bei Blüten. Österr. Bot. Z. **97**, 44–100, 1950.

– Blütenbiologische Typen als Elemente der Sippengliederung. In Bot. Studien, Heft **1**, Jena 1954.

– Über den Blütendimorphismus einiger südamerikanischer Pflanzen. Österr. Bot. Z. **102**, 486–500, 1955.

– Fledermausblumen in Südamerika. Österr. Bot. Z. **104**, 491–530, 1958.

– Organographie der Blüten kapländischer Ophrydeen mit Bemerkungen zum Koaptationsproblem. Abh. Akad. Wiss. Lit. Mainz, math.-nat. Kl. **6** u. **7**, 267–532, 1959.

– Über die „Uvula" von *Ceropegia Sandersonii* Hook. f., zugleich über einen merkwürdigen Fall postgenitaler Verwachsung. Beitr. Biol. Pflanzen **35**, 395–412, 1960.

– Die Bestäubung der Kesselfallen-Blüten von *Ceropegia*. Beitr. Biol. Pflanzen **36**, 165–237, 1961.

– Duftdrüsen im Dienste der Bestäubung. Über Bau und Funktion der Osmophoren. Abh. Akad. Wiss. Lit. Mainz math.-nat. Kl. Nr. **10**, 1962.

– Das sexuelle Anlockungsprinzip der Catasetinen- und Stanhopeen-Blüten und die wahre Funktion ihres sogenannten Futtergewebes. Österr. Bot. Z. **110**, 308–337, 1963.

– Parfümsammelnde Bienen als Bestäuber von Orchidaceen und *Gloxinia*. Österr. Bot. Z. **113**, 302–361, 1966a.

– Pollination neotropischer Orchideen durch duftstoff-höselnde Prachtbienen-Männchen. Naturwiss. **53**, 181–182, 1966b.

– „Parfümblumen" und parfümsammelnde Bienen. Umschau in Wissenschaft und Technik Nr. **10**, 327, 1967a.

– *Iris fulva* Ker-Gawl., eine Kolibriblume. Dt. Iris- und Lilienges. **1967**, 1–11, 1967b.

– Chiropterophilie in der neotropischen Flora. Neue Mitteilungen I. Flora, Abt. B, **157**, 562–602, 1968.

– Chiropterophilie in der neotropischen Flora. Neue Mitteilungen II. Flora Abt. B, **158**, 158–222, 1969a.

– Chiropterophilie in der neotropischen Flora. Neue Mitteilungen III. Flora, Abt. B **158**, 289–323, 1969b.

– Über synorganisierte Blütensporne bei einigen Orchideen. Österr. Bot. Z. **116**, 244–262, 1969c.

– Ölproduzierende Blumen, die durch ölsammelnde Bienen bestäubt werden. Naturwiss. **58**, 58, 1971.

– Öl statt Nektar: die „Ölblume". Umschau **73** (22), 701–702, 1973.

– Ölblumen und ölsammelnde Bienen. Reihe trop. u. subtrop. Pflanzenwelt. Abh. Akad. Wiss. Lit.

Mainz, math.-nat. Kl. 7, 284–547, 1974.
– Mutualismus und Parasitismus in der Nutzung von Pollenträgern. Verh. Dt. Zool. Ges. **1975**, 102–110, 1975.
– *Lysimachia:* Ölblumen der Holarktis. Naturwiss. **63**, 44, 1976.
– Nektarien und ihre ökologische Bedeutung. Apidologie **8**, 321–335, 1977.
– Pilzmückenblumen als Pilzmimeten. I. Teil Flora **167**, 329–366, 2. Teil Flora **167**, 367–398, 1978.

WADDLE, R. M., und LERSTEN, N. R.: Morphology of discoid floral nectaries in Leguminosae, especially Tribe Phaseoleae (Papilionoideae). Phytomorph. **23**, 152–161, 1974.

WAGENITZ, G.: Blütenreduktion als ein zentrales Problem der Angiospermensystematik. Bot. Jb. Syst. **96**, 448–470, 1975.

WAGNER, R.: Über den Bau und die Aufblühfolge der Rispen von *Phlox paniculata* L. Sitz.-Ber. Akad. Wiss. Wien, math.-nat. Kl., 1. Abt., **110**, 507–591, 1901.

WALKER, D. B.: Postgenital carpel fusion in *Catharanthus roseus* (Apocynaceae). I. Light and scanning electron microscopic study of gynoeceal ontogeny. Amer. J. Bot. **62**, 475–467, 1975a. II.
– Fine Structure of the Epidermis before Fusion. Protoplasma **86**, 29–41, 1975b. III. Fine structure of the epidermis during and after fusion. Protoplasma **86**, 43–63, 1975c.

WARBURG, O.: Die Pflanzenwelt Bd. **2**. Leipzig und Wien 1916.

WARMING, E., und MÖBIUS, M.: Handbuch der systematischen Botanik. 3. Aufl. Berlin 1911.

WASSMER, A.: Vergleichend-morphologische Untersuchungen an den Blüten der Crassulaceen. – Arb. Inst. Allg. Bot. Zürich, Ser. A, 7, 1–112, 1955.

WEBER, A.: Zur Morphologie des Gynoeceums der Gesneriaceen. Österr. Bot. Z. **119**, 234–305, 1971.
– Beiträge zur Morphologie und Systematik der *Klugieae* und *Loxonieae* (Gesneriaceae). II. Morphologie, Anatomie und Ontogenese der Blüte von *Monophyllaea* R. Br. Bot. Jb. Syst. **95**, 435–454, 1976.
– *Ornithoboea arachnoidea* – an „Orchid-flowered" Gesneriad. The Gloxinian **29**, 9–12, 1979.
– Die Homologie des Perigons der Zingiberaceen. Ein Beitrag zur Morphologie und Phylogenie des Monokotylen-Perigons, Pl. Syst. Evol. **133**, 149–179, 1980.

WEBER, C. O.: Beiträge zur Kenntnis der pflanzlichen Mißbildungen. Verhandl. Naturhist. Verein f. d. Prov. Rheinld. u. Westf. **17**, 333–388, Taf. VI u. VII, 1860.

WEBER, E.: Entwicklungsgeschichtliche Untersuchungen über die Gattung *Allium*. Bot. Archiv **25**, 1–44, 1929.

WEBER, H.: Über die Blütenkelche tropischer Rubiaceen. Abh. Akad. Wiss. Lit. Mainz math.-nat. Kl. Nr. **11**, 1955.
– Über die Blütenstände und die Hochblätter von *Norantea* Aubl. (Marcgraviaceae). Beitr. Biol. Pflanzen **32**, 313–329, 1956.

WEBERLING, F.: Die Infloreszenzen von *Bonplandia* Cav. und *Polemonium micranthum* Benth. und ihre vermeintliche Sonderstellung unter den Blütenständen der Polemoniaceae. Beitr. Biol. Pflanzen **34**, 195–211, 1957.
– Die Infloreszenzen der Valerianaceen und ihre systematische Bedeutung. Abh. Akad. Wiss. Lit. Mainz, math.-nat. Kl. Nr. **5**, 1961.
– Homologien im Infloreszenzbereich und ihr systematischer Wert. Ber. Dt. Bot. Ges. **76**, 1. Gen. vers. H., 102–112, 1963.
– Typology of inflorescences. J. Linn. Soc. (Bot.) (London) **59**, 215–221, 1 Taf., 1965.
– Die Bedeutung der Infloreszenzmorphologie für die Systematik. Ber. Dt. Bot. Ges. **84**, 179–181, 1971.
– Beiträge zur Morphologie der Rubiaceen-Infloreszenzen. Ber. Dt. Bot. Ges. **90**, 191–209, 1977a.
– Vergleichende und entwicklungsgeschichtliche Untersuchungen über die Haarformen der Dipsacales. Beitr. Biol. Pflanzen **53**, 61–89, 1977b.

WERTH, E.: *Asarum europaeum*, ein permanenter Selbstbefruchter. Ber. Dt. Bot. Ges. **64**, 287–294, 1952.
– Bau und Leben der Blumen. Stuttgart 1956.

WETTSTEIN, R. VON: Zur Morphologie der Staminodien von *Parnassia palustris*. Ber. Dt. Bot. Ges. **8**, 304–309, Taf. XVIII, 1890.
– Handbuch der systematischen Botanik. 1. Aufl. Wien 1901. 4. Aufl. Leipzig u. Wien 1935.

WILSON, C. L.: The phylogeny of the stamen. Amer. J. Bot. **24**, 686–699, 1937.
– und JUST, TH.: The morphology of the flower. Bot. Rev. **5**, 97–131, 1939.

WINKLER, H.: Septicide Kapsel und Spaltfrucht. Beitr. Biol. Pflanzen **24**, 191–200, 1936.
– Versuch eines „natürlichen" Systems der Früchte. Beitr. Biol. Pflanzen **26**, 201–219, 1939.
– Verstehen wir das Gynözeum der Angiospermen schon? Beitr. Biol. Pflanzen **27**, 242–267, 1941.
– Zur Einigung und Weiterführung in der Frage des Fruchtsystems. Beitr. Biol. Pflanzen **27**, 92–130, 1940.

WOLFF, C. F.: De formatione intestinorum. 1768. Deutsche Übersetzung von I. F. MECKEL. Halle, 1812.

WOLTER, H. (in: WINKLER, H., Hrsg.): Bausteine zu einer Monographie von *Ficaria*. 8. Über Bestäubung, Fruchtbildung und Keimung bei *Ficaria verna*. Beitr. Biol. Pflanzen **21**, 219–255, 1933.

WYDLER, H.: Über dichotome Verzweigung der Blüthenachsen (cymöse Infloreszenz) dicotyledonischer Gewächse. Linnaea **17**, 153–192, 408–409, 1843.
– Morphologische Mittheilungen. Bot. Ztg. **2**, 609–611ff., 1844.

ZANDONELLA, P.: Stomates des nectaires floraux chez les Centrospermales. Bull. Soc. Bot. France. **114**, 11–20, 1967.
– Le nectaire floral des Centrospermales, localisation, morphologie, anatomie, histologie, cytologie. Thèse, Lyon, 1972.
– Apports de l'Etude Comparée des Nectaires Floraux à la Conception Phylogénétique de l'Ordre

des Centrospermales. Ber. Dt. Bot. Ges. **90**, 105–125, 1977.

ZELLER, O.: Beitrag zur Morphogenese und Histogenese der Blüten von *Rosa canina* L., *Rosa rubiginosa* L., *Rosa virginiana* Mill. und cultivar Super Star (TANTAU 1960). Gartenbauwissenschaft **40**, 276–284, 1975.

ZIEGLER, A.: Beiträge zur Kenntnis des Androeceums und der Samenentwicklung einiger Melastomataceen. Bot. Archiv **9**, 398–467, 1925.

ZIMMERMANN, J.: Über die extrafloralen Nektarien der Angiospermen. Beih. Bot. Centralbl. Abt. I, **49**, 99–196, 1932.

ZIMMERMANN, W.: Die Blütenstände, ihr System und ihre Phylogenie. Ber. Dt. Bot. Ges. **78**, 3–12, 1965.

Nachtrag

BOWERS, K. A. W.: The pollination ecology of *Solanum rostratum (Solanaceae)*. Amer. J. Bot. **62**, 633–638, 1975.

FROEBE, H. A.: Randmusterbildung und Synorganisation bei strahlenden Apiaceendolden. Pl. Syst. Evol. **133**, 223–237, 1980.

HAGEMANN, W.: Weitere Untersuchungen zur Organisation des Sproßscheitelmeristems; der Vegetationspunkt traubiger Infloreszenzen. Bot. Jb. **82**, 273–315, 1963.

HUBER, K. A.: Morphologische und entwicklungsgeschichtliche Untersuchungen an Blüten und Blütenständen von Solanaceen und von *Nolana paradoxa* Lindl. (Nolanaceae). Dissertationes Botanicae **55**. CRAMER, Vaduz 1980.

LEINS, P., und ERBAR, C.: Zur Entwicklung der Blüten von *Monodora crispata* (Annonaceae). Beitr. Biol. Pflanzen **55**, 11–22, 1980.

SELL, Y.: Physiological and phylogenetic significance of the direction of flowering in inflorescence complexes. Flora **169**, 282–294, 1980.

Register der wissenschaftlichen Pflanzennamen

Sternchen * verweisen auf Abbildungen

Sachregister

(Mit deutschen Pflanzennamen)